Riesum
Kog
Wester Ska
Tebül Kog
Snadeböl
A
M
Klein Kog
Dammer
Kog
Hundebül
Kog
Klintum
Grosse Halling
Alter Störtewerker
Nord Trottebül
Süd Trottebül
Kog
Armen See Halligen
Whit See
Neue Störtewerker Kog
Bar
Gum
Kog
Schadebül
Weigaard
Nord Weigaard
Bolhäuser
Efkebül
Bargum
Oster Bargum
Langenhorner Alte Kog
Mönkebül
Lokeide
Langenhorn
Vester Mühle
Langenhorn Kirche
Adebül
Adebül Mühle
Langenh. Heide Hauser
Stertebül Alte Kog
Bütjebül
Lundt
B R E D
Dorpum
Ockholm
Lowiesen
Kog
Neue
Kog
Sterdebül
Stolberg
Ebül
Bordelum Kirche
West Bordelum
Ost Bordelum
Bordelum
Reus
Koeg
Bredstedt
Bredsted
Koeg
Sophien
Breklum
Dorff

NORDFRIISK
INSTITUUT

Aus meinem Leben.

Von

Friedrich Paulsen.

Friedrich Paulsen

Aus meinem Leben

Vollständige Ausgabe

Herausgegeben von
Dieter Lohmeier und Thomas Steensen

Nordfriisk Instituut

Die Drucklegung wurde dankenswerterweise gefördert durch:
Dr. Frederik Paulsen Foundation
Gemeinde Langenhorn
Ministerpräsident des Landes Schleswig-Holstein über den Friesenrat
VR Bank eG, Niebüll
Stiftung Nordfriesland

Titelbild: Friedrich Paulsen im Jahr 1906 (Sammlung Paulsen, Nordfriisk Instituut)
Umschlagrückseite: Geburtshaus in Langenhorn und Wohnhaus in Steglitz im Jahr 2008
(Fotos: Thomas Steensen)

Vorsatz: Ausschnitt aus der Karte „Das Herzogtum Schleswig 1804/1805" von Johann Heinrich Christian du Plat, Jubiläumsausgabe der Gesellschaft für Schleswig-Holsteinische Geschichte, Kiel 1983
Nachsatz: Ausschnitt aus der Karte „Umgebung von Berlin", Meyers Konversations-Lexikon, 6. Aufl., Leipzig/Wien 1908

Bibliografische Information der Deutschen Nationalbibliothek

Die Deutsche Nationalbibliothek verzeichnet diese Publikation in der Deutschen Nationalbibliografie; detaillierte bibliografische Daten sind im Internet über http://dnb.d-nb.de abrufbar.

Nr. 200

Gesamtherstellung: Husum Druck- und Verlagsgesellschaft,
Postfach 1480, D–25804 Husum – www.verlagsgruppe.de

ISBN 978–3–88007–346–3

Inhalt

Anhang

Meiner
Lieben und Guten
in herzlicher Dankbarkeit
Liebe und Treue
gewidmet

Vorwort

Der Ursprung dieser Erinnerungen geht bis in die glücklichen und hoffnungsfreudigen Tage des Sommers 1877 zurück: Ich begann die Aufzeichnungen in der Absicht, meiner Braut von meiner Herkunft und Heimat, meinen Eltern und meiner Jugend einige zusammenhängende Kunde zu geben.* Sie wurden nicht weit geführt; ich habe sie in erneuerter Gestalt jetzt dem Ganzen angepasst. Es folgt eine Reihe von Blättern, die in schlaflosen Nächten, die dem 14. Juni 1883 folgten,** niedergeschrieben sind; ich suchte in der Sammlung des Geistes in der Erinnerung Trost und Erleichterung. Nach langer Pause wurden die Aufzeichnungen in den müden Tagen der Jahre 1906/07 wieder aufgenommen. In Starnberg, wo wir die Ferientage zubrachten, griff ich, da weder körperliche Anstrengung noch zusammenhängende geistige Arbeit möglich war, zu dieser Erfüllung unfreiwilliger Muße und setzte sie nachher in Steglitz den Winter hindurch fort. Sie haben mir über manche trübere Stunde hinweggeholfen, indem sie den Blick aus der Gegenwart in hellere Tage der Vergangenheit zurückleiteten.

Ich hinterlasse sie zunächst den Meinen als ein Vermächtnis. Mögen sie daraus von der Stille und dem Glück der Jugendjahre ihres Vaters, von den Irrwegen und Kämpfen, durch die er hindurchgegangen ist, bis er ein Mann wurde, der auf festen Füßen stand, von dem neuen Glück, das er im eigenen Hause und dem ihm beschiedenen Wirkungskreise erlebte, von Erfolgen und auch von Enttäuschungen, die ihm das weitere Leben brachte, einiges erfahren. Auch von Kummer und Schmerzen, die seinem Leben nicht erspart geblieben sind, wird sich etwas darin finden.

Ob diese Aufzeichnungen auch Fernerstehenden etwas zu sagen haben? Ich lasse es dahingestellt. Vielleicht haben wahrhafte Mitteilungen aus einem Menschenleben, auch aus einem nicht eben hervorragenden, stets einen gewissen Wert; es spiegelt sich darin das allgemeine Menschenlos. Vielleicht hat von dem Erlebten einiges auch durch seinen Inhalt ein allgemeineres Interesse. Das Leben hat mich

* Am 6. August 1877 heiratete Paulsen in erster Ehe Emilie Ferchel, die 1846 in Kaufbeuren am Lech geboren war. – Die für Emilie geschriebenen Aufzeichnungen sind im Anhang der vorliegenden Ausgabe abgedruckt.

** An diesem Tag starb Emilie Paulsen im Alter von 37 Jahren.

mit Personen und Zuständen aus allen Lebenskreisen unseres Volks in nahe Berührung gebracht, von dem weltfremden Bauerndorf meiner nordfriesischen Heimat bis zu dem bewegten Dasein in der Hauptstadt des neuen Reichs. Auch war ich allezeit ein fleißiger Wanderer, meine Anschauung von Land und Leuten reicht so ziemlich über das ganze Gebiet unseres Volkstums; und ein Weniges habe ich auch von den Nachbarländern gesehen. Von dem Leben und der Wirklichkeit, vor allem auch dem Leben in seiner einfachen und allgemeinen Gestalt, anschauliche Erkenntnis zu gewinnen, war mir ein angeborner Trieb; die Bücher und die Bildung kamen mir erst in zweiter Linie. Vielleicht verdankt, was ich geschrieben habe, dieser meiner ursprünglichen Geistesrichtung etwas von der Frische und Unmittelbarkeit, die dem Verfasser viele Leser zu Freunden gemacht haben.

Und auch die Zuversicht und Freude zum Leben, die mich kaum jemals verlassen haben, mögen hierin wurzeln. Man hat mir einmal unverwüstlichen Optimismus nachgesagt. Wohl, ich bin Optimist und will es sein. Mögen andere, die das Leben enttäuscht hat, die von den Menschen betrogen und misshandelt worden sind, das Leben und die Menschen schelten. Ich wäre undankbar, wenn ich nicht mit dem Gefühl tiefer freudiger Dankbarkeit all das Gute, all das unverdiente Gute anerkennen wollte, das mir im Leben zuteilgeworden ist. Ich weiß, es ist altmodisch, von den Menschen Gutes zu denken und zu reden; modern und vornehm ist es, sie zu verachten und zu lästern, von den *bipedes**, den Herdentieren, den viel zu Vielen zu reden. Natürlich, damit sagt man: Ich bin ein distinguiertes Wesen, ich gehöre nicht dazu, und darum kann ich mich unter der Masse nicht wohlbefinden; und der gutgläubige Leser schmeichelt sich: Natürlich, ich gehöre auch nicht dazu, würde man sonst zu mir so reden?

Ich will und kann von den Menschen nicht so reden. Freilich ich habe auch nicht nur Liebes und Gutes erfahren; ich weiß auch ein wenig von Neid und Missgunst, von Hochmut und Härte, von Unzuverlässigkeit und Rücksichtslosigkeit, von Gleichgültigkeit und schmählicher Trägheit zum Guten. Dennoch, ich müsste mich schämen, wollte ich von den Menschen überhaupt in jenem Modeton reden, schämen vor den Guten und Redlichen, die mich in den Tagen meiner Kindheit und Jugend aufgezogen, geleitet und unterwiesen haben, schämen vor den Fröhlichen und Einfältigen, mit denen ich in glücklichen Tagen gespielt und geträumt habe, schämen vor all den Lieben und Treuen, mit denen ich als Mann gelebt und gearbeitet, die mich geliebt und getragen haben; schämen endlich vor denen, die zu mir als Führer und Freund aufgeblickt und mir Liebe und Anhänglichkeit bewiesen haben. Und schämen müsste ich mich auch vor denen, die für mich die Mühsal und Last des Lebens getragen haben. Ich habe Glück gehabt? Gewiss ist es so; umso mehr Grund, dass ich es mit Dankbarkeit anerkenne und meine Erfahrungen zum Grund meines Urteils mache.

* Lateinisch: den Zweifüßern.

Dass übrigens Schmerzen und Nöte meinem Leben nicht erspart geblieben sind, dass ich nicht bloß auf ebenen Pfaden geführt worden bin, nun, die folgenden Blätter werden auch davon etwas erkennen lassen. Doch auch für rechtschaffene Schmerzen und Kämpfe bin ich dankbar. Es gibt ihrer freilich auch solche, an die ich die Erinnerung aus meinem Leben gern auslöschte. Indessen, wem blieben sie ganz erspart? Ein Tor, der das allgemeine Menschenlos an seinem Teil zu tragen sich weigert. Und wie sagt Savonarola? Gutes tun und Böses leiden und darin nicht müde werden bis zum Ende, das ist Christentum. Vielleicht nicht bloß Christentum, sondern zugleich die Krone alles Menschentums. Wer davon nicht auch etwas erlebt hätte, dem wäre etwas echt und recht Menschliches vorenthalten worden.

Vorbemerkung

[zur Druckausgabe der Jugenderinnerungen, 1909]

Erinnerungen aus dem eigenen Leben bei Lebzeiten zu veröffentlichen, scheint etwas Anmaßliches zu haben, als ob es mit diesem Leben etwas Besonderes wäre. Vielleicht wird es dem Pädagogen ein wenig leichter nachgesehen, wenn er aus seiner Jugend und Schulzeit berichtet; es wird ja unvermeidlich sein, dass seine Anschauungen zu einem großen Teil aus seinem eigenen Erleben stammen und hieraus erst völlig verständlich werden. Und umso eher wird er auf Nachsicht rechnen dürfen, wenn er von einer glücklichen Jugend zu berichten hat. In dieser glücklichen Lage befinde ich mich. Und darum droht dieser Darstellung wenigstens die Gefahr nicht: dass sie ihren Gegenstand in der heute so beliebten tragischen Pose des verkannten und vereinsamten Kindes und Knaben zeigt. Ich bin in einem rechtschaffenen Bauernhaus aufgewachsen, von einem vortrefflichen Lehrer in die Schule genommen und in fröhlicher Gemeinschaft gediehen. Von alledem möchte ich einiges erzählen, in der Hoffnung, dass der günstige Leser für eine Welt, die nun im Versinken ist, einige Teilnahme gewinnen wird.

Geburtshaus Friedrich Paulsens in Langenhorn, Dorfstraße 146. Anlässlich der Jahresversammlung des Nordfriesischen Vereins für Heimatkunde und Heimatliebe am 18. September 1912 wurde in Anwesenheit seiner Witwe eine Gedenktafel enthüllt. Die Inschrift lautet: „In diesem Hause wurde Friedrich Paulsen geboren am 16. Juli 1846. Der Heimat treu."

Erstes Buch
Die Jugendjahre im Dorf

Vorfahren und Eltern

Am 16. Juli 1846 um die Mittagsstunde bin ich zu Langenhorn, einem Dorf an der Westküste des Herzogtums Schleswig, meinen Eltern als ihr erstes Kind geboren. Ich blieb das einzige, drei jüngere Brüder starben bei der Geburt aus Mangel an ärztlicher Hilfe. Meine Eltern waren Bauern; der Hof, auf dem ich geboren und aufgewachsen bin, war kurz vorher von meinem Vater gekauft worden; sie haben ihn bis in die Mitte der 80er Jahre bewohnt. Bis dahin bin ich jedes Jahr auf kürzere oder längere Zeit dahin zurückgekehrt; ich hatte das Gefühl, hier meine eigentliche Heimat zu haben.

Beide Eltern waren von Herkunft Nordfriesen, daher die friesische Sprache auch meine Muttersprache ist. Sie gehörten aber beide nicht durch ihre Geburt der Gemeinde Langenhorn an: Der Vater stammte von der Hallig Oland, die Mutter aus der eine Stunde nördlich gelegenen Gemeinde Enge. Beide brachten ein sehr bestimmt ausgeprägtes Eigenleben in das von ihnen begründete Haus mit. Ich will aus ihrer Vergangenheit und der Vorgeschichte der Familie einiges mitteilen: Die Wurzeln meines eigenen Daseins sind in diesen Boden eingesenkt.

Der Vater stammte aus einer Schifferfamilie, die auf den „Halligen", kleinen uneingedeichten Inseln des Wattenmeers an der Westküste Schleswigs, einheimisch war; ich kann sie an der Hand alter Aufzeichnungen bis in die Mitte des 17. Jahrhunderts zurückverfolgen.

Der älteste Vorfahre, von dem ich den Namen, allerdings nichts als diesen, erreichen kann, hieß Thoms Jansen und wohnte auf Nordmarsch[1]. Hier wenigstens wurde ihm im Jahre 1679 ein Sohn, Frerk Thomsen, geboren. Dessen Sohn war Paul Frercksen, geboren auf Ludenswarf-Langeneß im Jahre 1725, der Großvater meines Vaters, mit dem die Familiengeschichte erst deutliche Gestalt gewinnt. Ich besitze von ihm ein Quartheft mit handschriftlichen Aufzeichnungen in halb erloschener Schrift über sein Leben, besonders über seine Seefahrten, in den Jahren 1740 bis 1771, die ich auch habe drucken lassen (in der *Zeitschrift für Schleswig-Holsteinische Geschichte* Bd. 35, 1905).[2] Ich teile daraus einiges mit, weil es in das Leben und Empfinden der Halligbewohner jener Zeit einen unmittelbaren Einblick gewährt.

Frerk Thomsen, der Vater von Paul Frercksen, verlor im Jahre 1728 mit seinem ältesten Sohn Jan auf einer Fahrt nach Norwegen in einem Novembersturm an der jütischen Küste Schiff und Leben; zu Sönderhoe auf der Insel Fanö ist er begraben. Er hinterließ seine Witwe, Frau Poppe, mit fünf Kindern, vier Töchtern und einem Sohn, dem damals dreijährigen Paul. Als der kleine Paul ins fünfzehnte Jahr getreten war, da ergriff ihn das Verlangen, zur See zu gehen, mit solcher Gewalt, dass die Mutter, die auch ihn auf dem Meer zu verlieren fürchtete, vergebens ihn zu halten suchte. Er ging im Frühjahr 1740 mit dem Schiffsvolk nach Amsterdam und nahm dort als Kajütsjunge die Heuer auf einem Walfischfahrer, der nach Grönland segelte. Als es nun, so erzählt er in jenen Aufzeichnungen, nach dem kalten Norden zu ging, Sturm und Seekrankheit sich einstellten, und unter all dem fremden Volk, dessen Sprache er meist nicht einmal verstand, keine Seele um ihn sich kümmerte, da sei das Heimweh mit Macht über ihn gekommen und er habe oft in seinem Herzen geseufzt: O, wäre ich noch bei der Mutter geblieben. Indessen, das ging auch wieder vorüber; die Fahrt ging im Übrigen gut; und auch der Fang war gut: Es gab zwei große Walfische. Als sie im September in Amsterdam wieder ans Land kamen, waren 47 Gulden holländisch verdient. Und nun ging's heimwärts nach der Hallig. Vor dem Einlaufen in das Wattenmeer hatten sie noch einen schweren Sturm zu bestehen, der die drei kleinen Schiffe mit der Mannschaft fast verschlungen hätte; doch kamen sie glücklich binnen. Als man in Wyk ans Land steigt, ist gerade Jahrmarkt; und hier trifft der Sohn unversehens die Mutter, die von der Nes[3] herübergekommen war: „Wie herzinniglich wir beide uns miteinander erfreueten", schreibt er in schweigender Erinnerung, „das kann hier nicht beschrieben werden." Das war die erste Grönlandfahrt; ihr folgten noch zwei weitere in den nächsten Jahren.

Ich verfolge nicht das Aufsteigen vom Jungen zum Matrosen, des Matrosen zum Steuermann; seit 1758 führte er selbständig als Kapitän ein Schiff, im Dienst Amsterdamer Reeder, meist seines dort etablierten Schwagers Nommen Pauls. Die Fahrten gingen gewöhnlich nach den norwegischen, finnischen, russischen und preußischen Häfen, hin meist mit Stückgütern, zurück mit Korn oder Holz. In der Regel wurden mehrere Fahrten im Jahr gemacht; die Schifffahrt beginnt Anfang April, meist schließt sie mit Oktober-November für das Jahr ab. Doch kamen auch Winterfahrten vor; auf einer solchen, die im Oktober 1760 von Amsterdam nach Petersburg angetreten wurde, ging das Schiff, nachdem es schon mehrere schwere Stürme bestanden hatte, im Kattegat verloren; es wurde in der Nacht vom 15. auf den 16. November am Vorgebirge Kullen auf den Grund getrieben, brach das Steuer und lief gleich voll Wasser. Mit Mühe rettete die Besatzung das Leben. Den ganzen Winter musste der Kapitän bleiben, um von Schiff und Ladung zu retten, was zu retten war.

Nach mancher Fahrt und manchem ausgestandenen Ungemach, auch vielfältiger Krankheit, entschloss sich Paul Frercksen im Frühjahr 1772, zum ersten Mal das Schiffsvolk ausfahren zu lassen, ohne selbst dabei zu sein. Er lebte seitdem auf der Hallig von dem kleinen Renteneinkommen, das ihm sein in 31 Jahren saurer Arbeit erworbenes Vermögen abwarf; es betrug, nach Ausweis des von ihm geführten Hausbuchs, das ich noch besitze, im Jahre 1778 15 603 Mark Kurant mit einem Zinsertrag von 653 Mark Lübsch (786 Reichsmark). Zu dem Einkommen, das der Matrose als Heuer, der Kapitän als Fracht usw. verdient hatte, war regelmäßig noch der Gewinn aus eigenem Handel gekommen, der öfters ziemlich

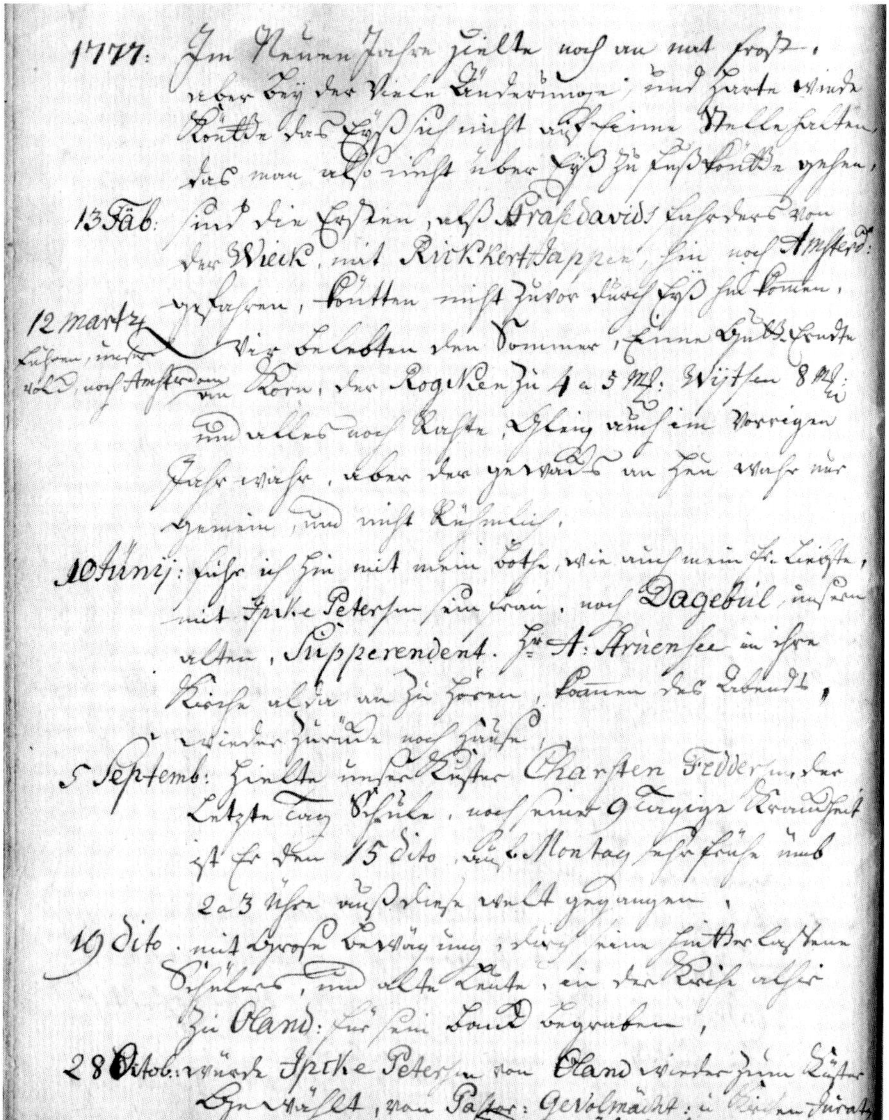

Seite aus den Erinnerungen des Paul Frercksen: „Ich besitze von ihm ein Quartheft mit handschriftlichen Aufzeichnungen in halb erloschener Schrift über sein Leben“.

bedeutend ausfiel; hieraus wird jenes Kapital hauptsächlich stammen, denn das Arbeitseinkommen, das für die 31 Jahre auf 5169 holländische Gulden berechnet wird, musste natürlich zum großen Teil für den Unterhalt, namentlich während des Winters, verwendet werden.

Im Jahre 1757 hatte sich Paul Frercksen verheiratet, auch mit einer Poppe. Sie war im Jahre 1731 geboren als Tochter von Paul Ipsen (1685–1739), der selbst wieder ein Sohn des Schiffers Alte Ipke Paulsen war. Sie wohnte bei ihrer Mutter auf Oland. Weihnachten 1756 hatte er um sie angehalten: „Da musste ich den ganzen Winter laufen, ehe ich den rechten Schluss erhielt, denn ihre beiden Brüder wohnten in Amsterdam und mussten auch ihre Meinung dazu schreiben." Der Schluss fiel diesmal in der Tat recht aus, er hatte früher einmal von einer andern „das Nein-Wort erhalten". Im Oktober 1757 war Hochzeit, und er siedelte nun zu der Schwiegermutter nach Oland über. Im Frühjahr 1758 folgte die erste Trennung; sie sollte lange währen: Das Schiff fror im Herbst bei Kronstadt ein und musste den ganzen Winter im Eise liegen bleiben; erst im Juni 1759 kam er nach Amsterdam zurück: „Ich fand allda mit großer Freude meine Frau (er hatte sie hinbestellt) bei Bruder Ipke Paulsen. Ich ließ mich ein neues Kleid machen, in Amsterdam zu tragen, und war recht in meinem guten Schicksal." Aber das Glück ist von kurzer Dauer. Ende Juli muss er wieder zu Schiff nach Petersburg: „Wie ich nun wieder bei der Feuertonne kam, musste meine Frau allda mit großer Betrübtheit am Lande sitzen. Da war mir grausamlich zumute." Schifferleben!

Im Jahre 1763 wurde ihm das dritte Kind geboren, es war das erste, das am Leben blieb: Frerck Paulsen, mein Großvater, dessen Namen ich trage.

Frerck Paulsen ist der erste in der Reihe, der nicht mehr zur See ging; er war schwach auf der Brust. Als junger Mann hatte er die Müllerei erlernt, hat sie aber in der Folge nicht getrieben, sondern als kleiner Landbesitzer und Rentner auf Oland gelebt. Das Vermögen der Familie erfuhr einen kleinen Zuwachs durch ein Erbteil, das ihr nach dem einen der beiden erwähnten Brüder der Mutter zufiel. Nommen und Ipke Paulsen hatten beide, nachdem sie erst zur See gefahren waren, in Amsterdam ihr Glück gemacht und sich dort verheiratet; Nommen war zu großem Reichtum, an Schiffen und Landbesitz, gekommen. Ipke starb kinderlos, und nach dem Tode seiner Witwe beerbten ihn die Geschwister. Ich erinnere mich noch, von meinem Vater gehört zu haben: sein Vater habe das Gut in Amsterdam abgeholt; er sei eben noch mit seinem Schiff binnen gekommen, gleich darauf sei der Krieg mit England ausgebrochen, und das Schiff wäre von Kapern weggenommen worden.

Frerck Paulsen verheiratete sich im Jahre 1799 mit Volig Christine, der ältesten Tochter des Schiffers und Küsters Ipke Petersen auf Oland (1747–1817) und seiner Frau Angens geb. Broders (1747–1829). Sie hatten noch drei Söhne, die alle zur See gingen und alle jung gestorben sind, zwei am gelben Fieber in Westindien. Von dem Briefwechsel der Eltern untereinander und mit den Kindern hat sich einiges erhalten; mehr aus den sonstigen Papieren des alten Küsters. Er muss ein sehr reges Innenleben geführt haben; das Religiöse bildet natürlich das durchschlagende Grundelement. Es haben sich eine Menge Aufzeichnungen tagebuchartigen Charakters erhalten, in denen er über seinen Seelenzustand reflektiert und Gott um Erleuchtung anruft. Mit dem Pastor von Oland hatten sich nämlich Differenzen mit Bezug auf Glauben und Lehre ergeben, die zu wiederholter Aus-

Die Hallig Oland: „der Umfang mochte, wenn man sie am Rande umschritt, etwa anderthalb Stunden betragen".

sprache von seiner Seite führten, von denen wieder die Aufzeichnungen Kunde geben. Es kämpfte in ihm der angeborne Respekt vor dem geistlichen Amt mit der persönlichen Überzeugung, dass die Wege des Pastors vielfach Irrwege seien. Ein merkwürdiges Schriftstück ist bei den Papieren, eine Eingabe an den König Christian VII., worin der Konflikt dargelegt und um Beilegung und Weisung gebeten wird. Ob sie jemals abgegangen ist, weiß ich nicht.

Von dieser Seite her stammt nun, soviel ich sehe, auch die entschiedene Richtung auf das religiöse Innenleben, das in dem Hause meines Großvaters herrschte und von da der Familie vererbt ist. Bei Paul Frercksen kommt das Religiöse nur in der Form des Allgemein-Kirchlichen, ohne individuellen Ton, vor. Bei dem Sohn ist in einer Aufzeichnung schon aus jugendlichen Jahren zuerst von erlebter Erweckung und Bekehrung die Rede. Ob solche Erlebnisse mit dem Küster zusammenführten oder ob sie schon von ihm angeregt worden sind, ist nicht ersichtlich. Sie bezeichnen aber den Grundton, auf den das Leben der Familie von da ab gestimmt war: Enthaltung von der Welt und ihren Freuden, entschiedene Richtung auf das Jenseitige als das allein wahre Leben. Die Erinnerung an Ipke Petersen war bei den Schwestern meines Vaters noch überaus lebendig, ich habe von ihnen seinen Namen oft gehört. Die Großmutter Angens ist noch mit dem Schwiegersohn nach Langenhorn übergesiedelt und hat ihn um einige Jahre überlebt.

Aus der Ehe Frerck Paulsens mit Volig Christine sind acht Kinder hervorgegangen, sechs Töchter und zwei Söhne. Der älteste der Söhne, mein Vater Paul (Frerck) Paulsen, ist am 5. Oktober 1805 geboren, Onkel Ipke, das jüngste der Kinder, 1820. Der Vater hätte, wie die beiden vor ihm geborenen Schwestern, eigentlich den Namen Paul Frercksen führen sollen, er ist auch sein Leben lang so genannt worden; offiziell aber war sein Name Paulsen; durch königliche Verordnung war nämlich

Fething auf Hallig Oland: „Inmitten der Häuser liegt der kleine Süßwasserteich (Fäding), der von den Traufen mit Regenwasser gefüllt wird."

kurz zuvor die Bestimmung getroffen worden, dass der Zuname nicht mehr wie bisher wechseln, sondern als ständiger Familienname bleiben solle. Er hat dann selbst die Einschiebung Frerck in den Namen durchgeführt, um durch den auf dem Festland nicht gebräuchlichen Namen Verwechslungen vorzubeugen.[4]

Das Leben des Hauses, in dem der Vater mit seinen sieben Geschwistern aufwuchs, bewegte sich im engsten Kreis, äußerlich und innerlich. Sein äußerer Rahmen war die kleine Hallig Oland (*Ul-laun*, das alte Land), damals vielleicht noch doppelt so groß als gegenwärtig; der Umfang mochte, wenn man sie am Rande umschritt, etwa anderthalb Stunden betragen. Auf dem flachen, grünen, nur von Flutrinnen durchschnittenen Plan, der sich über den grauen Schlickboden des Wattenmeeres etwa ein bis eineinhalb Meter erhebt, befanden sich damals noch zwei Warften, die Kirchwarft mit etwa zehn Häusern, während auf der andern (*de Püpp*) etwa fünfzehn waren. Warften sind künstliche Erdhügel, die sich etwa sechs bis acht Meter über den Halligboden erheben. Auf ihnen liegen dicht zusammengedrängt die kleinen niedrigen Häuser; vielfach sind zwei oder drei unter einem fortlaufenden Strohdach vereinigt; die mehreren Türen und Schornsteine zeigen an, dass mehrere Familien hier ihre Wohnung und ihren Herd haben. Inmitten der Häuser liegt der kleine Süßwasserteich (*Fäding*[5]), der von den Traufen mit Regenwasser gefüllt wird. Die zweimal täglich wiederkehrende Flut steigt im Sommer nicht allzu häufig über das Ufer; nur bei Springflut, wenn diese mit starkem Westwind zusammentrifft, wird die ganze Hallig überschwemmt, und bei starkem Sturm erreicht das Wasser wohl auch die Höhe der Warft, so dass die

Häuser wie Schiffe auf dem Meere zu schwimmen scheinen. Ein Unglück ist's, wenn es den *Fäding* füllt, aus dem der Bedarf an Trinkwasser für Menschen und Tiere entnommen wird: Dann muss Wasser vom Festland geholt werden.

Das Leben auf der Hallig ist damit gegeben. Ein Anbau des Bodens ist nicht möglich; wohl aber gewährt das kurze, dichte, salzhaltige Gras des fruchtbaren Marschbodens Kühen und Schafen genügend Futter; die Fläche wird in jedem Jahr in zwei Hälften geteilt: Weide für den Sommer und Meedland[6], das für den Winter das nötige Heu liefert. Jedes Haus hat seinen bestimmten Anteil an der Gräsung und dem Meedland. Die Tiere bleiben im Sommer sich selbst überlassen, im Winter teilen sie mit den Menschen den engen Raum des Hauses, das in der Regel nur Vordiele, Wohnstube, Pesel[7], Küche und Stall enthält: Für mehr ist weder Raum noch auch Bedarf; Heu und Feurung werden auf dem Boden untergebracht. Die Feurung besteht aus dem an der Sonne getrockneten und geformten Kuhmist. Pferde gibt es nicht; das Heu wird in großen Laken auf dem Kopf ins Haus getragen. Die Wirtschaft lag früher so gut wie ausschließlich in der Hand der Frauen: Die Männer gingen vom 15. Jahr ab zur See; regelmäßig kam Ende März oder Anfang April ein Schiff oder auch mehrere nach Wyk und holte die ganze seetüchtige Mannschaft nach Amsterdam, die dann erst im Spätherbst oder Winter mit dem gewonnenen Verdienst nach Hause zurückkehrte. Korn oder Mehl und Kartoffeln mussten gekauft werden, ebenso der unentbehrliche Tee und Zucker. Wyk auf Föhr war der nächste, Husum der entferntere Markt, wo man seine Einkäufe machte. Im Übrigen versorgte die Haushaltung sich selbst: Milch, Butter, Käse, Fleisch, Wolle lieferte der Viehstand. Es wurde fleißig gebacken, außer dem landesüblichen Schwarzbrot war stets auch allerlei Backwerk im Hause, das dem Besuch zur Tasse Tee vorgesetzt wurde. Tee war das jederzeit bereite Getränk, morgens und abends, vormittags und nachmittags; das Wasser ließ sich nur abgekocht genießen, und andere Getränke gab es nicht, abgesehen von Spirituosen. Die Wolle wurde durch Hausarbeit, an der sich auch die Männer beteiligten, in Kleider und gestrickte Sachen verwandelt. So lebten die Halligbewohner einfach, aber nicht ärmlich, im Ganzen auf gleichem Fuß.

Der Einfachheit des äußeren Daseins entsprach die Gleichförmigkeit und Geschlossenheit des inneren Lebens. Der Kreis der Kinder, die in dem Hause des Großvaters aufwuchsen, war groß genug, um sich selber zu genügen; viel Umgang mit der Außenwelt gab es nicht, er wurde auch durch den herrschenden Geist des Hauses nicht begünstigt. Die Schule führte natürlich die Altersgenossen zusammen. Der Lehrer war ein alter ausgedienter Schiffer, der seine kleine Schar mit Strenge, ja mit Härte regierte: Ich habe von den Tanten noch in spätem Alter von seiner grimmigen Disziplin mit Bitterkeit reden hören. Übrigens wurde bei ihm etwas gelernt; an Schulbildung übertrafen die Halligbewohner überhaupt die Festlandbewohner. Auch innerhalb des Hauses war die Erziehung streng; wenn der Vater zu Hause war, musste die Kindergesellschaft mäuschenstill über der Arbeit sitzen; freilich, wie wäre sonst in der engen Stube ein Auskommen gewesen? Ohne Zweifel hing die Neigung zu Einsamkeit und Schweigen, die meinem Vater mit seinen Geschwistern eigen war, auch mit dieser Jugendumgebung und Jugendgewöhnung zusammen.

Allerdings ist sie im Wesen der Friesen überhaupt angelegt. Im Ganzen liebt er nicht viele Worte, wem die Zunge lose sitzt, der wird leicht für einen Spaßmacher angesehen und nicht ernst genommen. Scherz und Ausgelassenheit, sie kommen natürlich auch vor, aber wer etwas auf sich hält, nimmt sich in Acht, sich darin gehen zu lassen. Gesang und Spiel fehlen vollständig; lässt sich irgendwo Gesang hören, so ist die Vermutung gerechtfertigt, dass man es mit Trunkenen zu tun hat. Der Genuss von Spirituosen bricht erst die Scheu nieder, sich in solcher Weise vor andern hören zu lassen. Den Inhalt des Lebens bilden die praktischen Dinge, die Angelegenheiten des Hauses und der Familie, des Berufs und Erwerbs. Das frohe Spiel ist dem Stammescharakter fremd. Dagegen ist Neigung zum Grübeln ihm nicht fremd; sie wirft sich leicht auf religiöse Dinge und führt dann wohl zu tiefsinnig-melancholischem Wesen. Dem Hause des Großvaters ist, wie gesagt, hiervon wohl etwas durch den Schwiegervater Ipke Petersen zugeführt worden.

In diesen Verhältnissen lebte die Familie in tiefer Ruhe dahin, als ein schreckhaftes Naturereignis das Stillleben auf der Hallig unterbrach und zur Verpflanzung auf das Festland führte: Das war die verheerende Sturmflut, die im Winter 1825 über die Westküste dahinging. Sie bildete in der Erinnerung des Vaters und der Tanten das große Erlebnis, sie ist durch ihre Erzählungen auch mit meinen Kindheitserinnerungen eng verflochten. Es war im Februar, ein heftiger Südwest hatte die Springflut gegen die friesische Küste getrieben und den Wasserstand schon zu ungewöhnlicher Höhe gebracht. Nun sprang der Wind nach Nordwest um, und immer stärker zum Sturm anschwellend, staute er die Flut in der Nordseebucht auf; die Ebbezeit brachte kaum merkliches Fallen des Wassers. Da kam mit der Nacht die zweite Flut, das Wasser ergoss sich über die Warft und begann in die Häuser zu dringen. Man suchte sich durch Zustopfen aller Öffnungen zu wehren; vergebens, die Wellen schlugen bald Fenster und Türen ein, und man musste sich auf den Hausboden flüchten. Es war eine lange furchtbare Nacht; in das Heulen des Sturms und das Brausen des Meeres mischte sich das Jammern der Weiber, das Schreien der Kinder, das Brüllen der Kühe, die angebunden auf ihren Ställen standen. Bald schlugen die Wogen auch das Mauerwerk des Hauses ein, das Dach stand nur noch auf den in den Boden eingerammten Pfählen. Man musste sich zu neuer Flucht entschließen: Das Nachbarhaus, mit dem das eigene unter einem Dach vereinigt war, lag ein wenig höher und war dem Anprall des Meeres nicht so stark ausgesetzt: Die Bretterwand, die die Hausböden trennte, wurde durchschlagen und Menschen und Habe hinübergerettet. Freilich, nur einiges eilig Aufgeraffte, wie es nächste Not erforderte oder die Unbesinnigkeit des Augenblicks in die Hand gegeben hatte, brachte man mit. Den Hausrat, die Kisten und Koffer mit lange gehüteten Schätzen musste man auf den wilden Wassern umhertreiben sehen, bis sie zerschellten und ihren Inhalt verstreuten. Am jammervollsten war es, als die Kühe, endlich von ihrem Stand sich losreißend, eine nach der andern in die Wellen hinaustrieben und mit kläglichem Brüllen verschwanden; die Mutter habe diesen Eindruck gar nicht wieder verwinden können.

Endlich ging auch diese Nacht zu Ende; die Männer, die an der Luke von Zeit zu Zeit den Stand des Wassers maßen, konnten erst das Aufhören des Steigens, dann ein langsames Sinken melden. Die Angst um das Leben ließ nach, noch ein paar Stunden, und man konnte den Zufluchtsort verlassen und heruntersteigen. Freilich, um nun erst den ganzen Jammer der Verwüstung im Einzelnen zu sehen: das Haus zerstört, so dass es völlig neu hätte aufgebaut werden müssen, das Ingut überallhin zerstreut und vernichtet, Trümmer von Gerät, Kleider und Leinen aus zerbrochenen Kisten und Kasten da- und dorthin getrieben, an Zäunen hängend, in den *Fäding* verschwemmt: Tagelang habe mein Vater, so erzählten mir die Tanten, den von Seewasser gefüllten Teich ausgefischt und bald dies, bald das aus eigenem und fremdem Hausrat ans Licht gebracht. Die Spuren der Salzflut habe ich noch als Kind an vielen Sachen, namentlich an den Büchern, aber auch an Leinen und Holzwerk beobachtet.

Es galt nun einen Entschluss über die Zukunft fassen, er war bald entschieden: Hier ist nicht mehr unsers Bleibens. Schon früher war die Frage der Übersiedelung auf das Festland erwogen worden, besonders seitdem der Großvater dort in Langenhorn halb wider Willen in den Besitz einer Landstelle gekommen war: Er hatte Geld darauf stehen und musste sie, sein Kapital zu retten, übernehmen. Mein Vater hatte sich schon mit dem Gedanken vertraut gemacht, Bauer zu werden. Er war den Sommer vorher ein halb Jahr im Marienkoog gewesen, um die Landwirtschaft zu lernen. Jetzt war der letzte Druck gegeben: Die geretteten Sachen wurden in das große Boot gepackt, und die Familie verließ die alte Heimat der Vorfahren, dem „festen Wall“[8] zusteuernd, wo sie den neuen Sitz schon bereit fand. Und so tiefes Grauen hatte in den Gemütern das letzte Erlebnis hinterlassen, dass keins der Geschwister jemals wieder den Fuß auf die Hallig gesetzt hat: „Nein, nein, hier ist es besser“, sagten sie wohl, wenn ich als Junge einmal einen Besuch auf Oland, das vom Seedeich aus deutlich vor Augen lag, in Anregung brachte.

Frerck Paulsen hat die Flut und die Umpflanzung nur um ein Jahr überlebt; er starb 1826 im Alter von 63 Jahren und ist auf dem Langenhorner Kirchhof als der erste begraben worden. Da die Mutter Volig Christine überhaupt sich nicht durch Kraft und Umsicht auszeichnete und besonders in den neuen Verhältnissen völlig fremd war, so ergab es sich von selbst, dass mein Vater, obwohl erst 20-jährig, das eigentliche Familienhaupt wurde: Er übernahm die Führung des Haushalts, die Verwaltung des Vermögens und auch die Erziehung und Leitung der jüngeren Geschwister. Seine Sorge und Tätigkeit ist ihm mit unbedingtem Vertrauen und grenzenloser Anhänglichkeit von ihnen gedankt worden: Es gab für sie auf Erden keine höhere Autorität als Bruder Paul, was er sagte, das galt unbedingt. Meine Mutter pflegte wohl einmal halb im Scherz zu sagen: er sei von den Schwestern grenzenlos verwöhnt worden.

Zwanzig Jahre haben die Geschwister unter dem Schutz des Vaters zusammengelebt. Im Jahre 1845 verließ er das Haus, in dem sie heimisch geworden waren; der jüngere Bruder schien nun ihn dort ersetzen zu können. Er heiratete und gründete sein eigenes Haus.

Er war ein reifer, in jeder Hinsicht fertiger Mann, als er in die Ehe trat. Ich bin ihm in seinem vierzigsten Lebensjahr als sein erster Sohn geboren worden; als älterer, gesetzter Mann steht er vor mir in der Erinnerung; sein Haar hatte er früh verloren, daher er noch etwas älter aussah, als er war. Dabei war er in vollkommener Kraft und Rüstigkeit, bis in sein spätestes Alter ist ihm körperliche Gesundheit und Kraft treu geblieben. Auch geistig war er ein Mann von ungewöhnlicher Rüstigkeit. Das nordfriesische Wesen war in ihm in typischer Erscheinung dargestellt. Bedächtigkeit und Umsicht machten den Grundcharakter aus; klare Besonnenheit in der Überlegung und feste Energie in der Durchführung des gefassten Entschlusses gehörten zu seinem Wesen. Sein würdevolles Gesicht hatte den Ausdruck ruhigen Ernstes, die hellen blauen, aufleuchtenden Augen brachten einen Zug von freundlicher Milde hinein: Ich sehe ihn noch, wie er mir so, wenn ich später heimkehrend das Elternhaus besuchte, mit ausgestreckter Rechten entgegenkam. In der Rede war er zurückhaltend. Auch wenn er nicht seinen Schweigetag hatte, und es waren ihrer nicht wenige im Jahr, machte er nicht viel Worte. Der Inhalt der Rede war eigentlich niemals die Offenbarung persönlichen Wesens und Empfindens. Von seinem Eigensten und Innersten zu reden, hatte er Scheu; das Objektive ist Gegenstand der Unterhaltung, das andere macht man mit sich selber ab. Auch dies ist ein Zug, der einigermaßen zum friesischen Charakter gehört: Er meidet Intimität, und nicht bloß mit den Fernerstehenden, sondern auch mit den Nächsten; eine gewisse Zurückhaltung, die auch als Kälte erscheinen kann, bildet eine Seite seines Naturells. Dabei fehlt es nicht an Tiefe der Empfindung, aber sie scheut sich an die Oberfläche zu kommen. Sie fehlte auch dem Vater nicht, aber er zeigte sie kaum jemals; ich erinnere mich keiner Zärtlichkeitserweisung oder Liebkosung von seiner Seite, es sei denn, dass er mir als Kind einmal die Hand auf den Kopf legte. Ebenso wenig trug er Sorge oder Kummer auf der Zunge oder stellte sie auf dem Gesicht zur Schau, auch wenn sie ihm tief ins Gemüt gingen; er verschloss die Dinge im Schrein der Brust und verarbeitete sie still in sich. So beherrschte er auch den Zorn, obwohl einige Neigung zu plötzlicher Erregung in seinem Temperament lag; Fremde werden kaum etwas davon gemerkt haben. Harte oder heftige Worte habe ich aus seinem Munde kaum gehört, es sei denn einmal über offenbare Unbilligkeit, deren Zeuge er war.

So war der Vater. Wenn er mit seinem festen, gewichtigen Schritt die Dorfstraße entlang am Sonntag früh zur Kirche ging oder am Nachmittag zu den Verwandten, dann blickte ich nicht ohne einigen Stolz auf ihn: ein Mann, dessen Ja und Nein galt, wo er sprach.

Von erheblich anderer Art war Herkunft, Naturell und Bildung meiner Mutter Christine, geb. Ketelsen. Sie stammte aus der Nachbargemeinde Enge, wo ihre Vorfahren, soweit ich von ihnen weiß, als kleine Bauern sesshaft waren. Da das Schreiben bei diesen nicht, wie bei den Schiffern der Inseln, zum Beruf gehört und darum nicht in die Lebensgewohnheiten übergegangen ist, so reicht meine Kunde hier eigentlich nicht weiter als bis zu den Großeltern, die ich beide noch von Angesicht gekannt habe. So habe ich an den Familien von Vater und Mutter die lebendige Darstellung der Tatsache, dass die Schrift allein das Gedächtnis über die zweite Generation hinaus erhält. In den Verhältnissen des großstädtischen Lebens, mit seinem beständigen Wechsel der Wohnung und des Aufenthalts, wird es oft kaum noch die Erinnerung an die Großeltern in schattenhaften Umrissen erhalten.

Meine Großeltern besaßen und bewirtschafteten eine kleine Bauernstelle „auf dem Sande", der Boden war zur größeren Hälfte leidliches Ackerland, zur kleineren Weide und Wiese in der Flussmarsch der Soholmer Au. Ein Pferd wurde gehalten, bei schwererer Arbeit, so beim Pflügen, wurde mit einem Nachbar, der in der gleichen Lage war, zusammengespannt. Sie hatten die kleine Stelle am Anfang des Jahrhunderts bei damals ziemlich guter Zeit zu verhältnismäßig hohem Preise gekauft; dann kamen die schlimmen Jahre des Niedergangs der Landwirtschaft, und da war denn allersorgfältigste Beschränkung in den Ausgaben geboten, um die Stelle halten und die drückenden Abgaben zahlen zu können. Erst als in den dreißiger Jahren die Kinder heranwuchsen und die Zeiten allmählich sich zu heben begannen, wich der Druck. Der Großvater, Andreas mit Namen, hatte wohl aus der Zeit der Not etwas Herbes in seinem Wesen behalten; harte Arbeit hatte ihn ziemlich früh auch körperlich gebeugt; dazu hatte ein Schlaganfall ihm eine Lähmung der einen Gesichtshälfte zurückgelassen, so dass er eine schwarze Binde vor dem einen Auge trug. Die Großmutter Lene, übrigens eine Cousine ihres Mannes, war eine freundliche alte Frau, die ihren ersten Enkel zärtlich liebte. Meine letzte Erinnerung an sie sieht sie auf dem Krankenbett; ich war geschickt worden, mich nach ihrem Befinden zu erkundigen; sie sah mich mit halb wachem Bewusstsein am Fenster sitzen, eine besorgte irreredende Frage nach mir war das letzte Wort, das ich von ihr gehört habe.

Von den fünf Kindern sind drei zu Jahren gekommen. Der älteste Sohn, der von klein auf krank gewesen war, starb um die 20; er war die beständige Extrasorge und Mühe seiner Mutter, zu ihren übrigen Arbeiten und Sorgen, gewesen. Jahrelang bettlägerig, hatte er sich, da er die Schule überhaupt nicht besuchen konnte, nicht nur selbst Lesen und Schreiben gelehrt, sondern auch im Zeichnen sich eine gar nicht geringe Fertigkeit erworben; ein Bilderbuch, das er wohl für die Geschwister gemacht hatte, ist auch noch viel in meinen Kinderhänden gewesen. Der jüngste Bruder starb mit fünf Jahren am Scharlach, von meiner Mutter, die damals ein zwölfjähriges Mädchen war, wie sie mir oft erzählt hat, lange bis zur Untröstlichkeit betrauert.

Meine Mutter ist im Jahr 1818 geboren, zwei Jahre nach dem Bruder Ketel, sechs Jahre vor der Schwester Agathe Margarete. Sie besaß ein sehr lebhaftes und fröhliches Temperament und eine nicht gewöhnliche geistige Regsamkeit; sie fasste leicht und lebhaft auf und hielt mit ihrem Urteil nicht zurück. Was die Schule des kleinen Dorfes, eine Nebenschule, die von einem Präparanden[9] verwaltet wurde, ihr bot, war äußerst dürftig. Trotzdem hat sie sich ganz aus eigenem Vermögen eine sehr achtbare Leichtigkeit schriftlicher Mitteilung gewonnen. Ihr Interessenkreis war ursprünglich ein weiter; er hat sich dann mehr und mehr auf das Gebiet des Religiösen und der religiösen Schriftwelt gesammelt. Sie hatte viel Sinn für Kunst in jeder Gestalt; sie zeichnete, ohne jemals Unterricht erhalten zu haben, nicht ohne Geschick; sie sang gern und sicher ihre Choralmelodien, die einzigen, die sie je gehört hat; sie liebte es, auch selbst Verse zu machen, natürlich nach dem Muster ihrer Lieblingsgesänge. So schmückte sie auch ihr Haus: Ich erinnere mich noch wohl der Ausstattung unsrer Wohnstube mit Bildern, damals eine beinahe unerhörte Neuerung; es waren fünf große Holzschnitte aus der Passionsgeschichte, die sie kaufte und rahmen ließ. Sie liebte ihre Blumen, die Fenster entbehrten nie des Schmucks; ebenso ihren Garten: Sie legte ihn so schön an, als es ihre Mittel möglich machten, und hatte große Freude daran.[10]

Das große Erlebnis der Mutter war ihre Erweckung und Bekehrung. Am Anfang der Zwanzig war es über sie gekommen, nachdem sie bis dahin mit der Welt ehrbar und fröhlich gelebt hatte. Ein neuer Prediger, Iversen mit Namen, war nach Enge gekommen. Der alte Pastor Hasberg war ein Mann des Lebens und Lebenlassens gewesen, der auch im Wirtshaus gern verkehrte. Eines Abends hatte er es verlassen, ein Geldstück auf den Tisch werfend mit der Aufforderung, es munter zu vertrinken; auf dem Weg nach Hause war er tot zu Boden gefallen. Der Nachfolger war ein junger Mann voll leidenschaftlichen Eifers, seinen neuen Glauben, den neu gewonnenen alten Christenglauben, nicht bloß zu predigen, sondern im Leben und Empfinden der einzelnen Seelen lebendig zu machen. Es war die große Bewegung der neuen, tieferen Religiosität, gegenüber dem alten Rationalismus, die in unserem Lande zuerst durch Claus Harms in Kiel machtvoll zur Geltung gebracht worden war: Vermutlich war Iversen als Student von seiner Predigt ergriffen worden. So ziehen die großen Wellenbewegungen der Geschichte ihre Ringe bis in die letzten Dörfer und Hütten.

Die Mutter war ergriffen von diesen neuen Tönen. Mit der ihr eigenen Lebendigkeit erfasste sie die Sache: Wenn es so ist, sagte sie sich, wie der Mann predigt, dann ist es notwendig, dein Leben auf ganz andern Fuß zu stellen. Und mehr und mehr wurde es ihr zur tiefsten Gewissheit: Er hat wahrlich recht, das Leben hätte keinen Sinn, wenn es nicht über die Erde hinauswiese. Ist aber das ewige Leben das wahre Leben, dann ist es notwendig, darauf den Sinn zu richten und diese zeitlichen Dinge gering zu achten, um die ewigen Güter zu gewinnen. – So geschah es, dass sie sich von alten Beziehungen löste und alte Neigungen fahren ließ, um ganz dem Neuen, Großen zu leben, das ihre Seele erfüllte. Und darin hat sie sich nicht irremachen lassen, so befremdlich es andern vorkommen mochte. Auch die Geschwister gelang es ihr, auf ihre Seite herüberzuziehen: Der Ernst und die Energie des neuen Lebens in ihr war so groß, dass es in jener ersten Zeit etwas Unwider-

Friedrich Paulsen mit seinen Eltern

stehliches gehabt haben muss. Es ist ihr übrigens ihr Leben lang um ihre Heiligung großer Ernst gewesen. Ein zartes Gewissen begleitete sie auf allen ihren Schritten mit sicherer Bezeichnung des ihr Gemäßen. – Zu Pastor Iversen ergaben sich natürlich bald auch persönliche Beziehungen; sie war ihm wohl die erste Seele, die er gewonnen. Er blieb übrigens nicht lange in Enge; er kam bald nach Angeln (Neukirchen), wohin ihm die Schwester Agathe Margarete, die nach dem Tode seiner Frau als Pflegerin des von ihr zurückgelassenen Kindes in seinen Dienst eingetreten war, folgte. Nach einigen Jahren starb auch er, sein Andenken ist aber bei der Mutter lebendig geblieben, ich habe seinen Namen von ihr nie ohne dankbare Verehrung nennen hören. Sie suchte auch mich von klein auf mit ihrer Gesinnung und ihrem Glauben zu erfüllen und erzählte darum gern davon, wie sie selbst den Weg des Friedens gefunden habe; wie sie denn überhaupt viel mehr als der Vater bereit war, von ihren inneren Erlebnissen zu sprechen. So wenig er von seinem religiösen Innenleben sprach, so sehr war sie jederzeit geneigt, die Gelegenheit zu ergreifen, davon zu reden und für ihren Glauben Seelen zu gewinnen.

Auch die Bekanntschaft mit dem Vater ist durch die Gemeinschaft des religiösen Lebens vermittelt worden. Durch einen der „Stillen im Lande“, einen Schuhmacher in Bredstedt, so ist mir lange nach dem Tode der Eltern von der Tante erzählt worden, sei seine Aufmerksamkeit zuerst auf meine Mutter gelenkt worden. Vaters Schwester Naëmi Johanna, die öfters nach Enge zu Pastor Iversen in die Kirche ging, habe dann ihre nähere Bekanntschaft gemacht. Und das Ende sei gewesen, dass eines Tages der Vater nach dem Sande gekommen sei und bei den Eltern um die Hand der Tochter angehalten habe. Sie selbst sei gerade nicht zu Hause gewesen; auf die Mitteilung des Geschehenen habe sie zuerst eine etwas schnippische Antwort gegeben, schließlich aber doch gestattet, dass er wiederkomme, und ihm dann ihre Zusage gegeben.

Am 20. Juli 1845 wurde Hochzeit gefeiert. Der Bund fürs Leben ist für beide Teile glücklich gewesen. Zwar hat es auch an Schwierigkeiten nicht ganz gefehlt; Lebhaftigkeit der Gefühlsäußerung war dem Vater überhaupt nicht eigen, und so mag es auch der Gatte an den kleinen Zärtlichkeiten und Aufmerksamkeiten haben ermangeln lassen, wie sie von dem Liebenden erwartet werden. Die Mutter war aus dem Elternhause an ein etwas wärmeres Klima gewöhnt, als es in dem neuen Hause aufkommen wollte; so rechtschaffen und gütig der Vater im Großen war, so leicht konnte es ihm geschehen, über kleine Wünsche oder Abneigungen des Andern sich mit einer gewissen Rücksichtslosigkeit hinwegzusetzen: Darauf kommt's ja doch nicht an. Er wusste nicht, wie viel leichter oft eine große Einschränkung oder Entsagung ertragen wird als eine kleine Gleichgültigkeit. Mir sind diese Dinge sehr allmählich erst zum Bewusstsein gekommen. Als Kind habe ich gar nichts davon gemerkt; Streit zwischen den Eltern kam nicht vor, Unstimmigkeiten wurden nicht in meiner Gegenwart ausgeglichen. Eintracht und gegenseitige Achtung, das war es, was ich allein sah; vor allem war die Mutter darin unbedingt sicher, dem Kinde Achtung vor dem Vater und seinem Willen als dem selbstverständlich berechtigten einzuprägen. Übrigens entsprach dies auch ganz und gar ihrer Empfindung: Sie empfand vor dem Vater und seiner Einsicht und Tüchtigkeit unbedingte Achtung. War sie einmal gekränkt, so wusste sie für ein freies Wort zur rechten Zeit Eingang zu gewinnen; die Gemeinsamkeit ihrer religiösen Lebensstimmung gab ihrem Wort Form und Wirksamkeit. Fehlte es dem Verhältnis ein wenig an der Innigkeit des persönlichen Füreinanderseins, wie es durch größere natürliche Lebhaftigkeit des Gefühls oder feinere Kultur des Innenlebens gegeben wird, so fehlte es ihm zu keiner Zeit an gegenseitiger wahrer Achtung; hierauf beruhte der tiefe Friede, der den Grundton in meinem elterlichen Hause ausmachte. Zorn und Zank gab es nicht; und auch über einer inneren Verstimmung ließ die Mutter die Sonne des Tages, die sie hervorgerufen hatte, nicht untergehen.

Soviel von den Eltern und Vorfahren. Von beiden habe ich ein Erbteil mitbekommen; vielleicht darf ich es wagen, mit den Worten Goethes ein jedes zu bezeichnen:

> Vom Vater hab' ich die Statur,
> Des Lebens ernstes Führen,
> Vom Mütterchen die Frohnatur
> Und Lust zu fabulieren.

Mit dem Fabulieren freilich ist's nicht weit her; doch ist die größere Lebhaftigkeit des Empfindens und Mitteilens gewiss mütterliches Erbe. Und des Vaters Statur sieht, wer ihn gekannt hat, mir von ferne an.

Erste Kindheitserinnerungen

Ein paar flatternde Bilder, wie sie das Gedächtnis in ziemlich zufälliger Auswahl aus den ersten Kinderjahren festhält, mögen sich hier anschließen.

In mein drittes Lebensjahr reicht meine erste Erinnerung zurück; sie verflicht mich zuerst mit dem Lande Bayern, zu dem ich später so viele Beziehungen gewinnen sollte. Es war im zweiten Jahr des deutsch-dänischen Krieges, 1849. Ein Regiment Bayern, das vom Osten kam, wurde zu einem Rasttag in Langenhorn einquartiert. Die Mutter hat mir später oft erzählt, welche Angst sie in Erwartung des zu Mittag angesagten fremden Kriegsvolks ausgestanden habe, umso mehr als der Vater zur Kirchenvisitation musste, die an eben dem Tag stattfand; sie habe erst etwas Mut gefasst, als sie mich ganz harmlos unter die fremdartigen Gestalten mich habe mischen und sie gegen mich sehr zutunlich und freundlich sich benehmen sehen: sie hätten mich auf den Arm genommen, in die Höhe gehoben und ihren kleinen Friedrich den Großen genannt. Die Erinnerung der Mutter kehrte öfters zu jenem Tag zurück: wie das seltsame Deutsch der Leute ihr Schwierigkeiten gemacht habe, sie sprächen ja gar nicht Deutsch, wie es geschrieben werde; wie der fette Mittagstisch, der ihnen bereitet stand, nicht recht ihren Beifall habe finden wollen, sie hätten den guten Speck nicht essen können, aber ihn eingewickelt, um ihn dann kalt zu speisen; und Ähnliches. Ich erinnere mich bestimmter Vorgänge und Situationen, die mir nicht erzählt sein können. Auch der Zapfenstreich, zu dem ich mitgenommen wurde, hat mir Eindruck gemacht, zwar nicht die Musik, wohl aber die große Trommel, die ich für einen Braukessel ansah, es kam mir wunderlich vor, dass große Leute darauf so herumhämmerten.

Aus dem folgenden Jahr ist mir ein anderes in Erinnerung. Ich bin draußen in unserm Garten; da höre ich von Zeit zu Zeit einen dumpfen Knall; es sind Kanonenschüsse, sagt man mir: Bei Friedrichstadt fand im Herbst 1850 das letzte, nun längst sinn- und ziellose Ringen unserer Krieger mit den Dänen statt, vor der Einsargung der Herzogtümer durch die deutschen Großmächte.

Ein friedliches Bild taucht neben dem kriegerischen auf. Es ist ein Winternachmittag; in der blauen Wohnstube sitzen die Mutter und das Mädchen spinnend in der Nähe des Ofens; der Vater hat seinen Platz bei seinen Papieren am großen Tisch an der Fensterwand. Ich tummle mich als unruhiger Geist in der Mitte, bald auf einem Stecken reitend, die Elle diente mir als Steckenpferd, bald auf dem Fußboden den Sand zu einem Häufchen zusammenkehrend und mit dem Fingerhut der Mutter Kuchen backend; dann klettere ich hinter der Mutter auf ihren Stuhl und schlinge ihr ein Tuch um den Kopf, wie ich es bei Halligfrauen gesehen hatte. Der ewig rege Tätigkeitsdrang des Kindes kann nur von einer Mutter ertragen werden.

Und wieder sehe ich mich im Bett liegen, der kleine Tisch steht davor, und an ihm sitzt die Mutter und schneidet mir aus Papier Pferde und Kühe, Schafe und

Schweine aus. Ich war ihr blutüberströmt ins Haus getragen worden: Das Pferd eines Nachbars, an das ich von hinten mit der Gerte herangetreten war, hatte mich mit dem Huf ins Gesicht geschlagen; die Oberlippe war ganz zerrissen, und an der Stirn war eine Wunde. Man hatte gleich angespannt und mich zum Doktor in Bredstedt gebracht, wo der Schaden geflickt wurde. Von alledem weiß ich nichts, wohl aber davon, dass ich nun im Bett lag und von der Mutter in der angedeuteten Weise getröstet wurde. Ich hatte zugleich einen kleinen Tuschkasten mitgebracht erhalten und malte nun die weißen Tiere rot und schwarz und blau an. Wenn man ihnen die Beine auseinanderspreizte, konnten sie trefflich stehen und gaben viel Beschäftigung. Später schnitt ich sie mir selber mit der Schere aus und kam so zu herdenreichem Besitz.

Ein andermal liege ich auf unsrer Süderwarft in der Sonne: Mit einem alten Messer werden kleine Gräben im Rasen ausgehoben und Hecktore aus dicken Schwefelhölzern geflochten und eingesetzt. Die so entstehenden Fennen[11] werden dann mit bunten Flintsteinen, gelben, blauen, weißen und schwarzen besetzt, die der Großvater mir von Stollberg mitgebracht hat: Das sind nun meine Pferde und Kühe.

Und nun ist es Weihnachten. Lange ist davon gesprochen worden, dass das „Kindjen" dann vom Himmel herabkommt und die artigen Kinder beschenkt. Ich habe meine kleinen Gebetchen gelernt, vielleicht auch die zehn Gebote und das Vaterunser. Am Nachmittag habe ich meinen Teller vor dem Fenster im „Pesel" aufgestellt. Nun sitzen wir abends am Tisch, der Reisbrei, das Weihnachtsgericht, ist gegessen, das Evangelium gelesen und ein Weihnachtslied gesungen: Da, horch, ein Klingeln, leise beginnend, stärker anschwellend, eine Pause, ich sage meine Gebete mit beklommener Stimme, es klingelt nochmals, und dann ist's ganz still. Mit stockendem Atem öffne ich die Tür zum Pesel, da steht im Schein eines Lichts mein Teller, voll von Kuchen und Äpfeln und Nüssen, obenauf ein Reiter, aus weißem Teig gebacken, Sattel und Zeug mit allen Farben angestrichen. Und neben dem Teller liegt wohl auch noch ein Tüchlein oder eine kleine Peitsche oder ein Messer und eine Gabel, ganz klein und zierlich, eigens für meine Kinderhand gemacht. Kein Tannenbaum, und sei er noch so reich geschmückt und behangen, kann größeren Eindruck machen, als dieser geheimnisvolle Vorgang auf mein Kindergemüt gemacht hat; ich kann die ängstlich gespannte, feierliche Stimmung noch heute nachfühlen, die mit den rätselvollen, an Glockenklang erinnernden Tönen über mich kam. Für die Prosabetrachtung war es die Magd, die an die Wände des Küchenmörsers klopfte und dann durch das geöffnete Fenster ihre Schürze auspackte.

Zu Weihnachten 1849 wird es gewesen sein, dass ich eine Fibel neben meinem Teller fand; ich erinnere mich ihrer Bilder, des blauen Walfisches und des gelben Wickelkindes, noch wohl. Wann ich begonnen habe, unter Leitung der Mutter die Buchstaben zu studieren, weiß ich nicht; vermutlich haben mir die krausen Zeichen nicht lange Ruhe gelassen. Jedenfalls konnte ich, als ich im fünften Jahr in die Schule kam, fertig lesen.

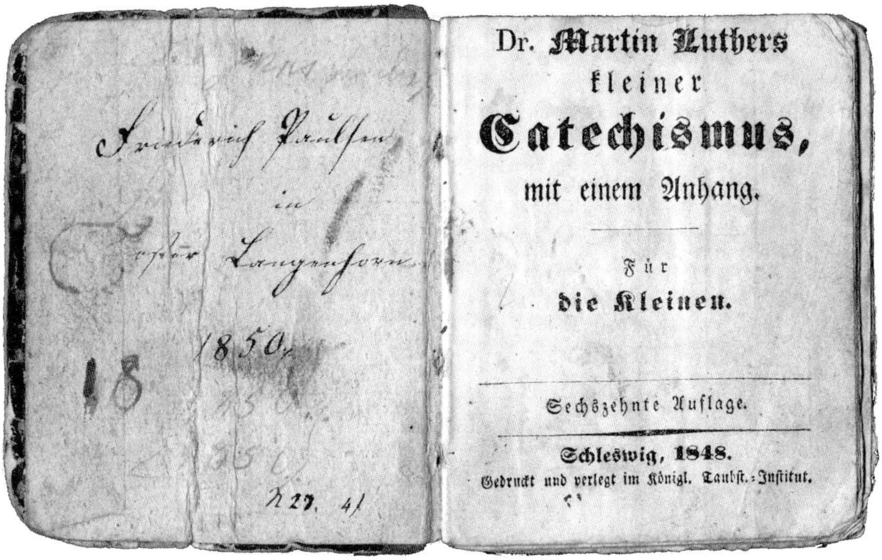

„Dr. Martin Luthers kleiner Catechismus“ aus dem Besitz Friedrich Paulsens, dem vierjährigen Jungen vermutlich von den Eltern geschenkt: „Jedenfalls konnte ich, als ich im fünften Jahr in die Schule kam, fertig lesen.“

Auch die ersten Besuche der Kirche gehen in frühe Jahre zurück. Ich hole der Mutter aus dem Garten ein Sträußchen Rosen und Lavendel, sie legt sie mit dem weißen Taschentuch auf das Gesangbuch, nimmt mich an die andere Hand, und wir wandern den Steig zur Kirche hinauf, von wo die Glocken uns schon entgegenklingen. Ich sitze neben ihr auf der lehnenlosen Bank und warte der Dinge, die da kommen sollen. Die Orgel beginnt, ich lasse sie mir wohl gefallen; dann steigt ein schwarz gekleideter Mann auf die Kanzel und beginnt zu reden, was ich nicht verstehe, eintönig und anhaltend, ich werde müde und nicke ein, und die Mutter hat Mühe genug, mich auf der Bank zu halten. – Noch ein anderes Bild taucht in verschwimmender Anschauung auf: Der kleine Tisch, in dessen Schublade ich meine Spielsachen hatte, steht nicht an seinem gewohnten Ort in der Stube, sondern im Pesel, wo ich ihn aufsuche, meine Sachen zu holen, und darauf liegt aufgebahrt im weißen Kleidchen ein kleiner Leichnam, mein erstes Brüderchen, das bei der Geburt gestorben ist. Deutlich erinnere ich mich dagegen, wie beim Begräbnis des letzten die Frau Dr. Rickertsen ihre Kinder und mich anstellte, Blumen und Grün auf den Weg und das Grab zu streuen.

Ein letztes Bild und ich lasse den Schleier über die Kindheit fallen: Ich gehe zögernd an der Hand der Mutter zu einer Nachbarin, einen Strauß Blumen, es waren weiße Narzissen, in der andern Hand. Nicht zum Geschenk waren sie bestimmt, vielmehr handelte es sich um einen Raub, den ich zurückbringen musste. Ein älterer Knabe hatte meine Augen auf die schönen Blumen im nachbarlichen

Kirche in Langenhorn mit dem Eingangstor zum Friedhof, dem Stegel zur Westseite (der in den 1960er Jahren abgerissen wurde): „Auch die ersten Besuche der Kirche gehen in frühe Jahre zurück".

Garten gelenkt und mir über den Zaun geholfen. Ich kam harmlos mit meinem Anteil nach Hause; die Mutter aber hatte die Herkunft der Blumen bald herausgebracht und nötigte mich sogleich zu dem beschämenden Gang. Die gute Nachbarin war gerührt und wollte sie mir lassen, aber dafür fand sie keineswegs die Genehmigung der Mutter, welche die Sache sehr ernst nahm.

Bis hierher etwa war die Darstellung geführt, die ich vor 30 Jahren gemacht hatte, um diejenige, die sich entschlossen hatte, meine Lebensgefährtin zu werden, in die geschichtliche Welt einzuführen, aus der ich stammte. Ich wollte zugleich sie vorbereitend mit denen bekannt machen, die damals alle noch lebten und in deren Kreis ich hoffte sie in kurzem einzuführen. Nun sind sie alle längst hinübergegangen, die, für die ich schrieb, und die, von denen ich schrieb. – In dem Folgenden will ich nun zunächst einige Bilder aus der Umgebung skizzieren, in der ich mit wachsendem Bewusstsein meine Knabenjahre verlebt habe. Bald wird es eine völlig versunkene Welt sein, sie ist in schneller äußerer und innerer Umwandlung begriffen; vielleicht wird es eben darum nicht unerwünscht sein, aus dieser Welt von einem, der noch darin gelebt hat, etwas zu vernehmen.[12]

Heimat und Elternhaus

Meine Heimat Nordfriesland lag, als ich als Knabe heranwuchs, noch ganz außerhalb der Welt. Keine Eisenbahn brachte die Landbewohner, wie jetzt, in wenig Minuten in die Stadt; nach Flensburg oder Husum, den nächsten Städten, kam man oft in Jahren nicht; manche, vor allem Frauen, haben kaum je eine Stadt gesehen. Wer Hamburg gesehen hatte, war ein weitgereister Mann. Von Kopenhagen brachten Einzelne, die dort gedient hatten, bescheidene Kunde, nicht aus der Vogel-, sondern mehr aus der Froschperspektive. Dass es auch ein Berlin gab, wusste man nur aus der Geographie, es war uns ferner als heute St. Louis oder Moskau. Auch der Verkehr innerhalb der Landschaft selbst war ein sehr beschwerlicher und eingeschränkter. Es gab keine Chaussee an der Westküste; die jetzige Straße zwischen Husum und Tondern, die auch durch den östlichen Teil der Gemeinde Langenhorn läuft, ist erst am Anfang der 60er Jahre gebaut worden; bis dahin gab es nur den uralten „Ochsenweg", von den jütischen Ochsen, die auf ihm den Weg in die Marschen getrieben wurden, so genannt. In großem Bogen die Marschen selbst umgehend, zog er am Rande der Geest durch tiefen Sand von Tondern nach Leck, von Leck über Soholmbrück[13] nach Bredstedt, und nochmals mit großem Bogen von Bredstedt über Bohmstedt nach Husum. Daneben gab es noch einen Weg durch die Marschen, der aber nur während des kurzen Sommers passierbar war, im Winter nur bei Frost und dann kaum, wegen der fußtief eingefahrnen Geleise: Im Frühjahr und Herbst war der Weg bei ewig nassem Wetter ein bodenloser Morast; dazu ging er mit endlosen Krümmen und Kehren von Dorf zu Dorf, von Hof zu Hof. Etwas besser waren nur die Deiche. Übrigens fehlte es auch diesen Verhältnissen nicht an Lobrednern. Ich erinnere mich noch wohl, wie ein alter Schwager meines Vaters, der noch die Napoleonische Kriegszeit miterlebt und bei Sehestedt gegen die Schweden[14] gefochten hatte, warnend die Stimme erhob, als der Chausseebau begann: Haben wir erst die Chaussee, dann kriegen wir auch bald den Feind ins Land, das Militär und der Krieg folgt der Chaussee. Und in der Tat, kaum war die Chaussee da, da kam auch der Krieg von 1864 und brachte richtig die Preußen und Österreicher auch nach Langenhorn.

Natürlich gab es bis dahin in Langenhorn auch keine Postanstalt, so wenig als in den übrigen Dörfern: Die Post in Bredstedt war die einzige in der Landschaft. Die dort ankommenden Briefe wurden abgeholt oder durch Privatgelegenheit an den Empfänger befördert. Eine Art von Ersatz für den öffentlichen Briefträger bot ein altes Ehepaar in unsrer Nachbarschaft, das erst einmal, später zweimal die Woche nach Bredstedt ging und wie andere Besorgungen, so auch Briefe hin und her mitnahm und im Ort austrug, das Stück für einen Schilling, später für vier Schilling dänisch. Ich bin oft bei den Alten gewesen, der Vater hatte einen verhältnismäßig starken Postverkehr. Oft habe ich auch Geld hingetragen; es wurde in versiegelten Beuteln geschickt, die die Mutter nähen musste, Postanweisungen waren eine unbekannte Sache; sie hatten, da es nur Silbermünzen gab, manchmal ein recht ansehnliches Gewicht. Die ersten Goldmünzen habe ich erst mit 15 Jahren gesehen, es waren preußische Friedrichsdor, die der Vater in Zahlung für Vieh nicht gern annahm; ebenso wurden die dänischen Reichsbankzettel, die in den 50er Jahren auftauchten, mit Misstrauen betrachtet und möglichst bald wieder fortgeschafft. Am meisten standen die alten Speziestaler in Ansehen: dänische Doppeltaler im Wert von 4,50 Mark Solche in stattlichen Beuteln im Schrank wohlverwahrt zu wissen, war der Stolz altmodischer Bauern. – Irgendwelche regelmäßige Wagenverbindung besaß der ansehnliche Ort überhaupt nicht; erst die Chaussee brachte den „Wochenwagen", der zwischen Husum und Niebüll ein- oder zweimal die Woche fuhr. Und erst die Preußen brachten die Postanstalt. Jetzt hat der Ort zweimalige tägliche Briefbestellung; fünf Züge bringen täglich in einer halben Stunde nach Husum, in vieren nach Hamburg, in acht nach Berlin; und ein Omnibus fährt durch das ganze Dorf, um den Verkehr mit dem Bahnhof zu vermitteln. Der Postverkehr wird in einer Woche jetzt mehr Sendungen bringen als damals in einem Jahr.

Die Folge von alledem war eine Abgeschlossenheit des Lebens, von der man sich heutzutage kaum eine Vorstellung zu machen im Stande ist. Das Dorf oder vielmehr die Kirchgemeinde, die mehrere über etwa zwei Stunden zerstreute Dörfer zur Einheit zusammenfasste, bildete einen durchaus in sich geschlossenen Lebenskreis. Die Erwachsenen kannten noch die größeren Bauern aus den friesischen Nachbardörfern im Süden und Norden, die Jugend sah nicht über die Grenzen der Heimatsgemeinde, wie sie allsonntäglich um die Kirche sich sammelte, hinaus. Fremde kamen selten ins Dorf; war einer städtisch gekleidet, erkennbar an weißem Halskragen und offener Weste, hatte er „Weiß vor der Brust", so wurde er mit einiger Scheu von uns betrachtet und durch Abziehen der Mütze geehrt, denn er hatte die Vermutung für sich, ein Pastor aus einem Nachbardorf oder ein Beamter aus der Stadt zu sein; die Einheimischen trugen die Weste geschlossen und ein Tuch um den Hals.

Nur mit dem eine Stunde südlich gelegenen Bredstedt, dem Mittelpunkt der gleichnamigen Landschaft, war der Verkehr ein etwas regerer; es war der Markt und der Sitz des Postmeisters, des Landvogts[15] und des Aktuars[16]. Hierher wurden die Erzeugnisse der Landwirtschaft, soweit sie nicht an Ort und Stelle verzehrt oder abgesetzt wurden, zu Markt gebracht, von hier die notwendigen Geräte und Waren geholt. Es gehört mit zu meinen frühesten Erinnerungen, dass ich mit dem Vater auf einem mit Kornsäcken beladenen Wagen die langen Sandwege nach Bredstedt gefahren und dort bei Kaufleuten, Käufern und Verkäufern, eingekehrt bin, gelegentlich wohl auch auf einem Gang in das Büro des Landvogts oder des Aktuars und Steuereinnehmers ihn begleitet habe. Ich war nicht wenig stolz, wenn der Herr fragte: ob ich der Sohn sei? und ein freundliches Wort an mich richtete.

Was die politischen Verhältnisse anlangt, so erfreute sich die Westküste des Herzogtums Schleswig im Grunde tiefer Ruhe. Der Krieg von 1848–50 hatte sich

„Ausspannwirtschaft" an der Chaussee in Mönkebüll: „die jetzige Straße zwischen Husum und Tondern, die auch durch den östlichen Teil der Gemeinde Langenhorn läuft, ist erst am Anfang der 60er Jahre gebaut worden" (Foto von etwa 1900).

fast ganz an der Ostküste abgespielt. Die friesische Bevölkerung war selbstverständlich deutsch gesinnt, sie hatte an dem Krieg Anteil genommen, doch ohne großen Enthusiasmus, wie sie denn auch von irgendwelcher dänischen Bedrückung nichts gewusst hatte. Nach der Wiederherstellung des Friedens fügte man sich ohne Schwierigkeit in die alten Verhältnisse; man hatte die Erinnerung, von den Preußen verlassen und verraten worden zu sein, und die Empfindung, dass im Grunde Schleswig durch Geschichte, Gesamtcharakter und Verkehr mit Dänemark zusammengehöre. Mein Vater lebte ganz in dieser Empfindung; Friedrich VI. war der König, unter dem er aufgewachsen war, den er in der Jugend öfter gesehen hatte; auch Christian VIII. war noch ganz und gar der angestammte Landesherr, freilich hätte er den „offenen Brief" von 1846 nicht schreiben sollen: damit sei der erste Zwiespalt zwischen deutschen und dänischen Untertanen entzündet worden.[17] Nur von Friedrich VII. hielt er nichts. Trotzdem hörte er nicht auf, die Verbindung mit Dänemark als natürlich und gegeben zu empfinden. An eine Trennung von diesem Lande, mit dem das Herzogtum Schleswig seit grauer Urzeit eng verknüpft gelebt hatte, gar an eine Angliederung an Preußen, das ferne und ungeliebte, dachte in den 50er Jahren in diesen Kreisen niemand. In Holstein lagen die Dinge schon etwas anders, aber die Eider bildete damals noch eine sehr tief einschneidende Grenze. Auch in den Städten und im Osten, vor allem in Angeln, wurde anders empfunden. Aber die Bauernbevölkerung der friesischen Westküste lebte im Ganzen in tiefem politischen Frieden.

Und man muss gestehen, es geschah von dänischer Seite kaum etwas, das geeignet gewesen wäre, diesen Frieden zu stören. Dänische Münze wurde einge-

Marktplatz in Bredstedt um 1864: „Nur mit dem eine Stunde südlich gelegenen Bredstedt, dem Mittelpunkt der gleichnamigen Landschaft, war der Verkehr ein etwas regerer“.

führt, die alten lübschen und hamburgischen Schillinge und Sechslinge verschwanden, das war aber auch fast das Einzige, woran der gemeine Mann den Wechsel spürte; und schließlich, den entsetzlich verschlissenen Schillingen, womit Hamburg die Herzogtümer überschwemmt hatte – sie gingen in großen Tüten um, die aber immer erst nachgezählt werden mussten, weil regelmäßig einige fehlten und falsche Mecklenburger dabei waren –, nachzuweinen, hatte man auch keinen Grund. Dabei blieb die Rechnungsmünze die alte, für Vieh und Dienstbotenlohn der Hamburger Taler (3,60 Mark), für Land und Korn die Hamburger Mark (zu 16 Schilling = 1,20 Mark). Schikanen, wie sie möglich gewesen wären durch „Missverständnis“, indem man dänische Reichstaler (2,25 Mark) oder Reichsmark (37 Pfennig) verstanden zu haben vorgegeben hätte, kamen an der Westküste gar nicht vor, wohl an der Ostküste.

Im Übrigen blieb Verwaltung und Sprache dieselbe. Die alte Selbstverwaltung der friesischen Bauerngemeinden wurde nicht angetastet; die alten Namen und Funktionen blieben, der „Vollmächtiger“ als Gemeindevorsteher, die „Zwölfe“ als Kirchspielskollegium, das den „Vollmächtiger“ und die übrigen Gemeindebeamten wählte; die „Bauervögte“, die in den einzelnen Dörfern die Polizeiverwaltung hatten usw. Der „Landvogt“ in Bredstedt, der das Gericht hielt, war ein Einheimischer, der Bruder des Propstes Caspers in Husum. In schwereren Fällen war die Urteilsfindung bei dem alten „Bondengericht“, zwölf Bauern aus der Landschaft, die ihr Amt, wenn ich mich nicht irre, als lebenslängliches innehatten. Nur der Aktuar, der die Polizei- und Steuerverwaltung hatte, war ein Fremder oder wurde wenigstens als „dänischer“ Beamter gehasst, übrigens mehr um seiner Sportelgier[18] als um seiner Gesinnung willen. Wenn ich noch den Amtmann in Husum, der auch ein Deutscher war (Johannsen), und den Propst Caspers nenne, so sind das alle Beamten, von denen ich gehört habe: Amtmann und Propst kamen jährlich im Sommer einmal in das Dorf zur Kirchen- und Schulvisitation, wobei zugleich alle Gemeinderechnungen revidiert wurden. Ein Festmahl, das die Frau Hauptpastorin auszurichten hatte und bei dem das ganze Kirchen- und Gemeindekollegium mitbewirtet wurde, war die Krönung des Festes. Doch ich vergesse: In den ersten Jahren nach dem Krieg, es wird 1852/53 gewesen sein, hatten wir auch einen dänischen Gendarmen im Ort; er hatte seine Wohnung in einem einsamen Bauernhof eine Stunde vom Dorf und ließ sich möglichst wenig sehen. Dass er jemand Verdruss gemacht habe, erinnere ich mich nicht gehört zu haben. Doch weiß ich noch, dass mir einmal ein älterer Junge plötzlich die Mütze vom Kopf riss und sie versteckte mit dem Ausruf: „Der Gendarm kommt"; an der Mütze war eine blau-weiß-rote Troddel, die „Rebellenfarbe". Im Übrigen bin ich auf das „dänische" Regiment während der 18 Jahre, die ich unter dem Zepter der dänischen Könige gelebt habe, kaum irgendwo gestoßen. Die dänischen Farben, den Danebrog, das weiße Kreuz im roten Feld, habe ich in meinem Heimatsort überhaupt niemals gesehen; es wurde kein Königsgeburtstag gefeiert, auch in der Schule ist der Tag niemals erwähnt worden. Dänische Soldaten oder vielmehr Uniformen, denn es steckten Landeskinder darin, habe ich zum ersten Mal, ich glaube in meinem 13. Lebensjahr, in Flensburg gesehen; hier begegnete ich auch den dänischen Farben zuerst, und zwar kleinen Fähnchen auf den Gräbern der dänischen Gefallenen von 1848–50 auf dem Kirchhof. Und auch die ersten dänischen Laute werde ich hier gehört haben, wenn nicht etwas früher auf einem Pferdemarkt in Handewitt[19], wohin Onkel Ipke mich einmal mitgenommen hatte.

Sonst lebten wir ungestört im Gebrauch unserer alten angestammten Sprachen: das Hochdeutsche die Sprache der Kirche, der Schule und des Staats, d. h. im schriftlichen Gebrauch, denn im mündlichen Verkehr bedienten sich die Beamten wohl auch des Plattdeutschen; Plattdeutsch die Sprache der Stadt, des Markts und in wachsendem Umfang auch der Familie; Friesisch die alteinheimische Sprache der Bevölkerung, die aber nur Haus- und Dorfsprache war. Eine Literatur hat sie nie gehabt; im öffentlichen Leben ist sie jedenfalls seit der Reformation nicht mehr gebraucht worden: Erst war Platt-, dann Hochdeutsch die Sprache der Kirche und Schule und ebenso der Kanzlei. Es ist von der dänischen Regierung kein Versuch gemacht worden, in diese alte Ordnung einzugreifen. Die Danisierungsbestrebungen haben sich, soviel ich sehe, auf das Gebiet des alten Wettbewerbs beider Sprachen an der Ostküste beschränkt; die Eroberung oder Wiedereroberung der zwiesprachigen Städte und des der dänischen Sprache während der Zeit des Übergewichts deutschen Wesens verloren gegangenen Landgebiets, vor allem zwischen Schlei und Flensburger Förde, war das Ziel, das man, wenigstens zunächst, ins Auge gefasst hatte. Selbst in Gemeinden, zu denen auch ein paar kleine dänisch sprechende Dörfer gehörten, z. B. Enge, der Heimatsgemeinde meiner Mutter, hat man die alten Verhältnisse gelassen und keine dänische Predigt durchzusetzen versucht. Und in der Landschaft Bredstedt, zu der auch zwei dänische Kirchspiele (Joldelund und Viöl) gehören, haben zwar die dänischen Prediger in den deutschen Gemeinden mit großer Mühe deutsche Vakanzpredigten[20] gehalten – ich habe sie selber gehört –; unsere alten deutschen Prediger waren aber gewiss nicht in der Lage, durch dänisch gehaltene Predigten den Liebesdienst zu erwidern. Erst Pastor Thomsen, ein Angliter von Geburt, konnte Dänisch; bei ihm habe ich es gelernt, als ich meine Studien begann.

Die Sprache in meinem Elternhause war die friesische; ich habe sie mit meinen Eltern und Verwandten gesprochen, solange sie lebten; es macht mir noch heute keine Mühe, wenn ich in die Heimat komme, friesisch zu sprechen, wenn auch hie und da ein selteneres Wort sich nicht gleich einstellen will. Daneben gewöhnten sich das Ohr und die Zunge von klein auf an das Plattdeutsche; es war in nicht wenigen Familien Haussprache; wo eine plattdeutsche Mutter einzog, verschwand das Friesische alsbald als Umgangssprache; natürlich, jeder Friese kann auch Platt, aber nicht umgekehrt: Es kommt überhaupt kaum vor, dass ein geborner Plattdeutscher, ein Städter etwa, friesisch sprechen lernt; selbst die plattdeutsche Dienstmagd trägt ihre Sprache ins Haus. Es ist daher kein Zweifel, dass die friesische Sprache in nicht ferner Zeit an der Westküste Schleswigs ausgestorben sein wird. Der Verlust wird, abgesehen von dem, was die Sprachwissenschaft an altertümlichen Formen und Wörtern damit einbüßt, nicht zu groß sein; die friesische Sprache ist wirklich eine arme Sprache;[21] d. h. sie ist reich an Ausdrücken für alle sinnlichen Dinge, die in dem Umkreis des bäuerlichen Lebens liegen; für Tätigkeiten und Zustände, Dinge und Geräte aus jener Anschauungswelt hat sie einen sehr reich entwickelten Wortschatz, so dass man bei der Übersetzung in die deutsche Buchsprache beständig zu Umschreibungen genötigt ist. Aber für die geistige Welt ist man immerfort genötigt, Anlehen beim Deutschen zu machen, wie es denn ja auch das Plattdeutsche nicht vermeiden kann.[22]

Das Hochdeutsche habe ich wohl erst in der Schule sprechen gelernt; verstehen und lesen konnte ich es schon früher. Sichere Fertigkeit habe ich kaum erreicht, ehe ich als Achtzehnjähriger auf dem Gymnasium in Altona täglich mit den Mitschülern zu sprechen genötigt war. Mein Vater hat es sein Leben lang ungern gesprochen, er pflegte auch mit Hochdeutschredenden plattdeutsch zu sprechen; er verstand vollkommen Hochdeutsch und schrieb es ganz gut, aber es war der Zunge nicht geläufig geworden, wogegen die Mutter, mit der leichteren Zunge der Frau, sich noch in späterem Alter leicht dazu bequemte; nur mit mir konnte sie es nicht sprechen: Es wäre ihr gewesen, als ob sie zu einem Fremden redete. Daher meine Frau und Kinder, wenn wir später bei den Großeltern zum Besuch waren, oft in Verlegenheit kamen, wenn das Friesische bei Tisch oder sonst durchbrach.

Der Vorstellungskreis des Elternhauses, wie er in der Unterhaltung zu Tage trat, bewegte sich natürlich zunächst um die Angelegenheiten des häuslichen und wirtschaftlichen Lebens. Mit Besuchern, die sich nicht selten einstellten, mit den

Verwandten, mit denen man öfters am Sonntagnachmittag zusammenkam, wurden vor allem die Verhältnisse der Landwirtschaft, des Viehstandes, der Aussichten für Korn- und Heuernte usw. durchgesprochen; selbstverständlich auch das Wetter, das für den Landbewohner und gar für den Landwirt eine so unermesslich große Bedeutung hat: Für den Städter ist es bloß eine Sache größerer oder geringerer Annehmlichkeit, für den Bauer ist es die Lebensfrage! Das ganze Gedeihen des Hauses, die Frucht langer und mühevoller Arbeit hängt davon ab. An diese Dinge schlossen sich die Gemeindeangelegenheiten, Dorf und Wege, Koog und Deiche, Kirche und Schule. Der Vater stand mitten in diesen Dingen drin und hatte ein lebhaftes Interesse dafür. Er besprach sie gern und eingehend mit sachkundigen Leuten; vor allem war es ein Nachbar, Carsten Oldsen, der oft auf eine Abendstunde herüberkam, ein sehr einsichtiger, ruhiger und rechtschaffen denkender Mann, mit dem man gern über alle Dinge des öffentlichen Lebens sich unterhielt. Ich habe ihm später oft über die politischen Vorgänge in Berlin, über Bismarck und den alten Wilhelm berichten müssen. Der Vater hatte für die politischen Dinge weniger Teilnahme, wo er nicht wirken konnte, hörte auch sein Interesse auf; um Parteien und Parteifragen kümmerte er sich nicht im mindesten. Der Staat war ihm der König; wie er denn bis an sein Ende nicht aufhörte, Staatseigentum, Land oder Gebäude, als „Königs“ zu bezeichnen, was in meinen jugendlichen Tagen von meiner Seite wohl einmal den Versuch unzeitgemäßer Belehrung hervorrief.

Anders stand es mit den religiösen Dingen; für sie war in dem ganzen Kreise der väterlichen wie der mütterlichen Verwandtschaft ein sehr lebhaftes Interesse vorhanden. Die Mutter liebte es auch, sie in den Kreis des Gesprächs zu ziehen, wie sie denn etwas Lehrhaftes und wohl auch Bekehrungseifriges in ihrem Wesen hatte. Der Vater dagegen war in diesem Punkt zurückhaltend, ja verschlossen, die innerlichsten Dinge bringt man nicht über die Lippen; ich erinnere mich kaum irgendeines Gesprächs über religiöse Dinge, an dem er sich aktiv beteiligt hätte; er ließ es geschehen, sah es auch nicht ungern, aber er sprach sich selber nicht aus. Und nicht anders hielt er es mit sittlichen Lebensfragen; sie bewegten ihn wohl innerlich, er konnte sich auch schriftlich darüber äußern, nicht aber mündlich; ein der Scham verwandtes Gefühl mochte ihm die Lippen schließen, während die Mutter auch hier leicht zum Worte war, auch ihr Urteil über andere nicht ängstlich zurückhielt.

Literarische Gegenstände, Theater, Musik, Kunst, Dichtung und was sonst das Hauptgericht auf der Tafel großstädtischer Geselligkeit bildet, fehlte natürlich ganz, es kam einfach im Vorstellungskreis nicht vor. Gelesen wurden nur ernsthafte Sachen, die es mit dem Wirklichen zu tun haben; alles, was die Engländer *fiction* nennen, wurde auch grundsätzlich verschmäht. Es gab auch damals Frauen in Langenhorn, von denen man sagte, dass sie „Geschichten“ (Romane) läsen; es kam meiner Mutter unbegreiflich vor, wie jemand seine Zeit mit dem Lesen von „Geschichten, die nicht wahr sind“, hinbringen könne. Gar plattdeutsche Geschichten und Erzählungen, wie sie in der Zeitung gelegentlich vorkamen, fand sie unaussprechlich läppisch: So was haben wir ja alle Tage zu Hause auch, und dabei kann es nicht einmal „richtig" geschrieben werden. Ihre Lektüre bewegte sich so gut wie ausschließlich im Kreis religiöser Stoffe: Immer zur Hand waren Bibel und Gesangbuch und ihre Erbauungsbücher, von denen sie eine recht ansehnliche Zahl, namentlich Predigtbücher, zusammengebracht hatte. Mein Schrecken darunter war eine Postille von dem alten August Hermann Francke, den sie besonders hoch schätzte; ich musste am Sonntagnachmittag, wenn die Kameraden draußen spielten, eine Predigt vorlesen, d. h. es war nicht gerade Gebot, aber es war der stille Wunsch, dem ich mich ungefähr ebenso ungern entzog als fügte. Wurde nun der dicke Quartband von Francke geholt, dann kam ich gewiss nicht unter einer Stunde frei, es konnten auch anderthalb werden, das 18. Jahrhundert hatte Zeit und hielt darauf, dass seine Prediger ihr Brot nicht müßig aßen. Ich versuchte daher wohl die Wahl auf einen jüngeren zu lenken, Ludwig Hofacker oder Ludwig Harms in Hermannsburg, der später durch seine Missionsarbeit ihre Gunst vorzüglich gewonnen hatte: Ich liebte ihn keineswegs, aber er tat's doch mit einer halben Stunde.

Der Vater las daneben nicht ungern geschichtliche und geographische Darstellungen, von denen er eine kleine Auswahl besaß. Ein seltenes Fest war es, wenn er in meinen ersten Knabenjahren einmal die Karte von Europa aufrollte und mir die Länder und Städte zeigte. Zuweilen geschah es auch, dass ich ihn dahin brachte, von Napoleon zu erzählen: Es war die große Erinnerung seiner Jugendjahre, wie der Gewaltige erst alle Länder Europas niedergeworfen hatte und dann auf den Eisfeldern Russlands von einem Stärkeren überwältigt worden war. Auch Friedrich der Große und Peter der Große fanden sich in kleinen Volksdarstellungen in unserem Bücherschatz; ich habe sie mehr als einmal gelesen. Eine dänische oder schleswig-holsteinische Geschichte besaßen wir nicht, so wenig als eine deutsche oder Weltgeschichte. Dafür aber mehrere Geographiebücher; eines behandelte die dänische Monarchie; die ausführliche Darstellung von Island, Grönland und den Faröern machte es mir besonders wert.[23] Später hat der Vater manches Geschichtsbuch und auch wohl eine populäre naturwissenschaftliche Darstellung, die ich mitbrachte, gelesen. Er war für jede Belehrung über die Wirklichkeit bis in sein Alter hinein empfänglich. „Geschichten" dagegen, Romane, Erzählungen, Dichtungen hat auch er sein Leben lang nicht gelesen, es sei denn John Bunyans „*Pilgerreise*"[24], die einmal in winterlichen Abendstunden gelesen worden ist: Ihr lehrhaft-erbaulicher, nicht ihr poetischer Charakter verschaffte ihr Beifall.

Dennoch ist mir manches von Unterhaltungslektüre in die Hände gekommen. Das erste ein „*Robinson Crusoe*"[25]; die Frau des Buchbinders in Bredstedt, der auch für alle literarischen Bedürfnisse der Landschaft sorgte, hatte das Heftchen meinem Vater als Weihnachtsgeschenk für mich mitgegeben, ich weiß nicht, ob für Geld oder aus gutem Herzen. Ich habe in meinem Leben nicht viele Bücher

Die Langenhorner Kirche

mit solcher Leidenschaft gelesen; es steht mir noch mit seinem grauen Papier und den paar bunten Holzschnitten vor Augen. Wenn ich ein Stück gelesen hatte, musste ich, ich mochte wohl sieben oder acht Jahre sein, erst in die Dreschtenne gehen und den Knechten erzählen, wie es Robinson nun weiter ergangen sei. Ich hatte überhaupt einen starken Mitteilungsdrang; so erinnere ich mich, dass ich auch Onkel Ketel, meinem sehr geliebten Mutterbruder, wenn wir unterwegs waren, das Vieh draußen auf entfernten Weiden zu besehen oder umzuquartieren, allerlei Geschichten erzählt habe, die mir irgendwie in die Hände gekommen waren, vielleicht durch eine zirkulierende Lesebibliothek, die mein erster Lehrer eingerichtet hatte. Sammelte der Vater daraus landwirtschaftliche Kenntnisse, so war ich für die Erzählungen empfänglich, die in Volkskalendern und andern ähnlichen Erzeugnissen mit verfrachtet waren. Später kam durch meinen zweiten Lehrer, den Küster Brodersen, manches andere dazu: Jugendgeschichten, Naturwissenschaftliches und Geschichtliches, auch erste Stücke aus der deutschen und nordischen Literatur. Ich hatte eine große Leselust und habe mir oft mit einem Buch drinnen oder draußen ein verborgenes Plätzchen gesucht, um nicht entdeckt und zur Arbeit oder einem Gang gerufen zu werden. Ein Lindenbaum am Hause, in dem ich mir hoch oben in den Zweigen einen Sitz gemacht hatte, bot ein vorzügliches Versteck.

Eine Bemerkung über die kirchlichen Verhältnisse und das Verhältnis des Elternhauses zur Kirche mag diese Betrachtungen beschließen. Die Eltern waren beide kirchlich gesinnt und, der Vater wenigstens, regelmäßiger Kirchgänger; die Mutter wurde durch ihre große Körperschwäche viele Jahre vom Kirchenbesuch so gut wie ferngehalten. So war es selbstverständlich, dass auch ich jeden

Sonntag in die Kirche ging, wo ich anfangs als Kind neben der Mutter, dann als Junge neben dem Vater meinen Platz hatte, bis ich später als Schüler der Küsterschule auf dem Schülerchor zu erscheinen hatte. Das innere Verhältnis zu unserer Kirche war dabei kein enges; unsere Prediger genügten dem religiösen Bedürfnis, namentlich der Mutter, nicht. Sie wusste es daher bei dem Vater durchzusetzen, dass er hin und wieder am Sonntag, trotz der Abneigung, den Pferden den Sonntag zu nehmen, den Wagen anspannte und uns in eine Nachbarkirche fuhr, wo ein durch Wärme und inneres Leben ihr mehr zusagender Prediger des Amts waltete. So sind wir öfter erst nach Bargum, dann nach Ockholm gekommen, wo wir eine sehr merkliche Vermehrung der meist so gut wie leeren Kirche brachten. In der Tat waren die Prediger, die unserer Gemeinde in meinen Knabenjahren vorstanden, durch nichts hervorragend; der alte Hauptprediger, ein Rationalist dürftigen Zuschnitts, hatte auf gutes und bequemes Leben im Diesseits gesetzt; der Diakonus war ein Mann nicht ohne Eifer, aber ohne Begabung und persönliches Leben; seine Predigten kamen über allerlei Erinnerungen aus Katechismus und Dogmatik nicht hinaus. Trotzdem blieb damals der Kirchenbesuch in der Gemeinde ein ziemlich regelmäßiger; die Sitte beherrschte darin auch den Gleichgültigen und selbst den Widerwilligen. Erst nach 1870 ist das anders geworden. Seitdem konnte es geschehen, dass sich in der Kirche, die gegen 600 bis 700 Personen fasste, nicht mehr als drei, vier Leute, außer den paar gebetenen Besuchern, einfanden. Die Prediger, von denen der eine unaussprechlich langweilig, ein anderer um seiner persönlichen Lebensführung willen unerträglich war, haben dazu das Ihre beigetragen. Aber ohne Zweifel hat auch ein großer Umschwung in der Sitte stattgefunden: Das Band, das den Einzelnen mit der Kirche als der geschichtlichen Lebensform verbindet, hat an Stärke sehr viel verloren. Der elterlichen Generation wäre ein Leben ohne Kirche noch undenkbar vorgekommen; von der jetzt heranwachsenden würde das Verschwinden der Kirche kaum noch als eine große Lücke in ihrem Leben empfunden werden. So rasch hat sich die Entfremdung gegen die Kirche auch auf die ländlichen Gemeinden eines an sich kirchlichen Landstriches ausgedehnt. Vor allem trägt dazu wohl der Umstand bei, dass das ganze Leben weltförmiger geworden ist, der gesamte Vorstellungskreis mit anderen Interessen sich erfüllt hat: Die tägliche Zeitung, der Roman, die Vergnügungen, die Reisen haben die Kirche und den Sonntagsgottesdienst, die vor zwei Menschenaltern eigentlich noch die einzige Unterbrechung des Werktaglebens boten, entbehrlich gemacht. Denn darüber wird man sich freilich nicht täuschen, dass es auch damals nicht das persönliche religiöse Bedürfnis war, das die große Masse sonntags in die Kirche führte.

Noch eines halte ich der Erwähnung wert: Der Aberglaube ist meiner Jugend in jeder Gestalt fremd geblieben. Im Elternhause hatte er keinen Ort schon wegen seiner Unverträglichkeit mit dem religiösen Vorsehungsglauben. Und in der ganzen Umgebung machte die nüchterne, verständige, im besten Sinne aufgeklärte Denkweise der Bevölkerung ihm das Aufkommen schwer. Kleine Spuren eines Glaubens an Hexerei oder an Vorzeichen sind mir begegnet, aber sie spielten in keiner Weise eine Rolle: Jedenfalls in unserer Gemeinde und in der ganzen bekannten Welt gab es keine Hexen. Und ebenso wenig waren Abwehrmittel, Amulette und dergleichen, gegen bösen Zauber oder gegen Krankheiten von Mensch und Vieh im Gebrauch. Auf Träume gab niemand etwas, und die böse Wirkung der Dreizehn war ebenso unbekannt. Alle diese Dinge habe ich erst in dem aufgeklärten Berlin kennen gelernt. Ich erinnere mich wohl des Erstaunens, als ich eines Tages in einem Restaurant mit ein paar Berliner Familien, die der Crême der Aufklärung, der freireligiösen Gemeinde, angehörten, zusammensaß und plötzlich eine der Frauen aufschrie: „Herrgott, wir sind 13 am Tisch." Im Augenblick stob alles auseinander, um das böse Omen noch abzuwehren, und setzte sich dann in kleineren Gruppen wieder zusammen. So sind mir auch Traumbücher erst in Berlin bekannt geworden; sie liegen noch heute neben Liebesbriefstellern und Hintertreppenromanen in den meisten Papierläden zum Kauf aus und werden fleißig gekauft und benutzt, nicht allein von Dienstmädchen, die sich daraus über ihre Zukunft informieren. Und selten wird man, wenigstens in den kleinen Berliner Wohnungen, über die Türschwelle schreiten, ohne ein Hufeisen darauf angenagelt zu finden. Auch in unserer Küche finde ich regelmäßig da oder dort solchen Fund aufgestellt. Ebenso habe ich das Bleigießen in der Neujahrsnacht erst in Berlin kennen gelernt. Und in welchem Umfang kluge Frauen, die aus Kartenlegen und Kaffeegrund Zukunftsforschung treiben, in der Metropole der Intelligenz Zuspruch finden, wird ja durch gelegentliche Gerichtsverhandlungen bekannt. Dass meine Hochachtung vor dieser Intelligenz durch solche Erfahrungen nicht gesteigert worden ist, brauche ich nicht zu sagen. Übrigens hängt die Sache wohl mit zwei Dingen zusammen: der östlichen Provenienz der Masse der Berliner Bevölkerung und der Ansammlung der höfisch-aristokratischen Welt. Dass diese für den Aberglauben in jeder Form eine spezifische Empfänglichkeit hat, dürfte in dem gesteigerten Selbstgefühl dieser Gruppe seine Erklärung finden; der Intimität mit den himmlischen Mächten, die der Intimität mit den allerhöchsten Herrschaften auf Erden zur Seite geht, entspricht der Glaube, dass die persönlichen Schicksale des Einzelnen Wichtigkeit genug haben, um durch besondere Vorgänge (Vorzeichen) vorbedeutet und je nachdem durch besondere Kräfte und Machenschaften, als z. B. das Gesundbeten, beeinflusst werden zu können. Unser gesunder Bauernstand stand der Natur nahe genug, um nicht zu erwarten, dass so besondere Umstände mit ihm gemacht würden. Und durch verdrehte Literatur sich den Kopf zu verwirren, ließ ernsthafte Arbeit, der beste Schutz gegen fratzenhafte Gedankenverirrungen, nicht zu.

Der Haushalt und die Arbeit drinnen und draußen

Den Mitteilungen aus der geschichtlichen und geistigen Welt, in der ich aufgewachsen bin, lasse ich nun einiges aus der äußeren, besonders aus der wirtschaftlichen Lebensumgebung folgen; auch ihre Gestalt hat sich inzwischen in allen Stücken auf das stärkste gewandelt, während sie in den vorausliegenden zwei Jahrhunderten, von der Mitte des 17. bis zur Mitte des 19. Jahrhunderts, wohl so gut wie unverändert geblieben war: Zeugnis dessen die Bauernhäuser, die ihren Charakter und Zuschnitt in diesem Zeitalter durchaus festgehalten hatten, während sie in den letzten 50 Jahren sich von Grund aus verändert haben.

Das wirtschaftliche Leben einer Bauernbevölkerung wird durch die natürliche Beschaffenheit der Landschaft wesentlich bedingt; daher hierüber zuerst ein Wort. Die Westküste des mittleren Schleswig erhält ihren Charakter dadurch, dass sich hier an den Geeströcken ein mehr oder minder breiter Saum von Marschen ansetzt; die Breite wechselt von einer halben bis zu etwa drei Stunden. Die inneren älteren Köge sind Flussmarschen, die häufigen Überschwemmungen ausgesetzt sind, die jüngeren, ans Meer stoßenden Köge sind höher und Überschwemmungen nicht ausgesetzt, sie haben zugleich den schwereren und fruchtbareren Boden. Die Besiedelung ist derart, dass die jüngeren Köge, die erst seit dem 17. Jahrhundert eingedeicht sind, mit großen Einzelhöfen, die inmitten ihres Besitzes liegen, besetzt sind, während die älteren Köge wenige oder gar keine Ansiedlungen haben; die Dörfer, zu denen sie gehören, liegen vielmehr in langen Häuserzeilen hingezogen auf dem Rande der Geest, dicht an der Marsch. So die Dörfer der Kirchspiele Langenhorn, Bargum, Enge; so Risum, Lindholm, Niebüll, Deezbüll, die Kirchspiele auf der Geestinsel des Risummoor. Damit ist Landverteilung und Anbau in diesen Dörfern gegeben: Zu jeder Bauernstelle gehört in der Regel ein Streifen Ackerland auf der Geest und ein Streifen Weide- und Wiesenland in der Marsch: die Hofstelle in der Mitte zwischen beiden auf dem Geestrande.

Mein Heimatort, friesisch *de Horne* (die Hörner) genannt, ist ganz nach diesem Schema gebaut; er folgt in langer Häuserzeile von West nach Ost in einer Länge von einer Stunde der hier einspringenden Marsch, die den Namen des alten Langenhorner Koogs führt; ein niedriger Deich, der ihn gegen Norden und Westen einschließt, stammt aus dem 16. Jahrhundert;[26] im Süden und Osten stößt er an die Geest, auf deren Rand die Bauernhöfe liegen; hie und da sind kleinere und größere Gruppen, z. B. bei der Kirche, vereinigt, Wirtshäuser, Handwerker, Krämer, Tagelöhner.

Ungefähr in der Mitte des Orts liegt mein Elternhaus, ein langgestrecktes Bauernhaus, das, ebenso wie die übrigen, Wohn- und Wirtschaftsräume unter einem hohen Strohdach vereinigt. Es erstreckt sich von West nach Ost etwa 120 Fuß lang bei 25 Fuß Breite, wovon das östliche Drittel die Wohnräume enthält; der Rest kommt auf Stall, Tenne und Scheune.

Friedrich Paulsens Elternhaus in Langenhorn: „ein langgestrecktes Bauernhaus, das, ebenso wie die übrigen, Wohn- und Wirtschaftsräume unter einem hohen Strohdach vereinigt"

Durch die Haustür unter dem Giebel tritt man in die mit Fliesen belegte Vordiele; die Tür zur Rechten führt in die Wohn- oder „Süderstube", eine Tür gradaus in die „Norderstube"; jene ist im Winter, diese im Sommer der gewöhnliche Aufenthaltsort, wo die Mahlzeiten und auch die häuslichen Arbeiten, Spinnen, Nähen, stattfinden. Durch die Wohnstube geht's in den mit weißen Fliesen ausgelegten Pesel, der in der Regel nicht gebraucht wird: Hier stehen die Koffer und Schränke. Durch die „Norderstube" geht man in die Küche, an die sich der tiefe Keller und darüber die Vorratskammer anschließen. Die glänzend hellblau gestrichene Wohnstube ist zugleich die Schlafstube der Eltern, das Bett ein eingemauertes Wandbett, wie es damals noch überall Sitte war, abschließbar durch Vorhänge oder Holztüren. Hier steht der eiserne Ofen, anfänglich ein sogenannter „Beileger", der von der dahinter liegenden Küche aus geheizt wird, die Wände mit biblischen Darstellungen geziert, später ein moderner Aufsatzofen, in dem im Winter der Teekessel beständig brodelt. Am Winterabend sammelt sich die ganze Familie um den großen Klapptisch am Fenster, auf dem eine Talgkerze brennt, welche die Mutter selbst gegossen hat. Der Vater liest die Zeitung, die Mutter näht oder spinnt, die Magd kardet Wolle,[27] der Knecht liest oder raucht im Hintergrund seine Pfeife, dreht auch wohl einmal auf eigene Rechnung Strohseile, wie sie beim Dachdecken Verwendung finden, und ich mache Schularbeiten oder lese in einem Geschichtenbuch. Den Schluss macht um neun Uhr ein Abschnitt aus Goßners *„Schatzkästlein"*[28] oder einem andern Erbauungsbuch, den der Vater vorliest. Im Sommer sitzt man am Abend in der Norderstube und plaudert, der Himmel bleibt hier bis gegen zehn Uhr so hell, dass ein Licht nicht nötig ist; um Mittsommer, wir sind unter dem 55. Breitengrad, bleibt es die ganze Nacht hindurch halbhell, bis gegen elf Uhr kann man zur Not noch ohne Licht Gedrucktes lesen, nur zwischen elf und eins herrscht ein dämmeriges Halbdunkel. Der Schlaf wird im Sommer, vor allem wenn die Arbeit drängt, kurz gemacht, halb zehn zu Bett, vier Uhr mit der Sonne wieder auf. Dazu eine Stunde Mittagsschlaf. Im Winter kann man nachholen, da steht man erst nach sechs Uhr auf, immerhin noch so, dass auch am Morgen überall, in der Küche wie im Stall, Licht gebrannt werden muss. Denn die Sonne kommt spät und erhebt sich nur eben über den Horizont, manchen Tag sieht man sie überhaupt nicht.

So das Haus und seine Räume. Süden vor dem Haus ist der Garten und der größere Hofraum, die „Warft“[29], ein hoher Erdwall schließt sie gegen die Dorfstraße ab. Zu beiden Seiten des Hauses liegen sodann die Felder, die das „Bohl“, die eigentliche Bauernstelle, ausmachen, nach Süden und nach Norden je etwa drei Kilometer lang in schmalem Streifen von ungefähr 40 Meter Breite sich erstreckend. Nach Norden liegt die Marsch, in Fennen, die von breiten, fischreichen Wassergräben umgeben sind, abgeteilt; es sind neun Fennen, von zwei bis vier Demat[30] (ein bis zwei Hektar) groß. Sie werden in der Regel als Weide für Vieh und Schafe, die tieferen als Wiesen (Meedland) benutzt. Im Sommer ist’s ein entzückender Anblick: Der weite, grüne, von glänzenden Butterblumen gelb schimmernde Plan mit roten, weißen und bunten Rindern bedeckt, dazwischen vereinzelt weißwollige Schafe und wohlgenährte, meist kastanienbraune Pferde, die sich auf der Weide für den Langenhorner Markt einen blanken, glatten Rücken holen.

Nach Süden liegt die Geest; erst kommen fruchtbare Koppeln, die vor allem für die Milchkühe die nahe Weide bieten, dann folgen ansteigend höher gelegene Äcker, zum Teil recht dürftiger Sandboden. Endlich geht die Geest in die Heide über, die in Gemeinbesitz ist; sie ist das Feld der armen Leute: Hier kann jeder Heide hauen, Torf stechen, weißen Sand graben und waschen, um ihn den Hausfrauen zu verkaufen, die damit die Dielen bestreuen, oder Kiesgruben öffnen, die für die Wege das Material liefern. Über die Heide steigt man in einer Viertelstunde zu einer für das Flachland ansehnlichen Erhebung hinauf, worauf die Stollberger Windmühle als stolzes, weithin sichtbares Wahrzeichen der ganzen Umgegend ragt. Von hier aus hat man an einem hellen Sommertag einen weiten Ausblick auf das nahe schimmernde Wattenmeer mit seinen Inseln, den Halligen. Oft wenn wir über Stollberg nach Bredstedt fuhren, hielt hier der Vater und zeigte, mit der Peitsche weisend, die Stätten, die ihm von seiner Jugend her so vertraut waren: das nahe Oland, dahinter Föhr mit Wyk, südlich Langeneß, weiter links das reiche Nordstrand und endlich, am Horizont verdämmernd, Eiderstedt, das Paradies eines Bauernherzens. Wendete man sich nach Norden, dann breitete sich die weite Ebene vor dem Blick aus, zuerst Heide und Geest, am Rand die lange Dorflinie, dahinter die grünen Marschen, bis im Nordosten der Langenberg, ein ähnlicher breiter Hügelrücken wie der Stollberg, von Osten her sich

Holländer-Mühle auf dem Stollberg: ein „stolzes, weithin sichtbares Wahrzeichen der ganzen Umgegend"

vorschiebend, den Horizont begrenzte. Auch diese Gegend hat ihre Schönheit! Steht man an einem Sommerabend bei Sonnenuntergang hier oben, ist Himmel und Erde und Meer in die Glut farbiger Wolken getaucht, dann wird auch der verwöhnte Blick gestehen: Fürwahr, das ist schön und einzig.

Neben dieser eigentlichen Bauernstelle besaß der Vater noch ungefähr ebenso viel „auswärtiges" Land, einzelne Fennen in den Högen, die er teils geerbt, teils durch Ankauf erworben hatte; sie sind fast alle noch in meinem Besitz. Er bewirtschaftete sie aber großenteils nicht selbst, weil er den Betrieb nicht vergrößern mochte: Es hätte das Haus sehr erweitert und die Zahl der Leute vermehrt werden müssen. Sie wurden von Jahr zu Jahr verpachtet, es fanden sich immer Liebhaber dafür, zum Teil aus der Ferne, von der Geest her, wo man Weiden und Wiesen für den wachsenden Viehstand brauchte. So blieb es ein bequemer Mittelbetrieb, für dessen Besorgung, abgesehen von den eigenen Arbeitskräften, ein Knecht, ein ständiger Tagelöhner, mit weiteren gelegentlichen Aushilfen zur Zeit der Ernte, und eine Magd ausreichten. Die Leute waren selbstverständlich Einheimische, von „Leutenot" war noch nicht die Rede, wenn auch die Löhne rasch stiegen. Die Knechte wechselten öfter, dagegen waren die Tagelöhner mehr ständig; sie besaßen ihr eigenes Haus, waren verheiratet, hatten eine Kuh oder wenigstens ein paar Schafe. Regelmäßig war das Verhältnis so, dass sie vom Hause bezogen, was sie außer dem selbst Erzeugten brauchten, Korn, Fleisch, Speck, Butter, in laufender Rechnung gegen den Arbeitsverdienst. Die Dienstboten kamen vielfach von den inneren Geestdörfern; sie wurden durchaus als zur Familie gehörig angesehen und behandelt.

Hausschlachtung in Langenhorn: „Im Sommer wurde von Zeit zu Zeit ein Hammel, im Herbst ein Rind, gegen Weihnachten ein oder zwei Schweine geschlachtet" (Foto aus der Mitte des 20. Jahrhunderts).

Längere Jahre diente ein Vetter der Mutter als Knecht bei uns, Andres Niß Ketelsen mit Namen. Er war ein ungewöhnlich tüchtiger Arbeiter und ein liebenswürdiger, gescheiter Mensch, dem ich mich mit leidenschaftlicher Zuneigung anschloss. Er hatte die Feldzüge von 1849/50 mitgemacht und wusste sehr lebendig von seinen Erlebnissen, bei Gudsöe, Kolding, Idstedt, zu erzählen; an Willisen und Idstedt konnte er nicht ohne Grimm denken:[31] Wir hatten die Dänen geschlagen, dann kam der Befehl zum Rückzug, wir mussten die Zähne zusammenbeißen und ihnen den Rücken wenden. Nach dem Frieden hatte er noch in Kopenhagen ein Jahr dienen müssen; er liebte es, davon zu erzählen, wie die alten Schleswig-Holsteiner den dänischen Unteroffizieren jeden Schabernack angetan hätten; der Deutsche fühlte sich persönlich dem Dänen durchaus überlegen. Bald nach der Rückkehr, es wird 1853 gewesen sein, kam er zu uns und blieb drei Jahre; er hat mich, ich war damals ein Junge von sieben bis zehn Jahren, alle ländlichen Arbeiten gelehrt; ich war, wo ich immer konnte, um ihn, im Hause und auf dem Felde. Ein strenger Lehrmeister, wusste er mich doch so an sich zu ziehen, dass ich meinen Eltern zeitweise etwas entfremdet wurde. Es war mir ein tiefer Schmerz, als er uns verließ, um nach Amerika zu gehen, als einer der ersten, die damals aus unserer Gegend den Weg über den Ozean angetreten haben. Als wenige Jahre später drüben der Krieg ausbrach, hat er ihn von Anfang bis zu Ende mit durchgefochten. Er ist aber nicht auf einen grünen Zweig gekommen; seine gesellig-liebenswürdige Natur wurde ihm zum Verhängnis. Schon in der Heimat war in der letzten Zeit, zum großen Kummer meiner Mutter, eine Neigung zum Wirtshausleben und Trunk immer stärker geworden; sie hat ihn auch drüben gehindert zu erreichen, was so viele minder Begabte mühelos erreicht haben: Selbständigkeit und Wohlstand. Er ist schließlich verdorben und gestorben, ohne dass wir nähere Kunde davon erhalten haben.

Ich möchte nun den Leser einladen, in den Arbeitsbetrieb, wie er in meinem Elternhaus sich darstellte, einen Blick zu werfen. Er hatte einen erstaunlichen Umfang, er umfasste beinahe alle ursprünglichen menschlichen Künste und Fertigkeiten, nicht unähnlich dem vielbewunderten antiken Haushalt, dem griechisch-römischen *Oikos* mit seiner gepriesenen Autarkie, nur dass bei uns das freie Handwerk in einigem Maß für die antike Sklavenarbeit ergänzend eintrat. Im Übrigen aber erzeugte das Haus in einer unendlichen Fülle komplizierter Tätigkeiten fast alle Güter, die darin gebraucht und verzehrt wurden. Es ist nicht zu sagen, wie arm an Künsten und Sachwissen dagegen ein großstädtischer Haushalt, der alles fertig vom Markt bezieht, sich darstellt, und sei es der großartigste. Beinahe nur noch das Verzehren ist übrig geblieben, die produktive Tätigkeit fast völlig ausgeschaltet, während in jenem Bauernhaushalt alle schaffende Arbeit, von der Urproduktion an durch alle Stufen der verfeinernden Formgebung hindurch, ihren Ort hat.

Beginnen wir mit der Ernährung. Der landwirtschaftliche Betrieb mit seinen beiden Zweigen, der Viehzucht und dem Ackerbau, lieferte fast alles, was im Haushalt verarbeitet und verbraucht wurde: Weizen und Roggen als Brotkorn; das Mahlen besorgte allerdings die Mühle, die jede Woche mit ihrem Wagen das Nötige abholte und in Gestalt von Mehl wieder ablieferte; ebenso Gerste und Buchweizen, welche die Grütze lieferten, die fast das ganze Jahr hindurch mit Milch oder Bier abends und morgens auf dem Gesindetisch erschien, den ich übrigens am Abend lange Jahre mit den Leuten geteilt habe, während die Eltern Tee tranken. Der Garten lieferte das Gemüse, Kohl, Rüben, Schoten, Karotten, Rote Bete, Petersilie, Zwiebeln, Schnittlauch usw., auch die ersten Kartoffeln; alles das wurde im Sommer jeden Morgen frisch geholt, für den Winter zum Teil in Sandkästen aufgehoben. Die Kühe, zeitweilig auch die Schafe, gaben im Überfluss die nötige Milch, das zwei- oder dreimalige Melken am Tag war ein wesentliches Stück der Mägdearbeit; alltäglich wurde abgerahmt, allwöchentlich, oder wie oft es notwendig schien, Butter gemacht; im Sommer, wenn die Milch reichlich war, kam die Käserei dazu. Drei Arten Käse verstand die Mutter zu machen: außer dem gewöhnlichen weißen Käse einen gekochten und einen delikaten gebackenen Käse. Jetzt haben die Meiereien, die überall sich eingebürgert haben, dem Haushalt diese Künste abgenommen: Man gibt die Milch, das Rohprodukt, her und kauft die Fabrikate. Nicht minder war alles Fleisch und Fett, was auf den Tisch kam, Erzeugnis der eigenen Wirtschaft. Im Sommer wurde von Zeit zu Zeit ein Hammel, im Herbst ein Rind, gegen Weihnachten ein oder zwei Schweine geschlachtet; die Schweine waren im Frühjahr von dänischen Händlern, die ganze Herden von jungen Tieren unter großem Geschrei durchs Dorf trieben, gekauft, den Sommer über mit Milch und Grünfutter durchgebracht und im Herbst gemästet. Das Fleisch wurde eingepökelt oder sauer eingemacht oder geräuchert oder zu Wurst verarbeitet, von der es drei oder vier Arten gab. So war der Haushalt auf das ganze Jahr versorgt; um zur Abwechslung öfter einmal frisches

Fleisch zu haben, tauschte man mit Nachbarn und Verwandten aus; wer geschlachtet hatte, teilte aus, um bei nächster Gelegenheit wieder zu empfangen. Auch mit dem Brot wurde es ähnlich gehalten. Eine große Abwechslung der Gerichte, von Tag zu Tag, von Jahreszeit zu Jahreszeit zeigte die Reichhaltigkeit ländlicher Kochkünste; zu den Fleischspeisen, die täglich auf den Mittagstisch kamen, gesellten sich mannigfache Mehlspeisen, Klöße und Pudding, Mehlbeutel und Pfannkuchen in allerlei Gestalt, nicht zu vergessen den herrlichen Ofenpfannkuchen, der beim Backen mit im Backofen hergestellt wurde: Die Speckschnitte, in die knusprige Oberfläche eingebacken, gaben ihm einen besonders guten Geschmack. Gebacken wurde etwa alle drei bis vier Wochen, Schwarzbrot und Graubrot, beide aus Roggenmehl, beide frisch von ungemeinem Wohlgeschmack, wie ich es nie wieder gegessen habe. Meist fanden auch einige Brezeln (Kringel) und Pfeffernüsse für die Kinder mit Unterkunft im Ofen. Zu Weihnachten oder auch zu andern Fest- und Besuchstagen wurde Backwerk und Kuchen aller Art gemacht, ein ganzer Ofen voll; zu Weihnachten durfte ich als kleiner Knabe helfen und die ausgewalzten Teigplatten mit einem Zahnrädchen in Stücke zerschneiden, sie dann durch einen Schlitz in der Mitte umwenden und so das krause Gebäck zu Stande bringen helfen, das um Weihnachten auf keinem Kaffeetisch fehlte.

Auch Getränke stellte das Haus selber her. Ich erinnere mich noch wohl, der Mutter beim Malzen und Brauen zugesehen zu haben. Der große kupferne Braukessel fehlte in keinem Bauernhause. Es wurde etwa alle vier bis acht Wochen ein Bräu getan; das Bier war leicht, durstlöschend, bekömmlich; in eine Tonne gefüllt, wurde es in den Keller gelegt und allmählich für den Gebrauch abgezapft, im Sommer in großen Steinkruken mit aufs Feld gegeben. Auch diese Hauskünste sind inzwischen eingegangen; in den 50er Jahren wurde in Bredstedt eine Bierbrauerei errichtet, die ein ähnliches Getränk zu wohlfeilem Preis wöchentlich ins Haus lieferte. – Seit den 70er Jahren hat übrigens auch das „bayrische" Bier seinen siegreichen Einzug bei uns gehalten; in Husum, Tondern, Flensburg sind Brauereien, die mit Flaschenbier auch in den Dörfern hausieren. Sofern dadurch der Genuss der alteinheimischen spirituosen Getränke, des Kaffee- und Teepunschs, einer Mischung von Kaffee oder Tee mit viel Rum und Zucker, die in den Wirtshäusern und vielfach auch in den Familien hergestellt wurden, beträchtlich eingeschränkt worden ist, darf darin ein Gewinn erblickt werden; denn jene aus Tassen heiß genossenen Getränke, die sehr glatt eingingen, wirkten furchtbar zerrüttend. Dass sie in unserem Hause nicht gereicht wurden, brauche ich nicht zu sagen. Auch den Gästen wurde nie etwas anderes als Kaffee und Tee vorgesetzt.

Gekocht wurde, das will ich noch hinzufügen, auf dem offenen Herd unter dem offenen Schornstein. Ein Feuerloch mit Zug war für kleinere Kessel und Töpfe bestimmt, daneben wurde auch auf der freien Herdfläche offenes Feuer angezündet, über das die größeren Kessel an einer nach oben und unten verschiebbaren Eisenstange, die an einem im Schornstein befestigten Querbalken hing, aufgehängt wurden. Ebenso wurde unter dreifüßige Grapen[32] und Pfannen freies Feuer gemacht. Als Feurung diente ein sehr fester Torf, der im Sommer in langen Tagfahrten aus dem sechs Stunden entfernten Silleruper Moor geholt wurde; daneben auch ein lockerer, an der Oberfläche der Heide gestochener Torf, der vor allem gebraucht wurde, um ein langsames Feuer lange zu unterhalten: Am Abend wurde damit auf dem Herd eine kleine Glut zugedeckt, die sich dann bis zum Morgen erhielt; *dat Il reke*[33] war der Ausdruck für diese Art der Feuerbewahrung. War es trotzdem einmal ausgegangen, dann wurde bei der Nachbarin eine Glut geholt; die Phosphorzündhölzer kamen erst allmählich in den 50er Jahren auf; bis dahin hatte man „Schwefelhölzer“, kleine Holzspäne, die mit beiden Enden in flüssigen Schwefel getaucht waren und die von armen Leuten hergestellt und verkauft wurden. Sie zündeten aber nicht durch Reibung, sondern nur an glühender Kohle. Man hatte deshalb kleine Glutbecken auch nachts in der Nähe des Betts stehen, um Licht machen zu können; ebenso brauchten Raucher ein Kohlenbecken, wenn sie nicht etwa Stahl, Stein und Feuerschwamm[34] in der Tasche bei sich führten, wie es denn sehr gewöhnlich war. Wir hatten als Jungen beständig diese Dinge in der Tasche, sowohl um die Pfeife, die wir früh brauchen lernten – ich habe von dem oben genannten Andres Niß neben andern besseren Künsten auch das Rauchen gelernt –, anzünden als auf dem Felde Feuer anmachen zu können. Man versteht von hier aus die Bedeutung des Herdfeuers, es war in Wahrheit ein ewiges Feuer, das nie ausging; daher man die Größe der Dörfer nach „Feuerstätten“[35] rechnete. – Der Rauch zog durch den Schornstein ab, in dem die Speckseiten und Würste hingen, bis die ängstlichere Brandpolizei dies untersagte; es wurde dann auf dem Boden eine eigene Räucherkammer an den Schornstein angebaut. Übrigens war der Rauch oft eigensinnig; bei gewisser Windrichtung wollte er durchaus nicht den Weg durch den Schornstein nehmen und zog dann durch Türen und Fenster ab, nicht ohne zuvor das Haus zu erfüllen.

Dass auch die Lichter im Hause gemacht wurden, erwähnte ich schon; die Mutter goss sie in einer Blechform: Zuerst wurde ein Docht gedreht, dieser in die Form gespannt, dann geschmolzener Talg dazu gegossen. Im Hause meiner Tanten war noch eine ältere Herstellungsform in Übung, ein Großbetrieb: Ein langer, schmaler, tiefer, hölzerner Kasten mit sehr dicken Wänden wurde mit geschmolzenem Talg gefüllt; in diesen Talg wurden ein paar hundert Dochte, die von einer Stange herabhingen, hineingelassen, wieder herausgezogen, aufs Neue, nachdem eine dünne Schicht Talg daran erstarrt war, hineingelassen und wieder herausgezogen, bis die gewünschte Stärke der Lichter erreicht war. Man nannte dies Verfahren: *Jagde stiepe*[36]. Meine Mutter erhielt die dünnen Lichte für den Küchengebrauch von ihnen. – Auch diese Künste sind jetzt ausgestorben. Die Petroleumlampe, die am Anfang der 60er Jahre, zuerst in sehr unzulänglicher Gestalt, ihren Einzug hielt, ist jetzt bis in die ärmste Hütte vorgedrungen. In meinen

Knabenjahren habe ich übrigens in einem Nachbarhause noch eine sehr primitive Öllampe in Gebrauch gesehen: Aus Binsen, wie sie an jedem Graben wuchsen, wurde der lockere weiße Markfaden (*siwwe*[37] genannt) herausgestreift und in einem kleinen Ölbehälter befestigt, wo er mit sehr kleinem Flämmchen sparsam genug und dürftig leuchtend brannte.

Das Küchengerät, Kessel und Pfannen, Schüsseln und Teller, Tassen und Gläser usw., wurde natürlich gekauft. Eine Art großer grauer Töpfe, die besonders zum Sauereinmachen verwendet wurden, kam aus Varde in Jütland; sie waren wenig geeignet, die Achtung vor der jütischen Kunst und Kultur, die ohnehin gering war, zu steigern. Sie wurden von umherziehenden Wagen gekauft und vorher mit prüfendem Finger beklopft, ob sie auch nicht *skrokk*[38] seien, d. h. einen Sprung hätten, trotz des friesischen Sprichworts: *skrokke Potte hule am longsten*[39], angestoßene Töpfe halten am längsten. Glas kam so gut wie gar nicht auf den Tisch, Bier wurde aus dem Napf, Wasser mit der Schöpfkelle aus dem Eimer getrunken, der in der Küche stets gefüllt stand. So wurden die paar Gläser, die sich fanden, viele Jahrzehnte alt; wie denn überhaupt die meisten Sachen ein höchst respektables Alter erreichten. Hätte man der Mutter erzählt, was Berliner Dienstmädchen zerschlagen – ich denke nicht, dass ein Müllwagen im Jahr ausreicht, aus einem größeren Hause es abzufahren –, sie hätte es für die allergröbste Aufschneiderei gehalten. Teller gab es in drei Formen: die ältesten bloße Holzkreise, auf solche wurde in altmodischen Häusern bloß das Fleisch aufgegeben, im Übrigen langte jeder in die gemeinsame Schüssel, die jüngern eine Art roh bemalte Steingutschüsseln, die alles fassten, endlich für Sonntag oder im feineren Haushalt einfache weiße Teller. Bei den Vatersschwestern fand sich noch manches feinere, gelb und blau bemalte Stück, das die seefahrenden Vorfahren aus Holland mochten mitgebracht haben. Auch ein chinesisches Porzellan-Teeservice war vorhanden, kam aber niemals auf den Tisch. Die Mutter hatte von einem verwandten Kapitän, der öfter zu uns kam, manches englische Stück. Silberne Löffel waren wohl in jedem nicht ganz armen Hause vorhanden, sie waren das regelmäßige Taufgeschenk und sammelten sich durch Generationen, sie kamen aber nur bei Besuch auf den Tisch, sonst wurde mit Holzlöffeln gegessen, die von umlaufenden Verkäufern aus den Geestdörfern eingehandelt wurden; jetzt sind sie wohl durch allerlei metallene Fabrikware ganz verdrängt.

Der Milchwirtschaft dienten zahlreiche flache Bütten, hölzerne, die der einheimische Böttcher herstellte, oder messingene, die beim Gelbgießer in Bredstedt gekauft wurden. Das Buttern geschah auf die altherkömmliche Weise durch Stoßen des Rahms im Butterfass (*sern*[40]), eine beschwerliche und zuweilen recht langwierige Arbeit, über die die Mutter oft geseufzt hat. Der Käse wurde in einer Holzform unter eine sehr primitive Presse gebracht: ein langes Brett, das an dem einen Ende unter einem Klotz an der Wand befestigt war, wurde am andern mit großen Steinen beschwert, und der in ein lockeres Tuch gepackte und in die durchlöcherte Holzform gezwängte Quark (*kerl*[41]) dem Druck der Hebelwir-

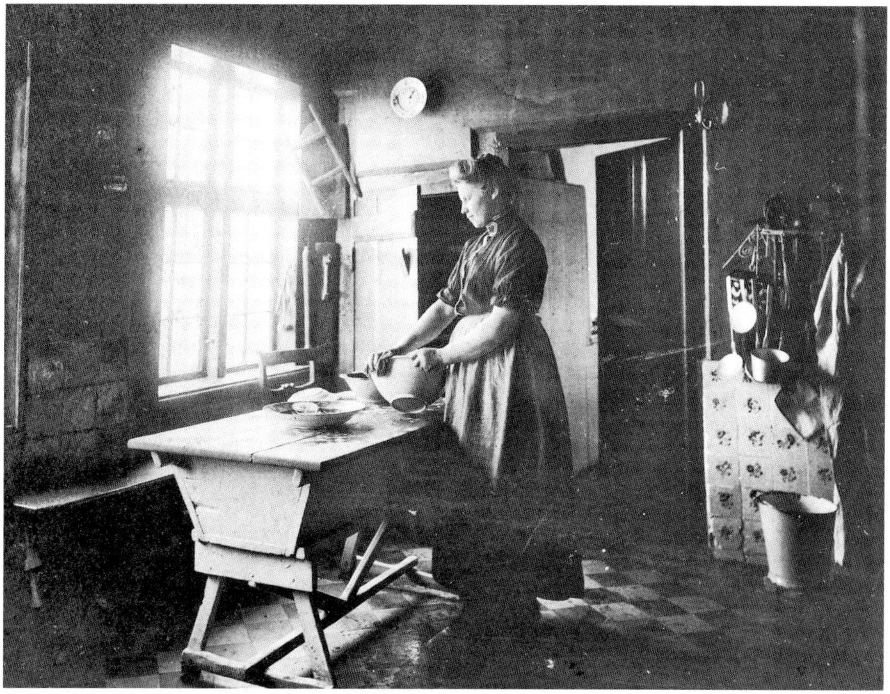

Küche in einem nordfriesischen Haus bei Langenhorn (Foto von etwa 1900)

kung ausgesetzt, bis die Molke (*wai*[42]) herausgepresst war. Die Käselaibe wurden dann in langer Reihe luftig aufgestellt und im Winter verzehrt, wenn sie „durch" waren, eine herrliche Zukost zu dem kräftigen Schwarzbrot. Käse wurde nur für den Hausgebrauch hergestellt. Dagegen wurde Butter in ziemlicher Menge verkauft. Jede Woche kam ein Aufkäufer, der sie abholte und nach Flensburg fuhr, wo er sie auf dem Markt oder in den Häusern freihändig verkaufte und danach den Bauerfrauen zu Hause verrechnete.

Hier mag auch des Gartens gedacht werden. Er war die Domäne der Mutter. Sie hatte ihn selbst angelegt; als sie einzogen, war es ein wüster Fleck Erde mit einigen Sträuchern gewesen. Sie machte daraus ein kleines Paradies mit unendlichen Schätzen und Herrlichkeiten für das Herz eines Kindes. Da waren vor allem zwei lange Rabatten mit Stachelbeerbüschen und Johannisbeeren; der fette Boden, dem übrigens jeden Frühling eine tüchtige Düngung zugeführt wurde, brachte sie zu kräftigster Entwickelung, so dass ihrer durch bloßes Naschen gar nicht Herr zu werden war. Erst als die Mutter von Frau Dr. Rickertsen die Kunst lernte, Gelee zu machen, Saft einzukochen und rote Grütze zu kochen, kam die Fülle der Beeren zur rechten Verwertung; der Tisch hatte das ganze Jahr davon gut. Auf den Rabatten wuchsen ferner kleine Obstbäume heran. Die Mutter hatte sie aus Kernen von Äpfeln und Birnen gezogen, die ihr besonders behagt hatten. Sie waren gerade so alt als ich, ihr Fruchttragen begann, als ich zu studieren anfing. Es waren mehr und minder wohlgeratene darunter: süße Äpfel, die früh reiften, darunter ein sehr wohlschmeckender, saure Daueräpfel, von denen einer so harte und saure Früchte trug, dass sie völlig ungenießbar waren; ließ man sie aber liegen und briet sie im Winter im Ofen, dann kriegten sie Geschmack und Wert. Von einem Baum habe ich noch wiederholt in diesen Jahren Früchte geschickt erhalten: Sie sind ungewöhnlich saftig und aromatisch. In den Kinderjahren trugen ein paar Pflaumenbäume; es war mein erster Gang, wenn ich zur Zeit der Reife aus der Schule kam, nachzusehen, ob der Wind welche abgeschüttelt habe.

Wichtiger für den Haushalt war der Gemüsebau. Der Grünkohl nahm ein ganzes Viertel ein, er hatte die Aufgabe, dem Wintertisch grünes Gemüse zuzuführen, die er auch treulich erfüllte, wenn nicht der Kohlweißling ihn vernichtete: Es gab Jahre, wo die Raupen des Kohlweißlings, nachdem sie die Blätter bis auf die Strunke abgenagt hatten, in so unermesslichen Scharen zur Verpuppung an den Wänden des Hauses und über die Fensterscheiben emporkrochen, dass alles von ihnen und ihren Spuren bedeckt war. Ein anderes Viertel nahmen Frühkartoffeln ein: Ich habe oft am Morgen, ehe ich zur Schule ging, der Mutter eine Schüssel voll für unsern Mittagstisch geholt und am Brunnen abgewaschen. Herrlich waren die Mohrrüben (gelbe Wurzeln), etwa vier Beete voll; ich sah mit Verlangen ihrem Wachstum zu: Im Juli wurden die ersten gezogen und roh verzehrt; etwas so Zartes und Süßes und Saftiges als diese jungen Mohrrüben meine ich nie wieder gegessen zu haben. Übrigens gab es die allerersten regelmäßig bei unsrer guten alten Tagelöhnerin; sie nahm mich um diese Zeit einmal abends mit sich, dann, wusste ich schon, ging's in den Garten, und ich wurde mit einer Handvoll Mohrrüben königlich beschenkt. Zu meinem Geburtstag durfte ich mir selbst in unserem Garten nach eigener Wahl ziehen, was ich wollte. Dazu kamen die Zuckererbsen, hochrankende und kriechende: Mit jungen Mohrrüben und Kartoffeln in Rahm gekocht, gaben sie ein Gemüse, vor dem jedes andere verschwindet. Doch wer könnte alles aufzählen, was in diesem Garten noch wuchs: bitterliche Rüben, Rote Bete, Petersilienwurzeln, Porree, Kürbis, Erdbeeren, Wermut, an verborgenen Stellen auch mannshohe Nesseln. Und natürlich Blumen.

Da gab's vor allem vor dem Stubenfenster das runde „Krautbeet“: Es war eingefasst mit blühendem Lavendel; darin standen, blühend nach der Jahreszeit, Primeln und Aurikeln, Rosen und Nelken, Astern und Reseda. Außerdem gab's noch ein Beet mit „allerlei“, auf Geratewohl gemischter Blumensamen wurde hineingestreut und setzte sich durch, wie er mochte. Leuchtende Georginen taten sich bald da, bald dort aus dem Gebüsch hervor. Als die Bäume größer wurden, ruhte die Mutter nicht, bis sie dem Vater für ihren Gemüse- und Blumengarten noch ein Stück sonnigen Landes nahe beim Hause abgewonnen hatte.

Der Blumengarten setzte sich vor den Fenstern des Hauses fort. Fuchsien, Levkojen, Rosen, Nelken, Passionsblumen, an zierlichem Spalier gezogen, füllten die Fenster, manche als jahrelange Hausgenossen, die durch Ableger erneuert wurden. Der ganze Schmuck kostete gar nichts, nicht einen Pfennig: Die Mutter hätte auch nichts dafür ausgegeben, selbst wenn Blumentöpfe zu kaufen gewesen wären: Warum kaufen, was man selber ziehen kann? An keinem Punkt kommt mir die Rohheit des großstädtischen Haushalts mehr als hier zur Empfindung: Was wird im Jahr für Blumentöpfe und abgeschnittene Blumen ausgegeben, und der Erfolg? Sie prunken einen Augenblick auf dem Tisch, kümmern dann ein paar Tage oder Wochen, und dann kommen sie in den Müll.

Wie die Ernährung, so wurde auch die Bekleidung in der Hauptsache mit den eigenen Mitteln und Künsten des Haushalts bestritten. In meiner Jugend wurden fast nur eigengemachte Wollkleider getragen. Im Frühjahr wurden die Schafe erst gewaschen, dann geschoren, ein paar gute Schuren für den Eigengebrauch ausgesucht und der Rest verkauft. Es folgte die Verarbeitung, meist im Winter: Die Wolle wurde gekämmt, gekardet, gesponnen, auf der Garnwinde aufgewickelt, gewoben, das Zeug beim Färber gefärbt und endlich vom Schneider, der ins Haus auf Arbeit kam, zu Hosen, Jacken, Westen und Röcken verarbeitet. Der übliche Stoff, den die männliche Welt so gut wie ausschließlich trug, hieß *Web*[43]: ein festes, sehr dauerhaftes, regelmäßig dunkelblau gefärbtes Gewebe, ähnlich dem preußischen Militärtuch, übrigens in verschiedener Stärke und Qualität. Frauen trugen einen ähnlichen, nur gestreift farbigen Stoff als Rock, dazu Schürze und Mieder aus anderem, häufiger gekauftem Stoff. Webstühle waren in vielen Häusern, so im Elternhaus des Vaters wie der Mutter, nicht in unserem: Es fehlte an Zeit und auch an Raum dafür. Dagegen waren die Spinnräder im Winter wohl in jedem Hause in schnurrender Bewegung: Nachmittags und abends saßen die Mutter und das Mädchen regelmäßig am Spinnrad. Jetzt sind Spinnrad und Webstuhl so gut wie verschwunden. Sie vertragen sich nicht mit dem Sofa und dem Klavier, die inzwischen auch in die Bauernstube ihren Einzug gehalten haben. In meinen Jugendtagen war das Sofa noch ein unbekanntes Möbel, ein paar Armlehnstühle am Klapptisch und vielleicht in einem alten Haushalt eine Bank mit Kissen in der Ofenecke boten für die alten Leute ausreichende Bequemlichkeit. Bei der Bank fällt mir ein: Die Kunst des Teppichknüpfens war zu meiner Zeit schon selten geworden; sie muss früher gewöhnlich gewesen sein, denn noch gab es überall bunte geknüpfte Kissen, für alte Holzstühle, wie sie noch in älteren Häusern häufig waren, und besonders auch für die Wagenstühle, die man zu sonntäglicher Ausfahrt auf die Leiterwagen schnallte. Übrigens fand sich noch vor kurzem in Langenhorn eine alte Frau, die wundervolle Arbeiten dieser Art zu machen verstand. Die neumodischen Stühle und Wagen haben die Kunst vertrieben.

Am Stricken hatten sich bis vor kurzem auch die Männer beteiligt; namentlich auf den Halligen war es üblich, dass im langen Winter, wo es für das Mannsvolk eigentlich nichts zu tun gab, wollene Jacken, Unterjacken, lange Kniestrümpfe, Zipfelmützen, Handschuhe und Halstücher angefertigt wurden. Ich habe auch

Spinnrad und Webstuhl in Langenhorn: „Nachmittags und abends saßen die Mutter und das Mädchen regelmäßig am Spinnrad. Jetzt sind Spinnrad und Webstuhl so gut wie verschwunden" (Foto wohl vom Beginn des 20. Jahrhunderts).

noch stricken gelernt, freilich nur zu raschem Vergessen, es war aus der Mode gekommen und galt nicht für passend.

Wie die Kleidung, so war die Wäsche Erzeugnis des Hausfleißes. Die Mutter kaufte jeden Herbst einen „Stein" Flachs in Bredstedt ein. Er wurde von ihr eigenhändig „gehechelt", erst durch grobe, dann durch feinere Kämme von Eisenstacheln gezogen und so von der „Heede"[44] gesondert, in zierliche Bündlein (*Knoke*[45]) aufgeknüpft und dann versponnen. Die Leinwand, die sie aus dem Garn von einer Nachbarin weben ließ, wurde auf der Wiese gebleicht und dann zu Hemden, Bettlaken, Handtüchern, Tischtüchern, Überkleidern usw. verarbeitet. Dass die Reinigung der Wäsche im Hause geschah, ist selbstverständlich. Hie und da wurde wohl auch noch Seife im Haushalt gekocht, doch habe ich das nicht gesehen. Hingegen waren die Betten durchaus „eigengemacht": Das Inlett wurde gewebt, genäht und mit den Federn und Daunen gefüllt, die von den Gänsen, die in jedem Hause gehalten wurden, gewonnen waren; zweimal im Sommer wurden die im Frühjahr eingetanen Gänse nicht ohne Geschrei und Seufzen gerupft. Endlich gaben sie im Herbst, wenn sie geschlachtet wurden, auch die Flügel und Federn her; die Flügel dienten als Flederwische und Feueranpuster; die großen Federn wurden sorgfältig aufgehoben, um als Schreibfedern Verwendung zu finden; in der ersten Schule mussten wir etwa alle vier Wochen ein paar Federn mitbringen, die der Lehrer schnitt; Stahlfedern waren ihm eine verhasste Neuerung.

Um das Gebiet der Bekleidung zu absolvieren, bemerke ich noch, dass Knaben und junge Leute nicht Röcke, sondern Jacken von der Länge der Weste zu tragen pflegten. Nur Männer trugen Schoßröcke. Wer's dazu hatte, besaß außer dem Rock aus eigengemachtem Stoff für hohe Festtage auch einen Anzug aus gekauftem schwarzen Tuch; er reichte regelmäßig fürs ganze Leben, denn er kam nicht mehr als drei- oder viermal im Jahr aus dem Schrank, am Karfreitag, bei Begräbnissen und Hochzeiten usw. Die Kopfbedeckung war ganz allgemein die Mütze, sie war durch ihre Haltbarkeit bei dem beständig herrschenden Wind empfohlen, ebenso wie das stets getragene Halstuch durch den notwendigen Schutz gegen Erkältungen. Die Fußbekleidung war mannigfach: Im Hause wurden meist ledergefütterte Holzpantoffeln (*Klosse*[46]) getragen; draußen bei nassem und kaltem Winterwetter Holzschuhe, in die man ein Strohgeflecht legte: sie hielten die Füße ausgezeichnet trocken und warm; sie kamen aus Jütland und wurden am Anfang des Winters in ganzen Wagenladungen importiert. Bei trockenem Sommerwetter wurden Lederschuhe getragen; der Schaftstiefel gehörte mehr zur Sonntagstracht, außerdem wurde er im Winter bei grundlosen Wegen angezogen. Die Jugend erfreute sich im Sommer des Vorrechts barfuß zu gehen; und ich gestehe, dass es ein schönstes Stück der Naturfreiheit ist, auf freien Sohlen ohne die hemmende und beengende Umhüllung über weiche Wiesen und Weiden dahinzufliegen. Übrigens wird der Fuß bald so abgehärtet, dass auch ein Stoppelfeld ihm nicht viel anhat, nur die gepflasterte Straße und die Chaussee wird bald unleidlich; glücklicherweise waren wir nicht genötigt, darauf zu gehen. Schmerzlich aber war es, wenn der Sonntag kam und nun der kirchlich-sittliche Anstand nötigte, die freien Füße in die harten Stiefel zu zwingen. Auch die Schule wollte die Barfüßer nicht leiden; wir brachten dann wohl Strümpfe und Schuhe oder Holzpantoffeln in der Hand mit und zogen sie vor der Tür an und wieder aus.

Genug vom Hause und den häuslichen Verrichtungen. Ich lasse noch einiges über die ländlichen Arbeiten draußen und meine Beteiligung an ihnen folgen, sie aufreihend nach den Jahreszeiten, durch die sie auch in der Wirklichkeit bestimmt wurden.

Wenn gegen Ende März die Sonne sich höher über den Horizont zu heben und Boden und Wetter für die Arbeit draußen aufzugehen beginnt, fängt das neue Jahr für den Landmann an. Die Winterarbeit ist abgeschlossen, das Ausdreschen des Korns beendigt; durch das sogenannte „Mäusebier", ein stattlicheres Mittagessen, wurde der Tag gefeiert, an dem die letzte Garbe vom Boden in die Tenne wanderte, damit wurde den Mäusen der letzte Unterschlupf entzogen, und manche fiel der lauernden Katze in die Klauen. Auch der Dienstbotenwechsel war durch altherkömmliche Ordnung in diese Zeit gelegt; am Petritag (22. Februar) zogen Knechte und Mägde in den neuen Dienst, meist mit stattlichem Koffer, der es notwendig machte, sie mit dem Wagen abzuholen. Übrigens rechnete der Vater, um das hier beiläufig zu bemerken, noch regelmäßig nach dem mittelalterlichen Heiligenkalender, Johanni, Jacobi, Simon Judä usw.

Die Außenarbeit begann mit der Düngung der Ackerfelder. Da der Vater regelmäßig noch einige Düngerstellen kleiner Leute aufkaufte, häufig auch gute

Garten- und Stavenerde[47], so fing das Geschäft ziemlich früh an. Er ließ es sich nicht nehmen, selbst zu fahren, was ihm dann, bei den meist herrschenden scharfen Ostwinden, nach der winterlichen Verwöhnung beim warmen Ofen, Jahr für Jahr eine schwere Erkältung zuzog, die aber als ein Naturereignis, das sich nicht vermeiden lässt, hingenommen wurde. In den späteren Jahren bin ich hin und wieder auch zu dieser Leistung herangezogen worden, doch meist erst in vorgerückterer Jahreszeit: Der Vater ließ fast den ganzen Sommer hindurch, wenn sonst keine Feldarbeit war, allerlei Erdarbeiten ausführen.

An der folgenden Ackerbestellung habe ich von klein auf teilgehabt. Zuerst wurde ich beim Pflügen als „Pflugjunge" gebraucht, der die Pferde lenkt. Manchen langen Apriltag habe ich mit dem Vater draußen die entfernten Haferfennen gepflügt; eine Mittagpause wurde kaum gemacht, die Kälte ließ es nicht zu, Pferde und Menschen futterten nur rasch das Nötigste. Dann hatte ich, während der Vater die Aussaat besorgte, die er nie aus der Hand gab, zu eggen, eine mir bitter verhasste Arbeit: Es gibt wohl kaum etwas Ermüdenderes, als über die Furchen des frisch gepflügten Ackers den langen Tag hinzustolpern. Später habe ich auch den Pflug selbständig geführt, eine Sache, die mir viel besser zusagte.

Der Mai brachte die ersten Frühlingstage, freilich noch mit harten Rückfällen des Winters gemischt. Das Vieh, das bisher im Stall seinen Winterschlaf gehabt hatte, wurde auf die Weide getrieben: ein fröhlicher Tag, der als der eigentliche Sommeranfang mir in der Erinnerung steht. Auch von den Tieren selbst wurde der Auszug aus dem Stall mit ausgelassener Freude gefeiert, die sich in allerlei tollen Sprüngen und Ringkämpfen äußerte; manchmal ging bei dem Stoßen und Ringen ein Horn verloren, daher die Redensart: „sich die Hörner ablaufen": Was so in Verlust gekommen war, zog sich dann vor weiteren Kraftleistungen betrübt zurück. Den Kälbern, die zum ersten Mal auf die freie Weide kamen, pflegte die Bedeutung der Wassergräben in einer praktischen Lektion eingeprägt zu werden: Sie wurden herangeführt und dann unversehens von der Seite hineingestoßen. Der ausgestandene Schrecken hielt sie für lange Zeit, manche für immer, von dem Versuch der Grenzüberschreitung ab. Andere fröhliche Frühlingstage waren die Tage der Schafwäsche und der Schafschur, freilich nicht so sehr für die Nächstbeteiligten, die ziemlich jämmerliche Gesichter zu beiden Prozeduren machten.

Übrigens hatte ich zu den Schafen ein besonderes Verhältnis. Schon die Ankunft der Lämmer im April hatte ich zu überwachen, für jedes lebende erhielt ich einen Schilling; dafür musste ich früh auf dem Felde nachsehen, ob was angekommen sei, und es, wenn es nötig schien, mitsamt seiner Mutter nach Hause bringen. Die armen Dinger fielen oft noch auf den Schnee, überstanden aber auch dies und konnten in der Regel schon nach ganz kurzer Zeit aufstehen und sich am Euter der Mutter erholen. Gefährlich wurden ihnen zuweilen die großen Raben, die ihnen, wenn die Mütter sie nicht abzuwehren vermochten, die Augen aushackten und sie dann anfraßen. Geschah es, dass die Mutter ums Leben kam,

Frühjahrsarbeit mit der Egge in Langenhorn: „Es gibt wohl kaum etwas Ermüdenderes, als über die Furchen des frisch gepflügten Ackers den langen Tag hinzustolpern" (Foto aus der ersten Hälfte des 20. Jahrhunderts).

dann zog man die Lämmer wohl „mit der Flasche" auf: eine Federspule[48], in ein Leinwandläppchen gewickelt, wurde auf einen alten Teetopf gesetzt, und sie gewöhnten sich rasch daran. Sie kamen dann, wenn ich ihnen rief, schon von weitem gelaufen und blieben ihr Leben lang besonders zahm und anhänglich. Im Sommer wurden sie öfters auf den Äckern oder Stoppelfeldern süden vom Hause „getüdert", d. h. an einem vier bis fünf Meter langen Strick angepflockt. Mein Geschäft war es dann, ihnen dreimal am Tag einen neuen Weideplatz zu geben und für Wasser zu sorgen. Manchmal brachte ich ihnen dann auch sonst etwas mit, besonders waren Mohrrüben ein sehr geschätzter Leckerbissen, nach dem ein besonders zahmes oder intelligentes Tier mir wohl die Taschen durchsuchte.

Hin und wieder waren auch die Kühe auf einige Tage zu hüten, wenn etwa die Weide sonst knapp wurde. Es waren bequeme Tage, und über die Langeweile kam man durch allerlei Beschäftigung weg; meist waren auch Kameraden in der Nähe. Vor allem wurde eine Hütte aus Erdsoden und Hölzern mit einem Dach von Binsen gebaut, die gegen Regen Schutz gab. Es wurde Feuer angemacht, Bohnen oder Kartoffeln geröstet, Kaffee gekocht usw., natürlich auch geraucht. Feuerzeug hatten wir stets, meist in doppelter Gestalt, bei uns: Stahl und Stein und außerdem ein Brennglas, mit dem der Schwamm entzündet wurde. Als Feuerung dienten trockene Kuhfladen, auch trockenes Gras und Binsen.

Nach der Frühjahrsarbeit trat gegen Mitte Mai eine größere Pause in der Feldarbeit ein, die bis Anfang Juli dauerte. Für mich war dann kaum etwas zu tun, und ich ging einstweilen wieder in die Schule, die meist auf einen kleinen Bestand zusammengeschmolzen war. Die größeren Kinder, vom zwölften Jahr ab, auch früher, Knaben und Mädchen, gingen nach Ostern entweder in Dienst auf den Sommer oder sie wurden zu Hause verwendet. Die ärmeren wurden meist als Hütejungen vermietet, oft weit weg auf die Geestdörfer, wo es Einfriedigungen der Felder damals noch gar nicht gab. Der kleine Rest rückte dann enger zusammen, und auch der Unterricht leistete wohl mehr als in der überfüllten Winterschule, wo sich der Lehrer vor allem mit den Zurückkehrenden beschäftigen musste, um bei ihnen die Elemente wieder aufzufrischen oder zu befestigen.

Im Juli begann die Ernte, zuerst die Heu-, dann die Kornernte. Sie brachte auch mir wieder Arbeit im Freien; es sind in meiner Erinnerung schöne glänzende Tage, vor allem die langen sommerlichen Tage auf den Wiesen beim Heumachen. Das Mähen begann meist in der ersten Juliwoche; mir fiel dabei die Rolle des „Vorstreichers" zu, d. h. ich hatte mit der Harke die gemähte Schwade umzuwenden, um für den Mäher den Anschlag wieder frei zu machen; es war nämlich bei uns nicht, wie sonst meist, üblich, „aus dem Gras" zu mähen. Wenn ich mich nicht irre, habe ich im achten Jahr, vielleicht schon im siebten, mit dieser Tätigkeit begonnen und sie bis zum fünfzehnten regelmäßig zwei bis drei Wochen im Jahr geübt, anfangs für einen, später auch für zwei Mäher. Mit Sonnenaufgang wurde aufgebrochen, die Morgenzeit, wo das Gras vom Tau nass ist, ist für den Mäher die günstigste; oft war erst ein Weg von einer Stunde zu den entfernteren Wiesen zu machen. Um acht Uhr war Frühstücks-, um elf Uhr Mittagspause. Der mitgebrachte Proviant, Butter, Brot, Speck und Käse, dazu ein Trunk kühlen Biers, schmeckte den auf dem frisch gemähten Gras Hingestreckten herrlich; zuweilen hatte die Mutter wohl auch noch irgendeine Überraschung eingepackt, besonders an meinem Geburtstag, den wir zufällig fast immer in der Fenne „Zwischenbrück" feierten. Nachdem noch die Sense frisch geschärft war, legten sich die Mäher zum Mittagsschlaf nieder; er gelang mir selten, und so benutzte ich die Stunde zum Umherstreifen: Vor allem übte das Wasser auf mich eine unwiderstehliche Anziehungskraft; ich badete, stellte Fischen nach und habe manchen als gute Beute nach Hause gebracht. Auch Honigernten wurden öfters eingebracht: Hummelnester, auf der Erde und unter der Erde, wurden aufgespürt und ihrer gefüllten Honigtöpfchen beraubt. In kleereichen Jahren waren sie häufig und gut versehen. Ich erinnere mich besonders eines Jahres, wo wir fast bis zum Überdruss Honig von Erdhummeln hatten: Ich folgte dem Flug des einzelnen Tieres bis zum Eingang zum Nest und grub es dann aus. Die Jagdfreude ließ die schmerzhaften Stiche, die es setzte, kaum fühlen. Länger als der Vormittag wurde oft der Nachmittag; die Hitze nahm zu, die Frische der Arbeiter ab, nicht selten ging an heißen Tagen das Getränk vor der Zeit aus; dann wurde ich wohl auf eine Wasserexpedition geschickt nach dem nächsten Hause oder fließenden Wasserlauf; auch das stehende lauwarme Wasser der sumpfigen Gräben wurde in der Not getrunken; es hat uns auch nicht geschadet. Um sechs Uhr, wenn die Bet-

Schafe am Außendeich

glocke schlug, wurde Feierabend gemacht, und nun kam noch der Nachhauseweg, oft allerdings nahm die Müden ein des Wegs kommender Wagen mit. Zu Hause gab's dann Mittagessen und frisches Bier, und nachdem man noch eine Stunde geplaudert oder den Garten heimgesucht hatte, in dem die Stachel- und Johannisbeeren jetzt reif wurden, ging's zu Bett. So folgte ein Tag dem andern.

Dazwischen kamen dann Tage, wo das Heu, das in der Regel fünf bis zehn Tage in Schwaden zum Ausdörren und Trocknen liegen blieb, zusammengebracht und entweder gleich auf Wagen verladen oder in Diemen (*ruk*[49]) aufgesetzt wurde, die man später nach Gelegenheit, zuweilen erst im Spätherbst, holte. Zum „Schwälen"[50] (friesisch: *swalle*[51]) wurden auch Mägde und Taglöhnerfrauen, soviel ihrer man kriegen konnte, mitgenommen; in hellen Kleidern und „Helgoländer" Hüten erscheinend, bildeten sie für die grünen Wiesen eine muntere Staffage, überhaupt pflegte es dabei sehr lustig zuzugehen; die Scherze wurden allerdings nicht auf die Goldwaage gelegt.

Außer dem Wiesenheu wurde noch meist etwas Außendeichsheu für den Winter eingebracht; das kurze Gras von stark salzigem Geschmack wurde vor allem von den Schafen gern gefressen. Das breite Vorland vor dem Louisenkoog[52] war für uns der Gewinnungsort. Im Juni wurden die „Nummern", die durch Steinzeichen abgeteilt waren, auf das Jahr zum Mähen verpachtet; meist nahmen mehrere Haushaltungen eine zusammen. Früh um zwei Uhr wurde aufgebrochen, das zähe Gras lässt sich nur, solange es nass ist, mähen. Drei, vier Wagen voll Mäher stellten sich ein, und es entwickelte sich auf dem grünen Meeresboden auf kurze Zeit ein buntes und bewegtes Treiben. Wir Jungens hatten inzwischen Zeit, uns die befremdliche Welt draußen zu besehen, wir wateten in den Schlick hinaus, Krabben und „Porren" (Garnelen) zu fangen, oder sammelten blaue Mies- und weiße Sternmuscheln, auch die seltsame Pflanzenwelt zog die Aufmerksamkeit auf sich, der stark duftende Strandwermut, die bläulichen Strandnelken usw. War es acht oder neun Uhr geworden, dann wurde das Gras, noch nass und grün, auf Wagen verladen und soviel als möglich gleich mit nach Hause genommen; denn immer drohte die Flut, die es wegschwemmen mochte. Es geschah doch ziemlich häufig, dass ein stärkerer Westwind, mit der Springflut zusammenwirkend, auch im Sommer das ganze Meedland draußen unter Wasser setzte, dann wurde alles, was die Flut draußen antraf, Heu und fliegende Brücken, wie sie für die Priele notwendig waren, weggeschwemmt, meist freilich am nahen Ufer wieder abgesetzt. Es fand dann eine Verteilung des angespülten Heus statt, das aber durch das lange Treiben in der trüben Salzflut an Wert sehr verloren hatte.

Wenn die Heuernte sich dem Ende näherte, begann die Kornernte; Roggen, Gerste, Hafer machten den regelmäßigen Bestand. Weizen, Raps und Bohnen, wie sie in den Außenkögen gesät werden, gedeihen in der älteren Marsch weniger. Die Fenne im Louisenkoog, die der Vater in den ersten Jahren selbst gepflügt hatte, war später stets verpachtet. Das Kornschneiden, das bei uns damals noch durchaus mit der Hand verrichtet wurde, überließ der Vater so gut wie ausnahmslos einer Tagelöhnerfamilie; ich habe daher die Sichel kaum mehr als handhaben gelernt, nicht aber eigentlich damit gearbeitet. Dagegen war ich beim Einbringen des Korns regelmäßig mit tätig; ich besorgte das Verladen der Garben auf dem Wagen. Ich habe viele Hunderte von Heu- und Kornladungen aufgebaut, mit der Freude, die eine kunstsichere Hand an ihrem Werk empfindet. Die Sache ist nicht ganz so einfach, wie sie der Laie sich vorstellen mag; Blick für Gleichgewicht und inneren Verband ist notwendig, um ein hochbeladenes Fuder gegen Umwerfen oder Ausrutschen einzelner Stücke auf tief ausgefahrenen, schlingrigen Wegen zu sichern. Der erste Wagen, ich erinnere mich des Tages noch wohl, war eine Roggenladung, die ich mit Andres Niß aufbauen sollte; die glatten Garben rutschten mir wiederholt reihenweise zur Seite herunter, und er war nicht ein Mann von sehr elastischer Geduld: So kostete es viel Mühe und Tränen, bis wir schließlich glücklich den Baum auf das Fuder[53] bringen konnten. Und dann kam das Malheur nochmals auf dem Wege nach Hause.

War die Ernte eingebracht, dann gab es für mich wieder eine Pause, die der Schule gehörte, etwa von Anfang oder Mitte September ab. Erst die Herbstbestellung der Äcker gab mir wieder zu tun, meist aber nur ein paar Tage. Dann kam allmählich der Winter heran. Das Vieh, das den ganzen Sommer auf der Weide zugebracht hatte, wurde am Anfang November aufgestallt; oft waren die Weiden und die Wege dahin schon halb überschwemmt; die großen Herbstregen brachten zuweilen schon im August eine vorübergehende Überschwemmung der tieferen Marschen; von Ende November ab standen sie regelmäßig bis in den April hinein zu einem erheblichen Teil unter Wasser. Ich habe oft Vieh und Schafe durch knietiefes Wasser auf den überschwemmten Wegen nach Hause gebracht. Das verstand sich von selbst, man wusste es nicht anders.

Den Winter über gab es für mich in der Wirtschaft eigentlich nichts zu tun, außer dass ich gelegentlich einmal aushilfsweise die Pferde und das Vieh fütterte und tränkte oder bei starkem Schneefall den Schafen, die sich im Übrigen selbst durchschlugen, Futter brachte. Da der Vater sich um die Stallarbeit so gut wie gar nicht kümmerte, so kam auch ich wenig dazu, wenn nicht etwa der Knecht mich einmal bat, ihn zu vertreten. Der Tag gehörte dann der Schule und die Abendstunden der Arbeit und dem Lesen, oder auch einmal dem Spiel mit Nachbarskindern.

Zuweilen machte ich mich auch, als ich größer wurde, dem Vater nützlich durch eine hilfreiche Hand bei seinen vielen Schreib- und Rechnungsarbeiten. Er hatte einen für einen Landmann ungewöhnlich großen Umfang von derartigen Geschäften. Nicht nur hatte er die Vermögensverwaltung der Geschwister ganz in der Hand, sie scheuten sich vor jedem derartigen Geschäft: So leicht er die Feder führte, so schwer wurde es ihnen; dazu kamen allerlei mühvolle Gemeindeämter mit umständlicher Rechnungsführung und nicht selten auch allerlei Korrespondenz. Endlich noch eine ganze Reihe von Vormundschaftssachen: Er hatte zeitweilig nicht weniger als vier Vormundschaften für zum Teil kinderreiche Familien.

Die schwierigste Aufgabe dieser Art erwuchs ihm, als er die Regelung der Angelegenheiten eines zur See verunglückten ihm verwandten Kapitäns in die Hand nehmen musste. Es war der Mann seiner Cousine, der einzigen Tochter der Schwester seines Vaters. Er besaß ein Schiff, eine schmucke Brigg, womit er vor allem nach England, auch wohl nach den russischen und mittelländischen Häfen fuhr. Da kam eines Tages, es war im Dezember 1862, ein dänisch geschriebener Brief aus Kopenhagen: aus Säby in Jütland werde gemeldet, dass das Schiff Victoria, Kapitän Nommensen aus Langenhorn, dort in einem Schneesturm gescheitert und dass mehrere Leichen an den Strand getrieben seien. Es war eine erschütternde Kunde; der Kapitän hatte seine beiden ältesten Söhne als Matrosen mit an Bord gehabt: Miteinander hatten sie das Todesschicksal in der eisigen Nacht geteilt. Er war oft gebeten worden, nicht die Söhne mit auf das eigne Schiff zu nehmen, dass nicht einmal ein Schlag alle vernichte; eigenwillig, wie er war, hatte er sich darüber hinweggesetzt. Nun war es so gekommen. Und die Familie litt schwer unter dem harten Geschick.

Auch sonst war die Lage schwierig. Die Witwe war mit fünf unversorgten Kindern zurückgeblieben, der jetzt älteste Sohn in meinem Alter; die Vermögensverhältnisse verwickelt und nicht günstig; die wichtige Frage war: ob es gelingen werde, die 10 000 Reichstaler, mit denen das Schiff versichert war, einzubringen. Es wurde nicht ohne Ursache bezweifelt, ob die Versicherungsprämie bezahlt sei. Natürlich war mein Vater, der auch sonst sich schon öfter der Angelegenheiten angenommen hatte, der Nächste, an den man sich wendete. Es gelang ihm, durch viele Schreiberei und Reisen nach Bredstedt und Flensburg die Sache zu ordnen. Die Todesurkunden aus Säby gingen ein, und die Versicherungsgesellschaft erkannte die Zahlungspflicht an. Im Frühjahr konnte er die Summe in Flensburg in Empfang nehmen. Ein paar Jahre darauf starb auch die Witwe, und die Kinder wanderten zusammen nach Amerika aus; nach Chicago hat er noch den mündig Gewordenen ihr Erbteil nachgeschickt.

So viel vom Elternhaus, in dem ich als Knabe aufgewachsen, in dessen Lebensgemeinschaft und Lebensbetätigung ich von klein auf hineingewachsen bin. Ich kann nicht anders sagen: Ich blicke mit unbegrenzter Befriedigung auf die Jahre zurück, die es mich gehegt und gebildet hat, gebildet nicht so sehr durch Reden und Hören als durch unmittelbare Teilnahme an der Fülle von Leben und Wirksamkeit, die es in seinem engen Kreise beschloss. In der Tat, wenn ich ein solches Bauernhaus mit den Großstadthäusern vergleiche, in welchen nun ein immer mehr anschwellender Teil unseres Volks lebt und aufwächst, dann kann ich nicht umhin, die fortschreitende Verarmung der Jugend zu beklagen, Verarmung an Bildungsmöglichkeiten und Verarmung an Freuden. Dort war die ganze Welt in lebendiger Wirklichkeit gegenwärtig: Die Natur mit allem Reichtum ihrer Formen und Erzeugnisse war uns zugänglich und vertraut, Äcker und Felder, Wiesen und Weiden, Heide und Moor, fließende Bäche und stehende Gräben, Wehlen[54] und Teiche, Dünen und Hügel, Deiche und Dämme, Watten und Priele, Flut und Ebbe, wir kannten sie, nicht von einem kurzen Sonntagnachmittagsausflug, sondern aus täglichem intimstem Umgang, in jedem Graben haben wir gewatet und Fische gefangen, in jedem Teich und Fluss gebadet, jeden Bach abgedämmt, auf jedem Acker gepflügt, in jeder Fenne gearbeitet, auf jeder Wiese Heu gemacht; über jede Heide sind wir gesprungen und haben Beeren gepflückt oder den Eidechsen zugesehen, auch wohl einmal eine Schlange gescheucht, von jeder Düne haben wir uns im Sommer heruntergewälzt oder im Winter auf Schlitten herabsausen lassen. So haben wir den Himmel bei Tag und bei Nacht gesehen, am Morgen das Erblassen der Sterne und das Aufleuchten des Frührots erlebt, am Abend der untergehenden Sonne ins Angesicht geschaut und die ersten Sterne wetteifernd gesucht und gezählt, das heraufziehende Wetter beobachtet und die sengenden Blitze in fast fühlbarer Nähe niederfahren sehen, den Regen über uns niederrauschen lassen und in der glühenden Sonne nackt im Sande gelegen. Auf Pferden haben wir uns getummelt, ohne Sattel und Zaum manchen wilden Ritt getan, bis der Reiter zur Erde glitt oder auch einmal kopfüber in den Graben geschleudert wurde; mit Kälbern und Lämmern haben wir gespielt, mit Pferden und Kühen auf der Weide gelegen, mit Schafen und Ochsen, die den Weg nicht wollten, den sie sollten, sind wir um die Wette gelaufen; den Fischen haben wir mit Netzen und Schlingen nachgestellt, den Vögeln ihre Nester abgelauscht, den Kiebitzen und Rebhühnern die Eier genommen, den Grasmücken und Bachstelzen die Jungen mit Fliegen füttern helfen, ob sie sie schätzten oder nicht. Kurz,

Schmiede in West-Langenhorn: Der Schmied „hatte es gern, wenn wir im Winter aus der Schule kommend vorsprachen und zusahen, wie er das weißglühende Eisen mit der Zange aus der Kohlenglut zog und mit dem Hammer bearbeitete" (Foto von etwa 1925).

die ganze Natur lag innerhalb des Bereichs nicht nur unsrer Augen, sondern auch unsrer Hände und Füße, wir lebten mit ihr als ein Teil ihrer selbst.

Und wie die Natur, so lag das ganze menschliche Dasein in unserm Bereich, nahe, fasslich, verständlich. Alle elementaren Künste der Kultur hatten im Haushalt ihren Ort; das Großstadtkind sieht nur die fertigen Dinge und ihre Verzehrung, wir sahen sie alle entstehen, vom ersten Anfang bis zur Vollendung, das Brot und das Bier, das Hemd und die Jacke, fast nichts kam in unsern Gesichtskreis, von dessen Herstellung wir nicht eine anschauliche Erkenntnis gehabt hätten. Denn auch die Dinge, die das Haus nicht selber herstellte, sahen wir entstehen: Der Schneider kam und schnitt auf dem großen aufgeschlagenen Klapptisch nach großem Papiermuster den Stoff zum Anzug zurecht, dann setzte er sich, ein Wunder zu sehen, mit untergeschlagenen Beinen auf denselben Tisch und nähte die Stücke zusammen. Im Frühjahr und Herbst kam der Zimmermann auf einige Tage ins Haus, besserte aus und fertigte Neues, hobelte und sägte, natürlich wir immer dabei zusehend und wohl auch einmal Hand anlegend. Und was nicht ins Haus kam, das suchten wir auf; bei dem alten Schuhmacher waren wir häufige Gäste: Man wartete eine Stunde, um das zum Ausbessern gebrachte Schuhwerk gleich wieder mitnehmen zu können, und sah ihm inzwischen zu, wie er mit Leder und Leisten, mit Ahle und Pechdraht, mit Schusterhammer und Messer hantierte oder am Abend durch eine gefüllte Wasserkugel das Licht des dürftigen Öllämpchens auf einen Punkt sammelte. Und nicht minder kehrten wir gern beim Schmied ein: Es war ein fröhlicher Mann, und er hatte es gern, wenn wir im Winter aus der Schule kommend vorsprachen und zusahen, wie er das weißglühende Eisen mit der Zange aus der Kohlenglut zog und mit dem Hammer bearbeitete, dass die Funken in alle Ecken der dunklen Werkstatt stoben und die Mädchen laut aufschrien.

Wie abstrakt und oberflächlich und dürftig bleibt hiergegen die Vorstellungswelt des Großstadtkindes. Die Natur sieht es nur auf dem Papier, das Bilderbuch und das Lesebuch geben blasse Vorstellungen von Feld und Wald, von Tieren und Pflanzen, höchstens dass es noch einmal am Sommernachmittag die Dinge selbst sieht, aber wieder nur von Weitem und ohne an sie heranzukommen: Alles ist vor ihm verschlossen und vergittert. Dagegen hat es täglich um sich eine Welt künstlicher Dinge und Vorgänge, in deren Inneres es nicht hineinzusehen vermag: die elektrische Lampe und die Straßenbahn, das Telefon und das Automobil, das Warenhaus mit seinen tausend die Begierde, aber nicht die Erkenntnis herausfordernden Dingen, das Museum mit seinen unverstanden angestarrten Kunstwerken oder Resten einer nur dem Gelehrten erreichbaren Vergangenheit. So wächst es auf unter lauter Dingen, die ihm stumm bleiben, und endlich gewöhnt es sich, nicht mehr zu fragen, sondern mit der Oberfläche und der unverstandenen Benutzung sich zufrieden zu geben.

Und nicht viel anders steht es mit den menschlichen Verhältnissen, den privaten und den öffentlichen. Die Großstadtmenschen sehen sich nur von Weitem und kennen sich von der Oberfläche, sie wissen voneinander Namen und Titel, Stellung und Parteirichtung und derlei Äußerliches, aber die Wurzeln des Daseins des Andern, die erreichen sie nicht, und darum wissen sie auch von dem Innersten des persönlichen Lebens so wenig. Ich bin oft erstaunt gewesen, nach dem Tode eines Mannes, den ich jahrelang gekannt, den ich täglich gesehen hatte, aus seiner Biographie zu erfahren, wie wenig ich im Grunde von ihm gewusst hatte. Dagegen im Dorf weiß jeder vom Andern, nicht bloß von gestern und vorgestern, sondern von Eltern und Großeltern her; man sieht die Verhältnisse, unter denen er geworden ist, in denen er lebt, seine Frau und Kinder, seine Heimstätte und seine Arbeit, sein Gedeihen und Misslingen. Was weiß von allen diesen Dingen in der Großstadt der Kollege vom Kollegen? Sie sehen sich täglich, sie tauschen Gedanken und Meinungen über alle Dinge aus, aber von ihrem eigentlichen Erleben sehen sie meist so gut wie nichts; es bleibt eine schattenhafte Kenntnis von dem Reden, Meinen und Sichgeben des Andern.

Und ähnlich mit den öffentlichen Angelegenheiten. Man liest davon in der Zeitung und redet davon am Biertisch und vielleicht in der Volksversammlung. Aber wie am letzten Ende „der Staat" und „die Gesellschaft" aussieht und wirkt, davon gewinnt der Junge, der auf dem Lande aufwächst, viel eher eine lebendige Anschauung. Ich kannte den Landvogt und den Aktuar in Bredstedt, ich wusste, zu wem man geht, wenn man dies oder jenes Geschäft hat, ich kannte die Gemeindebeamten und die Kirchspielsversammlung und wusste, wie es darin hergeht, ich wusste, was der und jener zu tun hatte, der Vater hatte das Geschäft selbst jahrelang gehabt, und ich hatte ihm Handlanger- und Botendienste dabei verrichtet. Ich wusste von den Rechtsgeschäften, von Hypotheken und Stempelpapieren[55], von Kaufbriefen und Mietsverträgen, sie gingen früh durch meine Hände.

Ebenso von Steuern und Abgaben, die „Quittungsbücher" über bezahlte Grundsteuern und Koogssteuern, Kirchen- und Schullasten lagen in der Schatulle[56] des Vaters, und er verwehrte mir nicht sie durchzusehen. So habe ich auch von Einnahmen und Ausgaben des Haushalts früh konkrete Einsicht gehabt: Was die Ochsen und Schafe, der Roggen und Hafer, das Heu und Stroh kosteten und also einbrachten, war das tägliche Gespräch. Und wie mit den Preisen der Erzeugnisse die Landpreise stiegen und fielen, wie die Art des Anbaus des Landes mit dem Wechsel der Konjunktur sich änderte, wie der Kornbau zurückging, als der Fettviehexport nach England in den 50er Jahren begann, wie bei steigenden Wollpreisen die Aufzucht von Schafen sich rasch vermehrte und wieder nachließ, als der große Import von Australien einsetzte, alles dies lag vor den Augen schon des aufmerkenden und aufhorchenden Knaben.

Und nicht bloß die wirtschaftlichen Verhältnisse der Gegenwart, auch ihre Einordnung in den geschichtlichen Zusammenhang wurde ihm sichtbar. Meine Jugendjahre fielen in die Zeit mächtig aufsteigenden Gedeihens der Landwirtschaft; sie begann langsam in den 40er Jahren, ging dann stoßweise aufwärts in den 50er Jahren, man führte das Steigen aller Preise, der Pferde, des Hafers, des Fleisches, auf den Krimkrieg zurück, der die Nachfrage für den Militärbedarf rasch in die Höhe trieb. Dann kamen die 60er Jahre mit der wachsenden Industrie, die Jahre des Aufschnellens nach dem Krieg von 1870, in denen das Land unbegrenzten Wert zu erhalten schien. Vorher war aber eine Zeit der Not gegangen, die den Eltern noch lebendig vor der Seele stand und oft in den Gesprächen vorkam: In den 20er, 30er Jahren waren die Erzeugnisse der Landwirtschaft fast wertlos und unabsetzbar gewesen; für einen dreijährigen Ochsen wurden zehn bis zwölf Taler Hamburgisch, für eine Tonne Hafer zwei Mark Lübsch, für ein Pfund Butter zwei Schilling (15 Pfennig) bezahlt. Kein Wunder, dass die Geldknappheit aufs äußerste stieg und dass die schönsten Bauernstellen in Masse für nichts im Konkurs verkauft werden mussten; wer Schulden hatte aus früherer, besserer Zeit oder wer ein wenig leichter das Geld ausgab, der kam alsbald von Haus und Hof.

Von allen diesen Dingen hatte ich eine lebendige Anschauung, ehe ich die Namen von „Staat" und „Gesellschaft" gehört haben mochte: In der friesischen Sprache gibt es keine Wörter dafür. Was will gegen solche konkrete Belehrung der Unterricht besagen, den das Stadtkind, so Gott will, in der Schule über die „Verdienste der Hohenzollern um die Bürger und Bauern" oder über die „Verderblichkeit der sozialdemokratischen Lehren" erhält? oder den es sich selber aus Zeitungen oder Gesprächen gewinnt? Ich habe nachher zeitweilig mit Leidenschaft Nationalökonomie studiert; es war die Freude, das, was ich aus der Anschauung kannte, nun in der großen Theorie wiederzufinden; vor allem hat es mir aus diesem Grund Roschers „*Nationalökonomik des Ackerbaus*"[57] angetan; ich habe sogar den Vater dahin gebracht, von mir Vorträge darüber sich halten zu lassen, natürlich nicht Kathedervorträge.

Nicht minder lag auch die soziale Struktur in einfacher und durchsichtiger Gestalt vor Augen. Das Dorf bildete eine übersehbare Lebensgemeinschaft. Das tragende Grundgerüst machten die selbständigen Bauernhöfe aus. Daran lehnten sich die Handwerke: Alle notwendigen Arbeiten waren vertreten; jeder Handwerker hatte regelmäßig eine Anzahl Bauern als seine Kundschaft, der Müller, der Schmied, der Rademacher[58] usw.; ihre Aufträge waren die Unterlage seiner Lebenshaltung. Dazu kam als eine dritte Gruppe der Pastor, der Schullehrer, der Arzt, der Beamte: Sie standen einigermaßen außer oder über der Gesellschaft, sie mit Leistungen versehend, die nicht auf einheimischen, bodenständigen Künsten beruhen. Ebenso trat die soziale Schichtung, die Klassenbildung in primitiver Form fasslich zutage. Es gab Großbauern, sie waren mehr in den neuen Kögen heimisch, die nicht selbst mit Hand anlegten bei der Arbeit, dann eine sehr breite Schicht von mittleren Bauern, die regelmäßig mehr oder minder sich selber an der landwirtschaftlichen Arbeit beteiligten. Dann folgte eine Schicht kleiner Besitzer, die auf dem eigenen Landbesitz nicht mehr ausreichende Arbeit für die Familienmitglieder hatten und daher durch übernommene Dienste ihr Einkommen steigerten, sei es durch Fuhrdienste oder durch Krämerei, Tagelohn und Handwerk. Endlich kamen die eigentlichen Tagelöhner, die nur ein Haus mit Garten und vielleicht noch Land für eine Kuh oder ein paar Schafe hatten, sonst es mieteten: Sie standen meist in regelmäßigem Arbeitsverhältnis zu einem Bauernhof, ihre Kinder gingen erst als Hütejungen, dann als Dienstboten in Stellung. Endlich am Rand eine sehr kleine Schicht von Armen, meist durch Krankheit und Unglück heruntergekommener oder auch durch eigene Schuld, durch Trunk und Trägheit, verkommener Familien: Sie lebten von gelegentlicher Arbeit und vom Betteln. Einige Insassen des Armenhauses, erwerbsunfähige Alte, unversorgte, meist uneheliche Kinder, Krüppel, Idioten, machten den Beschluss.

So lag die Gliederung der Gesellschaft nach dem Besitz sichtbar vor Augen; man wusste von jedem Bauern, wie viel Demat Land er besaß, und von jeder Familie, in welchen Verhältnissen sie sich befand, sah auch, wie die Verhältnisse von dem Verhalten abhängig waren, warum diese Familie im Aufsteigen war, jene nicht auf einen grünen Zweig kommen konnte: alles Dinge, die in der Großstadt unsichtbar oder doch undurchsichtig bleiben. Womit es denn doch wohl zusammenhängt, dass allerlei seltsame Meinungen hier so leicht sich durchsetzen, z. B. dass das ökonomische Ergehen des Einzelnen von seinem Verhalten überhaupt nicht abhängig sei oder dass seine Verhältnisse – nun eben von den Verhältnissen kommen, und ähnliche.

Hinzufügen möchte ich noch dies, dass die soziale Gliederung die Einheit der Lebensgemeinschaft nicht aufhob. Es gab in dieser Bauerngesellschaft nirgends eine Spaltung, eine Kluft zwischen den Klassen, wie sie im Osten des Landes vorhanden ist, ja, wie sie hier eigentlich die Grundlage der ganzen Gesellschaftsordnung bildet: die Spaltung in Rittergutsbesitzer und Tagelöhner, in offiziersfähige

Familien und Gemeine, in Gebildete und Ungebildete, in Hochwohlgeborne und Überhaupt-nicht-Geborne. Alle Stufen des Besitzes waren durch kontinuierliche Übergänge verknüpft; zwischen allen bestand, wenn auch mit Abstufungen, *connubium & commercium*[59], man saß, wie in der Kirche, so in der Schule und im Wirtshaus, beisammen. In der Schule hatten die Kinder der reichen Bauern neben denen der Tagelöhner ihren Platz, und selbst die Insassen des Armenhauses saßen durch die Klasse verteilt, je nachdem ihre Fähigkeiten und ihr Fleiß ihnen einen Platz verschafften. Im Ganzen hatten natürlich die Wohlhabenden den Vorzug, schon wegen des regelmäßigeren Schulbesuchs; aber zuletzt gab doch die persönliche Leistungsfähigkeit den Ausschlag. Und nicht anders war es beim Spiel: Jeder gilt, so viel er kann; eine Ausschaltung kam auch hier nicht vor, wenn einer sich nicht selbst unmöglich machte. Und dieses einheitliche Leben in der Jugend setzte sich fort auch bei den Erwachsenen. Zwar traten die Unterschiede des Besitzes stärker hervor; doch blieb auch hier die Gemeinsamkeit des Tanzplatzes und der Kegelbahn, der Liedertafel[60] und des Ringreitens: Auch der Knecht und das Dienstmädchen waren nicht ausgeschlossen. Und so kamen denn Zwischenheiraten nicht so gar selten vor; ein tüchtiger und bewährter Knecht konnte um die Tochter eines Bauern oder die Hand seiner Witwe anhalten, ohne von vornherein der Ablehnung gewiss zu sein, und das Umgekehrte kam wohl noch häufiger vor, dass Bauernsöhne Töchter von Handwerkern oder kleinen Leuten, die dienten, heirateten.

Dieser demokratische Charakter der Gesellschaft prägte sich auch überall in der Sitte und Sprache aus. Wie man bei der Arbeit und bei Tisch auf dem Fuß der Gleichheit verkehrte, es war selbstverständlich, dass die Dienstboten bei uns mit am Tisch aßen, so machte die Sprache in einer bemerkenswerten Weise alle zu Gleichen: Alle Gleichaltrigen nannten sich Du, dagegen wurde die ältere Generation ohne Rücksicht auf die gesellschaftliche Stellung mit der Anrede durch den Namen, wie die Eltern durch die Anrede mit Vater oder Mutter, geehrt, während sie die jüngeren mit dem Du ansprach. Nur der Altersunterschied, ein allgemein menschlicher, nicht der gesellschaftliche Unterschied gab eine Vorzugsstellung. Ausgenommen waren nur die Pastoren, Lehrer, Beamten, die natürlich mit ihren Amtsnamen angeredet wurden, meist auch Fremde waren und nicht friesisch redeten. So bin ich, wenn ich als Student oder junger Doktor nach Hause kam, von den älteren Leuten, auch unserem Tagelöhner, mit Du angeredet worden, vielleicht einmal mit einer Art Entschuldigung: Eigentlich darf ich ja wohl so nicht mehr sagen; während ich sie mit dem Namen anredete. Es wäre mir einfach gegen den eingebornen Sprachsinn gegangen, anders zu verfahren. So wenig ich gegen Vater und Mutter jemals das Du über die Zunge gebracht hätte: Man konnte durchaus nur sagen: „Ich bitte Vater, dies oder das zu tun"; so wenig konnte ich einen doppelt so alten Mann anders als mit Namen anreden: „Wie geht es Carsten?"

Elternhaus in Langenhorn, Foto aus dem Besitz Friedrich Paulsens

Die Verwandten

Den Bildern aus dem Elternhaus füge ich noch ein paar Mitteilungen über die Verwandten hinzu, bei denen ich aus- und einging.

Im selben Ort wohnten eine Viertelstunde nach Osten die Geschwister des Vaters, drei Schwestern und Onkel Ipke, der jüngste von allen. Sie waren, wie schon berichtet ist, als mein Vater heiratete, auf der Stelle geblieben, in die sich die Familie nach der großen Flut 1825 gerettet hatte; der Vater hatte sie dem jüngeren Bruder vor allem wohl um der Schwestern willen überlassen und sich selber einen andern Wohnsitz gesucht: Er wollte ihnen nicht die Heimat nehmen. Sie blieben unverheiratet beieinander; sie fühlten sich ihr Leben lang wie eine Art Fremdenkolonie auf dem Festland, wie sie denn auch vielfach, nach mehr als dreißigjähriger Ansässigkeit, noch die „Halligleute" genannt wurden; so fest war in jener Zeit der Heimatzusammenhang.

Ich war bei den Tanten natürlich wie Kind im Hause; ja ich wurde als der Sohn ihres über alles verehrten und geliebten ältesten Bruders, unter dessen Obhut und Führung sie nach des Vaters Tode zwanzig Jahre gelebt hatten, vielleicht zärtlicher geliebt und gehegt, als eigene Kinder es geworden wären. Jedenfalls wurde mir bei ihnen mehr Freiheit und Nachsicht zuteil als zu Hause, wo die Mutter unter dem Gefühl der Verantwortlichkeit mich strenger hielt. Natürlich merkte das der kleine Rechner bald, und so ging ich wohl auch einmal ohne Vorwissen und Erlaubnis der Mutter zu ihnen, umso mehr, als ich dort auch fand, was ich zu Hause nicht hatte: eine Spielgefährtin. Die Tanten hatten die älteste Tochter einer im Dorf verheirateten älteren Schwester zu sich genommen, als diese seit der Geburt jüngerer Kinder kränklich blieb. Meine Cousine Tine – sie ist in diesem Jahre[61] herzlich betrauert von uns gegangen – ist viele Jahre meine nächste und liebste Spielgenossin gewesen; ein paar Jahre älter als ich, wusste sie mich mit angeborener Sicherheit und Liebenswürdigkeit zu leiten und zu beschäftigen. „Tine, was sollen wir nun?" das sei, so ist mir oft nachher gesagt worden, meine immer wiederkehrende Frage gewesen. Als ich in die erste Schule kam, die von dem Hause meiner Tanten bloß ein paar Schritte entfernt lag, war ich sehr häufig ihr immer willkommner Mittagsgast, und war das Wetter im Winter zu schlecht, so durfte ich auch zu Nacht hinübergehen. Als ich später einmal während anhaltender Krankheit der Mutter wohl ein ganzes Vierteljahr bei ihnen gewesen war, kostete es nachher sehr entschiedenes Auftreten der Mutter, um mich wieder in das Elternhaus zurückzugewöhnen.

Die älteste der Schwestern hieß Brodine, wohl eine etwas willkürlich gebildete weibliche Form zu dem männlichen Broder, einem häufigen Vornamen, zu dem das eigentlich weibliche Seitenstück *Soster* (Schwester) ist, auch ein nicht ungewöhnlicher Name; nimmt man Namen wie *Poppe, Sanke* (Söhnchen) hinzu, so sieht man: Es ist nicht ein Überschwang der Phantasie, der sie erfunden hat, sondern die Hausbezeichnung des Kindes blieb als allgemeiner Name, ähnlich wie bei den Römern. Tante Brodine war eine sehr merkwürdige Frau; streng abgeschlossen nach außen, führte sie ein eigenes Innenleben. Während sie sonst wenig sprach und immer mit abgewendetem Blick, erzählte sie uns Kindern, die wir mit ihr in einem großen Wandbett schliefen, gern sowohl aus der eigenen Jugend und ihren Erlebnissen, von der Hallig, von der Schifffahrt, von der Flut, als allerlei Geschichten, die sie mit treuem Gedächtnis bewahrte. Sie hatte ein ungemein sicheres Gedächtnis; die Bibel hatte sie durch und durch inne, es wurden unter uns wohl biblische Namen im Spiel gefragt: Sie wusste sie alle mit allen ihren Beziehungen, von Kedor Laomer bis zu den drei Töchtern Hiobs; aber auch weltliche Dinge waren ihr aus dem Schulunterricht sicher haften geblieben. Als ich von Erlangen als Student in die Ferien kam und sie besuchte, wusste sie gleich Bescheid: „Erlángen", wie sie aussprach, „Ansbach und Bayreuth". Im Haushalt hatte sie die Küchenverwaltung, bis sie sich in ihren späteren Tagen auf ihr Stübchen im Backhaus zurückzog, ganz der Einsamkeit und der Erinnerung lebend; im Winter saß sie ohne Licht stundenlang regungslos in ihrem alten Armstuhl, dabei ganz freundlich und teilnehmend, wenn man sie aufsuchte. Aber sie hatte kein Bedürfnis, weder nach Unterhaltung noch Arbeit. Was in ihr vorging und womit sie sich innerlich beschäftigte, sie hat es keinem Menschen mitgeteilt.

Die zweite Tante, meinem Vater im Alter am nächsten folgend, hieß Paulene. Sie war die Güte selbst, ich habe von ihr nie ein hartes oder auch nur ein minder freundliches Wort weder gegen jemand noch über jemand in seiner Abwesenheit gehört. Eine tiefe, ganz innerliche Frömmigkeit machte ihr Wesen aus, sie sprach nicht viel davon, aber sie lebte ganz darin. Am Morgen ihres Todestages sagte sie mit ruhiger und freudiger Zuversicht zu den Geschwistern: „Heute wird mich mein Jesus holen." Sie lebte längst mehr im Jenseits als im Diesseitigen. Für mich hat sie immer die zärtlichste Zuneigung gehabt; als ich der Heimat den Rücken kehrte, hat es vielleicht niemand tiefer gefühlt, auch wenn sie es nicht sagte: Überflüssiges Bereden und Beraten war überhaupt in diesem Hause nicht üblich. Jeder muss seinen Weg selbst finden, so galt es auch unter den Geschwistern: Zurückhaltung und Diskretion ist der erste Beweis guter Gesinnung; dem andern dreinreden ist unziemlich.

Tante Josine, deren Namen doch wohl biblischen Ursprungs ist, mit dem König Josias zusammenhängend, der ebenso, wenn auch seltener als der alte Joachim in friesischen Taufnamen wiederkehrte, trat hinter den Schwestern zurück; sie war eine weniger bedeutende und innerlich reiche Natur. Lange Jahre hat sie dem Bruder bei der Feldarbeit geholfen, bis sich die Schwächen des Alters einstellten. Da eine Magd nicht gehalten wurde – die Geschwister mochten keine fremden Leute in ihrem Kreise haben, sie hielten oft, außer Tagelöhnern, nur einen Hütejungen –, so war immer ein Übermaß von Arbeit zu tun: neben der Feldarbeit die Milchwirtschaft mit sechs bis acht Kühen, so dass im Sommer der Tag wohl von vier Uhr morgens bis zehn Uhr abends dauerte. Dennoch nie ein Wort des Unmuts über ein Zuviel: Das ist nun so und von jeher so gewesen, und damit muss man fertig werden. Wozu vergebliches Klagen? Wir wollen es so, und wir haben es so, wie wir wollen.

Der Herr des Hauses war Onkel Ipke; er steht mir als eine jugendlich elastische Gestalt vor Augen, wie er denn bis an sein Lebensende die jugendliche Farbe des Haares und des Gesichts behalten hat. Er hatte ungern den Bauernhaushalt übernommen; er wollte irgendwo an einem Wasser sich niederlassen und Fischer werden. Er ist doch ein leidenschaftlicher Bauer geworden; sein Betrieb war größer als der des Vaters; vor allem zog er auch junge Pferde und gräste jütische Kühe; er kam daher viel mehr als der Vater in den Marktverkehr hinein, vor dem dieser stets eine starke Abneigung hatte. Ich bin öfter mit dem Onkel auf die Märkte gekommen; er war ein sehr sicherer Beurteiler und ein zäher Händler; ohne viele Worte zu machen, wusste er seinen Willen durchzusetzen. Dabei arbeitete er im Übrigen hart wie ein Knecht; es war ihm nichts zu viel und nichts zu schwer: „Mir ist nie wohler", pflegte er zu sagen, „als wenn ich tüchtig arbeite, das Stillsitzen kann ich nicht vertragen." Er wunderte sich wohl im Stillen über den Vater, der im Winter den ganzen langen Tag über seinen Papieren sitzen konnte, ohne auch nur einmal vor die Tür zu gehen. Onkel Ipke las wenig und schrieb gar nicht; er war den ganzen Tag im Stall und in der Scheune tätig, und auch das Dreschen, eine Arbeit, von der sich der Bauer sonst dispensierte, ließ er sich nicht nehmen. Bis in sein höchstes Alter tat er den Sommer über draußen alle Arbeit. Da er als der letzte von den Geschwistern starb, so fehlte es ihm zuletzt zu Hause sehr an nötiger Pflege; er konnte sich nicht entschließen, eine Fremde ins Haus zu nehmen, und sorgte selbst, so gut oder übel es ging, für die Küche. Die Verwandten redeten ihm wohl zu, sich anders einzurichten; aber er blieb bei seiner Art, ruhig, aber bestimmt jede Beratung in seinen Angelegenheiten ablehnend. Wer von außen in das kleine dürftige Haus hineinsah, das er sich nach Verkauf des alten Besitzes gekauft hatte, musste denken, ein armer Tagelöhner wohne hier. Er hätte sich, ohne seinen Besitz an Kapitalien und Papieren zu erschöpfen, ein sehr ansehnliches Rittergut kaufen können; so war das Vermögen der Geschwister bei steigender Konjunktur und bei strenger Sparsamkeit in den langen Jahren gewachsen. Sinn und Bedürfnisse hatten sich völlig unabhängig von der Umgebung durchaus auf dem alten Fuß gehalten.

Das alte Haus, in dem die Geschwister über 60 Jahre wohnten, war recht stattlich, viel stattlicher und reicher als unser Haus. Es war offenbar aus vollen Mitteln gebaut. Die geräumige Wohnstube zeigte eine reiche Holztäfelung im Stil des 18. Jahrhunderts, Türen und Bettläden waren mit Malereien versehen, Städte mit Türmen, Dörfer mit Mühlen usw. darstellend. Mit den alten Sesseln und Stühlen ausgestattet, die mit ihren gewundenen Säulenbeinen und ihrer bemalten Lederpolsterung auf das 17. Jahrhundert zurückwiesen, machte das Ganze einen altmodisch-vornehmen Eindruck. Der große Pesel enthielt manches alte Stück, das die Aufmerksamkeit des Knaben auf sich zog: einen großen Sekretär, auf dem eine gewappnete weibliche Figur aus Gips, eine Minerva, wie ich später lernte, stand, ein paar alte blauweiße Bettvorhänge, auf denen eine Menge Figuren und Geschichten biblischer Herkunft gestickt waren usw. Auch die Schränke gaben Altertümliches und Fremdartiges her, das wohl einmal auf Wunsch gezeigt

Erstes Haus der Paulsens in Langenhorn-Loheide, Dorfstraße 66. Hier lebten Friedrich Paulsens Onkel Ipke Paulsen und seine Tanten. „Das alte Haus, in dem die Geschwister über 60 Jahre wohnten, war recht stattlich, viel stattlicher und reicher als unser Haus."

wurde: bunte Seidenkleider mit Silberschmuck von Filigran, Bernsteingeräte und Schmucksachen und Ähnliches. Einiges davon ist noch im Familienbesitz, das meiste an Händler verschleudert worden, die seit den 60er Jahren die Gegend absuchten und mit schrecklicher Beharrlichkeit den Willen auch der Widerstandsfähigsten brachen: Man muss sie doch loswerden.

Der Hauptanziehungspunkt für mich war jedoch der Bücherschrank; in einem großen Wandschrank über einer der Wandbettstellen der Wohnstube waren die Bücher und Papiere aufbewahrt, die man von Oland mit herübergerettet hatte. Es waren fast lauter Bücher geistlichen Inhalts, höchst gewichtige Predigtbücher bildeten den Hauptbestand; viele zeigten die Spuren der Flut, wasserdurchtränkte und sich auflösende Blätter redeten von dem, was sie durchgemacht hatten. Daneben fand sich aber auch für mich Genießbareres; so erinnere ich mich zahlreicher Bände Baseler Missionsberichte;[62] ferner eines dicken Buches mit Betrachtungen auf jeden Tag des Jahres, über die aber allemal irgendein Holzschnitt, ein Kompass oder eine Windmühle oder ein Bienenkorb, gesetzt war, an den die geistliche Betrachtung mehr oder minder sinnreich anknüpfte. Ich weiß den Titel nicht mehr, sehe aber noch diesen und jenen Holzschnitt. Endlich waren zahlreiche Familienpapiere da, besonders eine Menge Skripturen vom Großvater Ipke Petersen, der auch noch in der Erinnerung der Tanten lebendig war. Abwechselnd Schiffer und Küster auf Oland, hatte er einen erstaunlichen Drang gefühlt, von seinem Innenleben auch schriftlich sich Rechenschaft zu geben. Eine Menge davon ist noch in meinem Besitz.[63] In diesen Schrank pflegte ich als Knabe hinaufzuklettern und konnte dann stundenlang oben bleiben und in den Schätzen blättern und lesen. Die Tanten haben wohl einmal, wenn sie mich nur mit Mühe herunterbrachten, gesagt: Der wird einmal Prediger werden, zum Bauer taugt er nicht.

Ein zweites Verwandtenhaus im Ort war das des Schwagers meines Vaters, des Vaters der oben genannten Cousine Tine. Ich kam seltener hin, die Eltern standen sich nicht sehr nahe, doch haften auch an ihm manche Eindrücke. Und es war ein nicht uninteressantes Haus. Schon das Haus selbst: Es mochte aus dem Anfang des 17., vielleicht auch noch aus dem 16. Jahrhundert stammen. Die Räume waren niedrig, die Mauern nicht so hoch wie später üblich aufgeführt, die Fenster daher mehr breit als hoch, mit kleinen bleigerahmten Scheiben; über den Fenstern ging das Dach schräg aufwärts, inwendig in den Stuben verkleidet durch eine schräge Holztäfelung. Noch tiefer als auf der Südseite ging das Dach auf der Nordseite herunter, so dass die Tür, die hier ins Freie führte, nur eine Höhe von kaum anderthalb Metern hatte. Es ging die Sage: Die siegreichen Dänen hätten einst verboten, höhere Türen zu bauen, damit die Friesen, wenn sie nach Norden hinausträten, sich jedes Mal bücken müssten und damit an ihre Unterwerfung erinnert würden. In der Stube lief rings um die Wände eine Holzbank oder vielmehr eine Lade, die gleich als Sitz diente. Die Wände waren mit alten Majolika- und Zinnschüsseln verziert. Auch die Wirtschaftsräume waren niedrig, zeigten aber Eichenbalken, wie es sie im Lande nicht mehr gab.

Auch die Bewohner des Hauses waren nicht ohne Interesse. Zwar die Mutter, die Schwester meines Vaters, war kränklich und stand unter dem Druck, sie trat wenig hervor und starb früh; seitdem musste Tine nach Haus kommen und den Haushalt führen. Der Mann, Sönke Pferdedoktor, wie er in der ganzen Umgegend hieß, war weit und breit bekannt. Er war im Besitz der Kunst, kranke Pferde und Vieh zu heilen. Er hatte sie nicht auf einer Schule gelernt, sondern von seinem Vater geerbt, der sie wohl wieder vom Vater hatte. Wie viel Vertrauen sie verdiente, weiß ich nicht, sie fand aber ein außerordentlich großes und verbreitetes; freilich kostete die Beratung nichts, der nicht gelernte Tierarzt durfte nicht gegen Entgelt praktizieren, und bei der Apotheke machte er den Leuten auch keine Kosten, seine Heilmittel waren einfach: das gewöhnlichste wohl der Aderlass, den er selbst rasch und sicher ausführte, nicht selten, bis das Tier zu schwanken anfing. Innerlich wurde Bier und Butter, zusammengekocht, gegeben, der Trank pflegte den Tieren mit einer Flasche durch den Mund oder auch durch die Nase eingegossen zu werden; dazu kamen Klistiere, Salben, wobei grüne Seife eine beträchtliche Rolle spielte, und anderes. Die Heilerfolge waren wohl nicht selten überraschend. Jedenfalls, die Leute brachten kranke Tiere, vor allem Pferde, von weither oder schickten Wagen, ihn zu holen, so dass er sich des Andrangs oft kaum erwehren konnte. Im Übrigen war er ein kleiner kränklicher Mann, er hatte es „auf der Brust“, wie man bei uns sagte; er führte die Krankheit selbst auf die Teilnahme an dem Winterfeldzug gegen Bernadotte[64] 1814 zurück. Doch brachte er sein Leben trotz manchem Ach und Krach auf über siebzig.[65]

Ingwer Peter Sönksen, Gliedsetzer in Loheide: „Der renkte den Arm wieder ein, und die Sache war erledigt."

Nach dem Tode des Vaters blieben die Kinder, außer Tine noch eine Schwester und ein Bruder, unter der Obhut des Vaterbruders, Ketel. Er war unverheiratet geblieben und diente seit Menschengedenken seinem nur ein paar Jahre älteren Bruder als erster Knecht; ich weiß nicht, ob er auch Lohn erhielt, ich halte es für wahrscheinlich, denn Pflicht um Recht war der herrschende Grundsatz. Im Übrigen war er ein wohlhabender Mann, mit einem ganz stattlichen Vermögen; aber er wollte und suchte nichts anderes als eine Stelle, wo er leben und arbeiten konnte. Wie die Führung des Haushalts, so erbte er auch die Kunst des Bruders, die er übrigens vertretungsweise wohl auch früher schon geübt hatte. Mit ihm ist sie ausgestorben; der Vater wollte nicht, dass der Sohn sie lerne, es sei eine große Last ohne Ertrag. Ebenso war auch die altererbte ungelernte Menschenheilkunst, die in meinen ersten Jugendjahren auch noch an mir einmal mit Erfolg geübt worden ist, kurz zuvor ausgestorben. Ich war als kleines Kind bei einem Besuch auf dem Sande in einen tiefen trockenen Graben gefallen und hatte mir einen Arm aus dem Gelenk gefallen; sogleich wurde angespannt und ich zu unserem alten Ingwer Gliedsetzer (*La-setter*[66]) gebracht. Der renkte den Arm wieder ein, und die Sache war erledigt.

Das dritte Haus, das mir sehr lieb und vertraut war, war das Elternhaus meiner Mutter; es lag in dem anderthalb Stunden entfernten Dorf Sande, Kirchspiel Enge. Hier lebten, als ich ein kleiner Knabe war, noch die Großeltern, bei ihnen im Hause der ältere Bruder der Mutter Ketel Moritz und die jüngere Schwester Agathe Margarete. Onkel Ketel war seit 1848 verheiratet mit der Schwester meines Vaters, Tante Naëmi Johanna, so dass wir durch doppelte Verwandtschaft verbunden waren. Drei Kinder wuchsen ihnen heran, so dass die engen Räume des kleinen Hauses übervoll waren. Aber herzliche Neigung und Ehrerbietung

Geburtshaus der Mutter: „Meine Großeltern besaßen und bewirtschafteten eine kleine Bauernstelle ‚auf dem Sande'".

aller Glieder des Kreises gegen einander ließen die Enge keinen Augenblick zu lästiger Bedrängtheit werden. Ich habe ein klareres, herzlicheres, harmonischeres Gemeinschaftsleben, als es in diesem Hause herrschte, nirgends gesehen.

Seit dem Tode des Großvaters (1854) war Onkel Ketel das Haupt des Hauses. Er war ein Mann von seltener Sicherheit und Klarheit des Wesens. Gelernter Zimmermann, er hat noch für die Aussteuer der Mutter dies und das Stück mit eigener Hand gearbeitet, stellte er das Handwerk mehr und mehr beiseite und widmete sich, da auch der kleine Landbesitz allmählich vergrößert wurde, ganz der Landwirtschaft. Es war ein Betrieb ähnlich dem unsern, etwas kleiner. Onkel Ketel war ein vortrefflicher Erzieher, er besaß das Geheimnis der Leitung und Zucht: die rechte Mischung von Ernst und Freundlichkeit, oder mit Ernst Moritz Arndts Worten, von Liebe und Notwendigkeit, wobei der Ernst oder die Notwendigkeit voranstand, so dass die Liebe nie in Gefahr kam, missverstanden zu werden. Bei der Tante Johanna war es umgekehrt, hier stand die Liebe so sehr voran, dass die Notwendigkeit Mühe hatte, irgendwo der Nachsicht ein Rändchen Boden abzugewinnen. Sie war der Schwester Paulene in ihrer Herzensgüte nächstverwandt, sie konnte niemand etwas abschlagen oder ihm entgegentreten. So war denn die Festigkeit des Vaters eine sehr glückliche Ergänzung.

Die „Reisen" nach dem Sande waren für mich von klein auf Festtage. Ich erinnere mich eben, wie ich als ganz kleiner Kerl auf dem Hinweg neben dem Vater auf dem vordersten Wagenstuhl saß und die Peitsche in der Hand hielt, um am späten Abend, wenn es kühl geworden war, unter dem großen Mantel der Mutter schlafend wieder zu Hause anzukommen. Auf dem Sande war der große Anziehungspunkt der „Strom", die Soholmer Au, die eine Viertelstunde entfernt den Landbesitz des Onkels durchschnitt, was ein Boot notwendig machte. Das Boot und die Fahrt über den Strom spielt in meiner Jugendphantasie eine bedeutende Rolle; es war das erste große lebendige Wasser, das ich so aus der Nähe kennen lernte; auf seinem Spiegel breiteten Wasserrosen, die mit unendlich langen Stängeln in die geheimnisvolle Tiefe hinabragten, ihre großen runden Blätter aus und entfalteten die weißen und gelben Blüten und die großen Samenkapseln, die wir pflückten und nach Hause brachten. Am Rande wuchs eine Schilfart (*bāwelte*[67]), zwei, drei Meter lang und daumendick. Und die Niederungen am Ufer standen schon um Ostern, wo in der Regel nach der langen Winterpause die erste Ausfahrt gemacht wurde, in vollem Goldschmuck: Die große gelbe Dotterblume bedeckte weithin die Wiesen an den Krümmen des Stroms.

Als ich größer wurde, begann ich die Reise nach dem Sande allein und zu Fuß zu machen; ich war vielleicht sechs oder sieben Jahre, als ich zum ersten Mal das Abenteuer bestand: Es war damals gar nicht so einfach; die Chaussee war noch nicht da, der Weg ging durch drei fremde Dörfer;[68] mancher Irrweg war möglich, er wurde mir mit dem richtigen von der Mutter zu Hause sorgsam eingeprägt, und doch stand ich dann hinterher zweifelnd vor der Entscheidung. Dazu überall unbekannte Menschen und fremde Hunde, die mich fremd ansahen und mir beharrlich nachbellten. Ja, fremde Hunde, das war keine Kleinigkeit; vor allem stehen mir noch zwei große, schwarze, zottige Pudel vor Augen, die an einem einsamen Haus am Deich schon von ferne dem kleinen Wanderer auflauerten und ihn weithin kläffend verfolgten; sie sind mir lange ein Schreckbild geblieben. Dafür war es dann kein kleiner Stolz, wenn ich, geborgen aus so viel Fährlichkeit, bei den Großeltern ankam und nun in Sicherheit davon erzählen konnte.

Wie oft habe ich in der Folge den Weg nach dem Sande gemacht, zu jeder Jahreszeit, zuletzt auf allen möglichen selbstgesuchten Wegen, über Fennen und Gräben, über Dämme und Ströme, im Winter auf Schlittschuhen, immer gleich gern. Meist durfte ich eine oder zwei Nächte drüben bleiben; das Aufwachen am Morgen und das Innewerden: Nun habe ich noch einen ganzen Tag hier, war der schönste Augenblick. Die Kinder, zwei Schwestern und ein jüngerer Bruder, wuchsen mir allmählich zu Spielkameraden heran, ich lehrte sie die Spiele, die ich von Hause mitbrachte; wir streiften über die Felder, wo an den Grabenrändern hie und da Brombeerbüsche wuchsen; oder der Strom mit dem Boot zog uns an, freilich war das Boot festgemacht, aber man saß doch darin, und ein wenig ließ es sich auch da- und dorthin bewegen, und dass es eigentlich verboten war, gab der Sache noch einen Reizzuwachs. Am allerschönsten war es zu Weihnachten. Dann packte mir die Mutter alle Taschen voll und dazu wohl auch ein rundes Körbchen, und ich erschien drüben als Spender herrlicher Gaben: Puppen und Bälle, hölzerne Pferde und Kühe, ja ein ganzer Stall und eine ganze Stube kamen zum Vorschein, und ein andermal ein Bilderbuch oder ein kleiner Nähkasten, ein Tuch oder eine Mütze, dazu Kuchen in allen Formen und Größen, und Äpfel und Nüsse, was weiß ich alles; und die Augen der Kinder wurden immer größer, und die Tante Johanna meinte: ganz wie die Weisen aus dem Morgenlande: „und täten ihre Schätze auf, Gold, Weihrauch und Myrrhen".[69] Es stimmte nicht ganz, aber die Stimmung war es doch; die Freude der guten Könige kann auch nicht größer gewesen sein, als sie das Kindlein beschenkten. Dass aber meine Mutter eine solche Verschwenderin geworden war, ja, das lag wohl in der Zeit: Als ich ein Kind war, gab es solche Herrlichkeiten noch gar nicht zu kaufen, wenigstens nicht in unserem Bereich; jetzt wurden sie von Umläufern für ein paar Groschen in jedem Haus angeboten; und die Mutter schenkte so gerne.

Zur ferneren Verwandtschaft gehörten noch zwei Familien, die in Langenhorn wenigstens zeitweilig lebten, die Frau Dr. Rickertsen mit ihren vier Kindern und der schon erwähnte Kapitän Nommensen, der eine Cousine meines Vaters zur Frau hatte. Dr. Rickertsen war ein Vetter meines Vaters, er wie die Cousine Kinder der einzigen Schwester seines Vaters, Poppe Maria, die mit einem Hofbesitzer Rickertsen aus Fahretoft verheiratet gewesen war, dann in Langenhorn als Witwe gelebt hatte. Dr. Rickertsen hatte Medizin studiert, war aber, als er eben sein Studium vollendet, sich etabliert und verheiratet hatte, allmählich geisteskrank geworden. Er hatte zunächst noch eine Reihe von Jahren zu Hause gelebt; dann hatte ihn mein Vater nach Schleswig in die Irrenanstalt bringen müssen, wo er viele Jahre zugebracht hat; zuletzt lebte er wieder bei der Familie, die inzwischen nach Flensburg gezogen war. Der Vater führte als Kurator[70] die Geschäfte für die Familie. Solange sie in Langenhorn wohnte, bin ich öfter ins Haus gekommen, die vier Söhne waren im Alter von mir nicht weit entfernt, etwas älter oder jünger. Doch wollte zwischen uns nicht ein ganz unbefangenes Verhältnis zu Stande kommen; sie wurden wie Stadtkinder gehalten und sprachen wie die Mutter hochdeutsch, was gleich einen beträchtlichen Abstand hervorbrachte. Am besten ging es mit der jüngsten Schwester der Frau Doktor, die bei ihnen lebte; sie sprach plattdeutsch mit mir und nahm sich des etwas verlassen sich vorkommenden Bauernknaben überhaupt mit Freundlichkeit an. Sie kam auch öfter zu den Eltern und war überhaupt vielfach das vermittelnde Element. Sie hat mir auch den ersten und einzigen Weihnachtsbaum gebracht und angezündet, den ich als Knabe gesehen habe; der Tannenbaum war damals in unsrer Gegend noch völlig unbekannt. Als die Familie fortzog, ich werde zehn oder zwölf Jahre alt gewesen sein, vermachte sie uns ihren Hund Zampa. Er ist uns, nachdem er erst wochenlang seine alte Herrschaft mit Fasten und Heulen betrauert hatte, ein sehr treuer Hausgenosse geworden. Vor allem hing er an der Mutter in unaussprechlicher Anhänglichkeit. Mir wurde er ein regelmäßiger Begleiter auf allen Ausgängen, und oft haben wir tagelang zusammen auf dem Felde zugebracht, wo er sich als überaus eifriger Jäger betätigte. Freilich waren nur Mäuse, Wiesel, Wasserratten usw. seine Beute.

Die Beziehungen zur Familie blieben übrigens auch nach ihrem Wegzuge; der Vater behielt die Verwaltung des Vermögens, das in Marschland im Fahretofter Koog bestand und jährlich verpachtet wurde. Jeden Weihnachten kam eine Kiste mit allerlei Geschenken, unter anderem sind so die ersten Apfelsinen ins Haus gekommen, die als Wunderäpfel Staunen erregten. Auch kam hin und wieder ein Besuch, entweder die erwähnte Schwester, die immer gern gesehen war, oder der älteste Sohn, der in Plön das Gymnasium besuchte: Ich erinnere mich noch, wie

Soholmer Au: „Auf dem Sande war der große Anziehungspunkt der ‚Strom', die Soholmer Au, die eine Viertelstunde entfernt den Landbesitz des Onkels durchschnitt, was ein Boot notwendig machte." (Foto von 2007)

er mich in der Geographie examinierte und mir den Petschora, der mir nicht bekannt war, auf der Karte zeigte. – Einmal sind wir auch bei ihnen zu Besuch gewesen, es muss im Sommer 1859 gewesen sein; der Vater hatte Bauholz zu einer kleinen Erweiterung der Scheune aus Flensburg zu holen. Da entschloss sich die Mutter, wiederholter dringender Einladung zu einem Besuch zu folgen; ich kam auch mit. Die lange Reise, früh um drei Uhr angetreten, führte über den ganzen Geestrücken des Landes, bei Lindau[71] sah ich zum ersten Mal im Leben einen Wald, d. h. ein kleines Tannengehölz. Vor Flensburg begegneten wir exerzierenden Soldaten. Wir blieben bis zum Nachmittag des folgenden Tages; unter den vielen Erlebnissen und Wundern ist mir in der Erinnerung: die Nacht in einer kleinen beweglichen Bettstatt, die bei jeder Bewegung knarrte und die Mutter nicht zum Schlafen kommen ließ, da war man doch in einer Wandnische sicherer verwahrt; der Hafen mit den vielen großen Schiffen und der Schiffbrücke, in Ockholm lag höchstens einmal ein kleines einmastiges Fahrzeug; ein Ausgang am Abend, um die hellbeleuchteten Läden zu sehen, was die Frau Rickertsen als ein ganz besonderes Glanzstück des Besuchs betrachtete, was aber von der übermüdeten Mutter nur mit Aufbietung der letzten Kraft ertragen wurde; ein Malheur am Hafen: Mein weißer Strohhut, den ich zum Geschenk erhalten hatte, der aber keineswegs wie die gewohnte Mütze dem Kopf sich fest verbinden wollte, wurde vom Winde ins Meer entführt, aber von einem Bootführer glücklich wieder herausgefischt und zurückgebracht; die großen Schnecken und die dänischen Fahnen auf dem Kirchhof; endlich zu guter Letzt die erste Eisenbahnfahrt in meinem Leben. Gehört hatten wir schon davon, dass ein Engländer, ich weiß seinen Namen noch, Sir Peto, eine Bahn von Husum nach Flensburg baue. Jetzt sollten wir sie sehen und sogar ein Stück darauf fahren: Der Vater brachte unsern Wagen nach der nächsten Station, dem Holzkrug, voraus, und dann fuhren wir auf der Eisenbahn nach, 2. Klasse, denn die Frau Dr. Rickertsen begleitete uns. Ich war eigentlich darüber verwundert, dass es nicht schneller ging; ich hatte gedacht,

Ansicht der Stadt Flensburg um 1860: Unten rechts ist ein Zug der Südschleswigschen Eisenbahn zu erkennen. „Ich war eigentlich darüber verwundert, dass es nicht schneller ging".

oder hatte man es uns erzählt?, die Fahrt ginge so schnell, dass man draußen gar nichts unterscheiden könne. Dann setzten wir uns, nicht allzu bequem, auf unsern mit Brettern beladenen Wagen und ich kam, schlafend unter dem Sternenhimmel, von meiner ersten Reise in die große Welt nach Hause.

Der Bau der Scheune gab übrigens zur Übung der Kletterkünste günstigste Gelegenheit. Ich benutzte Sparren und Latten, um auf den First des Hauses zu klettern und hier equilibristische Kunststücke[72] zu machen, auf den Schornstein zu steigen und die Mädchen in der Küche zu erschrecken. Manche Stunde habe ich oben gesessen und ins Weite geschaut, auch wohl mit einem Buch oben gelegen.

In das Haus des Kapitän Nommensen bin ich nicht oft gekommen. Er war ein wenig freundlicher, barscher Mann, die Familie befand sich, wenn er im Winter zu Hause war, unter einem starken Druck, der sie nicht recht aufatmen ließ. Die Mutter war eine Null. So fand eigentlich überhaupt kein Verkehr zwischen den Familien statt, nur dass der Kapitän hin und wieder zu uns kam und bei einer Tasse Kaffee, eine mächtige lange Pfeife im Mund, von seinen Fahrten erzählte und über die schlechte Zeit räsonierte: durch die aufkommenden Dampfschiffe werde den Segelschiffen der Verdienst genommen. Die Menschen pflegen das Schicksal und die Zeit anzuklagen, wenn sie sich zu ihrer Aufgabe verquer stellen; er hatte ein gutes, neugebautes Schiff, und an Gelegenheit zu Verdienst hätte es wohl nicht gefehlt, wenn er den rechten Weg eingeschlagen hätte; seine Großspurigkeit war wohl die Hauptschuld dafür, dass er nicht auf einen grünen Zweig kam und das Vermögen der Frau allmählich bei der Schifffahrt zusetzte, wie es der Vater mit wachsendem Missvergnügen sah. Mich interessierten mehr die Seeabenteuer oder seine Erlebnisse in Archangel oder in Messina, von denen er nicht ohne Nachdruck zu erzählen wusste. – Über den Ausgang des Kapitäns und die weiteren Schicksale der Familie ist schon oben berichtet worden.

So eröffneten diese Beziehungen dem Knaben einen kleinen Durchblick in die größere Welt draußen.

Spiele und Spielkameraden

Um mit letzeren zu beginnen: Meine täglichen Spielgefährten fand ich im nächsten Nachbarhause; es waren nur dreißig Schritt von Tür zu Tür. Fünf Kinder, drei Knaben und zwei Mädchen, bildeten seinen Reichtum; damals freilich wurden sie gar nicht so empfunden, vielmehr erschienen sie als fünf immer hungrige und versorgungsbedürftige Mäuler. Der Besitz war klein, eigentlich zu klein für eine richtige Bauernstelle; Dienstboten konnten nicht gehalten werden, und so waren die Eltern mit Arbeit überlastet, die Frau dazu kränklich und immer unzufrieden, obwohl sie aus ganz dürftigen Verhältnissen stammte. So war denn Schmalhans Küchenmeister; ich merkte wohl den Unterschied. Die Butter auf dem Brot wurde sehr viel sparsamer gestrichen als zu Hause, und bei Tisch wurden die Klöße jedem vorgezählt. Trotzdem schmeckte mir das Butterbrot bei ihnen wundervoll, und die Mutter hatte Mühe zu verhindern, dass ich nicht öfter mich mitfuttern ließ, so groß ist der Reiz des Anderen und die Würze der Gemeinschaft. Das Haus, in dem ich als Kind jeden Tag aus und ein gegangen bin, steht nicht mehr, über seine Stelle geht der Pflug. Die Familie wanderte, als die Kinder herangewachsen waren, nach Amerika aus; die dreijährige Dienstzeit, die mit dem Übergang unseres Landes an Preußen vor der Tür stand, gab den letzten Anstoß. Die kleine Stelle wurde verkauft, aus dem Erlös konnten zwei große Farmen in Iowa angekauft werden. Und nun erwiesen sich die Kinder als der Reichtum der Familie: Mit eigenen rüstigen Arbeitskräften brachte man es bald zu ansehnlichem Wohlstand.

Doch das lag damals noch unsichtbar im Schoß der Zukunft. Wir ließen uns, als wir in der Schule zuerst vom Mississippi hörten und die Namen der Vereinigten Staaten auswendig lernten, nicht träumen, dass sie einige von uns einmal so nahe angehen sollten. Unsere Lebenswege, die nachher so weit auseinander liegen sollten, gingen damals noch dicht nebeneinander her. Wir sahen uns jeden Tag, den Gott werden ließ; der Weg zu Hans Peters war von klein auf mein erster Gedanke, trotzdem ich dort vielleicht nicht immer willkommen war, was merkt ein Kind von solchen Dingen?, und trotzdem die Mutter es nicht immer gern hatte, mich drüben zu wissen. Von den Kindern waren zwei mir die nächsten, ein Knabe, der im Alter mir einundeinhalb Jahr voraus, ein anderer, der hinter mir ein Jahr zurück war. Sie waren grundverschiedene Naturen. Der jüngere, Heinrich, der weichste, lenksamste, aufrichtigste, treuherzigste Bursche, den man sich denken kann, der ältere dagegen hatte etwas Verschlagenes und Verstecktes, dabei etwas Anschlägiges und Verwegenes in seinem Denken und Tun, das das Misstrauen meiner Mutter beständig wachhielt; sie suchte mich daher ihm nach Möglichkeit fernzuhalten, was nicht hinderte, dass er mich wiederholt in allerlei Missgeschick brachte. Es war ein Glück, dass er oft abwesend war, bei einer Großmutter, die eine Zärtlichkeit für ihn hatte, und dass er früh das Haus verließ: Er kam in die Stadt als Kaufmannslehrling, wozu ihn Natur und Neigung in der Tat prädestiniert hatten. Er ging später als der Vorläufer der Familie nach Amerika. So blieb der jüngere mir als täglicher Kamerad; mit der Erinnerung an ihn sind in der Tat fast alle meine Jugenderlebnisse und Spiele verknüpft. Wir waren unzertrennlich; natürlich haben wir uns auch einmal gezankt und miteinander gerauft, wie könnten Knaben es unversucht lassen zu probieren, wer der Stärkere sei? Wir haben auch wohl einmal miteinander tagelang geschmollt und geglaubt: Jetzt ist es für immer aus. Und dann fanden wir uns eines Tages unversehens wieder beisammen und wunderten uns, wie wir so lange ohne einander ausgekommen waren.

Die übrigen nächsten Nachbarhäuser hatten keine Kinder, oder wenigstens nicht in unserm Alter; erst in einiger Entfernung kamen wieder kinderreiche Häuser. Wir trafen uns namentlich am Sonntagnachmittag, um größere Gesellschaftsspiele: Schlagball oder *Kaak*[73] oder Lauf- und Versteckspiele und Ähnliches zu spielen. Auch vor dem Beginn der Schule wurde meist gespielt, man fand sich eine viertel oder halbe Stunde vorher ein, besonders vor dem Nachmittagsunterricht; dann wurden große Massenspiele gespielt, so dass es oft mit sehr erhitzten Köpfen in die Schule ging.

Ich versuche nicht, die unendliche Mannigfaltigkeit der Spiele zu beschreiben, die uns als Erbe uralter Tradition zufielen; sie pflanzten sich von Geschlecht zu Geschlecht von selber fort, jedes nachfolgende wuchs hinein, spielte sie seine Zeit und übergab sie wieder dem jüngeren Nachwuchs. Kein Erwachsener kümmerte sich darum, kein Lehrer hätte es seiner Würde gemäß gehalten, sich in Kinder- und Knabenspiele zu mischen, sie wuchsen wild wie das Unkraut am Zaun, auf das niemand achtet. So wussten wir gar nicht, was für einen Schatz wir an diesen Spielen besaßen, und niemand sagte es uns; und vielleicht sind das die besten Schätze, die man genießt, ohne von ihrem Wert zu wissen und zu reden.

Wie die Spiele, so waren die Spielzeuge unser eignes Werk; niemand lehrte sie machen, niemand kümmerte sich darum, wie wir damit zu Stande kamen: Es stand alles auf dem eigenen Können und Wollen. Spielwarenläden gab es Gott sei Dank damals noch nicht, nicht in Langenhorn und nicht in Bredstedt; und um ein Geschenk verlegene Onkel und Tanten gab es auch nicht. Höchstens dass zu Weihnachten oder zum Jahrmarkt eine Kindertrompete für einen Groschen oder eine ebensolche Peitsche oder ein paar Holztiere in einer Bude gekauft wurden. Aber die eigentlichen Spielzeuge machten wir uns selber; die Mädchen machten sich ihre Puppen und zogen sie mit farbigen Läppchen an, sie stickten sich ihre Bälle, ein Kork diente als Unterlage, er wurde mit altem Wollgarn rund gewickelt und dann die Decke darauf „geflammt“, je bunter, desto schöner. Wir Knaben machten uns Bogen und Pfeile, aus Weidenzweigen und Rohr mit Eisenspitze, zu der ein Nagel verarbeitet wurde; doch erhielt ich später einmal, vom Nachbar Rademacher angefertigt, einen richtigen Flitzbogen mit Lauf, aus dem mit Murmeln oder geschwänzten Pfeilen geschossen wurde. Aus einem Lederstück mit zwei Schnüren daran wurde eine gefährliche Schleuder hergestellt, die wohl einmal einem Schaf ein Bein gekostet hat. Ein prachtvoll fernreichendes, wenn auch nicht

Die von Ulmen bestandene Dorfstraße in Langenhorn, links Friedrich Paulsens erste Schule (Foto vom Anfang des 20. Jahrhunderts)

ferntreffendes Werkzeug war auch eine schmiegsame Gerte, auf die eine kleine Kartoffel gesteckt und weggeschleudert wurde. Natürlich fehlte es nicht an Windbüchsen und Wasserspritzen, Holunderzweige wurden dazu ausgehöhlt. Ein Blasrohr habe ich mir noch gemacht und mit gefiederten Pfeilen versehen, als ich schon die ersten lateinischen Vokabeln lernte. Wind- und Wassermühlen waren an jedem Hause und jedem Wasser, das Gefälle hatte oder aufgedämmt und zum Fließen gebracht werden konnte. Einen kleinen Schiebkarren, den wir so notwendig für die Bewegung von Steinen und Erde brauchten, machte mir der Onkel Ketel. Sehr beliebt waren Schaukeln und Wippen, jene in der Scheune, diese über einem Erdwall oder einem Hecktor angebracht. Im Herbst wurden Drachen gebaut, bis zur Lebensgröße, nur die Schnur dazu musste gekauft werden, sonst machten wir alles selbst, Gestell und Beklebung und auch den Kleister, womit sie befestigt wurde. Auch ein Kartenspiel haben wir wohl versucht selber zu machen, sonst gab der Nachbar Wirt ein abgedanktes Spiel her. Würfel schnitten wir uns selber und brannten mit einem glühenden Draht die Augen ein; noch ein anderes Würfelgerät wurde gemacht, *Punker* genannt, ein sechsseitiges hölzernes Prisma, dem auf jeder Seite ein Zeichen eingeschnitten wurde. Mein größter Stolz aber in dieser Branche war ein selbstgefertigtes Schachspiel: Ich schnitt die Figuren aus weichen Lindenzweigen, klebte die Stücke mit Siegellack zusammen und färbte sie mit Tinte. Ein Besuch aus Flensburg, der ein paar Tage bei uns war, hatte ein Spiel bei sich und mich die Züge gelehrt. Einen ganzen Winter lang habe ich mit Freund Heinrich, dem ich wieder die Züge zeigte, mit jenen Figuren fast jeden Abend gespielt. Ich habe nicht wieder gespielt, bis ich auf die Universität nach Berlin kam, hier hatte ich die Genugtuung, mit meinen selbstgelernten Künsten ganz mit Ehren zu bestehen.

So lehrte uns die Not viele Künste, ohne „Knabenhandfertigkeitsunterricht". Unser Hauptwerkzeug ein Messer, wie man es auf dem Jahrmarkt für zehn Schilling erstand; dazu hatte der Vater in einem Kasten einiges Zimmermannswerkzeug. Er liebte auch die Selbsthilfe, wie er denn auch seine Wagen und Pflüge, seine Hecktore und Scheunenwände selber mit roter Farbe anstrich, die er selbst mischte.

Die Spiele wechselten mit der Jahreszeit. Im Frühjahr begann das Ballspiel im Freien, abwechselnd mit dem Spiel um Murmeln, das von den Größeren im Großen betrieben wurde und sich in manchen Formen dem Glücksspiel näherte, wie es denn auch in das Spiel um Geld überging, das zeitweilig sehr stark betrieben wurde. Es wurde mit kupfernen „Bankschillingen" nach einem Stein oder Strich geworfen; wer dem Ziel zuletzt am nächsten war, warf erst: Kopf oder Krone, und so der Reihe nach, wobei für unsre Verhältnisse ganz ansehnliche Umsätze gemacht, auch wohl einmal Spielschulden kontrahiert wurden, denen auch hier der Charakter von Ehrenschulden in besonderem Sinn anhaftete. Der Sommer brachte vor allem die Lust zum Wasser mit, es wurde im Wasser gewatet und gebaut, gebadet und gefischt; das Begehrteste war das Kahnfahren, ein seltenes und fast immer erschlichenes Vergnügen. Die Wasserfreuden haben mich am häufigsten mit der Mutter in Konflikte gebracht. Sie begannen schon in den Kinderjahren und haben nie ganz aufgehört. An dem Nachbarhaus von Hans Peters floss ein kleiner Bach (*Sill*[74]) vorbei. Hier waren wir schon als vier- bis fünfjährige Knaben im Sommer fast täglich zu finden; wir fingen fingerlange Stichlinge, auch wohl einmal einen kleinen Hecht oder schwarze Wasserkäfer (*Schooster*) und sperrten sie in abgedämmte kleine Behälter, bauten Wassermühlen, vor allem aber wurde gewatet, die Hosen wurden bis zum Knie und weiter aufgekrempelt und nun die tiefsten Stellen gesucht. Es war keine Gefahr dabei, es gab wohl nirgends viel über einen halben Meter Wasser. Aber die Hosen! Sie waren wie das böse Gewissen; versuchte man auch, sie rasch noch vor dem Nachhausegehen in der Sonne zu trocknen, sie wurden doch zum Verräter. Und so endete das nasse Vergnügen nicht selten zu Hause mit der salzigen Nachflut der Tränen.

Im Herbst waren die Drachen an der Tagesordnung; auch die Windmühlen klapperten. Ein andres Spiel war das, dass man einen Tonnenreifen (*houp*) von dem Winde vor sich her treiben ließ; er setzte, wenn er einmal in Schuss war, über Gräben und Zäune, wohl eine halbe Stunde lang, und die wilde Meute querfeldein hinterher. Im Winter nahmen in erster Linie Schnee und Eis uns in Anspruch: Allerlei Schneebauten wurden errichtet und in Schneeballschlachten verteidigt, von den Dünen Schlitten gefahren; vor allem aber war das Schlittschuhlaufen die ersehnte Lust, die Gräben am Hause boten erste Gelegenheit. Später wurden stundenweite Ausflüge über die überschwemmten Wiesen gemacht. Am schönen Sonntagnachmittag fanden sich wohl ein paar Hundert Schlittschuhläufer zusammen, es wurden Fangspiele gespielt, mit allerlei Künsten des Vor- und Rückwärtslaufens. Einen unwiderstehlichen Reiz übte auf Schulknaben auch ein eben auftauender Graben; nachdem das Eis von den Rändern abgeschmolzen war, wurde es mit dem Beil durch Querschnitte in halbmeterlange Schollen geteilt; nun galt es, über sie so rasch hinzulaufen, dass, während der hintere Fuß die letzte Scholle unter Wasser drückte, der vordere schon auf die nächste sich stützte, so dass man eben trockenen Fußes davonkam – natürlich, bis das Verhängnis einen doch ereilte, indem eine Scholle zerbrach oder man daneben trat. Das gab dann wieder eine häusliche Krise; die letzten Schläge, die ich von meinem Vater erhalten habe, folgten einem solchen Unfall, dann wurde ich ins Bett gesteckt; beides übrigens in jeder Hinsicht, der pädagogischen wie der medizinischen, die zweckmäßigste Form der Behandlung des Falles.

Genug, die tausend Freuden unserer Spiele und auch die Schmerzen, die, wie die Dornen an den Rosen, sich überall an die Freuden heften, zu vergegenwärtigen. Nur auf eine Leidenschaft muss ich doch noch mit einem Wort eingehen, die mich zeitweilig ganz besaß: die Leidenschaft des Fischfangs. Es geschieht mir noch heute nach fünfzig Jahren, dass ich im Traum die Erregungen der Fischjagd nacherlebe. Wir fingen Fische mit allen möglichen Mitteln, mit dem Netz, mit dem Aalstecher, mit der Schlinge, mit der Angel und nicht zuletzt mit der Hand. Zum Fischen mit dem Netz hat mich unser Knecht Andres Niß zuerst mitgenommen und angeleitet: Das Netz wurde quer über den Graben oder den Sielzug gespannt, Bleiklümpchen zogen es von unten zu Boden, Holzklötzchen hielten die obere Kante an der Oberfläche; dann ging man zehn oder zwanzig Meter rückwärts und trieb die Fische, mit den sogenannten „Klotstöcken“[75] ins Wasser stoßend, in das Netz, in dem sie sich verwickelten und mit ihm herausgehoben wurden. An einem guten Tag brachten wir wohl zehn Pfund Hechte und drüber, groß und klein, nach Hause. Das Zappeln der Holzschwimmer, ihr völliges Untertauchen, wenn ein großer Fisch ins Garn ging, kommt mir am häufigsten im Traum zurück. Von der Angel wurde nicht viel Gebrauch gemacht, desto mehr von der Schlinge: Wir fertigten sie aus den langen Haaren, die wir dem Schweif der Pferde entnahmen; diese wurde an einer starken Schnur und mit ihr an einem Stocke befestigt. Wenn die Hechte in den Gräben im hellen Sonnenschein wie schlafend standen, dann schlichen wir heran, ließen leise die mit einem Bleiklümpchen beschwerte Schlinge herunter, führten sie unmerklich über den Kopf und die Brustflosse hinüber, und dann wurde der Fisch aufs Land geschnellt: eine sehr aufregende Jagd, die nur bei großer Sicherheit des Auges und der Hand gelang. Ich habe aber oft eine ganze Anzahl so in kurzer Zeit gefangen, wohl bis zu einem Pfund schwer.

Sehr verhängnisvoll für die Wasserbewohner wurden die drei trockenen Sommer der Jahre 1857–59. Die Gräben und vielfach auch die tieferen Gewässer trockneten aus; in den Wasserlachen konnte man die Fische mit den Händen greifen oder mit dem Rechen herausholen, namentlich wenn man das Wasser trübte; die Fische kamen dann, Luft zu schöpfen, an die Oberfläche und ließen sich mühelos fangen. Hechte, Schleie, Barsche usw. fielen uns auf diese Weise in die Hände. Aale habe ich vielfach mit den Fingern aus dem Schlamm gezogen; die Stelle, wo einer steckte, war an dem Luftloch erkennbar, das an die Oberfläche ging; mit festem Griff gepackt, waren sie leicht gehoben. Die Mutter war oft wenig erbaut, wenn ich am Abend mit meiner Beute heimkehrte; man konnte sie doch nicht wegwerfen, andererseits war die Arbeit der Reinigung eine höchst unerwünschte Vermehrung notwendigerer Geschäfte.

Andere Jagd als auf Fische habe ich nicht kennen gelernt, es sei denn auf Vögel, denen wir wohl einmal im harten Winter nachstellten: Ein Sieb wurde schräg auf die Kante gestellt, an dem Pflock, der es hob, ein Bindfaden befestigt und dieser ins Haus geleitet. Wenn nun die Spatzen, Blaumeisen, Rotkehlchen dem unter das Sieb gestreuten Futter nachgingen, zogen wir den Pflock weg, und das Sieb fiel über die Gefangenen. Es wurde ihnen aber nichts angetan, als dass sie höchstens einmal auf einen Tag in die Stube genommen wurden; dann sorgte die Mutter schon für ihre Befreiung.

So viel von den mit den Jahreszeiten wiederkehrenden Spielfreuden. Von Festen ist wenig zu berichten. Die kirchlichen Feste waren so gut wie rein spiritueller Natur, durch gehäuften Kirchenbesuch, an den hohen Festtagen anfänglich wohl noch vor- und nachmittags, der Jugend keineswegs empfohlen. Zu Weihnachten gab es für die Größeren keine Geschenke mehr; hatte man einmal die verhängnisvolle Entdeckung gemacht, wie es mit den Gaben des „Kindjens“ zugehe, dann schwand mit der holden Täuschung auch die Füllung des Tellers; höchstens, dass ein doch notwendiges Stück zum Fest überreicht wurde. Zu Ostern gab es bunte Ostereier, aber auch nur für die Kleinen. Familienfeste, Geburtstage wurden nur etwa bei Tisch einmal ein wenig ausgezeichnet; und ich gestehe, dass ich einigermaßen geneigt bin, ein Zuwenig in diesen Dingen weniger schlimm zu finden als ein Zuviel. Durch das Zuviel kann das Schenken zu einer wahren Landplage werden, für die Beschenkten ebenso sehr wie für die Schenker, die ja übrigens in der Regel die Rollen wechselsweise spielen.

Doch eines Festes muss ich noch gedenken, es war eigentlich *das* Fest des Jahres: der Langenhorner Jahrmarkt, gegen Ende August. Lange Zeit vorher wurden die Tage abgezählt, die es noch bis zum Jahrmarkt sei. Dann begann die Vorfreude: Am Sonnabend kamen die Dorfstraße entlang Pferdekoppeln, mit allerlei Aufputz an Schweif und Mähne, geheimnisvolle Kastenwagen, aus denen hin und wieder ein fremdartiges Gesicht zum Fenster hinausguckte, das Karussell, die Pferde und Drachen und Boote usw. auf Wagen verpackt, einige Kunstreiterpferde mit aufgeputzten Reitern usw. Wir lagen auf dem Erdwall vor unserem Hof, und alle diese Herrlichkeiten passierten, die Begierde weckend, vor unsern Augen vorüber. Am Sonntagnachmittag um vier Uhr wurde der Markt „eingeläutet"; natürlich waren wir schon zur Stelle: Die Budenstadt, die auf unserem Spielplatz über Nacht entstanden war, wurde besichtigt, die Preise verglichen, die Obststände begehrlich angeschaut, das Karussell probiert, die Buden mit wilden Tieren sondiert, man wollte doch sicher sein, für sein Geld etwas zu haben, die Moritaten, die zur Drehorgel mit Demonstrationen an einem großen in Felder geteilten Tableau auf Wachsleinwand abgesungen wurden, so lange gehört, bis man sie auswendig konnte: Ich erinnere mich noch einer grässlichen Schauertragödie mit sechsfachem Mord aus Spanien. Halbtot vom Getöse, Gedränge, Hitze, Staub und Gerüchen kam man am Abend nach Hause, und doch glücklich in dem Gefühl, dass ja die Herrlichkeit erst im Angehen sei. Der Montag war erst der Haupttag: Da kamen die Besuche, Verwandte und Bekannte von außerhalb stellten ihre Wagen und Pferde ein; überall war der Tisch gedeckt; für die Kinder fiel ein „Jahrmarkt" in die Börse, und so zog man mit Krösusgefühlen dem Marktplatz wieder zu. Man erwog und teilte ein, um das Menschenmögliche zu erschwingen; die ersten Äpfel und Birnen wurden erstanden, zehn Stück für einen Schilling, sie waren meist noch unreif, der Geruch unreifen Obstes ist bei mir noch heute mit dem Langenhorner Jahrmarkt unlöslich assoziiert; der Seiltänzer, der vor der Kunstreiterbude sich sehen ließ, wurde bewundert, ein Feuerfresser vor der Wilden-Tier-Bude angestaunt; noch stärker zog das Brüllen des Löwen oder das Brummen des Bären, das man aus dem Zelt heraus hörte, und so fasste man sich ein Herz und riskierte seine paar Schillinge. In einer andern Bude zeigte sich ein Mann ohne Arme; er konnte aber mit dem Fuß schreiben: Ich habe noch das Blatt, auf dem er eine Rose gezeichnet hat mit der Umschrift: Keine Rose ohne Dornen. Und so ging das weiter, bis der Tag sich neigte. Leer am Beutel, krank am Herzen[76] zog man endlich heimwärts; der längste Arbeitstag machte nicht so müde und zerschlagen als dieser Jahrmarktstag. Das hinderte nicht, dass man sich bald auf den nächsten zu freuen begann. – Außer dem heimischen Jahrmarkt wurden noch zuweilen der Bredstedter Markt im Oktober und der Lecker im Frühjahr besucht. In Leck wurden die jütischen Kühe gekauft, die auf den Marschweiden im Sommer sich mästeten, um dann auf dem Husumer Herbstmarkt verkauft zu werden.

Meine beiden ersten Schulen

Nach dem Bisherigen könnte der Leser fast auf die Vorstellung kommen, dass ich so ziemlich wie ein zweiter Rousseauscher Emile[77] ohne Schule aufgewachsen sei. Dem war aber gar nicht so. Im Gegenteil, meine Schulzeit hat ungewöhnlich früh begonnen, schon in meinem fünften Lebensjahr wurde ich von der Mutter dem ersten Lehrer zugeführt. Die Ursache war, dass es ihr allzu schwer wurde, mich zu Hause zu hüten. Ein Kindermädchen zur ständigen Begleitung und Beaufsichtigung war nicht vorhanden; war nun die Mutter im Sommer oft allein zu Hause und durch die Wirtschaft ganz in Anspruch genommen, so konnte sie mich nicht immer im Auge behalten, und das umso weniger, als ich auf alle Weise strebte, ihrer Wachsamkeit mich zu entziehen, um die gewonnene Freiheit zu allerlei Freuden, vor allem jenen untersagten Wasserfreuden, zu verwerten. Sie hat mir wohl erzählt, wie sie alle Türen des Hauses zugemacht habe, wie ich aber bald herausgebracht habe, auch unsre schwierigen quer-, nicht längsgeteilten Türen zu öffnen: ich habe die Klinke der oberen, von mir mit den Händen nicht zu erreichenden Türhälfte mit einem auf die Brust aufgestemmten Stock emporgehoben, dann mit beiden Händen die Klinke der unteren Hälfte angefasst und so mit allen Kräften ziehend die ganze Tür aufgebracht; dann habe ich mich eilig möglichst weit aus dem Gesichtskreis entfernt, um irgendwo Spielkameraden zu treffen.

Dem wurde nun also dadurch vorgebeugt, dass ich seit Ostern 1851 wenigstens für sechs Stunden des Tages der Schule in Verwahrung gegeben wurde; denn der Anfang mit beschränkter Stundenzahl war damals noch nicht erfunden, wie man denn auch von Hygiene und Überbürdung[78] noch nichts wusste. Ich habe während meiner ganzen Schulzeit von diesen Dingen nichts gehört. Selbst die Wissenschaft von den Pausen war noch so unentwickelt, dass es nur eine Pause vor- und nachmittags gab. Sogar auf dem Gymnasium in Altona, wo wir doch vielfach fünf Stunden vormittags hatten, gab es nur einmal eine Pause von einer Viertelstunde; sonst folgte eine Stunde der andern auf dem Fuße. Und von Hitzeferien wussten wir erst recht nichts. Wenn die Widerstandsfähigkeit gegen Anstrengungen aller Art in gleicher Progression von Generation zu Generation abnimmt wie bei der letzten, dann möchte es noch vor Ablauf dieses Jahrhunderts dahin kommen, dass wir von Viertelstunde zu Viertelstunde mit dem Ergographen[79] die Ermüdungsgröße und mit dem Thermometer die Zimmer- und die Bluttemperatur der einzelnen Schüler feststellen, auch den Puls fühlen und die Atmung kontrollieren und für jedes die Kurve aufzeichnen. Eine vortreffliche Aussicht für die Ärzte: Wir werden dann mindestens ebenso viel Ärzte wie Lehrer in der Schule brauchen.

Ich habe vom fünften bis zum sechzehnten Jahr zwei Volksschulen in Langenhorn besucht: die eine im Osten, die andere, die Küsterschule, im Westen, jede eine kleine Viertelstunde vom Hause entfernt. Eigentlich gehörten wir zur Küsterschule; und die Nachbarskinder gingen dahin. Die Eltern schickten mich aber gegen ein Extraschulgeld in die Osterschule, weil jene damals in recht übler Verfassung war; der Lehrer war ein Trunkenbold, der nirgends etwas leistete, außer im Prügeln; wogegen der Lehrer in der andern Schule erst vor kurzem gewählt worden war und für einen recht tüchtigen Mann galt.[80] Das Letztere mochte vergleichsweise der Fall sein. Was ein wirklich tüchtiger Volksschullehrer zu leisten vermag, das habe ich erst bei dem zweiten Lehrer, Küster Brodersen, erfahren, zu dem ich im elften Jahr in die Schule kam.

Meine erste Schule ist mir noch ganz gegenwärtig. In einem großen Raum war die ganze Schülerschar beisammen, von kleinen Kindern bis zu halb erwachsenen Burschen und Mädchen: Es galt bei uns in Schleswig-Holstein die Ordnung, dass Mädchen erst mit fünfzehn, Knaben mit sechzehn Jahren konfirmiert wurden und die Schule verließen. Die Einteilung der Gesamtheit in eine Ober- und Unterklasse war durch einen breiten Gang markiert, der den Raum halbierte. In der Oberklasse saßen wohl etwa 40 bis 50, Knaben und Mädchen nach Bänken getrennt, in der Unterklasse mochten 60 bis 80 sein, Knaben und Mädchen in den Bänken durcheinander. So im Winter, im Sommer schmolz die Zahl auf die Hälfte und weniger zusammen. Der Unterricht geschah in der Weise, dass der Lehrer sich bald der einen, bald der andern Klasse widmete, meist natürlich der Oberklasse; währenddessen beschäftigte sich die andere Klasse still für sich, die Oberklasse z. B. mit Rechnen oder Schreiben, die Unterklasse vor allem mit Lesenlernen. Das Lesenlernen war damals noch eine ungemein schwierige Kunst, deren Erlernung in der Schule nach der alten Methode jahrelang in Anspruch nahm und von manchem (bei unregelmäßigem Schulbesuch war es fast Regel) nie zu einiger Sicherheit gebracht wurde. Die Übung geschah in der Weise: Es wurden Tabellen an Gerüsten, die an den Tischen befestigt waren, aufgestellt; je zwei oder drei Schüler hatten, mit einem „Untergehilfen" als Lehrer, der einen Stock als Zeiger in der Hand hielt, eine zusammen. Zuerst eine Tabelle mit den Buchstaben; dann kamen Syllabiertabellen, a-b = ab, b-a = ba usw.; endlich Tabellen mit Wörtern: a-p = ap, f-e-l = fel, Apfel. Hatte sich einer in ein, zwei Jahren, es konnten aber auch drei oder vier und mehr werden, durch die Tabellen durchgearbeitet, dann kam er in den Katechismus, erst den kleinen, hierauf den großen, um nun endlich die Frucht der Lesekunst zu genießen: das Auswendiglernen.

Ich konnte schon lesen, als ich zur Schule kam, und so fiel mir bald die Rolle des Untergehilfen zu: Ich habe manche Stunde Jungen, die doppelt so alt waren, auf der Tabelle, mit dem Stab da- und dorthin zeigend, buchstabieren und syllabieren lassen, nicht immer ein dankbares oder angenehmes Geschäft: Ein wenig Missstimmung gegen den jugendlichen Besserwisser regte sich nicht selten, und sie wurde dadurch nicht geringer, dass mich der Lehrer wohl als rühmliches Vorbild hinstellte, wie es denn mit seiner pädagogischen Weisheit nicht immer zum Besten bestellt war.

Ein Schultag verlief nun etwa so. Er begann morgens und endete abends mit gemeinsamem Gesang und Gebet der ganzen Schule. Gesungen wurde stehend, oft

Osterschule in Langenhorn, Dorfstraße 97: „Die Eltern schickten mich aber gegen ein Extraschulgeld in die Osterschule" (Foto von etwa 1915).

bis zur Erschöpfung, und nicht bloß im figürlichen Sinn: Ich bin wiederholt eigentlich zusammengebrochen, Hitze, Anstrengung und vor allem die unbequeme Stellung (man stand mit gebeugten Knien eingeklemmt zwischen Tisch und Bank) brachten mir ein paarmal einen Ohnmachtsanfall. Dann folgte der Religionsunterricht, an dem wieder die ganze Schule teilnahm, die Unterklasse mehr passiv, womit übrigens der Oberklasse nicht eben eine bedeutsame Aktivität zugeschrieben werden soll: Die Aufgabe bestand darin, die gegebenen Formeln des Katechismus herzusagen und die aufweichenden Erklärungen des Lehrers zu wiederholen, dazu Sprüche aus der Bibel aufzusagen oder aufzuschlagen und vorzulesen. Unser Ausdruck für dieses Ganze war: „Examel halten". Ich sehe noch den Lehrer in dem breiten Mittelgang auf und ab humpeln (er hatte ein kurzes Bein und hinkte stark) und höre ihn mit etwas dröhniger Stimme die Formeln vorsagen und wieder einfordern, in denen Sünde und Buße, Gnade und Erlösung, ewige Seligkeit und ewige Verdammnis definiert wurden. Die ewige Seligkeit wurde uns als ein immerwährendes und immer wachsendes Vergnügen vorgestellt.[81] Warum immer wachsend? Wenn sie gleich bliebe, gewöhnte man sich daran und hätte kein Vergnügen mehr daran.

Dann kam die Lesestunde: für die Kleinen das Buchstabieren usw., für die Großen das Bibellesen. Wer über die Tubalkain und Nebukadnezar ohne Stolpern hinwegkam, durfte schon immer ein wenig stolz auf seine Leistung sein. Eine besondere Übung war hier auch das Bibelaufschlagen: 2. Korinther 7 V. 14, oder 1. Makkabäer 5, 18: Wer's am ersten hatte, durfte vorlesen. Was dort stand, war einerlei. Die Übung diente vor allem dazu, in der Reihenfolge der biblischen Bücher festzumachen.

Nach der Pause, in der erst die Mädchen, dann die Knaben entlassen wurden, folgte die Rechenstunde, wo natürlich wieder den verschieden Geförderten verschiedene Aufgaben gestellt waren, vom Zahlenlernen und Addieren bis zur Regeldetri[82] und dem Wurzelausziehen. In der Oberklasse wurde ebenso wie in der Unterklasse die Sache rein mechanisch vorgemacht: So setzt man bei Lösung einer solchen Aufgabe an, dann macht man dies und dies, dann kommt es so heraus. Es handelte sich lediglich darum, mit dem Gedächtnis den Ansatz und die Folge der Operationen festzuhalten, ganz wie beim Lernen des Katechismus; ein Versuch, die innere Notwendigkeit zu zeigen, wurde nicht gemacht. Daher denn das immer wiederkehrende Vergessen: bei der Regeldetri, bei der Bruchrechnung, beim Wurzelausziehen, immer kehrte die Frage wieder: Wie wird das „aufgesetzt"? Hatte man das Schema, dann rechnete man darnach 40 oder 50 Aufgaben aus dem Rechenbuch, und der Lehrer kümmerte sich nicht weiter darum.

Mit dem Mittaggebet um elf Uhr war der ersehnte Schluss erreicht. Alles rannte in eiligstem Tempo nach Hause, denn ein Frühstück gab es nicht mit in die Schule. Wohl dem, dem der gedeckte Tisch bereit stand; da und dort hatte man aber noch nicht Zeit gehabt zum Kochen, da gab's dann lange Gesichter. Eine kleine Anzahl allzu entfernt Wohnender blieb übrigens über Mittag in der Schule und verzehrte ein mitgebrachtes Butterbrot. Seltsam genug, auch das eine Abwechslung, die auch ich bei schlimmem Winterwetter wohl einmal mitmachte und sehr reizvoll fand. So groß ist das Verlangen der Jugend nach dem „Anderen".

Der Nachmittagsunterricht begann mit der Schreibstunde. Die Kleinen schrieben auf die Schiefertafel, die Größeren nach Vorlagen, die ausgeteilt wurden, mit Tinte ins Buch. Die allein erlaubte Form der Feder war der Gänsekiel. Der Lehrer saß jeden Tag die erste Hälfte der Stunde und schnitt Federn, die von Zeit zu Zeit eingeliefert werden mussten, ebenso wie ein Tintenschilling. In der zweiten wurde das Geschriebene nachgesehen und verbessert. Aufregender pflegte die zweite Stunde zu sein: Es war die Aufsagestunde: Einmal in der Woche wurden die aufgegebenen Gesangbuchverse und Bibelsprüche oder der Katechismus abgehört, der Reihe nach, jeder kam dran. Und an jeden kam auch, bald öfter, bald seltener, je nach Begabung für das Memorieren und aufgewendeten Fleiß, die Reihe der Strafexekution. Bei manchem wusste man es vorher, er war stets unter denen, die sich ihre Last Prügel holten. Mit einer gewissen Spannung, gemischt aus Angst, Schadenfreude und der Aufregung, welche die Anwesenheit bei jeder schmerzlichen Operation gibt, sah man dem Augenblick entgegen, wo das Tau, ein dickes Schiffstauende, zum ersten Mal in Wirksamkeit trat, um dann in der Regel bis zum Schluss der Stunde nicht mehr zur Ruhe zu kommen. Dass durch dieses Universalwerkzeug, es diente zur Abstrafung aller Sünden, die Fähigkeit, sich zu besinnen und das Gelernte hervorzubringen, gesteigert worden wäre, glaube ich nicht beobachtet zu haben; eher brachten Geschrei und Tränen der Heimgesuchten und Aussicht auf gleiches Schicksal wohl Assoziationshemmungen hervor, die auch den hereinfallen ließen, der unter heiterem Himmel mit seinem Vers glücklich durchgekommen wäre. Gerade die Fleißigen und Ängstlichen litten darunter; die Trägen waren bald so abgebrüht, dass es ihnen nicht mehr ausmachte als der Vorübergang einer Wolke vor der Sonne. – Da ich früh lesen konnte, so kam ich früh unter diese Disziplin. Ich erinnere es selbst nicht, aber meine Mutter hat mir erzählt, dass sie mich als Kind einmal nachts im Bett habe weinen hören. Auf die Frage: was mir sei? habe ich geantwortet: ich solle morgen das „Was ist das“ zum zweiten Artikel aufsagen und könne es nicht lernen; und dann seien mir schon wieder Schläge angedroht. Sie sei darauf zum Lehrer gegangen und habe ihm vorgestellt: er könne doch nicht von dem Fünfjährigen verlangen, was sonst Zehnjährige leisteten. Und so sei das Unwetter von meinem Rücken noch abgelenkt worden.

Ein andermal wurde die zweite Stunde zur Gesangübung verwendet. Auch das eine gefürchtete Stunde: Zwar das Chorsingen machte keine Schmerzen; aber dann kam das Einzelsingen: auch hier der Reihe nach, ob Gott Stimme und Mut dazu gegeben hatte oder nicht. Für manche war es die ärgste Pein, sich einzeln vor der ganzen Schule hören zu lassen und durch ihr Krähen sich dem Gelächter auszusetzen: Nicht selten ließ sich einer eher abstrafen, als dass er einen Laut hervorgebracht hätte.

In dieselbe Stunde fiel wohl auch der deutsche Sprachunterricht. Es wurden Deklinations- und Konjugationsschemata hergesagt, Verhältniswörter mit dem zweiten, dritten und vierten Fall auswendig gelernt und vor allem anhaltend Sätze gebildet, mit denen die Rektion der Verhältniswörter eingeübt wurde: längs des Wassers liegt ein Stein; mittels des Essens werden wir satt usw. Ein Lesebuch besaßen wir nicht; wie wir denn auch kein Gedicht, außer den verhängnisvollen Gesangbuchversen, gelernt oder gelesen haben. Nur dessen erinnere ich mich, dass uns einmal „Johann der muntre Seifensieder“[83] vorgelesen worden ist, der durch seine fröhliche Tonart einen gewissen Eindruck gegenüber dem grauen Einerlei des Gesangbuchs machte. Auch „Aufsätze“ wurden gemacht, aber nur drei- oder viermal im Jahr, ein Brief oder eine Erzählung oder eine „Abhandlung“. Nachdem auf der Tafel jeder so viel oder wenig Sinn oder Unsinn, als er zusammenbrachte und zu Hause zusammenfragte, aufgeschrieben hatte, wurde dann die Musterleistung des Lehrers diktiert und in ein Buch eingetragen, das bei Prüfungen vorgelegt wurde. So erinnere ich mich noch einer Wendung: Es wurde ein Brief geschrieben, der einem Freunde von der stattgehabten Kirchenvisitation erzählt; darin hieß es, dass uns der Visitierende „schon durch seinen schönen Namen Bischof Vertrauen eingeflößt habe“. Ich weiß nicht, ob das mir unbekannte Wort „einflößen“ oder der ebenso unbekannte Name Bischof (es war der dänische, statt des deutschen Generalsuperintendenten) mir die Phrase im Gedächtnis festgebohrt hat.

Die letzte Stunde wurde für Geographie und Naturlehre verwendet. Der geographische Unterricht ging wieder vorzüglich auf das Auswendiglernen von Namen; in stereotyper Ordnung wurden Grenzen, Gebirge, Flüsse, Provinzen, Städte jedes Landes gelernt und aufgesagt; vorzüglich kamen Dänemark und Palästina in Betracht, wogegen ich mich Deutschlands nicht erinnere. Harz und Riesengebirge habe ich nie gehört, wohl aber Côte d'Or und Cevennen. Die 96 Städte des dänischen Reichs bringe ich wohl heute noch zu Stande. Auch die physische Geographie kam vor, die Kugelgestalt der Erde und die Beweise dafür, die Einteilung durch Parallelkreise und Meridiane: Wir mussten sie uns durch Einschneiden von Ringen auf einer Kartoffel verdeutlichen, denn ein Globus war nicht vorhanden. Überhaupt litten wir Mangel an Karten; hätte nicht der Vater ein paar alte gerollte Landkarten gehabt, auf denen ich fleißig alle Namen aufsuchte, so würde mir vieles noch wortmäßiger geblieben sein, als es so der Fall war. – Die Naturlehre beschränkte sich auf das Vorsagen und Nachbeten einiger Definitionen von Eigenschaften der Körper: Elastizität ist diejenige Eigenschaft der Körper, vermöge welcher usw. Die Reproduktionskraft wurde uns als diejenige Eigenschaft bezeichnet, wodurch die lebendigen Körper von den toten sich unterscheiden; zur Veranschaulichung diente die Geschichte von König Christian II., der auf dem Schloss Sonderburg 22 Jahre gefangen saß und in einem Steintisch, um dessen Rand er mit aufgestemmtem Nagel herumzugehen pflegte, eine Rille eingeschliffen habe: Der Nagel hatte eben Reproduktionskraft, der Stein nicht.

Im Sommer wurde ein- oder zweimal ein Ausflug gemacht: Dann durfte man dem Lehrer Pflanzen bringen und nach ihrem Namen fragen. Ob wir gerade die botanisch richtigen erhielten, dafür möchte ich nicht einstehen. Übrigens kannten wir die, die uns was angingen, die Kräuter und Unkräuter, am Ende reichlich so gut als der Lehrer.

Wann ich in die Oberklasse gekommen bin, weiß ich nicht, es muss früh gewesen sein; dagegen erinnere ich mich noch wohl des Aufnahmeverfahrens. Es wurde eine Art öffentlicher Prüfung und Abstimmung vor der Oberklasse über die Würdigkeit zur Aufnahme abgehalten. Die Namen der Aspiranten wurden alle an die große Tafel geschrieben; darnach wurden die einzelnen vorgeführt: Das Schreibheft wurde vorgezeigt, er musste einen Abschnitt vorlesen, eine Aufgabe vorrechnen usw.; in jedem Fach erhielt er ein Prädikat, das an die Tafel geschrieben wurde; aus der Klasse wurden Vorschläge dafür gemacht, der Lehrer schrieb an, was ihm angemessen schien. Dann wurde aus dem Ergebnis die Platzfolge ermittelt, und damit war der Akt beendet: Man zog über den breiten Steig.

Damit trat man zugleich in den Kreis derer ein, aus denen für jeden Tag ein „Obergehilfe" ernannt wurde. Er hatte in Anwesenheit des Lehrers vor allem die Aufsicht über die Unterklasse zu führen, auf Stille zu halten, nachzuhelfen, wo die „Untergehilfen“ nicht weiterkamen; es war wohl etwas vom System Bell-Lancaster[84] in das Seminar, auf dem der Lehrer seine Bildung empfangen hatte, durchgesickert. In Abwesenheit des Lehrers hatte der „Obergehilfe“ seine Vertretung auch in der Oberklasse; und das war die weniger dankbare Aufgabe: Er oder sie, denn die Mädchen waren natürlich nicht ausgeschlossen, hatte dann die Ordnung überhaupt aufrechtzuerhalten und Übertreter oder Übeltäter an die Wandtafel zu schreiben, zu nachfolgender Züchtigung. Zu was für Konflikten der Pflichten nicht nur, sondern auch der Fäuste dies gelegentlich führte, bedarf keiner Ausmalung. Und der Lehrer war oft abwesend; er ging häufig auf eine Viertelstunde hinüber,[85] um sich zu rekreieren[86], bei einer Tasse Kaffee oder einer Pfeife Tabak. Übrigens brachte er letztere sehr oft auch mit in die Schule, eine lange Weichselpfeife[87] mit silberbeschlagenem Kopf; wenn sie ausging, z. B. über einer Exekution, dann zog er Stahl und Stein aus der Tasche und schlug sich Feuer. Wobei es am Preise des Schwamms nicht fehlte, er sei viel besser und zuverlässiger als die niederträchtigen neumodischen Zündhölzer, die damals eben aufzukommen begannen. Und dazu wurde eine Geschichte aufgetischt: Ein Junge wurde einmal vom König gefragt: Wenn du König wärest, was würdest du dann tun? Herr König, dann würde ich immer Schwamm rauchen.

Der große Tag des Jahrs war die Kirchenvisitation, zu der Propst und Amtmann aus Husum erschienen. Die vier Schulen der Gemeinde schickten jede ihre obersten Reihen, sie marschierten zuerst in der Kirche nach der Predigt in dem großen Mittelsteig auf und wurden hier von dem Pastor in der Kinderlehre vorgeführt, die der Propst Caspers bald selbst zu übernehmen pflegte, mit sehr viel mehr Geschick die Sache leitend als der Pastor. Nachdem der Kirchenakt mit einer mit eigentümlich schmetternder Stimme gehaltenen Ansprache des Propstes an die Gemeinde Langenhorn, das langgezogene -horn klingt mir noch im Ohr, geendet hatte, folgte die Schulprüfung. Die vier Lehrer führten nacheinander ihre Scharen ins Feld; in den ersten Jahren schnitten wir Oster-Langenhorner meist glänzend ab, unser Lehrer ging mit großer Zuversicht ins Gefecht, die sich uns mitteilte, während ein andrer, ein alter Mann mit weißen Haaren, von solchem Zittern der Hände und Stimme befallen wurde, dass er manchmal kaum ein Wort herausbrachte. Später, als jüngere Lehrer ins Amt kamen, wendete sich die Sache, und unser Lehrer hatte gar nicht mehr Ursache, sich zu erheben. Namentlich geriet er bald gegen den neuen Küster, zu dem ich dann in die Schule kam, ins Hintertreffen. Die Prüfung bezog sich natürlich vor allem auf die Religion; wochenlang wurden hierfür Gesänge und Sprüche wiederholt, selbstverständlich auch der Katechismus mit großen und kleinen Erklärungen. Doch wurde auch aus den andern Fächern geprüft: Kopfrechnen, was unsere schwache Seite war, der Lehrer brachte selbst nichts fertig, wenn ihm eine Aufgabe aus dem Stegreif gestellt wurde; Geographie, wo wir mit den 96 Städten des dänischen Reichs und den zwölf Stämmen Israels und ihren Sitzen desto mehr brillierten.

Genug von dieser meiner ersten Schule, die ich sieben Jahre lang besucht habe. Sie stellt im Ganzen noch durchaus den Typus der Volksschule dar, wie ihn das 16. Jahrhundert geschaffen, das 18. ein wenig ausgebaut hatte. Das Lesen und Schreiben das große Hauptstück des Unterrichts, der Sachunterricht zumeist Religionsunterricht, vor allem Katechismusunterricht, mit viel Auswendiglernen. Unser „großer" Katechismus stammte noch aus der Aufklärungszeit; er begann mit der Frage: „Was wünschen wir Menschen vor allen Dingen?" Worauf die Antwort lautete: „Wir Menschen wünschen vor allen Dingen, vergnügt und froh zu sein."[88] Zu welchem Vergnügtsein dann in den folgenden 163 oder wieviel Sätzen mit großen und kleinen Anmerkungen der Weg gewiesen wurde: das Christentum der Weg, hier zeitlich und dort ewiglich glücklich zu werden. Dass dieser Unterricht irgendwelchen Eindruck gemacht habe, ausgenommen die peinlichen Eindrücke aus der Aufsagestunde, dessen entsinne ich mich nicht. Auch der Unterricht in den übrigen Fächern war der Form nach dem Katechismusunterricht nachgebildet: auswendig zu lernende Antworten auf auswendig gelernte Fragen. Pestalozzi war offenbar noch nicht in den Gesichtskreis des Seminars getreten, wo unser Lehrer seine Künste gelernt hatte.

Es war hohe Zeit, dass ich eine Schule verließ, die mir gar nichts mehr zu bieten hatte; ich hatte längst alles gelernt, was hier zu lernen war. Hätte ich noch vier Jahre, bis zur Konfirmation, hier absitzen müssen, dann wäre wohl eine verhängnisvolle Stockung in meiner Entwicklung die Folge gewesen; und dass ich schon Primus der Schule war, hätte die Sache nur schlimmer gemacht.

Da trat zu meinem Glück die Erledigung der Küsterstelle und ihre Besetzung durch einen Lehrer ein, dem ich vielleicht von allen meinen Lehrern am meisten verdanke: Küster Brodersen.

Ich erinnere mich noch wohl seiner Wahl. Das Kirchspielskollegium hatte sie vorzubereiten, es präsentierte der Gemeinde drei Kandidaten. Die Stelle galt für eine gute; es gingen viele Meldungen ein, die mit den Zeugnissen bei den Mitgliedern des Kollegiums, den Zwölfen, zu denen auch mein Vater gehörte, zirkulierten. Auch fanden zahlreiche persönliche Vorstellungen statt. Die „Charaktere"[89] wurden geprüft und drei Kandidaten mit dem „ersten Charakter" vorgeschlagen, unter ihnen Lehrer Brodersen, aus dem benachbarten Bargum stammend, seit einigen Jahren Lehrer in Oldenswort in Eiderstedt. Ein guter Ruf ging ihm voran, so dass er schon vor der Probe für so gut als gewählt galt. Ein junger Mann, das ernste, schmale, blasse Gesicht von einem dunklen Vollbart umrahmt, so trat er uns bei der Probelektion vor versammelter Gemeinde entgegen. Eine Probe im Orgelspiel in der Kirche war vorhergegangen; jetzt begann die Sache mit Gesang, es war nicht seine starke Seite; namentlich der eine unter den Mitbewerbern war ihm darin sehr überlegen. Desto besser ging es mit dem Unterricht, er hatte alsbald die sichere Führung der Schüler gewonnen. Und so wurde er mit großer Mehrheit gewählt.

Ich bin vier Jahre sein Schüler gewesen; und diese Jahre sind von entscheidender Bedeutung für meine geistige Entwickelung geworden. In ihnen hat sich der Er-

Sönke Brodersen, Küster in Langenhorn, „dem ich vielleicht von allen meinen Lehrern am meisten verdanke"; Foto aus dem Besitz Friedrich Paulsens

kenntnistrieb in mir entzündet, sind die Erkenntniskräfte so gewachsen, dass das Verlangen zu studieren als die natürliche Folge sich einstellte. Ich weiß nicht, ob ohne den Unterricht Brodersens der Entschluss jemals in mir gereift wäre; bis dahin war wohl kaum ein Gedanke an die Möglichkeit im Bewusstsein aufgestiegen.

Ich will mit ein paar Strichen den neuen Unterricht und seine Wirkung auf mich charakterisieren. Die äußeren Verhältnisse der neuen Schule waren im Ganzen dieselben wie die der alten: die gleichen Schüler, das gleiche Schema der Unterrichtsgegenstände, die gleiche Tageseinteilung usw. Nur in einem Stück lagen die Dinge günstiger: Es war die Teilung der Klassen auch äußerlich durchgeführt. Freilich nur durch eine hinterher in den Raum hineingezogene Wand, durch die eine Tür führte: Die Unterklasse hatte ihren Eingang durch die Oberklasse. Aber es war für sie doch ein besonderer Lehrer, ein Präparand, vorhanden, der den Unterricht unter der Leitung des Küsters selbständig erteilte, und auch das störende Zusammenunterrichten zweier Klassen in einem Zimmer, das wir freilich kaum empfunden hatten, kam in Wegfall. Vor allem aber, der Küster gehörte der Oberklasse ganz: Er hatte sich nicht zwischen Kindern und Halberwachsenen zu teilen, sondern konnte sich ganz den Schülern der Oberstufe widmen, die erst nach einer Prüfung aufgenommen wurden. Es waren ihrer etwa 40 bis 80 Knaben und Mädchen; auch hier war der Unterschied der Zahl im Sommer und Winter groß, doch kaum so groß als in der früheren Schule; der größere Wert des Unterrichts machte sich alsbald auch in der höheren Einschätzung seitens der Eltern und Schüler und in dem regelmäßigeren Besuch geltend.

Lehrer Brodersen war, als er nach Langenhorn kam, in den Jahren seiner besten Kraft, er war um die Dreißig. Zwar ließ seine Gesundheit hin und wieder zu wünschen übrig, aber seine geistige Frische, seine Freude am Beruf war auf der Höhe. Auch die äußeren Verhältnisse begünstigten eine gehobene Lebensstimmung: Er nahm bald eine sehr angesehene Stellung in der Gemeinde ein, in jedem geselligen Kreis war er geschätzt und gern gesehen, er selbst organisierte einen solchen in einer sogenannten „Liedertafel"; er fühlte sich ganz heimisch auf diesem Boden. Während in Eiderstedt die Stellung des Lehrers durch die entschiedene Spaltung der Gesellschaft in Großbauern und Tagelöhner, ähnlich wie im Osten, schwierig und unerfreulich gemacht wurde: Er gehörte weder zur einen noch zur andern Gruppe, fand er sich hier in einem mehr homogenen sozialen Medium, demselben, aus dem er hervorgegangen war. Auch seine Frau, eine Schwester des späteren Generalsuperintendenten Jensen von Holstein, empfand den Wechsel in jeder Hinsicht wohltätig, auch für die Gesundheit, wie denn auch Brodersen sich bald steigender Rüstigkeit erfreute.

Was dem neuen Unterricht seinen Charakter gab, das war, dass er sich nicht bloß an das Gedächtnis, sondern an den Verstand wendete. In jeder Stunde wurde das Nachdenken herausgefordert, man bemächtigte sich der Sache innerlich, und so behielt man sie als dauerndes Eigentum. So z. B. im Rechnen: Man wurde angeleitet, sich Rechenschaft von dem Warum zu geben, nicht bloß einen Ansatz zu behalten. Ich erinnere mich, wie mir ein Licht aufging, als uns hier die Lehre von der Wurzelausziehung vorgetragen wurde. Wie entsteht das Quadrat aus einer zweistelligen Zahl? Und welche Elemente sind also darin enthalten? Es wurde uns an Zahlen- und Buchstabenbeispielen klargemacht und auch an der geometrischen Darstellung veranschaulicht, dass das Quadrat der Zehner, das Quadrat der Einer und das doppelte Produkt aus Zehnern und Einern darin sei; und dass man also bei der Auffindung der Wurzel auf die Herausziehung dieser Elemente ausgehen müsse. So kamen wir ebenfalls bald hinter das Geheimnis der Dezimalrechnung, der Kubikwurzelausziehung usw. Die Geförderteren, es gab natürlich mehrere Abteilungen, mit denen sich der Lehrer abwechselnd beschäftigte, während die andern inzwischen Aufgaben rechneten, wurden auch in die Algebra und Geometrie eingeführt. Mit dem Gebrauch des x zur Bezeichnung einer gesuchten unbekannten Zahl fing die Sache an. Die lebhafte Freude ist mir noch gegenwärtig, die wir empfanden, als es uns gelang, mit diesem geheimnisvollen x Aufgaben aufzulösen, die sich sonst nicht wollten zwingen lassen: Indem man ihnen gleichsam mit dem heimtückischen Werkzeug des x in den Rücken fiel und sie als gelöst voraussetzte, wurden sie widerstandslos. Ich habe in dem letzten Jahr lange Zeit allein aus einem Lehrbuch der Algebra von Saß meine Aufgaben gerechnet; hätte ich hier nicht gelernt, algebraische Gleichungen aufzulösen, dann hätte ich es vermutlich in meinem Leben nicht gelernt, jedenfalls nicht auf dem Gymnasium. Und auch die Elemente der Geometrie verdanke ich diesem Unterricht. Ich weiß nicht mehr, wie weit wir vorgedrungen sind und wie viele folgten; immerhin waren es einige, darunter auch Mädchen. Wir trugen unsere Sätze und Beweise mit sauber gezeichneten Figuren in ein Heft ein und waren stolz auf diesen Besitz. Manche Zeichnung mit Kreide an eine Wand gab Zeugnis von dem Eifer und der Freude, mit dem der Verstand sich dieses seines eigensten Gebietes zu bemächtigen begann: Es war die zwingende Gewalt des Begriffs und der Logik über die Unendlichkeit der Erscheinungen, die uns mit stolzem Machtgefühl erfüllte. Besonders schön und aufregend waren auch die Stunden für das Kopfrechnen. Man lernte mit allerlei Schlichen und Kniffen, durch Ergänzung und Umformung usw., die unbequemen Ziffermassen handgerecht machen und bewältigen; wer's am besten konnte, hatte es erst heraus und durfte dann vorrechnend zeigen, wie er's gemacht hatte. So wurde der Verstand hier gleichsam mobil gemacht; hatten wir bisher nur stumpfsinnig nach einem gegebenen Schema Aufgaben aufgesetzt und mechanisch ausgerechnet, immer besorgt, den Ansatz und das Schema nicht zu vergessen, so fühlten wir uns jetzt als Erfinder und Herren der Sache.

Nicht anders war es in den übrigen Gebieten, im Deutschen, in der Naturkunde, in der Geographie. Im deutschen Unterricht wurde die Satzlehre vorgenommen, wir lernten Subjekt und Prädikat, Hauptsatz und Nebensätze unterscheiden, die Freude am Analysieren verwickelter Gebilde stellte sich ein. Gelesen haben wir auch hier nicht, wir besaßen kein Lesebuch, wohl aber las der Lehrer uns Geschichten und Gedichte vor, die wiedererzählt wurden, mündlich und schriftlich. Wir machten jetzt alle 14 Tage eine schriftliche Arbeit, sie bestand zunächst meist in der Wiedergabe einer einmal vorgelesenen Geschichte. Da galt es denn aufmerken, den Faden festhalten, um die einzelnen Momente daran wieder aufreihen zu können. Ich habe mit großem Vergnügen diese Arbeiten gemacht, besonders als ich in anerkennenden Unterschriften des Lehrers eine weitere Aufmunterung fand. Auch kleine Ausarbeitungen aus andern Gebieten des Unterrichts, der Naturkunde, der Religion, der Geographie, wurden gelegentlich aufgegeben. Und natürlich fehlten Briefe nicht. Die Stunde, in der die Aufsätze zurückgegeben wurden, wurde von allen mit Spannung erwartet, ein Zeichen für die Teilnahme, die auf ihre Ausarbeitung verwendet war. – Zur Belohnung wurden hin und wieder am Schluss der Stunde Rätsel aufgegeben; manches derselben ist mir noch in der Erinnerung und die lebhafte Bewegung der Köpfe, die dadurch hervorgerufen wurde, nicht minder; ich halte sie für ein vortreffliches Mittel, das Interesse zu wecken und den Scharfsinn zu üben.

Auch die Geographie und die Naturkunde erhielten ein anderes Gesicht. Vor allem wurde die Anschaffung eines Atlas allen, die es vermochten, zur Pflicht gemacht. Mir ist der Schuberthsche Atlas[90], so weit er hinter den neuesten Erzeugnissen der Kartographie zurückbleibt, ein wahrer Schatz gewesen, von dessen fleißiger Benutzung die noch in meinem Besitz befindlichen Blätter in zahllosen Spuren Zeugnis ablegen. Dadurch wurde erst ein sicheres Fundament für die Anschauung gewonnen. Freilich, Gebirge und Felsgestein wusste auch er nicht zu zeigen; und so werde ich wohl fortgefahren haben, Berge nach dem Bilde unseres

Westerschule in Langenhorn, Am Pastorat 7 (Foto von etwa 1910)

Stollbergs als große Anhäufungen von Sand und Lehm vorzustellen. Aber von der Zusammengehörigkeit von Gebirgs- und Flusssystemen wusste uns der Lehrer doch eine Vorstellung zu geben. Deutlich ist mir noch gegenwärtig, wie er die mitteldeutschen Gebirge vom Fichtelgebirge als dem Grundstock ausgehen ließ und dazwischen den Flüssen, Main, Saale, Eger, Naab, ihren Lauf anwies. Mein starkes Interesse für Geographie fand durch eine derartige Hinweisung eine große Anregung. Es ist nur nötig, dass an einem Punkt einmal ein Licht aufgesteckt wird, dann findet, wer offene Sinne hat, sich schon weiter. Was ich von der Schule an geographischen Kenntnissen und Anschauungen mitgebracht habe, das geht alles auf die Dorfschule in Langenhorn zurück; aus Altona habe ich nichts mitgenommen. Dagegen habe ich später viel geographische Literatur gelesen, Reisebeschreibungen und Theoretisches.

In der Naturkunde zog mich besonders der schlichte physikalische Unterricht an; Pflanzen- und Tierkunde kam überhaupt nicht vor, es sei denn, dass jede Woche eine Abbildung eines Tieres an dem Wandschrank aufgehängt und zu seiner Nachzeichnung ermuntert wurde. Dagegen hat der Unterricht in der Physik mich vielfach in Bewegung gesetzt. Versuche wurden in der Schule nicht vorgenommen, es fehlte auch an dem einfachsten Apparat. Wohl aber wurden die einfachsten Lehren aus der Statik und Mechanik sowie aus der Wärmelehre so fasslich-anschaulich vorgetragen, dass ich mich zu Hause daran machte, sie experimentell nachzuprüfen. So die Lehre vom Hebel oder vom Heber. Der Heber tat's mir schon durch seine Beziehung zu meinem Element, dem Wasser, an. Da es keine gebogene Glasröhre und keinen Gummischlauch gab, ich glaube, in der ganzen Landschaft Bredstedt wäre damals so etwas nicht zu finden gewesen, jedenfalls nicht in unserm Dorf, so musste ich selbst erfinden, was ich brauchte: Ich bog mir durch Einlegen in Wasser die langen Stängel des Löwenzahns, die überall auf dem Hof wuchsen, zu einer krummen Röhre zurecht und hing sie mit dem kurzen Arm in einen Eimer Wasser; und siehe da: Das Wunder ging, das Wasser stieg über den Rand des Eimers herüber. Ich habe später noch mannigfachen häuslichen Gebrauch von dieser in wirkliches Leben übersetzten Einsicht gemacht. Noch manches Ähnliche gelang. Gerade dass es ganz dem eigenen Spürsinn und der eigenen Erfindung überlassen blieb, die Versuche und die Mittel dazu sich zu beschaffen, hat jene elementaren Dinge so tief in das anschauliche Erkennen eingeprägt, als es einem mit reichen Mitteln ausgestatteten Physikunterricht vielleicht nicht gelungen wäre. Die Armut macht erfinderisch, der Reichtum unterdrückt die Kräfte; so ist es auch hier: Ist alles aufs schönste experimentell vorgemacht und theoretisch in Ordnung gebracht, so bleibt nichts zu tun übrig, und in dem Gefühl, dass alles erledigt ist, legt sich der Schüler zur Ruhe.

Seltsam ist, dass ich so gut wie gar keine Erinnerung an einen geschichtlichen Unterricht habe, weder aus der ersten noch aus der zweiten Schule. Gorm der Alte und Ansgar, das sind, kommt mir vor, die beiden einzigen Namen, die mir daher geblieben sind. Ich weiß nicht, ob wir überhaupt keine andern gehört haben. Von dänischer Königsgeschichte, von holsteinischen Herzögen, von deutschen Kaisern oder preußischen Königen finde ich in meiner Schulerinnerung gar nichts; vielleicht ist Gustav Adolf in Verbindung mit der Reformationsgeschichte vorgekommen; doch bin ich dessen nicht sicher. Ob mit Rücksicht auf die schwierigen politischen Verhältnisse von einem eigentlich geschichtlichen Unterricht überhaupt abgesehen worden ist? Oder ob er von der Art war, dass er keine Spuren in meinem Gedächtnis zurückgelassen hat? Ich kann es nicht sagen.

Am wenigsten war der Religionsunterricht bei dem neuen Lehrer ein anderer und wirksamerer als in der alten Schule. Zwar der alte „große“ Katechismus wurde durch einen neuen ersetzt, von Bischof Balslev in Ribe verfasst;[91] ich glaube, er war nach dem Schema der neulutherischen Orthodoxie abgefasst und erhielt auf engstem Raum das System der Dogmatik im Sinne der neuen Rechtgläubigkeit; die Lehre von den zwei Naturen und den drei Ämtern Jesu, von der Ordnung des Heilsweges durch Erkenntnis und Bekenntnis der Sünde, durch Reue und Buße, Glaube und Rechtfertigung, Heiligung und Beseligung war darin ausführlich behandelt, und wir wussten von allen diesen Dingen auf Befragen mit kraftvollen Definitionen zu dienen. Aber irgendwelcher Einwirkung auf Verstand oder Gemüt erinnere ich mich nicht. Ohne Zweifel war der Unterricht so gut, als er in der Volksschule nur erwartet werden kann. Es lag an den Dingen, nicht an der Behandlung, dass sie keinen Eingang fanden. Und freilich, was weiß ein Knabe von Sünde und Gnade, was ist ihm ein Gott-Mensch und die durch ihn bewirkte Erlösung? Es werden dem normalen, fröhlich in der diesseitigen Welt lebenden jugendlichen Sinn ewig fremde Wörter bleiben, die er nachsprechen

Abschlussklasse mit Lehrer Brodersen (Foto von etwa 1890)

lernt, die aber nichts seinem Innenleben Erreichbares ausdrücken. – Eher waren die biblischen Geschichten und die Evangelien, die wir allwöchentlich auswendig lernten, etwas für dieses Alter; manche lebendige Anschauung menschlicher Dinge, mancher scharf geprägte Ausdruck, manches sinnvolle Wort ist mir daraus geblieben und hat Denken und Sprache geformt. Doch kann ich nicht sagen, dass in jener Zeit auch diese Dinge irgendein lebhafteres Interesse bei mir hervorgerufen oder mich beschäftigt hätten, wie der Unterricht im Deutschen oder der Naturlehre oder im Rechnen. Sie wurden hingenommen, ohne Reflexion und ohne Widerwillen, mehr nicht. Eine lästige Zugabe war das Auswendiglernen, das natürlich auch hier fortdauerte, wenn es auch nicht mehr so im Vordergrund stand. Immerhin mussten wir unsere Gesangbuchverse auch hier lernen.

Noch erwähne ich des Schreib- und Zeichen- und des Gesangunterrichts. Sie wurden auf ganz andere Art betrieben als bisher. Das Zeichnen kam überhaupt als ein Neues hinzu; es machte mir Freude, obwohl es sich so ziemlich auf Nachzeichnen von Vorlagen, besonders von allerlei Ornamenten, beschränkte. Ich hätte vielleicht etwas gelernt, wenn der Unterricht an die Dinge herangeführt hätte. Im Schreiben trat an die Stelle der gedruckten Vorlagen die Vorschrift des Lehrers an der Wandtafel mit taktmäßigem Nachschreiben nach Zählen: ein Verfahren, das die Handschrift des Lehrers in die Finger der Schüler prägte. Das Singen wurde vor allem durch einen bescheidenen theoretischen Unterricht unterbaut: Wir lernten die Noten kennen und Tonleitern singen, erhielten ein kleines Notenbuch mit den üblichen Choralmelodien, lernten mehrstimmig singen und übten auch einige weltliche Lieder ein. Alles das hat mich doch auch in diese mir ziemlich fremde Welt einen kleinen Blick tun lassen; die Melodien mancher Lieder gefielen mir so, dass ich sie nicht bloß selbst im Freien für mich sang, obwohl mich Gott nicht gerade zum Sänger bestimmt hat, sondern sie auch einer Cousine beibrachte, nebst den Noten. Zeitweilig lernte ich auch mit Leidenschaft patriotische schleswig-holsteinische und deutsche Vaterlandslieder singen: Ich hatte mir, ich weiß nicht mehr wie und woher, ein Liederbuch mit Melodien verschafft, denn in der Schule waren sie selbstverständlich ausgeschlossen, und übte mir nun selber Text und Melodie, so gut es gehen wollte, ein. „Was ist des Deutschen Vaterland“[92], das Blücherlied[93], „Es war auf Jütlands Auen“[94] und natürlich „Schleswig-Holstein meerumschlungen“[95]: Ich konnte sie alle vom ersten bis zum letzten Vers und sang sie mir draußen auf dem Felde, wenn ich allein war. So gewann ein lebendiger Unterricht auch dem dürftigen Boden einige Frucht ab.

Ein Leser war ich immer gewesen. Bisher hatte ich wenig Bücher in die Hände bekommen, ich habe schon früher einiges genannt; ein Lesebuch, zu dem ich immer von Zeit zu Zeit wiederkehrte, war die Bibel gewesen, besonders die Geschichten des Alten Testaments, Makkabäer, Tobias, das Buch Esther und Derartiges. Nun erhielt der Lesetrieb neue Nahrung: Der Lehrer richtete eine kleine Schülerbibliothek ein, es waren die üblichen Jugendbücher von Nieritz, W. O. v. Horn usw. Wöchentlich durfte man eins dieser Bücher leihen gegen eine Gebühr von einem Bankschilling (3 Pfennig). Ich habe viele gelesen, ich gestehe, den heutigen Reformern der Jugendliteratur zum Trotz sei es gesagt, mit viel Vergnügen, und, soweit ich urteilen kann, ohne Schaden an meiner Seele oder an meinem Geschmack zu nehmen. Manche dieser kleinen Erzählungen ist mir in so lieber Erinnerung geblieben, dass ich sie noch meinen Kindern wieder geschenkt habe: „*Friedl und Nazi*“[96], „*Aus der Franzosenzeit*“[97] (ein patriotischer Schmugglerroman aus der Zeit der Kontinentalsperre), „*Fürst Wolfgang von Anhalt*“[98], „*Die Belagerung von Wien*“[99] (1683) usw. Sie haben meinen Gesichtskreis erweitert, meine Fähigkeit, deutsch zu sprechen und zu schreiben, gemehrt, überhaupt in jeder Hinsicht mich bereichert. Und ich kann in der Verfolgungswut, die gegen diese Schriftsteller jetzt unter den neunmalgescheiten hamburgischen Pädagogen ausgebrochen ist,[100] nur ein Zeichen der maßlosen Reform- und Neuerungssucht erblicken, die in dieser Zeit wie ein brüllender Löwe umhergeht und irgendetwas sucht, das sie verschlinge.[101] Natürlich ist auch Minderwertiges unter jenen Sachen, aber nicht minder ist gewiss, dass manches Gute darunter ist und dass es töricht ist, eine besondere Jugendliteratur überhaupt zu verwerfen: Es hat sie immer gegeben und wird sie immer geben. Man darf nicht den Geschmack der Erwachsenen als Maßstab an sie anlegen; die harmlose Freude an bunten Ereignissen, das natürliche Verlangen nach einem „guten Ausgang“, das sind Dinge, die man der Jugend nicht verargen und nicht verwehren soll. Mit einer Literatur, die sie nicht selbst schätzt, sie mag im Übrigen so schätzenswert sein als sie will, ist nichts gewonnen. Der Unterlehrer gab mir wohl einmal aus seinem Bücherschatz etwas mit, einen Band

Oehlenschläger oder Ähnliches; ich habe wohl einen Versuch damit gemacht, aber es ging mir nicht ein. Ja, ich gestehe, dass ich noch als Sekundaner in Altona mit Schiller dieselbe Erfahrung machte: „*Don Carlos*“, „*Jungfrau von Orleans*“, ich habe sie gelesen, ich ehrte sie, wie Gretchen sagt, doch ohne Verlangen.[102]

Mit einem Wort berühre ich hier eine gegenwärtig viel erwogene Frage: die Frage der gemeinsamen Schulerziehung der Geschlechter. Ich habe die Sache in zehnjähriger Erfahrung kennen gelernt und kann bezeugen, dass das Zusammenleben auch in der Schule uns immer als selbstverständlich vorgekommen ist. Ein Unterschied in der intellektuellen Leistungsfähigkeit zwischen den Geschlechtern ist uns wohl nie in den Sinn gekommen; von den Mädchen wurde dasselbe gefordert und geleistet. Dumme und Gescheite gab es auf beiden Seiten. Was den Einfluss auf das innere Verhältnis zueinander anlangte, so begann in der letzten Zeit die Verschiedenheit der Geschlechter wohl mit leisen und unbestimmten Anklängen gefühlt zu werden; kleine Anziehungsverhältnisse bildeten sich, die hie und da auch über die Schulzeit hinaus dauerten. Wobei, soviel ich mich entsinne, die Anknüpfung meist von der weiblichen Seite ausging, durch kleine Aufmerksamkeiten und auch wohl durch die kleinen Künste einer harmlosen Koketterie. Dass gelegentlich auch einmal nicht mehr ganz harmlose Begegnungen stattfanden, auch sie zuerst von der weiblichen Seite herbeigeführt, die Knaben waren spröder und verlegener, will ich nicht verschweigen. Ich möchte sie aber nicht der Schule und der Gemeinsamkeit, die sie herbeiführte, zur Last legen. Sich zu treffen, hätte es ohne sie auch nicht an Gelegenheit gefehlt, wenn sie gesucht wurde; und vielleicht war es doch gerade das lange tägliche Gemeinschaftsleben, das es auch bei jenen Begegnungen nicht zu eigentlichen Ausartungen kommen ließ. – Hiermit ist nun freilich nicht entschieden, dass das, was dort möglich und angemessen war, auch an andern Orten, in der Großstadt, oder unter andern gesellschaftlichen und sittlichen Umständen möglich ist.

Unser Lehrer war zugleich Küster, und das hat auch mich in den Kirchendienst hineingezogen: Die beiden obersten Schüler waren seine Gehilfen und Stellvertreter. Der Küsterdienst hatte damals, wenigstens in unsrer Gegend, nichts, was das Ansehen des Lehrerstandes zu mindern geeignet schien; im Gegenteil, er verlieh dem Küster persönlich zugleich die Stellung des Hauptlehrers in der Gemeinde. Früher war er vielfach der einzig seminaristisch gebildete Lehrer gewesen, wie denn einer der Lehrer in unserm Kirchspiel auch damals noch ohne Seminarbildung war. Da der Küster zugleich den Organistendienst verwaltete (früher hatte Langenhorn einen besonderen Organisten gehabt), so erfuhr auch sein Einkommen dadurch eine Steigerung. Wir hatten also an dem ganzen Kirchendienst unsern Teil, am sonntäglichen Gottesdienst, am Abendmahlsdienst, vor allem am Leichenkondukt.

Der Sonntag begann für uns mit einer Vorwirkung: Am Sonnabendvormittag mussten wir bei dem Pastor, der die Predigt hatte, „die Nummern holen“, d. h. die Bestimmung der Gesänge und Verse, die am Sonntag gesungen werden sollten.

Innenraum der Langenhorner Kirche mit der Uhr an der Kanzel: „Dass wir die alte Kirche mit allen ihren Winkeln dabei durchkrochen, ist selbstverständlich". Die Kronleuchter in der Kirche wurden von Ipke Paulsen und seinen Schwestern gestiftet. Gestühl, Deckentäfelung und Wandpaneele wurden 1898 eingebaut (Postkarte von etwa 1960).

Wir gingen dann, nachdem wir sie dem Küster überbracht, in die Kirche und malten sie mit großen Ziffern auf die durch die ganze Kirche und ihre vier Emporen verteilten Tafeln. Ebenso war die Uhr auf der Kanzel aufzuziehen, die neben der alten noch vorhandenen, aber nicht mehr benutzten Sanduhr ihren Stand hatte. Dass wir die alte Kirche mit allen ihren Winkeln dabei durchkrochen, ist selbstverständlich: Es gab keine Geheimnisse für uns; auch auf den Kirchenboden gelangten wir und sprangen von Balken zu Balken: Ein Fehltritt auf die alten von unten angenagelten morschen Bretter hätte wohl den Absturz in die Tiefe zur Folge gehabt. Hin und wieder bin ich auch mit dem Küster zum Stimmen der Orgel gegangen: Ich musste dann die Töne anschlagen. Am Sonntag hatten wir von neun oder zehn Uhr an, je nach Beginn des Gottesdienstes, Dienst, es wurden in der Küsterei die Anschläge für den „Stegel" (das Kirchhofstor) geholt: Wir hatten sie auf hölzerne Tafeln aufzunageln und diese dann am Stegel anzuhängen. Das Läuten der Glocken (*renge*[103]) musste von stärkeren Armen besorgt werden, wohl aber war unsere Aufgabe, vor Beginn und nach Schluss der Predigt durch Anziehen des Klöppels mit einem an ihm befestigten Seil (*Klempe*[104]) der Gemeinde von diesem Ereignis Kunde zu geben. Es geschah mit sechs durch längere Pausen getrennten Schlägen, denen zum Schluss drei rasche Schläge folgten. Es war offenbar die Betglocke, die auch die Daheimgebliebenen mit der versammelten Gemeinde verband. Dieselben Schläge der Betglocke riefen auch am Morgen und Abend des Werktags, im Winter um acht Uhr früh und vier Uhr abends, im

Schmiedeeiserne Uhr von 1839 an der Kanzel der Langenhorner Kirche: „Ebenso war die Uhr auf der Kanzel aufzuziehen, die neben der alten noch vorhandenen, aber nicht mehr benutzten Sanduhr ihren Stand hatte."

Sommer um sechs, zum Gebet. Ich weiß nicht, ob die Zahl der Schläge irgendeinem alten Gebet entspricht, denn dem Vaterunser will sie sich ja nicht ganz anpassen. – An den hohen Festtagen und zur Abendmahlsfeier waren die großen, armdicken Wachskerzen auf dem Altar anzuzünden, ebenso vom Pastor die Geräte nebst Wein und Brot zu holen und zurückzubringen. Bei Kollekten setzten wir die Becken am Stegel aus und überwachten den Eingang der Gelder, von denen uns für diesen Dienst gleich ein Präzipuum[105] von je 20 Pf. ausgezahlt wurde.

Am wichtigsten und einträglichsten war der Leichenkondukt. Man unterschied „stille Leichen" und solche, bei denen Hausandacht und Gesang der Schüler gefordert wurde. Das letztere war noch das Gewöhnlichere, namentlich in den abgelegeneren und kirchlicheren Teilen der Gemeinde. Die Zahl der Schüler wurde bestellt, sie wechselten von sechs bis sechzehn; der Küster wählte sie aus, die beiden „Kirchendiener" waren immer dabei, so dass ich in einem Jahr wohl 20 bis 30 Leichen habe zu Grab singen helfen. Wir fanden uns etwa eine halbe Stunde vor dem Beginn des Akts im Trauerhaus ein, traten in die Tür des Pesels, wo der Tote, regelmäßig im noch offenen Sarg, aufgebahrt lag, und sprachen ein leises Gebet. Dann wurden wir in einen andern Raum geführt, wo Warmbier mit eingebrocktem Weißbrot auf dem Tisch stand; neben seinem Teller fand jeder einen großen Wecken, und in diesen war der Obolus für die zu erwartende Gesangleistung gesteckt, er variierte zwischen einem dänischen Vierschillingstück und einer Mark (etwa 9 bis 40 Pf.). Vor der Ansprache des Geistlichen (der Abdankung) wurde gesungen, ebenso zum Schluss. Währenddem wurde der Sarg geschlossen und auf den bereitstehenden Wagen, den ein Nachbar stellte, getragen. Nun setzte sich der Küster oder sein Stellvertreter mit den Schülern an die Spitze des Zuges; unter Gesang wurde der Hof verlassen und auch auf dem Wege zur Kirche von Zeit zu Zeit ein Vers gesungen. Vor dem Kirchhofstor wurde Halt gemacht, der Sarg von den Trägern, als welche wieder die Nachbarn des Gestorbenen fungierten, die ihm auch nach Anweisung des Küsters das Grab gegraben hatten, auf die Bahre gesetzt und zweimal um die Kirche getragen, unter Vorangang des Sängerchors; dann wurde der Weg zur Grabstätte eingeschlagen und unter dem Gesang des Verses: „Begrabt den Leib in seine Gruft“ der Sarg hinabgelassen. Hierauf Gebet und Segen des Geistlichen, nochmaliger Gesang, und nun ging's in die Kirche, wo die eigentliche „Leichenpredigt“ stattfand, der regelmäßig ein kurzer Lebenslauf des Toten eingefügt wurde. Natürlich fehlte es nicht an Gesang vor und nach der Predigt. War die Entfernung des Trauerhauses von der Kirche groß, so konnte es über alledem ziemlich spät werden, und wir verzehrten dann wohl, dem Hunger zu wehren, den eingesteckten großen Wecken während der Predigt.

Dass die Trauer um den Toten oder die Scheu vor Tod und Grab uns dabei tief ins Gemüt gegangen sei, kann ich nicht sagen. Im Gegenteil, es waren öfters recht lustige Fahrten, die wir so machten, und unser Verhalten wohl nicht immer geeignet, Ernst und Würde der Feier zu erhöhen. So erinnere ich mich, dass einmal vor dem Zug ein Wagen mit Äpfeln denselben Weg gefahren war und von Zeit zu Zeit einen kleinen Teil seiner Ladung verloren hatte; der Anblick der ersten Äpfel und die Aussicht auf fernere Beute wirkte unwiderstehlich, unser Tempo wurde immer rascher, so dass wir zuletzt den Leichenwagen ganz aus den Augen verloren. Besonders reizvoll war durch ihre Ungewohntheit eine nasse Spätherbstfahrt nach einem entfernt gelegenen Hof, der nur mit dem Boot zu errei-

Leichenzug auf der Langenhorner Dorfstraße (Foto aus der Mitte des 20. Jahrhunderts).

Glockenturm an der Langenhorner Kirche

chen war, in das dann auch der Sarg gesetzt wurde: Unser Gesang über den Wassern[106] wird noch einmal so laut ertönt sein als sonst. – Eine gewisse Abhärtung gegen die Eindrücke, die Tod und Grab machen, war überhaupt die Folge dieses Leichendienstes: Der Anblick des Toten im Hause, der Anblick der aus dem Grab aufgeworfenen Gebeine und Schädel auf dem alten Kirchhof ließ uns allmählich so kalt, wie die Totengräber im „*Hamlet*".

Ostern 1862 verließ ich die Schule, der ich das letzte Halbjahr nur noch als Halbtagsschüler angehört hatte, ich hatte inzwischen meine gelehrten Studien begonnen. Waren es auch nicht schmerzliche Gefühle, mit denen ich Abschied von meinem Lehrer nahm, wann wären diese bei solchem Anlass überwiegend?, so empfand ich doch, was ich ihm in diesen Jahren schuldig geworden war, mit lebhafter Dankbarkeit. In der Tat, er war ein Lehrer von Gottes Gnaden: klar und sicher, in der Sache lebend, daher heiter und frei, nicht ohne den notwendigen Ernst und, wenn's sein musste, die gebührende Strenge, ich habe sie nicht so selten zu erfahren Gelegenheit gehabt, wenn mich der Hafer stach; aber ich glaube nicht, dass jemand sie ihm nachgetragen hat. Man fühlte in der Strafe die Notwendigkeit und zugleich die Unwilligkeit dessen, der sie erteilte, dass so etwas hier notwendig sei. Seine Fähigkeit, an die Dinge heranzuführen, war ungewöhnlich; alle Begabteren folgten dem Unterricht mit einem spontanen Eifer, wie ich ihm nur auf der Universität wieder begegnet bin. Dass ich ihm noch als Professor der Pädagogik mich habe vorstellen und ihm bezeugen können, was sein Bild mir auch hierfür bedeute, ist mir eine große Freude gewesen.

Auf dem Stollberg; Foto aus dem Besitz Friedrich Paulsens

Zweites Buch
Die Studienzeit

Bei Pastor Thomsen. Herbst 1861 bis Ostern 1863

Die gegebene und von den Eltern als selbstverständlich angesehene Bestimmung des einzigen Sohnes war natürlich: dass ich einmal ihr Nachfolger auf dem Bauernhof werden solle. Dass meine Natur und Begabung gerade hierauf gerichtet sei, ließ sich freilich nicht behaupten. Und auch meine Eltern täuschten sich darüber nicht; ich zeigte für Bücher seit langem ein lebhafteres Interesse, als es für einen Bauern sich zu schicken schien; dagegen war meine Teilnahme für Ochsen und Schafe und ihre Preise, meine Fähigkeit, die einzelnen zu erkennen und ihre Qualitäten zu würdigen, auch hinter mäßigen Erwartungen vielfach zurückgeblieben, so dass ich oft hatte in tadelndem Sinne hören müssen: „Aus dir wird im Leben kein rechter Bauer." Vor allem pflegte es mir so zu ergehen, wenn ich bei den Verwandten oder Nachbarn gewesen war und nun über das, was ich gesehen und gehört habe, über Stand der Äcker, Fortgang der Ernte, Gedeihen und Verhandeln der Pferde und Kuhe zu berichten aufgefordert wurde und der Bericht dann ungenügend ausfiel; das Gespräch in diesen Kreisen dreht sich überhaupt fast ausschließlich um landwirtschaftliche Dinge, und zwar durchaus im engsten praktischen Sinn: Mir fehlte dafür mit dem Interesse das Gedächtnis, und so stand ich andern Gleichaltrigen gegenüber als der Unwissende da, wurde wohl auch auf solche als ein der Nacheiferung würdiges Beispiel hingewiesen. Alles das erhöhte meine Neigung für diese Dinge nicht; auch wurden mir manche landwirtschaftliche Arbeiten, so vor allem das Eggen, das mir meist zufiel, geradezu peinvoll und verhasst: Den ganzen Tag bei scharfem Wind über den Sturzacker hinstolpern und den Staub schlucken, den die Egge aufwühlt, gehört freilich nicht zu den Freuden des ländlichen Daseins; ich erinnere mich noch, wie ich einmal bei dieser Arbeit, mich unbeobachtet glaubend, vor Ungeduld, Zorn und Widerwillen laut aufschrie, was dann eine Nachbarsfrau hörte, die mich durch die Frage: was mir fehle? in Verwirrung und Scham versetzte.

So geschah es denn eines Tages, es wird in meinem 14. Lebensjahr gewesen sein, dass mir, als ich mit den Eltern beim Abendtee saß, wieder Vorhaltungen in jenem Sinne: ich werde nie ein tüchtiger Bauer werden, gemacht wurden. Mit unvermuteter, aber nicht unüberlegter Antwort sagte ich rasch dazwischen: „Ich will auch gar nicht Bauer werden." – „Nun, was willst du denn werden?" fragte die Mutter. – „Ich will studieren."

Damit war denn auf lange Zeit das Thema für unsere Gespräche gegeben. Im ersten Erstaunen wurde meine Äußerung wohl kaum ernst genommen. Als ich aber beharrlich darauf zurückkam und mich mehr und mehr mit der der Jugend eigenen

Hartnäckigkeit darauf versteifte, stieß ich auf nicht minder entschiedenen Widerstand. Vor allem war es die Mutter, die, mit rascherer Zunge begabt, alle möglichen Gründe solchem Vorhaben entgegenstellte; sie wusste die Vorzüge des Landlebens sehr lebendig darzustellen; vor allem kam sie immer wieder auf einen Punkt zurück: Der Bauer ist der einzige freie Mann im Lande. Alle andern, vor allem alle Studierten, müssen andern dienen, er besorgt seine eigenen Angelegenheiten, und zwar so, dass ihm niemand dreinredet; wie er es für recht hält, so macht er es, und niemand fragt darnach. Dagegen müssen Beamte, Geistliche, Lehrer immer nach Geboten handeln und sich von andern ihre Leistungen beurteilen und kontrollieren lassen; und werden sie getadelt, dürfen sie nicht widersprechen.

Ich habe seitdem oft an die Worte meiner guten Mutter denken müssen und hätte es wohl noch öfter getan, wenn ich nicht das Glück gehabt hätte, im akademischen Lehramt meinen Beruf zu finden: In der Tat, wenn ich nicht Professor geworden wäre, wäre es doch am Ende das Beste für mich gewesen, Bauer zu werden. Indessen, damals machten diese Erwägungen, deren Bedeutung noch ganz außerhalb meines Gesichtskreises lag: ich hatte überhaupt einstweilen nur das Studium selbst, nicht den Beruf vor Augen, auf mich nicht den geringsten Eindruck. Ich hielt ihnen vor allem eines entgegen: Wenn ich nun gezwungen werde, wider meinen Willen Bauer zu werden, was wird die Folge sein? Offenbar die, und ich wusste durch Hinweisungen auf konkrete Fälle die Sache sehr einleuchtend und dringlich zu machen, dass ich einmal als mein eigener Herr mich dem Müßiggang hingebe, mit der langen Pfeife im Mund Zeitungen und Bücher lese und bestenfalls einmal einen Spaziergang über die Felder mache, wie H. oder L. euch dies Ärgernis alle Tage vormachen. Ob sie, so tätige Menschen, wünschen könnten, dass ich einmal ein so unnützes Dasein führe?

Allmählich gewöhnten sich so die Eltern an den Gedanken, und die Frage wurde erwogen: was ich denn studieren wolle? Nur eines nicht, meinte die Mutter: Advokat, das seien die schlechtesten Menschen, die von andrer Leute Unglück lebten. Und als ich mich nun ohne große Schwierigkeit bereitfinden ließ, die Theologie zu wählen, da begann die Aussicht, ihren Sohn einmal auf der Kanzel zu sehen, auf das Mutterherz ihren Zauber auszuüben. Auch ihr Gewissen begann sich zu regen: wenn ich nun vielleicht berufen sei, ein auserwähltes Rüstzeug Gottes zu werden, ob es dann nicht Schuldigkeit sei, die eigenen Wünsche zurückzustellen? Sie selbst verdankte Predigern so Großes, ihr ganzes geistiges Leben und ihr Seelenheil, dass es für ihre Anschauung einen größeren und wichtigeren, freilich auch schwereren Beruf auf Erden nicht gab als den des „Priesters“, wie die friesische Sprache ihn heute noch nennt.

War so die Mutter für eine freundlichere Betrachtung meiner Neigung gewonnen, so hatte auch der Vater, der von vornherein zurückhaltender gewesen war, vor dem geistlichen Amt und vor geistiger Arbeit überhaupt so viel angeborne und erworbene Hochachtung, dass er einem entschiedenen Willen, wie er ihn vor sich sah, ein entschiedenes Nein entgegenzusetzen nicht über sich gewinnen konnte. Zureden von seiten meines Lehrers Brodersen tat ein Übriges, und so gewann ich im Sommer 1861 eine bedingte Gewährung meines Wunsches: er wolle mit Pastor Thomsen über mich sprechen, und wenn dieser bereit sei, mit mir einen Versuch zu machen, so wolle er einer Probe, ob ich die nötigen Fähigkeiten zum Studieren habe, nicht länger entgegen sein. Pastor Thomsen, der schon mehrere junge Leute aus dem Ort und der Umgebung für das Gymnasium vorbereitet hatte, ließ sich bereitfinden, und so wurde der Beginn des Unterrichts auf den Anfang des Herbstes verabredet.

Wie groß das Opfer war, das meine Eltern mir brachten, das habe ich damals nicht empfunden. Ich war voll Freude und Dank und dachte an mich und die nunmehr erlangte Freiheit, meiner Neigung zu den Büchern zu folgen; an die Eltern und was für sie dieser Schritt bedeute, dachte ich überhaupt kaum. Es ist die naive Selbstsucht der Jugend; geschieht ihr der Wille, so ist alles in Ordnung. Dass für die Eltern die Einwilligung zum Studium den Verzicht auf lange gehegte Hoffnungen, die Übernahme langer und schwerer Sorgen, Sorgen um das innere und äußere Gedeihen des einzigen Sohnes – sie haben über zehn lange Jahre gedauert – , endlich die Aussicht auf ein einsames Alter bedeute, das alles sind mir damals wenn nicht ganz fremde, so doch unwirksame Vorstellungen geblieben. Jugend kennt kein Mitleid. Dass dem alternden Vater – er war 56 Jahre alt – , wenn er mit seinem langsam festen Schritt über die Felder oder hinter dem Pflug herging, nun nicht mehr die Hoffnung zur Seite schritt, dass nach ihm sein Sohn und Erbe die Früchte des Nachdenkens und Schweißes, die er an die Verbesserung des Bodens setzte, ernten werde: Mir ist der Gedanke wohl kaum einmal gekommen. Und er sprach ihn sicherlich gegen niemanden aus, am wenigsten gegen mich; er war nicht ein Mann vieler Worte, vor allem nicht vergeblicher Worte: Habe ich meine Zustimmung gegeben, so sind die Folgen zu tragen; und leeres Klagen erleichtert die Sache nicht. Arbeiten, einfach weil die Sache es fordert, ohne viel Gedanken über den letzten Zweck der Arbeit, das war seine Art; er ist ihr bis in sein Alter treu geblieben und glücklich dabei gewesen. Ich weiß nicht, ob nicht, was ihn die Natur lehrte, auch der Weisheit letzter Schluss ist. Goethe scheint der Ansicht zu sein: „die Forderung des Tages erfüllen“, das war auch ihm die Antwort auf die Frage nach der Bestimmung des Menschen.[107]

Am 5. Oktober 1861, es war des Vaters Geburtstag, bin ich zum ersten Mal zu Pastor Thomsen in die lateinische Stunde gegangen, nachmittags von fünf bis sechs. Die Fenster in seinem Studierzimmer standen offen; aus dem Garten drang der Duft des Herbstes, Reseda und Astern, herein; der Geruch ruft mir noch heute die hellen Herbsttage jenes Jahrs vor die Sinne. Anderthalb Jahre hindurch bin ich täglich zur selben Stunde nach dem zehn Minuten entfernten Pfarrhaus gewandert; ich glaube nicht, dass eine einzige Stunde ausgefallen ist, obwohl Pastor Thomsen verlobt war und während der Zeit heiratete.

Der lateinische Unterricht, während des ersten halben Jahres der einzige (ich fuhr fort, daneben die Volksschule, allerdings nur vormittags, zu besuchen), fiel

Claus Thomsen, zweiter Pastor in Langenhorn: „Er hat mit nie nachlassendem Eifer und Ernst mir die Elemente des gelehrten Wissens, im Besonderen des Sprachwissens, eingeprägt“.

auf einen guten Boden. Der kleine Kühner[108] wurde zugrunde gelegt; ich erhielt täglich ein Pensum aus der Grammatik zu lernen auf, dazu die Vokabeln und Übungsstücke. In wenig Tagen konnte ich die Deklination und ein paar Formen aus der Konjugation; ich erinnere mich noch wohl, wie ich einmal neben dem Vater am Pflug herging und ihm vorsagte, wie die alten Römer geredet hätten: *agricola arat agrum*;[109] oder wie ich ein andermal im Garten auf und ab ging, das Paradigma *pugna acris*[110] einübend, oder wie mir das Problem zu schaffen machte: ob es *rana magna*[111] oder nicht vielmehr *magnus* heißen müsse; da doch der Frosch ohne Zweifel ein männliches Wesen sei wie die Kröte ein weibliches. Es ging rasch vorwärts; am Ende des Halbjahrs hatte ich den kleinen Kühner durch und las die angehängten Lesestücke aus des Curtius „*Geschichte Alexanders des Großen*“. Als ich einmal auf einen Druckfehler im Text hinwies: es müsse doch so heißen, sah mich mein Lehrer mit raschem Aufblick an: „Wer sagt das?“ Ich erwiderte: „Ja, es kann hier doch diese Form nicht stehen.“ Das war meine erste Konjektur.

In demselben Winter besuchte ich den Konfirmationsunterricht, der dies Jahr bei dem anderen Pastor[112] stattfand. Ich erinnere mich nicht, dass er auf mich Eindruck gemacht hätte; es war dieselbe Dogmatik, die wir in der Schule aus dem

Katechismus gelernt hatten, um einige Sprüche vermehrt und hie und da eine scholastisch-theologische Beweisführung. So wurde z. B. die Ewigkeit und Allgegenwart Gottes uns demonstriert: Gott habe doch Zeit und Raum geschaffen, also könne er nicht in Zeit und Raum beschlossen sein. Auch von der Konfirmation selbst oder der nachfolgenden Beichte und Abendmahl habe ich keinerlei stärkeren Eindruck empfangen. Lebendig in der Erinnerung ist mir dagegen eines. Ich hatte für die Feier meinen ersten Tuchanzug erhalten. Durch irgendein Versehen hatte der Schneider die Ärmel verschnitten, so dass er ein kleines trapezförmiges Stückchen an der Naht oben an der Schulter hatte einsetzen müssen. Das Bewusstsein dieses Mangels verließ mich nicht, als wir im Kirchensteig aufmarschierten und uns in die Reihe stellten, um nacheinander das „Bekenntnis" abzulegen. Ich hatte die Empfindung: die ganze Gemeinde müsse auf das zugeflickte Loch in meinem Tuchrock hinblicken.

Von da ab gehörte nun der ganze Tag meinen Studien. Sie setzten mit aller Wucht ein: Zum Lateinischen kamen, fast gleichzeitig begonnen, fünf neue Sprachen: Griechisch, Hebräisch, Französisch, Englisch und Dänisch. Dazu wurden Mathematik und Geschichte vorgenommen und alle vier Wochen ein deutscher Aufsatz geliefert. Eine ganze Bibliothek von Lexiken, Grammatiken und Texten wurde angeschafft, so dass meine Mutter die Hände über dem Kopf zusammenschlug: „Die musst du alle durchlesen?"

Wie das möglich war? wird man fragen in einer Zeit, wo man Scheu trägt, schon nach einem Jahr eine neue Sprache neben der bisherigen zu beginnen. Ja, es wurde eben nach der Möglichkeit gar nicht gefragt: In der Sekunda des Gymnasiums wurden bei uns damals die sechs Sprachen nebeneinander getrieben, also wird auch der Vorbereitungsunterricht sie behandeln müssen, denn dass die Vorbereitung auf die Sekunda abziele, stand fest.[113] – Ich habe ebenso wenig als der Lehrer nach der Möglichkeit gefragt, sondern die Sache als selbstverständlich hingenommen; von Überbürdung wusste ohnehin in unserem glücklichen Ort kein Mensch. Übrigens hat mir Pastor Thomsen lange nachher, es war, als ich ihn im Jahre 1889 von Glücksburg aus in Sterup, seiner Gemeinde in Angeln, besuchte, erzählt: als mein Vater mit dem Anliegen, mir Unterricht zu erteilen, zu ihm gekommen sei, da habe er ihm gesagt: „Herr Pastor, nehmen Sie ihn gleich gehörig vor, dass wir wissen, ob er es leisten kann." Und so habe er ihm versprochen: er wolle den Schritt so nehmen, dass er, wenn ich ihn halten könne, mit Sicherheit wisse, dass ich das Zeug dazu habe zu studieren. In der Tat, ich muss meinem trefflichen Lehrer das Zeugnis geben, dass er Wort gehalten hat: Er hat mich gehörig vorgenommen. Es ist mir aber nicht zu viel geworden. Ich erinnere mich kaum einer Zeit fröhlicherer Arbeit und gedeihlicheren Wachstums als dieses Jahres.

Im Mittelpunkt der Arbeit blieb das Lateinische stehen. Ich fing an, miteinander Livius, Virgil, Cicero zu lesen. Es kostete anfangs Mühe; besonders die verstellten Wörter der „*Aeneis*" zusammenzufinden, wie sie zusammengehörten, wollte zuerst nicht recht gelingen. Doch reichliche Übung gab bald den Blick; ich

„Diakonat“ (zweites Pastorat) in Langenhorn, Dorfstraße 201: „Anderthalb Jahre hindurch bin ich täglich zur selben Stunde nach dem zehn Minuten entfernten Pfarrhaus gewandert“ (Foto von etwa 2000, das Haus wurde um 2005 abgerissen).

habe in dem Jahr die ersten zwei Bücher der „*Aeneis*“ durchgebracht. Pastor Thomsen gab nichts auf langes Erklären, weder des Sprachlichen noch des Sachlichen. Er ging von der meiner Ansicht nach durchaus begründeten Anschauung aus: Das Reden über die Sprache, das Vorsagen von Regeln und Ausnahmen, Tropen und Figuren, das Erklären von Feinheiten und Schönheiten hilft dem Anfänger nicht weiter, die Übung im Lesen und Nachbilden bringt von selbst die Sicherheit im Erfassen, und dann mag die Reflexion ein Letztes zum Verständnis tun. Mit großer Freude las ich die beiden ersten Bücher des Livius; sie zogen gleichermaßen durch den Stoff und die Form an. Seine Perioden und der Versuch ihrer Nachbildung gaben mir zuerst einen Geschmack von der Eigentümlichkeit der lateinischen Sprache. Weniger wollte mir Cicero behagen, von dem wir mit der Rede für den König Dejotarus begannen, dann die Catilinarien lasen.[114] Das Lateinschreiben wurde fleißig geübt; ich hatte dafür besondere Neigung, eine nach meiner Empfindung gut gelungene Umschreibung oder Umsetzung eines Substantivs in einen Satz, eine wohlgeratene *oratio indirecta*[115] gab mir große Genugtuung. Ich übersetzte aus einer Version der Briefe des Muret,[116] Pastor Thomsen hatte das Original in der Hand, und wir verglichen von Zeit zu Zeit mein Anfängerlatein mit dem des eleganten humanistischen Stilisten: eine Übung, die ich für eine nicht unwirksame halte.

Für die Erlernung des Griechischen wurde wieder die kleine Kühnersche Grammatik[117] benutzt, die schon durch die vollständige Gleichartigkeit der Anlage die neue Sprache beinahe als eine bekannte erscheinen ließ. Auch sie wurde rasch durchgenommen, ich denke, dass wir ebenfalls in etwa einem halben Jahr das Ende erreichten. Dann begann die Lektüre des Homer; wir lasen Partien aus der „*Odyssee*", den Anfang, die Ereignisse auf Ithaka und bei der göttlichen Kalypso, später die Fahrt in die Unterwelt, im Ganzen fünf Bücher; dazu zwei Plutarchische Biographien;[118] den üblichen Xenophon[119] habe ich nie in die Hand bekommen. Einer bedeutenden Wirkung vom Homer vermag ich mich aus dieser Zeit nicht zu erinnern, obwohl er mir auch dem Stoff nach völlig neu war; der Anfänger ist wohl allzu sehr durch die Sprache in Anspruch genommen, als dass er auf den Sinn viel zu achten im Stande wäre. Auch nachher auf dem Gymnasium, wo die „*Ilias*" gelesen wurde, ging er, ohne viel Eindruck zu machen, am tauben Sinn vorüber. Erst als ich ihn nach Vollendung meiner Studien wieder las, gegen Ende der Zwanzig, ging mir der Verstand für seine Eigentümlichkeit und Schönheit auf. Vermutlich ist die Zeit, wo wir ihn als Schüler griechisch zu lesen pflegen, überhaupt das für ihn undankbarste Alter; der Knabe freut sich der bunten Fabeln, der Mann kehrt zu dem Spiel der Phantasie gern zurück, das Jünglingsalter ist vielleicht am stärksten auf das Reelle gerichtet und darum für das harmlose Fabulieren am wenigsten empfänglich. Geht's uns nicht mit den Schöpfungen der Phantasie im Alten Testament ebenso? Sobald die Frage nach der Wirklichkeit dieser Hergänge, der Sintflut, der Schöpfung, erwacht, hört das naive Interesse des Kindes auf.

Im Französischen und Englischen wurden die ersten Anfänge ebenfalls rasch überwunden. Ich erinnere mich kaum mehr des grammatischen Unterrichts, für den Ahns Lehrbücher[120] gebraucht wurden. Im Englischen las ich den „*Vicar of Wakefield*",[121] ohne Verständnis für die entzückende Kunst der Naivität; auf einen französischen Autor vermag ich mich nicht zu besinnen, vielleicht haben wir auch keinen gelesen, dagegen ziemlich viel ins Französische übersetzt. Eine französische oder englische Grammatik habe ich überhaupt seitdem nicht mehr in die Hand genommen, auch auf dem Gymnasium so gut wie nichts hinzugelernt; erst spätere Lektüre um der Sache willen hat mich weitergebracht.

Endlich das Dänische: Die Elemente erlernte ich aus einem kleinen Büchlein von Blichert;[122] ein Lesebuch[123] gab so viel Übung, dass ich, als ich nach Altona kam, Ingemanns Romane, die in der Sekunda gelesen wurden, recht gut vom Blatt las, wie ich es denn noch heute tue.

Da ich Theologie studieren sollte, wurde auch mit dem Hebräischen ein Anfang gemacht, mit einer Grammatik von Seffer.[124] Die Formenlehre ging ohne zu große Schwierigkeit ein, dagegen hat das Behalten der Wörter mir stets große Mühe gemacht; es fehlt jede Anlehnung an das Bekannte, sowohl in der Etymologie als in der Wortbildung. Immerhin glänzte ich, als ich auf das Gymnasium kam, unter den Sekundanern als Hebräer.

Geschichte wurde gelernt nach eigenen Heften des Lehrers; ich habe seine kleinen Oktavhefte der alten, der deutschen und der dänischen Geschichte abgeschrieben und auswendig gelernt: Sie enthielten in allerknappster Fassung das Notwendigste, vor allem die Regentenreihen, wo es ihrer gab, mit kurzer Bezeichnung der Hauptbegebenheiten. Ich glaube nicht, dass ich zeitweilig auf die Frage nach den Regierungsjahren eines römischen oder deutschen Kaisers oder eines dänischen Königs die Antwort schuldig geblieben wäre: So unglaublich aufnahmewillig war damals das Gedächtnis.

Am wenigsten kann ich den Unterricht in der Mathematik loben. Ich war hier durch den ausgezeichnet anschaulichen Unterricht der Volksschule verwöhnt. Als mir nun zugemutet wurde, in rascher Folge, wie in der Grammatik Paradigmen oder in der Geschichte Königsreihen, so hier lange Reihen von Lehrsätzen und Beweisen auswendig zu lernen, versagte ich. Und da der mathematische Unterricht auf dem Gymnasium gleich Null war, so bin ich, trotz späterer Anläufe, so ziemlich auf das beschränkt geblieben, was mir der treffliche Küster Brodersen für das Leben mitgegeben hat.

Im Sommer 1862 erfuhr meine Bibliothek eine große Bereicherung. Die Witwe unseres früheren Hauptpastors, mit Namen Speckhahn, welchem Namen übrigens die beiden kurzen und fetten Figuren der Träger sich wohl angepasst hatten, starb, und der Hausrat, darunter die Bücher ihres Eheherrn, kamen zur Versteigerung. Ich erwarb eine Menge zum Teil nicht wertloser Bücher, besonders lateinische Klassiker, meist für einen oder zwei Groschen (dänische Vierschillingstücke) den Band; ich war der einzige Bieter. So habe ich unter andern die zweibändige Döringsche Horazausgabe[125] dort gekauft, die mir bis auf diesen Tag nicht aus den Händen gekommen ist: Ihre sehr planen und auch wohl einmal platten Erklärungen und Umschreibungen in lateinischer Sprache waren doch eine ganz gute Übung im Gebrauch der lateinischen Schulsprache. Tacitus und Juvenal, in deutscher Übersetzung aus dem 18. Jahrhundert, gaben Lesestoff. Eine dicke hebräische Bibel hat mich noch nach Bonn begleitet, wo sie in den Händen eines Studienkameraden geblieben ist. Auch ein syrisches Neues Testament mit Glossar war unter den Schätzen meines alten Pastors gewesen; es hat mich gereizt, die Buchstaben aus den Eigennamen zusammenzusuchen. Eine kleine Geschichte der Philosophie, von Socher,[126] wenn mich mein Gedächtnis nicht täuscht, versuchte ich zu lesen, aber ohne Erfolg. Dagegen hat mir bei irgendeiner Gelegenheit Pastor Thomsen einmal einiges aus den Anfängen der griechischen Philosophie vorgetragen, was mich sehr beschäftigte.

Im Übrigen war der Unterricht, um auf diesen zurückzukommen, streng auf die Sache gerichtet; seine Maxime war: keine Zeit verlieren. Für Abschweifungen und Exkurse war keine Zeit; die tägliche Stunde reichte gerade aus, die Lösung der Aufgaben durchzugehen und neue zu stellen. Das gelesene Pensum, das ich mir selber absteckte, wurde rasch übersetzt, dann die schriftlichen Übungen mit dem Bleistift in der Hand durchgegangen; die unterstrichenen Fehler wurden gleich zu

Fragen: Wie muss es heißen? Dabei hatte er die Gewohnheit, da man Kopf an Kopf über dem Heft saß, mit dem Bleistift, wenn die richtige Antwort nicht sogleich erfolgte, recht derb auf den Kopf zu stoßen, um der Behändigkeit des Verstandes nachzuhelfen. Ein Mitschüler, der die meisten Stunden mit mir gemeinsam hatte, er war im Sommer 1862 aus einer Nachbargemeinde auf Empfehlung des dortigen Pastors von meinem Lehrer in Haus und Unterricht aufgenommen worden, ist oft mit schmerzendem Kopf von der Stunde aufgestanden: Er war von langsamer Fassungskraft und hat mir oft leidgetan, wenn er, bei redlichstem Fleiß, den Anforderungen nicht gewachsen war und nun dem unbarmherzigen Bleistift sich zu entwinden suchte. Dabei wurde ich, wenn ich etwas versah, nicht im mindesten nachsichtiger behandelt. Ich erinnere mich nicht eines einzigen Lobes, das mir während der anderthalb Jahre wäre zuteilgeworden, obwohl vielleicht die Leistungen den Lehrer selbst einmal überraschten. Dagegen ist mir mehr als eine entschiedene Zurechtweisung im Gedächtnis geblieben, wenn ich hinter dem, was ich nach seiner Ansicht wohl hätte leisten können, zurückgeblieben war. Einmal habe ich sogar nachbleiben müssen; es war bei dem Paradigma der regelmäßigen griechischen Konjugation. Ich hatte das ganze Verbum βουλεύω[127] durchzukonjugieren aufbekommen, oder war es, nachdem ich in der vorigen Stunde das Aktivum gelernt hatte, nur das Medium und Passivum? Gleichviel, im Passivum verwirrte ich mich und blieb stecken. Es wollte nicht mehr zurechtkommen. Da musste ich, nachdem wir die übrigen Aufgaben erledigt hatten, dableiben und lernen, nicht mit sehr bereitem Kopf, bis die Sache ging.

Einen Scherz oder ein Lachen habe ich von ihm während des Unterrichts überhaupt nicht gehört; er war sonst in der Unterhaltung mitteilsam, auch wohl zu einem Schnack oder Spaß geneigt: Als Lehrer war er ernst und streng, bis an die Grenze der Härte, was vor allem mein eben erwähnter Mitschüler öfters erfuhr; ich hatte an ihm gewissermaßen einen Blitzableiter. Dass mir die Strenge übel bekommen wäre, kann ich nicht sagen; für meinen Kameraden wäre wahrscheinlich etwas mehr Geduld und Nachhilfe förderlicher gewesen als der unfühlende Bleistift. Ich musste, als ich später in der Selbstbiographie John Stuart Mills die Charakteristik des Vaters und des Unterrichts las, den er von diesem erhielt, an meinen Pastor Thomsen denken. Auch hier der gleichmäßige, unerschütterliche Ernst; auch hier das Prinzip: die Zeit aufs äußerste auskaufen; auch hier der völlige Ausfall des Lobes, der Anerkennung oder gar der Bewunderung des Schülers, der sie doch innerlich dem Vater ohne Zweifel durch seine Leistungen nicht selten abnötigte: ein Knabe von neun Jahren, der griechische Schriftsteller, Plato z. B. und Plutarch, vom Blatt liest, war gewiss auch damals keine gewöhnliche Erscheinung. Mill schließt seine Darstellung mit der Bemerkung: Ein Schüler, von dem nie etwas verlangt wird, was er nicht oder noch nicht leisten kann, wird nie alles leisten, wozu er fähig ist. Ein sehr wahres Wort; und so bin ich auch durchaus überzeugt, dass unter den beiden Fehlern des Lehrers: zu großer Strenge und zu großer Nachsicht, der letztere der gefährlichere ist. Allzu viel Nachsicht und

Geduld, allzu leichtes Herabsetzen der Forderungen verwöhnt und verweichlicht; der Schüler gewöhnt sich, die Sache nicht ernst zu nehmen, weil auch der Lehrer sie als eine erlässliche anzusehen scheint, und habituelle Erschlaffung ist das Ende.

Ich sagte, dass ich Pastor Thomsen im Unterricht niemals lachen gehört habe. Einer Ausnahme erinnere ich mich doch. Ich hatte die hebräische Konjugation auf; das Paradigma *qatal* gab allerlei mir komisch in die Ohren fallende Formen, die mich schon beim Lernen zu Hause zum Lachen gebracht hatten. Ich war überhaupt als Knabe für komische Lautbildungen sehr empfänglich, manche reizten mich unwiderstehlich zum Lachen; meine Mitschüler in der Volksschule wussten es und haben mir dadurch mehr als einmal eine Tracht Prügel eingetragen: Die Zuflüsterung eines kauderwelschen Worts wirkte unwiderstehlich auf meine Lachmuskeln, und der Versuch der Unterdrückung endete regelmäßig mit lautem Herausplatzen. Also, ich beginne in der Stunde das Paradigma von *qatal* aufzusagen; das Unglück wollte, dass die Braut des Pastors gerade in der Stube anwesend war; das erhöhte die nur mühsam noch beherrschte Spannung. Als aber die Formen des Futurums daran kamen: *jiq'tol, toq'tol, tiq'toli,* da ging der Lachreiz mit mir durch, und ich platzte laut heraus. Der Braut, sie war noch ein junges Mädchen, nicht viel älter als ich, ging es ebenso, sie mochte schon länger den seltsamen Lauten gehorcht haben. Da konnte auch Pastor Thomsen seinen sonst so unerschütterlichen Ernst nicht festhalten, er musste mitlachen, und das hebräische Paradigma musste für diesmal beiseite gelegt werden. Die betreffenden Formen aber blieben für uns seitdem eine kitzlige Stelle, über die wir immer rasch und behutsam hinwegzukommen suchten.

So viel von dem Unterricht bei Pastor Thomsen. Ihm und meinem Lehrer Brodersen bin ich unter allen meinen Lehrern am meisten zu Dank verpflichtet. Er hat mit nie nachlassendem Eifer und Ernst mir die Elemente des gelehrten Wissens, im Besonderen des Sprachwissens, eingeprägt; ich weiß nicht, ob ich auf anderem Wege zu einem so sicheren Besitz der Grundlagen hätte gelangen können. Meine späteren Gymnasialerfahrungen lassen es mir überhaupt zweifelhaft erscheinen, ob ich auf dem langen Wege durch die unteren und mittleren Klassen jemals an das Ziel gelangt wäre; ich fürchte, ich wäre dabei bald in den üblichen Schulschlendrian gefallen und hätte dann, des nötigen Futters oder also der notwendigen strengen Arbeit entbehrend, durch die Neigung zu allerlei Allotriis mich ganz verloren oder wäre als hoffnungslos ausgeschieden worden. Der rasche Gang am scharfen Zügel war das meiner Natur Gemäße. Das erkannte auch mein Lehrer mit seinem sicheren Blick, und da diese Gangart auch seinem Naturell entsprach, so war das Verhältnis von Lehrer und Schüler das glücklichste.

Bemerken will ich übrigens noch dies: Das Honorar für den gesamten Unterricht hatte Pastor Thomsen auf zehn Speziestaler im Vierteljahr, das sind 45 Mark, festgesetzt, die ich ihm am Ende jedes Termins in einer kleinen Rolle mitbrachte. 270 Mark war demnach der ganze Aufwand für meinen Gelehrtenschulkursus von Sexta bis Untersekunda,[128] etwa so viel, als jetzt oft in einem Semester für Nachhilfestunden ausgegeben wird. So bescheiden waren die Verhältnisse und Ansprüche jener Zeit.

Auch das halte ich noch für der Erwähnung wert, dass ich zu Hause ganz und gar in der alten Stellung blieb; es wurden keinerlei Umstände mit mir gemacht. Von einer „Studierstube", wie sie jetzt schon der Sextaner braucht, um nicht in seinem tiefen Nachdenken gestört zu werden, war keine Rede, es gab sie einfach nicht im Hause. Im Sommer hatte ich freilich die Wohnstube in der Regel allein; im Winter aber wurde sie, da hier allein geheizt wurde, von den übrigen Bewohnern, namentlich den weiblichen, mitbenutzt. Am Abend sammelte sich die ganze Hausgenossenschaft um den großen Tisch und ein Licht, und ich präparierte meinen Virgil oder Homer unter dem Gespräch der arbeitenden, spinnenden, plaudernden Gesellschaft. Da niemand eine Ahnung davon hatte, dass es anders sein könne, so ging die Sache ohne allen Anstoß. Ebenso war es selbstverständlich, dass ich, wenn Not an den Mann ging, bei der Erntearbeit oder wo sonst ein paar Hände gebraucht wurden, mit zugriff: Dass es hierfür als für das erste Notwendige an Zeit fehlen könne, kam wieder niemand in den Sinn. – Auch mit den alten Schul- und Spielkameraden wurde die Gemeinschaft fortgesetzt, ohne dass es ihnen oder mir eingefallen wäre, dass es anders sein könne. Gesegnete Selbstverständlichkeiten, in denen ich damals so weiterlebte.

Und nun, indem ich mich anschicke, von Elternhaus und Heimat Abschied zu nehmen, um in die Fremde zu ziehen, dem ungewissen Glück entgegen, kann ich nicht umhin, Gott aufs innigste zu danken für all den Segen, den er mir mit ihnen geschenkt hat. Ich weiß nicht, ob ich die Kraft gefunden hätte, die folgenden Jahre zu überstehen und aus allerlei Abfall und Entartung mich wiederzugewinnen, wenn ich nicht von dorther einen Fonds robuster Kraft und eine nie ganz erloschene, wenn auch zeitweilig fast verschüttete Anschauung von dem, was dem Leben allein Würde und Wert gibt, als Ausstattung miterhalten hätte. Der Gedanke an das Elternhaus, durch häufige Rückkehr dahin immer frisch erhalten, hat nie aufgehört, mir als Mahner gegenwärtig zu sein; er hat den größten Anteil daran gehabt, dass ich mich endlich auf den rechten Weg zurückgefunden habe.

Auf dem Gymnasium in Altona. 1863 bis 1866

Ostern 1863 kam ich nach Altona auf das Gymnasium. Die drei Gymnasien im Herzogtum Schleswig (Flensburg, Schleswig, Hadersleben) waren noch dänisch, Husum hatte seine alte Gelehrtenschule verloren. Den Weg nach Altona wiesen mehrere dorthin vorangegangene Schüler Pastor Thomsens. Dieser hatte mich und meinen Mitschüler bei Direktor Lucht für die Sekunda angemeldet. Wir stellten uns dem Direktor vor; er wies uns an den Konrektor Dr. Henrichsen, den Klassenlehrer der Sekunda. Der kleine freundlich-gesprächige Herr nahm uns mit viel Wohlwollen auf und bestellte uns auf einen nächsten Vormittag zur Aufnahmeprüfung. Noch drei von auswärts gekommene junge Leute fanden sich zur bestimmten Stunde mit uns ein. Wir nahmen um den großen runden Tisch in der Wohnstube des Herrn Konrektors Platz, wo Papier bereitlag. Er diktierte uns einen nicht eben allzu langen deutschen Text zum Übersetzen ins Lateinische. Die Sache fiel für alle fünf genügend aus, und wir wurden in die Sekunda aufgenommen, mein Latein verschaffte mir unter uns Neuen die erste Stelle. Eine Prüfung in anderen Fächern fand nicht statt, so sehr beherrschte das Lateinschreiben noch den ganzen Schulbetrieb.

Das Christianeum in Altona galt als die vornehmste Gelehrtenschule der Herzogtümer, es war wohl auch die besuchteste. Im 18. Jahrhundert von König Christian V. gegründet (ich habe im Jahr 1865 das Anderthalb-Jahrhundertsjubiläum durch einen Umzug durch die Stadt feiern helfen),[129] hatte es den Charakter eines „akademischen“ Gymnasiums erhalten: Die beiden Oberklassen bildeten eine Art Mittelstufe zwischen Schule und Universität, im Unterricht und auch in den äußeren Ordnungen. So erzählt der spätere Rektor Schumacher von Husum, der als geborner Altonaer am Anfang des 19. Jahrhunderts Schüler des Christianeums war, wie die Primaner nicht wenig stolz auf das Recht gewesen seien, ihre Plätze in der Klasse selbst zu belegen.[130] Diese Reste alter Herrlichkeit waren inzwischen geschwunden. Das Christianeum hatte die allgemeine Form des neuhumanistischen Gymnasiums angenommen; die geltenden Klassen- und Lehrordnungen gingen auf die Reform des holsteinischen Gelehrtenschulwesens zurück, die Gregor Wilhelm Nitzsch als Professor der Philologie an der Universität Kiel und Inspektor der Gelehrtenschulen in den Herzogtümern in den 30er Jahren durchgeführt hatte.[131] Es war im Ganzen die preußische Ordnung, wie sie unter Johannes Schulzes Regiment gestaltet worden war: der altklassische Kursus, ergänzt durch einen Kursus in den modernen Wissenschaften. Doch hatte Nitzsch aus seiner sächsischen Heimat (er kam aus Wittenberg und hatte in Leipzig studiert)[132] die Anschauung mitgebracht und herverpflanzt, dass der modernrealistische Kursus sich mit der Stellung eines Nebenfachs begnügen, der Schwerpunkt durchaus in dem klassisch-humanistischen Unterricht liegen müsse. Insofern schlossen sich die holsteinischen Gymnasien dem sächsisch-bayrischen Typus an; für Mathematik und Naturwissenschaften galt einigermaßen der

Grundsatz: Wenn's einer kann, ist's gut, wenn er's nicht kann, ist's auch nicht schlimm.

Eine Erinnerung an die größere Vergangenheit der Anstalt, der übrigens auch mehrere in der Literatur nicht unbekannte Männer angehört hatten, waren die stattlichen Gebäude. Sie füllten eine Seite einer ganzen Straße, der „Hohenschulstraße", fast vollständig aus. Drei große Häuser schlossen sich, da das mittlere etwa 15 Meter von der Straße zurücklag, um einen Vorhof zusammen; eine Reihe geschnittener Linden vor dem zweistöckigen Mittelgebäude gab diesem einen altmodisch-vornehmen Anstrich. Die beiden Seitengebäude lagen in der Straßenflucht. Diese drei Häuser enthielten die Klassenräume und die Lehrerwohnungen. Im Mittelgebäude waren im Parterre die vier oberen ungeteilten Klassen, Prima bis Quarta untergebracht; den oberen Stock bewohnte der Direktor. Im rechten Seitengebäude waren drei Lehrerwohnungen, darunter die uns schon bekannte des Konrektors; im linken zwei Lehrerwohnungen und die große Aula. Im Souterrain wohnte hier der Pedell, bei dem zwei alte Bekannte, ältere Schüler von Pastor Thomsen, darunter sein jüngerer Bruder, einlogiert waren. Es war der Anlass, dass wir oft in der Wohnung des Pedells einkehrten. Hinter diesem Gebäudekomplex war ein Hof, auf dem das stattliche Bibliotheksgebäude und einige Turngeräte standen.

Diese Gebäude erschienen damals außerordentlich ansehnlich und reich. Die Gegenwart würde sie wohl kaum mehr als eine auch nur erträgliche Unterkunft ansehen, die Lehrerwohnungen wie die Unterrichtsräume. Nicht nur fehlten Zeichen-, Physik- und Gesangsäle, es war nicht einmal ein Lehrerzimmer vorhanden. Die Lehrer versammelten sich vor den Stunden einfach auf dem offenen Flur, links neben dem Haupteingang vor der Tür zur Prima. Hier standen regelmäßig, Sommer und Winter, wenn wir eben vor acht oder vor zwei Uhr in die Schule kamen oder aus der Pause um viertel nach zehn zurückkehrten, drei, vier, fünf unserer Lehrer, der Direktor meist unter ihnen, im lebhaften Gespräch; der Direktor hielt sich dabei nicht zu vornehm, den Gruß der hier vorübergehenden Primaner und Sekundaner mit jedesmaligem Abziehen des Hutes zu erwidern; er hatte dabei die Gewohnheit, sich in den Hüften zu wiegen, so dass er aus lebhafter Bewegung nicht herauskam.

Der Personalbestand der Anstalt war leicht übersehbar: acht ordentliche Lehrer, sieben Klassen und 250 bis 300 Schüler. Die Schüler der untern Klassen waren fast ausschließlich aus der Stadt, Septima eine Art Vorschule, Sexta bis Quarta die Unterstufe des Gymnasiums, die wohl auch von Schülern besucht wurden, die nicht dem Studium bestimmt waren. Mit der Tertia und noch entschiedener mit der Sekunda nahm die Anstalt durchaus den Charakter der auf die Universität vorbereitenden Gelehrtenschule an; in den beiden oberen Klassen saßen kaum noch Schüler, die sich nicht als künftige Studierende betrachteten, höchstens dass ein künftiger Apotheker darunter war. Der Druck des Einjährigensystems[133] führte damals den holsteinischen Gymnasien noch nicht die von Lagarde so ge-

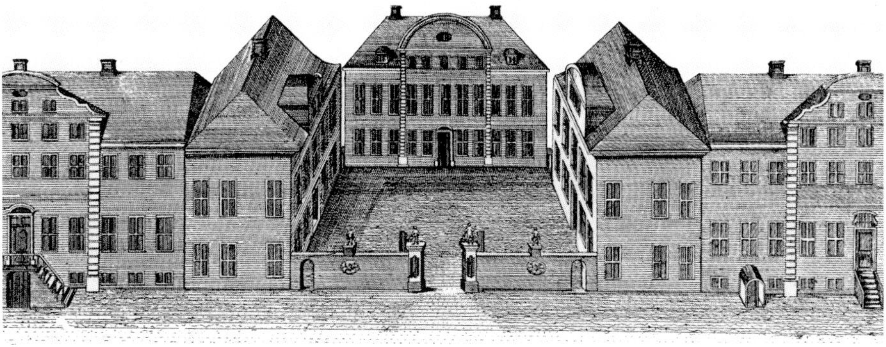

Alte Ansicht des Gymnasiums an der Hoheschulstraße in Altona: „Das Christianeum in Altona galt als die vornehmste Gelehrtenschule der Herzogtümer".

nannten „Schnuraspiranten"[134] zu; die dem Kaufmannsstand bestimmten Knaben zogen den Besuch höherer Bürgerschulen vor, die als öffentliche und als private Anstalten in größerer Zahl in den beiden eng benachbarten Elbstädten bestanden. So waren die holsteinischen Gymnasien damals viel mehr als die preußischen eigentliche Gelehrtenschulen. In den beiden ungeteilten Oberklassen war ein ansehnlicher Teil der Schüler von auswärts, vielleicht gegen die Hälfte, viele von ihnen draußen *privatim* vorbereitet, manche schon in höherem Lebensalter, so ein früherer Seminarist: er trat fast 20-jährig mit mir in die Sekunda ein; so ein bärtiger Mann, der schon jahrelang zur See gefahren war.

Von den acht Lehrern der Anstalt waren die sechs Klassenordinarien[135] natürlich klassische Philologen; dazu kam der Mathematiker und für die Septima ein seminaristisch gebildeter Lehrer. Nicht zum Kollegium gehörte ein Franzose, der einige französische Stunden gab, und der Gesanglehrer. Vom Zeichnen und Turnen weiß ich keinen Bescheid zu geben; für die beiden Oberklassen, die ich allein aus eigner Anschauung kennen gelernt habe, gab es weder Zeichen- noch Turnunterricht: Wer Lust hatte, hing sich in den Pausen einmal an die Geräte und machte einen Aufschwung, die Schule kümmerte sich nicht darum. Ebenso wenig gab es Jugendspiele oder Schulausflüge. Die Sorge für die leibliche Bildung lag noch ganz außerhalb des Gesichtskreises, ohne Zweifel ein sehr wesentlicher Mangel; die meisten taten gar nichts für den Körper, es sei denn, dass ein Spaziergang von ein oder zwei Stunden oder einmal eine Ruderfahrt auf der Elbe gemacht wurde. Eine gewisse Verwahrlosung, gesteigert durch ein starkes Kneipenleben, war die Folge.

Unsere Lehrer stellten noch ganz den alten Typus des Gelehrtenschullehrers dar. Sie erschienen vor unsern Augen kaum anders als im schwarzen Tuchrock; der klerikale Habitus, der dem ganzen Lehrerstand in meiner Heimat damals noch anhaftete, hätte den hellen Anzug oder gar die Joppe und den Schlapphut als ein *indecorum*[136] empfinden lassen. Ebenso wäre es uns schlechthin absurd und unmöglich vorgekommen, dass ein Lehrer auf dem Turn- oder Spielplatz als Vorturner und Ordner sich gezeigt hätte. Übrigens war auch der Übergang aus dem gelehrten Schulamt in das geistliche Amt in den Herzogtümern damals noch nichts Ungewöhnliches. Preußen war in der Deklerikalisierung des Gymnasiallehrerstandes infolge der Heereseinrichtungen und des damit zusammenhängenden Turnwesens beträchtlich weiter vorgeschritten: Der Reserveoffizier und der Turnlehrer hatten hier dem weltlichen Typus längst die Herrschaft gegeben. Inzwischen ist der neue Habitus überall in Deutschland durchgedrungen, in mancher Hinsicht sicherlich zum großen Vorteil der Schule und der Schüler; ob in jeder, ob im Besonderen zum Vorteil der sozialen Einschätzung des Lehrerstandes, scheint mir nicht außer allem Zweifel zu liegen. Die Stellung neben dem geistlichen Stande, wie sie an sich der Berufstätigkeit des Erziehers entspricht, befreite auf der einen Seite von Repräsentationspflichten, auf der andern gab sie an der Würde des Standes Anteil, zu dem die Bevölkerung mit Achtung und Ehrfurcht aufzublicken gewöhnt war. Neben den Offizier- und Beamtenstand sich stellend, wird der Lehrerstand immer mit merklichem Abstand die zweite Rolle spielen.

Jeder einzelne unter den fünf Lehrern, in deren Händen der Unterricht in den beiden Oberklassen lag, stellt sich mir in der Erinnerung als eine eigentümliche, fest umrissene Persönlichkeit dar: Es waren nicht Lehrkräfte, die nach Anweisung Stunden gaben, sondern, mit Ausnahme des Mathematikers, Männer, die jeder mit seiner Art ihre Klasse beherrschten.

An der Spitze des Kollegiums stand Dr. Lucht, als *primus inter pares*, nicht als Vorgesetzter; so wenigstens empfanden wir: Der Konrektor und Subrektor schienen uns ihre Sekunda und Tertia ebenso selbständig als der Direktor die Prima zu beherrschen. Wie das rechtliche Verhältnis war, weiß ich nicht, aber das tatsächliche war nicht Unterordnung, sondern Kollegialität, nur dass der Direktor nach außen die Anstalt repräsentierte. Er war ein Mann zwischen 50 und 60, eine hohe, schlanke, überaus biegsame Gestalt, in beständiger Bewegung; ein kräftig gebauter hoher Schädel, von weißen Haaren weniger verdeckt als umrahmt, gab ihm etwas Ehrwürdiges. Er stand bei uns im Ruf großer Gelehrsamkeit, besonders im Gebiet der römischen Altertümer. Sein Unterricht büßte an Wirksamkeit durch einen gewissen Mangel an Energie ein, er hatte nicht das Vorwärtsdrängende, das die Jugend mitnimmt; schon die schleppende, mit eingeschobenen, misstönenden Flicklauten, die sich oft zu ganzen Reihen häuften, überladene Sprache gab seinen Stunden oft etwas Schläfrig-Mattes. Doch hierauf komme ich später zurück.

Das vollkommene Gegenstück dazu war der Subrektor Dr. Siefert. Er war Ordinarius der Tertia, hatte aber in den beiden Oberklassen den historischen und einen Hauptteil des griechischen Unterrichts. Eine kleine, untersetzte Figur, mit gemessensten Bewegungen und etwas starrem Ausdruck des immer glattrasierten Gesichts (es ging unter uns das Gerücht, dass er als Student ein Auge im

Christianeum um 1860: „Diese Gebäude erschienen damals außerordentlich ansehnlich und reich.“ (Lithographie von J. J. Trube, Zeichenlehrer am Christianeum)

Duell verloren habe und ein Glasauge trage), war er die verkörperte Energie. Im Unterricht war er von nie nachlassender Entschiedenheit und Zielstrebigkeit: Man hatte beständig die Empfindung, dass es ihm höchster Ernst um die Sache sei. Goethes Wort[137] variierend, konnte man von ihm sagen:

Ich rede nicht, euch zu gefallen,
Ihr sollt was lernen.

Seine Sprache war ein wenig hart und stockend, nicht leicht und anmutig; auch darin trat uns die Entschiedenheit des Willens entgegen, mehr als der Mangel an Leichtigkeit und Beweglichkeit des Talents. Im Zorn, der nicht fern war, wenn er auf Unachtsamkeit und Leichtfertigkeit stieß, erhob sich die Stimme zu verhaltenem Donner: Über wen die Scheltrede erging, der nahm sich vor, sich das nächste Mal zu hüten. Dr. Siefert wurde kurz nach meinem Abgang von Altona von der neuen preußischen Verwaltung zum Direktor des Gymnasiums in Flensburg ernannt. Leider hat er das Amt nur kurze Zeit verwaltet; er verunglückte ein paar Jahre nachher auf einer Reise in die Schweiz, von allen, die ihn kannten, betrauert. Unter meinen Altonaer Lehrern habe ich ihm am meisten zu danken.

Wieder eine durchaus eigenartige Persönlichkeit war der Konrektor Dr. Henrichsen, der als Beherrscher der Sekunda mein erster Ordinarius war. Ich sehe ihn vor mir: eine kleine Gestalt, in den Vierzigern, etwas zum Embonpoint[138] neigend; das ausdrucksvolle Gesicht, von zahlreichen kleinen Falten durchzogen, von braunem Haar und Vollbart umrahmt, zeigt meist ein freundliches Lächeln, das freilich nicht von allen für ganz echt gehalten wird; die ungewöhnlich biegsame Stimme hat eine große Skala von Tönen: vom zartesten, einschmeichelndsten Flüstern erhebt sie sich zu starker, volltönender, dröhnender Deklamation. Ein wenig schauspielerisches Talent ist unverkennbar; er liebt es vorzulesen, und er liest gut und wirksam, gleichviel ob die rollenden Perioden Ciceronianischer Reden oder die prachtvollen Hexameter der „*Ilias*" oder eine intime Stelle aus Goethes „*Hermann und Dorothea*". Seine Schüler redet er gern: „meine lieben jungen Freunde" an; kleine Moralisationen oder Erinnerungen aus dem eigenen Leben mit Nutzanwendung werden je zuweilen in den Unterricht eingestreut; er hört sich offenbar gern sprechen, ein kleiner Anklang von Kanzelpathos steht ihm nicht übel. Seine Sekunda hat er in guter Zucht und beherrscht sie mühelos. Nicht ganz so gut gelingt es in der Prima, wo er einen Teil des lateinischen Unterrichts gibt; indem seine Freundlichkeit sich hier zuweilen zu einer fast schmeichlerischen Bewerbung um die gute Meinung der Klasse und der Einzelnen zu steigern scheint, mindert sie die Achtung. Die Fähigkeit zur Selbstdarstellung, die der Sekunda imponiert hatte, erhält für die Primaner einen kleinen Beigeschmack von Eitelkeit. Ich habe lange nachher mit Bedauern gehört, dass er bei zunehmendem Alter, wo die Fehler unverhüllter hervorzutreten pflegen, völlig unter durch gekommen sei, auch in seiner eigenen Klasse. Es gibt wohl nichts, wovor der Lehrer sich mehr zu hüten Ursache hat, als zu stark aufgetragene Freundlichkeit: Sie wird immer missverstanden und bald missachtet.

Der vierte Lehrer war Herr Kirchhoff, Ordinarius der Quarta. Er hatte zu meiner Zeit den Religionsunterricht und das Englische in den oberen Klassen; später, nach meiner Zeit, übernahm er den griechischen Unterricht, wie er denn auch durch gelehrte Arbeiten aus dem Gebiet des griechischen Theaterwesens und der Musik hervorgetreten ist. Eine poetische Ader hat er in mehreren Dichtungen episch-erzählender Art betätigt. Für uns blieben diese Qualitäten unsichtbar; im Unterricht war er wenig wirksam; der Religionsunterricht bestand in anhaltendem, die ganze Stunde füllendem Diktieren eines Hefts, aus dem dann hin und wieder, nach vorher angesagter Repetition, eine schriftliche Prüfungsarbeit gemacht wurde. Der Einförmigkeit des Diktierens und Nachschreibens zu entgehen, wurden allerlei Künste und Listen aufgeboten; vor allem wurde Herrn Kirchhoffs Neigung zu politischen Expektorationen[139] ausgebeutet. Es waren die Jahre, da die Neugestaltung Deutschlands unter Bismarck sich vollzog; die Herzogtümer standen dabei in erster Linie. Da wurde denn wohl vor der Stunde verabredet, dass dieser oder jener ihn wegen eines neuesten Ereignisses, einer politischen Rede, von der die Zeitung berichtete, interpellieren solle. Und es gelang regelmäßig; manche Stunde ist so der Dogmatik oder der Kirchengeschichte oder der Lehre Pauli durch eine Rede Beusts oder des Darmstädter Metz, die der Anhänger der Trias[140] lebhaft bewunderte, entzogen worden. Am Schluss der Stunde

Marx Johann Friedrich Lucht, Direktor des Christianeums: „An der Spitze des Kollegiums stand Dr. Lucht, als *primus inter pares,* nicht als Vorgesetzter; so wenigstens empfanden wir" (Foto von 1880).

sprach dann wohl der gutmütige Mann mit den tiefliegenden Augen sich selber einen Tadel für die versäumte Aufgabe aus, ließ es sich aber auch gefallen, dass ihm aus der Klasse die Meinung entgegengebracht wurde, dass die Stunde auf diese Weise viel interessanter und lehrreicher verwendet worden sei.

Und nun folgt die betrübteste Gestalt unter allen Lehrern, die ich jemals gehabt habe, armer Dr. Scharenberg, Mathematiker, Physiker und Geograph des Christianeums. Eine Figur von mittlerer Größe, stets tadellos mit schwarzem Rock, hohem weißen Kragen und steifer Atlaskrawatte angetan, den Ausdruck hoffnungsloser Resignation auf dem blassen, bartlosen Gesicht, so steht er vor meiner Erinnerung. Ich weiß nicht, wie es mit seinen wissenschaftlichen Fähigkeiten bestellt war, seine pädagogischen standen unter Null. Die Klasse in ihrer Gesamtheit kümmerte sich um seine Anwesenheit durchaus nicht, im günstigsten Fall waren es drei oder vier, die seinem Vortrag wenigstens gelegentlich zuhörten. Im Übrigen trieb jeder, was er wollte: Einige präparierten sich für die folgende Stunde oder erledigten eine versäumte schriftliche Arbeit, andere lasen einen Roman, die meisten plauderten und machten Unfug, oft mit einem Getöse, dass es auf der Straße muss zu hören gewesen sein. Wurde es gar zu arg, dann redete Dr. Scharenberg wohl einmal einen mit bittendem Ton in der Stimme an: „Aber N., Sie sollten doch etwas aufmerksamer sein"; worauf gar nicht selten eine freche Antwort erfolgte: „Ich? Ich passe ja die ganze Stunde auf!" Und wenn der Doktor dann zaghaft erwiderte: „Aber ich sehe doch, dass Sie etwas anderes treiben, Sie sind ja gar nicht auf Ihrem Platz"; dann wurde er unter dem Gelächter der Klasse berichtigt: „Sie müssen sich täuschen, Herr Doktor; sehen Sie nach,

Lehrer und Schüler des Christianeums beim Festzug zum 200-jährigen Stadtjubiläum Altonas am 23. August 1864, vorn die Primaner mit Wimpel, dann die Lehrer mit Direktor Lucht in der Mitte der ersten Reihe, und die weiteren Schüler. Paulsen nahm daran höchstwahrscheinlich teil, auch wenn er vom „Anderthalb-Jahrhundertsjubiläum" des Christianeums 1865 schreibt; die Schule wurde jedoch nicht 1715, sondern 1738 gegründet.

ich bin hier auf meinem Platz und habe das Buch vor mir." Ein andermal, wenn er vor Lärm sein eigenes Wort nicht mehr hören konnte, hörte er wohl eine ganze Weile auf zu sprechen, blieb ganz still am Katheder oder an der Tafel stehen und sah mit unaussprechlich wehmütigem Blick in das tobende Meer der durcheinander wogenden, sich balgenden und schreienden Sekunda. Veranlasste endlich sein dauerndes Stillschweigen einen Moment der Ruhe, dann begann er mit leiser, zitternder Stimme den Faden seiner Demonstration wieder aufzunehmen, aber alsbald schlugen die Wellen aufs Neue darüber zusammen. Ich kann jetzt nicht ohne Pein an diesen Blick vollendeter Hilflosigkeit denken, den wir damals ohne das mindeste Gefühl von Scham oder Mitleid auf uns gerichtet sahen.

Monsieur Demory, der Franzose, vollendet den Kreis meiner Lehrer. Er stand außerhalb des Lehrerkollegiums und liebte das zu markieren: Er war ein in der Stadt beliebter Privatlehrer und behandelte auch die Stunden im Gymnasium als zufällig erteilten Privatunterricht; er sprach in der Stunde französisch, das Deutsche war ihm sehr wenig geläufig, redete uns: „*Messieurs*" oder „meine Erren" an und kümmerte sich um die Disziplin und die Fortschritte seiner Schüler überhaupt nicht, nach der Maxime des Privatunterrichts: Sie zahlen, ich doziere, sehen Sie zu, was dabei für Sie herauskommt. Die Eitelkeit stand ihm auf dem Gesicht geschrieben; er liebte es, mit den fein gepflegten, zierlichen, beringten Händen seinen rötlich blonden, in langen Koteletten herabfallenden Bart zu streichen und mit süßlichem Lächeln, das die tadellosen Zähne sichtbar werden ließ, in echtem Pariser Ton – man fühlte den Wohlgeschmack, mit dem er die Phrasen über die

Lippen gleiten ließ – Anekdoten zu erzählen. Sie haben uns nicht viel geschadet, denn die wenigsten hörten darauf, und die meisten wären wohl auch kaum im Stande gewesen zu folgen.

Indem ich zu einem kurzen Bericht über meine Gymnasialjahre mich anschicke, kann ich nicht umhin, zunächst der allgemeinen Bemerkung Raum zu geben, dass ich auf die nun folgenden Jahre durchaus nicht mit der Befriedigung zurückblicke, mit der die Erinnerung auf den vorhergehenden Langenhorner Jugendjahren ruht. Es sind Jahre der Selbstentfremdung, ja der Verwilderung des Lebens und des Urteils gewesen, die mir lange Zeit bitterer Selbstanklagen eingetragen haben und deren widriger Nachgeschmack noch nicht völlig ausgelöscht ist. Der lebendige Eifer für die Studien erlahmte allmählich und machte einem trägen Schullernen Platz; das brennende Verlangen nach Wissen, das mich aus meines Vaters Haus und Beruf herausgerissen hatte, erlosch, um erst nach Jahren wieder sich zu entzünden. Ohne Zweifel hing diese ungünstige Veränderung mit der Versetzung in eine vollkommen neue Umgebung zusammen; die schützenden Hemmungen und Hilfen des Elternhauses und aller seiner Verhältnisse und Notwendigkeiten entbehrend, in dem gefährdetsten Lebensabschnitt ganz auf mich selbst und meine Willkür gestellt, verlor ich das sichere Gleichgewicht des Lebens, das ich bisher in glücklicher Unwissenheit um mich selbst besessen hatte. Es hat langer Kämpfe und schmerzlicher Erfahrungen bedurft, um an Stelle jener natürlichen und unbefangenen Klarheit der Lebensführung eine auf Überlegung und Selbstdisziplin beruhende Sicherheit wiederzugewinnen.

Das erste Jahr des Altonaer Aufenthalts brachte ich in der Sekunda zu. Hier ging es noch leidlich mit Arbeit und Fortschritt. Der mitgebrachte Fleiß hielt noch einigermaßen vor, den Anforderungen der Schule zu genügen, war leichte Mühe; im Ganzen wurden die Aufgaben noch regelmäßig erledigt, abgesehen von der Mathematik und dem Französischen, die völlig liegen blieben. Es wurde sogar noch etwas *privatim* gearbeitet, Plutarchs „*Timoleon*", von Dr. Siefert herausgegeben,[141] wurde von einem kleinen Kreise gemeinsam gelesen, hie und da wohl auch etwas schriftlich übersetzt. Der Mittelpunkt des kleinen Kreises, mit dem ich während dieses Jahres hauptsächlich lebte, war der schon erwähnte Seminarist, Schacht mit Namen, der mit mir und drei anderen Auswärtigen gleichzeitig aufgenommen war. Er war uns übrigen wie an Alter, so auch an Charakter und Energie weit überlegen. Er hielt uns fünf beisammen und dirigierte unser Verhalten und Leben. So hielt er z. B. darauf, dass wir regelmäßig nach Schluss der Schule unsern Spaziergang machten, sei es am Elbufer hinaus gegen Blankenese zu oder nordwärts vor die Stadt nach dem Diebsteich hinaus. Auch den Mittagstisch hatten wir gemeinsam in einem Privathause bei der Schule, wo übrigens noch eine ganze Anzahl Sekundaner und Primaner um ein Bescheidenes (6 Schilling = 45 Pfennig) ihren Hunger, freilich nicht immer vollständig, stillte. Abends speiste man allein zu Hause, vielfach von Vorräten, die das elterliche Haus spendete; jeder hatte in der Kommode beständig Brot und Butter, meist auch Wurst und Käse, wozu eine Tasse Tee oder im Sommer auch wohl eine Flasche Dünnbier getrunken wurde. War bei dem einen oder andern eine Sendung von zu Hause angelangt, dann fanden sich die Kameraden gern zu hilfsbereiter Teilnahme ein, besonders wenn Freund Schacht eine der delikaten geräucherten Gänsebrüste erhalten hatte. Öfters noch führte uns eine Neigung für das Kartenspiel zusammen, die sich allmählich zu einer wahren Leidenschaft entwickelte; wir haben nicht selten sechs, acht Stunden ohne Unterbrechung Solo gespielt, bis tief in die Nacht hinein. Die langen Pfeifen gingen dabei natürlich nicht aus, man mag sich die Atmosphäre, in der wir zuletzt atmeten und in der der zurückbleibende Bewohner der Stube dann schlief, ausmalen. Getrunken wurde dabei übrigens nicht; wie denn das Kneipenleben erst in der Prima begann. Eine sogenannte „Fuchskneipe", die mit Zulassung der Schule abgehalten wurde, brachte mir den ersten Rausch und den ersten schrecklichen Katzenjammer: Ich hatte bisher niemals bayrisches Bier getrunken, ausgenommen einen Schluck auf dem Pferdemarkt zu Niebüll, der mir abscheulich geschmeckt hatte; als ich nun auf der Kneipe mit Todesverachtung den Forderungen des Komments[142] nachkam, der mit unglaublicher Wichtigkeit gehandhabt wurde, war es natürlich bald um mich geschehen. Als ich am andern Morgen auf der Schulbank saß, empfand ich so unaussprechliche Gefühle, dass ich am Leben verzweifelte; ich hätte geschworen, niemals wieder einen Tropfen des schrecklichen Getränks über die Lippen bringen zu können.

In der Klasse herrschte, wie gesagt, Dr. Henrichsen, der Konrektor; sein Unterricht umfasste Lateinisch, Griechisch und Deutsch. Weitaus an erster Stelle stand das Lateinschreiben, es beherrschte das Interesse des Lehrers und der Schüler. Dr. Henrichsen war selbst ein gewandter Stilist, er schrieb und sprach ein elegantes, vielleicht ein wenig geziertes Latein. Der große Akt im Schulleben der Woche war die Stunde, wo die Exerzitien[143] zurückgegeben wurden. Ihre Anfertigung bildete das Geschäft des Sonnabends und Sonntags; ein Stück aus Seyfferts „*Materialien*"[144] war die Vorlage. Es handelte sich darum, den deutschen Text nicht bloß in grammatisch fehlerlosem, sondern in gewähltem Latein wiederzugeben. Der *color latinus*[145] war der höchste zu erwerbende Ruhm. Bei der Rückgabe herrschte die größte Spannung in der Klasse, die meisten hatten ein Blatt angelegt, auf dem die Fehlerstatistik regelmäßig eingetragen wurde, ganze, halbe und viertel. Dr. Henrichsen behandelte die Sache mit größter Wichtigkeit; jedem wurde sein Fehlerregister vorgelesen, mit Hervorhebung der gröbsten oder der interessantesten, an die sich eine belehrende oder auch eine witzige Bemerkung anknüpfen ließ. Die Beschämung, welche grammatische Schnitzer im Ganzen hervorriefen, war ernst und tief; übrigens wurde dem, der über die nachbarlichen Böcke triumphierte und sich damit über die eigenen halben und viertel Fehler tröstete, wohl vorgehalten: die halben (die Verstöße gegen die Syntax, die *consecutio temporum,*[146] Germanismen, übelgewählte Ausdrücke wurden so berechnet), das seien die schlimmen; eine falsch gebildete Form sei ein Versehen, jene aber ein Vergehen gegen die Logik und den Geist der römischen Sprache. Kein Zweifel, dass diese Übungen in nicht geringem Maße den Verstand und die Sprache bildeten, abgesehen davon, dass die Herrschaft über das lateinische Idiom dadurch gesteigert wurde. Ich bin auch der Überzeugung, dass im Ganzen und Großen die auf diese Leistung gegründete Abschätzung der Leistungsfähigkeit des Schülers überhaupt nicht allzu weit vom Ziel vorbeiging: Im Allgemeinen waren die besten Lateiner auch die besten Schüler und fähigsten Köpfe. Freilich, die Mathematik fiel bei dieser Einschätzung aus; aber für die allgemeine Geisteskraft war dieser Betrieb des Lateinschreibens kein allzu ungenauer Maßstab.

Neben den Exerzitien, die mit angestrengtestem Fleiß und von vielen auch mit Neigung gemacht, von andern freilich als die Schreckgestalt der Woche gehasst wurden, spielte das Extemporale[147] keine Rolle; es wurde, wenn ich nicht irre, einmal in der Woche eine Stunde dazu verwendet, die Stilistik Nägelsbachs[148] durchzugehen und hierbei deutsche Sätze und Perioden zur sofortigen lateinischen Niederschrift zu diktieren. Dann wurde einer aufgerufen, seine Übersetzung vorzulesen, worauf Kritik und Verbesserung durch die Übrigen erfolgte.

Die Lektüre diente auch dem Schreiben, ohne jedoch darüber ihren Eigenwert einzubüßen; namentlich den Virgil wusste Dr. Henrichsen geschmackvoll zu interpretieren und zu übersetzen. Auch Cicero lag ihm, die rhetorische Anlage war ihnen gemeinsam. Die Livius-Stunden beim Direktor traten dagegen zurück.

Die Voraussetzung für das Gelingen dieses Lateinbetriebs ist natürlich: dass das Lateinschreiben bei den Schülern als die erste und eigentliche Kunst des Gelehrten in Geltung steht. Sie traf für uns noch in vollem Maße zu; vor allem wusste uns eben Dr. Henrichsen in dieser Anschauung zu erhalten: „Das Latein macht den Gelehrten, mit einem guten lateinischen Stil kommt man durch die ganze Welt“, pflegte er zu sagen. Und es kam nichts an uns, was uns hierin hätte zweifelhaft machen können. Wir verachteten getrost die modernen Sprachen, sie sind für den Kaufmann, nicht für den Gelehrten; wir schätzten die Mathematik gering, von Naturwissenschaften wussten wir nichts, und von Technik und Industrie[149] war damals, wenigstens in unseren Kreisen, nirgends die Rede. Ebenso wenig hörten wir von Schulreform und Überbürdung: Wir lebten noch ungestört in den Anschauungen, mit denen der Neuhumanismus am Anfang des Jahrhunderts die allgemeine Bildung und die Gelehrtenschule durchdrungen hatte: das Altertum die vornehme Welt, in der heimisch zu sein das Vorrecht des Gelehrten ist; der lateinische Stil das gemeinsame Erkennungszeichen und gleichsam die Legitimation der gelehrten Bildung.

In andern Teilen Deutschlands trafen diese Voraussetzungen schon damals nicht ganz mehr zu, das preußische Gymnasium entzog selbst durch die weit stärkere Betonung der modernen Bildungselemente den Altertumsstudien den Vorzug der Einzigkeit, was denn freilich durch seine völlig andere Stellung zum gesellschaftlichen Leben notwendig gemacht wurde. In den Herzogtümern war das Gymnasium, wie gesagt, so gut wie ausschließlich Gelehrtenschule, die Vorberei-

Altona 1867 von der Nordseite gesehen

tung für die Universität seine erste und einzige Aufgabe; in Preußen hatte das bei uns unbekannte Berechtigungswesen, vor allem der Einjährigenschein, die Gymnasien zugleich zu höheren Bürgerschulen gemacht; die größere Hälfte der Schüler, bis in die Tertia und Sekunda hinein, waren nicht dem Studium bestimmt, sondern verließen die Anstalt mit der Erreichung des Militärpapiers, um in das bürgerliche Leben einzutreten. An dieser Zwitterstellung des Gymnasiums hat sich Ludwig Wieses Schulpolitik aufgerieben, mit ihr hat noch Bonitz vergeblich gerungen.

Inzwischen ist eine andere Welt heraufgekommen; die große Flutwelle des neuen politisch-nationalen Lebens ist über Deutschland dahingegangen; die mächtig aufsteigende industrielle und kommerzielle Entwickelung hat neue Interessen in den Vordergrund gedrängt; die Gegenwart ist im Steigen, das Altertum im Sinken. Und die Schule folgt allmählich der Zeit, der dann die Jugend wohl schon hie und da auch voraufeilt. Ich habe mir freilich als Schüler in Altona nicht träumen lassen, dass mir einmal der Beruf zufallen würde, diese große Wandlung der Zeit der Schulwelt zu deuten.[150] Gerade das Lateinschreiben war in Altona meine Freude und mein Vorzug.

Außer dem Lateinischen und dem Homer gab Dr. Henrichsen den deutschen Unterricht in Sekunda. Wir lasen im ersten Halbjahr „*Don Carlos*", im zweiten „*Hermann und Dorothea*". Es war meine erste Bekanntschaft mit Schiller und Goethe; ich weiß nicht, ob in meinem heimischen Dorf mich auch nur die Namen erreicht hatten. Von einem starken Eindruck weiß ich nicht zu berichten. Doch erinnere ich mich mit Vergnügen der Aufsätze, zu denen die Lektüre den Stoff bot: die Freundschaft des Don Carlos und Marquis Posa, die Gegend, worin Goethes Epopöe spielt und ähnlich. Es waren meine ersten derartigen Versuche, ich freute mich, den Stoff zusammenzubringen und zu ordnen und meine Reflexionen daran zu knüpfen. Als gleich der erste Aufsatz mir ein Wort freundlicher Anerkennung eintrug, war ich sehr glücklich.

Im Griechischen war es vor allem Dr. Siefert, der als höchst energisch wirkender Lehrer uns weiterbrachte. Sicherheit im Grammatischen das Erste: Die unregelmäßigen Verben wurden nach einer kleinen Tabelle von Zeit zu Zeit repetiert und zu voller Sicherheit gebracht; durch wöchentliche Exerzitien wurden die syntaktischen und etymologischen Formen befestigt; so ging auch die Lektüre, Lysias' Reden und Herodots Erzählung der Perserkriege wurden gelesen, auf gebahntem Geleise. Beim Herodot wurde gelegentlich der Versuch der Übersetzung in das Lateinische gewagt: Die beiden alten Sprachen wurden auf diese Weise in engste Beziehung gebracht. Auch die alte Geschichte wurde in Sekunda von Dr. Siefert vorgetragen und zu der Lektüre in Beziehung gesetzt. Wir gewannen so lebendige Anschauungen wenigstens für einen kleinen Ausschnitt der griechischen Geschichte.

Nach einem halben Jahr wurde ich mit meinem Freunde Schacht in die erste Abteilung der Sekunda versetzt und zu Ostern 1864 mit nochmaliger Überspringung eines Halbjahrs nach Prima, das vorgeschrittene Lebensalter und der lateinische Stil gaben hierfür wohl den entscheidenden Anstoß. Dr. Henrichsen entließ uns mit herzlichen Worten und Wünschen in die neue Klasse.

Ob diese so ungewöhnlich rasche Beförderung in jeder Hinsicht gut für mich war? Ich wage es nicht, die Frage zu bejahen. War sie auch sachlich vielleicht nicht unbegründet, waren auch die Fähigkeiten den Forderungen der höheren Klasse gewachsen, so hatte eine so sichtbare Voranstellung vor andern doch ihre großen Gefahren. Mit der Steigerung des Selbstbewusstseins, auch wenn sie nicht gerade zur Selbstüberhebung ausschlägt, ist eine Minderung der Energie allzu leicht verknüpft; der gewonnene Vorsprung scheint ein sorgloses Sichgehenlassen zu rechtfertigen, das zur Erschlaffung der Kräfte ausschlägt. Keiner dieser üblen Wirkungen bin ich entgangen. Dazu kamen ungünstige äußere Umstände. Die Prima war überfüllt, wir waren unser 36 Schüler. Der Direktor hatte nicht die Kraft, eine so große Zahl fest am Zügel zu halten; er hatte dazu die Gewohnheit, sich fast ausschließlich mit dem obersten Jahrgang, den demnächstigen Abiturienten, zu beschäftigen. Den zweiten Jahrgang behandelte er im Grunde als bloße Mitläufer, denen er es überließ, selber zuzusehen, wie viel sie von der Anwesenheit in den Stunden zu profitieren vermöchten.

Endlich ein Schlimmstes. Durch die Versetzung in die Prima wurde ich dem Verkehr mit dem alten Kreise entfremdet; dafür kam ich in die Gesellschaft von ein paar Landsleuten, darunter einem alten Schulkameraden aus Langenhorn, die mich bisher ein wenig von oben herab behandelt hatten. An Alter und mannigfachen Lebenserfahrungen, nicht immer löblicher Art, mir überlegen, imponierten sie mir, und ich fühlte durch ihren näheren Umgang mich geschmeichelt. Zugleich empfand ich es als Notwendigkeit, durch Mittun in allerlei Dingen, in denen sie mir voraus waren, bei ihnen mich in Respekt zu setzen. Eine Nachwirkung der Langenhorner Verhältnisse spielte mit hinein; mein Elternhaus war als ein „frommes" Haus bekannt, ich war schon in der Dorfschule geneckt worden; nun galt es, den Schein, als ob auch ich dieser Richtung angehöre, als einen schimpflichen Verdacht abzuwehren.

So begann eine Zeit, die ich nicht besser als mit dem Wort des heiligen Augustinus bezeichnen kann: Ich schämte mich, nicht schamlos zu sein.[151] Die Arbeit hörte vollständig auf, dafür begann ein wüstes Kneipenleben, in dem alle edlen und tüchtigen Bestrebungen erstickten. Die Lehrer merkten wohl die Veränderung, die in meinem Wesen vorging; es hat auch nicht an gelegentlicher Zusprache gefehlt, so hat mich Dr. Siefert einmal auf sein Zimmer kommen lassen und mir ins Gewissen geredet. Auch die Eltern sahen mit Kummer, dass es nicht wie früher stand: Aber auch sie vermochten nicht zu helfen; es wurde einmal an eine Verpflanzung auf eine andere Schule gedacht; aber sie unterblieb.

Die Schuld für diese Verirrungen lag bei mir. Doch kann ich die Schule und besonders den Direktor nicht von aller Mitschuld freisprechen. Er brachte der Prima, seiner Prima, ein unbedingtes Vertrauen entgegen. Gewiss ist Vertrauen Lebensbedingung für das rechte Verhältnis von Lehrer und Schüler, aber es darf dem Lehrer die Augen für die Wirklichkeit nicht verschließen, und so war es hier in einigem Maße der Fall: Er sah die Dinge nicht, die da waren; vielleicht wollte er sie auch nicht sehen. Er wollte von seinen Primanern nicht glauben, dass sie noch sehr zarte Pflänzlein seien, ein jeder *cereus in vitium flecti*.[152] Die Stammkneipe, in der wir regelmäßig verkehrten, namentlich die Auswärtigen, stieß unmittelbar an das Gymnasium; wir gingen dort ungeniert, bei Tag und bei Nacht, aus und ein, unsere farbigen Mützen auf dem Kopf; eine ganze Reihe pflegte in der Schulpause hinüberzugehen, um sich mit Butterbrot, Bier und Schnaps für die nächste Stunde zu stärken. Unser Geschrei auf der Kegelbahn, unser nicht eben melodiöser Gesang bei nächtlichen Zechereien muss in den Räumen des Gymnasiums widergehallt haben; und bei Tage saßen wir vor dem freien Straßenfenster um den großen runden Tisch und würfelten eine Runde nach der andern aus. Ein Verbot des Besuchs von Wirtschaften hätte, bei dem Charakter der Großstadt und der Schülerschaft, gewiss nichts geholfen, hätte uns höchstens in andere Lokale gedrängt. Wohl aber hätte die Unterdrückung offensichtlicher Exzesse stattfinden sollen; und eine scharfe Kontrolle der Arbeit und der Gesichter hätte bald entweder zur Änderung des Lebens oder zum vollständigen Bruch mit der Schule führen müssen. Aber freilich, das Letztere hätte Skandal gegeben, und der musste unter allen Umständen vermieden werden.

Zu meinem Glück verließ jener ältere Langenhorner nach einem Jahr die Anstalt; er ging, was damals in den Herzogtümern noch möglich war, ohne Reifeprüfung zur Universität. Ihm selber nicht zum Heil; der Prüfungszwang hätte ihn doch genötigt, sich in einigem Maße zusammenzunehmen und zu arbeiten; so hat er sich überhaupt nicht wiedergefunden. Nach langen Jahren wüsten Studentenlebens ist er nach Amerika gegangen und dort verdorben und gestorben. Er war nicht ohne Begabung und Kraft; auf seine Umgebung übte er überall einen bedeutsamen Einfluss, schon durch eine gewisse Stattlichkeit der Figur und des Auftretens. Aber die Selbstzucht fehlte, die Willensenergie wurde falschen Bestrebungen dienstbar; und so war das Ende durch verspätete Anläufe zu einer neuen Lebensgestaltung nicht mehr abzuwenden. Mein Verhältnis zu ihm hatte immer etwas Zwiespältiges; wir waren äußerlich befreundet, aber es bestand zwischen uns niemals ein volles Vertrauen; ich konnte mich des Gefühls eines gewissen Drucks nie ganz erwehren, das von seiner Überlegenheit nicht nur in rühmlichen Dingen ausging; er vermochte wohl eine gewisse Empfindung nicht loszuwerden, die aus einem Element ursprünglicher Fremdheit unsrer Natur und Herkunft und etwas Neid, auch wegen meiner rascheren Schulkarriere, gemischt war. Wir sind uns in der Folge noch oft in den Ferien zu Hause begegnet; ich gewann später, als ich mich selber wiedergefunden hatte, ihm gegenüber volle Freiheit; wir haben dann wohl auch ernst miteinander gesprochen; ich erinnere mich, dass ich ihm einmal sagte: Es handelt sich für uns jetzt um Arbeiten oder Untergehen. Er widersprach nicht; aber unsre Wege gingen immer weiter auseinander.

Das letzte Jahr meines Altonaer Aufenthalts wurde so erheblich besser als das mittlere, das die Zeit der tiefsten Erniedrigung meines Wesens war. Das Vorrücken in der Klasse und das Herannahen der Abgangsprüfung brachte den notwendigen äußern Antrieb zum Arbeiten; hinter dem, was hätte geschehen können und sollen, blieb es gleichwohl weit zurück. Immerhin retablierte ich mich bei den Lehrern wieder einigermaßen in meiner Stellung, und im letzten Halbjahr wurde manches repetiert und gelernt, vor allem in der Geschichte und Literatur.

Der Unterricht in der Prima, um über ihn nun kurz zu berichten, lag in denselben Händen wie in der Sekunda, nur dass die Rollen zwischen dem Direktor und Konrektor wechselten. Dr. Lucht hatte als Ordinarius hier den lateinischen, griechischen und deutschen Unterricht in der Hand, in der Hauptsache, denn Dr. Henrichsen und Dr. Siefert hatten ihren Teil daran.

Das Lateinschreiben stand auch hier im Mittelpunkt, doch hatte es weder für das Interesse der Schüler noch für die Schätzung ihrer Leistungen so sehr die herrschende Stellung als in der Sekunda. Die Exerzitien wurden einem Übungsbuch (Forbiger)[153] entnommen, das nach unserer Meinung erheblich weniger Aufwand von Kraft und Nachdenken erforderte als Seyffert. Bei der Zurückgabe der Arbeiten fiel sowohl die Zusammenzählung und Klassierung der Fehler als ihre Besprechung fort: Der Direktor erteilte nur Nummern, die uns öfter nicht so der Leistung als dem Platz des Schülers in der Klasse angepasst erschienen, was wohl auch von den Zensuren der deutschen Aufsätze behauptet wurde: Die erste Abteilung erhielt Nr. 1 und so abwärts. Übrigens war auf die Rückgabe nicht bald und nicht sicher zu rechnen. Kein Zweifel, dass Dr. Henrichsen in Sekunda einen lebhafteren Eifer für diese Arbeiten, eine stärkere Aufmerksamkeit bei der Zurückgabe und eine größere Scheu vor seiner Zensur erreichte. Hin und wieder wurde auch ein lateinischer Aufsatz geschrieben; ich glaube, dass er sich in der Regel auf eine Zusammenstoppelung von Reminiszenzen aus der Lektüre beschränkte und an Wert hinter den Exerzitien zurückblieb.

Die Lektüre von Ciceros und Platos philosophischen Schriften litt unter dem allzu langsamen Tempo; sonst hätte sie sowohl als die Erklärung des Direktors Teilnahme erwecken können. Platos „*Phädon*", das einzige, was ich auf der Schule von diesem Autor gelesen habe, wurde mit drei Stunden wöchentlich durch zwei Semester hindurch fortgesetzt; dabei ging jede Konzentration auf den Inhalt verloren, trotz, oder soll ich sagen, wegen der immer wiederkehrenden Aufnahme des Fadens durch den Lehrer. Freilich hat der Dialog auch unglaublich sterile Partien, wenigstens für den heutigen Leser, sie sind wohl nur durch rasches Durchgehen in einer Übersetzung zu überwinden. Von Thukydides lasen wir das erste Buch, von Demosthenes unter anderm die Kranzrede:[154] Beide gaben dem Direktor zu Ausführungen antiquarischen Inhalts Gelegenheit, die manche Belehrung brachten.

Der deutsche Unterricht war wenig fruchtbar; gelesen wurde in der Klasse überhaupt nicht mehr, dafür trat ein Vortrag der Literaturgeschichte ein, in dem der Direktor einen Leitfaden (Pischon)[155] durch sehr detaillierte Angaben über die Lebensverhältnisse der Dichter (ich erinnere mich besonders des 18. Jahrhunderts, Gerstenberg, Hamann, Herder) ergänzte. Dass diese Mitteilungen uns viel Gewinn gebracht haben, glaube ich nicht, wir hätten dazu mehr von den Dichtungen selbst lesen müssen; vielleicht war darauf gerechnet, aber schon die Schwierigkeit der Beschaffung ihrer Werke stand dem entgegen; es gab noch nicht die wohlfeilen Volksbibliotheken. Übrigens fiel die Stunde oft aus, und wir brachten sie auf der Kegelbahn der anstoßenden Kneipe zu. Für den deutschen Aufsatz fiel so die Verbindung mit der Lektüre fort; es wurden Themata reflektierenden, moralisierenden, philosophischen Inhalts gegeben, die vielfach über den Schülerhorizont hinausgingen.

Weitaus am meisten verdanke ich in der Prima den Stunden Dr. Sieferts. Hier war es kaum möglich, sich ganz dem Arbeiten zu entziehen. Wenn für die übrigen Stunden die Präparation meist unterblieb – bei der großen Zahl der Schüler kam, namentlich bei dem Direktor, der Einzelne selten daran, vorzuübersetzen, und bei der Art des Aufrufens ließ sich die Stunde fast genau ausrechnen –, so kam in die griechischen Stunden des Subrektors selten jemand ohne wenigstens einige Vorbereitung. Die Tragiker wurden gelesen, von Sophokles die beiden „*Oedipus*"[156] und „*Antigone*", ferner des Euripides „*Iphigenia bei den Tauriern*". Die Erklärung war eindringend und lehrreich; Dr. Siefert war auf Sizilien und in Athen gewesen; er kannte das griechische Theater; Otfried Müller war sein Lehrer gewesen, ich erinnere mich noch der Bewegung, womit er vom Grab auf dem Kolonoshügel sprach, als der „*Oedipus*" uns dorthin führte. So waren dies

Otto Siefert, Subrektor am Christianeum: „Unter meinen Altonaer Lehrern habe ich ihm am meisten zu danken" (Ausschnitt aus einem Foto von 1872).

fruchtbare Stunden. Auch das bot eine Anregung für mich, dass ich im letzten Semester eine Ausgabe der „*Iphigenia*" von Gottfried Hermann[157] besaß und gelegentlich abweichende Lesarten zur Sprache brachte, auf die Dr. Siefert nicht selten ein wenig einging. Für die Hinführung zu vertieftem Eindringen in den Autor gibt es vielleicht kein erregenderes Mittel, als hier und da eine gut gewählte *varietas lectionum*,[158] mit freier Diskussion der Gründe, die für diese oder jene Lesart sprechen; so ist mir eine Stunde im Gedächtnis geblieben, wo Dr. Henrichsen uns die Stelle in der ersten Satire des Horaz: *miles gravis annis* oder *gravis armis*?[159] mit Gründen für und wider erörtern ließ.

Auch die griechische Grammatik mit den begleitenden schriftlichen Übungen blieb in der Hand Dr. Sieferts, und er ließ es zu keinem Vergessen kommen. Bei der Zurückgabe der Exerzitien lief fast regelmäßig eine Tücke, ich weiß nicht, ob des Objekts oder des Subjekts, unter: die falsche Akzentuierung der Enklitika, besonders des ärgerlichen *τε*;[160] er regte sich jedes Mal darüber, nicht selten bis zu heftiger Zornexplosion, auf.

Vortrefflich und gründlich war auch der Unterricht, den uns Dr. Siefert in der Geschichte erteilte; er umfasste in der Prima Mittelalter und Neuzeit bis 1815. Das Lehrbuch von Pütz[161] wurde zugrunde gelegt; doch gab Dr. Siefert für alle wichtigeren Perioden eine Darstellung in eigenem freien Vortrag, der der Form nach wenig geglättet, dem Inhalt nach aber wohldurchdacht war und auf selbständiger Durcharbeitung des Stoffes und auch wohl der Quellen beruhte. Wir schrieben aus eigenem Antrieb nach, so gut es ging, und hatten auch daran eine nicht wertlose Übung. Zu Hause wurde dann ein Tableau der Materie angefertigt, in einem dicken Quartheft wurden zwei Kolumnen, für äußere und für innere Geschichte, angelegt, und die Hauptdaten mit den Jahreszahlen eingetragen, ein vortreffliches Hilfsmittel für die Einprägung. Während des Semesters fand alle vier Wochen eine Repetition statt, bei der Frage und Antwort Schlag auf Schlag folgen musste und in der Regel auch folgte. Am Schluss des Semesters war Generalrepetition, in der ein Versagen ebenso wenig geduldet wurde. So war die große Repetition der gesamten Geschichte für das Abiturientenexamen vorbereitet, die uns einen Leitfaden der Begebenheiten und der Daten von den Anfängen bis aufs 19. Jahrhundert herab zu stets gegenwärtigem Gebrauch in die Hand gab. Ist seitdem auch manches von dieser Übersicht aus dem Gedächtnis geschwunden, so sind die großen Umrisslinien doch geblieben und dazu die Möglichkeit, nach Bedürfnis auch die verblassten Teile rasch wieder aufzufrischen. Ich bin Dr. Siefert für diesen höchst energisch gehandhabten Geschichtsunterricht zu dauerndem Dank verpflichtet, er hat mir für alle meine folgenden Studien, und sie haben sich zu einem beträchtlichen Teile auf dem Boden der Geschichte bewegt, eine sehr haltbare Grundlage geboten. Habe ich einige Fähigkeit bewiesen, die Perioden geschichtlichen Lebens übersichtlich zusammenzufassen und ihr Wesen zu charakterisieren, so ist dafür in diesen Stunden der Grund gelegt worden.

Noch erwähne ich eines Vortrags der griechischen und der römischen Literaturgeschichte und ebenso der „Antiquitäten", tatsächlich des Staatsrechts. Dr. Siefert diktierte einen kurzen Abriss, der nach Gelegenheit erläutert und ausgeführt wurde. Es war eine Antizipation akademischen Unterrichts, die uns aber durchaus erfreulich und nützlich war; auch hier war selbstverständlich Repetieren und Lernen strenge Forderung. Mir sind auch diese knappen, aber festen Umrisse in der Folge sehr wert gewesen, manches davon haftet mir noch heute im Gedächtnis.

Auf die übrigen Fächer will ich nicht eingehen; die Horaz-Stunden von Dr. Henrichsen wären etwa zu erwähnen: Sie haben wohl beigetragen, mir den Geschmack an diesem Dichter, besonders an seinen Satiren und Episteln, beizubringen, der bis auf diesen Tag nicht vergangen ist. So wenig es eigentliche Poesie ist, so sehr ist es lebhafte, witzige, springende Konversation, deren Reiz durch die oft so seltsam verrenkte Wortstellung, die der lateinische Vers möglich macht, erhöht wird. Und schließlich wird in der munteren und sorglosen Form auch manches Goldkorn echter Weisheit verstreut. Weniger wüsste ich von der Tacitus-Stunde zu sagen; er ist mir erst später aufgegangen.

Die modernen Sprachen wurden von uns durchaus als *quantité négligeable* betrachtet: das Französische bei Herrn Demory (Démory sprachen wir ihn zu seinem Verdruss: er heiße Demóry) ging seinen trübseligen Gang weiter; das Englische bei Herrn Kirchhoff brachte auch geringe Fortschritte, Shakespeares „*Antonius und Kleopatra*" war zu schwer für die meisten; im Dänischen wurden Ingemanns Romane gelesen: Hier war ich vor der Stunde ein begehrter Berater und Vorübersetzer.

Mathematik und Physik, allgemeine und topische Geographie bei Dr. Scharenberg schleppte sich auch so weiter hin. An die Mathematik versuchte ich wohl, als das Abgangsexamen in die Nähe rückte, heranzukommen; aber es wollte nicht mehr gelingen, unter den gegebenen Umständen kein Wunder. Ein wenig besser ging es mit den Naturwissenschaften. Es fehlte mir dafür durchaus nicht an Teilnahme, ja für Geographie hatte ich von klein auf ein leidenschaftliches Interesse gehabt. So brachte ich es denn, mehr durch das Lesen der Lehrbücher als durch den Unterricht des Lehrers, dahin, dass ich zu den Schülern gehörte, auf die er Hoffnungen setzte. Der Unterricht bestand übrigens in der Hauptsache in dem Vorlesen, Umschreiben und Erklären dessen, was in den Büchern stand. Das Experiment in der Physik stand nicht am Eingang, die Erscheinung dem Schüler vor Augen bringend, sondern kam hinterher als eine im Grunde überflüssige Bestätigung der Theorie: Alle vier oder sechs Wochen versammelte sich die Klasse in der Aula, angeblich, um Experimente zu sehen, die übrigens vielfach nicht gerieten, tatsächlich, um in dem ungewohnten und größeren Raum neuen und größeren Unfug zu machen.

Endlich kam das Abiturientenexamen. Es machte uns keine Sorge, wir wussten im Ganzen, wie wir standen. Das Urteil lag ausschließlich in der Hand unsrer Lehrer, es erschien kein Königlicher Kommissarius mit der Befugnis, die Noten zu korrigieren und etwa auch den von dem Kollegium für reif Befundenen auf Grund seiner Eindrücke zurückzuweisen. Nur einige Männer aus der Stadt, darunter der Bürgermeister und der Propst, erschienen zur mündlichen Prüfung, um unter dem Titel von Scholarchen[162] tatsächlich die Rolle von Statisten zu spielen. Die Prüfung begann mit einer großen Anzahl schriftlicher Arbeiten, ein lateinischer und ein deutscher Aufsatz, ein lateinisches Exerzitium, mathematische, physikalische, geschichtliche und literaturgeschichtliche Aufgaben wurden schriftlich bearbeitet. Die historische Aufgabe war: Friedrich Barbarossas Beziehungen zu Italien, ich hatte die Römerzüge des Kaisers am Schnürchen; die literarhistorische: Herders Leben und Wirken. Das Thema des deutschen Aufsatzes war: Glaube nicht alles, was du hörst, sage nicht alles, was du weißt, tue nicht alles, was du kannst. Bei der Lösung der mathematischen Aufgaben wurde stark mit fremden Kälbern gepflügt, sonst würden die meisten wohl leere Blätter haben abgeben müssen. Die mündliche Prüfung dauerte vom frühen Morgen bis in den späten Abend; sie fiel ebenso befriedigend wie die schriftliche aus: Es erhielten von, ich meine, elf Abiturienten neun die erste Note „völlig reif", unter ihnen auch ich, zwei die zweite. Dass der Maßstab, der bei der Beurteilung der Leistungen angelegt wurde, kein allzu strenger war, wird man nach dem Vorhergehenden glauben. Allerdings war unter dem Jahrgang eine ganze Anzahl gut begabter Schüler; dazu kam, dass mehrere, um eines bedeutenden Stipendiums willen, das nur alle drei Jahre zur Vergebung kam und diesmal verliehen wurde, ihren Aufenthalt in Prima etwas ausgedehnt und auch besonders dafür gearbeitet hatten. Im Übrigen stand es mit der „völligen Reife", die uns auf dem Zeugnis beschei-

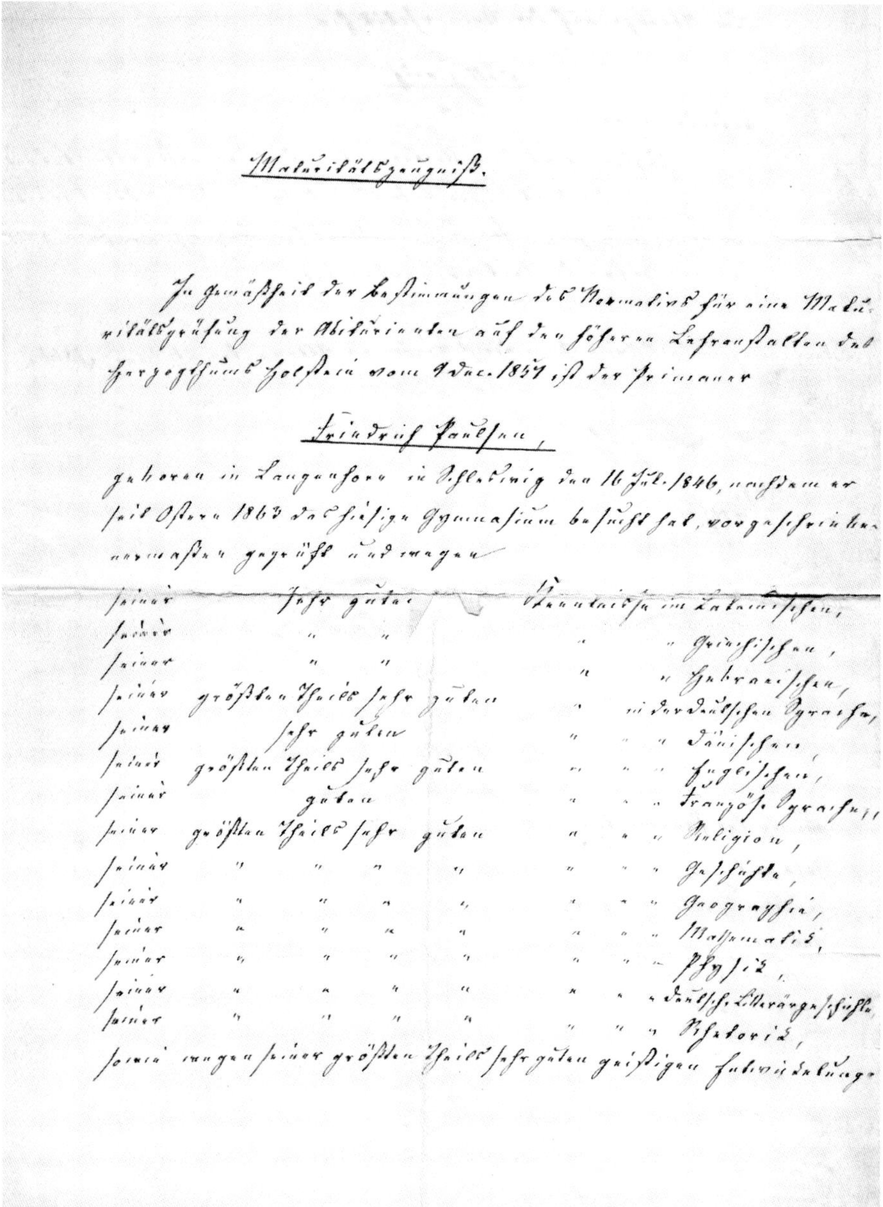

Maturitätszeugniß.

In Gemäßheit der Bestimmungen des Normativs für eine Maturitätsprüfung der Abiturienten aus den höheren Lehranstalten des Herzogthums Holstein vom 9 Dec. 1851, ist der Primaner

Friedrich Paulsen,

geboren in Langenhorn in Schleswig den 16 Jul. 1846, nachdem er seit Ostern 1863 das hiesige Gymnasium besucht hat, vorgeschriebenermaßen geprüft und wegen

seiner sehr guten Kenntnisse im Lateinischen,
seiner " " " " Griechischen,
seiner " " " " Hebräischen,
seiner größtentheils sehr guten " in der deutschen Sprache,
seiner sehr guten " " " Dänischen,
seiner größtentheils sehr guten " " " Englischen,
seiner guten " " " französ. Sprache,
seiner größtentheils sehr guten " " " Religion,
seiner " " " " " " " Geschichte,
seiner " " " " " " " Geographie,
seiner " " " " " " " Mathematik,
seiner " " " " " " " Physik,
seiner " " " " " " " deutsche Litteraturgeschichte,
seiner " " " " " " " Rhetorik,
sowie wegen seiner größtentheils sehr guten geistigen Entwickelung

„Maturitätszeugnis“ des Christianeums für Friedrich Paulsen vom 26. März 1866 mit den Unterschriften des gesamten Kollegiums: „Im Übrigen stand es mit der ‚völligen Reife‘, die uns auf dem Zeugnis bescheinigt wurde, in Wirklichkeit bescheidener“.

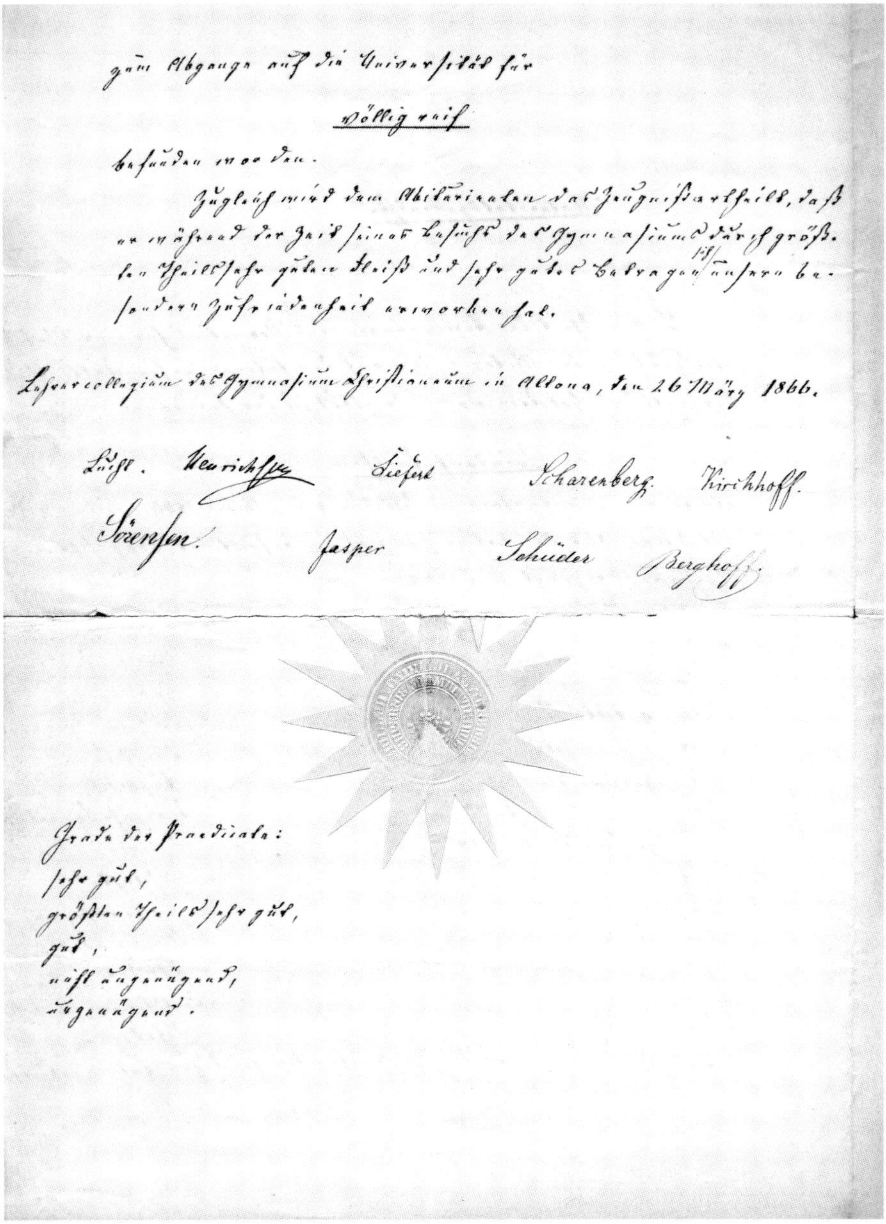
zum Abgange auf die Universität für

völlig reif

befunden worden.

Zugleich wird dem Abiturienten das Zeugniß ertheilt, daß er während der Zeit seines Besuchs des Gymnasiums durch größten Theils sehr guten Fleiß und sehr gutes Betragen sich unsere besondere Zufriedenheit erworben hat.

Lehrercollegium des Gymnasiums Christianeum in Altona, den 26 März 1866.

Lucht. Henrichsen Siefert Scharenberg Kirchhoff

Sörensen. Jasper Schröder Berghoff

Grade der Praedicate:
sehr gut,
größten Theils sehr gut,
gut,
nicht ungenügend,
ungenügend.

nigt wurde, in Wirklichkeit bescheidener; was mich anlangte, so konnten meine Kenntnisse in den alten Sprachen und der Geschichte wohl auch vor größeren Ansprüchen bestehen. Dagegen waren sie in allen übrigen Fächern, auch die deutsche Literatur eingeschlossen, mangelhaft, und da und dort gingen sie nicht über das hinaus, was ich in die Sekunda aus Langenhorn mitgebracht hatte.

Als wir von den alten schwarzen Mauern und den engen Klassenräumen des Christianeums Abschied nahmen, war uns nicht schwer ums Herz, auch nicht, als wir mit den alten Lehrern letzte Händedrücke und Abschiedsgrüße wechselten. Gefühle des Danks sprießen bei Schülern spät. Ich habe lange Zeit mit Widerwillen an jene Jahre zurückgedacht. Jetzt kann ich doch nicht ohne dankbare Empfindung an die Männer denken, die alle mit viel Geduld und Wohlwollen mich getragen, zum Teil auch mit redlichem Eifer mich gefördert haben. Dass es nicht in reicherem Maße geschehen ist, das war, ich wiederhole es, meine Schuld, nicht ihre. *In fine laus*, so stand über der Eingangspforte des Mittelbaus unseres Klassengebäudes.[163] Es mag auch als Über- oder Unterschrift über die Zeit meiner vorbereitenden gelehrten Studien, unter die Arbeit meiner Lehrer gesetzt sein.

Mit einem Wort will ich zum Schluss noch der politischen Verhältnisse und Vorgänge dieser Jahre gedenken, die doch auch in unser Leben und Empfinden hineinspielten. Als ich nach Altona ging, bestand noch der dänische Gesamtstaat unter Friedrich VII.; aber er ging seinem Ende entgegen. Die Lage war gespannt: zwischen Dänemark und den Herzogtümern, zwischen dem Deutschen Bund und dem Herzog von Holstein, zwischen den Kleinstaaten und den beiden deutschen Großmächten, zwischen Preußen und Österreich, zwischen dem Volk und dem König in Preußen, überall Feindschaft und Misstrauen. Auch wir Schüler fühlten uns als gute Deutsche zur Feindschaft gegen alles Dänische verpflichtet und äußerten sie, wo wir konnten. So ärgerten wir die dänischen Soldaten, die in Garnison lagen, indem wir sie vom Trittstein herunterdrängten; so vexierten[164] wir die dänischen Zollgendarmen, die Altona, das mit Hamburg ein Freihafengebiet bildete, rings umgaben, indem wir z. B. beim Passieren der Zollgrenze durch Aufbauschen des Überziehers ihre Aufmerksamkeit erregten, als ob wir allerlei zollbare Sachen darunter verborgen trügen, um dann auf Anrede die Vermutung mit Entrüstung abzuweisen. Als am 18. Oktober 1863 in ganz Deutschland das Gedächtnis der Leipziger Völkerschlacht gefeiert wurde, wollten wir auch nicht zurückbleiben, trotz oder gerade wegen des Verbots. Am späten Abend zogen in der Dunkelheit auf mannigfachen Wegen Turner und Schüler nach einer Anhöhe bei Bahrenfeld, eine Stunde draußen vor der Stadt: Hier wurde eine mitgebrachte Teertonne mit einem Holzstoß angezündet und patriotische Lieder gesungen. Auf einmal entstand eine Unruhe, es hieß: Die Gendarmen kommen. Und eilends zerstob der Haufe; ich kam mit Freund Schacht erst spät in der Nacht auf allerlei Umwegen nach Hause.

Da starb im November König Friedrich VII. Dass er der letzte Dänenkönig sein müsse, der zugleich Herzog von Schleswig und Holstein war, stand uns natürlich auch ohne alle Untersuchung der staatsrechtlichen Verhältnisse fest. In rascher Folge kam nun zuerst die Bundesexekution in Holstein:[165] Hannoveraner und Sachsen zogen ein, und die verhassten dänischen Uniformen verschwanden. Blau-weiß-rote und schwarz-rot-goldene Fahnen hingen aus allen Fenstern, wir legten Bänder und Kokarden in denselben Farben an, lasen eifrig die patriotischen Zeitungen und berauschten uns in Hoffnungen und Vorsätzen. Der Herzog Friedrich VIII. kam nach Kiel, es hieß, er werde bald auch nach Altona kommen: Unter uns ging das Gerücht, es sei ein altes Privileg der Schüler der beiden Oberklassen des Christianeums, in solchem Fall bei Tisch aufzuwarten, und wir waren entschlossen, uns dieses Privileg nicht verkürzen zu lassen. Glücklicherweise sind unsere Dienste für diese Zwecke nicht in Anspruch genommen worden. Ebenso wenig auch für die herzogliche Armee, deren Bildung damals in Hamburg geplant und vorbereitet wurde: Ich meine, dass auch einmal unter den Schülern eine Liste der Freiwilligen umgegangen ist und von uns unterzeichnet wurde; von wannen sie kam und wohin sie ging, ist mir nicht bekannt. Mit Eifer wurden von uns die öffentlichen patriotischen Vorträge besucht, die in diesem Winter Prof. Aegidi in der Aula des Johanneums hielt: Er handelte von der Geschichte der Befreiungskriege, flocht aber politische und staatsrechtliche Exkurse über die Vorgänge der Gegenwart ein: So erinnere ich mich, wie er eines Abends uns demonstrierte, dass das Recht des Herzogs Friedrich VIII. durch den Verzicht des Vaters für sich und seine Familie keineswegs aufgehoben sei:[166] das gelte zwar im Privatrecht, nicht aber im Staatsrecht, wo das Recht des Fürsten durch das Recht des Landes auf die Dynastie begrenzt werde.

Im Februar 1864 kam der Krieg;[167] ich sehe noch die österreichischen Liechtenstein-Dragoner in ihren weißen Mänteln, die im flackernden Gaslicht von den schwarzen Mauern der alten Straßen wirksam abstachen, vom Berliner Bahnhof in Hamburg her in die Stadt ziehen, ein andermal bei Sonnenschein preußische Garderegimenter in blitzendem Helmschmuck durch die Königstraße marschieren. Bald kam die Nachricht von der Vertreibung der Dänen aus dem gefürchteten Dannevirke durch Österreicher und Preußen und rief großen Jubel hervor.[168] Die Erstürmung von Düppel[169] führte den König von Preußen zum ersten Mal ins Land, ich habe, wenn nicht ihn selbst, so doch wehende Helmbüsche durch die Palmaille fahren sehen. Die politischen Verhältnisse nahmen damit freilich einen Verlauf, der den Wünschen der Bevölkerung der Herzogtümer und der großen Mehrheit des deutschen Volks entgegenging. Der Herzog wurde nicht anerkannt, der Bund ausgeschaltet, die Hannoveraner und Sachsen ausgetrieben. Als ich eines Tages zur Nachmittagsschule über den Rathausmarkt ging, stand ein Bataillon Preußen vor der Wache, die noch von sächsischen Truppen besetzt war. Es herrschte die äußerste Spannung. Es hieß, die Preußen hätten die Forderung gestellt: Bis drei Uhr ist die Wache geräumt, oder sie wird erstürmt. Glücklicherweise kam es nicht dazu, die Sachsen erhielten Befehl, abzuziehen. Seitdem hatte Altona preußische Besatzung. Der Wiener

General Ludwig Freiherr von Gablenz: „ein stattlicher Herr, in glänzender Husarenuniform"

Friede endlich brachte nicht die Selbständigkeit der Herzogtümer, sondern ihre Abtretung an Preußen und Österreich und jenen schwebenden Zustand des Kondominiums,[170] der den Krieg zwischen den beiden deutschen Großmächten im Busen trug. In Holstein wurden die Gefühle gegen Preußen immer feindlicher; das Bismarckische Regiment, dazu die Hoffnung, durch Österreich zum selbständigen Staatswesen unter dem Herzog zu gelangen, führten die Massen der österreichischen Seite zu. Ein kleiner rothaariger Jude May, der viel in der Wirtschaft verkehrte, wo wir Stammgäste waren, ich habe ihn oft dort gesehen, war das politische Orakel von Altona; ein großer Preußenfresser, interpretierte er uns im *Altonaer Anzeiger* die politische Lage im österreichischen Sinne. So wurde der Gasteiner Vertrag, der Holstein unter ausschließlich österreichische Verwaltung brachte, von der Altonaer Bevölkerung mit Freuden begrüßt. Die österreichische Besatzung wurde mit großen Sympathien aufgenommen, die Regimentskonzerte mit Leidenschaft besucht, die Offiziere überall fetiert, vor allem auch von der Weiblichkeit; und man muss gestehen, sie wussten sich liebenswürdig zu machen. Unter anderem brachten sie auch den Import böhmischen Bieres zuwege: Das „Leitmeritzer", das besonders in einem großen Biergarten der Königstraße ausgeschenkt wurde, wurde das beliebteste Getränk; es hat auch uns oft dorthin gezogen und manchen Nachmittag bis in die Nacht hinein festgehalten.

Auch unsrem Christianeum brachte die österreichische Verwaltung eines Tages hohen Besuch. Der Statthalter, General Gablenz, der Sieger von Oeversee[171] und später im Jahre 1866 von Trautenau,[172] erschien in Altona und inspizierte bei der Gelegenheit auch unsere hohe Schule. Ein stattlicher Herr, in glänzender Husarenuniform, betrat er, vom Direktor mit tiefen Bücklingen eingeführt, die Prima und musterte die Klasse mit seinen lebhaften Augen. Auf die Frage des Direktors: welchen Unterricht Exzellenz zu sehen wünsche?, forderte er auf, das Gericht des Tages ihm vorzusetzen. Es wurde Thukydides gelesen und interpretiert; ich glaube nicht, dass der vornehme Besuch einen Buchstaben Griechisch verstand. Er machte denn auch bald der Sache ein Ende und hielt uns nun eine kleine Ansprache, worin er zunächst seine Befriedigung mit dem Stand der Anstalt und unsern Leistungen ausdrückte, dann aber zu einer *exhortatio*[173] an die Primaner ausholte; ich erinnere mich daraus einer Stelle, die, in österreichischem Deutsch gesprochen, unseren Enthusiasmus für Österreich und seinen Vertreter niederzuschlagen recht geeignet war. Er forderte uns auf, unseren Lehrern dankbar zu sein und vor allem unsern Eltern: dass sie uns in eine so gute Schule schickten; „da draußen im Reich hob ich Kinder gsehen auf der Landstroßn den Mist aufsammeln, hoben nix gelernt und sind in keine Schule gekommen." Dass wir mit solchen „Kindern" in Parallele gestellt wurden, war wohl das ärgste Attentat auf unsre Primanerehre, das wir erlebt haben.

Meine Sympathien hatten sich überhaupt schon länger von der österreichisch-herzoglichen der preußischen Seite zugewendet. Die Gründe dafür vermag ich selbst nicht anzugeben; vielleicht war ein wenig von dem allgemeinen Oppositionsgeist dabei, der mich von jeher geneigt gemacht hat, die Sache des allgemein Verworfenen lieber als die des allgemein Anerkannten zu führen. Dann wirkte wohl auch die Empfindung des Schleswigers mit, dass die Herzogtümer und im Besondern das nördliche gegen einen Rückfall in dänische Herrschaft doch nur durch Preußen wirksam geschützt werden könnten: ein Kleinstaat an der gefährdeten Grenze eine Unmöglichkeit. So war ich schon in Altona zuletzt entschieden für die Einverleibung in Preußen und habe in mancher erregten Debatte diese Lösung vertreten.

Die Universitätsjahre. 1866 bis 1871

Im Frühjahr 1866 bezog ich die Universität Erlangen, mit mir noch zwei der Altonaer Schulkameraden, unter ihnen Freund Schacht. Ich holte ihn aus seinem Heimatsort Neritz bei Oldesloe ab, und wir machten die Reise nach dem Süden gemeinschaftlich. Wir waren zwei Tage unterwegs, in Leipzig wurde Station gemacht und die Messe auf dem Brühl besucht. In der Erinnerung ist mir auch geblieben, dass ich in Erlangen mit fünf Sorten deutschen Kleingeldes ankam: Hamburger Schillinge, von denen 40, Mecklenburger, von denen 48 auf den preußischen Taler gingen, dann preußische und sächsische Groschen, endlich bayrische Kreuzer. Nicht weniger mannigfaltig waren wohl auch die Kassenscheine, die ich von Hause mitbekommen hatte. Den ganzen deutschen Jammer trug man so in der Tasche.

Was mich nach Erlangen führte? Ich weiß es selbst nicht; vielleicht unbestimmte Vorstellungen vom deutschen Süden und süddeutschen Studentenleben, vage Gerüchte von der Erlanger Theologie, die damals in großem Ruf stand, sicher wirkte mit der Ruf von der Wohlfeilheit des dortigen Lebens: Ich hatte in Altona für meine Verhältnisse ziemlich beträchtliche Schulden abzuzahlen.

Ich ließ mich bei der theologischen Fakultät inskribieren, der alten Bestimmung folgend; innerer Antrieb war kaum dabei, religiösem Leben war ich völlig entfremdet; immerhin, tröstete ich mich, kann es nicht schaden zu sehen, wie sich die Dinge, die mir doch von Kindesbeinen an nahegetreten waren, in der Beleuchtung der Wissenschaft ausnehmen; dass in der gelehrten Forschung sich manches anders darstelle als im überkommenen Glauben, davon war auch zu mir dieses und jenes gedrungen. Ich hatte nicht umsonst während der Gymnasialzeit mit Freunden die *Gartenlaube*[174] gehalten.

Von größerer Bedeutung für die Gestaltung meines Erlanger Lebens war, dass ich in die Burschenschaft eintrat. Auch hierfür wüsste ich die Beweggründe kaum anzugeben: Eine unbestimmte Vorstellung, dass die Burschenschaft für Deutschlands Einheit und Größe eintrete, verbunden mit dem Gefühl der Leere des Daseins, das durch den Anschluss des Freundes Schacht an die Uttenruthia[175] gesteigert wurde, mag den Ausschlag gegeben haben. Im Übrigen wusste ich von der Burschenschaft, ihrer Geschichte und ihren Bestrebungen, den programmatischen und den tatsächlichen, wenig oder nichts. Überhaupt, was weiß die Jugend von den Schritten, die sie tut? nicht viel mehr als der Neugeborene, wenn er ins Leben tritt, nicht wissend von Eltern und Volk, von Stellung und Schicksal, die ihm bereitet sind. Und wie wäre Leben sonst möglich? Die Wahl haben wir in den kleinen Dingen, die großen sind vorbestimmt.

Die Burschenschaft Bubenruthia, so genannt nach dem kleinen Dorf Bubenreuth, eine Stunde nördlich von Erlangen im Tal der Regnitz gelegen, wo sie ihre vielgeliebte Exkneipe[176] hatte, war eine der ältesten Burschenschaften; sie ging mit halben Unterbrechungen, die durch die politische Unterdrückung herbeige-

Friedrich Paulsen als Burschenschafter („Bubenreuther"), in der Mitte sitzend, mit weitem Umhang: „Das Leben in der Burschenschaft war sehr ungebunden."

führt worden waren, auf die alte Burschenschaft von 1817 zurück; ihr Stiftungsjahr datierte sie von 1833;[177] neben ihr bestand als zweiter Zweig des alten Stammes die Germania, sie hatte sich im Jahre 1848 von der Bubenruthia als ihr politisch radikaler Flügel losgelöst. Der Bestand der Bubenruthia schwankte mit geringen Abweichungen um das halbe Hundert; sie war damit eine der stärksten farbentragenden Verbindungen Deutschlands. Alle Fakultäten waren in ihr vertreten, am zahlreichsten damals die Theologen, die auch an der Universität weitaus das Übergewicht hatten; Juristen und Mediziner waren etwa in gleicher Zahl vertreten, schwächer die philosophische Fakultät; ein paar Philologen machten ihren ganzen Bestand innerhalb der Verbindung aus. Auch die Semester waren alle vertreten, am stärksten die Jungburschen, das zweite bis vierte Semester; doch fehlte nicht das siebte und achte, sie waren vielfach draußen gewesen und kehrten nun zum Examen nach Erlangen zurück. – Mittel- und Oberfranken waren das eigentliche Stammland der Burschenschaft, das alte Ansbach-Bayreuth und Nürnberg stellten das Hauptkontingent; doch waren auch die übrigen bayrischen Lande, Unterfranken und die Pfalz, Schwaben und Oberpfalz, vertreten. Dagegen fehlten die altbayrischen Gebiete und auch Mitteldeutschland so gut wie ganz. Norddeutschland stellte sporadisch einige, zeitweilig auch eine ganze Anzahl Mitglieder; mit mir traten zwei Rheinländer, zwei Vettern, ein, Rehorn und Bungeroth, beide Theologen; ich bin ihnen später oft wieder begegnet. Die älteren Jahrgänge hatten zu meiner Zeit gar keine Norddeutschen, ein Umstand, der mir das Einleben sehr erschwert hat.

Das Leben in der Burschenschaft war sehr ungebunden. Der Einzelne hatte, bei der großen Zahl, große Freiheit, über sich und seine Zeit selbständig zu verfügen, viel mehr, als es bei kleineren Verbindungen möglich ist, als es gegenwärtig auch bei den größeren der Fall ist: Eine Bindung, die den ganzen Tag des Einzelnen in Anspruch nimmt, hätten wir damals wohl für unerträglich, vielleicht auch für unwürdig angesehen. Zwei Kneipabende in der Stadt, der Samstagnachmittag und -abend in Bubenreuth, die tägliche Fechtstunde, das war, abgesehen von den Ehrengerichten und später den Mensuren, alles, was offiziell gefordert wurde. Im Übrigen verfügte jeder über seine Zeit nach Gutdünken. Die Kollegien wurden von den meisten ziemlich regelmäßig besucht; manche, vor allem natürlich die Älteren, arbeiteten auch mehr oder minder fleißig zu Hause. Ein Studienabschluss mit anständigem Examen zur rechten Zeit galt durchaus als Pflicht auch gegen die Verbindung; man war stolz auf Leute, die sich eine Stellung schufen. Unter den Leuten, mit denen ich in Erlangen zugleich war, sind eine ganze Anzahl zu hervorragenden, zum Teil zu hohen Würden im Staatsdienst und in andern Stellungen gelangt. Natürlich fehlte es auch nicht an solchen, die ihre Tage der Kneipe, dem Kartenspiel und dem Bummeln widmeten. Getrunken wurde im Ganzen nicht übermäßig, manche schränkten sich auf wenige Gläser an den Kneipabenden ein, andere leisteten ein Mehreres; schwere Betrunkenheit war doch nicht allzu häufig. Eigentliche Rohheit kam kaum vor, sie wäre auch nicht geduldet worden. Im Ganzen herrschte ein harmlos fröhlicher Ton mit einer Hinneigung zu inhaltleerer sogenannter Gemütlichkeit. Für allgemeine, philosophische, wissenschaftliche oder politische Fragen war im Ganzen das Interesse gering, das Gespräch drehte sich meist um studentische Angelegenheiten, sofern es nicht entweder in bloßem Ulk und Neckereien versimpelte oder einmal, namentlich unter den Medizinern, auf Fachwissenschaftliches sich bezog. Auf das Äußere wurde wenig gegeben, in der ganzen Studentenschaft herrschte noch große Einfachheit, bei der Burschenschaft gehörte sie gewissermaßen zum Grundsatz: Die Patentheit überließ man den Korps.

Als die eigentliche Heimstätte der Burschenschaft galt Bubenreuth. Hier war die Exkneipe, die am Sonnabend und Sonntag von fröhlichstem Leben erfüllt war: Ein einfaches Dorfwirtshaus mit einem sehr großen und hübschen Garten, darin der „Salon", ein kleines Gartenhäuschen, und eine von Linden ganz überdeckte große Laube, der „Pferch", bildete die Szenerie. Im Hause waltete die „Madam"; sie nahm eine höchst eigentümliche Respektsstellung in der Verbindung ein; es war streng innegehaltene Sitte, dass man, wenn man kam und ging, sie in der Küche aufsuchte und mit Handschlag und Anrede begrüßte. Sie hatte schon die Anfänge der Bubenruthia gesehen und eine lebendige Erinnerung an die Schicksale der Verbindung und ihre einzelnen Mitglieder; ihr Urteil über die neu eintretenden Füchse galt als eine Art Orakel, ob sie einschlagen würden oder nicht. Ihr Mann, der alte Mörsberger, „Mörsch" genannt, kam daneben wenig in Betracht, weder für die Wirtschaft noch für die Verbindung. Er saß, bei irgendeinem Anlass von einem Mitglied der Burschenschaft durch Zufall zum halben Krüppel geschossen, meist auf der Ofenbank und war durch seine Grobheit bekannt. Mit ihm und zwei erwachsenen Söhnen duzte man sich meist. An schönen Sommertagen kamen auch die Erlanger Honoratioren gern nach Bubenreuth, nach dem ein freundlicher Spaziergang durch den Wald oder am Kanal hin führte; dann war der Garten voll bunter Bilder; es wurde wohl einmal ein Spiel arrangiert, an dem auch die jungen Damen teilnahmen. Im Winter zog man sich in den „Salon" oder bei größerer Kälte in die Wirtsstube zurück; der enge Raum, in dem auch die Bubenreuther Bauern in der Ofenecke saßen, war dann bis zum Erdrücken gefüllt; wer von draußen hereinkam, sah die ersten Minuten in der von Talgkerzen dürftig erleuchteten Stube vor Qualm und Rauch überhaupt nichts. Spät abends zog man dann in größeren oder kleineren Gruppen, mit brennenden Pechfackeln ausgerüstet, durch den nächtlich-finsteren Wald nach der Stadt. Ein besonders beliebter Sport war es dabei, den verbotenen Weg durch den Tunnel zu nehmen; ein Wunder, dass den oft schwankenden Gestalten dabei niemals ein Unglück zugestoßen ist.

Drei Semester blieb ich in Erlangen. Sie liegen trotz jener im Ganzen günstigen Verhältnisse vor mir nicht, wie bei so vielen, im Glanz sonniger Jugenderinnerung. Es lag zum Teil an den Umständen, in der Hauptsache an mir selber: Ich fand keinen vernünftigen Lebensinhalt; und so fehlte es mir auch in jenen Semestern selbst, trotz scheinbarer Fröhlichkeit, die sich wohl auch als ausgelassene Lustigkeit drapierte, an rechter Freude. Langeweile und Verstimmung waren, wenn sie auch wenig nach außen sichtbar wurden, auf dem Grunde der Seele vorherrschend.

In der Verbindung wurde ich zunächst als Schleswig-Holsteiner freundlich aufgenommen, der „verlassene Bruderstamm"[178] spielte in der Gedankenwelt jener Tage gerade in Erlangen eine nicht unwichtige Rolle. Trotzdem wurde ich in ihr nur sehr spät oder eigentlich überhaupt nie heimisch.

Das erste Semester war der Kriegssommer: Die Bayern rückten im Bund mit Österreich gegen die Preußen ins Feld. Eines Abends fanden wir die Kneipe von bayrischen Artilleristen ziemlich besetzt; es hieß: sie seien von einer andern Korporation aufgehetzt worden, Streit zu suchen und die preußisch gesinnte Burschenschaft zu verhauen. Es kam zu keinem Streit und auch nicht zum Verhauen; die große Mehrheit der Verbindung war damals so preußenfeindlich als möglich, und so war man mit den Gästen bald auf bestem Fuß. Da ich aus meiner Gesinnung kein Hehl machte, so stand ich politisch fast isoliert da; nur ein paar Leute kamen meiner Anschauung näher, während andere ihrem Hass gegen Bismarck und Preußen nicht schroff und laut genug Ausdruck geben konnten. Die ersten (falschen) österreichischen Siegesnachrichten wurden mit Jubel aufgenommen. Freilich, die Freude dauerte nicht lange; die Wirklichkeit brachte bald die Ernüchterung und dann raschen Umschlag. In raschem Siegeslauf wurden, nachdem die österreichische Macht schon am Anfang Juli niedergeworfen war, die Streitkräfte des Bundes aufgerollt; die Bayern, überall geschlagen, gaben Franken preis, und eines Tages, es war gegen Ende Juli, wurde Erlangen durch das Einreiten mecklenburgischer Dragoner überrascht. Dass die wenigen Reiter, die Pistole in der Hand, ohne zu fragen, den direktesten Weg durch die ganze Stadt zum Bahnhof einschlugen und diesen sogleich besetzten, erregte noch besonderes Staunen. Bald kam auch Infanterie; und am nächsten Sonntagnachmittag hatten wir zu unserer Überraschung einen „Feind" auf der Kneipe in Bubenreuth: Es war ein Jenenser Armine, der als Einjähriger bei einem rheinischen Regiment diente. In der Verbindung und ebenso in der Bevölkerung erfolgte nun ein sehr rascher Umschwung in der Gesinnung: Die Bewunderung der Kraft und Tüchtigkeit der bisher verachteten Preußen, die Erinnerung an alte geschichtliche Verbindungen mit der Dynastie, die Gemeinsamkeit der protestantischen Religion, für die Burschenschaft auch die jetzt am Horizont auftauchende Verwirklichung des Einheitstraumes und der Kaiseridee. Alles das wirkte zusammen, um die politischen Gesinnungen der Mehrzahl völlig umzuwandeln.

Dennoch blieb auch nach der Beseitigung dieser Spannung eine gewisse Fremdheit des Süddeutschen gegen den Norddeutschen, wie sie denn auch heute noch besteht und in derselben Verbindung immer aufs Neue gefühlt wird. Die Verschiedenheit der Sprache ist schon ein Hemmnis, anfangs wurde es mir wirklich schwer, den Schwaben oder Pfälzer zu verstehen und umgekehrt. Aber auch nachdem diese Schwierigkeit gehoben war, blieb eine gewisse Abneigung gegen die Sprechweise des Norddeutschen, sie klang, weil undialektisch und buchmäßig, geziert und absichtlich, als ob man seine Vornehmheit und Bildung gegenüber der volkstümlicheren Art des Süddeutschen hervorkehren wolle. Es kam keine volle Behaglichkeit des Tons dabei heraus. Dazu kam, dass der Norddeutsche die Heimat- und Schulerinnerungen, wodurch die Meisten verbunden waren und die vielfach den Gegenstand der harmlosen Plauderei oder auch Vexationen auf der Kneipe bildeten, nicht teilte. An den Einzeltischen setzten sich gerne Gruppen alter Schulfreunde zusammen, die einen Kreis engeren Verständnisses

Friedrich Paulsen als Student in Erlangen, Winter 1866/67: „Langeweile und Verstimmung waren, wenn sie auch wenig nach außen sichtbar wurden, auf dem Grunde der Seele vorherrschend.“

bildeten, der Fremdling fühlte sich hier überflüssig; und versuchte er seinerseits am Gespräch sich zu beteiligen, naturgemäß es auf allgemeinere Gegenstände hinlenkend, so gab er wieder dem Gefühl Nahrung, dass er höher hinaus und den Vornehmen spielen wolle. Endlich ein Letztes: Die bayrischen Gymnasien hatten nur Herbstentlassungen, die Zugänge zur Verbindung, die sogenannten Konfuchsien, bildeten ziemlich geschlossene Gruppen; der zu Ostern Eintretende stand zwischen zwei Jahrgängen und gehörte weder recht zu dem älteren noch zu dem jüngeren. Eine Rolle in der Verbindung zu spielen, war ihm schon dadurch so gut wie unmöglich gemacht.

Alles dies bewirkte, dass ich ein gewisses Gefühl der Fremdheit niemals ganz überwunden habe. Durch gelegentlichen Ausbruch feindlicher Stimmung gegen die Norddeutschen, wie er namentlich aus Anlass der Lösung des Kartells[179] mit den Bonner Alemannen in meinem zweiten Semester stattfand, wurde dies Gefühl zu bitterem Unmut gesteigert, und ich bin ernstlich mit dem Gedanken des Austritts umgegangen. Doch kam es nicht dazu. Ich blieb dabei, habe aber manchen Verdruss vertrunken und manche Stunde innerer Leerheit mit Spiel ausgefüllt. Die Kegelbahn sah mich als regelmäßigsten und ausdauerndsten ihrer Gäste; und viele lange Stunden der Langeweile habe ich in Ermangelung anderer Unterhaltung mit Kartenspiel zugebracht; Tarock war das beliebteste Spiel.

Es waren so viel Versuche, mich selbst loszuwerden; sie gelangen doch nur sehr unvollkommen; das peinvolle Gefühl der Nichtigkeit dieses Daseins hat mich im Grunde keinen Augenblick verlassen. Ich hatte keinen Inhalt für mein geistiges Leben.

Denn das war nun der eigentliche Schaden: Zu der Wissenschaft, die ich angeblich studierte, gewann ich gar kein inneres Verhältnis. Die Dogmatik, die uns der alte Thomasius in die Feder diktierte, durch Scharren eines weniger Behänden jeden Augenblick unterbrochen und aufgehalten, bot im Grunde nichts, als was uns auch schon in der Schule oder im Konfirmationsunterricht in Langenhorn dargereicht war; meine Mutter, der ich die Hefte mitbrachte, fand sie ebenso verständlich als mit ihrem Glauben stimmend. So konnte auch Delitzsch, bei dem ich Genesis hörte, mein Vertrauen nicht gewinnen, wenn er z. B. aus naturhistorischen Werken den Nachweis führte, dass die Schlangen unsichtbare Rudimente von Beinen unter der Haut hätten: ein offenbarer Hinweis darauf, dass sie erst durch den Fluch um diese ihre Fortbewegungsorgane gekommen und zum Kriechen auf dem Bauch gebracht worden seien; oder wenn er die Maße der Arche Noäh ausrechnete und die Länge gerade der Länge des Berliner Schlosses entsprechend fand, was denn die Aufnahme so vieler Tiere und des zugehörigen Futters möglich erscheinen lassen sollte. Plitts Apostelgeschichte bot ebenso wenig etwas, was mich hätte anziehen können. Wäre ich zu Strauß oder zu Baur gekommen, möglicherweise hätte ich dann ein Interesse für diese Wissenschaft gewonnen: So blieb sie mir völlig fremd.

Ein kleiner Versuch mit der Philosophie schlug nicht besser aus: Ich hatte Fischers Geschichte der Philosophie von Thales bis Schoppenhauer (sic!) belegt, habe sie aber wohl nur zwei- oder dreimal besucht, und ich glaube nicht, dass ich dabei viel für mich Genießbares eingebüßt habe. In welcher Richtung meine Gedanken sich damals bewegten, zeigt die Äußerung eines Theologen, mit dem ich über solche Dinge einmal sprach: „Das ist ja der reine Feuerbach." Ich wusste von Ludwig Feuerbach, der damals bei Nürnberg auf dem Bruckberg lebte, schwerlich mehr als den Namen, ließ es mir aber ohne viel Umstände gefallen, mit ihm zusammengestellt zu werden, und auch die Vorhaltung, dass ich Materialist sei, hat mich nicht weiter erschreckt: Ich war es, soweit denn von einer Einheit des Denkens bei mir damals überhaupt die Rede sein konnte.

Gearbeitet habe ich in diesen Semestern eigentlich gar nichts. Ich besuchte meine theologischen Vorlesungen im Ganzen ziemlich regelmäßig, aus Gewohnheit, aus Langeweile, weil ich die andern es tun sah, schrieb aus denselben Ursachen auch nach; aber gezündet hat kein Wort. Gelesen habe ich dies und das, Literarisches, Historisches, auch Medizinisches, mein Hausgenosse, ein Pfälzer, war Mediziner: Ich habe lange seinen Schädel und seine „*Anatomie*" von Hyrtl[180] bei mir gehabt und wohl auch dies und das daraus gelernt. Aber alles war zusammenhang- und ziellos und vermochte mir keine Befriedigung zu geben.

Friedrich Paulsen (Mitte) mit Kommilitonen: „Getrunken wurde im Ganzen nicht übermäßig".

In meinem dritten Semester traten die beiden Erlanger Burschenschaften, des Haders und des Holzkomments müde geworden, in ein Paukverhältnis.[181] Die nun regelmäßig alle Woche stattfindenden Mensuren brachten ein neues Element in das Leben, freilich auch nicht eben erhebender Natur, es war aber doch eine erregende Abwechslung. Ich habe dreimal gefochten, nicht ohne einiges Glück und nicht ohne einige Empfänglichkeit für den Reiz des blutigen Spiels. Doch brachte ich es nicht zu hervorragenden Leistungen.

Als ich im August des Jahres 1867 von Erlangen Abschied nahm und durch das Werratal in langsamer Eisenbahnfahrt der Heimat zustrebte, konnte ich nicht umhin, mir einzugestehen, dass diese ersten drei Studiensemester für mich verloren seien. Bittere Erinnerungen und die sorgenvolle Frage: was nun? beschäftigten mich. Hätte ich noch Freude gehabt, auch ohne sonstigen Gewinn, ich hätte es mir gefallen lassen. Aber so? Es war doch gar zu wenig gewesen. Wie hatte das Land der Freiheit lachend und lockend vor mir gelegen, als ich Ostern 1866 über die schiefe Ebene ins Frankenland hinunterfuhr und bald darauf an einem ersten sonnigen Frühlingstag von der Höhe des Ratsberges in das Regnitztal hinunterschaute: und nun, alles zu Asche geworden! Ich war sehr missgestimmt.

Im Oktober fuhr ich zur Fortsetzung des Studiums nach Berlin. Was mich zu dieser Wahl bestimmte, war wohl die große Universität und das große Leben, das dort in Aussicht stand. Was ich dort studieren wollte, wusste ich nicht, nur das stand mir fest: nicht Theologie. Ich ließ mich bei der philosophischen Fakultät inskribieren, in der unbestimmten Hoffnung, dass sich dort etwas mir Gemäßes

Johann Gustav Droysen, Professor in Berlin: „Ich hörte ein paar Vorlesungen, bei Harms und Droysen, aber ohne viel Förderung."

bieten werde. Die Eltern gaben zum Wechsel ihre Zustimmung, sie hatten wohl eingesehen, dass es mit der Theologie nichts werde.

Es folgten jetzt zwei Semester unruhigen Suchens, voll peinvoller Enttäuschungen und bitterer Gefühle der Ungewissheit und Ziellosigkeit. Ich hatte den Sinn auf das Studium der Philosophie gerichtet; Weltweisheit war es eigentlich gewesen, die zu suchen ich einst ausgezogen war. Aber wie an die Sache herankommen? Ich hörte Logik bei Harms, der eben damals nach Berlin gekommen war, mit wenig Erleuchtung und geringer Regelmäßigkeit. Ein Kolleg über vergleichende Sprachwissenschaft bei Steinthal ließ ich auch bald fallen, es war mir zu schwer. Ich las einiges aus Ueberwegs „*Geschichte*",[182] sie wollte mir keineswegs zusagen, und nicht besser ging es mit Heinrich Ritters „*Enzyklopädie*".[183] Ich versuchte, die „*Wolken*" des Aristophanes bei Haupt zu hören, ich konnte dem lateinischen Vortrag nicht folgen. So überall Zurückweisung erfahrend, fiel ich, da sich auch Genossen aus Erlangen und Jena fanden, bald wieder in das alte Kneipleben zurück, ohne allen Genuss, es war, ganz wie es Tolstoi einmal ausführt, lediglich das Mittel der Selbstbetäubung. Die Ferien brachten wohltätige Unterbrechung, aber keine Ruhe. Ich las einiges aus meinen alten Klassikern, die ich zu Hause fand, besonders den Horaz, schrieb wohl einmal etwas Latein, was mir früher Freude gemacht hatte; die Stimmung blieb trübe.

So auch, als ich nach Berlin zurückkehrte. Ich hörte ein paar Vorlesungen, bei Harms und Droysen, aber ohne viel Förderung. Ich versuchte Plato zu lesen, das Griechische wurde mir nach langer Pause schwer, ich sah die acht Bände der Teubnerschen Ausgabe[184] verzweifelt an: Die kann man doch nicht ganz durchlesen. Ein heißer Sommer, in einem heißen und eingeschlossenen Zimmer auf dem

Hof, machte mir auch äußerlich das Leben höchst unerfreulich; die alten Kameraden hatten Berlin meist verlassen: Ich fühlte mich sehr einsam.

Da führte mir ein glücklicher Zufall die nicht lange vorher erschienene „*Geschichte des Materialismus*“ von Friedrich Albert Lange[185] in die Hände. Es ist das erste Buch, das ich mit lebhaftem, ja leidenschaftlichem Interesse gelesen habe. Es kam mir wie gerufen in meiner Not: Es half mir einerseits die Gedankenreihen, die ich spontan zu bilden begonnen hatte, zu Ende denken, indem es mit den großen Systematikern der materialistischen Weltanschauung von den ältesten bis zu den damals jüngsten mich bekannt machte; es wies andererseits darüber hinaus: Das relative Recht einer naturalistischen Weltansicht, ihr Recht gegenüber dem wissenschaftsfeindlichen Dogmatismus der damaligen Theologie, wurde überall rücksichtslos anerkannt, das gewann mein Vertrauen; auf der anderen Seite wurde einleuchtend gezeigt, dass es unmöglich sei, auf diesem Standpunkt als dem letzten stehen zu bleiben: Der Kantische Idealismus trat als der siegreiche Überwinder dem dogmatischen Materialismus gegenüber: kein Objekt ohne Subjekt, die Welt, wie sie dem Physiker sich darstellt, gesetzt in der Sinnlichkeit und dem Verstande eines denkenden Wesens. Der lebhafte, fassliche, auch an Gefühl und Imagination sich wendende Vortrag, der auch einmal eine derb-kräftige Wendung nicht verschmähte, nahm mich ganz für das Buch und seinen Verfasser ein.

Die Folge war, dass ich seinen Spuren nun auch weiter nachging. Unter den lebenden Schriftstellern, die er erwähnte, wurde Ueberweg mit besonderer Hochachtung genannt. Das war für mich die Veranlassung, dessen vor kurzem veröffentlichtes „*System der Logik*“[186] anzuschaffen. Ich benutzte, wenn mich mein Gedächtnis nicht täuscht, die Sommerferien 1868, die ich wie gewöhnlich zu Hause zubrachte, zu einem gründlichen Durcharbeiten dieses Werkes; es hat mir durch seine fassliche Darstellung der Logik, durch die historische Entwickelung der Terminologie, endlich auch durch die erkenntnistheoretischen Ausführungen reiche Förderung und Anregung gebracht. Ich fing an, wieder Mut zu schöpfen, dass ich doch noch zurechtkommen und etwas Rechtschaffenes lernen und leisten werde. Daneben las ich Humboldts „*Kosmos*“,[187] den ich in einer wohlfeilen Ausgabe gekauft hatte, nicht ohne mannigfaltige Belehrung daraus zu schöpfen: Vor allem gewann neben dem Historischen das Geologische und Entwicklungsgeschichtliche darin mein Interesse. Freilich hätte ich das auf leichterem und kürzerem Wege haben können, wenn ich ein kleines Lehrbuch angeschafft hätte; aber dass ich hier die Dinge selbst suchen und zusammentragen musste, hatte auch seinen Wert.

So kehrte ich in hoffnungsvollerer Stimmung im Herbst 1868 nach Berlin zurück, entschlossen, mit aller Kraft an die Arbeit mich zu machen. Vor allem trat ich nun in Trendelenburgs philosophische Übungen ein. Ich hörte daneben seine Psychologie, eine Vorlesung bei Harms über Enzyklopädie, dann zum zweiten Mal Steinthals Vorlesung über vergleichende Sprachwissenschaft und zugleich seine Einleitung in die Psychologie und Sprachwissenschaft, endlich Bonitz über Platos Leben und Schriften. Daneben wurde abends manches an öffentlichen Vorlesungen gehört: Dubois[188] über physische Anthropologie, Dühring über politische Parteien usw.

Es ist dies mein erstes eigentlich fruchtbares Studiensemester gewesen; ich fühlte mein Wachstum nach allen Seiten, und es begann jene peinvolle Unruhe der letzten Jahre von mir zu weichen. Die Anregungen, die von Universitätsvorlesungen ausgingen, und ein energisches Bücherstudium wirkten sehr glücklich zusammen, um mich innerlich weiterzubringen.

Von großer Bedeutung war der Eintritt in Trendelenburgs Aristotelische Übungen. Ich hatte mit einigem Zagen mich zur Meldung entschlossen, fürchtend, dass die gestellten Aufgaben für mich als Anfänger zu schwer seien. Ich sah mich bald angenehm enttäuscht: Was meine Nachbarn leisteten, die zum Teil schon länger teilnahmen, das vermochte ich auch zu leisten, und bald meinte ich zu beobachten, noch ein wenig mehr. Ich zog die Aufmerksamkeit Trendelenburgs bald durch die schriftliche Lösung einer kleinen Aufgabe auf mich, die er gelegentlich bei einer Textschwierigkeit gestellt hatte. Zwar fand die Lösung – ich wollte eine Stelle des zweiten Buchs der „*Physik*" durch Ausschaltung von einigen Wörtern, die auch an anderer Stelle wiederkehren, heilen, indem ich sie von dort erst an den Rand, dann in den Text unserer Stelle einwandern ließ –, also die Lösung fand als zu gewalttätig nicht den Beifall Trendelenburgs, der mit einer Interpretation auskommen zu können meinte; aber sie hatte ihm doch meinen Namen vor Augen gebracht und gezeigt, dass ich ernstlich mitzuarbeiten entschlossen sei. Auch meine mächtige Ausgabe – ich hatte mir gleich die vier Bände der großen Bekkerschen Ausgabe[189] angeschafft und trug zweimal die Woche den Wälzer nach der Universität – mochte seine Aufmerksamkeit auf mich lenken. Kurz, nach Weihnachten erhielt ich zu meiner größten Überraschung eine Einladung von ihm zu einer Abendgesellschaft, der ersten Gesellschaft, außer meinen Langenhorner Gesellschaften, zu der ich geladen worden bin. Sie setzte mich in nicht geringe Verlegenheit, aber ich nahm an, weil ich nicht abzulehnen wusste und wagte; und damit begann für mich ein Verkehr in dem liebenswürdigen Hause, an den sich vielverzweigte Beziehungen für mich angeknüpft haben.[190]

Die Übungen, die Trendelenburg lange Jahre hindurch abhielt, bezogen sich regelmäßig auf den Aristoteles, dessen Philosophie zu erneuern und zeitgemäß auszubauen Trendelenburg von Anfang an sich zur Lebensaufgabe gemacht hatte. Die idealistisch-teleologische Weltanschauung war ihm ebenso sympathisch wie seine Hinneigung zur Breite empirischer Forschung und im Besonderen auch seine Freude an geschichtlicher Anknüpfung seiner Gedanken an Frühere und an die Sprache. Er fühlte sich eigentlich ganz eins mit dem Denker seiner Wahl, wie er ihn denn im Vortrag der Geschichte der Philosophie als den *philosophus perennis,* trotz einem Neoscholastiker, pries:[191] durch zwei Jahrtausende habe er geherrscht „bis herab zu uns", höre ich ihn noch mit Betonung sagen.

Friedrich Adolf Trendelenburg, Professor für Philosophie in Berlin: „Ich gestehe gern, dass ich diesen Übungen viel verdanke, mehr als ich oft im Augenblick empfinden mochte".

Dies Verhältnis gab auch seinen Übungen, die ich durch drei Semester mitgemacht habe, den Charakter: Die Schriften des Aristoteles, „*Physik*", „*Metaphysik*" und „*Ethik*" wurden als Textbücher behandelt; es wurde der Text in ganz kleinen Abschnitten gelesen, übersetzt, kommentiert, aus dem Zusammenhang und aus anderen Stellen, nicht eben viel anders als ein Autor in der Schule. Auf den Wert der Gedanken kritisch einzugehen, liebte er nicht, auch gegen derartige Versuche der Teilnehmer verhielt er sich ablehnend, nicht so, dass er sie überhaupt zurückgewiesen hätte, wohl aber in der Form, dass er nach kurzer Verteidigung des Philosophen alsbald zum Text zurückrief. Ich bin damals nicht immer mit dieser Behandlung zufrieden gewesen, ich hätte oft gern über die Sache selbst etwas gehört und auch gesagt. Und ohne Zweifel können auch solche mehr „philosophischen" Übungen sehr fruchtbar sein, ja sie werden, wenn es sich um einen modernen Philosophen handelt, sich als ganz unvermeidlich von selber einstellen. Indessen, Trendelenburg hatte doch wohl recht, wenn er sich im Wesentlichen auf die „philosophische" Auslegung und Behandlung des Textes beschränkte. Die Aristotelischen Begriffe sind dem Studierenden zunächst so fremd und schwierig, dass es eine ganze Zeit dauert, ehe er damit umgehen und denken lernt; die hierfür notwendige Einübung nicht durch materiale Kritik gleichsam stören und durchqueren zu lassen, ist ein gesunder pädagogischer Grundsatz: erst lernen, dann kritisieren. Da die Neigung des jungen Mannes mehr auf Kritik zu gehen pflegt, so wird es die Aufgabe des Lehrers sein, das Lernen in den Vordergrund zu stellen.

In der Form des Verkehrs mit den Teilnehmern der Übungen war Trendelenburg von vollendeter Urbanität; er behandelte sie durchaus nicht als Schüler von oben herab, sondern nahm sie als Mitforscher und Mitdenker, vielleicht auch einmal mit zu großer Geduld Trägheit und Unfähigkeit schonend. Übrigens war die Zahl meist klein, es stellte sich bald ein persönliches Verhältnis zwischen den Teilnehmern untereinander und mit dem Lehrer her. Ich verdanke diesen Übungen vor allem die Bekanntschaft mit meinem nachmaligen langjährigen Freunde Christian Belger. Wir haben uns auch im Hause bei Trendelenburg gesehen, es freute diesen offenbar, junge Leute zusammenzuführen, von denen er glaubte, dass sie sich etwas sein könnten.

Ich gestehe gern, dass ich diesen Übungen viel verdanke, mehr als ich oft im Augenblick empfinden mochte, wenn ich gern eine mehr in die Sache selbst eingehende Behandlung philosophischer Materien gesehen hätte. Sie haben mir vor allem wieder Sicherheit und Ausdauer des Arbeitens gegeben; ich hatte ein Ziel und eine kleine äußere Nötigung, es zu erreichen: Aristoteles mit seiner eigentümlichen Begriffswelt und Terminologie kennen zu lernen. So seltsam und wenig genießbar mir zunächst seine „*Physik*", die Lehre von den vier Ursachen (wir lasen das zweite Buch), erschien, so drang ich doch allmählich so weit ein, dass ich die Vernunft auch in diesen dem modernen Denken so befremdlichen Formeln sehen lernte. Ich schätze es jetzt doch für einen großen Gewinn, dass ich durch Trendelenburg zu einem so eingehenden Studium des Aristoteles geführt worden bin: Wäre ich erst zu der modernen Philosophie gekommen, dann hätte ich vielleicht den Weg rückwärts zu dieser Urform des philosophischen Denkens in der abendländischen Welt überhaupt nicht gefunden.

Unter den Vorlesungen, die ich in diesem Winter hörte, war mir Bonitz' vierstündige Plato-Vorlesung von besonderem Wert. Er las als Mitglied der Akademie der Wissenschaften, im Übrigen war er Direktor des Grauen Klosters;[192] ich glaube, es war seine erste Universitätsvorlesung in Berlin. Sie war in gewisser Weise das Vollendetste, was ich gehört habe: Nur mit ein paar Notizen auf einzelnen Blättchen ausgerüstet, so schien es uns wenigstens, stellte sich Bonitz auf das Katheder, meist auf der Treppenstufe stehen bleibend und sich an das Katheder bloß anlehnend, und entwickelte nun in dem leichtesten, fließendsten Vortrag ohne Unterbrechung zwei Stunden hindurch (er las mittwochs und sonnabends von elf bis ein Uhr) den Inhalt eines Platonischen Dialogs, so sicher, als ob er ihn leibhaftig vor sich sähe: Die Gliederung, die einzelnen Teile, der Zusammenhang des Ganzen trat greifbar dem Hörer vor Augen.

Ganz anders war die Art Steinthals. Er war damals in den Jahren seiner Vollkraft, eine kleine schmächtige Gestalt, das blasse schmale Gesicht von einem dunklen Vollbart umrahmt. Er saß auf dem Katheder, eine Fülle von Papieren vor sich, unter denen er sich zuweilen zu verwirren und zu verlieren schien. Der Vortrag war langsam, oft durch längere Pausen unterbrochen, in denen er den Faden zu suchen schien. Auch wenn er zusammenhängend sprach, lösten die Worte sich

Hermann Bonitz (links) und Heymann Steinthal, Professoren in Berlin: „Die Vorlesungen gaben Anregung zu weiteren Studien."

langsam von der Lippe. Dennoch bin ich seinen Vorlesungen mit gespannter Aufmerksamkeit gefolgt. Die Einleitung in die Psychologie und Sprachwissenschaft eröffnete nach allen Seiten weite Blicke: Physiologisches wurde vorausgeschickt, Psychologisches folgte, die Sprachtheorie machte den Beschluss. Vor allem die Psychologie war mir lehrreich, der Begriff der Apperzeption stand im Mittelpunkt seiner Auffassung des Seelischen: Er diente vor allem zur Darstellung der Bildung der Begriffs- und Sprachwelt im Kinde. – Auch die Elemente der Sprachvergleichung in der andern Vorlesung, die Entwicklung der Formen der indogermanischen Sprachen, die Übersicht über die Kulturwelt des gemeinsamen Ur- und Stammvolks, wie sie sich aus dem Gemeinbesitz an Namen zu ergeben scheint, fesselte jetzt mein Interesse in hohem Grade: Ein ahnungsvoller, dämmernder Hintergrund des geschichtlichen Lebens dieser Völker- und Sprachengruppe schien sich aufzutun, der in unermessliche Fernen den Blick schweifen ließ.

Die Vorlesungen gaben Anregung zu weiteren Studien. Sowohl bei Trendelenburg als vor allem bei Steinthal sah ich mich auf eingehenderes Studium der Physiologie hingewiesen. Ich verschaffte mir Johannes Müllers „*Handbuch*"[193] und habe mit heißem Bemühen die fünf Bände durchgearbeitet und manche Frucht daraus gezogen; so dass ich nicht bedauere, nicht den bequemeren Weg des Kompendiums gewählt zu haben. Ferner studierte ich in diesem Winter Benekes „*Philosophie*".[194] Durch Ueberwegs hohe Schätzung dieses Mannes auf ihn geführt, habe ich zuerst die „*Neue Psychologie*",[195] dann auch die „*Metaphysik*"[196] und andere Werke Benekes gelesen. Und auch das bedauere ich nicht; seine zugängliche

Heinrich von Sybel, Professor in Bonn:
„Er las vor einem großen Kreise“.

Behandlung der erkenntnistheoretischen und metaphysischen Probleme hat mir in diesen Dingen zuerst auf den Weg geholfen; und bis zu einem gewissen Grade hat seine Denkweise auch dauernd auf mich abgefärbt, so vor allem an einem Punkt, dem Punkt, wo er, über Kant hinausgehend, die Phänomenalität der Erkenntnis für das Seelenleben ablehnt. Es ist der Punkt, an dem er, im Grunde in Übereinstimmung mit der ganzen deutschen Philosophie des 19. Jahrhunderts, in die Spuren des objektiven Idealismus wieder einlenkt. Auch seine Psychologie, ich hatte sie schon vor Beginn der Vorlesungen gelesen, gab mir diesen gegenüber eine gewisse Freiheit: Ich brachte Kategorien mit, durch die ich zu dem dort Gebotenen Stellung zu nehmen in den Stand gesetzt war. Und gerade die, ich würde jetzt sagen, falsche Anschaulichkeit der Benekeschen Psychologie, die übrigens in überraschender Weise die falsche Anschaulichkeit der gegenwärtigen physiologischen Konstruktion des Vorstellungslebens aus Besetzung und Nichtbesetzung von Hirnzellen vorausnimmt, war mir damals bequem und hilfreich. Ich habe seitdem oft die damals gemachte Erfahrung wiederholt, dass der Wert eines Buchs für den Leser nicht allein auf seiner objektiven Bedeutung beruht, sondern ebenso sehr darauf, dass es im rechten Augenblick ihm in die Hände kommt. Das an sich wertvollste Buch, verfrüht gelesen, kann zum größten Hemmnis werden, zur Sache zu kommen. Ich fürchte, dass die Kantischen „*Kritiken*“ vielfach diese Wirkung haben; sie stoßen die Anfänger zurück und hinterlassen nichts als die dauernde Empfindung der Unfähigkeit zur Philosophie. Ich darf in dieser Absicht von Glück sagen, dass mir in Langes „*Geschichte*“, in Ueberwegs „*Logik*“ und in Benekes Werken die rechten Bücher zur rechten Zeit in die Hände gefallen sind.

Mein persönlicher Verkehr war in diesem Winter sehr beschränkt. Von dem Kneipleben hatte ich mich vollständig zurückgezogen. Genossen der philosophischen Studien fand ich nicht, und so war ich im Wesentlichen allein mit mir selber, wobei ich mich übrigens durchaus nicht schlecht befand. Doch erinnere ich mich gern eines Erlanger Freundes, eines Juristen, mit dem ich öfter zusammenkam; wir lasen auch etwas Griechisch zusammen, die *„Wolken"*, *„Ritter"* und *„Frösche"* des Aristophanes.

Das Sommersemester 1869 verbrachte ich in Bonn. Trendelenburg ließ mich, als ich mich von ihm verabschiedete, ziemlich unverhohlen seine Missbilligung dieses Entschlusses erkennen: Er hatte recht, ich hätte in Berlin meine eben ernstlich begonnenen Studien fortsetzen sollen. Indessen, der vorige heiße Sommer in Berlin war mir in allzu übler Erinnerung, und dazu kam eine unbestimmte Sehnsucht, noch etwas von deutschen Landen und Universitäten zu sehen; ich blieb also bei meiner Absicht. Und ich will nicht sagen, dass ich sie bereut habe, wenn auch das Bonner Semester hinter meinen Erwartungen vielfach zurückgeblieben ist.

Vor allem gilt das von den Vorlesungen. Sie haben mir wenig geboten. Ich hörte Jürgen Bona Meyer über den Materialismus; es kam mir vor, dass er weder in der Darstellung noch in der Kritik von ferne Friedrich Albert Lange erreiche. Auch Useners Geschichte der griechischen Literatur bot mir wenig; es wurde eine Darstellung ihres „organischen Zusammenhangs" in Aussicht gestellt, aber alsbald wurden wichtige Glieder amputiert, so die philosophisch-wissenschaftliche Entwickelung. Die Aufzählung philologischer Arbeiten, schon gemachter und noch zu machender, war für den Fachphilologen vielleicht wertvoll, ich hätte gern darauf verzichtet. Und die Mühsal des freien, oft sich überhastenden peripatetischen Vortrags wurde auch peinlich. So blieb mir von größeren Vorlesungen, die ich leidlich regelmäßig hörte, nur Bernays über Lukrez, mit einer Einleitung über die Philosophie bei den Römern. Er las nachmittags von drei bis vier Uhr, im Sommer und in Bonn nicht eine günstige Stunde; die von Anfang an nicht große Zahl der Hörer sank bald auf vier oder fünf; Lukrez-Bernays vermochten die Konkurrenz mit dem Rhein und dem Siebengebirge nicht auszuhalten. Der Abfall wirkte wieder ungünstig auf den Vortrag; man hatte die Empfindung, dass der berühmte, wohl auch etwas eingebildete Gelehrte es eigentlich unter seiner Würde fand, die Perlen seiner Wissenschaft den wenigen und dazu wechselnden Zuhörern vorzulegen; vor allem machte die Art des Schlusses der Vorlesung den Eindruck: Kaum begann die Uhr, die im Auditorium hing, zu schlagen, so hörte er mitten in der Darlegung auf und verließ den Saal, als ob er es bereue, schon so viel Zeit mit uns verloren zu haben.

Viel anziehender war Sybels Vortrag über die Geschichte des 18. Jahrhunderts. Er las vor einem großen Kreise; seine klare Darlegung der jeweiligen politischen Situation war ebenso aufklärend wie seine Charakteristik der handelnden Personen anziehend und eindringlich; ich erinnere mich besonders Friedrich II. und Katharina II. von Russland. Auch Aegidi hörte ich hier wieder, er las ein Kolleg über den Zollverein, mit lebhaftestem nationalen Pathos, das mir nicht immer im rechten Verhältnis zur Sache zu stehen schien. Eine Karte an ihn habe ich nicht abgegeben: Ich konnte eine gewisse Scheu und Unbeholfenheit zu meinem Schaden nicht überwinden. Ein Publikum[197] über Horaz' Satiren bei Heimsoeth entsprach meiner alten Neigung für den Dichter. Clausius' Wärmetheorie führte mich in die Betrachtungsweise der modernen mechanistischen Physik ein, wenn ich denn auch an der mathematischen Entwickelung bald scheiterte. Endlich habe ich in diesem Sommer noch einen Anlauf genommen, bei Gildemeister das Sanskrit zu erlernen; mein Interesse für die Sprache des fernen Ostens, zugleich des fernen Altertums, war durch Steinthal erregt worden. Ich habe es bis zum Lesen, d. h. zum Lesen der Wörter gebracht; dann sah ich: ein wirkliches Studium würde mich mehr Zeit und Kraft kosten, als ich für eine Liebhaberei, denn in diesem Licht stellte sich mir die Sache dar, zur Verfügung habe, und ließ die Sache fahren.

Der Schwerpunkt meiner Arbeit lag während des Bonner Semesters in dem Studium Platos. Ich habe dort an der Hand der Nachschrift der Bonitzschen Vorlesung und mit Benutzung von Schleiermacher,[198] Hermann[199] und der Ueberwegschen Preisschrift über die Echtheit der Platonischen Schriften[200] die lange Reihe der Dialoge sehr aufmerksam mit der Feder in der Hand durchgelesen, mit großem Gewinn für meine Lesefähigkeit: Die Nötigung, Inhalt und Gliederung, die bei dieser Darstellungsform nicht, wie bei der systematischen, dem Leser mühelos dargeboten werden, durch genauestes Achten auf den Fortgang des Gesprächs und die kleinen Winke über Bedeutung und Zusammenhang der Teile, die nicht ganz fehlen, selbsttätig herauszubringen, ist eine unvergleichliche Erziehung zu aufmerksamem Lesen. Die Sprache, die mir vor einem Jahre noch als ein fast unübersteigliches Hindernis erschienen war, machte mir bald keine Mühe mehr, ich las den Text so gut wie ohne Unterstützung durch Lexikon oder andere Hilfen zu großer Genugtuung für mein philologisches Selbstbewusstsein.

Mein Umgang in Bonn wurde wesentlich durch die alten burschenschaftlichen Beziehungen bestimmt. Ich besuchte öfters das „Schänzchen", die herrlich am Rhein gelegene Kneipe der Alemannen. Ein kleiner Kreis von Auswärtigen, die hier verkehrten, darunter meine beiden Rheinländer aus Erlangen, schloss sich enger aneinander und bildete eine besonders lebhafte Ecke. In diesem Kreis fand sich auch öfter ein etwas älterer Mann ein, Dr. Carl Göring, er hat sich später in Leipzig habilitiert und als Verfasser eines „*Systems der kritischen Philosophie*"[201] bekannt gemacht. Wir haben manchen Abend über philosophische Probleme tiefsinnig disputiert, als dritter gesellte sich meist der Westfale Osthoff, jetzt Professor der vergleichenden Sprachwissenschaft in Heidelberg, dazu. Göring hatte eine eigentümlich trockene, etwas sarkastische Art, die sich dem Jüngeren wohl auch als Überlegenheit fühlbar machte. Dass er im Grunde eine melancholisch angelegte Natur war, fühlten wir wohl auch damals schon; für harmlose Fröhlichkeit hatte er wenig Sinn, eher einmal für einen starken Trunk. Ich habe ihn zum letzten Mal gesehen, als er mich als Kollegen, d. h. als jungen Privatdozenten, in Berlin wieder aufsuchte. Bald darauf hat er seinem Leben durch eigene Hand ein Ziel gesetzt.

Siebengebirge am Rhein: „Dass es an Ausflügen in die schöne Umgebung nicht fehlte, ist selbstverständlich."

Dass es an Ausflügen in die schöne Umgebung nicht fehlte, ist selbstverständlich. Der Kreuzberg, Endenich, Kessenich, Godesberg waren die gewöhnlichen Tagesspaziergänge, das Siebengebirge der übliche Sonntagsausflug. Öfters habe ich auch einsam am frühen Sonntagmorgen die Wanderung zur Löwenburg angetreten, wo beim Förster Mittagsstation gemacht wurde. Über die Wolkenburg oder den Ölberg ging der Weg zurück. Nicht selten wurde ein Kahn genommen und von ihm aus im Rhein gebadet; ich bin wiederholt, halb dem Strom folgend, von einem Ufer zum andern geschwommen; es kam mir jetzt zugute, dass ich in Erlangen in der seichten Regnitz allein durch anhaltende Versuche das Schwimmen gelernt hatte.

In Bonn ist mir auch erst der Blick für das katholische Wesen aufgegangen. Auch von Erlangen aus wäre Gelegenheit gewesen, es zu sehen, in Bamberg und noch näher in den nördlich angrenzenden Dörfern; ich habe aber kaum etwas davon gemerkt. Am Rhein dagegen gewann ich den Blick dafür. Auf dem Kreuzberg hatten die Jesuiten damals eine Niederlassung; mit einem eigentümlichen, mit Abneigung und Scheu gemischten Interesse wurden die fremdartigen Gestalten betrachtet. Ich habe auch einmal einen der Väter predigen hören; seine klare, sachliche und eindringliche Darlegung rein praktischen Charakters war nicht übel, die Abwesenheit der abgestandenen Dogmatik und des gewohnten Kanzeltons war mir besonders überraschend; ich hatte eher erwartet, diese Dinge gesteigert hier anzutreffen. Natürlich wurde auch die Messe im Dom gelegentlich be-

Heinrich von Treitschke, Professor in Heidelberg, seit 1873 in Berlin: „Sein unbändiges Temperament machte ihn für historische Gerechtigkeit in einem ganz ungewöhnlichen Maße unfähig".

sucht. Die katholische Umgebung machte sich übrigens auf Schritt und Tritt bemerklich. Meiner Wohnung, die nach dem Garten ging, gegenüber lag das Franziskanerkloster, das durch häufiges und frühes Läuten zuweilen beschwerlich wurde. Auf den Landstraßen sah ich mit Erstaunen die Weiber ihre Rosenkränze beten; die Öffentlichkeit und Geschäftsmäßigkeit, womit die Sache verrichtet wurde, war dem Protestanten nicht minder überraschend als jener Weltton in der Predigt des Jesuiten. Der Protestantismus ist Religion des Einzelnen, der Katholizismus Volksreligion; jene sucht die Verborgenheit, diese die Öffentlichkeit. Dort hat auch der öffentliche Gottesdienst einen privaten, weltfremden Charakter, ganz wie der Kanzelton des lutherischen Predigers alten Schlages, die Kirche steht völlig außerhalb des alltäglichen Weltgetriebes, eine Welt für sich. Der katholische Gottesdienst hat viel von dem Charakter eines Volksfestes; es stellt sich als ein durchaus Zugehöriges mitten in die Welt hinein, selbst die Straße nicht scheuend: Mit Erstaunen sah ich am Fronleichnamstag hier zum ersten Mal die Ausschmückung der Straßen mit improvisierten, blumenbekränzten Altären, die Umzüge mit Gesang und Prunk jeder Art. In meiner Heimat wäre das alles als Profanierung empfunden worden, schon ein Blumenschmuck des Altars undenkbar; eingesperrte Luft und ein gewisser muffiger Geruch schien zur Feierlichkeit der Kirche wesentlich zu gehören. So seltsam paradox ist die Wirklichkeit: Das Luthertum, das nach der üblichen Rede die Religion in die Welt geführt und den Gottesdienst mit dem Leben und den Berufsaufgaben versöhnt haben soll, hat tatsächlich zur völligen Entfremdung und Isolierung der Kirche gegen das wirkliche Leben geführt; wogegen die alte Kirche, trotz aller Überweltlichkeit, in Wahrheit sich in der Welt auf das vollkommenste heimisch gemacht hat, mit tausend Fäden das Gewebe ihres Lebens durchdringend und umspinnend.

Zwei etwas größere Ausflüge haben mich, der eine zu Pfingsten in die Eifel, der andere am Schluss des Semesters bis Heidelberg geführt. Auf dem ersten hatte ich Freund Bungeroth zum Begleiter; wir sind das Ahrtal hinaufgewandert, über Höhen und Täler bis Adenau hinauf, unter mannigfachsten krausen Disputen: Er war im Begriff, zum orthodoxen Theologen sich zu entwickeln, ich stellte meine Philosophie dagegen, die eben erste Umrisse zu gewinnen begann. Durch das Brohltal und über den Laacher See ging's wieder abwärts zum Rhein, von wo aus er seinen Weg zu Fuß nach Altenkirchen zu den Eltern einschlug; ich kehrte zu meinem Plato nach Bonn zurück. Die zweite Tour habe ich einsam machen müssen, es fand sich kein Begleiter, auch wegen des Stiftungsfestes der Alemannen, das in diesen Tagen gefeiert wurde. Ich fuhr mit dem Dampfschiff an Oberwesel vorüber, wo eben die Genossen das Fest begingen, dem ich auswich; in Bingen stieg ich aus und ging über Rüdesheim durch den Rheingau nach Mainz. Die Römererinnerungen wurden hier aufgesucht; dann ging's nach Frankfurt, wo mich die Paulskirche besonders anzog: Die Erinnerung an sie war in der Burschenschaft noch recht lebendig. Hans von Raumer hatte der Bubenruthia angehört. An der Bergstraße hingehend, blieb ich in Auerbach die Nacht: Mir ist in lebhafter Erinnerung, wie mir beim Auerbacher Rotwein sentimental zumute wurde: Ich dachte an meine Einsamkeit und träumte von einem Gefährten oder einer Gefährtin, mit der ich Platonische Gespräche führen könne. In Worms sah ich im Vorübergehen den Dom und den Luther mit seiner Umzäunung; dann fuhr ich nach Mannheim, von wo mir außer der Selbstgerechtigkeit der gleichgewachsenen Häuser und Straßen nur die Stimme eines badischen Majors im Gedächtnis geblieben ist, der in breitestem Dialekt an der Wirtstafel seine Weisheit zum Besten gab.

In Heidelberg sah und hörte ich Zeller und Treitschke zum ersten Mal, mit denen mich später in Berlin der Beruf täglich zusammenführen sollte. Zeller diktierte seine Psychologie einer kleinen schläfrigen Schar in die Feder, es war freilich bei ausgehendem Semester; Treitschke riss seine Zuhörer durch das wuchtige Pathos seines Vortrags zu leidenschaftlicher Teilnahme hin, dem, der zum ersten Mal seine monoton-hohle Stimme hörte, fast zum Erstaunen. Ich habe ihn nur noch einmal, eine Reihe von Jahren später in Berlin, gehört: Unglücklicherweise behandelte die Vorlesung gerade englische Verhältnisse; mir wurden die Invektiven, mit denen er in blindem Hass englische Philosophie und Denkweise überschüttete, so unerträglich, dass ich den Hörsaal verließ. Sein unbändiges Temperament machte ihn für historische Gerechtigkeit in einem ganz ungewöhnlichen Maße unfähig; es gab für ihn nur zwei Kategorien: für und gegen die gute Sache; und gegen das, was gegen die gute Sache, d. h. nur die preußische Sache, war, war alles erlaubt. Womit eigentlich England seinen inbrünstigen Hass sich zugezogen hatte, ich weiß es nicht: Er kannte keine Grenzen. Ich höre noch, wie er bei der

Kunde von dem Fall Khartums und dem Tode Gordons im Sprechzimmer der Berliner Universität in laute Jubeltöne ausbrach: so sei es recht und so müsse es jedem ergehen! Da er taub war, war es unmöglich, ihm zu erwidern: Er hörte immer nur sich selbst, und das steigerte die Maßlosigkeit seiner Affekte.

Auf der Rückreise nach Hause besuchte ich noch Düsseldorf, wo ich in einer bescheidensten Herberge, das Geld ging zur Neige, mit einem Handwerksgesellen das Zimmer teilte, und Elberfeld-Barmen, wo eben die Wuppertal-Festversammlung stattfand, von der ich freilich keine Erinnerung mitgebracht habe als die, dass mir die dortige Beredsamkeit einen recht fatalen Eindruck machte. Durch die Nacht zwischen feurigrauchenden Schornsteinen im Land der deutschen Großindustrie hinfahrend, kam ich endlich erschöpft in Altona an, von wo ich am folgenden Tage nach langweiliger Eisenbahn- und Postfahrt die Heimat erreichte. So endigte mein Bonner Semester.

An die Ferien habe ich keine deutliche Erinnerung; doch weiß ich, dass ich darin die Platonische „*Republik*", die ich im Sommer nicht mehr bewältigt hatte, mit großem Interesse las, ich habe die Exzerpte noch, in denen ich mir den Inhalt befestigte, und des Lucretius sechs Bücher „*De rerum natura*": Ich war in Bonn nicht dazu gekommen. Ferner die „*Ethik*" des Aristoteles, die für Trendelenburgs Übungen auf dem Programm stand. Auch Bernhardys Literaturgeschichte,[202] die ich mir mit zahlreichen andern Büchern auf der Welckerschen Auktion[203] gekauft hatte, war in meinen Händen.

Im Wintersemester 1869/70 war ich wieder in Berlin. Unter den Vorlesungen, die ich hörte, ist mir am meisten die von Bonitz über Aristoteles von Wert gewesen: Sie war mir wegweisend für ein ausgedehntes Studium von dessen Schriften wie früher die Vorlesung über Plato. Seine Darstellung des Lebens und der Schriften des Philosophen war ebenso orientierend wie seine gelegentliche Kritik scharf und anregend; Bonitz war keineswegs wie Trendelenburg ein unbedingter Bewunderer des Aristoteles; er hatte zu viel moderne Gedanken, namentlich auch mathematisch-naturwissenschaftliche, in sich aufgenommen, um mit den Begriffen von Wirklichkeit und Möglichkeit alle Dinge konstruieren zu können. Steinthals Vorlesung über Enzyklopädie der Philologie war eine in mancher Hinsicht belehrende, wenn sie auch an anregender, suggestiver Wirkung hinter der Einleitung zurückblieb. Droysens neueste Geschichte erreichte nach meiner Empfindung nicht die letzten bewegenden Triebkräfte; mit viel schauspielerischem Pathos vorgetragen, schauspielerisch auch darin, dass er sich den Schein gab, frei zu sprechen, tatsächlich aber von kleinen Blättern ablas, war es in der Hauptsache eine Zusammenstellung der Haupt- und Staatsaktionen aus der trübseligen Zeit der Heiligen Allianz. Die jüngste, zukunftsreiche Entwickelung, die mit Cavour-Bismarck eingesetzt hatte, kam überhaupt, soviel ich mich erinnere, nicht mehr zur Darstellung. Mehr befriedigte mich ein Publikum bei Erdmannsdörffer über die französische Revolution durch seinen schlichten Ton und seine sachlich eindringende Analysis. Die Übungen bei Trendelenburg, die „*Ethik*" wurde behandelt, wurden wieder aufgenommen, ich fühlte mich jetzt recht sicher darin. Auch an Übungen über Kants „*Kritik*" bei Harms habe ich mich beteiligt; sie waren wenig ersprießlich, die Abschnitte wurden verteilt an Referenten, die in der Stunde dann ein schriftliches Referat vom Katheder herab vorlasen; eine Verhandlung darüber war schon wegen der Schwerhörigkeit des Professors so gut wie ausgeschlossen. In diesen Übungen habe ich, wenn ich mich nicht irre, Georg Elias Müller, jetzt seit langem Professor in Göttingen, zuerst kennen gelernt.

Das Hauptgericht auf der Tafel dieses Semesters war Aristoteles. Ich habe eine beträchtliche Zahl seiner Schriften durchgearbeitet und exzerpiert, sehr genau die „*Ethik*" in den drei Überlieferungen, von der ich eine bis ins Einzelste gehende Disposition in lateinischer Sprache anfertigte, die ich noch besitze: Ich dachte daran, einmal eine kommentierte Ausgabe zu machen, die sich neben Trendelenburgs „*Psychologie*"[204] und Bonitz' „*Metaphysik*"[205] stellen sollte; ich achtete daher auch auf Lesarten, sammelte fremde und eigene Verbesserungen des Textes, machte Observationen über den Sprachgebrauch usw. Ich bin nicht dazu gekommen, die Sachen zu verwerten, aber die intensive Beschäftigung mit der Aristotelischen „*Ethik*" ist nicht vergeblich gewesen: Sie hat mich eine der großen Grundformen der Konstruktion der sittlichen Welt kennen gelehrt, die Form, die ich schließlich für die einzig wahre halte: die einer teleologischen Lebenslehre. Außer der „*Ethik*" habe ich die „*Politik*" und die „*Rhetorik*" und „*Poetik*" genau durchgearbeitet, ich meine auch die „*Psychologie*" und die „*Analytik*"; die „*Metaphysik*" habe ich in den folgenden Osterferien studiert. Während des Semesters hatte ich mir längere Zeit aufgegeben: täglich ein Buch; ich habe öfter bis tief in die Nacht hinein über meinem Pensum gesessen, in erkalteter Stube, mit allen Mitteln der Umhüllung mir die notwendige Wärme erhaltend.

Außer dem Aristoteles las ich Kants „*Kritiken*" und Schleiermachers „*Ethik*".[206] Auf letztere führte wohl Bonitz, der auf Schleiermachers „*Kritik der Sittenlehre*"[207] mit Nachdruck hinwies; an die „*Ethik*" schloss sich die „*Dialektik*",[208] die mir von Ueberweg her empfohlen war. Kants Werke habe ich mit heißem Bemühen durchgearbeitet; aber, ohne rechte Hilfe gelassen, habe ich es über ein nächstes und äußeres Verständnis nicht hinausgebracht; ich erinnere mich noch, wie ich in den Übungen das Kapitel vom Schematismus behandelte, zur Zufriedenheit des Lehrers, aber nicht zu meiner eigenen: Ich hatte die sicherste Empfindung, keineswegs einzusehen, worauf denn diese Formeln eigentlich abzielten. Auch mit der „*Kritik der praktischen Vernunft*" ging es mir nicht besser; ich verstand wohl die Worte, aber der Sinn in seinem großen Zusammenhang wollte sich mir nicht ergeben.

Als ich im April 1870 aus den Ferien, die noch dem Aristoteles wesentlich gehört hatten, nach Berlin zurückkehrte, harrten meiner große Enttäuschungen: Trendelenburg und Steinthal, auf welche beiden ich vorzugsweise gerechnet hatte, waren beide erkrankt und abwesend. Unter diesen Umständen hielt ich den Sommeraufenthalt in Berlin, der mir ohnehin nicht verlockend vor Augen stand,

Friedrich Reuter: „In jeder Hinsicht mir überlegen, ist mir Reuter, den, ich weiß nicht, was, von Anfang an zu mir hinzog und mich festzuhalten bestimmte, zu einem wahren Mentor geworden, dem ich unschätzbar viel verdanke."

für unmotiviert. Ich packte, auch von meinem Zimmer nicht eben befriedigt, meine Siebensachen zusammen und ging, es wird im Mai gewesen sein, nach Kiel. Was den Ausschlag für Kiel gab, war nicht die Universität, sondern vielmehr ein Freund, der dort am Gymnasium als Lehrer angestellt war, mein Freund Reuter, von dem zu reden schon längst Anlass gewesen wäre.

Es war bei der Rückkehr von meinem ersten Erlanger Semester, im Herbst 1866, nachdem eben der Krieg sein Ende gefunden hatte: Ich kam von Kassel, wo das verschlossene und leerstehende Wilhelmshöhe von der Umwälzung in Deutschland erzählt hatte. Man hatte mir in Erlangen gesagt: in Altona halte sich ein Philister[209] Reuter vom Jahrgang vor meiner Ankunft auf, den ich unbedingt aufsuchen müsse. Ich habe ihn zum ersten Mal im Hause von Reinkes in der Palmaille gesehen, wir sind dann ein paar Abende im Wirtshaus zusammen gewesen, zum Teil mit alten Mitschülern von mir, die noch auf die Schule gingen und die er sehr kurz und schneidig behandelte. Einem, der, etwas angetrunken, wiederholt darauf drang, ihm vorgestellt zu werden, sagte er z. B.: „Herr, lassen

Sie sich lieber etwas zurückstellen." Mir imponierte seine Art, die den alten seiner selbst sicheren Studenten überall noch durchblicken ließ, und die doch zugleich den Studenten schon abgestreift und männliches Wesen angenommen hatte. Er war damals als junger Lehrer an einer Privatschule mit Internat, die vor allem auch von Ausländern oder im Ausland geborenen jungen Leuten besucht wurde: Die Bändigung der Wildlinge war eine ebenso interessante als übende Aufgabe für einen jungen Lehrer, sie gelang ihm vortrefflich.

Für mich ist diese Begegnung von ungemeiner Bedeutung geworden. In jeder Hinsicht mir überlegen, ist mir Reuter, den, ich weiß nicht, was, von Anfang an zu mir hinzog und mich festzuhalten bestimmte, zu einem wahren Mentor geworden, dem ich unschätzbar viel verdanke. Er dämpfte einerseits durch seine sichere Überlegenheit als Charakter und als Gelehrter mein noch von der Schule herstammendes Selbstbewusstsein, indem er mir, ohne es zu wollen, meine Blöße als Student überall zur Empfindung brachte, ich wäre ihm manchmal gern ausgewichen, um des Gefühls der Scham ledig zu sein; andererseits wusste er wieder mein Pflichtgefühl zu wecken und mein Selbstvertrauen zu heben: Es hatte zeitweilig einen sehr bedenklichen Tiefstand erreicht; ich habe wohl einmal, ehe ich in Berlin festen Boden gewann, daran gedacht, das Studium, da es doch zu nichts führe, aufzugeben und in das elterliche Haus als Bauer zurückzukehren. Es ist daher auf alle Weise gerechtfertigt, von diesem meinem ersten und nächsten Freunde hier ein wenig eingehender zu handeln.

Friedrich Reuter ist im Jahre 1843 in einem fränkischen Pfarrhaus, zu Martinsheim, nicht weit vom Main, wo dieser auf seiner ersten großen Schleife nach Süden Marktbreit erreicht, geboren. Sein Vater war früh gestorben; die tapfere Mutter hat es doch möglich zu machen gewusst, ihre zwei Söhne studieren zu lassen. Den älteren, meinen Freund, nahm das Alumneum zu Ansbach auf; unter dem Rektor Elsperger, der sich seiner besonders annahm, hatte er eine tüchtige Schulbildung erlangt. Im Jahr 1861 bezog er die Universität Erlangen, wo auch die Mutter ihren Wohnsitz nahm. Er trat in die Burschenschaft ein, wurde nach einem Semester konsiliiert,[210] weil er einem unverschämten Studenten eine nach Aller Ansicht, auch der Richter, wohlverdiente Maulschelle gegeben hatte, ging mit einem Stipendium nach München und setzte hier ein Jahr lang das Studium der Philologie und Geschichte fort. Nach Erlangen zurückgekehrt, gewann er in der Verbindung bald eine bedeutende Stellung neben einem anderen Franken, dem Bayreuther Renaud, dem Abkömmling einer Emigrantenfamilie, der später als Schulrat seine beste Kraft an die geistige Wiedereroberung des Elsass gesetzt hat. Reuter und Renaud, das waren die beiden Namen, die mir, als ich in die Verbindung eintrat, wohl am häufigsten ins Ohr klangen, die beiden letzten „heroischen" Gestalten der Bubenruthia.[211] Zugleich Freunde und Konkurrenten, hatten sie immer um die erste Stelle gerungen, ohne dass je einer den Wert des andern zu verkennen oder herabzusetzen gedacht hätte. Renaud, der Poet, wurde mehr geliebt, Reuter, der Fechter, mehr gefürchtet, auch um der scharfen Zunge willen. Beide waren übrigens arm und verdienten sich den Unterhalt durch eigene Arbeit.

Nach bestandenem Examen entschloss sich Reuter, die Heimat zu verlassen; die bayrischen Verhältnisse waren ihm zu eng geworden; er suchte das größere und freiere Leben des Nordens. Nachdem er in Altona sich die pädagogischen Sporen verdient hatte, wurde er durch Ludwig Wieses Vermittlung in den preußischen Schuldienst übernommen. Er ist allmählich in Holstein völlig heimisch geworden: An drei Gymnasien, in Kiel, Glückstadt und Altona, hat er nacheinander gewirkt und viel Liebe ausgesät. Als er, fast erblindet, seine letzte Stellung im Jahre 1901 aufgeben musste, haben dankbare Schüler aus allen Orten des Landes und allen Jahrgängen sich zusammengetan, ihm ein Abschiedsgeschenk zu stiften. Er hat manchem armen Jungen die Vollendung der Schule und des Universitätsstudiums möglich gemacht; er hatte immer den einen und andern, dessen er sich mit besonderer Hilfe und Unterweisung annahm. Und auch sein Einkommen – er blieb unverheiratet – ging zu einem guten Teil denselben Weg. Reichte es nicht, so hielt er es auch nicht unter seiner Würde, bei wohlhabenden Leuten anzuklopfen und ihnen den Weg zu förderlicher Verwendung ihres Überflusses zu weisen. Und auch nach Absolvierung der Schule hörte seine Sorge nicht auf, ja man kann sagen: Mit besonderer Freude nahm er sich seiner Studenten an; er beriet sie hinsichtlich der Studien und der Universität, er gab ihnen Briefe an die Professoren mit, jeden dem zuführend, bei dem er für ihn besondere Teilnahme und Förderung erwarten konnte. Seine Fäden waren dabei fast über alle deutschen Universitäten ausgespannt; er ließ nicht leicht eine Gelegenheit vorübergehen, eine Bekanntschaft zu machen, die in dieser Absicht einmal eine Anknüpfung zu verheißen schien. Und noch über die Universität hinaus ging diese hilfreiche Teilnahme: Dem jungen Lehrer, der seine ersten Versuche machte, stand er mit Rat und Tat zur Seite; viele wendeten sich persönlich oder brieflich an ihn, um in ihren Nöten seine Stimme zu hören. Und für jede Schwierigkeit, für jede Verlegenheit war er zu haben: Ich glaube, es hat wenig Menschen gegeben, denen es ein so intimstes Bedürfnis war, andern zu helfen und den Weg zu weisen. Es wurde geradezu zur herrschenden Leidenschaft seines Lebens, einer Leidenschaft, die denn, wie alle Leidenschaften, auch einmal unbequem werden konnte.

Die Kehrseite seiner Aufopferungsfähigkeit war die Strenge seiner Forderungen. Er gehörte durchaus nicht zu jenen weichlich-liebenswürdigen Naturen, die nicht weh tun können. Er konnte scharf und hart, ja, wenn er einmal Misstrauen gefasst hatte, unbarmherzig und selbst ungerecht werden. So zartfühlend und fein er in seinem Wohlwollen war, so rücksichtslos war er in seinem Zorn. Wo ihm Unwahrhaftigkeit oder Rücksichtslosigkeit oder gemeine Gesinnung entgegentrat, da hasste er mit der ganzen Leidenschaft seiner Seele. So war er als Kollege nicht gerade bequem. Zu jeder Hilfe, zu jeder billigen Verständigung bereit, lehnte er es doch durchaus ab, auf dem Fuß des: *veniam damus petimusque vicissim,*[212] auf dem Fuß des Nachsehens und Gehenlassens, zu leben. Auch der Untergebene war nicht bequem, er hat seine ersten Direktoren, Bartelmann und Niemeyer, leidenschaftlich verehrt; er hat anderen schwere Stunden gemacht durch die entschiedene Weigerung, durch Leisetreten und Schweigen Ärgernis verhüten zu helfen. Und ähnlich mit den Schulräten: Ludwig Wiese ist er bis ans Ende anhänglich geblieben, er wusste die ruhige Sicherheit, die *mitis sapientia*[213] des Mannes, wie sie ihm im Verkehr mit den Schülern entgegengetreten war, nicht genug zu rühmen. Wo er aufgeblasener Amtsmiene, hohlem Besserwissenwollen begegnete, da regte sich in ihm der alte Burschenschafter, und er wog die Worte nicht aufs ängstlichste ab. Hat er doch noch als Oberlehrer ein paarmal Leute, die ihm quer kamen, vor die Klinge gefordert.

Überhaupt: Sein ganzes Wesen war Entschiedenheit; für oder wider, nicht das schwächliche Mittelmaß, warm oder kalt, nicht fade Lauheit. So der Charakter dieses Mannes. Von seiner geistigen Bedeutung empfing jeder, der ihm persönlich begegnete, einen starken Eindruck. Er war in der Unterhaltung, wenn er seinen guten Tag hatte, geistsprühend, voll treffender und eigentümlicher Wendungen, seine Sprache ungemein gedrängt und besonders, so dass es nicht immer leicht war, ihn zu verstehen. Er war ein ungemein scharfer Beobachter fremder Eigentümlichkeit, auch ihrer Schwächen, deren denn der Witz nicht immer schonte. Ein erstaunliches Gedächtnis stellte ihm Erinnerungen, Erlebnisse, Geschichten, Anekdoten, besonders auf Personen und Persönliches sich beziehende, in lebendigster Frische vor Augen, er erzählte, wie wenn er jetzt Gegenwärtiges beschriebe. Dabei hatte er eine wahre Unersättlichkeit des Lernens; wo er jemand begegnete, der etwas Besonderes hatte oder wusste, es mochte ein Gelehrter oder ein Handwerker, ein Bauer oder ein Matrose, ein Einheimischer oder ein Fremder sein, da begann er alsbald, ihn zu befragen, nach beruflichen und gesellschaftlichen, nach allgemeinen und persönlichen Verhältnissen. So hatte er in Kiel als junger Lehrer alle möglichen Vorlesungen gehört, philologische und historische, juristische und philosophische, um die Lücken seines Wissens, wegen deren er oft in leidenschaftlichen Ausbrüchen seine verlorene Studienzeit anklagte, auszufüllen. In der Tat war er auf erstaunlich vielen Gebieten versiert, und sein ausgezeichnetes Gedächtnis stellte ihm den reichen Schatz des Erworbenen mühelos zur Verfügung. Seine Fähigkeit der Auffassung des Persönlichen und sein unermüdlicher Spürsinn hätten ihn zu einem hervorragenden literarhistorischen Forscher gemacht, wenn ihm mehr Freiheit und die Gabe der Konzentration gegeben gewesen wäre. Seine Arbeiten zur Geschichte der Burschenschaft,[214] über Rückert[215] und Platen[216] lassen die Eigenschaften des Schriftstellers erkennen, noch mehr seine Erstlingsschrift über Bartelmann (in drei Kieler Programmen):[217] die Freude am Sehen und Suchen, die Neigung, an jedem Punkt bis ans Ende zu gehen, immer wird er von einem zum andern und so weitergeführt, und der damit zusammenhängende Mangel an Beschränkung und Abrundung. Er kam auch in seiner leidenschaftlichen Liebhaberei für Bücher- und Briefesammeln zu Tage. Er selbst pflegte sich über den Mangel methodischer Schulung des Denkens und

Arbeitens von der Universität her zu beklagen. Es war aber kein zufälliger Mangel; er hing mit dem Sprunghaften seiner Natur eng zusammen; er konnte nicht, in spanische Stiefel eingeschnürt, gelassen die Gedankenbahn hinschreiten. Das rasche, divinatorische, die Mittelglieder überspringende Kombinieren war seine Stärke. Es war zugleich seine Schwäche: Aus geringfügigsten, zufälligsten Symptomen liebte er weitgehendste Schlüsse zu ziehen; die entferntesten Gegenstände wurden in Beziehung gebracht. Es fehlte seinem Denken nicht an Scharfsinn und Energie, aber an Nüchternheit, an Fähigkeit, die Dinge einfach zu nehmen, wie sie sind; er trug nicht selten die wunderlichsten Phantasmen hinein. In der Verbindung hatte er den Spitznamen: Don Quichote. Und seltsam, seine Schüler in Kiel kamen bald auf denselben Namen. Die lange, hagere Gestalt, der Spitzbart, die aufgerissenen Augen mochten darauf führen. Ebenso sichtbar war aber die innere Verwandtschaft: die Neigung zu phantastischer Interpretation, der heldenhafte Idealismus, der, unbekümmert um die eigenen Interessen, allein die großen Dinge für würdige Ziele des Willens hält. Endlich teilte er mit ihm auch die Eigenschaft, die nach Ablegung des Rittertums und der Abenteuerlust als das eigentliche innerste Wesen des sinnreichen Junkers übrig bleibt: „Nennt mich nicht mehr Don Quichote de la Mancha; nennt mich Don Alonzo der Gute."

Ich kehre zu dem Anfang unserer Beziehungen zurück. Wann wir nach jener ersten Begegnung uns wiedergesehen haben, weiß ich nicht bestimmt, vermutlich in den Osterferien 1868, wo eines Abends Reuter und ein zweiter Erlanger in Langenhorn ankamen, um mich zu besuchen. Der unvermutete Besuch brachte im Elternhaus nicht wenig Unruhe und Unbequemlichkeit hervor; auf Nachtgäste war das Haus überhaupt nicht eingerichtet. Aber es musste gehen. Am folgenden Tage entschlossen wir uns rasch zu einer Exkursion nach Föhr; wir fuhren am Abend nach Dagebüll, tranken, da die Flut noch nicht da war, viel Teepunsch und kamen endlich in langer nächtlicher Fahrt im offenen Ruderboot nach Wyk, durch Kälte und Nässe von der Wirkung des im Krug zu Dagebüll getrunkenen Punsches befreit. Es war auch meine erste Meerfahrt, obwohl wir nur eine Stunde von der See wohnten und der Vater von den Halligen stammte. Im Winter 1868/69 begann unsere Korrespondenz, die bis auf diesen Tag keine Unterbrechung erfahren hat. Ich musste ihm jetzt von meinen Vorlesungen erzählen, auch wohl meine Nachschrift von Steinthals Vortrag schicken, der ihn nicht weniger als mich interessierte. Ostern 1869 waren wir in Langenhorn wieder beisammen und lasen Platos *„Timäus"*, ebenso Ostern 1870, wo wir den *„Prometheus"* des Aeschylos lasen. Wann ich ihn in Kiel zuerst besucht habe, weiß ich nicht mehr, vermutlich Herbst 1869; später war es Regel, dass ich, wenn ich von Berlin in die Heimat kam, erst ein paar Tage in Kiel blieb: Ich ging nie ohne das Gefühl der Förderung in der einen oder andern Hinsicht von ihm.

So war es denn natürlich, dass ich auch im Mai 1870, als ich Berlin verließ, meine Schritte nach Kiel lenkte. Ich bin dort bis in den Herbst geblieben; es ist wohl kaum ein Tag vergangen, wo wir uns nicht sahen, meist schon bei Tisch, im

Landhaus, wo ein kleiner Kreis jüngerer Lehrer und Studierender speiste, sonst auf kleineren oder größeren Spaziergängen, die meist über die Koppeln in der Richtung auf Düsternbrook, Holtenau oder Knoop gemacht wurden, wir haben hier manche Stunde im Grase gelegen, geplaudert und in die blaue Ostsee hinausgeblickt; oder endlich am Abend im Seebad bei Düsternbrook. Und so wird es nicht viel Gegenstände im Himmel und auf Erden gegeben haben, die damals nicht unsere immer rege Gesprächslust gestreift hätte. Ich fing allmählich an, in der Philosophie ein Gebiet zu gewinnen, wo ich ihm auch etwas bieten konnte; er blieb in der Geschichte und Philologie der Gebende, wo mir auch seine schon damals rasch wachsende Büchersammlung zur Verfügung stand.

Von der Universität hatte ich nicht viel, wie ich es denn auch nicht erwartete. Ich ließ mich gar nicht erst immatrikulieren, sondern besuchte so gelegentlich diese oder jene Vorlesung. So z. B. bei dem alten Hegelianer Thaulow; er galt als komische Figur, und er war es. In einer Aristoteles-Vorlesung, oder war es die Pädagogik, die ihn auf Aristoteles führte?, behandelte er mit breiter Zustimmung die Lehre des Philosophen über das richtige Alter bei der Heirat. Ich hatte wohl ein wenig die Empfindung, dass wir eigentlich die Plätze tauschen sollten: er auf die Bank und ich auf das Katheder. Seine Kenntnis der griechischen Sprache reichte nicht zur sicheren Unterscheidung von αύτου und εάυτου[218] aus.

An Dilthey, der eben von Basel nach Kiel gekommen war, hatte ich eine Empfehlung von Harms. Ich besuchte ihn in seiner Wohnung am Kleinen Kiel und wurde freundlich empfangen. Er lud mich ein, an seinen Übungen über Spinoza teilzunehmen, was ich auch einige Wochen hindurch getan habe. Wir kamen zu viert in seiner Junggesellenwohnung zusammen, es wurde eine Tasse Tee gereicht und dazu gelesen, in der Form, dass einer nach dem andern ein paar Lehrsätze las und übersetzte und den Beweis dazu gab. Ich habe nicht viel Förderung davon gehabt; freilich waren die Teilnehmer zu einem Mehreren kaum im Stande; eine umfassende, auf den Gehalt und Zusammenhang im Großen gerichtete Lektüre wäre über die Kräfte gegangen. Auch die Vorlesung Diltheys über Geschichte der neueren Philosophie besuchte ich ein paar Wochen lang, ohne rechte Befriedigung zu finden; es schien mir an energischer Hervorhebung der großen und dauernden Gedanken zu fehlen, wogegen gern auf Widersprüche im Einzelnen hingewiesen wurde; ich erinnere mich, wie in Spinozas *amor intellectualis Dei*[219] ein „ganzes Nest von Widersprüchen" aufgedeckt wurde. Ich habe mich nie davon überzeugen können, dass dabei für den Hörer oder angehenden Jünger der Philosophie etwas herauskommt, so wenig als bei Ueberwegs kritischen Anmerkungen.[220] Überhaupt wurde ich in dem Verhältnis zu Dilthey nicht recht warm; der Eindruck, den ich schon bei dem ersten Besuch empfangen hatte, wollte nicht weichen;[221] es blieb etwas Fremdes zwischen uns.

Meine Hauptarbeit in Kiel galt Lotze; daneben habe ich Herbarts „*Ethik*"[222] und „*Psychologie*"[223] gelesen. Auf Lotze bin ich vielleicht durch Georg Elias Müller hingeführt worden, jedenfalls war dieser von Berlin nach Göttingen gegangen, um Lotze zu hören. Ich habe den „*Mikrokosmos*“[224] mit großem Eifer durchstudiert und exzerpiert; in einem dicken Oktavheft, das ich beständig in der Tasche trug, habe ich noch die Auszüge; ein solches Heft wurde mir jetzt zur Gewohnheit, es nahm alles Bemerkenswerte, Fremdes und Eigenes auf. Lotze hat einen nicht unerheblichen Einfluss auf meine Denkweise geübt: Die idealistische Metaphysik ist mir durch ihn erst aus einem möglichen Denken zu einer wirklichen Überzeugung geworden, der „Glaube“, in dem Humeschen Sinne des Wortes, kam zu der bloß logischen Ansicht hinzu. – Herbart, den ich daneben las, hat für mich immer etwas Abstoßendes behalten; ich fand bei Lotze in so viel höherem Maße Einheit und sinnvollen Zusammenhang. Herbarts gewalttätige Zweifelsucht war mir ebenso peinlich als der dann unvermittelt eintretende, ebenso gewalttätige Dogmatismus der Lehre von dem Realen.

Außer den philosophischen Studien habe ich in dem Kieler Sommer nationalökonomische und sozialwissenschaftliche begonnen. Mit Roschers Werk[225] fing ich an; vor allem hat mich der zweite Band, die „*Nationalökonomik des Ackerbaus*“, interessiert; hier brachte ich lebendige Anschauungen in Fülle mit. Schleiermachers „*Politik*“[226] führte auf die moderne Staatslehre. Zugleich versuchte ich, mir von der Verfassung und Verwaltung des preußischen Staats einige Anschauung zu verschaffen, welche Bemühung ohne rechte Hilfen freilich ohne rechten Erfolg blieb. Auf der Universitätsbibliothek, die mir der alte Ratjen in liberalster Weise öffnete, habe ich in den Büchersälen manche Stunde zugebracht, um mir unmittelbar von den Büchern literarische Orientierung zu holen: ein umständliches und nicht recht zum Ziel führendes Verfahren. Daneben wurden das Neue Testament und die „*Neutestamentliche Zeitgeschichte*“ von Hausrath[227] fleißig studiert. Auch die „*Nibelungen*“[228] habe ich damals zuerst gelesen.

Ich halte es doch der Anmerkung für wert, dass ich in Kiel mir alsbald das Rauchen abgewöhnte. Da ich keine Vorlesungen besuchte, saß ich den ganzen Vormittag von früh an bei der Arbeit; und da ich nach alter Gewohnheit zu Hause Pfeife oder Zigarre rauchte, so war das Zimmer bald voll Rauch. Als ich davon ein gewisses Unbehagen und eine Verminderung der Schärfe des Aufmerkens spürte, sagte ich mir, an Aristoteles' Ethik und die der Vernunft gebührende Herrschaft denkend: Dem muss ein Ende gemacht werden. Und da ein vollständiges Ende wahrscheinlich leichter durchzusetzen ist als eine Beschränkung im Genuss, so ist das vorzuziehen. Ich kaufte mir nun ein Dutzend Zigarren, stellte sie auf den Tisch und sagte mir: Die nächsten acht Tage wirst du keine rauchen; ist's dann nicht mehr auszuhalten, so stehen sie bereit. Nach acht Tagen verlängerte ich den Termin wieder um acht Tage, dann nochmals, und nun fühlte ich mich hinlänglich Herr der Situation, um den Tabak dauernd zu entlassen. – Später habe ich als Einjähriger wieder zu rauchen angefangen, die Kaserne und die Wachstube ist eine sehr dringende Aufforderung dazu; dann wurde es wieder abgeschafft.

Als für meinen Freund die Schulferien kamen, ließen wir Kiel und die Bücher und zogen nordwärts; wir wanderten über Sehestedt an den Wittensee; am fol-

Das 1767/68 errichtete Gebäude der Universität Kiel: „Von der Universität hatte ich nicht viel".

genden Tage weiter über Ascheffel und die Hüttener Berge auf Schleswig zu. Von der Höhe bei Oberselk übersahen wir am Spätnachmittag das Gelände, wo vor sechs Jahren die ersten Kämpfe zwischen Österreichern und Dänen stattgefunden hatten.[229] Unten an der Schlei lag vor uns die erinnerungsreiche Hauptstadt des Landes mit dem Schloss Gottorp und dem Dom und rechts die alte Kirche von Haddeby. Von Flensburg zogen wir am anderen Nachmittag nach Glücksburg und weiter nach Holnis, wo wir im Fährhaus übernachteten, am Abend mit den Matrosen des Zollkutters Grog zechend und uns an den renommistischen Erzählungen eines unter ihnen, eines pommerschen Pastorensohns, ergötzend. Nachdem ein Frühbad in der heiligen Salzflut die Spuren des Abends weggeschwemmt hatte, gingen wir über Broacker nach Düppel hinauf, wo an der zwischen den Schanzen hinlaufenden Chaussee zahlreiche Gräber auf beiden Seiten ernste Erinnerungen an das Jahr 1864 wachriefen.[230] Wir stiegen nach Sonderburg hinunter und saßen am Abend lange Zeit am Alssund, der Vergangenheit und der Zukunft gedenkend: Denn hier erreichten uns die ersten Mitteilungen, dass die politischen Verhältnissen, die wir ganz friedlich glaubten, plötzlich sehr gespannte geworden seien. Am andern Tage kamen wir nach langer, einsamer Wanderung durch die Insel, wir hatten eigentlich nach Apenrade fahren wollen, spät abends nach Sonderburg zurück; alle Welt sprach vom Krieg. Am frühen Morgen wurden wir durch lebhaftes Treiben auf der Straße geweckt: von Frankreich sei der Krieg erklärt.[231] Es war an meinem Geburtstag. Am Nachmittag ging ein Schiff nach Kiel; wir machten den Vormittag noch einen Gang nach den Düppeler Schanzen: In der Tat begannen die Armierungsarbeiten. Für unsere Ungeduld viel zu langsam, wir erwarteten, jeden Augenblick dänische Schiffe in den Sund einfahren zu sehen. Die fieberhafte Spannung der dänisch gesinnten Bevölkerung wirkte ansteckend.

Am Nachmittag hörten wir auf dem Dampfer, der uns nach Kiel zurückbrachte, zum ersten Mal die „Wacht am Rhein“:[232] ein Reservist, der zum Regiment ging, sang die bisher nach Text und Melodie uns unbekannte Weise.

Am nächsten Tag fuhr ich nach Langenhorn, meine Militärpapiere zu holen, um sie auf dem Bezirksamt Bordesholm zu produzieren.[233] Es war ein bewegter Abschied von den Eltern: Wir erwarteten natürlich, wenn auch kaum davon gesprochen wurde, die Einberufung. Da sie nicht kam, ging ich an einem der nächsten Tage mit einem Bekannten von Jena her (Jeß) auf das Büro des 36. Regiments, das damals in Kiel in Garnison lag, um mich zum freiwilligen Eintritt zu melden. Auf die Frage des Arztes: ob ich einen Fehler hätte, erwiderte ich: dass ich nicht wüsste, abgesehen von einer Neigung zum Wundwerden der Füße, die mir[234] beim Wandern oft peinvolle Stunden gemacht hatte. Der Arzt riet: dann möge ich lieber verzichten; auf dem Kriegsschauplatz, wohin wir nach kürzester Ausbildung abgehen würden, sei dem Heere mit Marschunfähigen nicht gedient. Vielleicht könne ich bei der Kavallerie Verwendung finden. Mein Freund wurde eingestellt und begegnete mir am folgenden Morgen schon in Uniform, das Gewehr über der Schulter, nach dem Exerzierplatz eilend. – An einem der nächsten Tage machte ich mich nach Schleswig auf, wo Dragoner lagen; ich wanderte früh nach Eckernförde hinüber, an der von 1849 her berühmten Bucht nach dänischen Kriegsschiffen vergeblich Ausschau haltend.[235] In Schleswig angekommen, wurde ich nach Schloss Gottorp gewiesen, das jetzt Kaserne der Dragoner sei. Ich brachte mein Anliegen auf dem Büro vor; der Feldwebel fragte kurz: „Haben Sie ein Pferd?“ Ich sagte: „Nein.“ „Dann können Sie nicht eintreten, jetzt müssen die Freiwilligen ein Pferd mitbringen.“ Ich zog verzagt ab: Jetzt ein Pferd beschaffen, erschien so gut wie unmöglich, wo überall die kriegstüchtigen Pferde ausgehoben wurden. Und woher das Geld im Augenblick nehmen? Nach Hause fahren und den Eltern sagen: „Ich will mich als Freiwilliger stellen; gebt mir das Geld zur Anschaffung eines Pferdes“, das kam mir auch kaum möglich und auch dem Erfolg nach zweifelhaft vor. Sie würden vermutlich gesagt haben: „Du kannst es auch abwarten, bis sie dich rufen.“

So geschah es, dass ich den Krieg, in dem so viele meiner Erlanger Freunde mitgefochten haben, nicht mitmachte. Ich blieb in Kiel, mit gemischten Empfindungen: Einerseits verdross es mich, dass ich nicht dabei sein sollte, andererseits war es mir doch ein die Sache erleichternder Gedanke, dass ich nun die Studien, die ich in kurzem zu einem Abschluss zu bringen hoffte, nicht abzubrechen brauchte. Als der Luxemburger Handel den Frieden ernstlich bedrohte,[236] hätte ich viel darum gegeben, dass es zum Kriege gekommen und ich dadurch einstweilen aus den Nöten der Studienmüdigkeit oder -verzweiflung herausgehoben worden wäre: Es war in der Zeit jener tiefen Depression, die auf die verlorenen Erlanger Semester folgte. Jetzt war mir die Unterbrechung mit zweifelhafter Aussicht auf Wiederaufnahme und Vollendung an sich höchst unerwünscht, um der Eltern willen, denen ich ein Zeugnis schuldig zu sein empfand, und um meiner selbst willen: Mir war inzwischen der Glaube wiedergekehrt, dass ich noch eine Aufgabe in der Welt zu erfüllen habe.

Bis in den Oktober blieb ich in Kiel. In den Herbstferien machte ich mit Freund Reuter noch eine kleine Wanderung, über Gremsmühlen, das ich damals zum ersten Mal gesehen habe, es hat uns später noch oft gastlich aufgenommen, nach Neustadt, dann auf langer mühsamer Wanderung immer dicht am Strand hin um die Bucht nach Niendorf, wo wir am Spätnachmittag erschöpft ankamen: Wir hatten den ganzen Tag nichts gegessen außer einigen Eicheln, die wir unter einigen herrlichen alten Eichen am Strande liegend aufgelesen und gekaut hatten. Nachdem wir uns erfrischt, gingen wir nach Travemünde und, da uns das Gasthaus dort nicht zusagte, in der Nacht noch weiter nach Lübeck, das wir erst um Mitternacht erreichten. Ich bewahre eine Erinnerung an diesen Tag: Einige Eicheln, die ich unter jenen Bäumen in die Tasche gesteckt hatte, brachte ich mit nach Langenhorn und steckte sie dort in die Erde. Eine von den aufgegangenen Pflanzen hat sich erhalten: Ich habe sie später aus dem Garten an den Brunnen verpflanzt, wo sie noch heute steht, als ein mächtiger Baum längst über Haushöhe emporgewachsen.

Als ich nach Kiel zurückgekehrt war und auf einem Spaziergang meinem Freunde sagte, ich sei nur gekommen, Abschied zu nehmen, nicht zu bleiben, da fasste er mich bei der Hand und erwiderte: „Ich wusste es ja, du musst nach Berlin; mir ist es sehr schmerzlich, aber ich kann dich nicht halten." – In Berlin machte ich mich nun entschlossen an meine Dissertation. Trendelenburg hatte im Winter 1869/70 unter anderen Aufgaben zur Aristotelischen *„Ethik"* auch die gestellt: Die Methode der Aristotelischen Ethik. Die Frage hatte mich schon länger beschäftigt, ich hatte die Form und Methode der Herbartischen, Kantischen, Schleiermacherschen *„Ethik"* in vergleichende Erwägung gezogen, und so begann ich die Ausarbeitung. Alle Freuden der ersten Konzeption sind mir aus dieser Aufgabe erblüht, ich hatte das Gefühl, dass ich der Sache mächtig sei. Und so brachte ich in der kurzen Zeit etwa eines Vierteljahrs eine Arbeit zustande, die ich, wenn ich mich nicht irre: *„De forma ac principiis systematum ethicorum"*[237] überschrieben hatte. Trendelenburg schlug mir, nachdem er die Arbeit gelesen, als Titel vor: *„Symbolae ad systemata ethica historicae et criticae"*,[238] welchen Titel ich, wenn auch nicht ohne einiges innere Widerstreben, annahm. Er war übrigens mit der Arbeit nicht ganz zufrieden; er hätte lieber eine Abhandlung über ein begrenzteres Thema in mehr philologisch-historischer Form gehabt, ließ mich aber die kleine Enttäuschung nicht entgelten. Als ich nach der mündlichen Prü-

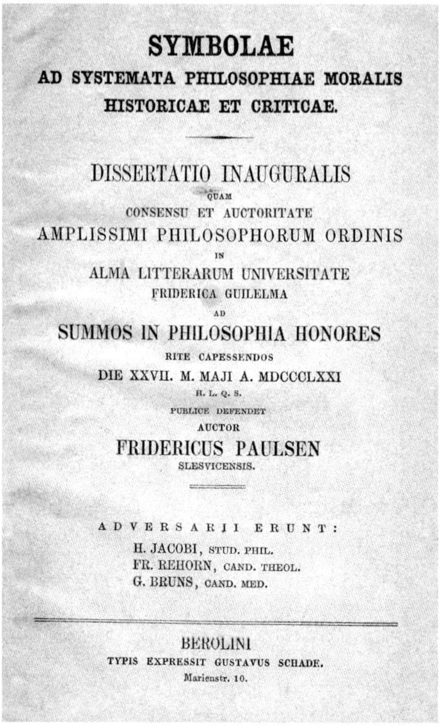

SYMBOLAE
AD SYSTEMATA PHILOSOPHIAE MORALIS HISTORICAE ET CRITICAE.

DISSERTATIO INAUGURALIS
QUAM
CONSENSU ET AUCTORITATE
AMPLISSIMI PHILOSOPHORUM ORDINIS
IN
ALMA LITTERARUM UNIVERSITATE
FRIDERICA GUILELMA
AD
SUMMOS IN PHILOSOPHIA HONORES
RITE CAPESSENDOS
DIE XXVII. M. MAJI A. MDCCCLXXI
H. L. Q. S.
PUBLICE DEFENDET
AUCTOR
FRIDERICUS PAULSEN
SLESVICENSIS.

ADVERSARII ERUNT:
H. JACOBI, STUD. PHIL.
FR. REHORN, CAND. THEOL.
G. BRUNS, CAND. MED.

BEROLINI
TYPIS EXPRESSIT GUSTAVUS SCHADE.
Marienstr. 10.

Titelblatt der Dissertation Friedrich Paulsens, geschrieben in lateinischer Sprache: Historisch-kritische Beiträge zu den Systemen der Moralphilosophie

fung, in der ich *magna cum laude* bestanden hatte, zu ihm kam und ihm sagte: das *idoneum doctrinae et intelligentiae documentum*[239] der Dissertation scheine mir eine niedere Schätzung anzudeuten, widersprach er lebhaft, holte das lateinische Lexikon herbei und bewies mir daraus, dass das *idoneum* eine sehr anständige Wertung ausdrücke und einem „genügend" keineswegs gleichzustellen sei, vielmehr einem tauglich, tüchtig, zweckdienlich.[240]

Die Prüfung, sie wird im Februar stattgefunden haben, hat mir nur angenehme Eindrücke hinterlassen. Vor allem verständigte ich mich mit Trendelenburg vortrefflich. Er fragte mich nach dem Grundunterschied philosophischer Systeme; da ich nicht lange zuvor seine gleichnamige Abhandlung in den gesammelten Aufsätzen[241] gelesen hatte, so befriedigte ihn meine Antwort gleich vollständig; wir gingen dann behaglich einige Hauptsysteme durch, sie nach jenen Prinzipien charakterisierend. Harms fragte nach Schleiermacher, den ich gut kannte, übrigens wurde die Sache durch seine Schwerhörigkeit sehr gehemmt. Ich hatte dann noch Geschichte und Griechisch: Droysen fragte mich hauptsächlich nach politischen Theorien der Griechen, die mir vertraut genug waren; ich war auf viel mehr vorbereitet: Ich hatte den Winter Curtius' „*Griechische*" und Mommsens „*Römische Geschichte*",[242] Rankes „*Reformation*"[243] und Sybels „*Revolution*"[244] gelesen und dazu den Pütz fleißig repetiert. Kirchhoff legte einige Verse aus der

„*Odyssee*“ vor, die ich glatt übersetzte. Als ich auf eine Vexierfrage: worin der Unterschied zwischen den Partikeln ἄν und κέν bei Homer bestehe, antwortete: „Ich weiß es nicht, ich habe nie darauf geachtet oder darüber nachgedacht“, sagte er mit Lächeln: „Trösten Sie sich, ich weiß es auch nicht.“ Die öffentliche Promotion fand erst am 27. Mai statt. In den Ferien war ich zu Hause gewesen, wo große Freude über den glücklichen Ausgang des Studiums war: Es hatte also richtig doch gelangt, wie Pastor Thomsen es ihnen vorausgesagt hatte.

Von den übrigen Erlebnissen des letzten Studiensemesters[245] ist mir eines in deutlicher Erinnerung geblieben: die Begründung eines philosophischen Vereins der Studierenden. Am Anfang des Winters fand sich eines Tages am schwarzen Brett eine Einladung zu einer Versammlung, die sich die Begründung besagten Vereins zur Aufgabe machen solle. Ich ging hin und fand schon eine ansehnliche Zahl von Kommilitonen beisammen. Als zur Konstituierung der Versammlung geschritten wurde, stellte sich als Einberufer ein junger Studiosus im ersten oder zweiten Semester vor, namens Erdmann, derselbe, der sich nachmals als philosophischer Lehrer und Schriftsteller einen Namen gemacht hat und jetzt als Professor der Philosophie in Bonn wirkt. Er begründete in sehr gewandter Rede das dringende Bedürfnis eines engeren Zusammenschlusses und regelmäßigen Austausches zwischen den Studierenden der Philosophie. Seine Worte fanden Beifall: Der Verein wurde gegründet. Er hat, meine ich, etwa drei Jahre Bestand gehabt. Wöchentlich fand eine Sitzung mit Vortrag und nachfolgender Besprechung statt. Ich habe in einer der ersten Zusammenkünfte einen Vortrag, wenn ich nicht irre, über den Begriff der Wahrheit gehalten, woran sich später noch weitere Vorträge anschlossen. Unter den ersten Mitgliedern war ein Dr. Mayet, ich glaube zugleich der erste Vorsitzende; später war es Erdmann. Gelegentlich muss auch Dr. Avenarius, der spätere Züricher Professor der Philosophie, anwesend gewesen sein, ich meine, seine eigentümliche sächsisch-singende, näselnde Stimme noch zu hören. Unter den Mitgliedern, denen ich näher trat, war auch Hermann Jacobi, jetzt Professor des Sanskrit in Bonn. Ich kannte ihn schon länger, vielleicht aus dem Kolleg oder Konversatorium[246] Steinthals. Wir sahen uns in jener Zeit recht häufig und wurden gute Freunde; er hatte eine entzückende Kindlichkeit und Offenheit wie des äußeren, so auch des inneren Wesens. Er hat mir bei der Promotion opponiert zusammen mit Fritz Rehorn, dem alten Erlanger Freunde, und G. Bruns, dem alten Seebären, mit dem ich in Altona auf der Schulbank zusammen gesessen hatte, er studierte damals in Berlin Medizin. Das freundschaftliche Verhältnis zu Jacobi hat sich noch lange in einem Briefwechsel und gelegentlichen Besuchen fortgesetzt. – Auch mit Erdmann wurde ich bald näher bekannt, und es entspann sich ein Verhältnis philosophischen Gedankenaustausches, das uns manche Förderung gebracht hat. Bis zu seiner Berufung nach Kiel 1878 fand zwischen uns ein häufiger persönlicher Verkehr statt, obwohl das Verhältnis von der Wärme, die es lange gehabt hatte, ein wenig verloren hatte. Ich komme darauf zurück.[247]

Bis zum akademischen Lehrer. 1871 bis 1875

Die Frage des künftigen Berufs hatte nach Aufgebung des ersten Ziels, des Pfarramts, einstweilen geruht; ich hatte Philosophie als Hauptstudium gewählt, daneben aber philologische und historische Studien getrieben, aus Interesse an der Sache, aber auch mit der Aussicht auf die Möglichkeit der Oberlehrerprüfung. Als ich das Doktorexamen glücklich bestanden hatte, wurde die Frage: ob auch gleich die zweite Prüfung machen? dringlich. Trendelenburg riet mir dazu, es gäbe mir eine auf jeden Fall erwünschte Sicherheit. Ich entschied mich doch dagegen. Vor allem: Ich hatte jetzt die gewisse Empfindung, dass mein eigentlicher Beruf der akademische sei; ich fühlte wieder Mut und Kraft zur wissenschaftlichen Arbeit in unbegrenztem Maße in mir; der Drang zu produktiver Tätigkeit war durch die ersten Versuche, die Dissertation, die Vorträge für den Philosophischen Verein, in mir außerordentlich lebendig geworden. Ich sagte mir, dass die Oberlehrerprüfung mindestens ein Jahr für Erweiterung und Befestigung von Kenntnissen in Anspruch nehmen würde, die für den Dozenten der Philosophie nicht unentbehrlich seien. Dazu drängte die lange hinausgeschobene Militärpflicht. So entschloss ich mich, definitiv auf das Oberlehrerexamen zu verzichten und die Habilitation für Philosophie als nächstes Ziel ins Auge zu fassen. Ich gewann auch die Zustimmung der Eltern hierfür, indem ich ihnen darlegte, dass ich auf diesem Wege der Sache nach, wenn auch nicht der Form nach, der von ihnen für mich ins Auge gefassten Bestimmung vielleicht am meisten entsprechen würde: das akademische Lehramt der freie Dienst der Wahrheit.

Der Sommer 1871 wurde in Verfolgung dieses Ziels einer Ausdehnung meiner Erkenntnis nach einer bisher zu kurz gekommenen Seite gewidmet: Ich fühlte das Bedürfnis, in den Naturwissenschaften mich ein wenig umzusehen. Ich belegte daher bei Helmholtz, der vor kurzem nach Berlin berufen war, die Vorlesung über Experimentalphysik: Sie hat *mir* wenig Nutzen gebracht, obwohl ich es an Eifer und Fleiß, auch außerhalb der Vorlesung, nicht fehlen ließ. Der Vortrag ließ viel zu wünschen übrig, und was ich suchte: grundlegende Begriffe und zusammenfassende Anschauungen, das wurde nun gar nicht geboten. Mehr leistete in dieser Absicht ein Kolleg über die Grundfragen der Chemie bei Dr. Wichelhaus; er wusste seinen wenigen Hörern die theoretischen Prinzipien der modernen Chemie sehr fasslich darzulegen, mit Demonstrationen durch mehrfarbige Holzkugeln, die durch Stifte aufs Mannigfachste zusammengesetzt werden konnten, die Anschauung von der Verbindung und Trennung der Atome und ihrer Anordnung in den Molekülen unterstützend. Auch eine Vorlesung von Munk über die Nervenphysiologie brachte mit ihren Versuchen an lebenden Fröschen, die ersten und einzigen Versuche dieser Art, die ich gesehen habe, lebendige Anschauungen. Gern hätte ich geographische Vorlesungen gehört; allein, was in dieser Absicht damals an der Universität geboten wurde, war mehr als mangelhaft; bei einem alten Herrn, Professor Müller, versuchte ich Geographie von Deutschland zu hören; sie war völlig ungenießbar, ohne Unterstützung von Demonstrationsmitteln, eine bloße buchmäßige Herzählung. Nicht besser war, was Kiepert bot; der gelehrte historische Geograph und treffliche Kartograph war als akademischer Lehrer geradezu unerträglich: Abgehackte, durch Hüsteln, Stottern, Verbesserungen beständig unterbrochene Mitteilungen brachten den Hörer zur Verzweiflung. Wäre mir geboten worden, was jetzt in Vorlesungen, geographischen Seminaren, in dem Institut für Meereskunde usw. geboten wird, ich hätte mit Leidenschaft diesen Studien mich hingegeben.

Überhaupt blieb die Ausstattung der Universität gegen das, was sie gegenwärtig bietet, damals noch weit zurück. So fehlte die neuere Kunstgeschichte, die später Herman Grimm so wirksam lehrte, noch ganz und gar; ebenso die neuere deutsche Literaturgeschichte, die erst mit Scherer ihren Einzug hielt; ich hatte nur Gelegenheit, ein Publikum des seltsamen Philosophen Althaus über Goethes „*Faust*“ zu hören; der leidenschaftliche Vortrag des stets im Frack das Katheder besteigenden Professors, dessen Gestalt durch dieses Kleidungsstück und durch eine große spitze Nase mit der eines Marabu eine frappierende Ähnlichkeit erhielt, ist mir in der Erinnerung geblieben, vor allem die scharf zugespitzte Betonung des „Prinzips des Bösen“, das in Mephistopheles inkarniert sei. Auch die übrigen modernen Sprachen und Literaturen erlangten erst allmählich in den 70er Jahren selbständige Lehrstühle; damals waren sie, als außerhalb des Gebiets der eigentlichen Wissenschaft liegend – nur die klassische Literatur war nach der alten Anschauung der wissenschaftlichen Behandlung fähig und würdig –, auf die Vertretung durch Lektoren angewiesen. Nur Werder pflegte ein Publikum über Shakespeares „*Hamlet*“ zu lesen, auch er wirkte mit hitzigem Vortrag und allen Mitteln theatralischer Deklamation mehr auf die Nerven und die Einbildung als auf den Verstand.

Da ich im Begriff bin, von meinen akademischen Lernjahren zu scheiden, obwohl ich auch noch in Folge manche Vorlesung gehört habe, so mag hier noch über diesen und jenen Lehrer der Berliner Universität, den ich länger oder kürzer gehört habe, eine Bemerkung eingefügt sein.

Philosophie lehrte außer den beiden Ordinarien, Trendelenburg und Harms, eine Gruppe von Hegelianern, die in der Zeit der Geltung des Hegeltums zu unbesoldeten Extraordinarien befördert, dann aber als solche sitzen geblieben waren und nun als eine Art Fossilien von der Jugend, die anderen Spuren folgte, betrachtet und gelegentlich gehört wurden. Außer den schon genannten Althaus und Werder war noch Michelet da; ich habe ihn über Naturphilosophie eine im echten Hegelschen Begriffsschematismus sich bewegende Vorlesung halten hören. Durch eine große Heftigkeit des Vortrags, die zu beständigem Fortschleudern von Partikeln flüssigen Mundinhalts führte, suchte er[248] seinen Zuhörern die Überzeugung von der Wahrheit und Wichtigkeit seiner Philosophie oder der Philosophie beizubringen, dabei auch den Gebrauch des Komischen und Lä-

Leopold von Ranke (links) und Theodor Mommsen, Professoren in Berlin: „Berühmtheiten, die ich gesehen und gehört habe“

cherlichen nicht scheuend. Ich fürchte, der Erfolg ist hinter der Heftigkeit der Bemühungen weit zurückgeblieben. Althaus habe ich außer im ersten Berliner Semester über *„Faust“* nicht gehört; auch Werder nur gelegentlich. Dann war noch Professor Gruppe da, halb Philosoph, halb Poet, der über Geschichte der griechischen Philosophie las: Die Vorlesung von Versen der älteren Philosophen pflegte er nie ohne die Erläuterung zu lassen: „Die Übersetzung ist von mir.“

Für Anthropologie habilitierte sich in jenen Jahren Adolf Bastian. Ich hörte seine erste Vorlesung: Sie begann mit einer in rasendem Tempo abgelesenen Übersicht über die Menschenrassen, denen die Namen aller Mischlinge bis ins dritte und vierte Glied folgten: Häcksel ohne allen Nährwert. Mit der zweiten Stunde erreichte die Vorlesung ihr Ende.

Von Berühmtheiten, die ich gesehen und gehört habe, erwähne ich noch den alten Friedrich von Raumer, Ranke und Mommsen. Ranke sprach so leise, dass nur besonders darauf abgerichtete oder gehörbegabte Schüler, die sich dicht um das Katheder sammelten, ihn verstanden. Ich habe kein Wort verstehen können; und nicht viel besser ging es mir mit Mommsen, bei dem ich in einem der ersten Semester ein Kolleg zu hören versuchte. Müllenhoff regalierte[249] uns in der ersten Vorlesung, die ich bei ihm hörte, mit *„Nibelungen“*-Handschriften und hanebüchen plump-grober Beschimpfung derer, die hierin nicht der orthodoxen Lehre folgten; ich hatte für immer genug. Bei Haupt hospitierte ich öfter im Seminar über Lukrez: Auch hier fehlte es nicht an der nötigen sittlichen Entrüstung über diejenigen, die falschen Göttern folgten, doch entschädigten feine Beobachtungen über Sprache und Sprachgebrauch. Lepsius behandelte in einem Publikum Ägypten und die ägyptische Welt, ich habe es nicht ganz ohne Nutzen gehört. Curtius verdanke ich die Einführung in die griechische Kunst: Ich schloss mich gern den Führungen im Museum an, in denen er seinen Hörern die Denkmäler erklärte. Die feine Art des liebenswürdigen Mannes, die so merklich abstach von dem stacheligen oder plumpen Wesen, das sonst zur Berufsausstattung der Berliner Philologen zu gehören schien, zog mich ebenso sehr an als die eindringliche Erläuterung der Kunstwerke, für die er uns die Augen öffnete. Auch die Geschichte der Stadt Athen habe ich bei ihm gehört, in deren Topographie eingeführt zu werden mir in jeder Hinsicht erwünscht kam. Ich habe später in dem Hause von Curtius viel verkehrt; seine edle, lautere und im schönsten Sinn urbane Persönlichkeit ließ es jedem in seiner Nähe wohl werden; und die geistige Welt, worin er mit den Seinen lebte, umfing alsbald auch den weiten Kreis derer, die in dem gastlichen Hause einkehrten.

Unter den damals lehrenden Juristen habe ich Gneist, Beseler und Boretius gehört. Gneist pflegte ein Publikum über englische Verfassung und Verwaltung zu lesen, ich werde es im Winter 1869/70 gehört haben; es war mir dadurch wichtig, dass es zuerst in das Verhältnis von Staat und Gesellschaft mir einen Einblick verschaffte: Die Verschiedenheit der englischen gegen die preußischen Zustände ließ beide in ihrer Eigentümlichkeit hervortreten. Beselers Vorlesung über amerikanische Verfassung hat mir wenig geboten, dagegen erinnere ich mich mit Vergnügen einer Vorlesung von Boretius über die preußische Verfassung, die ich im Sommer 1871 hörte: Er ging die einzelnen Artikel durch, sie erläuternd und ihre historische Herkunft aufzeigend. In diesem Kolleg passierte mir einmal eine kleine Geschichte, die mir in der Erinnerung geblieben ist. Wir saßen vielleicht zehn oder fünfzehn Zuhörer im kleinen Saal, unter diesen pflegte einer, ein kleiner schwarzer Jude, es sich bequem zu machen, indem er sich an die Wand lehnte und die Beine auf der Bank ausstreckte. Ich fand das unschicklich, und da er auf Blicke nicht reagierte, ging ich nach der Vorlesung zu ihm und sagte ihm, dass das keine Art sei. Er verbeugte sich höflich und sagte: „Ich danke Ihnen." Und von da an hielt er sich musterhaft.

Unter den Theologen habe ich Dorner, Hengstenberg und Vatke in ihren Auditorien aufgesucht, ohne dass mir irgendwelche bestimmteren Eindrücke davon geblieben wären. Auch in eine Klinik bin ich gelegentlich mit einem medizinischen Bekannten gegangen, wie schon in Erlangen in die Anatomie. Zu Langenbeck wurde ein kleines Kind mit sechs Fingern an beiden Händen gebracht. Er besprach den Fall, dann nahm er die Schere und schnitt das überflüssige Glied ohne Umstände weg. Das kleine Ding sah zunächst wie erstaunt darein, dann erst schien der Schmerz durchzudringen und es fing an zu schreien.

Und nun, da ich von meinen Universitätsjahren und meinen Universitätslehrern Abschied nehme, will ich hier gleich eines schmerzlichen Ereignisses gedenken, das kurz nachher fällt: Am Anfang des Jahres 1872 starb Professor

Trendelenburg. Er hatte noch im Hause bei sich Übungen begonnen, sie aber wieder einstellen müssen; seine Kraft war seit dem Schlaganfall im Jahre 1870 gebrochen; nach kurzem Leiden starb er in einer Heilanstalt in Pankow. Ich hatte ihn noch wiederholt in dem Winter gesehen und wusste von der Krankheit nur von einem Hörensagen; umso schmerzlicher kam mir die Botschaft. Trendelenburg muss ich unter meinen akademischen Lehrern als denjenigen nennen, dem ich am meisten verdanke; vor allem, er hat mich zur Arbeit geführt. Von seinem philosophischen System habe ich mir vielleicht nicht allzu viel angeeignet, die Vorlesungen von Steinthal und Bonitz sind mir mehr gewesen als seine Psychologie und Geschichte der Philosophie. Aber er war ein vorbildlicher Lehrer und eine in sich vollendete Persönlichkeit voll echter Humanität; die freundliche Geduld und Nachsicht, womit er den Anfänger ertrug, die ruhige Stetigkeit andererseits, womit er zum Achtgeben und zur Genauigkeit erzog, sie sind für mich eine große Wohltat gewesen. Mit einem „Erlauben Sie, das ist wohl noch nicht ganz in Ordnung" rief er den über die Schwierigkeit Hinwegeilenden zurück; mit einem freundlich anerkennenden Blick oder einem „Richtig" tüchtige Arbeit belohnend, spornte er zugleich zu neuer Anstrengung. Manche gelegentliche Bemerkung ist mir in der Erinnerung geblieben. So sagte er einmal, auf die Art, wie Aristoteles sich selbst zitiert oder vielmehr nicht zitiert, aufmerksam machend: „Damals kannte man noch nicht das plumpe *vide me*[250] da oder dort, wie es jetzt üblich ist." Das *vide me* hat mich noch oft am Ohr gezupft. Und dann, dass er uns sein Haus öffnete! Ich verdanke dem Verkehr in diesem Hause die erste Anschauung feinerer Geselligkeit, die erste Politur in gesellschaftlichen Formen. Die treffliche Gattin und die liebenswürdig schlichten Töchter ließen es den allen Schliffs Ermangelnden nicht fühlen, wie viel ihm dazu fehlte, ein eigentlich erwünschtes und verwendbares Glied eines geselligen Kreises zu sein. Erst sehr allmählich lernte ich unter ihren duldsamen Händen die Verlegenheit und Steifheit ein wenig überwinden. Ich weiß nicht, ob die Töchter des schüchternen Studenten sich noch erinnerten, als im Jahre 1902 bei der Feier zu Trendelenburgs 100. Geburtstag in seiner Vaterstadt Eutin mir die Aufgabe zufiel, den Toast auf die Familie auszubringen. Ich habe es mit herzlicher Freude und Dankbarkeit getan. – Und wenn in den langen Jahren, da seither bei uns Studenten als Gäste verkehren, ihnen in unserem Hause wohl geworden ist, so mögen auch sie mit Dank an das liebenswürdige Haus in der Charlottenstraße denken, in dem Frau Ferdinande die Hausfrau und Trendelenburg den Wirt machte.

Am 1. Oktober 1871 beginnt die Episode des einjährigen Militärdienstes. Ich hatte mich schon früh im Sommer bei dem Garde-Feldartillerieregiment gemeldet; die sehr bequeme Lage der Kaserne, am Kupfergraben, dicht bei der Universität und den andern wissenschaftlichen Instituten, gab den Ausschlag; der Einjährige durfte damals noch darauf rechnen, nicht den ganzen Tag im Dienst zu sein. Die sehr schnell erledigte, wie mir schien, sehr oberflächliche ärztliche Untersuchung ergab für mich die Tauglichkeit, während etwa die Hälfte der Gemeldeten auf irgendein Gravamen[251] hin zurückgestellt oder befreit wurden. Die Ausbildung der etwa 40 Einjährigen geschah mit drei Stunden Übungen Vor- und zwei Stunden Nachmittag. Weder der Dienst noch die ungewohnte Disziplin machte mir Schwierigkeit; wir hatten mit den Unteroffizieren von vornherein ein gutes Verhältnis; es waren tüchtige Leute, die den Dienst verstanden und ernst nahmen, im Übrigen aber niemand ohne Not plagten. Nur das Warten, der grundlose Zeitverlust mit überflüssigem Herumstehen, wurde mir peinlich und ist mir das ganze Jahr hindurch das eigentliche Kreuz geblieben. Aber vielleicht ist es notwendig, dass der Soldat auch dies lernt: ohne Murren unbeschäftigt zur Disposition zu sein. Um Mitte November wurden wir dem Oberst vorgestellt und an die Batterien verteilt. Ich kam mit zwei anderen zur 2. schweren Batterie unter Hauptmann Weinberger. Von den beiden Leutnants, Schmidt und Cretius, kannte ich den letzteren, Sohn des Malers, schon von der Ausbildung her. Es waren drei treffliche, ebenso gebildete wie tüchtige Offiziere, alle drei haben es in der Folge zum General gebracht. Auch die Unteroffiziere waren brave und anständige Leute; der Feldwebel gehörte nicht zu den Dorophagen,[252] wenn er auch eine bescheidene Dedikation[253] bei sich bietender Gelegenheit nicht ablehnte. Der Dienst nahm nicht sehr in Anspruch; der Hauptmann befreite die Einjährigen alsbald von dem nicht notwendigen Dienst, Appell usw., so dass wir den Nachmittag so gut wie frei waren, wenn nicht etwa die Reitstunde, die er uns von Anfang an mit den Fahrern geben ließ, auf den Nachmittag fiel. Ich habe so den Winter hindurch viel Raum für meine Angelegenheiten gehabt. So konnte ich fast regelmäßig zwei vierstündige Nachmittagsvorlesungen von vier bis sechs Uhr besuchen: bei Professor Adolph Wagner, der eben als junger Mann an die Universität berufen war, Nationalökonomie, bei Professor Boretius deutsche Reichs- und Rechtsgeschichte. Die erste Vorlesung hat mich besonders lebhaft interessiert; die Freude an dem jugendlich lebendigen Vortrag und an dem reichen, gut disponierten Inhalt hat mich kaum eine Stunde versäumen lassen. In der zweiten Vorlesung bin ich allerdings, namentlich wenn etwa eine Wache vorhergegangen war, wohl öfters eingeschlafen; Professor Boretius war schon damals nicht mehr gesund, man merkte seiner Haltung und seinen Bewegungen an, dass er oft an schweren Kopfschmerzen litt. Außer diesen Vorlesungen besuchte ich, sooft es möglich war, das dicht an der Kaserne gelegene Museum; besonders habe ich die Bildergalerie einigermaßen systematisch studiert: Ich brachte oft den Katalog und die Geschichte der Malerei von Waagen,[254] die ich mir angeschafft hatte, früh mit in die Kaserne, um gleich nach dem Ende des Dienstes mit ihnen ins Museum zu gehen. Die freien Stunden und Tage zu Hause habe ich lange Zeit Shakespeare gewidmet, den ich damals erst kennen lernte; ich habe den größten Teil der Stücke in jenem Jahr gelesen und mir ein Schema der Handlung gemacht; auch Ulrici[255] und Gervinus[256] wurden benutzt; zu der unbedingten Verehrung des Dichters, wie sie hier gefordert wurde, habe ich mich allerdings niemals auf-

Friedrich Paulsen als „Einjährig-Freiwilliger“: „Weder der Dienst noch die ungewohnte Disziplin machte mir Schwierigkeit“.

schwingen können. Auch meine erste Bekanntschaft mit Schopenhauer fällt in dieses Jahr.

Am 1. April wurde ich Gefreiter, unter den Einjährigen der Batterie der einzige; seitdem wurde ich viel in Unteroffiziersdiensten verwendet und dadurch etwas stärker in Anspruch genommen, so dass für die Studien die Zeit knapper bemessen war. Das Bespanntexerzieren auf dem Tempelhofer Feld, die Abteilungs- und Regimentsübungen, dann vor allem die Schießübungen auf dem Schießplatz bei Tegel, zu denen ich regelmäßig beritten ausrückte, machten mir viel Vergnügen. Das Scharfschießen mit Granaten nach einem Ziel, dessen Entfernung nicht feststeht oder wechselt, hat etwas außerordentlich Erregendes: Man sieht das Einschlagen, das luftige kleine Wölkchen zeigt, ob vor oder hinter dem Ziel; steht man hinter der Batterie, wie ich als schließender Unteroffizier nicht selten tat, dann kann man die ganze Flugbahn des Geschosses, wenn man es gleich auffasst, verfolgen. Das Manöver im September führte über Spandau in die Gegend zwischen Nauen und Großbehnitz. Die mannigfachen neuen Verhältnisse und Aufgaben ließen die Zeit nicht lang werden. Die erste Nacht im Biwak bei Ruhleben vor Spandau vergesse ich nicht; es war bitter kalt, gelegentlich fiel ein Regenschauer, das Feuer war bald erloschen, die Windschirme von Stroh völlig unwirksam; lange vor Hellwerden stand ich auf und suchte durch Bewegung mich ein wenig zu erwärmen. Die Begierde, womit das kommende Licht, die aufgehende Sonne, endlich das Herankommen eines Marketenders begrüßt, die innige Befriedigung, womit das unter dem Namen Kaffee in irdenen Töpfen verkaufte schwärzliche Getränk genossen wurde, versteht nur, wer ähnliche Nächte draußen lag. Am folgenden Tag war erst ein langes Gefecht des Gardekorps hinter Spandau gegen einen von Westen herkommenden Feind, dann Paradeaufmarsch vor den drei Kaisern,[257] endlich ein stundenlanger Marsch querfeldein bis zum Gut Schwanebeck, wo das warme Essen, Mohrrüben mit Hammelfleisch, das in großen Milchfässern aufgetragen wurde, herrlich schmeckte, und der Schafstall, mit Stroh ausgelegt, stellte eine im Vergleich zur gestrigen wunderbare Nachtruhe in Aussicht. In den folgenden Tagen waren wir meist bei Bauern einquartiert; durchweg freundlich aufgenommen, wurden wir meist gut bewirtet, abends regelmäßig mit Pellkartoffeln und Heringen; Schlafsaal: der Heuboden. Ich erstand mir wiederholt von den Bauersfrauen ein Stück durchwachsenen Specks, das, in dem Protzkasten[258] aufgehoben, mit Kommissbrot ein wundervolles Frühstück gab. Es ist erstaunlich, wie rasch man die Bedürfnisse des zivilisierten Menschen, Serviette, Messer und Gabel, selbst die Reinlichkeit nicht ausgenommen, abstreift: Der Naturmensch steckt dicht unter der Haut; sowie die animalischen Bedürfnisse ernstlich ins Spiel kommen, sind jene eingebildeten gleich vergessen.

Den Abschluss des Einjährigenjahres bildete das Offiziersexamen; es wurden allerlei schriftliche Aufgaben, Berichte, Croquis,[259] Marsch- und Gefechtsdispositionen gemacht, außer der Beantwortung einiger technischer Fragen, Geschütze und Pulver usw. betreffend. Dann folgte die Führung einer Batterie im Gelände, mit Evolutionen,[260] und schließlich ein Gefecht. Es gab doch eine große Genugtuung, den Trompeter zur Seite, die Bewegungen der Masse von Pferden und Mannschaften zu beherrschen. Ich wurde mit der Qualifikation zum Offizier bei der Garde-Feldartillerie entlassen.

Wenn ich auf das Jahr zurückblicke, so würde ich es doch nicht gern aus meinem Leben ausstreichen, so lang es mir zuweilen vorgekommen ist. Der Dienst lässt in einen Organismus von einziger Art und Bedeutung einen Einblick tun. Die Macht des organisierten Gemeinschaftswillens tritt an keinem Punkt so lebendig und fasslich dem Einzelnen entgegen: Was als Einzelner keiner für möglich hält, das erscheint ihm, sowie er jenem Organismus eingegliedert ist, als schlechthin selbstverständlich. Ich sprach einmal mit Trendelenburg, nachdem ich wenige Wochen im Dienst war, über die Armee und die Sozialdemokratie; er sah trübe in die Zukunft, die Bande der Autorität überall gelockert; ich erwiderte: „Die preußische Armee wird niemals versagen.“ Es ist auch jetzt meine Überzeugung. Es ist erstaunlich, wie mit dem Rock die Gesinnung sich wandelt. Der Bruder eines unserer späteren Mädchen, ein Märker, natürlich Sozialdemokrat, verschwor sich noch kurz vor dem Eintritt in die Armee, wie er sich halten und den Unteroffizieren und dem Militarismus die Zähne weisen wolle. Er war kaum einige Monate dabei, da erzählte er mit Stolz von seinem Hauptmann: der könne kommandieren! und er habe vor, nach einem Jahr zu kapitulieren,[261] so gut gefalle ihm der Dienst. Vor der starken Wirklichkeit waren seine Einbildungen und

Träume wie Nebel zerstoben. Nur durch unerhörte Missregierung oder schimpflichste Niederlagen nach außen könnte in Preußen dieses Kapital zuverlässiger Macht des Staatswillens vernichtet werden.

Ich lege hier einen Bericht über meine persönliche Umgebung und meinen Verkehr in diesem und den folgenden Jahren ein. Das Einjährigenjahr brachte mir einen sehr lieben neuen Freund: Johannes Heller. Wir wohnten bei denselben Hausleuten und lernten uns dadurch zunächst kennen. Er diente schon ein halbes Jahr als Einjähriger beim 2. Garderegiment. Er war eben erst vom Gymnasium, dem Lübecker Katharineum, gekommen; sein Vater war Pastor in Travemünde. Ein offenes Gesicht, ein heiteres Temperament, ein freies, aufrichtiges, „unabsichtliches" Wesen gewannen ihm sogleich, wohin er kam, die Herzen. Ich habe ihn rasch sehr liebgewonnen, und er, etwa fünf Jahre jünger als ich, schloss sich mir mit herzlichem Vertrauen an. Als sein Dienstjahr zu Ende ging, bestimmte ich ihn, nach Göttingen zu ziehen; eigentlich ein wenig gegen seinen Willen: Er hatte vorgehabt, eine süddeutsche Universität zu beziehen und bei einer Verbindung aktiv zu werden. Meine Stimmung gegen das Verbindungsleben war damals noch derart, dass ich, mit Rücksicht auf seine Person und seine Verhältnisse, entschieden abriet; er müsse, da er Geschichte studieren wollte, nach Göttingen, zu Waitz, und in dessen Seminar baldmöglichst eintreten: da werde er auch die ihm gemäße Umgebung finden. Er hat meinen Rat befolgt und ist mir dankbar dafür gewesen; er gehörte bald zu den Lieblingsschülern von Waitz. Nachdem er promoviert hatte, schickte ihn Waitz zuerst auf ein halb Jahr zu Sickel nach Wien, dann nach Frankreich und Italien, um für die „*Monumenta Germaniae*"[262] Arbeiten auszuführen. Hierauf kam er, nachdem Waitz die Leitung der „*Monumenta Germaniae*" übernommen hatte, nach Berlin und hat die wenigen übrigen Jahre, die ihm noch beschieden waren, hier verlebt. Er gehörte zu meinen allernächsten Freunden; sein früher Tod im Jahre 1880 ist mir über die Maßen nahegegangen; der Verlust eines Bruders hätte mich nicht mehr schmerzen können.

Sehr nahen und freundschaftlichen Verkehr hatte ich auch, wie schon oben gesagt, mit Benno Erdmann. Er führte mich auch in das Haus seiner Mutter ein, ich bin oft und gern zu ihr gekommen. Sie war die Witwe des jung verstorbenen Predigers der freireligiösen Gemeinde in Berlin, eine treffliche Frau, heiteren Gemüts, voll gesunden praktischen Sinnes, die sich in den engen Verhältnissen, in denen sie mit ihren beiden Söhnen zurückgeblieben war, tapfer durchsetzte und vollkommen frei erhielt. Ihr älterer Sohn Benno, 1851 geboren, hatte viel von ihrem liebenswürdig heiteren Wesen; er war erst der Buchhandlung bestimmt gewesen, war aber dann auf das Graue Kloster zurückgekehrt und hatte dort unter Bonitz die Abiturientenprüfung gemacht, um zu studieren; der Prediger der Gemeinde, Schäfer, war auf seine Begabung aufmerksam geworden, hatte ihn wohl auch schon als Sprecher in den Zusammenkünften herangezogen; ein Bruder der Mutter kam mit äußeren Mitteln zu Hilfe.[263] Erdmann widmete sich von

Benno Erdmann: „Wir haben in den folgenden Jahren viele gute Stunden miteinander gehabt".

Anfang an der Philosophie; von der Schule her brachte er eine gute mathematische und naturwissenschaftliche Bildung mit und trieb diese Studien auch auf der Universität weiter. So ergänzten wir uns, da meine Studien viel mehr auf dem philologisch-historischen und staatswissenschaftlichen Gebiet lagen. Seine allgemeinen Gedanken bewegten sich zur Zeit des Beginns unserer Bekanntschaft noch in den Anschauungen jener naturalistisch-radikalen Denkweise, wie ich sie etwa in den Erlanger Jahren gehegt, nun aber seit geraumer Zeit hinter mir gelassen hatte. Unter dem Einfluss des erheblich älteren Genossen wandelte sich allmählich auch die Denkweise des jüngeren; das Studium Kants und Lotzes half die ältere Schicht materialistischer Gedanken bald überwinden. Wir haben in den folgenden Jahren viele gute Stunden miteinander gehabt; sehr häufig wurden Tagesausflüge in die Umgegend von Berlin gemacht, die zugleich philosophische, oft auch historisch-politische Wanderungen waren.

Auch die Braut Erdmanns und ihre Familie lernte ich bald kennen; sie hatten sich in der Predigerstunde gefunden und waren seitdem, wenn auch nicht öffentlich, so gut wie verlobt. Sie war eine stattliche Erscheinung, mit lebhaften schönen Augen, und mit einer trefflichen Stimme begabt. Die Tochter eines Berliner Tischlermeisters, hatte sie eine schlichte Schulbildung erhalten, war aber eifrig bemüht, ihren geistigen Gesichtskreis zu erweitern. Auch in dies Haus bin ich öfter gekommen; die Eltern, vor allem der Vater, war ein ernsthafter, rechtschaffener Mann, ein Typus des Berliner Bürgertums der 50er Jahre, mit lebhaftem Bildungsstreben, natürlich liberal-oppositionell gesinnt, Mitglied der freireligiösen Gemeinde, tüchtig im Haus und im Beruf, von strebsamen Söhnen umgeben. Die Familie stammte übrigens, ebenso wie die Erdmanns, aus Schlesien. Mir ist der Einblick in diesen Lebenskreis von großem Interesse gewesen; ich hatte bisher in

Christian Belger: „Unser Verhältnis wurde, nachdem es einmal eine starke Spannung überstanden hatte, mit den Jahren immer mehr zu vertrauter Freundschaft" (Foto aus dem Besitz Friedrich Paulsens mit Widmung, Juni 1876).

diese bürgerliche Welt, ihre Anschauungen und Bestrebungen nirgends einen Einblick gehabt. Es stellte sich darin die soziale Schicht dar, die als die eigentliche Trägerin des bürgerlichen Liberalismus gelten kann; sie füllte die Bezirksvereine, hatte die 48er Revolution gemacht und war der Sturmbock der Opposition gegen den militaristischen Absolutismus der 60er Jahre; durch Bismarck zuerst politisch überwunden, ist sie endlich durch die Sozialdemokratie, d. h. durch die neue wirtschaftliche Evolution, seit 1870 ausgeschaltet worden.[264]

Durch Erdmann und den Philosophischen Verein lernte ich in diesem Jahr ein paar in Berlin studierende Ungarn kennen: Bernhard Alexander und Josef Weiß, später Banoczi, beide jetzt Lehrer der Philosophie an der Universität Budapest. Sie waren mit einem Stipendium ihrer Regierung nach Berlin geschickt, es kann, wenn ein Schluss aus ihrer Einrichtung und Equipierung gezogen werden darf, nicht groß gewesen sein; sie lebten mit äußerster Einschränkung. Beide waren Juden, und das gab ihnen, zu dem übrigen exotischen Wesen, für mich noch einen besonderen Reiz: Es waren die ersten Juden, mit denen ich überhaupt in näheren Verkehr getreten bin. In Altona war nur ein einziger Jude auf dem Gymnasium gewesen, er hatte sich, im Übrigen ein durchaus freundlicher und beliebter Mitschüler, von jedem Verkehr außer der Schule völlig ferngehalten: Er ist nachher als Rabbiner streng orthodoxer Observanz gestorben. Hier dagegen begegnete ich Juden, die die Berührung mit der Welt suchten, denen die Eintauchung ihres Wesens in die westeuropäische Kultur der eigentliche Zweck ihres Hierseins war. Wir haben uns ziemlich oft gesehen und viel über philosophische Materien disputiert, auch noch brieflich, als sie im Herbst 1872 nach Göttingen zu Lotze gingen; ich habe die Nachschrift, welche Weiß in der Vorlesung über Metaphysik gemacht hatte, mir schicken lassen und abgeschrieben. Im Sommer 1873 waren sie in Paris, und ich wäre gern auch dahin gegangen, wenn ich es gewagt hätte, meinen Eltern den Vorschlag zu machen. Aber sie hätten die Ersprießlichkeit eines Aufenthalts im Ausland nicht eingesehen und darin vielleicht nur die Neigung erblickt, den nächsten Aufgaben mich zu entziehen.

Ich führe das Bild des Bekanntenkreises, in dem ich die nächsten Jahre in Berlin lebte, gleich hier weiter. Unter den älteren Bekannten stand mir Christian Belger am nächsten. Unser Verhältnis wurde, nachdem es einmal eine starke Spannung überstanden hatte, mit den Jahren immer mehr zu vertrauter Freundschaft. Unser Haus ist ihm später lange Jahre wie eine zweite Heimat gewesen. Wir waren uns, wie gesagt, in Trendelenburgs Übungen und in seinem Hause zuerst begegnet. Seine Studien bewegten sich im Gebiet des klassischen Altertums mit großer Freiheit; Philologie und Archäologie standen im Mittelpunkt, aber auch mit der griechischen Philosophie war er sehr gründlich vertraut; seine Dissertation: „*De Aristotele etiam in arte poetica componenda Platonis discipulo*“[265] ist ein erstes Zeugnis davon. Er hat später Trendelenburgs Ausgabe der „*Psychologie*“ des Aristoteles im Auftrag der Familie neu bearbeitet und herausgegeben,[266] war auch für die Edition der Kommentatoren des Aristoteles engagiert und hat lange daran gearbeitet, schließlich aber doch die Sache als eine unfruchtbare Plage von sich geworfen. Die Archäologie gewann mehr und mehr das Übergewicht, besonders seitdem er ein Jahr in Griechenland gelebt hatte (1875); die Ausgrabungen nahmen nun sein Hauptinteresse in Anspruch: als Herausgeber der *Philologischen Wochenschrift*[267] berichtete er regelmäßig über das, was auf diesem Gebiete geschah. Neben der klassischen Welt war es die deutsche, ihre Kunst und Literatur, in der er durchaus heimisch war; Goethe stand im Mittelpunkt, er legte ihn nie aus der Hand und war mit ihm in seltenem Maß vertraut, jederzeit war ihm ein Vers, ein Wort oder Spruch aus seinen Werken gegenwärtig, um eine Stimmung auszudrücken oder ein Urteil einzukleiden. Aber auch in der mittelalterlichen Poesie war er wohl versiert; er folgte darin seinem Lehrer Haupt,[268] dem er in seinem Buche: „*M. Haupt als akademischer Lehrer*“[269] ein schönes Denkmal gesetzt hat.

Was seine Herkunft anlangt, so stammte er aus Sachsen; sein Vater war Gerbermeister in Löbau; das Gymnasium hatte er in Bautzen absolviert. Er hatte eine in mancher Hinsicht gedrückte Jugend gehabt; der Vater war wiederholt geistesgestört, zeitweilig unter dem Einfluss der Krankheit sehr dem Trunk ergeben; die Mutter, der der Sohn mit zärtlicher Liebe anhing, litt schwer darunter. Sie war, wie ihre zahlreichen Briefe an den Sohn, die nach seinem Tode in meine Hand gekommen sind, zeigen, eine ungewöhnlich begabte und geistig regsame Frau, nicht unähnlich der Mutter Goethes, ich könnte auch sagen, meiner Mutter. Im Grunde heiter und der Welt und Weltfreude nicht abgeneigt, war sie durch Leben und Schicksal einer religiösen Auffassung zugeführt worden, die ihre Form durch die herrnhutische Frömmigkeit erhielt, mit der sie auch in vielfacher persönlicher Berührung stand. Sie hat, wie ihre Begabung und einiges von ihrem Temperament, so auch diese Hinneigung auf ihren Sohn vererbt; Goethes Freundin, Fräulein von Klettenberg, stand bei ihnen beiden in hoher Verehrung. Andererseits fehlte in dem Naturell des Sohnes auch nicht eine Beimischung von der unglücklichen Komplexion des Vaters; er neigte zeitweilig stark zur Schwermut und hat wohl einmal der Angst Ausdruck gegeben, dass das Schicksal des Vaters (der schließlich Hand an sich selbst legte) auch das ihm bestimmte sei. Auf diese Weise war etwas Unsicheres und Schwankendes in seinem Wesen, er konnte übermütig und lustig sein und bald darauf verzagt und niedergedrückt die Einsamkeit suchen. Damit hing zusammen ein Mangel an Entschlussfähigkeit, der zuweilen fast bis zur krankhaften Abulie[270] ging: Die geringste Entscheidung machte ihm oft die größte Schwierigkeit; er konnte, wenn er eingeladen wurde, zusagen, absagen, nochmals zusagen und im letzten Augenblick wieder absagen, um endlich doch noch zu kommen. Und dann war er vielleicht ganz heiter, zu jedem guten Gespräch aufgelegt. Ich habe wenig Menschen gekannt, die in glücklicher Stunde so harmloser, kindlicher Fröhlichkeit sich überlassen konnten wie unser Freund Belger. Alles in allem: ein liebenswürdiger Mensch, und wo er vertraute, von größter Offenheit und Hingebung.

Durch Belger sind mir zwei andere Bekannte in jener Zeit zugeführt worden: Max Fränkel und Rudolf Weil. Fränkel stammte aus einer jüdischen Kaufmannsfamilie aus Landsberg. Ohne Mittel hatte er, schon in reiferem Alter (auch er war, meine ich, Buchhändler gewesen) mit eiserner Energie sich als Extraneer[271] das Gymnasialreifezeugnis erworben. Er arbeitete, als ich ihn kennen lernte, an seiner Abhandlung über die attischen Heliastengerichte;[272] er war unermüdlich darin, seine Bekannten an seiner Arbeit und an seinen Erfolgen teilnehmen zu lassen: Wie sehr Kirchhoff und Curtius ihn und seine Untersuchungen ermutigten und schätzten, wurde er nicht müde uns zu erzählen. Auch von seiner Familie, seinem trefflichen und hochangesehenen, wenn auch armen Vater, seiner hochbegabten, leider unglücklich in ihn verliebten Cousine musste jeder, der ihm stillhielt, hören. Seltsam, mir ist dies epideiktische[273] Wesen erst sehr allmählich zum Bewusstsein gekommen; wir schätzten ihn um seiner Begabung und seiner Kenntnisse willen, wir erwarteten große Leistungen von der Zukunft, und wir achteten ihn persönlich um seiner Energie, seiner Strebsamkeit und nicht zuletzt seiner Armut und seines Judentums willen. Dass er als Jude zu den Ausgesperrten und Verstoßenen gehören solle, war uns ein Grund, ihn umso enger an uns zu schließen.

Ganz das Gegenteil von Max Fränkel war Rudolf Weil. Aus einer Handwerkerfamilie zu Frankfurt am Main stammend, sein Vater war Schneider, hatte er in

Göttingen studiert, war dann bei Kirchhoff mit Belger bekannt und bald eng befreundet worden; so habe ich ihn kennen gelernt. Hatte Fränkel die Gabe, sich darzustellen und alle Menschen von seiner überragenden Begabung zu überzeugen, so fehlte Weil die Fähigkeit, sich von der vorteilhaften Seite darzustellen, so vollständig wie wenig Menschen. Schon sein Äußeres, seine eckigen Bewegungen, seine schüchtern-verlegene Handreichung verriet den des Verkehrs ungewohnten Sonderling. Aus seinem reichen Wissen ungenötigt mitzuteilen oder davon in der Unterhaltung Gebrauch zu machen, fiel ihm nicht ein; und wenn er es ja tat, so geschah es leicht in der Form nörgelnden, rechthaberischen Krittelns: Er und Belger pflegten sich dann wohl in einen Zorn hineinzureden, der schließlich mit einer Explosion Belgers endete: „Mensch, sei still, du bist ja verrückt." Doch kam es darüber nie zur Feindschaft zwischen ihnen. Weil nahm seinem alten Freunde nichts übel, fand die Sache wohl auch selbst in Ordnung. Denn er war im Grunde der redlichste und gutmütigste Mensch von der Welt, treu und aufopferungsfähig, wenn's zur Sache kam, wie wenige. Dickens hätte ihn kennen sollen, er hätte eine unsterbliche Figur aus ihm geschaffen.

Und nicht minder hättest du es verdient, mein lieber Freund Fieberg, einem humorvollen Poeten zu sitzen. Durch Fränkel wurde die Bekanntschaft vermittelt: Sie hatten zusammen als Extraneer in Spandau das Abiturientenexamen gemacht. Auch Fieberg stammte aus dem Osten, er war der Sohn eines kleinen Handwerkers zu Bromberg. Auch er hatte sich ganz durch eigene Energie, fast ohne alle Unterstützung von Hause, durch die Universitätsjahre durchgeschlagen. Da er Naturwissenschaften, vor allem Chemie, studierte, so war ihm das Stundengeben erschwert; er machte durch äußerste Einschränkung die Sache wett. Als ich ihn zum ersten Mal besuchte, fand ich ihn in einem winzigen Stübchen, ich glaube, in der Rosenthalerstraße, einen Schlafrock angetan, dessen Jugendzeit wohl jenseits der Erinnerung der ältsten Menschen lag, seine Gesellschaft ein Eichkätzchen, das unaufhörlich durchs Zimmer sprang, bald auf der Gardinenstange, bald auf der Schulter seines Herrn, dann sich eine irgend verwahrte Nuss holend oder auf dem Tisch nach Speiseresten suchend, die denn wohl auch meist dort anzutreffen waren. Eine alte halbtaube Wirtin, die längst pensioniert zu werden Anspruch hatte, machte die Beschließerin dieses Heiligtums. Und auch unter dem unscheinbaren Äußeren dieses Mannes barg sich eine ungemein reiche Natur und ein wahrhaft goldenes Herz. Er war ein Gelehrter von erstaunlichem Umfang des Wissens, bei der Oberlehrerprüfung erwarb er, ich meine, vier Primen,[274] außer Chemie und beschreibende Naturwissenschaft in den beiden neueren Sprachen; er teilte gern davon mit, ich habe auf zahlreichen Spaziergängen und Wanderungen der nächsten Jahre mannigfachsten Gewinn daraus gezogen. Was er aber seiner Familie, der elterlichen und dann der eigenen, geleistet hat, ist nicht zu sagen; seine alten Eltern haben viele Jahre lang bei ihm bis zu ihrem Tode gelebt, nachdem er vorher, als der älteste, schon den Geschwistern überall den Weg geebnet hatte.

Ebenfalls aus dem Osten stammte ein anderer Bekannter: Kurt Bruchmann. Wir hatten uns in Steinthals Vorlesung oder Konversatorium kennen gelernt. Er war ein leidenschaftlicher Verehrer Steinthals und suchte überall bei den Philologen unseres Kreises für Völkerpsychologie und allgemeine Sprachwissenschaft Propaganda zu machen, mit nicht großem Erfolg: Die Philologen suchten sich, ihrem Lehrer Haupt folgend, der Störung ihrer Kreise zu erwehren. Bruchmann stammte aus einer Beamtenfamilie im Posenschen, er hatte das Gymnasium in Gnesen absolviert. Seine nicht gewöhnliche Begabung hat sich in der Folge auf dem Gebiet der Sprachpsychologie mannigfach betätigt. Im Verkehr war er anregend, prickelnd, witzig, sarkastisch, nicht selten aber auch ermüdend durch Widerspruchsgeist und eine gewisse Neigung zur Unverständlichkeit: Er pflegte vorauszusetzen, dass der Hörer zu jeder Pointe die zugehörige Geschichte, zu jeder witzigen Bemerkung die ganzen Gedankenvoraussetzungen mitbringe, die er im Sinne hatte. Später hat sein Wesen etwas Verbittertes angenommen; es ist ihm manches in der Welt nicht nach Wunsch gegangen.[275]

So viel über den Kreis von Menschen, mit denen ich in diesen und den folgenden Jahren lebte. Daran schloss sich in weiterem und näherem Abstand noch mancher andere, sei es durch ältere Beziehungen, durch sachliche Begegnung oder durch einen der Freunde herbeigeführt.

Ich kehre nun zum Bericht über meine Erlebnisse zurück. Am 1. Oktober 1872 wurde ich entlassen und an den Strand des Zivillebens ausgesetzt. So ersehnt der Moment war, so setzte er nun doch in Verlegenheit, eine gewisse Leere machte sich fühlbar; wenn ein ganzes Jahr hindurch die Verfügung über das eigene Leben geruht hat und einem Tag für Tag durch Befehl die Leistung des folgenden Tags vorgezeichnet worden ist, so fällt die Aufnahme der Zügel in die eigene Hand zunächst etwas beschwerlich. Für mich war die Verlegenheit umso fühlbarer, als kein Beruf oder äußerer Zweck mir die Direktive gab; ich musste sie aus mir selber heraus finden. Auch die Fähigkeit zu angestrengter geistiger Arbeit ist durch die längere Ablenkung des Interesses auf äußere und auch äußerlichste Dinge zeitweilig recht stark herabgesetzt, wie ich es in der Folge nach jeder Übung wieder empfunden habe; es bedarf erst einer Art Akklimatisation an die andere Atmosphäre. Ich habe in diesem Herbst recht peinlich mit diesen Nöten zu kämpfen gehabt.

Allmählich begann sich der Sinn auf eine neue Aufgabe einzustellen. Ich sagte mir: Für eine selbständige Stellungnahme zu den philosophischen Problemen sei eine sichere erkenntnistheoretische Orientierung die notwendige Vorbedingung. Die Sache lag damals in der Luft: Es waren die Jahre des Wiederauflebens der Kantischen Philosophie. Ich ließ also die Ethik und Politik, die mich bisher vorzugsweise beschäftigt hatten, bis auf weiteres liegen und machte mich an das Studium der Erkenntnistheorie. Ich kann nicht sagen, womit ich anfing, vermutlich habe ich Kant in dieser Zeit wieder gelesen, immer nicht mit voller Befriedigung,

Otto von Bismarck: „Ich war zunächst überzeugter Anhänger der Bismarckschen Politik".

weder hinsichtlich der Sache noch auch nur meines Verständnisses. Auch Lockes „*Essay*"[276] habe ich wohl damals zuerst gelesen. Da kam mir wieder ein glücklicher Zufall zu Hilfe: John Stuart Mills „*Logik*"[277] kam mir in die Hände. Und hier fand ich nun, was ich suchte: eine durchgeführte Theorie in dem Stil, der mir zunächst gemäß war; überall waren hier die Gedanken zu Ende gedacht, die ich zu denken angefangen hatte. Mit großer Befriedigung habe ich dies Buch durchstudiert und dann nach und nach auch die anderen Schriften Mills gelesen.

Allmählich tauchte der Gedanke einer Geschichte der Erkenntnistheorie vor mir auf. Mir schien, dass in den üblichen Darstellungen der Geschichte der Philosophie die Aufmerksamkeit so überwiegend den metaphysischen Problemen zugewendet sei, dass darüber die Erkenntnistheorie zu kurz komme, und ferner, dass eine zusammenhängende Darstellung dieser Disziplin auch für die Förderung der Einsicht von wesentlicher Bedeutung sein werde. Diese Aufgabe hat die nächsten Jahre hindurch, bis die Pädagogik seit 1877 dazwischenzutreten begann, meine Arbeit wesentlich beherrscht. Zeitweilig spielte dabei eine andere Aufgabe hinein, die sich mit dieser an vielen Punkten berührte, die von der Berliner Akademie gestellte Preisaufgabe: Einfluss der englischen Philosophie auf die deutsche. Umfangreiche Exzerpte, die der Lösung dieser Aufgabe zu dienen bestimmt waren, liegen unter meinen Papieren. Auszüge aus Descartes, Spinoza, Hobbes, Pufendorf, Thomasius, Leibniz, Locke, Berkeley müssen aus dem Winter 1872/73 stammen.

Nicht ganz ruhten dabei rechts- und staatswissenschaftliche Studien. Im Winter 1872/73 hörte ich bei Gneist eine Vorlesung über deutsches Staatsrecht. Vor allem die Einleitung ist mir wichtig gewesen, indem sie die Grundbegriffe: Staat,

Gesellschaft, Königtum, konstitutionelle Monarchie etwas eingehender entwickelte. Der Staat als Verwalter des Rechts gegenüber der Gesellschaft als der Organisation der selbstsüchtigen Interessen, das war die Grundanschauung, die Gneist entwickelte; von hier aus wurde die Notwendigkeit des Königtums als eines von der Gesellschaft nicht abhängigen Trägers der Staatsgewalt, andererseits der Volksvertretung und Selbstverwaltung als der unerlässlichen Teilnahme der Gesellschaft am Leben des Staats dargetan. – Es war die Zeit des Kulturkampfs. Gneist, der dem Abgeordnetenhause angehörte, wurde durch die Beratungen öfters abgehalten oder zu früherem Schluss genötigt: Ich bin dann oft ebenfalls nach dem Dönhoffplatz gegangen und habe einen ziemlichen Teil der Verhandlungen mit angehört. Bismarck habe ich damals häufig gesehen und reden hören, ebenso die Führer des Zentrums, Windthorst, Mallinckrodt, die Reichensperger. Ich war zunächst überzeugter Anhänger der Bismarckschen Politik auch in diesem Punkt. Erst sehr allmählich sind mir Zweifel gekommen.

Um sichere historische Fundamente zu gewinnen, habe ich damals auch begonnen, die alten deutschen Volksrechte aus den Quellen zu studieren: Auszüge aus der *lex Salica*, dem Recht der ripuarischen Franken, der Langobarden, der Friesen stammen aus dieser Zeit. Waitz' „*Verfassungsgeschichte*"[278] wurde dazu gelesen; auch eine Vorlesung über den Sachsenspiegel von Berendt werde ich in dieser Zeit gehört haben. Das Studium der alten Volksrechte führte auch auf Studien zur Geschichte der nordfriesischen Heimat: Heimreichs Chronik,[279] Schröders Topographie[280] u. a. wurde mit großem Eifer studiert. In den folgenden Sommern habe ich die Nachmittage, wenn ich in den Ferien zu Hause war, vielfach zu kleineren und größeren Ausflügen verwendet, um die Geschichte des Landes und seiner Bevölkerung anschaulich kennen zu lernen.

Im Frühjahr 1873 (28. April bis 15. Mai) machte ich die sogenannte Vizefeldwebelübung, diesmal bei der 1. schweren Batterie meines Regiments. Ich hatte hier Gelegenheit, den Unterschied eines schlechten von einem guten Kommando kennen zu lernen. Der Hauptmann, eben erst mit der Führung der Batterie beauftragt, hatte bisher mehr im Hofdienst als im Frontdienst gestanden; weder seine Kenntnis des Dienstes und des Reglements noch seine Stimme reichte zur Beherrschung der Batterie aus, und so ergaben sich oft seltsame Verwirrungen. Übrigens war er ein gebildeter und liebenswürdiger Mann, gegen mich sehr freundlich gesinnt: Dennoch hätte ich etwas darum gegeben, wenn ich wieder bei meinem alten Hauptmann Weinberger gewesen wäre. Es gibt nichts Peinlicheres, als wenn beim Exerzieren, namentlich beim Bespanntexerzieren der Batterie, die Sache nicht klappt, wie andererseits ein rasches und sicheres Ausführen eines guten Kommandos alle elektrisiert. Nach drei Wochen wurde ich zum Vizefeldwebel befördert und trug nun mit Stolz das silberne Portepee.[281] Im Frühjahr 1874 stellte ich mich zur Wahl und wurde nach günstiger Entscheidung zum Sekondeleutnant ernannt. Es ist der Gipfel militärischer Würden, den ich erstiegen habe.

Mühle in Waygaard-Fahretoft, nordwestlich von Langenhorn, Foto aus dem Besitz Friedrich Paulsens: „In den folgenden Sommern habe ich die Nachmittage, wenn ich in den Ferien zu Hause war, vielfach zu kleineren und größeren Ausflügen verwendet, um die Geschichte des Landes und seiner Bevölkerung anschaulich kennen zu lernen."

Als solcher habe ich, um das gleich zu erwähnen, im folgenden Jahr eine Übung gemacht, unter Hauptmann von Ihlefeld, demselben, der meine erste Einjährigenausbildung geleitet hatte. Sie hat mir, obwohl ich mit dem Hauptmann vortrefflich stand, nicht viel Freude gemacht. Der Verkehr mit den Kameraden, auch außerhalb des Dienstes erwartet und halb gefordert, bot mir allzu wenig; auch die Art, wie über öffentliche Angelegenheiten, über sittliche Fragen, besonders auch aus der sexuellen Sphäre, oder über die Mannschaften und ihre persönlichen Verhältnisse geschwatzt und geurteilt wurde, war mir oft recht peinlich: Mein bei aller Überzeugung von der Notwendigkeit königlichen Regiments und militärischer Autorität demokratisches oder vielmehr volkstümlich fühlendes Herz empörte sich oft gegen die Geringschätzung, womit von dem Volk und den Massen in diesen Kreisen geredet wurde. Mit dem Dienst hatte ich keine Schwierigkeit, nur der Stalldienst war mir lästig, nicht um der Sache willen, sondern weil ich gar nichts davon verstand; der Hauptmann Weinberger hatte uns denselben während des Einjährigenjahrs ganz erlassen, und das rächte sich nun an mir, indem ich kontrollieren sollte, was ich nie geübt hatte: Pferdeputzen, Anschirren, Füttern usw. Auch eine Lieferung Hafer habe ich einmal abgenommen, wo ich denn eher Sachverständiger war. Und noch etwas genierte gelegentlich: Ich war kein guter Reiter; meine Figur, der schwere Oberkörper, disponierte mich nicht dafür. Auf dem dienstlichen Bocksattel war das nicht so merklich geworden, jetzt auf dem glatten englischen Sattel kam ich öfters etwas in Verlegenheit, vor allem mit dem Springen wollte es gar nicht gehen: weshalb denn auch mein Pferd, ein altes,

Friedrich Paulsen im Jahre 1873: „Ich hatte meine erste wissenschaftliche Entdeckung gemacht".

verständiges Tier, sich in der Folge beharrlich weigerte, auch nur zu einem Versuch auszuholen.

Nach Vollendung der ersten Vizefeldwebel-Dienstleistung ging ich nach Langenhorn. Der Sommer 1873, von Juni bis September, den ich im Elternhaus zubrachte, ist mir in besonders glänzender Erinnerung. Es waren Tage sehr angespannter Arbeit und sehr fruchtbaren Wachstums: Meine erste größere Arbeit, die Entwicklungsgeschichte der Kantischen Erkenntnistheorie, ist in diesen Monaten konzipiert worden. Ich stand frühmorgens mit dem Hause um fünf Uhr auf, arbeitete ununterbrochen bis zum Mittag um halb zwölf Uhr; der Nachmittag war dann mannigfacher Lektüre und auch großen Spaziergängen durch die Marsch, über die Heide, an die See gewidmet. Die Bücher, die ich mir zum Studium mitgenommen hatte, waren in der Hauptsache die Werke David Humes und Immanuel Kants. Ich las erst den ganzen Hume in einer zweibändigen englischen Ausgabe, dann den ganzen Kant in der zweiten Hartensteinschen Ausgabe,[282] anfangend mit den „vorkritischen" Schriften der beiden ersten Bände. Und nun ging mir der Sinn für die Kantische Philosophie auf. Ich sah die sukzessive Annäherung des von Wolffischer Metaphysik herkommenden deutschen Denkers an den Standpunkt Humes: Die Schriften der 60er Jahre ließen schrittweise diese Bewegung erkennen. Ich sah dann, wie, mit plötzlichem Ruck, die

Schwenkung in der Dissertation von 1770 kommt: Es ist, als habe ein Blick in einen plötzlich vor ihm aufgetanen Abgrund, den Abgrund des Skeptizismus, ihn auf einmal herumgerissen: Die apriorischen Elemente der Anschauung und des Denkens, Raum und Zeit und die Kategorien, ermöglichen *a priori* Erkenntnis, jene des *mundus sensibilis*, diese des *mundus intelligibilis*.[283] Und das ist nun die bleibende Frontstellung der Kantischen Philosophie: Rettung der Vernunfterkenntnis, der Philosophie als Erkenntnis *a priori*, gegen den alles verschlingenden Skeptizismus Humes. Nun las ich die „*Kritik*",[284] und es fiel mir wie Schuppen von den Augen: Natürlich, nicht die „Unerkennbarkeit der Dinge an sich" ist das Ziel der Beweisführung, wie es mir bisher vorgeschwebt hatte, wobei denn die ganze Argumentation immer etwas wunderlich Verqueres behielt, sondern die Möglichkeit „reiner" Erkenntnis und dann die Begründung einer „reinen" Moral und endlich die Begründung einer auf „Vernunft" sich gründenden Weltanschauung.

Ich war in sehr gehobener Stimmung. Ich hatte meine erste wissenschaftliche Entdeckung gemacht, denn das hatte vor mir niemand gesehen, oder nur *quasi per nebulam*,[285] weil niemand bisher mit Ernst der geschichtlichen Entwickelung Kants nachgegangen war. Ich war überzeugt, jeder, der den Dingen in dieser Folge nachgehe, müsse eben dasselbe sehen, was mir in durchsichtiger Klarheit vor Augen lag. Eine glückliche Illusion, die nachher durch minder erfreuliche Erfahrungen gründlich zerstört worden ist. Dennoch bin ich auch heute noch des Glaubens, dass niemand Kant verstehen kann, der ihn nicht von diesem Gesichtspunkt aus sieht.

Ich habe gleich damals in raschem Entwurf das Schema des Entwicklungsganges und des Systems Kants in den Umrissen befestigt. Hätte ich es gleich ausgeführt, so hätte ich mir eine große Enttäuschung erspart, wovon in der Folge die Rede sein wird.

Auch im Elternhaus war damals Sonnenschein. Der Vater war noch sehr rüstig, er hatte die Freude an seiner Landwirtschaft nicht eingebüßt; und da er sah, dass der Sohn auf gutem Wege war, so war auch der alten Enttäuschung über seinen Abfall vom Beruf der Stachel genommen. Der Mutter war die Last der Hauswirtschaft zum größten Teil abgenommen: Ihre jüngere Schwester, Tante Margarete, die unverheiratet geblieben war, war vor ein paar Jahren in unser Haus übergesiedelt. Ich hatte darauf gedrungen: Auf dem Sande, wo sie bis dahin bei dem Bruder im elterlichen Hause geblieben war, waren die Töchter herangewachsen; sie wurde daher hier mehr und mehr entbehrlich; dagegen bedurfte die Mutter, die seit vielen Jahren nicht mehr im Besitz ihrer Kräfte war, dringend der Entlastung. Tante Grete war willig, und so ist sie die letzten 20 Jahre hindurch die Stütze des Langenhorner Haushalts gewesen. Auch mir war damit eine Last von der Seele genommen: Die Einsamkeit des Elternhauses, die mich als meine Schuld gedrückt hatte, war nun gewichen. Und bald kam noch ein weiteres, ein jugendliches Element hinzu: Ich veranlasste, dass mein Vetter Friedrich vom Sande bei

Niß Nissen aus Fahretoft, „mein alter Freund"; er wurde Pastor und später Propst für Südtondern in Leck.

meinem alten Lehrer Brodersen die letzten Schuljahre in die Schule gehe; er kam also zu meinen Eltern zunächst für den Winter ins Haus. Auch hieraus ist ein dauerndes Verhältnis geworden; mein Vetter wurde in Langenhorn allmählich wurzelfest, wo er jetzt noch lebt.

Ein paar kleine Ausflüge fallen ebenfalls in diesen Sommer. Der erste mit meinem alten Freunde Niß Nissen aus Fahretoft nach Sylt. Ich holte ihn Anfang September ab, wir fuhren über Wyk nach Nösse und suchten zunächst seinen Bruder auf, der als junger Lehrer in Archsum stand. Zu dritt wanderten wir dann nach List, wo wir spät abends ankamen. Wir gingen über Tinnum, wo der alte Thinghügel bestiegen wurde, nach Westerland, dann kreuz und quer, mit herrlichem Freibad am Weststrand, nach Norden. Die lange Dünenwanderung hatte zuletzt etwas Spukhaftes: Immer meinten wir, wenn wir wieder einen Dünenhügel erstiegen, nun müsste List daliegen, und immer dehnten sich neue Sandberge vor uns, wie es schien, ins Endlose: War List verschwunden? Oder drehten wir uns im Kreise? Endlich, wir waren fast erschöpft, tat sich unerwartet die kleine Bucht vor uns auf, durch die Dämmerung schien ein Licht herüber, wir waren zur Stelle. Und ein Spukhaftes begegnete uns auch hier: Wir hatten, als wir ankamen, ein größeres Segelboot einlaufen sehen. Wie wir aus dem Gastzimmer spät noch einmal hinausgehen, nach dem Himmel zu sehen, sitzt in einem Zimmer, das wir passierten, ein älterer Herr und eine verschleierte Dame. Wir fragten die Wirtsleute, wer die seltsamen Gäste seien? und erhielten zur Antwort: Wir kennen sie auch

Dünen bei List auf Sylt: „Die lange Dünenwanderung hatte zuletzt etwas Spukhaftes".

nicht, aber wir nennen ihn den Stiefelgrafen. Sie gehen hin und wieder hier ans Land, immer spät abends, und sind am Morgen früh wieder fort. Man sagt: der Mann habe seinen Bruder erschlagen und habe nun keine Ruhe. Stiefelgraf aber heißt er, weil er immer sehr weite Filzstiefel trägt; es soll ihm von einer Zigeunerin einmal gewahrsagt worden sein, dass er von einer Hühneraugenoperation den Tod haben werde. – Als ich nach unruhigem Schlaf, er wurde durch raschelnde und knabbernde Mäuse gestört, früh hinaustrat, war das Segelboot mit dem rätselhaften Paar schon verschwunden.

Den andern Ausflug machte ich mit Reuter nach Kopenhagen. Wir fuhren mit dem Dampfer von Kiel bei Nacht über die Ostsee, im Mondschein an Langeland vorbei nach Korsör, dann vormittags mit der Bahn nach Kopenhagen. Es war mir eigen, alle die Städte, deren Namen ich vor Jahren in meiner ersten Schule in Langenhorn auswendig gelernt hatte: Korsör, Slagelse, Sorö, Roskilde, nun mit Augen zu sehen, ein Mögliches so in ein Wirkliches umwandelnd. In Kopenhagen nahmen wir in einem echt dänischen Hotel Quartier, „Dannevirke" oder wie es hieß, um recht der Fremde innezuwerden. Mein Dänisch erwies sich im Übrigen bald als überflüssig, jedermann in Kopenhagen konnte etwas Deutsch, und als es einmal wirklich nottat – auf einem Ausflug, wo es spät abends geworden war, wollte ich mich in einem Bauernhaus nach dem Weg erkundigen –, reichte es nicht aus: Wir konnten es nicht zu einer Verständigung bringen. Was wir alles gesehen haben, ich weiß es nicht, das alte Königsschloss mit seinen

Sammlungen, der Gemäldegalerie und den nordischen Altertümern, war darunter und natürlich Thorvaldsen.[286] Dagegen erinnere ich mich einer Posse in Tivoli, in deren Couplets Kaiser Wilhelm, der Schah von Persien und Frederik VII. eine Rolle spielten: dieser, weil eben sein Reiterstandbild vor dem Schloss enthüllt werden sollte – *skal afsløres*[287] klingt mir noch ins Ohr. Was uns damals unter der grauen Leinwand verhüllt blieb, habe ich 33 Jahre später „entschleiert" gesehen: die mit phantastischem Helm aufgeputzte Gestalt des letzten Königs *af gamle Danmark*,[288] vor der Ruine des ausgebrannten Schlosses Christiansborg.[289] Deutlich in der Erinnerung steht mir auch noch der Abend in Tårbæk. Wir hatten uns am Spätnachmittag von Kopenhagen nordwärts nach Klampenborg auf den Weg gemacht, in der Meinung, die Straße führe immer dicht am Sund hin. Die Sache kam anders; es wurde dunkel und begann zu regnen; wir tappten in der Finsternis weiter, waren bald des Weges unsicher, fanden ihn auch sehr viel länger, als wir erwartet hatten: wobei jene eben erwähnte vergebliche Befragung stattfand. Endlich ein Licht, ein Gasthaus, wir waren in Tårbæk gelandet; und als wir uns an den Tisch setzen und der Wirt uns begrüßt, ist's ein Landsmann, aus der Gegend von Apenrade. Und wie wir oben zwei Treppen in unser Zimmer kommen, ist auch der Sund da, den wir so sehnsüchtig vermisst hatten; der Regen hatte aufgehört, das Wasser glänzte im Mondschein herauf und von weit drüben ein Licht: Es war das Feuer auf der Insel Hven, Tycho Braheschen Andenkens.[290] Am folgenden Tag geleitete uns der junge Wirt, mit dem wir uns angefreundet hatten, durch den herbstlich schönen Tiergarten bis Holte, von wo wir nach Frederiksborg fuhren: Das herrliche, entzückend im Waldsee gelegene Schloss Christians IV. war der letzte große Eindruck von unserem schönen Nachbarlande.

Anfang Oktober kehrte ich nach Berlin zurück. Ich hatte hier eine neue Aufgabe übernommen: Ein alter Schulfreund, der eine Stellung außerhalb angenommen hatte, fragte mich, ob ich geneigt sei, die Geschichtsstunden, die er bisher an einer privaten höheren Töchterschule gegeben hatte, zu übernehmen. Ich sagte zu, eine praktische Tätigkeit war mir längst ersehnt. Ein Jahr lang habe ich in den beiden oberen Klassen den geschichtlichen Unterricht mit je zwei Stunden wöchentlich erteilt. Die brandenburgisch-preußische Geschichte war der Stoff; mit heißem Bemühen sammelte ich für meine Schülerinnen, was mir für sie geeignet schien: Carlyles „*Geschichte Friedrich des Großen*"[291] hat mir dabei sehr gute Dienste getan; ich las sie für mich mit leidenschaftlichem Interesse und entnahm daraus auch für meinen Unterricht nicht bloß charakteristische Züge und Anekdoten, sondern wohl auch Ton und Farbe der Darstellung. Ob die viele und redliche Mühe, die ich mir gegeben habe, den jungen Mädchen nicht bloß Geschichtsdaten beizubringen, sondern die Geschichte ihres Heimatlandes zu deuten und wert zu machen, von entsprechendem Erfolg gekrönt gewesen ist? Ich wage es nicht zu behaupten. Die Erfahrungen, die ich bei Wiederholungen öfter zu machen hatte, lassen es mindestens zweifelhaft erscheinen. So hatte ich einmal, wie ich glaubte, mit unwiderstehlicher Deutlichkeit der ersten Klasse das Wesen von Steuer, Zoll und Akzise[292] dargelegt. Als ich auf meine Frage: „Also, Elise, was ist ein Zoll?" die rasch und sicher erfolgende Antwort erhielt: „Ein Zoll ist das kleinste Längenmaß", fühlte ich mich in der Tat mit meiner Weisheit so *ad absurdum* geführt, dass ich vor Finanzfragen in der Folge in großem Bogen auswich. Auch bei der Schulprüfung schnitt ich nicht glänzend ab: Der alte Pastor hielt es, nachdem ich zunächst selbst aus der brandenburgisch-preußischen Geschichte hatte erzählen lassen, für angemessen, doch auch ein paar Fragen zu stellen; er fuhr auf das offene Meer der Weltgeschichte und erkundigte sich nach den vier Weltmonarchien.[293] Meine höheren Töchter verstummten, und ich weiß nicht, ob ich selbst die Frage zu seiner Zufriedenheit beantwortet hätte.

Für mich sind übrigens diese Stunden nicht ohne Wert gewesen. Ich habe manche interessante Beobachtung über Kinder und Schulklassen, über Mädchen und Mädcheneigenheiten, über das, was sie interessiert und was sie fassen können, zu machen Gelegenheit gehabt. Auch der ungeheure Abstand im Verhalten und Wesen der Individuen ist mir dabei oft zum Bewusstsein gekommen: von zarter und bereiter Empfänglichkeit durch Leichtsinn und Flatterhaftigkeit bis zu entschiedenem Stumpfsinn und ausgesprochener Gleichgültigkeit gegen das Dargebotene, welch eine Skala von verschieden gestimmten Gemütern; und da soll dasselbe Wort Boden fassen! Und ich hatte es hier mit kleinen Klassen von gegen 20 zu tun: Wie soll ein Lehrer in Klassen von 50 und 100 durchdringen?

Der Unterricht nahm nach einem Jahr ein Ende, zugleich mit der Schule selbst; ich hoffe, dass das Zusammenbrechen der Anstalt, sie konnte sich ökonomisch nicht mehr halten, nicht mit meiner Tätigkeit in ursächlichem Zusammenhang steht.

Zugleich hatte ich meine wissenschaftlichen Arbeiten aufgenommen. Ich ging aber nicht an die Ausführung des geschichtlichen Unternehmens, das mich seit einem Jahr beschäftigte und mit so glücklicher Entdeckung im Sommer belohnt hatte; vielmehr drängte es mich, zunächst einige theoretische Probleme der Erkenntnistheorie zu lösen, die ich ebenfalls schon länger im Auge gehabt und zum Teil in Vorträgen im Philosophischen Verein behandelt hatte. Ich entwarf drei Abhandlungen: über den Begriff des Begriffs, den Begriff der Ursache und den Begriff der Substanz. Den Entwurf über den Begriff der Ursache führte ich zuerst in einer umfangreichen Abhandlung aus, worin ich, in den Spuren Humes und Mills gehend, mit scharfer Polemik gegen den Apriorismus und Rationalismus, namentlich den halben und lahmen Rationalismus mancher Zeitgenossen, die empiristische Auffassung vertrat: das Kausalverhältnis kein logisches, auch keine apriorische Denkform, keine eigentliche Notwendigkeit enthaltend, sondern eine aus der Urform der Assoziation allmählich entwickelte, zu präsumtiver Allgemeingültigkeit gesteigerte axiomatische Forderung des Verstandes an die Dinge.

Diese Abhandlung reichte ich im Februar 1874 im Manuskript mit dem Gesuch um die *venia legendi*[294] der Fakultät ein. Hätte ich etwas mehr Menschenklugheit besessen, so hätte ich den Erfolg vorhersehen können: Mein Gesuch wurde abgeschlagen. Ich will nicht sagen, dass die Entscheidung ungerecht war; ich würde jetzt in ähnlicher Lage vielleicht ähnlich urteilen. Der Ton der Abhandlung war petulant[295] und wohl auch anmaßend, die Polemik absprechend, wie sie es bei jugendlichen Autoren zu sein pflegen, die sich noch im Vollgenuss der ersten Entdeckung der Wahrheit befinden. Aber auch der Inhalt ließ es wohl an Gründlichkeit der Untersuchung, an Umsicht und Besonnenheit der Behandlung vielfach fehlen. Dass die Fakultät oder ihre Referenten, es waren Harms und Zeller, der an die Stelle von Trendelenburg getreten war, diese Abhandlung nicht als ausreichend zum Nachweis der wissenschaftlichen Qualifikation als Privatdozent ansahen, habe ich längst aufgehört ihnen übelzunehmen. Und dass sie den Ton als ungehörig empfanden und bezeichneten, war ganz in der Ordnung. Mir ist die Lektion auch nicht übel bekommen; ich habe nicht wieder in dieser Form geschrieben, nicht bloß, weil ich die üble Wirkung sah, sondern weil ich das Unfeine empfand: Den Leser, den man gleichsam bei sich zu Gast ladet, mit der schnöden Miene der Überlegenheit zu empfangen und zu behandeln, ist, so gewöhnlich es in Deutschland ist, im Grunde pöbelhaft. Ich nahm mir nun, wie ich es auch schon vorher hätte tun können, meine Engländer, Hume und Mill, zum Muster sowohl in der Höflichkeit gegen den Leser als in der Urbanität der Polemik; und das ist eigentlich das meiner Natur Gemäße: Mir war die Grobheit und das fastidiöse[296] Wesen der Philologen immer verhasst gewesen. Aber unter allerlei Einflüssen, Schopenhauer, vielleicht auch Lassalle, war ich meiner Natur entfremdet worden. So kann ein Schock von außen auf die Selbstbefreiung eine höchst wohltätige Wirkung haben.

Zunächst war freilich die Sache verdrießlich, vor allem auch um der Eltern willen, die nun schon so lange auf den Beginn einer Wirksamkeit des Sohnes warteten. Ich schrieb ihnen sogleich, meldend, wie es gegangen sei, und hinzufügend, was ja auch den Tatsachen entsprach, dass meine Auffassung von der der Richter sehr weit sich entfernt habe und dass dies wohl auf den Ausfall des Urteils nicht ohne Einfluss geblieben sei. Sie möchten Geduld haben, ich werde es noch einmal und dann besser machen. – Ich selbst war gleich entschlossen, mich nun an die Ausarbeitung des historischen Themas zu machen und die Bewerbung zu wiederholen. – Am Abend des Tages, wo mir der Dekan, es war Helmholtz, den Misserfolg eröffnet hatte, ging ich ins Schauspielhaus und sah, wenn auch nicht ohne einen Bodensatz von Verstimmung auf dem Grunde des Gemüts, mit Vergnügen Freytags „*Journalisten*".[297]

An den folgenden Tagen habe ich mit Harms und mit Zeller über die Angelegenheit gesprochen. Harms äußerte sich gekränkt, er war beleidigt, und nicht ohne allen Grund: Er betrachtete sich als meinen Lehrer, und nun war ich so weit abgefallen, abgefallen zu dem Skeptizismus Humes, den er stets bekämpft hatte. Es kam zu einer ziemlich heftigen Szene, so dass ich aufsprang und gehen wollte. Indessen fand er ein besänftigendes Wort, wie er denn im Grunde mir wohlgesinnt war, und so schied ich ohne Groll. Zeller behandelte die Angelegenheit ohne persönliche Animosität, obwohl ich auch gegen ihn polemisiert hatte. Auf meine entschieden gestellte Frage: ob er glaube, von einer Wiederholung der Bewerbung mir abraten zu müssen, antwortete er verneinend; seinerseits stehe der Einreichung einer neuen Arbeit nichts im Weg.

Ich ging nun alsbald an die Ausführung jener historischen Untersuchung, sie beschränkend auf Kant und hier wieder auf die Entwickelung bis zur „*Kritik*": Die Darstellung des gesamten Systems der kritischen Erkenntnistheorie versparte ich absichtlich auf die Gesamtdarstellung der Geschichte der Erkenntnistheorie: Die Entwicklungsgeschichte Kants sollte sich als ein Exkurs zu dem Werk verhalten. In der Meinung, dass ich die Arbeit jederzeit einreichen könne, beschleunigte ich die Fertigstellung, um die Scharte baldigst auszuwetzen und wenn möglich noch im Jahre 1874 zum Lesen zu kommen. Als ich die Abhandlung unter dem Titel „*Versuch einer Entwickelungsgeschichte der Kantischen Erkenntnistheorie*" einreichte, wurde mir aber eröffnet: eine neue Bewerbung sei vor Ablauf eines Jahres nicht zulässig. Das hatte denn zur Folge, dass ich für die Drucklegung Zeit gewann. Freilich war dabei zunächst das bittere Geschäft, einen Verleger zu finden, zu erledigen. Ich habe viele vergebliche Wege gemacht, bis sich endlich, anfangs 1875, Richard Reisland in Leipzig zum Abschluss des Geschäfts bereitfand, allerdings unter wenig erfreulichen Bedingungen: Einzahlung von 250 Talern für Druckkosten, die dann, nach Bestreitung aller Kosten der Firma, aus dem Ertrag sollten zurückgezahlt werden; ein dann noch resultierender Überschuss sollte zwischen dem Autor und Verleger zu gleichen Teilen verteilt werden. Ich habe im Lauf einiger Jahre meinen Einschuss zurückerhalten und auch noch einen kleinen Überschuss; er würde größer gewesen sein, wenn der Verleger mehr Geduld gehabt hätte: Als der Absatz Ende der 70er auf ein paar Exemplare im Jahr herabging, ließ er, ohne auch nur zu fragen, den Rest bis auf eine geringe Anzahl einstampfen. Später stieg die Nachfrage wieder stark; zu einem bloßen Neudruck mochte ich mich aber nicht entschließen, und für eine Neubearbeitung hatte ich nicht Zeit. So ist mein erstes Buch seit langem vergriffen. Ich kann nicht umhin zu denken, dass ein etwas kulanteres Verfahren des Verlegers auch in seinem Interesse gelegen hätte; ich habe seitdem keine Geschäfte mehr mit ihm machen mögen. Überhaupt versehen es die Verlagsbuchhändler meines Erachtens darin, dass sie nicht mehr auf junge, aufsteigende Kräfte achten und solche sich durch Dienste zu verpflichten suchen.

Um die Geschichte meiner Habilitation gleich zu Ende zu erzählen: Ich legte nun im März 1875 das gedruckte Buch[298] der Fakultät vor; es fand Annahme. Durch die erneute Dienstleistung (April, Mai) wurde die Habilitation verzögert. Erst am 10. Juni 1875 hielt ich die Vorlesung in der Fakultät. Als Thema war unter den vorgeschlagenen gewählt worden: der Begriff der Substanz. Der Erfolg war gering, im Kolloquium wurde auf die Sache selbst überhaupt nicht eingegangen; Harms meinte: diese Anschauungen müssten zum Materialismus führen; ich versuchte vergeblich zu zeigen, dass der Begriff eines Seelensubstantiale vielmehr ein letzter Rest zugleich und ewig nachwachsender Keim der materialistischen Vorstellung sei: Substanz und Materie seien Wechselbegriffe. Zeller lenkte gleich auf allerlei Historisches ab, Spinozas Substanzbegriff und dergleichen. Nach einer Beratung, die mir recht lang wurde, kam die Fakultät zu einem positiven Ergebnis. Die öffentliche Vorlesung fand am 19. Juni statt: Sie handelte von den Kategorien, mit denen die Gegensätze philosophischer Anschauungen bezeichnet zu werden pflegen, Idealismus und Realismus usw. Auch von ihr hatte ich den Eindruck vollständiger Vergeblichkeit, weder der Dekan Zeller noch die wenigen Hörer schienen der Sache Bedeutung beizulegen, vielmehr mit Ungeduld das Ende zu erwarten.

Das war der wenig verheißungsvolle Eintritt in die akademische Laufbahn. Ich empfand mit Bitterkeit den Abstand gegen die Promotion: Damals hatte mir Trendelenburg mit großer Herzlichkeit gratuliert. Jetzt wurde die Sache mit kalter Geschäftsmäßigkeit erledigt.

Auch die Aufnahme, die mein Kantbuch fand, blieb hinter meinen Erwartungen beträchtlich zurück. Die erste Rezension kam von meinem alten Bekannten aus Bonn, Dr. Göring sprach im *Literarischen Zentralblatt* seine, wie mir vorkam, ziemlich matte Anerkennung aus: die Schrift verdiene Beachtung! Ich hatte gedacht, es werde heißen: die Schrift bedeute eine vollständige Revolution in der Auffassung der kritischen Philosophie. Statt dessen: verdient Beachtung! Was verdient nicht Beachtung und erfährt sie auch, wenn es gedruckt ist! Ähnlich lauteten die Stimmen in andern Blättern. Nur ein Artikel der *Westminster Review*, der von John Stuart Mill mitbegründeten Zeitschrift, erhob sich zu höheren Tönen: das Buch werfe das größte Licht auf die Philosophie des Königsbergers. Und ein paar Jahre darauf hatte ich die Genugtuung, dass ein Niederländer, Dr. Du Marchie-Voorthuisen, ein Buch über Kant schrieb, es ist nach seinem Tode veröffentlicht worden,[299] das sich auf die von mir gelegte Grundlage stellte.

Mit einem Wort gehe ich noch auf die übrigen Studien und Bestrebungen in diesen Jahren ein. Eine von der Akademie gestellte Preisaufgabe über den Einfluss der englischen Philosophie des 18. Jahrhunderts auf die deutsche hat mich, wie schon erwähnt, zeitweilig gelockt und meine Lektüre bestimmt. Bacon, Hobbes, Cumberland, Shaftesbury, Mandeville, dann die Deutschen Pufendorf, Thomasius, Leibniz wurden studiert und exzerpiert; Hobbes gewann mir dabei durch seine scharfe, rücksichtslose, schroffe Durchführung bestimmter Prinzipien besondere Hochschätzung ab; seine politischen Gedanken haben auf meine Gedankenbildung nicht unerheblichen Einfluss geübt; dass einheitliche und gesicherte Macht das erste Hauptstück des Staats sei, ist mir durch Hobbes erst zu unverlierbarer Einsicht erhoben worden. Zur Ausführung der Preisarbeit bin ich doch nicht gekommen, die andern Arbeiten und Pläne haben es gehindert. Doch sind die mannigfachen Studien dafür meiner Vorlesung über die Geschichte der

VERSUCH

EINER

ENTWICKLUNGSGESCHICHTE

DER

KANTISCHEN ERKENNTNISSTHEORIE

VON

Dr. FRIEDRICH PAULSEN.

LEIPZIG

FUES'S VERLAG (R. REISLAND).

1875.

Paulsens Habilitationsschrift: „Ich legte nun im März 1875 das gedruckte Buch der Fakultät vor; es fand Annahme."

neueren Philosophie zugute gekommen, ebenso wie die Vorarbeiten für die Geschichte der Erkenntnistheorie. An ihr habe ich länger festgehalten, auch Anläufe zur Ausarbeitung gemacht; schließlich ist sie doch liegengeblieben: Die Pädagogik trat dazwischen und hielt mich jahrelang bei historischen Arbeiten fest, wovon in der Folge zu reden sein wird.

Mit großem Interesse und bleibendem Gewinn habe ich in den Jahren 1873–75 Schopenhauer, den ich bisher nur gelegentlich und ohne tiefere Teilnahme gelesen hatte, studiert. Das unfreundliche Begegnis mit der Fakultät öffnete mir für seine pessimistischen Betrachtungen über die menschliche Natur überhaupt und den Gelehrten im Besonderen das Verständnis oder schuf doch einen Resonanzboden im Gefühl. Seine schroffe und fast feindselige Art, die Wahrheit zu sagen, imponierte mir; sie hat auf den Ton meiner ersten Habilitationsschrift abgefärbt. Dauernde Wirkungen waren die voluntaristische Auffassung des Seelenlebens und das Verständnis für die pessimistische Lebensauffassung. Habe ich diese auch niemals mir angeeignet, so ist mir doch durch Schopenhauer die Zufälligkeit und Subjektivität des natürlich-optimistischen Lebensgefühls und die Möglichkeit des Umschlags zum Bewusstsein gekommen. Auch für die großen Erlösungsreligionen war damit die Voraussetzung des Verständnisses gegeben; die christliche Religion gewann jetzt ein anderes Gesicht, als sie in der Beleuchtung der intellektualistischen Dogmatik gezeigt hatte.

Das Studium der Religion in ihrem Verhältnis zur Kultur wurde jetzt für mich ein Gegenstand dauernden Interesses. Aus diesem Gesichtspunkt habe ich damals Dunckers „*Geschichte des Altertums*“[300] mit lebhafter Freude gelesen. Ich halte sie noch heute für ein Werk, das vortrefflich geeignet ist, in den Sinn der Völker einzuführen, deren Leben darin beschrieben ist; besonders ist die Geschichte des indischen Volkes mit tiefem Verständnis erfasst: Die großen Epochen seines Lebens und seiner Lebensstimmung treten darin mit erstaunlicher Deutlichkeit hervor. Bald kam Waitz' „*Anthropologie der Naturvölker*“[301] dazu, ein unerschöpflicher Schatz der Belehrung für primitive Religion.

Meine persönlichen Beziehungen erfuhren in dieser Zeit mehrfache Erweiterung. Vor allem ist hier das Haus des Unterstaatssekretärs a. D. von Gruner zu nennen. Ich wurde durch Freund Belger eingeführt, der seit Herbst 1872 die Aufgabe eines Erziehers für den einzigen Sohn des Hauses übernommen hatte. Sein Eintritt in diese Stellung war durch Bonitz vermittelt worden. Nachdem ich am Himmelfahrtstag 1873 zum ersten Mal zu Tisch im Hause gebeten war, wurde ich im folgenden Winter öfters eingeladen. Es war ein sehr gastfreies Haus, in dem auch jüngere Gelehrte gern gesehene Gäste waren. Man kam entweder gebeten zu Tisch- oder Abendgesellschaften, oder man fand sich ungebeten zum Tee um acht Uhr ein und verplauderte ein paar Stündchen in der Familie, die aus dem Hausherrn, der Frau Clara und Fräulein Emilie,[302] der Pflegetochter, bestand, übrigens oft durch ein paar freiwillige Gäste vermehrt wurde. Nicht selten wurde etwas gelesen, gelegentlich auch mit verteilten Rollen. Es war das erste, wenn nicht eigentlich auf großem Fuß, so doch in vornehmem Stil geführte Haus, das ich kennen gelernt habe. Manche Bekanntschaft, die für mich von Bedeutung geworden ist, habe ich dort gemacht, so vor allem die der beiden Reichensperger, die dem Hausherrn politisch befreundet waren. Was aber seit Ende 1875 mich immer öfter in das Haus führte, davon mögen einige vor mehr als 20 Jahren niedergeschriebene Blätter reden, die ich an späterer Stelle unverändert einlege.[303]

Durch meine Habilitation wurde ich um dieselbe Zeit mit zwei nah verwandten Familien bekannt: mit den Professoren Lazarus und Steinthal. Ich hatte meinem verehrten Lehrer Steinthal meine Erstlingsschrift überbracht, persönlich, ohne indessen zunächst den Eindruck zu haben, dass er für mich oder meinen Kant sich interessiere. Es war nicht seine Art, dem ihm sich Vorstellenden lebhaft entgegenzukommen: Er ließ an sich herankommen und konnte wohl auch durch beharrliches Schweigen eine etwas unbehagliche Situation entstehen lassen. Als der Jüngere hatte ich die Empfindung, dass es geziemend sei, ihm die Frage und die Leitung des Gesprächs zu überlassen. Da er von dem Recht weiter keinen Gebrauch machte, empfahl ich mich bald, nicht ohne eine kleine Missstimmung. Ich sollte später erfahren, dass es durchaus nicht Mangel an freundlicher Gesinnung gegen den sich vertrauensvoll Nahenden, sondern der natürliche Habitus des Mannes, vielleicht auch ein wenig Mangel an Übung im Verkehr mit jungen Leuten war, was mir als Kälte entgegentrat. Ich bin in seinem Hause bald so heimisch geworden, wie ich mich kaum in einem andern Haus gefühlt habe. Das war freilich vor allem das Verdienst seiner Frau, der Schwester des Professor Lazarus. Ich weiß nicht, wann ich sie zuerst gesehen habe, es wird im Lauf des Sommers 1875 gewesen sein. Sie war damals noch eine jugendliche Frau, nicht gar viel älter als ich, ihr Mann war beinahe 20 Jahre älter als sie. Die Liebenswürdigkeit, mit der sie sich für die persönlichen Angelegenheiten, für Heimat und Herkunft, für häusliche Verhältnisse und wissenschaftliche Pläne des Gastes interessierte, die freundliche Art, wie sie ihn zum Sprechen zu bringen und zu hören wusste, nahmen mich ebenso sehr ein, als mir die ganze schlichte Geselligkeit, die den beschränkten Umständen entsprach, zusagte. Ich kam bald als regelmäßiger Gast jeden Dienstagabend zu ihnen, mit mir Dr. Bruchmann. Meist waren wir die einzigen Gäste, doch kam später noch hin und wieder der eine und andere Schüler Steinthals dazu. An äußeren Genüssen wurde ein Butterbrot und ein Glas Bier geboten, und davon wurde nicht abgegangen, auch wenn einmal ein geehrterer Gast, z. B. Professor Baron, dazukam. Die herzliche Freundlichkeit aber, womit man aufgenommen wurde, die Sorglichkeit, womit die Hausfrau die Wirtin machte, die Behaglichkeit der Plauderei über Tisch, die Intimität des Gesprächs mit dem vielseitigen und tiefen Gelehrten, alles das gab diesen schlichten Abenden für uns unvergleichliche Reize. Sie fanden ihr Ende erst, als der eigene Hausstand seine Ansprüche und Hemmungen geltend machte; meine Braut und in der ersten Zeit auch meine junge Frau habe ich noch oft mitgebracht.

Auch zu Lazarus kam ich ins Haus; sie hatten mich wohl bei Steinthals kennen gelernt. Wenn ich nicht irre, bin ich im Winter 1875/76 zum ersten Mal bei ihnen gewesen, in großer Gesellschaft, ohne Anschluss und ohne Freude. Es war das vollkommene Widerspiel der Geselligkeit bei der Schwester: hier eine Zusammenführung von großen Namen, Titeln und Orden, mit denen das Haus Staat machte und unter denen sich ein so unberühmtes Individuum, als ein junger Privatdozent ist, völlig verlor oder nur als bescheidene Raumfüllung wirkte, dort ein engster Kreis, in dem jeder als Persönlichkeit wirkte und galt. Ich bin nur noch ein- oder zweimal dort gewesen, das letzte Mal mit meiner Braut. Es war mir nicht wohler dabei als das erste Mal. Es lag doch auch daran, dass ich zu den Wirten selbst kein Verhältnis zu gewinnen vermochte. Professor Lazarus, den ich als Gelehrten wohl schätzte (ich hatte seine Artikel in den ersten Bänden der *Zeitschrift für Völkerpsychologie*[304] mit Vergnügen gelesen), damals vielleicht mehr schätzte als später, weil ich noch Größeres von ihm erwartete, blieb im Grunde unnahbar: Das Gefühl seiner Würde verließ ihn keinen Augenblick. Es war die Zeit der Höhe seines Ruhms: Er galt in Berlin W.[305] als das Orakel der Zeit; wenn er, den langen blonden Bart streichend, im Kreis seiner Verehrer sitzend, sprach oder wenn er mit seiner tiefen Bassstimme vom Katheder der Singakademie im überfüllten Saal seine wohlgefeilten Reden hielt, dann hatte er wohl ungefähr das Gefühl, dass der Zeitgeist selber aus ihm spreche oder dass er mit seinen Lippen die Zeit bewege. Auch der Hof, d. h. der kommende Hof des Kaisers Friedrich, war dem Philosophen gewogen: Das neue Regiment, das vor der Tür zu stehen schien, werde, so wurde in den Kreisen des erleuchteten Berlin geglaubt und gehofft, unter dem Zeichen der Humanitätsphilosophie des jüdischen Professors stehen; höchst entschiedene Bekenntnisse des Thronfolgerpaars zu „ihrem Lazarus" wurden kolportiert, wie man sie nun in den Erinnerungen von Nahida Ruth Lazarus, der zweiten Gattin des Philosophen, lesen kann.[306] Die erste Frau, die damals weniger dem Hause vorstand, als sich an dem Gefühl, sein glänzender Mittelpunkt zu sein, sonnte, war um eine unbestimmte, aber nicht unerhebliche Anzahl von Jahren ihrem Gatten überlegen. Sie war die Besitzerin des großen Vermögens, das ihm ermöglichte, ein Haus zu machen und sich in seine Weltrolle hineinzuwachsen. Frau Sarah hatte das vollste Bewusstsein dieser ihrer Bedeutung; sie erwartete von ihrer gesamten Umgebung Huldigung und Devotion. Mit ihrer rauen, nicht freundlich klingenden Bassstimme mehr als durch Geist suchte sie die Konversation zu beherrschen. Im kleineren Kreis liebte sie das Kartenspiel und zwang meinen armen Freund Bruchmann, der sie nicht liebte, damit stundenlang in ihren Bann.

Die Glorie, womit das Haus umgeben war, begann seit den 80er Jahren sich zu verdunkeln. Die antisemitische Bewegung gab dem Philosophen zwar Gelegenheit, sich als den berufenen Träger der Humanität mit starkem Brustton vernehmen zu lassen; aber sein Ansehen in der wissenschaftlichen Welt begann zu sinken, seine Wirksamkeit an der Berliner Universität, der er als Honorarprofessor angehörte, nahm ab; und endlich kamen Vermögensverluste hinzu, die auch die äußere Stellung minderten. So fing das große Bild allmählich an zu verblassen; als er starb, war er schon so gut wie vergessen. Auch seine Psychologie war überholt; Herbart galt nicht mehr, die experimentelle Psychologie der Fechner-Wundtschen Richtung hatte ihren Siegeslauf angetreten, die „Völkerpsychologie" war durch Spencer und Wundt auf andere und festere Grundlagen gestellt. Lazarus hatte sich überlebt oder das Leben war über ihn hinweggegangen.

Noch ein Haus lernte ich kennen in dieser Zeit: Bei Gruners traf ich Kapitänleutnant Dittmer und seine Frau, wir entdeckten uns als verbunden durch einen gemeinsamen Freund: Reuter in Kiel hatte viel bei ihnen verkehrt. Und so fand ich in ihrem Haus in Berlin freundliche Aufnahme. Frau Lucie, die Malerin, sah gern Gelehrte und Künstler bei sich: Sie war es von Danzig her gewöhnt, wo sie in einem wohlhabenden Kaufmannshause aufgewachsen war. Unter anderen sah ich Julian Schmidt hin und wieder bei ihnen. Zwischen uns war ein ausgeprägtes Abstoßungsverhältnis, vermutlich war meine Lassalle-Lektüre daran schuld: Ich fand ihn hochmütig und mürrisch, und wahrscheinlich stellte ich mich ihm ebenso dar. Im Sommer 1875 machte ich mit ihnen eine sehr lustige Fahrt in den Spreewald. Im Herbst kam ihre jüngere Schwester Ellen zum Besuch, ein sehr anmutiges Mädchen, die ich oft und gern sah; ein Briefwechsel setzte nach ihrer Abreise die angeknüpfte Bekanntschaft fort. Wenn nicht ein stärkerer Magnet im Grunerschen Hause seine störende Einwirkung geltend gemacht hätte, wäre vielleicht aus dem freundschaftlichen Verkehr ein noch innigeres Verhältnis entstanden.[307]

Moritz Lazarus, Professor in Berlin: „Das Gefühl seiner Würde verließ ihn keinen Augenblick."

In diese Zeit fällt auch meine erste schriftstellerische Tätigkeit, abgesehen von dem Kant. Die Anregung dazu kam von Steinthal. Er gab mir Robert Flints „*History of the philosophy of history*"[308] zur Besprechung für seine Zeitschrift mit beliebigem Spielraum. Ich habe in den Sommerferien 1875 in Langenhorn die sehr eingehende Rezension gemacht. Hieran schloss sich alsbald der Aufsatz über John Stuart Mills Religionsphilosophie, aus Anlass der hinterlassenen „*Three Essays*";[309] ich habe ihn in den Weihnachtsferien 1875 geschrieben; auch er erschien in Steinthals Zeitschrift. Endlich folgte noch Bagehot, „*On the origin of nations*".[310] Der Aufsatz über Mill gab zu einem kleinen Erlebnis Anlass. Ich hatte einen deutschen Rezensenten darüber zur Rede gestellt, dass er Mill von oben herab als stumpfsinnigen englischen Empiristen behandelt habe, mit Lebhaftigkeit aussprechend, dass derartiger Nationalismus uns vor dem Vorwurf des Teutonismus schamrot zu verstummen nötige. Ich erhielt einen Brief, worin mir der Autor aussprach, dass er die Zurechtweisung als begründet anerkenne und sein rasches Urteil bedauere.

Drittes Buch
In Haus und Amt

Erste Dozentenjahre und Begründung des Hausstandes. 1875 bis 1877

Im Herbst 1875 begann ich meine Vorlesungen. Zu einer Morgenvorlesung über Logik und Erkenntnistheorie fanden sich neun Zuhörer ein. Es ist das einzige Mal, dass ich über Logik gelesen habe, sosehr ich damals in der Erkenntnistheorie den Mittelpunkt meiner Studien sah; noch einmal habe ich sie angekündigt, aber, durch Krankheit verhindert, nicht gehalten. Ich habe meinen Zuhörern die empiristische Erkenntnistheorie der Engländer zuzuführen gesucht. John Stuart Mills „*Logik*" war mein Leitstern. In einem Publikum legte ich die Grundunterschiede der philosophischen Systeme einem größeren Kreise dar; es ist die Vorlesung, aus der nachher die „*Einleitung in die Philosophie*"[311] hervorgegangen ist. Ich kann ihren Ursprung bis in Aufzeichnungen des Jahres 1870 zurückverfolgen. Zugleich begann ich philosophische Übungen zu halten, in den Donnerstag-Abendstunden von sechs bis acht, die ich viele Jahre dafür beibehalten habe. Kants „*Kritik der reinen Vernunft*" war das erste Buch, das ich diesen Übungen zu Grunde legte. Von Anfang an löste ich mich von den Vorbildern, die ich gesehen hatte, los: Ich ließ weder den Text in der Stunde lesen, wie es in den Aristoteles-Übungen Trendelenburgs oder den Spinoza-Übungen Diltheys geschehen war, noch ließ ich ein langes schriftliches Referat anfertigen und vorlesen, wie Harms getan hatte, sondern ich forderte von den Teilnehmern, dass sie zu Hause sich vorbereiteten, ließ dann einen unter ihnen ganz kurz mündlich über Inhalt und Zusammenhang berichten und besprach endlich mit ihnen das Ganze und das Einzelne, immer in der doppelten Absicht: erst das Verständnis des Autors zu sichern, dann aber auch anzuleiten, zu dem von ihm Gesagten mit eigenem Urteil Stellung zu nehmen. Im Wesentlichen ist das die Form meiner Übungen geblieben, nur dass ich immer mehr dahin gekommen bin, von zu ausführlicher Erklärung und Behandlung des Einzelnen abzusehen und andererseits die Leitung der Verhandlungen immer mehr von dem Zufall der guten oder schlechten Einfälle der Teilnehmer unabhängig zu machen. Dem, der an die Lektüre philosophischer Werke zuerst herangeht, geschieht es allzu leicht, dass er über lauter einzelnen Schwierigkeiten, an denen er hängen bleibt und die er vergeblich aufzulösen strebt, zum Sinn des Ganzen nicht kommt, aus dem allein das Einzelne Licht empfängt: so vor allem bei Kant, aber ebenso bei Spinoza. Und das Ende vergeblicher Bemühungen ist dann der Abfall von der Philosophie überhaupt. Bringt man die Teilnehmer dahin, auf das Ganze zu sehen, seine Bedeutung zu fassen und daraus die Stellung der größeren Abschnitte zu bestimmen: Dann kann man ihnen überlassen, bei wiederholter Lektüre die Dunkelheiten und Unebenheiten im Einzelnen sich selber aufzuhellen. Was aber das Zweite anlangt, so ergab schon die wachsende Zahl der Teilnehmer, die einen großen Teil in passive Zuhörer verwandelte, die Notwendigkeit, die Zügel der Leitung straffer anzuziehen. Ich hatte es früher wohl als Unrecht gegen die Einsichtigeren und besser Vorbereiteten empfunden, wenn der Leiter von Übungen auf jeden Irrtum oder jede Torheit eines vordringlichen und hartnäckigen Teilnehmers, der das Wort an sich riss, einging. Dieses Unrecht wollte ich meinen Zuhörern in den Übungen nicht widerfahren lassen, und so habe ich mich gewöhnt, rasch zuzufahren, sobald ich sehe, dass die Diskussion auf ein totes Geleise kommt, törichte Einwendungen oder Fragen, die zu keinem Ziel führen, von vornherein abzulehnen.

An diesen ersten Kant-Übungen nahmen zwei junge Landsleute von mir teil: Ferdinand Tönnies aus Husum und Kuno Francke aus Kiel. Die in jenen Stunden angeknüpfte Bekanntschaft, die übrigens bald auch zu anderweiter Begegnung im Hause und auf Spaziergängen führte, hat sich zu dauernder Freundschaft ausgewachsen. Beide waren damals dem Abschluss ihrer Studien nahe; alle möglichen Probleme sind von uns in leidenschaftlichen Erörterungen durchgesprochen worden, vor allem waren es wohl die sozialen Fragen, die eben damals in Deutschland die Jugend zu erregen begannen.

Ich berühre damit einen Punkt, auf den ich doch ein wenig näher eingehen muss. Ich hatte, es wird schon 1873 oder 74 gewesen sein, die Reden Lassalles kennen gelernt; sie waren mir zuerst in Exemplaren begegnet, die deutlich die Spuren der Arbeiterhände an sich trugen, durch die sie gegangen waren: Sie wurden mir durch Erdmanns Schwager zugeführt. Ich habe sie mir dann alle gekauft und mit leidenschaftlicher Teilnahme gelesen. Die Kraft und das Selbstvertrauen des Mannes imponierten mir ebenso sehr, als mir seine sozialistische Auffassung von Staat und Gesellschaft einleuchtete, sie fand an meinen altbefestigten Anschauungen, Gneist, Wagner, Hobbes, Carlyle überall Anlehnung: der Staat nicht bloß Rechtsinstitut, sondern der allumfassende Zweckverband zur Selbsterhaltung des Ganzen, zur Ermöglichung und Steigerung der Kultur und Wohlfahrt aller seiner Bürger. Aus der Heimat mitgebrachte Empfindungen, alte Gleichheitsgefühle aus der nordfriesischen Bauernwelt bildeten den Resonanzboden für die politischen Gedanken. In der Idee des „sozialen Königtums" hatten sie ihre Spitze. Entschiedene Abneigung gegen Vulgärliberalismus, Manchestertum und *laissez-faire*-Doktrin[312] bildete die Kehrseite. Die Gründerära mit ihren Ausschreitungen, die Pöbelliteratur, die Rührpossen auf der Bühne, alle die Dinge, die den jugendlichen Nietzsche zum „Unzeitgemäßen" machten,[313] haben auch mich damals stark berührt. Ich habe Ursache zu glauben, dass Empfindungen und Gesinnungen auf meine jugendliche Umgebung einigermaßen abfärbten.

Überhaupt war der propagandistische Trieb in meiner Natur niemals lebhafter als in diesen ersten Dozentenjahren. Im Besitz der ganzen Freiheit eines deutschen Privatdozenten fühlte ich aufs stärkste die darin liegende Verpflichtung, für

Friedrich Paulsen im Jahre 1877: „Im Besitz der ganzen Freiheit eines deutschen Privatdozenten fühlte ich aufs stärkste die darin liegende Verpflichtung, für die eigenen Überzeugungen rücksichtslos einzutreten.“

die eigenen Überzeugungen rücksichtslos einzutreten. Von Rücksichten nehmender Klugheit habe ich niemals viel besessen; in jenen Jahren hielt ich es für geboten, an jedem Ort und zu jeder Zeit, bei passenden und bei unpassenden Gelegenheiten, meine Gedanken so schroff und so restlos als möglich auszusprechen. Die Zurückhaltung durch die Erwägung, ob der andere hören will und hören kann, habe ich erst sehr allmählich gelernt. So habe ich in dem Grunerschen Hause, so auch in meiner militärischen Umgebung aus meinen sozial-politischen Anschauungen kein Hehl gemacht, nicht selten Anstoß und Ärgernis erregt, öfter wohl noch ein erstaunt-skeptisches Lächeln hervorgerufen. Eines Tages, erinnere ich mich, ging ich mit Peter Reichensperger im Grunerschen Garten spazieren: Von den Vorgängen des Kulturkampfs kamen wir auf das begriffliche Verhältnis von Staat und Kirche; ich entwickelte die Gedanken der Souveränität als konstitutives Merkmal des Staats. „Das ist ja", erwiderte er, „Hobbes' Lehre von der Staatsomnipotenz." „Gerade das meine ich", sagte ich: „es kann nicht ohne logischen Widerspruch zwei Souveränitäten und zwei Untertanenschaften auf demselben Boden geben. Ich bin ganz der Ansicht des Hobbes: Der Staat kann nicht Unrecht tun." Damit war dann der Boden für eine Verständigung uns unter den Füßen fortgezogen. Und ein andermal führte ein Gespräch im Tiergarten uns wieder an die Grenze: Ich bezeichnete den Begriff des Eigentums als einen vom Staat geschaffenen und daher formbaren; die Ersetzung des Privateigentums durch ein Kollektiveigentum sei daher rechtlich jederzeit möglich; und die Desorganisation der gegenwärtigen Gesellschaft müsse den Staat vor die Aufgabe der Organisation der Arbeit und der Produktion stellen. Meine rücksichtslose Dialektik brachte den Mitunterredner bald zum Schweigen, ein Erfolg, den ich mir damals höher anrechnete, als ich es jetzt tun würde: Es war die mit dem zunehmenden Alter hervortretende Abneigung, über Prinzipien zu diskutieren, die ihn schweigend das Feld räumen ließ, nicht, wie ich damals wohl anzunehmen geneigt war, die Unfähigkeit zu erwidern, und also die logische Nötigung zur Anerkennung meiner Argumentation. Die Jugend ist überhaupt geneigt zu glauben, dass durch logische Argumente und also durch dialektische Siege Überzeugung bewirkt werden könne. Je älter man wird, desto mehr gewinnt man die Gewissheit, dass alle letzten Überzeugungen ihre Wurzeln in Anschauungen und Gefühlen, zuletzt in der Gesinnung und im Willen haben und dass diese logischen Gründen keineswegs weichen. Und darum nimmt mit dem Alter die Freude an Prinzipiengefechten ab, sie sind doch vergeblich.

Auch mein Glaube an Lassalle und die staatssozialistische Doktrin, das will ich hinzuzufügen nicht unterlassen, hat mit zunehmenden Jahren und zunehmender Erfahrung über Menschen und Dinge beträchtlich eingebüßt. Der Widerstand der Wirklichkeit gegen die Durchführung allgemeiner Ideen, besonders auch gegen die Durchführung von Staats- und Gesellschaftsidealen ist dem jugendlichen Blick kaum sichtbar und erscheint dem Kraftgefühl verächtlich. Erst mit zunehmendem Alter wird man durch tausend Erfahrungen belehrt, ein wie hart zu bearbeitendes Material die menschliche Natur ist: Sie ist ein so krummes Holz, meint Kant, dass etwas völlig Gerades daraus nicht gemacht werden kann.

Im Sommer 1876 las ich über Geschichte der Philosophie im 17. und 18. Jahrhundert; es ist die Vorlesung, aus der später die Geschichte der neueren Philosophie in Zusammenhang mit der allgemeinen Kulturgeschichte hervorgegangen ist. Unter den fünf Zuhörern war ein Amerikaner, Emerton, ein Freund Franckes, jetzt Professor der Kirchengeschichte an der Harvard University, der auch Francke angehört. Ein Russe gab die entsprechende Ausdehnung nach Osten, so dass ich scherzend an Emilie schrieb: der *orbis terrarum*[314] säße in Vertretern zu meinen Füßen. Kants „*Prolegomena*“[315] wurden in den Übungen behandelt.

In den Sommerferien machte ich meinen ersten Ausflug ins Gebirge: Ich folgte Gruners in den Harz, nach Harzburg. Die folgende Einlage bringt über diese goldenen Tage Näheres. Hier bemerke ich nur, dass auch die ersten großen Eindrücke vom Leben und Weben der Berge diesen Augusttagen angehören.[316] Ich war, was ich mir heute noch nicht verzeihe, von Erlangen aus nicht ins Gebirge gekommen, abgesehen von einer Tour in die Fränkische Schweiz, die aber, im großen Haufen gemacht, nicht zur Natur hatte kommen lassen. Auch seither war ich in den Ferien regelmäßig gleich nach Hause gefahren, höchstens, dass ich mit Reuter ein paar Tage an der schleswig-holsteinischen Ostküste gewandert war. Jetzt lebte ich zum ersten Mal im Gebirge, durchstreifte es allein auf großen und kleinen Wanderungen, sah mit empfänglichster Seele die Klippen und Höhlen, die Täler und Berge, die alten Städte und Ruinen. Ich glaube, ich könnte noch für jeden Tag den Weg angeben. Eine lange Nachtwanderung ist mir in besonders lebhafter Erinnerung; ich hatte mich im Bodetal verirrt, kam spät, um neun Uhr, nach Ilsenburg und ging nun noch durch den nächtlichen Wald, die Sterne zu Häupten als Wegzeichen, nach Harzburg hinüber, um zum Stelldichein am nächsten Morgen nicht zu fehlen. Die Töne der Nacht klangen mir wie Musik in den Ohren, denn meine Seele war voll inneren Singens und Klingens. Ein andermal musste ich wohl mit Frau von Gruner und Fräulein Emilie eine Spazierfahrt machen, das Molkenhaus habe ich in der Erinnerung um einer kleinen Exkursion auf die Rabenklippen willen, die ich mit Emilien, begleitet von der guten Fräulein Zeipel, machte: Ich konnte es mir nicht versagen, Himbeeren, die über dem Abhang schwebten, zu holen, ich glaube fast, um der besorgten Schelte willen, die sie mir von Emilie eintrugen.

Als ich nach Hause kam, wusste ich mich, wenn auch nicht förmlich, verlobt. Ich verhehlte den Eltern mein Geheimnis nicht und fand herzlichstes Entgegenkommen. Emilie ging von Harzburg zu den Ihrigen nach Bissingen bei Höchstädt; mancher Brief ist zwischen Langenhorn und Bissingen damals hin und her gegangen, zur Verwunderung der Postmeisterstöchter in dem bayrischen Dorf, denen die Anknüpfung so enger Beziehungen mit dem bisher ganz unbekannten Ort so befremdlich vorkam, dass sie durch Öffnung und Unterschlagung von Briefen sich Gewissheit über die Ursache verschaffen zu sollen glaubten.[317]

Auf diese hellen Tage sollten aber zunächst düstere folgen; sie haben mich bis dicht an den Rand des Grabes gebracht. Ich war Anfang Oktober nach Berlin zurückgekehrt; ein länger vorher empfundenes Unbehagen war die Ankündigung eines schweren Typhus, der am Ende des Oktober zum Ausbruch kam. Am 15. Oktober hatte ich noch Vorlesungen am Victoria-Lyzeum begonnen, dem noch bestehenden Damenkolleg, das kurz zuvor unter der Leitung einer Engländerin, Miss Archer, begründet worden war. Ich hatte die Geschichte der modernen Philosophie zum Gegenstand gewählt; die zweite Vorlesung hatte ich, wie mir nachher gesagt wurde, schon wie im Fieber gesprochen; ich ging noch mit Emilie durch den Tiergarten. Dann brach ich zusammen. Nach wenig Tagen wurde ich ins Augusta-Hospital übergeführt und habe hier mehr als drei Wochen in schweren Fieberphantasien gelegen; der Monat November ist so gut wie völlig aus meiner Erinnerung ausgeschaltet, nur einzelne flatternde Augenblicksbilder und Wahnvorstellungen haben sich erhalten. Ich war so abgefallen, als die Krisis überstanden war und ich wieder zu mir kam, dass mich der Diener wie ein Kind aus dem Bett nahm und in einen Stuhl setzte. Von Stehen und Gehen war die ersten Tage keine Rede.

Als dann im Januar die Kräfte rasch wieder zu wachsen begannen, hielt ich es für möglich, wenigstens noch Übungen zu halten; ich hatte Humes Untersuchung über den menschlichen Verstand[318] angezeigt. Es fanden sich ein paar Teilnehmer ein. Zwei von ihnen sind mir wieder liebe Freunde geworden und bis auf diesen Tag geblieben: Carl Nohle aus Lübeck, als Jenaer Armine[319] mir empfohlen, und ein Siebenbürger Sachse,[320] Joseph Capesius, dieser jetzt als Direktor des evangelischen Landesseminars in Hermannstadt[321] in reich gesegneter Wirksamkeit, jener als Professor am Falk-Realgymnasium in Berlin tätig und seinen Primanern ein Führer zur Philosophie und zur deutschen Literatur. Was der Wirksamkeit des Privatdozenten an Extensität abgeht, das ersetzt die Intensität: Die Enge des Kreises, die Altersnähe, die Freude, erste Schüler zu finden, sie wirkten zusammen, was an Lehrkraft und Mitteilungslust in mir war, zur raschen Entfaltung zu bringen.

Der Sommer 1877 bildet den Abschluss dieser Epoche. In doppelter Hinsicht: Er beschloss die langen Jahre des Junggesellentums: Am 6. August war unsere Hochzeit. Ich hatte die letzten Jahre bei Frau Hoffmann aus Wunstorf (Dorotheenstraße 50 [III]) gewohnt, tatsächlich so, dass sie als Haushälterin mir die äußeren Angelegenheiten, auch die Küche, besorgte. Sodann machte das Ende des Sommers auch einen tiefen Einschnitt in meinen Studien: Die Erkenntnistheorie und ihre Geschichte, die seit 1872 im Mittelpunkt gestanden hatte, wurde an die Peripherie gedrängt durch ein neues Interessengebiet: die Erziehung und ihre Geschichte. Es kam zunächst von außen an mich heran. Am Anfang des Sommersemesters kam Professor Harms eines Tages zu mir und schlug mir vor, für den nächsten Winter eine Vorlesung über Pädagogik anzukündigen. Sie finde sich gar nicht auf dem Lehrplan und es sei notwendig, dass sie gelesen werde. Voraussichtlich werde sich dann die Fakultät bereitfinden, mich für ein Extraordinariat für Pädagogik in Vorschlag zu bringen. Ich hatte anfangs Bedenken; die Pädagogik hatte mir bisher eigentlich völlig fern gelegen; ich hätte gern mit Energie mich an die Vollendung meiner Geschichte der Erkenntnistheorie gemacht. Indessen, ich entschloss mich doch zur Pädagogik. Und ich habe diesen Entschluss nicht bereut. Ja, ich habe später wohl die Empfindung gehabt, als sei dadurch der Gesamtheit meiner bisherigen Studien eigentlich erst das Zentrum gegeben: Ethik und Politik, Sozialwissenschaften und Geschichte, Religionswissenschaft und Anthropologie, sie fanden alle nächste Verwendung in der Erziehungslehre. Und Metaphysik und Erkenntnistheorie waren ja auch notwendige Voraussetzungen für eine oder für die Erziehungslehre: für eine philosophisch gegründete Weltanschauung. Für eine große Leistung aber im Gebiet der Erkenntnistheorie und Logik fehlte mir, wie mir Wundts „*Logik*"[322] später zum Bewusstsein gebracht hat, eine wesentliche Voraussetzung: die Vertrautheit mit den exakten Wissenschaften und der Mathematik. Ich muss es also als eine dankenswerte Fügung betrachten, dass ich durch die Anregung der Fakultät zum Anbau dieses für mich bald so fruchtbaren Gebietes der Lehre von der Erziehung bewogen worden bin.[323] – Für die Fakultät kam übrigens, wie mir erst lange hinterher aufgegangen ist, als erstes Motiv vielleicht nicht so sehr das Wohlwollen gegen mich in Betracht als das Interesse, einen andern ihr unsympathischen Bewerber durch Zuvorkommen abzuwehren. Professor Lazarus strebte nach einem Ordinariat in Berlin für Psychologie und Pädagogik, und seine Bewerbung schien der gewichtigen Unterstützung von Seiten des zweiten Hofes[324] gewiss zu sein. Die Fakultät und das Ministerium, dem das Ordinariat eines Juden für diese Disziplin auch nicht gerade erwünscht erscheinen mochte, stellte nun mein Extraordinariat jenem Ordinariat entgegen. Das heißt, so kombinierte ich mir später den Zusammenhang; Beweise dafür sind nicht in meiner Hand.

Zum Schluss bemerke ich noch, dass ich in den Jahren 1876/77 Gelegenheit fand, aus meinen erkenntnistheoretischen Büchern ein paar Abhandlungen zu veröffentlichen. Von Avenarius, der eben als Professor der Philosophie nach Zürich gekommen war, eine Stellung, für die auch ich, wie ein Besuch des Erziehungsrats Stapfer mir zeigte, in Erwägung gezogen war, wurde eine neue philosophische Zeitschrift: die *Vierteljahrsschrift für wissenschaftliche Philosophie*, begründet. Ich begrüßte sie mit Freuden und erbot mich sogleich zur Mitarbeit. Schon im ersten Heft erschien ein Aufsatz von mir über den Begriff der Philosophie, der in geschichtlicher Betrachtung das Verhältnis der Philosophie zur Wissenschaft festzustellen unternahm.[325] Im zweiten Heft folgte eine Abhandlung über die prinzipiellen Unterschiede erkenntnistheoretischer Ansichten;[326] im vierten über den Begriff der Substantialität,[327] der im Wesentlichen die Ausführungen brachte, die ich der Fakultät vergeblich einleuchtend zu machen gesucht hatte. Er geht von der Humeschen Grundanschauung aus: Substantialität wie Kausalität nicht Begriffe von Gegenständen, sondern von synthetischen Funk-

Friedrich Harms (links) und Eduard Zeller, Professoren in Berlin

tionen, um mit Kant zu reden. Ich habe diese Betrachtung, die der deutschen Philosophie damals völlig fremd geworden zu sein schien, so fremd, dass der Versuch, ohne eine „Seelensubstanz" die Erscheinungen zu konstruieren, nur auf ein ungläubiges Lächeln stieß, in der Folge festgehalten und in meiner „*Einleitung*" durchgeführt, wie sie dann auch von Wundt in seiner sogenannten „Aktualitätslehre" der Konstruktion des Seelenlebens zu Grunde gelegt worden ist. – Es folgte noch eine eingehende Rezension von Fox Bourne, „*Life of John Locke*";[328] sie wurde in den Tagen der Rekonvaleszenz nach dem Typhus geschrieben.

Ein paar Rezensionen über Benno Erdmanns Kantstudien, seine Ausgabe der „*Prolegomena*" und sein Buch über Kants Kritizismus,[329] machen den Schluss. Sie stellten sich die Aufgabe, das Recht meiner rationalistischen Interpretation der Kantischen Erkenntnistheorie gegen die empiristisch-skeptische Erdmanns nachzuweisen. Es war über diesen Punkt zwischen uns schon lange Zeit verhandelt worden, seit seiner Dissertation von 1873.[330] Ich hatte gehofft, durch meine „*Entwicklungsgeschichte der Kantischen Erkenntnistheorie*" ihn zu überzeugen, dass die kritische Philosophie nur aus der Reaktion gegen Humes Skeptizismus begriffen werden könne. Dass er in seinen folgenden Schriften auf diese meine Darlegung mit keiner Silbe einging, dass er seine Auffassung: die Grenzbestimmung der Erkenntnis der eigentliche Zweck Kants, als die einzig mögliche und selbstverständliche vortrug, hat mich verdrossen und zur allmählichen Erkaltung unsrer Beziehungen beigetragen. Eine derartige Ignorierung vonseiten eines Freundes, mit dem ich diese Dinge so vielfältig durchgesprochen hatte, schien mir weder unserem persönlichen Verhältnis noch auch der Bedeutung meiner Untersuchung angemessen. Da Erdmann an dieser Ignorierung auch in der Folge festhielt, so wurde der Verkehr zwischen uns allmählich spärlicher; wir haben uns noch oft gesehen und auch geschrieben; aber der alte herzliche Ton wollte sich nicht wieder einstellen. Ein hochgesteigertes Selbstbewusstsein, vielleicht auf beiden Seiten, war wohl die letzte Ursache der Auflösung des alten Verhältnisses.

Noch erschien im Jahre 1877 die Übersetzung der „*Dialoge über natürliche Religion*" von David Hume in der Kirchmannschen Bibliothek.[331] Ich hatte die Übersetzung zu meiner Erfrischung in Mußestunden begonnen, nachdem mich das „*Handbüchlein*" Epiktets[332] Geschmack an dieser Art von Arbeit hatte finden lassen. An der Übersetzung zu arbeiten, war mir ein Mittelding zwischen Anspannung und Erholung des Geistes, das nach strenger Arbeit mir besonders zusagte. Ich erreichte mit Mühe von dem alten Herrn von Kirchmann, dass er die Aufnahme meiner Übersetzung zuließ, er kannte die Dialoge offenbar nicht. Ich erhielt fünf Taler Honorar für den Bogen. Das Geschäft des Verlags, der mindestens 4000 Exemplare verkauft hat, ehe die dritte Auflage im Jahre 1905 im Dürrschen Verlag zu freiwillig angebotenen sehr anständigen Bedingungen erschien, kann kein schlechtes gewesen sein. Indessen, ich war, wie es jungen Autoren zu gehen pflegt, froh, dass meine Arbeit überhaupt gedruckt wurde.

Auch für die *Jenaer Literaturzeitung* schrieb ich damals die ersten kleineren Rezensionen, darunter über Erdmanns „*Martin Knutzen*"[333] und Reuters Programme: „*Aus dem Leben des Direktors Bartelmann*".[334]

Ich lasse nun unverändert die Blätter folgen, die ich in schweren, schlaflosen Juninächten des Jahres 1883 niedergeschrieben habe. Diese und jene Ergänzung hinzuzufügen, wird später Gelegenheit sein.

Emilie Ferchel mit 20 Jahren

Emilie[335]

Das Jahr 1876 beginnt den glücklichsten Abschnitt meines Lebens. Ich lernte in demselben diejenige näher kennen, welche seither sieben Jahre lang meinem Leben Licht und Sonnenschein verlieh, deren Tod den gestrigen Tag zu dem traurigsten machte, den ich erlebte. Emilie Ferchel wurde im Jahre 1877 meine Frau.

Sie stammte aus einer altbayrischen Familie, der Name Ferchel (Ferchl, Ferchle, das Diminutivum von Ferche, Föhre) ist in Tirol und Altbayern einheimisch. Ich fand ihn im Sommer 1882 häufig in Neustift, einem großen Kirchdorf des Stubaitals; eine Tafel in der Kirche rühmt einen Franciscus Ferchl als Begründer und Erbauer derselben; auf dem Kirchhof ist der Name häufig. Ihr Vater, Joseph Ferchel, war Ingenieur in Königlich Bayrischen Diensten. Er war in München geboren und aufgewachsen, die Mutter Victoria, geb. Riegg, stammte vom Lande; ihr Heimatsort war Steingaden, nicht weit von Hohenschwangau. Sein Beruf führte ihn in verschiedene Teile des bayrischen Landes, die Familie folgte ihm nach dem Bayerischen Wald, Kaufbeuren, Landsberg, Nördlingen, Würzburg, woselbst er im Jahre 1853 verstarb. Er hinterließ die Mutter mit zehn unversorgten Kindern ohne Vermögen. Eine geringe Pension gewährte, bei sehr haushälterischem Leben, das zur Notdurft Gehörige.

Im Jahre 1856 kam der Geheime Rat Justus von Gruner, damals Legationsrat bei der Bundesgesandtschaft in Frankfurt am Main, nach Kissingen. Er suchte für seine acht Jahre alte Tochter Clara, jetzt verheiratete Frau von Düring, eine Gespielin, um sie mit ihr erziehen zu lassen. Durch Frau Regierungsrätin Bever in Würzburg wurde seine Aufmerksamkeit auf die Familie Ferchel gelenkt. Die damals zehnjährige Emilie schien von passendem Alter; ihr anziehendes Äußeres empfahl sie. Die Mutter setzte dem Wunsch des Herrn von Gruner, Emilie in seine Familie zu verpflanzen, keinen Widerstand entgegen. Die früh hervortretende hohe geistige Begabung des Kindes hatte ihr längst den Wunsch rege gemacht, für ihre Erziehung anders und, wie sie hoffte, besser als durch die Würzburger Volksschule, welche sie bis dahin besucht hatte, sorgen zu können. Im Herbst 1856 zog Emilie mit Gruners nach Berlin; der erste Schritt zu unserer künftigen Vereinigung.

Justus von Gruner war der Sohn des gleichnamigen preußischen Staatsmannes, der in den Befreiungskämpfen eine nicht unbedeutende politische Tätigkeit übte. Die Familie, eine alte Gelehrtenfamilie, deren Name in der Kirchen- und Schulgeschichte Mitteldeutschlands nicht selten vorkommt, war in einem ihrer nordwestlichen Zweige mit Justus Möser in Osnabrück in Berührung gekommen. Von ihm hat dieser Zweig den Vornamen Justus angenommen; er unterstützte die in kleinen Verhältnissen lebende Familie, er ließ sich auch die Ausbildung des nach ihm benannten Sohnes angelegen sein, der nachher, um nach 1815 als preußischer Gesandter in der Schweiz verwendet zu werden, geadelt wurde.

Justus von Gruner, der Vater, war mehrmals verheiratet, wie denn überhaupt sein Liebesleben, der Sitte jener Zeit entsprechend, eine reichere Entfaltung fand. Mit seiner zweiten Frau, einer geborenen von Pöllnitz aus Ansbach, hatte er zwei Kinder, einen Sohn (geb. 1810) und eine Tochter, die jetzt in Bonn lebende Frau des Generals a. D. von Rosenberg-Gruszczinsky. Die Kinder wurden, da die Frau später von ihrem Mann getrennt lebte, bei ihr in Ansbach erzogen. Herr von Gruner, dessen Aussprache auch noch ein wenig von der fränkischen Sprache hat, die er scherzend noch gern spricht, besuchte das Ansbacher Gymnasium, damals unter Dombarts Leitung; die burschenschaftlichen Ideen berührten ihn, er war Turner; aber als er das Gymnasium verließ, war er bedächtig und politisch genug, um zu sehen, dass er seiner Karriere durch Eintritt in die Erlanger Burschenschaft keine günstigen Vorzeichen verschaffen würde. Er ging nach Berlin, wohin ihn auch die Erinnerung an seinen Vater rief. Nachdem er seine Studien hier und in Göttingen absolviert, in Breslau als Referendar gearbeitet, trat er zunächst als Hilfsarbeiter in das auswärtige Ministerium. Sein wohlwollender, nicht sehr entschiedener Charakter, seine Fähigkeit zu literarisch-politischer Darstellung, brachten ihn, nachdem er längere Zeit in Frankfurt bei der preußischen Gesandtschaft gestanden hatte, im Jahr 1859 mit Schleinitz in das Ministerium der neuen Ära:[336] Er wurde Unterstaatssekretär im Auswärtigen Amt. Die persönliche Neigung, welche der Prinz und die Prinzessin von Preußen[337] für ihn fassten, schien ihm eine bedeutende Laufbahn in Aussicht zu stellen. Der Weg wurde durchkreuzt durch das Durchdringen der Politik Bismarcks. Das Ministerium der neuen Ära mit seinen politisch-liberalen, friedfertig-nationalen Gesinnungen wich der militärischen Politik des märkischen Junkers: Die Burschenschaftspolitik wurde von der Corpspolitik überflügelt. Seitdem (1861) lebte Herr von Gruner in vornehmer Zurückgezogenheit, zuerst zuwartend, dann schmollend. Die persönliche Freundschaft des Königs und vor allem der Königin für ihn dauerte unverändert fort. Der letzteren blieb er auch politischer Ratgeber im Sinne der antibismarckschen Politik.

Die Verhältnisse des Grunerschen Hauses sahen auf der Oberfläche überaus glänzend und beneidenswert aus. Die Familie bewohnte seit 1862 ein schönes, neugebautes Haus in der schönen neuen Victoriastraße (Nr. 27). Ein hübscher Garten, jährliche lange Sommerreisen ließen das Stadtleben nicht von seiner Schattenseite kennen lernen. Im Winter vereinigte sich eine aus Militärs, Politikern, Gelehrten, Künstlern zusammengesetzte Gesellschaft im Hause. Es ging bequem und reich, nicht steif noch üppig zu. Der Hauswirt mit seiner großen gesellschaftlichen Liebenswürdigkeit, die Frau mit ihren mannigfachen Interessen schien in dem geselligen Leben Befriedigung zu finden und ihren Gästen zu gewähren.

Nicht ebenso günstig lagen die Dinge für den, der unter die Oberfläche sah. Die Frau, Clara geb. van Halle, war die verwöhnte einzige Tochter eines sehr reichen, ehemals jüdischen Kaufmanns. Außer einem sehr bedeutenden Vermögen

Emilie Paulsen geb. Ferchel

hatte sie ihrem Mann nicht allzu viel Schätze zugebracht. Von ihrem Vater hatte sie ein heftiges begehrliches Temperament geerbt, das durch die Erziehung nicht gemildert, sondern gesteigert worden war: Ihre ungebändigte Launenhaftigkeit machte sie oft schwer erträglich. Ihr jugendliches Bild zeigt ein sehr volles Gesicht, mit begehrlichen Augen; es ist, gesteigert, aufs Neue verwirklicht in ihrem Sohn, Justus, der mit dem Äußeren auch von dem Inneren die minder günstigen Charakterzüge geerbt hat. Die Tochter Clara zeigt wenigstens eine starke Beimischung von dem van Halleschen Temperament, nur hat sie von der geistigen Lebhaftigkeit und der intellektuellen Begabung der Mutter, andrerseits von der Gutmütigkeit des Vaters eine Ausstattung miterhalten.

Diese Frau wurde Justus von Gruner durch die Eltern, welche irgendwie mit ihm verwandt waren, aufgeredet. Überredender als Worte war das Vermögen, er willigte ein; er wurde aber getäuscht, indem er zwar die Tochter erhielt, das Vermögen jedoch seiner Disposition entzogen blieb, der Vater vererbte es unmittelbar auf die Enkel, was dem Vater später, als dieselben nach der Mutter Tode majorenn[338] wurden, viel Kummer und Sorgen verursachte.

Zum Hause gehörte noch ein älteres Fräulein, die Erzieherin der Kinder, Fräulein von Loë. Streng kirchlich, lutherisch-orthodox, übte sie auf das ganze Haus durch ihren sehr überlegenen Charakter und ihre maßvolle Klugheit einen höchst bedeutenden und im Ganzen wohltätigen Einfluss aus. Sie vertrat den Willen des schwachen Vaters und Hausherrn. Sie zügelte ein wenig die heftige Frau, indem sie ihren Begierden den Kappzaum[339] der Bigotterie anlegte.

Als Erzieherin hatte sie schätzenswerte Eigenschaften. Sie war bestimmt, konsequent, streng; für die Tochter des Hauses vielleicht vollkommen geeignet, nicht ebenso sehr für Emilie. Diese schloss sich ihr bald mit leidenschaftlicher Liebe an, es lag in ihrer Natur, *einem* Menschen mit dem ganzen Herzen anzuhangen. Sie lernte sehr leicht, sehr viel. Eine schwärmerische Frömmigkeit, welche die Formen der Gläubigkeit ihrer Erzieherin annahm, entbrannte in ihrem Herzen. Religiöse Übungen, Gewissensprüfungen wurden fleißig gehalten. Sie lernte oft freiwillig lange Gesänge, große Abschnitte aus der Heiligen Schrift auswendig. Sie eiferte nach der Vollkommenheit. Fräulein von Loë zügelte nicht, sondern spornte an. Emilie hat mir oft erzählt, wie ein Wort der Unzufriedenheit, eine Miene sie in die tiefste, tagelang dauernde Betrübnis versetzt habe. Ihr Eifer wurde dadurch gemehrt, ihre Liebe nicht gemindert, aber eine Überreiztheit genährt, welche später zu tiefer Melancholie wurde. Für die leibliche Entwicklung geschah weniger als nichts: Es wurde streng auf Respektabilität gehalten, die Mädchen wurden spazieren geführt, eine halbe oder ganze Stunde. Sie gingen vor dem Fräulein her, sehr gesittet, Springen und Laufen und irgendwelcher Übermut waren streng untersagt. Ließ sich eine beikommen, es geschah Clara öfter als Emilie, von der Regel abzuweichen, so ertönte alsbald die Stimme: „Clara! Gerade halten! Geh rechts oder links!" Irgendwelche Übungen fanden gar nicht statt, Reiten, Schwimmen usw., es war gegen die Grundsätze. Spiele mit einigen Kindern befreundeter Familien waren nicht häufig.

Die ersten Jahre, welche Emilie in diesem Hause zubrachte, waren im Ganzen doch glückliche. Die strenge Schule förderte sie, ihre Neigungen richteten sich nicht gegen die Zucht, sie hatte oft und fast regelmäßig die Genugtuung, der Tochter des Hauses als Beispiel vorgehalten zu werden; was übrigens das Verhältnis zwischen den Kindern nicht trübte, Clara war durch Mangel an Ehrgeiz vor Empfindlichkeit, Emilie durch ihre Richtung auf Vollkommenheit vor Übermut geschützt.

Zum ersten Mal sah ich Emilie am Himmelfahrtstage des Jahres 1873 am 22. Mai. Ein Universitätsfreund von mir, Dr. Christian Belger, war seit Herbst 1872 als Erzieher des Sohnes im Hause. Er hatte auch zwei andere gemeinsame Bekannte, Dr. Fränkel und Dr. Erdmann, als Lehrer eingeführt, jenen für Griechisch, diesen für Mathematik.

Ich hatte von Emilie lange schon viel gehört. Die beiden erstgenannten Belger und Fränkel hatten mir von ihr erzählt. Sie bewunderten sie beide, um ihres Geistes und Herzens willen. Sie waren beide heftig verliebt. Beide hatten mich zum Vertrauten ihres Geheimnisses gemacht. Durch sie wusste auch Emilie von mir.

Ich erinnere mich noch sehr gut unseres ersten Beisammenseins. Frau von Gruner war verreist. Emilie empfing uns mit Herrn von Gruner. Jene drei Genannten und ich waren geladen. Ich saß bei Tisch zu ihrer Linken. Unsere Unterhaltung wurde lebhaft und mir sehr wohl dabei, ich war damals und bin es noch heute sehr ungeschickt, mit Damen Gespräche zu führen. Es war ihr stilles und freundliches Wesen, der gänzliche Mangel von Affektation, das herzliche Entgegenkommen in der Unterhaltung, welches mich zum ersten Mal in meinem Leben Freude an der Unterhaltung mit einem jungen Mädchen aus der gebildeten Gesellschaft finden ließ. Sie war ein Jahr vorher auf Sylt gewesen; sie erzählte davon, dass meine Heimat ihr so gut gefallen hätte, das Meer und die Dünen und die Heide. Sie verpflichtete mich, im Herbst, wenn ich meine Eltern besuchen würde, Sylt zu sehen. Ich versprach es und habe es gehalten, ich schickte ihr zum Zeugnis ein Zweiglein Erika von der Kampener Heide. Auch von Spinoza war die Rede. Sie wollte wissen, was das Wort Goethes: „wenn ich dich liebe, was geht es dich an?“ für Beziehung zu Spinoza habe.[340] Ich weiß nicht, was ich geantwortet habe. Nachher im Garten habe ich sie wenig mehr gesprochen.

Unsere Bekanntschaft hat sich seit diesem Tage fortgesetzt. Im Sommer verreisten Gruners nach Reichenhall-Berchtesgaden. Die Freunde waren mit dort und vermittelten gelegentlich einen Gruß. Seitdem wir im Herbst nach Berlin zurückgekehrt waren, sah ich sie hin und wieder auf Gesellschaften und Abendbesuchen im Hause der Pflegeeltern. Wir unterhielten uns gern; dass aber zwischen uns sich jemals ein engeres Band als das der Freundschaft schlingen werde, davon war auf beiden Seiten keine Ahnung. Ich vermutete, dass sie sich für einen der Freunde entscheiden werde.

Im Sommer 1874 war sie mit der Familie in Samaden.[341] Sie erkrankte am Gelenkrheumatismus, den sie schon einmal glücklich überstanden hatte. Die Gefahr war sehr groß, ich hörte davon täglich durch Fränkel, mit dem ich damals viel verkehrte, er schloss sich sehr an mich an. Belger wurde dadurch einigermaßen zurückgedrängt. Das geschah noch mehr, seit Belger im Herbst 1874 das Haus verließ; er blieb ein ganzes Jahr auf einer Studienreise durch Italien und Griechenland. Erst im Herbst 1875 kehrte er zurück, um das Probejahr am Grauen Kloster anzutreten.

Meine Beziehungen zu Emilie gewannen allmählich an Wärme. Dass Belger sich nicht erklärte, war dafür die negative Voraussetzung. Zu Weihnachten 1875 eingeladen, erhielt ich unter anderen Geschenken von ihr das erste, ein kleines Briefmarkenkästchen. Ich hatte in demselben Winter meine Vorlesungen begonnen. Durch irgendeinen Zufall war ich dazu gekommen, Epiktets Schriften zu lesen. Die so einfach und fest gefügten Sprüche seiner Moralpredigt gefielen mir, ich begann das „*Handbüchlein*", rein aus Freude an der Sache, zu übersetzen. Hinterher kam mir der Gedanke, die Übersetzung zu einem Geburtstagsgeschenk für Emilie (zum 13. März 1876) zu bearbeiten.[342] Die kleine Arbeit machte ihr große Freude, ich darf jetzt glauben, weniger aus Begierde nach stoischer Moral, denn im Grunde konnte sie sich mit derselben nie sehr befreunden, sondern um des Gebers willen. Das „*Handbüchlein*" wurde Ursache, dass bald andere kleine Geschenke gewechselt wurden, in denen sich gegenseitige Neigung offenbarte. Lebhaft erinnere ich mich noch, wie sie mir in jener Zeit eines Abends eine kleine Radierung von ihrer Feder, eine Mondscheinlandschaft mit einem Hand in Hand wandernden Paar darstellend, gab, mit der Bitte, sie zum Geschenk von ihr zu nehmen. Ich glaube, es war an diesem Abend, dass mir zum ersten Mal das Bewusstsein aufdämmerte, unser Freundschaftsverhältnis sei im Begriff, in eine andere innere Form überzugehen. Die frühe Abreise Gruners nach Karlsbad gab Gelegenheit zur Anknüpfung eines Briefwechsels, der fortgesetzt wurde, bis ich sie, nach Beendigung meiner Vorlesungen, in Harzburg wiedersah.

Der Tage, die wir in Harzburg gemeinsam verlebten (8. bis 18. August 1876), kann ich ohne die innigste und freudigste Rührung nicht denken. Es waren wunderbar schöne Tage, bei hellem Sonnenschein frische und klare Luft. Emilie wohnte mit Frau von Gruner in einer kleinen Villa (Diana) am Eingang des Riefenbachtals. Ich nahm im Hotel Ludwigslust, drei Minuten entfernt, Quartier. Jeden Morgen begegneten wir uns früh zwischen sechs und sieben im Walde, ganz allein. Durch einen kleinen Hohlweg gingen wir empor zum Waldessaum, wo unter einer schönen Buche sich ein herrlicher Natursitz auf dem Wurzelgeflecht darbot; eine liebliche Aussicht tat sich auf über den Grund des Riefenbachtals, bis zur gegenüber aufsteigenden Höhe des Burgberges. O, ihr goldenen Tage, wo wir träumend dalagen, den Schmetterlingen mit den Augen folgend, wie sie von Blüte zu Blüte gaukelten, den Vögeln lauschend, die aus dem Walde sangen, wie fern seid ihr und doch wie nah, mir ist, als sei es gestern

Blick auf Harzburg: „wunderbar schöne Tage, bei hellem Sonnenschein frische und klare Luft"

gewesen. Am zweiten Morgen kam es zu einem Aussprechen der Empfindungen; mit dem seligen Gefühl, ein Herz mein nennen zu dürfen, bin ich hinuntergegangen, und es hat mich seitdem nicht wieder verlassen. Es ist noch mein, in Ewigkeit mein. Die Brust voll unaussprechlicher Wonne sind wir jeden Morgen wieder zu unserer Buche aufgestiegen, am letzten bekränzten wir sie mit einem aus ihrem Laub geflochtenen Gehänge. Am Pfingstsonntage 1880 habe ich den lieben Ort wieder betreten; mit Tönnies kam ich von Goslar herüber gegangen, ich machte einen kleinen Umweg, um allein oben zu sein. Ich lag wohl eine Stunde dort, mit Erinnerungen und Hoffnungen das Herz gefüllt; wie lieb war sie, ja noch lieber jetzt als damals.

Von Harzburg fuhr ich nordwärts der Heimat zu, Emilie südwärts nach Bayreuth, wo sie der Aufführung des Niblungenrings beiwohnte,[343] dann nach Kissingen zu den Ihrigen. Sie traf die Mutter mit Laura[344] bei Mauderers.[345] Mit großem Verlangen wurde der Briefträger jetzt täglich erwartet, auch wenn man wusste, er könne eigentlich nichts bringen, denn zwei Tage war ein Brief unterwegs. Damals wurde mir die Heide noch lieber, als sie bisher gewesen, hatte sie mir doch zum Abschied ein gar schönes Sträußchen aus Erika gewunden. Es öffnete, nachdem es wohlgepflegt acht Tage auf meinem Tisch im Pesel gestanden, der Mutter den Mund zur Frage nach der Bedeutung? Sie ahnte sie wohl, denn wie sollte nicht der Mund übergegangen sein von dem, des das Herz voll war. Ich erzählte ihr nun, wie es stehe, und erfüllte die Eltern dadurch mit großer Freude.

Sie hatten es längst gehofft und gewünscht, dass ich mich verheirate. Die Mittel zum Haushalten stellten sie gern in Aussicht.

Ende September fanden wir uns wieder in Berlin zusammen. Der ersten Gewissheit, die in Harzburg uns so glückverheißend aufgegangen war, mischten sich jetzt auf ihrer Seite Zweifel bei, ob der Schritt, vor dem wir standen, erlaubt, ja möglich sei. Hatte ich in Harzburg ein bindendes Versprechen nicht nehmen wollen, wegen der Unsicherheit meiner äußeren Stellung – ich war Privatdozent[346] und nicht ein begünstigter –, so wollte sie es jetzt nicht geben; ihre nicht feste Gesundheit machte Bedenken, und vor allem war die Erinnerung ihrer alten Beziehungen zu Belger bei mancher Begegnung mit ihm wieder lebhaft hervorgetreten. Ich begann damals Vorträge im Victoria-Lyzeum; nach einem solchen gingen wir lange zweifelnd im Tiergarten auf und ab, sie konnte nicht zum Entschluss kommen. Die Entscheidung wurde verzögert und andererseits herbeigeführt durch meine Erkrankung. Gegen Ende Oktober wurde ich von einem sehr heftigen Typhus heimgesucht. Freunde brachten mich in das Augusta-Hospital, wo ich vom 1. November bis 16. Dezember zubrachte. Nun brach bei ihr das Gefühl mächtig durch; sie besuchte täglich meine Wirtin (Frau Hoffmann, Dorotheenstraße 50, Hof III Treppen), um von ihr, die täglich nach der Scharnhorststraße hinausging, Nachrichten zu holen; sie war selbst draußen und hat mich von ferne gesehen, ich lag drei Wochen in bewusstlosem Fieber. Einen Tag hat sie mich als Toten beweint. Nach langem schwerem Ringen der Natur trat gegen den 20. November eine Wendung zum Bessern ein. Nun kam täglich von ihr ein Gruß, jene Frau wurde zu dem sehnsüchtigst erwarteten Boten, der täglich ein Briefchen, oft ein Blümchen brachte,[347] ein Büchlein, Grimms Märchen, waren das erste, das sie mir überhaupt geschenkt hat. Ein Bildchen, das jetzt in unserer Schlafstube hängt, ein Mädchen darstellend, das träumend am Dünenabhang liegt, machte mich sehr glücklich. Auch ihr liebes Bildchen kam in ein Rähmchen gefasst hinausgewandert, es steht noch auf meinem Schreibtisch, Spuren der ersten Zähne unseres ersten Knaben auf der Lederdecke. Ach, wie selige Tage waren es, die Tage der Genesung; das Gefühl wiederkehrender Kraft ist an sich ein unendliches Wohlgefühl, jetzt kam dazu die beglückendste tägliche Bewahrheitung der Gewissheit, geliebt zu sein von dem liebsten Wesen. Seit ich in meine Wohnung zurückgekehrt, besuchte sie mich dort, wir saßen in der Hinterstube, ich noch schwach auf dem Sofa, sie gegenüber. Zu Weihnachten schenkte ich ihr ein Bändchen Gedichte von Matthew Arnold, um eines Verses willen:

Is it so small a thing
To have enjoyed the sun,
To have lived light in the spring,
To have loved, to have thought, to have done;
To have advanced true friends & thrown off baffling foes?[348]

Am 22. Januar 1877 verlobten wir uns. Die Zeit des Brautstandes steht nicht in so glanzvoller Erinnerung vor mir wie die vorhergehenden Monate der keimenden und endlich ihrer selbst gewiss werdenden Liebe. Es störte manches, die Öffentlichkeit der Sache selbst, die bis dahin unser seliges Geheimnis gewesen war, dann allerlei Zweifel, die bei ihr wieder stärker hervortraten.

Am 6. August wurden wir getraut. Unser Freund, der Pastor Windel aus Pyrmont, mit welchem sie aus den Mädchenjahren her, von häufigem Besuch Pyrmonts bekannt war – damals war er an der Charité und zugleich Geistlicher des Augusta-Hospitals, er hatte manchen Gruß hin- und hergetragen, als ich dort krank lag –, hat uns im Grunerschen Hause getraut. Es war ein Tag, der mir nicht als Freudentag in der Erinnerung ist. Wir haben beide geweint, ich weiß nicht, ob aus Erregtheit gegenüber einem Schritt, der eine lange Vergangenheit hinter jedem von uns zuschloss und eine ungewisse Zukunft eröffnete, ob aus Zweifel, der bei beiden im letzten Augenblick stärker wirkte; ich war in ihre Ungewissheit hineingezogen.

Nach einem langweiligen, steifen Festmahl in einem innerlich uns beiden so gut wie fremden Kreise – nur mein Freund Reuter aus Kiel war zugegen und Fräulein Besser, die älteste und liebste Freundin Emiliens – fuhren wir, von Reuter auf den Anhaltschen Bahnhof geleitet, nach Dresden; nach etwa sechstägigem Aufenthalt nach München, von dort über Tegernsee, ein Lichtpunkt in der Erinnerung, nach dem Ampezzotal; gegen Ende August kamen wir endlich in Riva am Gardasee zur Ruhe. Hier blieben wir etwa vier Wochen; bei einer freundlichen, feinen Mecklenburger Familie (Dr. Kloss) wohnten wir in zwei schönen Stuben mit großem Balkon und entzückender Aussicht auf den See, zur Linken den Monte Baldo mit seiner kahlen scharf geschnittenen Rückenlinie, zur Rechten die Berge, in deren Schatten das Städtchen liegt. Aus dem Fenster der anderen Stube sah man das Sarcatal aufwärts nach der alten Burg Tenno. So schön habe ich nie wieder gewohnt. Wir trieben fleißig Italienisch, sie war meine Lehrerin. Daneben machte ich meine ersten Studien zu pädagogischen Vorlesungen, welche ich auf den Winter angekündigt hatte. Ein Umriss dazu ist auf dem Rivaer Balkon in den Frühstunden, ehe die Sonne herumkam, entstanden. Wir nahmen die Mahlzeiten mit unseren Wirten, bei denen junge Mädchen aus der Heimat zum Besuch waren. Abends las ich oder Dr. Kloss Fritz Reuters „*Stromtid*" vor,[349] die wir schon vorher unterwegs angefangen hatten. Es waren in ihrer Art sehr schöne Wochen. Ein wenig wurden sie durch die Hitze beeinträchtigt, welche Emilie verhinderte, viel draußen zu sein. Auf einer Ausfahrt nach Arco, mit seinen wunderbaren Felsformen, feierten wir unseren zweiten Ehezwist; der erste hatte in Tegernsee stattgefunden; hier hatte ein Nichts, dort ein reines Missverständnis sie zu großer Empörung, mit vielen Tränen, gebracht. Da dem Zwist die Feier der Versöhnung bald folgte, so erscheint er mir in der Erinnerung nicht mehr als Missklang; es geht wohl ohne solche Anstöße die Adaptation zweier Leben nicht vorüber; sie haben uns im Grunde jedes Mal unserer selbst gewisser gemacht. Und das darf ich sagen: Die Sonne ist über unserem Zorn niemals untergegangen.

Blick auf Florenz: „Hier verlebten wir acht schöne Tage."

Von Riva schifften wir uns, nach herzlichem Abschied von den Wirten, nach Peschiera ein und fuhren von Verona, nach eintägigem Aufenthalt, nach Florenz. Hier verlebten wir acht schöne Tage. Der Sonntagmorgen in San Marco ist mir in lebhaft gegenwärtiger Erinnerung. Nachmittags pflegte ich allein auszugehen, ich brachte dann vom Markt herrliche Trauben, Feigen usw. mit; auch diese Genüsse sind uns unvergesslich geblieben.

Um den Anfang des Oktobers trafen wir in Rom ein. In den vier Wochen unseres dortigen Aufenthalts haben wir viel Schönes gesehen. Sie hatte für die Schätze des Vatikans das lebhafteste Interesse, mich zogen mehr die Stadt mit ihren Umgebungen, die Ruinen des Altertums und die Denkmäler des Mittelalters an, die ich in Nachmittagsspaziergängen vielfach allein aufsuchte.

Die Heimreise geschah über Venedig; bei prachtvollstem Mondschein trafen wir um Mitternacht in der gespenstigen Stadt ein: Vom Balkon unseres Zimmers im Hotel Monaco, am Canal Grande, blickten wir noch lange hinüber nach Maria della Salute.

Endlich fuhren wir über die Alpen zurück. Wir blieben die Nacht in Trient. Schon am Morgen hatten wir einen kleinen Verdruss; sie fand es unvornehm, dass ich dem Oberkellner einen Hundertmarkschein nicht zum Nominalwert, sondern nur zum Kurswert in österreichischer Münze überlassen wollte. Eine Differenz über Reisedispositionen (es handelte sich um den Koffer, der uns schon Not genug gemacht hatte) entzweite uns vollends. Sie wurde heftig, ich wurde böse. Mit großem Trotz im Herzen fuhren wir über den Brenner. Gegen Abend löste sich mein Trotz in großes Weinen auf; ich kam mir vor zu fühlen, dass ich falsch gewählt habe. Weinen, sagt Schopenhauer, bricht hervor aus Mitleid mit sich selbst. So war es damals gewiss bei mir.

Abends spät kamen wir im Hotel Leisfelder in München an, von wo wir vor acht Wochen gen Italien hoffnungsreich ausgezogen waren. Mein Mitleid mit mir selbst wurde immer größer, so gescheitert zurückgekommen! Und was sollte denn nun werden? Da schmolz auch ihr Trotz, und es wurde eine große Versöhnung gefeiert. An jenem Abend nannte sie mich zum ersten Mal Hänschen, welches von da ab mein Name blieb, bis er auf unseren Erstgeborenen überging. Ich erhielt nun den Rufnamen Papa.

In Nürnberg sahen wir Bruder Gustav mit Frau und Schwester Laura.

Am 30. Oktober kamen wir mittags um ein Uhr in Berlin an. Mit großer Freude setzten wir uns zum ersten Mal an den eigenen Tisch. Es war am Schöneberger Ufer 19, III Treppen links. Unsere gute Auguste empfing uns mit einem vortrefflichen Hasenbraten. Den folgenden Tag, es war ein Sonntag, hatten wir zum ersten Mal einen Gast zu Tisch: meinen lieben alten Freund Heller.

So waren wir nun wirklich eine Haushaltung.

Der Winter 1877/78 war ein sehr glücklicher. Wir sahen viele liebe Gäste bei uns: Zu Heller kam als zweiter Hausfreund bald Tönnies. Seine beiden Schwestern waren den Winter ebenfalls in Berlin. Meine Vorlesungen über Pädagogik wurden gut besucht. Im Victoria-Lyzeum hielt ich Vorträge über Anthropologie, die mir Freude machten. Zum Weihnachtsfest hatten wir meinen Vetter Friedrich Ketelsen bei uns.

Im folgenden Sommer war Laura bei uns. Es waren schöne und friedliche Tage. Ich arbeitete in diesem Sommer meine Vorlesungen über Geschichte des deutschen Unterrichtswesens aus. Nach Schluss der Vorlesungen reiste ich mit Emilie zu den Eltern nach Langenhorn. Ihre ganz einfache und wahre Natur machte sie den einfachen Leuten lieb und wert, besonders der Mutter und Tante. Sie wusste gar freundlich in die ihr ungewohnten äußeren und inneren Verhältnisse sich zu finden. Wir blieben etwa acht Tage. Schöne Spaziergänge am Abend, der sinkenden Sonne entgegen, sowie ein Spaziergang auf die Heide, wo Zampas, unseres kleinen Hundes, Schnaufen ihr große Sorge machte, sind mir in besonderer Erinnerung. Auch meinen alten Lehrer Brodersen besuchten wir und suchten in der Schule meinen in die Tische eingeschnittenen Namen.

Auf dem Hinweg waren wir in Husum einen Tag bei Tönnies, der mit seinen Schwestern im Winter oft unser Gast gewesen war. Hier lernten wir auch Theodor Storm kennen. Er war uns, vor allem Emilie, aus seinen Dichtungen wohlbekannt; wir hatten manche seiner Novellen im Grunerschen Hause gelesen; so war nun das Bild der Persönlichkeit selbst zu den Werken aufzunehmen ihr eine besondere Freude. Wir sahen ihn erst den Abend im Hause bei Tönnies, am folgenden Tage hatte er uns eingeladen, ihn in seinem eigenen Hause zu besuchen. Er führte uns in seinen „Poetenwinkel“: Übermütig sah es nicht aus,[350] weder das ganze Haus, eins der üblichen kleinen Giebelhäuser, das in einer etwas engen und dunklen und nicht allzu reinlichen Straße lag, noch der Poetenwinkel, ein kleines Stübchen in dem nach hinten gelegenen Giebel, mit Aussicht auf einen Hofraum, in dem ein einsamer Fliederbusch stand. Auch der Dichter trat uns als ein ganz einfacher schlichter Mensch entgegen, ohne alle Prätention; er sprach nicht anders als andere Menschen, war still und eher ein wenig zurückhaltend, erwartete keine Begeisterungen über seine Dichtungen, kurz er machte uns den sehr wohltuenden Eindruck eines Mannes, der mehr nach innen als nach außen lebte, Freude an seinem eigenen Schaffen hatte und die Welt ohne viel Erregung ihren Gang gehen ließ.

Von Hause reisten wir nach Haßberg, einem kleinen Badeörtchen an der holsteinischen Nordküste.[351] Emiliens Einrichtungstalent feierte hier in der Ausstattung zweier kleiner Stuben, nicht viel größer als Puppenstuben, einen glänzenden Triumph. Leider verhinderte häufiger Regen den rechten Genuss des Strandes. An einem herrlichen Sonnenscheinvormittag lagen wir im Dünensand, und ich las ihr beim Rauschen des Meeres aus der „*Odyssee*“ vor. Einen herrlichen Sternenabend saßen wir oben auf einer kleinen Höhe mit Pavillon, von wo das Auge weit über Meer und Land reichte, wie es erst im Abendglanz dalag, dann allmählich die purpurne Finsternis über das Meer hergezogen kam. Einer Fahrt muss ich noch gedenken, ich habe ihr oft im Scherz damit gedroht, sie komme in ihre Biographie. Wir hatten uns einen einspännigen Wagen genommen, mit welchem wir über Stöfs nach Panker fuhren. Nach etwa sechsstündiger Fahrt über Lütjenburg zurückkehrend, klagte sie über Rückenschmerzen: warum auch der Sitz keine Lehne habe? Der Sitz hatte eine Lehne, aber es war ihr entgangen, ohne Zweifel während des ganzen Weges.

Vom 26. August ab etwa waren wir in Gremsmühlen. Es waren sehr schöne Tage. Wir waren Vormittag und Nachmittag im Wald, der das schön gelegene und gut gehaltene Wirtshaus rings umgibt. In den beiden schönen Seen zu beiden Seiten, dem Dieksee und dem Kellersee, spiegeln sich die herrlichen Buchen- und Tannenwälder. Frühmorgens waren wir meist auf der Kellerseebank (Rābobbank), das Sichanrufen der Hütejungen tönte zu uns herauf und mischte sich in meine Homer-Vorlesung. Abends hatte eine hoch über dem Garten des Hauses gelegene Bank den Vorzug: Der Blick auf den Dieksee von dort bei untergehender Sonne ist wunderbar schön. Auch eine sehr erfreuliche Bekanntschaft machten wir: Professor Classen und Tochter aus Hamburg.

Sehr zur Unzeit wurden wir am 6. September durch ein Telegramm von Gruners, welches die Erkrankung seiner Frau meldete, zur Rückkehr nach Berlin bewogen. Dort traten bei Emilie bald nachher die ersten Beschwerden der Schwangerschaft auf. Der ganze Oktober war eine Leidenszeit. Die Nächte waren besonders schlimm, sie konnte nicht liegen, ohne atemlos zu werden. So schlief sie, soviel sie schlief, in einem Lehnstuhl. Die Geburt unseres ersten Kindes am 1. November 1878 machte dem Ungemach ein Ende und brachte eine wunderbare Quelle von Glück und Segen in ihr Leben. Er wurde Johannes genannt, nach seinem Vater und seinem Paten Johannes Heller. Die Leiden und Freuden dieser Zeit wurden ein neues starkes Band unserer Gemeinschaft. Der Winter verging still und glücklich, mit lieben Freunden feierten wir manchen schönen Abend. Auch Brandes lernten wir damals kennen. Es entstand zwischen uns ein lebhafter Verkehr, bei dem allerdings der Intellekt mehr befriedigt wurde als das Herz. Er

Theodor Storm: „er machte uns den sehr wohltuenden Eindruck eines Mannes, der mehr nach innen als nach außen lebte“ (Foto von 1879).

kam häufig allein herüber und holte mich ab oder blieb zu einer Plauderei. Auch sie sprach gern mit ihm oder hörte ihn erzählen.

Ihre ganze Freude aber war ihr Kind. Früh und spät zu jeder Stunde des Tages und der Nacht war sie bei ihm, beobachtete alle seine Lebensregungen, sein erstes Lächeln, sein erstes Stammeln. Er entwickelte sich ungemein früh. Ich erinnere mich, wie er eines Tages an der Turmuhr der Anhalter Bahn am Kanal vorbeigetragen wurde, es mag im Juni gewesen sein, da zeigte er hinauf: „Da! Tita!“ Sie zeichnete alle solche Beobachtungen auf, er wird einmal seiner ihn unaussprechlich liebenden Mutter dabei gedenken.

Im Juli reiste sie mit dem Kind und der Amme (Anna, aus Steinbach bei Liebenstein) und Auguste nach Georgenthal in Thüringen. Die ersten vier Wochen verregneten. Seit ich am 2. August dazukam, blieb es den ganzen Monat schönes Wetter. Wir haben in diesen Wochen den Liebreiz des Thüringer Landes und der Umgebung von Georgenthal sehr genossen. Eine große Menge überaus hübscher Spaziergänge, meist im Tannenwald, an den Rändern der Hügel hin, boten tägliche Abwechslung, besonders gern gingen wir einen Weg, der von uns der Kuhweg genannt wurde; hoch in junger Fichtenschonung liegend, sah man über den Ort mit seinen hübschen Teichen weit in die Ebene hinein, rechts konnte der Blick die Kette der Vorberge des Thüringer Waldes verfolgen. Auch der Weg nach Catterfeld wurde oft gewandert, man sah von einer Bank nach dem Inselsberg hinauf. Auf der Heidelbeerbank, dicht über dem Ort, saßen wir oft mit dem Kinde,

Frau Wilsing, unsere Nachbarin aus Berlin, mit uns. An einem Nachmittag lernte Hans hier die Uhr ans Ohr halten und den Hut mir abnehmen. – Dann wurde im Zeichnen nach der Natur gewetteifert, an der Apfelstädtbrücke saßen wir eines Morgens lange, sie nachbildend und unsere Striche gegeneinander haltend. – Ach, wie schien damals die Sonne glänzend, wie frisch und erquickend war der Geruch des Waldes! Wie ist das jetzt so fern und doch so nah, so nah und doch so fern!

Der Winter 1879/80 glich ganz dem vorigen. Am Weihnachts- und am Neujahrsabend waren Heller und Tönnies bei uns. Wir erwarteten das neue Jahr und begrüßten es mit Hoffnungen. Es war das letzte, das wir unseren Freund Heller besaßen. Im Sommer war sie mit Hans und Anna in Gremsmühlen. Er lernte sprechen, jeden Tag erzählte sie von seinen Fortschritten. Ich war von Anfang August ab bei ihnen; dann waren wir ein paar Tage bei den Eltern und die letzten 14 Tage vor der Rückkehr in Niendorf.[352]

Ende September zogen wir in unsere neue Wohnung in der Derfflingerstraße 14. Sie trennte sich schwer von der ersten; sie hing sehr an allen Dingen und Menschen, mit denen sie durch Erinnerungen verwoben war. Wie reich zog ich hier ein, und wie arm ziehe ich wieder aus. Doch nicht arm, es sind uns hier unsere Gretel, unsere Lotte und unser Rudi geboren.

Im November erlitt ich den ersten großen Schmerz, unser Freund Heller starb, nachdem er einen langwierigen Typhus überwunden zu haben schien, am 28. November im Elisabeth-Krankenhaus. Ich hatte ihn, wie jeden Tag, so auch am Abend des vorletzten gesehen. Er grüßte meine Frau: nun hoffe er, bald einmal wieder bei uns einen Abend zu sein. Am Nachmittag des folgenden (Sonntags) starb er, ganz unerwartet sich selber und seinen Freunden, am Herzschlag. „Nun wird es schon besser", war das letzte Wort, das der Sterbende mit dankbarem Blick zu der Schwester, die ihn pflegte, sagte. – Wir haben oft zusammen um ihn geweint.

Der Winter 1880/81 war still. Laura war bei uns. Am 31. Januar 1881 wurde unsere Gretel geboren. Es war eine schwere Mühe. Ein unaussprechlich seliges Lächeln glitt über ihr Gesicht, als sie den ersten Schrei des Kindes hörte.

Im Sommer 1881 war sie in Thal bei Eisenach. Der Ort liegt sehr schön, aber manches kleine Hemmnis ließ ihn nicht so genießen wie Georgenthal. Schöne und erfreuliche Tage waren die letzten acht. Ich war von einer Rheinreise mit einem Freund, Dr. Wærn aus Uppsala, zurückgekehrt. Wir waren mittags und abends zusammen. Morgens ging ich mit ihr allein auf dem schönen Höhenrand am Wege nach Schmerbach hin. Hans war mit; er sah von da zuerst in die „weite weite Welt", wie er selbst, mit Erinnerung aus einem gehörten Lied,[353] sagte.

Der Herbst und Winter 1881/82 brachte uns erfreulichen Besuch von Freunden: Reuter war da, dann Tönnies, zuletzt Wærn. Sonst lebten wir ganz still. Am Tage vor Weihnachten kam Lottchen an, leicht und glücklich.

Im Sommer 1882 war sie im Juni bei den Ihrigen in Nördlingen und Lohr. Sie hatte Hans mit. Ein Sommeraufenthalt in der Nähe wollte sich nicht finden; als ich endlich in Suderode fand, was ich suchte, wollte ein unendlicher Regen nicht

Johannes Heller im Jahr 1874: „Er gehörte zu meinen allernächsten Freunden; ... der Verlust eines Bruders hätte mich nicht mehr schmerzen können."

wieder aufhören. Sie blieb daher zu Hause. Ich machte im August den ersten Ausflug in die Tiroler Alpen. Nach der Rückkehr waren wir noch einige hübsche Tage in Gremsmühlen und Langenhorn. In Gremsmühlen gingen wir täglich an der Eisenbahn längs über dem Dieksee. Hans machte seine ersten naturgeschichtlichen Studien an den Fichten und Buchen, die in zierlichen Exemplaren am Rande standen.

Am 18. März 1883 wurde unser Rudi geboren. Sie erholte sich ziemlich rasch und fühlte sich ganz wohl. Seit dem Anfang Mai ging es weniger gut. Es traten wieder Atembeschwerden ein, welche Schlaflosigkeit im Gefolge hatten. Sie schlief in der Regel etwa um elf Uhr ein, wachte um ein Uhr auf. Dann brachte ich ihr häufig zu essen und trinken, was in der Regel einige Erholung bewirkte. Oft zogen wir auch mit Kissen und Decken in die Vorderstube, wo sie dann auf der Chaiselongue oder meinem niedrigen Sessel ruhte und zuweilen etwas schlief. Wir schrieben mit dem Arzt die Schwäche und Schlaflosigkeit auf die Wirkung des Herzfehlers, der von dem ersten Gelenkrheumatismus zurückgeblieben war.

In guter Luft, hofften wir, würde sie sich erholen und durch eine Brunnenkur ihre Kräfte wiederherstellen. Die Wahl fiel auf Pyrmont, das sie kannte.

Am 3. Juni brachte ich sie auf den Bahnhof Friedrichstraße. Wir nahmen Abschied ohne Ahnung, dass er der letzte sei. Mit Hans und Louise kam sie glücklich an, nach ermüdender Reise froh, das liebe alte Pyrmont wiederzusehen. Ich erhielt wieder wie immer, wenn wir getrennt waren, täglich einen Brief. Ach, was habe ich von ihren lieben Briefen für Freude gehabt. Wie oft bin ich auf der Treppe gestanden, wenn ich den Briefträger erwartete; wie oft bin ich mit sehnsuchtbeschleunigtem Schritt die Treppe heraufgekommen, wenn ich einen Brief oben zu finden erwartete. Von den ersten, die ich aus Karlsbad 1876, bis zu dem letzten, den ich am Tage vor ihrem Tode erhielt, ist jeder mir ein Freudenbringer gewesen; auch in dem letzten, den sie im Bett schrieb, klagt sie nicht, sondern erzählt, wie es bald besser gehen werde. Ach, nun erhalte ich niemals mehr von ihrer lieben Hand einen Gruß. Wie drückte die Schrift ihren Charakter aus: rein und einfach; sie hat nie ein Wort in einem Brief ausgestrichen, es widerstrebte ihr, so etwas aus ihrer Hand kommen zu lassen.

Am Mittwoch, dem 13. Juni, ging ich früh vor acht Uhr nach der Universität, ich kam erst nachmittags um fünf Uhr zurück. Durch den Tiergarten gehend traf ich die Kinder. Anna sagte mir, dass ein Telegramm gekommen sei und mehrere Briefe aus Pyrmont. Die Briefe waren einer von ihr adressiert und teils geschrieben, teils diktiert, er war ganz nicht angetan, Besorgnis zu erregen; die andern von Louise und Fräulein Feldner sprachen Besorgnis aus, das Telegramm war am Mittwochmorgen von Frau Windel aufgegeben: „Sofort kommen!"

Es waren Stunden schrecklichster Angst, welche ich bis zum Abgang des Zuges um neun, dann in langer Wartezeit in Hannover (von zwei bis sieben morgens!) zubrachte. Um neun Uhr erblickte ich Pyrmont, Angst und Hoffnung stritten sich in der Seele. Es war niemand auf dem Bahnhof. Ich ging in die Stadt, ich kam vor das Haus Altenaustraße 2. Da standen auf der Treppe verweinte Frauen und Louise.

Sie lag im Bett, ich hätte sie für schlafend gehalten, es war der Tod. Auf ihrem lieben Gesicht lag stiller tiefer Friede. Die Augen geschlossen, wie sie bei heftigem Kopfschmerz wohl tat, ein Zug schmerzlichen Lächelns um den Mund, wie ich ihn oft sah, wenn ich sie mit Schmerzen im Bette liegend aufsuchte. Ein Lächeln des Dankes hatte sie immer.

Gott sei gepriesen, der mir diesen Schatz so viele Jahre, so wenige Jahre, geliehen. Gott sei gepriesen durch unseren Bruder, den Tod, dass er sie erlöset hat von allem Übel, dass er sie rein und schön bewahrt hat, wie sie als seine Schöpfung in diese Welt ist geboren worden.

Geendet am 18. Juni 1883

Gestern, am 18., nachmittags sechs Uhr haben wir sie begraben. Ihr Grab ist auf dem Matthäikirchhofe, ganz oben links; es stößt an das Grab, das vor zweiein-

Pyrmont: „Mit Hans und Louise kam sie glücklich an, nach ermüdender Reise froh, das liebe alte Pyrmont wiederzusehen.“

halb Jahren unserem Freunde Heller dort bereitet ist. Ein wilder Rosenbusch steht in der Ecke, der Wind streut die fallenden Blüten auf ihre Hügel. Mein Grab ist daneben; so bin ich unvermutet auf unvermutete Weise geworden, was wir längst wünschten, Grundbesitzer.

Die Versenkung in die Erde bewirkte in mir eine wunderbare Ruhe des Gemüts. Ich hatte mich gefürchtet vor dem Augenblick; wie sie hinabgesenkt ward, kam es über mich als Gewissheit: Nun ist sie wohl bewahrt. Und fast freudige Sehnsucht brach hervor, neben ihr in die reine trockne Erde hinabgesenkt zu werden.

Unser Freund Windel, der uns getraut und unsere Kinder alle getauft, sprach am Sarge. In heller und freier und klangvoller Stimme begann er mit ihrem Lieblingspsalm:[354]

Wenn der Herr die Gefangenen Zions erlösen wird, so werden wir sein wie die Träumenden.

Dann wird unser Mund voll Lachens und unsere Zunge voll Rühmens sein. Da wird man sagen unter den Heiden, der Herr hat Großes an ihnen getan.

Der Herr hat Großes an uns getan, des sind wir fröhlich.

Herr, wende unser Gefängnis, wie du die Wasser gegen Mittag trocknest.

Die mit Tränen säen, werden mit Freuden ernten.

Sie gehen hin und weinen und tragen edlen Samen und kommen mit Freuden und bringen ihre Garben.

Und darauf die Worte des Evangeliums:[355]

Selig sind, die da Leid tragen, denn sie sollen getröstet werden.

Selig sind die Sanftmütigen, denn sie werden das Erdreich besitzen.

Selig sind, die da hungert und dürstet nach der Gerechtigkeit, denn sie sollen satt werden.

Selig sind die Barmherzigen, denn sie werden Barmherzigkeit erlangen.

Selig sind, die reines Herzens sind, denn sie werden Gott schauen.

Akademische und schriftstellerische Tätigkeit in den Jahren 1877 bis 1883

Ich nehme nun zunächst den Bericht über meine akademische Tätigkeit und über meine wissenschaftlichen Arbeiten während der Jahre 1877 bis 1883 auf.

Im Winter 1877/78 begann ich, Vorlesungen über Pädagogik zu halten, vor einem für meine Verhältnisse großen Auditorium von 32 Zuhörern. Freilich muss ich bekennen, dass sie zeitweilig stark zusammenschmolzen, in einer Stunde, es war allerdings um Weihnachten, zählte ich nur noch sechs. Es kränkte mich sehr, mich so verschmäht zu sehen; doch war es vielleicht kein ungerechtes Urteil, das der Hörsaal sprach: Ich hatte wirklich nicht viel Eigenes zu geben. Ich hielt mich im Ganzen an Waitz' „*Allgemeine Pädagogik*";[356] aus Besorgnis vor Mangel an Stoff spann ich am Anfang die allgemeinen Betrachtungen wohl allzu lang aus, fügte später gelegentlich an sich vielleicht nicht uninteressante Exkurse über einzelne Unterrichtsgegenstände ein, kurz, fand mich mit der Aufgabe, der ich nicht gewachsen war, so gut es gehen wollte, ab. Dass es dabei an der Eindringlichkeit des Vortrags fehlte, die erst da sich einstellt, wo der Lehrer Eigenes gibt und fortzupflanzen den Drang empfindet, kann nicht wundernehmen. Ich schloss die Vorlesung mit dem Vorsatz: Das nächste Mal muss es anders und besser werden. Ich war gegen jene stille Kritik, die der Hörsaal durch Leerwerden zeigt, von Anfang an sehr empfindlich, ich denke, nicht die schlechteste Eigenschaft des akademischen Lehrers. Im Ganzen halte ich nach langjährigen Erfahrungen diese Kritik für eine gerechte und feinfühlige, und wer dagegen gleichgültig bleibt oder Gleichgültigkeit heuchelt, denn das dürfte das Häufigere sein, sollte lieber diese Art der Lehrtätigkeit einstellen.

Mit viel Vergnügen las ich in demselben Winter vor sehr aufmerksamen Zuhörerinnen im Victoria-Lyzeum vor Weihnachten über Psychologie, im neuen Jahr über Kulturgeschichte oder besser Kulturphilosophie.

Der Sommer 1878 begann mit einer Enttäuschung: Für die Vorlesungen über Geschichte der neueren Philosophie fanden sich diesmal keine Hörer; auch diese Erfahrung des Privatdozenten wollte gemacht sein. Sie schmerzte mich weniger als der Abfall im vorigen Winter. Ein zweistündiges Publikum über die Geschichte des Unterrichtswesens, mit sehr unzulänglichen Mitteln ausgeführt, zeigte den Willen, im Gebiet des Erziehungswesens festen Boden unter die Füße zu bekommen. Ich sagte mir: Da ich eine Pädagogik auf dem Grunde eigener Lehrererfahrung aufzubauen nicht im Stande bin, so muss ich sie auf den Erfahrungen anderer aufbauen. Die gesammelte große Erfahrung der Völker stellt sich in der Geschichte dar, und also ist ein ernstliches Studium der Geschichte des Erziehungswesens, mehr als der pädagogischen Theorien, der Weg, zu einem selbständigen Urteil in diesen Dingen zu kommen. Der bequemste Weg aber, an das Studium dieser Geschichte heranzukommen, ist: eine Vorlesung darüber zu halten; sie nötigt, mit den nächsten Hilfsmitteln zunächst die großen Umrisslinien des Gegenstandes sich deutlich zu machen; sie zeigt dann, wo mit fruchtbarem Einzelstudium einzusetzen ist. Diese Reflexionen haben mich nicht getäuscht; die Vorlesung ist der Ausgangspunkt für ein jahrelanges, intensives Studium der Geschichte des Bildungswesens der europäischen Kulturwelt geworden. Und erst hierdurch habe ich die Selbständigkeit der Anschauungen erlangt, die mir die Pädagogik in der Folge zu einer Lieblingsvorlesung gemacht hat.

In den Übungen behandelte ich Hobbes' „*De cive*";[357] die drei Teilnehmer, unter ihnen Nohle und ein Bruder unseres Freundes Windel, kamen zu mir ins Haus und blieben dann am Abend bei uns zum Tee. Es war der Anfang unseres Hausverkehrs mit Studenten, der dann zur regelmäßigen Institution geworden ist.

Im August 1878 kam die Ernennung zum außerordentlichen Professor. Wir erhielten sie in Haßberg an der Ostsee, wo sie in unsere sonst etwas dürftige Umgebung freundlich hineinschien. Ich hatte im Sommer eine Unterredung mit Dr. Göppert, dem seit kurzem ernannten Referenten für das Universitätswesen im Ministerium Falk, gehabt. Er bot mir ein Extraordinariat in Berlin an, stellte aber auch das erledigte Ordinariat in Kiel als erreichbar hin. Auf meine Erklärung, dass ich es vorziehen würde, in Berlin zu bleiben, legte er mir meine Aufgabe oder meinen Lehrauftrag dar: zunächst also Pädagogik, daneben aber Vertretung der Philosophie überhaupt. Und zwar würde von mir erwartet, dass ich nicht bloß solche „allgemeine Feld-, Wald- und Wiesenvorlesungen" hielte, sondern den Studierenden allerlei Besonderes und sonst nicht Vorgetragenes böte. Das entsprach durchaus meiner Absicht. Ich hatte vor allem vor, nach Seiten der Geschichts- und Religionsphilosophie sowie der Soziologie und Politik mich auszudehnen. Es ist nicht dazu gekommen. Die wissenschaftliche Arbeit hielt zeitweilig den starken Trieb, neue Vorlesungen zu halten, in Schranken; dann wirkte auch der rasche Wechsel der Studenten in Berlin in diesem Sinne. Und allmählich ist die Begierde, neue Gebiete in Vorlesungen anzubauen, selbst geringer geworden.

Im Winter 1878/79, nach herrlichen Tagen in Gremsmühlen, ging ich schon etwas besseren Mutes an die Pädagogik, sie wurde vollständig neu bearbeitet, was ihr denn auch in der Folge noch wiederholt widerfahren ist. Rousseau, Herbert Spencer gaben mir neue Gesichtspunkte. Ich kam aus dem Geleise des Lehrbuchartigen allmählich heraus zu einer lebendigeren Behandlung, was denn auch in der Aufmerksamkeit der Zuhörer sich alsbald fühlbar machte. In den Übungen über Hume hatte ich viel Freude; besonders trat mir bald einer der Teilnehmer näher, der mir ein lieber Freund geworden ist: Carl Runge aus Bremen, jetzt Professor der Mathematik in Göttingen.

Im Victoria-Lyzeum las ich in diesem Winter über Ethik. Sie sollte zum Schiffbruch meines Verhältnisses mit Miss Archer und ihrem Institut führen. Zu Anfang ging die Sache vortrefflich, unseren Erstgebornen begrüßte sie mit einem silbernen Becher und einer sehr schmeichelhaften Zuschrift an den Vater. Dann kamen, als ich nach Weihnachten die soziale Ethik abzuhandeln begann, Anstöße. Vor allem brachte eine Vorlesung einen großen Krach. Ich hatte aus einer Zeitung einen Bericht über ein Diner bei dem großbritannischen Generalkonsul Herrn von Bleichröder ausgeschnitten. Es war darin die Herrlichkeit dieses Hauses mit orientalischen Farben ausgemalt: unter anderem: Hinter jedem Gast stand ein Diener in der Livree des Hauses, auf jeden leisesten Wink gewärtig, jeden Wunsch zu erfüllen. Ich las das Presserzeugnis – es stammte, glaube ich, aus der zugleich jüdischen und demokratischen, zuerst aber auf jeden Fall jüdischen *Volkszeitung*, die mit Professor Lazarus den Vorzug teilte, vom kronprinzlichen Hof als Leiborgan behandelt zu werden –, also, ich las diesen blumenreichen Artikel vor, um an das sinnvolle Menschenarrangement: einer sitzend auf dem Stuhl, einer stehend hinter dem Stuhl, meine Betrachtung über die herrschende Zweiteilung der Menschen in „Besitzende und Gebildete" und „Nichtbesitzende und Ungebildete" zu knüpfen, eine Einteilung, die mit der in Gute und Böse zu vermengen die Gesellschaft von jeher eine Neigung habe, welcher Vermengung aber sowohl die philosophische als die christliche Moral entgegen sei. Was denn des Weiteren dargelegt wurde. – Nun wollte das Unglück, dass unter den Zuhörerinnen eine war, die an jenem Diner teilgenommen hatte, und zwar auf einem Stuhl sitzend: Es war die Schwägerin des Gastgebers. Ich hatte wohl schon während der Verlesung des Schriftstückes gesehen, dass vielfältiges Umsehen und Halsrecken stattfand, aber weiter nicht darauf geachtet. Als ich nun, in meiner Arglosigkeit meinend, die Sache recht schön und deutlich gesagt zu haben, nach Schluss des Vortrags in das kleine Empfangszimmer nebenan ging, rauschte alsbald besagte Dame hinter mir her in den Raum und hielt mir in erregten Tönen vor, dass ich sie schwer beleidigt habe. Ich begriff anfangs gar nicht, was sie wollte, sie setzte offenbar voraus, dass ich sie und ihre Beziehungen zu Herrn von Bleichröder kenne, denn sie war zugleich im Vorstand des Victoria-Lyzeums, bis mir Miss Archer ein Licht aufsteckte. Ich entschuldigte mich: Es sei schlechterdings nicht meine Absicht gewesen, persönlich zu beleidigen, ich habe keine Ahnung davon gehabt, dass unter den Zuhörerinnen meiner Ethik Damen aus jenem Kreis sein könnten, meine Absicht sei allein gewesen: die gesellschaftliche Zweiteilung der Menschen durch diese Illustration zu beleuchten – es half alles nichts; die Dame blieb entrüstet und mit dem Wort: *„c'est le ton qui fait la musique"*,[358] ging sie ab. Am Ende des Zyklus erhielt ich von Miss Archer einen höflichen Brief: Es würden im Victoria-Lyzeum fortan philosophische Vorlesungen nicht mehr gehalten werden; ich wurde mit kühlem Dank entlassen. – Von einer Anzahl Zuhörerinnen erhielt ich aber gleichzeitig eine Zuschrift, worin sie mir ihre lebhafte Genugtuung und Freude darüber aussprachen, dass ich so tapfer die Ewigkeitswerte gegen die zeitlichen Werte dargelegt und vertreten habe. – So endigten meine Beziehungen zum Victoria-Lyzeum, wo in der Folge bald wieder philosophische Vorlesungen, aber minder gefährlicher Art, gehalten wurden.

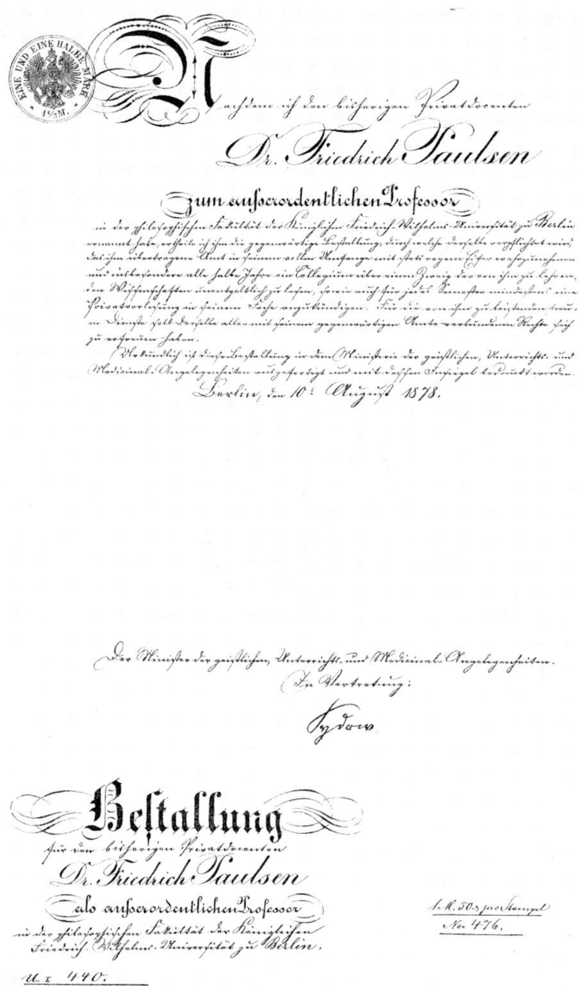
EINE UND EINE HALBE MARK 1½M.

Nachdem ich den bisherigen Privatdocenten

Dr. Friedrich Paulsen

zum außerordentlichen Professor

in der philosophischen Fakultät der Königlichen Friedrich-Wilhelms-Universität zu Berlin ernannt habe, ertheile ich ihm die gegenwärtige Bestallung, durch welche derselbe verpflichtet wird, das ihm übertragene Amt in seinem vollen Umfange mit stets regem Eifer wahrzunehmen und insbesondere alle halbe Jahre ein Collegium über einen Zweig der von ihm zu lehrenden Wissenschaften unentgeltlich zu lesen, sowie auch für jedes Semester mindestens eine Privatvorlesung in seinem Fache anzukündigen. Für die von ihm zu leistenden treuen Dienste soll derselbe aller mit seinem gegenwärtigen Amte verbundenen Rechte sich zu erfreuen haben.

Urkundlich ist diese Bestallung in dem Ministerio der geistlichen, Unterrichts- und Medicinal-Angelegenheiten ausgefertigt und mit dessen Insiegel bedruckt worden.

Berlin, den 10. August 1878.

Der Minister der geistlichen, Unterrichts- und Medicinal-Angelegenheiten.
In Vertretung:
Sydow

Bestallung
für den bisherigen Privatdocenten
Dr. Friedrich Paulsen
als außerordentlichen Professor
in der philosophischen Fakultät der Königlichen Friedrich-Wilhelms-Universität zu Berlin.

1 M. 50 ₰ pro Stempel
No. 476.

U I 440.

Ernennungsurkunde zum außerordentlichen Professor an der Friedrich-Wilhelms-Universität in Berlin, 10. August 1878

Meine Vorlesungen an der Universität wurden von Jahr zu Jahr stärker besucht. Die Zahl der Hörer der Pädagogik stieg im Wintersemester 1882/83 bis auf 268, sie hatte sich fast bei jeder Wiederholung verdoppelt. Es hing damit zusammen, dass in dieser Zeit der ungeheure Zudrang zum höheren Lehramt sich einstellte, veranlasst durch die Lehrernot der 70er Jahre, die wieder eine Folge der überschnellen Vermehrung der höheren Schulen war: Es schien in den Jahren des „Aufschwungs“ nach den großen kriegerischen Erfolgen keine Stadt mehr der höheren Schule entbehren zu können. Als dann in den 90er Jahren die große „Überfüllung“ mit Lehramtskandidaten eintrat, leerten sich auch die Hörsäle wieder. Übrigens half meiner Vorlesung zu der großen Frequenz wohl auch der Ruf, dass in ihr sehr „moderne“ Ansichten vorgetragen würden. Die Gymnasialpädagogik hatte sich lange ausschließlich in den Geleisen des Neuhumanismus bewegt; auch ich hatte, als ich Pädagogik zum ersten Mal las, nicht gewagt, diese Spuren zu verlassen, und meinen Hörern, so gut ich vermochte, demonstriert: dass die klassischen Sprachen für alle Zeiten die Grundlage aller höheren Bildung sein und bleiben müssten. Bald trat indessen ein Umschwung in meinen Anschauungen ein; er wurde wesentlich durch die historischen Studien herbeigeführt. Ich begann zu sehen, dass jene orthodoxe Ansicht sehr jungen Datums sei, im Grunde nicht älter als das neue Gymnasium, das erst im 19. Jahrhundert entstanden war. Die alte Lateinschule hatte von jener Ansicht noch nichts gewusst; sie betrieb die Sprachen nicht um der „formalen“ und „humanen“ Bildung willen, sondern zunächst allein um der notwendigen Sprachfertigkeit willen; und eben darum stellte sie das Lateinische so sehr in den Vordergrund, dass das Griechische daneben als ein auch entbehrliches Parergon[359] erschien. Latein war aber im 18. Jahrhundert noch die Sprache der Wissenschaften und des Universitätsunterrichts. Die Absicht des Universitätsunterrichts, zunächst des vorbereitenden Kursus in der philosophischen Fakultät, war wieder nicht „formale“ und „humane Bildung“, sondern Einführung in die Philosophie und die mit ihr noch engstverbundenen realen Wissenschaften, besonders Mathematik und Naturwissenschaft. Nur im 16. Jahrhundert war unter dem Einfluss der ersten humanistischen Flutwelle ein Anlauf genommen worden, die griechische Sprache in die Schulen und artistischen Fakultäten als ein wesentliches Unterrichtsfach einzuführen, weil man entdeckte, dass die Quellen aller Wissenschaften auf griechischem Boden entsprungen seien; ein Anlauf, der eingestellt wurde, als seit dem 17. Jahrhundert die moderne Philosophie und Wissenschaft sich mehr und mehr von der griechischen emanzipierte. Also, so schien ich mir deutlich zu sehen: Die Sprachen haben stets nur die Bedeutung eines dienenden Mittels gehabt und können eine andere nicht beanspruchen. Ist nun die gesamte Kulturbewegung der Neuzeit durch die Formel beschrieben: Entwickelung selbständiger Wissenschaft und eigener Geisteskultur in den modernen Volkssprachen, so muss der Augenblick kommen, wo die Erlernung der alten Sprachen nicht mehr als allgemeines, überhaupt unentbehrliches Mittel höherer Bildung angesehen werden kann. Aus diesem Gesichtspunkt behandelte ich nun die schwebenden Fragen der Gymnasialpädagogik: Ich zeigte meinen Zuhörern, dass eine höhere Schule, die nicht die alten Sprachen zum allbeherrschenden Mittelpunkt mache, wie die Realschule, mit und ohne Latein, allerdings ein Recht habe, als eine Schule „höherer Bildung“ nicht nur, sondern auch als Vorbereitungsanstalt für wissenschaftliche Studien anerkannt zu werden. Die Jugend, wie immer des Neuen und Zukunftsreichen begierig, brachte diesen auf einem Universitätskatheder unerhört ketzerischen Anschauungen offene Ohren entgegen. Und so wurde ich, fast ohne es zu wissen und zu wollen, der Mann der Zeit.

Auch meine öffentliche Vorlesung über Einleitung in die Philosophie fand einen immer größeren Hörerkreis, so dass ich regelmäßig einige hundert Zuhörer zählte, aus allen Fakultäten, meist auch eine größere Zahl älterer Männer. Die entschiedene Stellungnahme zu den Fragen, die in erster Linie den jugendlichen Geist erregen, den Fragen der metaphysisch-religiösen Weltanschauung, war es wohl in der Hauptsache, die der Vorlesung und nachher dem gleichnamigen Buch ihren großen Wirkungskreis verschaffte.

Seit 1881 wurde auch die Ethik in den Kreis der Vorlesungen aufgenommen, auch sie erfreute sich einer regen Teilnahme der Hörer, deren Zahl allerdings hinter der in der Pädagogik und Geschichte der neueren Philosophie zurückblieb. Die entschiedene Richtung auf die wirklichen Fragen des Lebens, des Einzellebens und des Gesamtlebens, gab auch dieser Vorlesung ihren Charakter. Der Behandlung bloß akademischer Schulquästionen wich ich aufs ängstlichste aus, nach dem Wort der Schrift: Lasset die Toten ihre Toten begraben.[360]

Meine wissenschaftliche Arbeit konzentrierte sich seit 1879 immer entschiedener auf die Geschichte des Unterrichtswesens. Ich sah die Notwendigkeit, über die Neuzeit auf das Mittelalter zurückzugehen, um die großen Wandlungen, mit denen Humanismus und Reformation einsetzen, zu begreifen. So begann ich ein eindringendes Studium des mittelalterlichen Schul- und Universitätswesens. Ein Ausschnitt aus diesen Studien ist eine in der Sybelschen *Historischen Zeitschrift* 1880 veröffentlichte größere Abhandlung über die Gründung und die Lebensordnungen der mittelalterlichen Universitäten.[361] Es ist die erste Abhandlung, die mir vielfache und lebhafte Anerkennung eingebracht hat; ich erinnere mich noch des stolzen Gefühls, das ich empfand, als ich im Herbst des folgenden Jahres an den Rhein kam und von dem Vorsteher einer Sammlung, dem ich mich vorstellte, gefragt wurde: „Derselbe Paulsen, der über die mittelalterlichen Universitäten geschrieben hat?" Vor allem war die katholische Welt zufrieden mit einer Darstellung, die das mittelalterliche Universitätswesen nicht von außen her mit üblichen Phrasen be- und verurteilte, sondern aus vertieftem und in gewissem Maße liebevollem Studium der Quellen hervorgegangen war. Dass die übliche humanistisch-protestantische Betrachtung gröblich einseitig sei, ist allerdings eine Überzeugung, zu der mich zu bekennen ich seitdem nicht müde geworden bin, so viel Verkennung und Missachtung sie mir eingetragen hat.

Im Sommer 1880 ist noch eine größere Abhandlung entstanden: „Was uns Kant sein kann?" Sie erschien zum Jubiläum der *„Kritik der reinen Vernunft"* in Avenarius' *Vierteljahrsschrift*, fast ein Heft füllend.[362] Die Stunde ihrer Konzeption ist mir noch gegenwärtig; wir waren in Gremsmühlen, unserer geliebten Sommerfrische. Ich ging, es wird Ende August oder Anfang September gewesen sein, an einem frühen Morgen über die Koppeln nach Eutin. Plötzlich kommt mir der Kant-Aufsatz: Ich nehme mein Notizbuch heraus und beginne im Gehen zu schreiben; als ich in Eutin anlange, ist die Skizze fertig, das Ganze steht mir deutlich vor Augen, es bedarf nur noch der Ausführung im Einzelnen, die nun mit Behagen in den nächsten Wochen zu Hause gemacht wurde. – Viele meiner Sachen sind auf ähnliche Weise entstanden; so der Aufsatz über Vergangenheit und Zu-

Malente-Gremsmühlen: „Ich ging … an einem frühen Morgen über die Koppeln nach Eutin. Plötzlich kommt mir der Kant-Aufsatz".

kunft des philosophischen Unterrichts[363] auf einem Spaziergang in Langenhorn: Ich kam unser Bohl[364] am Abend heraufgegangen, da stand auf einmal die Sache vor mir, und mit raschen, bloß andeutenden Zügen des Bleistifts fixierte ich die Umrisse ins Notizbuch. Manches Kapitel aus der „*Ethik*"[365] ist so zu Stande gekommen. Seltsam mag es erscheinen, dass die Fahrt auf der Eisenbahn oder in der Pferdebahn, auch wohl der Gang durch die Straßen Berlins, mich oft in eine produktive Stimmung versetzt hat: In jeder möglichen und unmöglichen Situation habe ich solche Skizzen niedergeschrieben, die dann zu Hause die Grundlage für eine Abhandlung oder ein Kapitel aus einem Buch wurden. Dagegen bleibt, wenn ich mich am Morgen früh an den Schreibtisch setze, die produktive Stimmung oft so sehr aus, dass ich nach allerlei vergeblichen Ansätzen die Feder weglege und ein Buch nehme oder ausgehe: Nicht selten stellt sich dann, was ich vorher vergeblich suchte oder in Ordnung zu bringen strebte, ganz wie von selbst in die Reihe.

Noch ein Aufsatz verdankt diesen Jahren seine Entstehung: „Schopenhauer, seine Philosophie und seine Persönlichkeit"; es ist der erste Aufsatz, den ich in der *Deutschen Rundschau* veröffentlicht habe.[366] Er ist aus den Übungen hervorgegangen, denen ich im Winter 1881/82 zum ersten Male die „*Welt als Wille und Vorstellung*" zu Grunde legte.

Der Bekanntenkreis dieser Jahre

Unser häuslicher Verkehr hatte sich alsbald recht erfreulich gestaltet. Im Grunerschen Hause, wo wir natürlich oft einkehrten, sahen wir die alten Bekannten; vor allem wurde das Verhältnis zu den beiden Brüdern Reichensperger ein näheres. Mit August Reichensperger verstand ich mich besonders gut, und er schien an der Unterhaltung mit mir Freude zu haben. Mein Verständnis für diese Welt hat durch den Verkehr mit diesem trefflichen, frei gesinnten Mann von sehr umfassender geistiger Bildung und weitestem Interesse ungemein gewonnen. Kamen wir auch selten in unseren Urteilen oder unserem Geschmack überein, so war der Austausch der von oft sehr verschiedenen Standpunkten gewonnenen und sich darbietenden Ansichten doch immer belehrend. Auch Windthorst bin ich im Hause begegnet, ohne ihm indessen näherzutreten.

Ein zweites Haus, das wir gern aufsuchten, war das Curtiussche. Emilie war mit der Tochter des Hauses, Elisabeth Besser, eng befreundet; sie kam jeden Donnerstagnachmittag auf ein Plauderstündchen, eine Abrede, die sich bis auf diesen Tag erhalten hat. Ihre Güte und Treue gegen uns ist ein unerschöpflicher Schatz. Ich habe selten so viel bereite, hingebende Dienstwilligkeit gesehen, wie sie im Hause übte, selten so viel Leidenschaft, Freude zu machen, wohin immer sie kam, selten so viel Geduld und stetigen Willen, alles zum Besten zu kehren. An Gelegenheit, auch diese letzteren Tugenden zu üben, hat es ihrem Leben nicht gefehlt. Frau Curtius war eine in ihrer Art feine und liebenswürdige Dame; ihre ausgezeichneten geselligen Talente, vor allem ihre Fähigkeit, die Menschen zusammenzuführen und zum Reden zu bringen, machten den Verkehr in ihrem Hause zum Genuss; jeder fühlte sich immer angeregt und aufgelegt, sein Bestes zur Unterhaltung aller beizutragen. Ich bin selten anders als in freier und froher Stimmung fortgegangen. Es fehlte aber nicht an der Kehrseite dieser nach außen gekehrten Liebenswürdigkeit: Ein nervöses, ungeduldiges, wohl auch anspruchsvolles Wesen machte den Nächsten genug zu schaffen. Das ausgleichende Element war Professor Curtius, der ganz in seiner Welt lebende Gelehrte; nicht sehr bereit, auf die Interessen und Gedanken Anderer einzugehen, wurde er durch abweichende Urteile wenig berührt; er liebte es mehr, aus dem Schatz seiner Anschauungen und persönlichen Erinnerungen mitzuteilen, als andere zu hören oder gar zu disputieren; vor dem Feindlichen zog er sich ganz zurück.

Durch Curtius wurden wir mit Lobedans bekannt: Vier unverheiratete Schwestern, geben sie das seltene Beispiel eines vollkommenen geschwisterlichen Zusammenlebens; jede der Schwestern hat ihre besondere Gabe und Aufgabe, jede bringt so ihren Teil dar zur Harmonie des Ganzen: Wer eintritt, wird sogleich von dem Geist des Friedens des Hauses umfangen; kein Streit, kein lautes Wort denkbar, es sei denn im Wettstreit der Aufopferung. Mich hat das Haus wohl an das meiner Tanten in Langenhorn erinnert, nur dass zu dem Frieden des

Ernst Curtius, Professor in Berlin: „der ganz in seiner Welt lebende Gelehrte“

Herzens hier ein Reichtum der Bildung hinzukommt, wie er sich mit jenem nicht so leicht verträgt.

Unter unseren Hausfreunden war Heller der nächste, er kam sehr häufig, nie ohne die Heiterkeit seiner Seele auf die Umgebung auszustrahlen: Wer ihn bei uns sah, gewann ihn lieb, so dass er bald in allen Häusern, in denen wir verkehrten, ein gern gesehener Gast war. Er war an den „*Monumenten*“[367] als Mitarbeiter angestellt, habilitierte sich aber auch an der Universität und hielt bald auch am Victoria-Lyzeum Vorträge, u. a. über die Geschichte von Florenz. Unvermutet kam ihm eines Tages der Antrag: den jungen Prinzen Wilhelm, den jetzigen deutschen Kaiser, der eben in Kassel das Gymnasium absolviert hatte, auf einer längeren Reise nach England zu begleiten. Ich weiß nicht, wie die Wahl auf Heller fiel; die Meinung war offenbar, dem jungen Prinzen durch den Verkehr mit einem jugendlichen, frohen, enthusiastischen, dabei völlig offenen und vorurteilsfreien Gelehrten ein inneres Verhältnis zur wissenschaftlichen Welt zu schaffen, wie es seinem Vater durch Curtius vermittelt war.[368] Heller nahm, nach längerem Schwanken, den Antrag an; über den Erfolg seiner Mission hat er sich keine Illusionen gemacht. Die Wochen, die er im Herbst 1879 in Ilfracombe gegenüber der walisischen Küste als Mitglied der *Royal Party* zubrachte, bildeten nicht einen Höhepunkt in seinem Leben. Der Prinz hatte durchaus kein Bedürfnis nach einem Mentor, er war mehr geneigt, sein Urteil über die Dinge zur Geltung zu bringen, als das anderer zu hören. Auch die äußeren Verhältnisse machten Schwierigkeiten, und so war Heller froh, als er aus der höfischen Umgebung in die stillere Gelehrtenklause zurückkehren konnte. – Übrigens wurde er noch hin und wieder zu Hofe geladen. Einmal erregte er das Entsetzen des Hofmarschalls, als er ein Diner absagte, weil er eine Vorlesung zu halten habe.

Zu dem engeren Freundeskreis gehörte auch Pastor Windel. Er war dem Grunerschen Hause befreundet; er hat uns getraut und unsre Kinder getauft und ist uns bis zu seinem Tode ein lieber Freund geblieben. Er stammte aus einer Beamtenfamilie in Pyrmont und war erst Prediger an der Charité, dann Hofprediger an der Friedenskirche in Potsdam. Wenige Jahre älter als ich, hatte er zu mir eine besondere Zuneigung gefasst: Sein letztes Wort für mich, er ließ es mir bei meinem letzten Besuch an seinem Totenbett noch durch seinen Bruder nachrufen, war: „Ich habe dich sehr lieb gehabt, sehr lieb." Er war eine höchst eigentümliche Natur: Weich, liebenswürdig, zartfühlend, empfindsam, konnte er auf der andern Seite egoistisch, selbstsüchtig bis zur Härte sein. Es waren zwei Menschen in ihm, und er litt schwer darunter; er kannte sein Temperament, wie es namentlich im Hause gegen seine treffliche Cousine, die sein Haus führte, sich äußerte, und konnte es doch nicht ändern, trotz allen guten Willens. Eine gewisse Verwandtschaft mit Schopenhauer und Alban Stolz, die er beide liebte, trat darin zu Tage; so war ihm das Seufzen des Apostels Paulus: „Ich elender Mensch, wer wird mich erlösen von diesem Leibe des Todes",[369] wohl verständlich. Ein pessimistischer Hauch lag über seiner Seele; auch ein Anflug von Menschenverachtung fehlte nicht; sie fand Nahrung auch in seinem höfischen Verkehr. Er hatte schon der Königin Elisabeth nahegestanden, war mit ihr nach dem Tode Friedrich Wilhelms IV. in Italien gereist; jetzt hatte er zur Kaiserin Augusta und ihrem Hof nahe Beziehungen. Er konnte den Hof nicht entbehren, aber er liebte ihn nicht; mit seinem Gefühl, wenigstens seiner abstrakten Sehnsucht, war er bei den schlichten Leuten aus dem Volk. Er hatte entschieden romantisch-katholisierende Neigungen; er war ganz in die Denkweise der katholisierenden Romantiker und Konvertiten vom Anfang des Jahrhunderts eingetaucht, wie er denn ein Leben Stolbergs geschrieben hat;[370] gegen das nüchtern-rationalistische Wesen des Protestantismus und des protestantischen Preußentums hatte er eine starke, fast sinnliche Aversion. Und dabei war er protestantischer Prediger des preußischen Hofes und musste dem rationalistischen Hofe des Kronprinzen predigen. Alle diese Widersprüche gärten in seiner Natur und gaben ihm etwas Unruhiges und Erregtes; war es eben dies, das ihn zu einfacher konstruierten Menschen, zu Heller z. B., dem er eine ergreifende Grabrede hielt, oder zu mir hinzog? Uns ist er ein allezeit treuer und lieber Freund gewesen. Ich liebte ihn, nicht bloß um seines lebhaften, geistig überaus angeregten und anregenden Wesens willen, wie es in der spirituellen Unterhaltung hervortrat, sondern auch um seines im Grunde offenen und aufrichtigen Charakters und nicht zuletzt um der Ehrlichkeit willen, womit er die Schwächen seines schwierigen Naturells anerkannte und zu beherrschen suchte. Sein Tod, der langes, schweres Leiden abschloss (September 1890), ist mir sehr nahegegangen.

Auch Freund Belger blieb uns treu. Er kam zwar seltener zu uns, es wurde ihm anfangs recht schwer, in das neue Verhältnis sich zu finden. Einmal endete sein

Ferdinand Tönnies im Jahre 1877: „Die besondere Kraft von Tönnies lag in der Energie und Schärfe des begrifflichen Denkens, verbunden mit großer Tiefe und Klarheit der anschaulichen Erfassung der Dinge."

Besuch, er war allein mit uns gewesen, mit großer Aufregung und Tränen auf beiden Seiten. Ich schrieb ihm hierauf einen langen Brief, unser Verhältnis in der Vergangenheit resümierend und ihn daran erinnernd, dass es von meiner Seite stets ein völlig klares und aufrichtiges gewesen sei, und für die Zukunft die Linien möglicher Fortdauer unseres freundschaftlichen Verkehrs ziehend. Er war aufrichtig genug gegen sich selbst, das Berechtigte meiner Vorhaltung anzuerkennen; und so kamen wir über die Klippen, die unserer Freundschaft drohten, glücklich hinweg. Er hat später sich unseres Glückes unbefangen mit uns freuen können. Und nach ihrem Tode wurde die Erinnerung an sie zwischen uns zu einem starken Band innigster Gemeinschaft.

Unter den jüngeren Freunden stand Tönnies uns besonders nahe. Er kam oft zu uns und brachte auch seine beiden Schwestern wohl mit; die jüngere war zu ihrer musikalischen Ausbildung einen Winter in Berlin, sie wohnte bei unseren Freundinnen Lobedans. Ebenso war Kuno Francke, sooft er in Berlin war, ein allezeit gern gesehener Gast im Hause. Da beide, auch unter sich befreundet, uns eng verbunden geblieben sind, so füge ich hier ein Wort zu ihrer Charakteristik ein.

Ferdinand Tönnies stammt aus Husum oder eigentlich aus Eiderstedt; er war der Sohn eines Marschbauern zu Oldenswort,[371] auf dem Hof hat er die ersten Jugendjahre zugebracht. Tatsächlich hatte der Vater freilich schon lange aufgehört Bauer zu sein, wenn er es je gewesen war; er war in Hamburg an der Börse daheim, machte Geldgeschäfte und entschloss sich daher leicht, als die Söhne heranwuchsen, nach Husum zu ziehen. Hier erwarb er ein schlossartiges Haus, das alte Kavalierhaus am Schloss, mit stattlichen Räumen und schönem Garten, das die Familie bis auf diesen Tag hat. Die Mutter stammte aus der alten schleswig-holsteinischen Pastorenfamilie der Mau, ihr Vater war Pastor in Schönberg in der Probstei gewesen. Als ich das Haus kennen lernte, gegen Ende der 70er Jahre, lebte der Vater noch, doch schon kränklich, drei Schwestern und zwei Brüder waren meist zu Hause. Das Leben wurde für dortige Verhältnisse auf ziemlich großem Fuß geführt, doch hatte ich immer den Eindruck, dass kein froher Geist im Hause herrsche. Der Vater hatte etwas Finsteres, die Mutter etwas Gedrücktes; es fehlte, so schien mir, dem ganzen Hause, verglichen mit meinem Elternhause, an einem rechtschaffenen Lebensinhalt und ernster Arbeit. Bei aller äußeren Sorglosigkeit ging die Sorge, vor allem die Sorge um die Kinder, in mannigfacher Gestalt um. Mein junger Freund war der Stolz und die Hoffnung des Hauses. Ungewöhnlich begabt, hatte er 1871 mit 16 Jahren das Gymnasium absolviert, wo er natürlich der Verzug der Lehrer[372] gewesen war. Als Student in die Burschenschaft Arminia in Jena eingetreten, wurde er wieder einerseits als Jüngster gehätschelt, andererseits freilich der Gesundheitserprobung oder vielmehr -verwüstung des Studentenlebens rücksichtslos ausgesetzt. Die Anstrengungen des Einjährigenjahrs vermochte er nicht mehr zu ertragen, er musste entlassen werden, und seitdem blieb seine Gesundheit eine sehr geschwächte; Kopfschmerzen und Verdauungsstörungen verließen ihn nicht mehr. So war er, als ich ihn im Jahre 1875 kennen lernte, ein schwächlicher, etwas kränklich aussehender Student. Der erste nicht ganz günstige Eindruck war rasch überwunden, ich lernte ihn bald als ganz hervorragend begabten und durchaus geistig gerichteten jungen Mann schätzen. Er hatte Philologie studiert, aber sein Interesse gehörte viel mehr der Philosophie; ein Misserfolg im Doktorexamen in Berlin (seine Vornehmheit, wenn man will, seine Eigenwilligkeit hatte es verschmäht, sich um die Forderungen der Prüfung vorher zu kümmern) entfremdete ihn ganz den bisherigen Studien. Nachdem er in Tübingen 1877 promoviert hatte, lebte er die folgenden Jahre abwechselnd in Berlin und in der Heimat, mit philosophischen und sozialwissenschaftlichen Studien beschäftigt. Ich hatte an dem Verkehr mit ihm große Freude: Die Gemeinsamkeit heimatlicher Empfindungen gab den Untergrund sicheren Verständnisses und Vertrauens, auch unsere Auffassungen, Urteile und Neigungen kamen in weitem Maße überein; so in der Vorliebe für die englische Philosophie: Er machte Hobbes bald zum Gegenstand eindringenden Studiums, das ihn auch wiederholt nach England führte. Ebenso begegneten wir uns vielfach in der Beurteilung der zeitgeschichtlichen Vorgänge und des öffentlichen Lebens überhaupt, nur dass ich seinen alt-schleswig-holsteinischen Standpunkt in der Beurteilung der preußischen Politik von 1864/66 nicht teilte.[373] Die besondere Kraft von Tönnies lag in der Energie und Schärfe des begrifflichen Denkens, verbunden mit großer Tiefe und Klarheit der anschaulichen Erfassung der Dinge. In der Eigentümlichkeit seines Stils prägt sich beides aus: Er braucht einerseits die Wörter der Sprache mit einer Meisterschaft, wie sie vielleicht seit Schopenhauer nicht da war, die Dinge mit dem eigentlichsten, anschaulichsten Ausdruck in ihrer wuchtigen Wirklichkeit bezeichnend, andererseits behandelt

Kuno Francke: „Die Fähigkeit, in poetischer Form zu sagen, was er empfand und litt, hat ihn in keinem Augenblick verlassen."

er die Sprache mit einer Willkür, wenn sie seinen Begriffen nicht freiwillig entgegenkommt, die bis an die Grenze der Verständlichkeit geht; er erinnert dann wohl an Hegel. Der Kraft des Intellekts entsprach bei ihm nicht gleiche Kraft des Willens und Handelns. Seine Willensschwäche grenzte in diesen Jahren zuweilen geradezu an krankhafte Abulie; sie hing ohne Zweifel mit dem geschwächten Gesundheitszustand zusammen, war aber doch auch in der ursprünglichen Naturanlage gesetzt. Er konnte vor lauter Bedenken und Überlegen schwer zum Entschluss kommen, und kaum war endlich ein Entschluss gefasst, so tat er ihm auch schon leid, und die Reue meldete sich an. So erinnere ich mich, dass er einmal in unsrer Nähe nach langem Wählen und Schwanken ein Zimmer gemietet hatte; als er zu uns kam, es zu melden, wusste er schon, dass er durchaus nicht darin werde wohnen können; und es war in der Tat unmöglich: eine große vierfenstrige Eckstube für den Winter! Eine Wanderung durch den Harz, die wir Pfingsten 1880 zusammen machten, zeigte den Zustand von anderer Seite; an den Buden bei Thale füllte er sich alle Taschen mit den glänzend geschliffenen Steinen, die hier zum Kauf gestellt waren und die ihn nicht wenig Geld kosteten. Sobald wir zu gehen und gar zu steigen anfingen, drückte ihn ihre Last, und er schalt über seine Torheit, bis er sich nach und nach des ganzen Schatzes, der ihm eben so lockend erschienen war, wieder entledigt hatte. Auf dem Wege nach Quedlinburg überfiel ihn plötzlich am frühen Morgen bei scharfem Frost eine solche Müdigkeit, dass er sich auf einen Rübenacker hinwarf wie ein Sterbender. Nur mit größter Mühe brachte ich ihn wieder auf die Beine und bis in die Stadt. Dass bei diesem Zustand keine rechte jugendliche Fröhlichkeit aufkommen konnte, ist selbstverständlich; ein gewisser Missmut war beinahe habituell, er schwand eigentlich nur im belebten Zwiegespräch. Dass diese Gemütsstimmung aber auch auf seine Denkweise und Lebensanschauung abgefärbt hat, ist mir nicht zweifelhaft; die Neigung zu einer trüben Ansicht der Dinge, vor allem auch zu einer pessimistischen Auffassung des Gangs der Geschichte hängt damit zusammen.

Kuno Francke war in manchen Stücken das vollkommene Gegenstück zu Tönnies. War dieser vor allem ein kraftvoller und scharfer Denker, darauf bedacht, mit festen Begriffen, bis zur Eigenwilligkeit ihrer Bildung und Bezeichnung, die Dinge zu beherrschen, so war in Franckes Natur Weichheit und Impressionabilität die hervortretende Eigentümlichkeit: Er ließ Dinge und Menschen auf sich wirken, litt wohl auch von ihnen und liebte es dann, dem Gefühl und der Stimmung nachzuhängen, die sie in ihm erweckten. Die Fähigkeit, in poetischer Form zu sagen, was er empfand und litt, hat ihn in keinem Augenblick verlassen. Naturgefühl, Heimweh, Liebe, Jugendsehnsucht, das sind die am leichtesten erklingenden Töne seiner Leier. Francke stammte aus einer alten holsteinischen Gelehrtenfamilie, sein Großvater war Rektor der alten Gelehrtenschule in Husum, sein Vater Appellationsgerichtsrat in Kiel. Er hatte die Eltern früh verloren und war unter der Obhut sorgender Schwestern herangewachsen. Mir wurde er durch Reuter zugeführt, der sein Lehrer am Gymnasium in Kiel gewesen war. Nachdem er seine Studien in Philologie und Archäologie, Germanistik und Geschichte mit der Promotion in München abgeschlossen, auch das Oberlehrerexamen und das Probejahr in Kiel absolviert hatte, kehrte er nach Berlin an die „*Monumenta Germaniae*“ zurück. Die trockne Textbehandlung sagte seinem nach Poesie und Leben verlangenden Sinn keineswegs zu. Es war für ihn eine Erlösung von drückender Last, als er einen Ruf an die Harvard University erhielt. Als President Eliot, durch Emerton auf Francke hingewiesen, unter anderen auch mich nach ihm fragte, sagte ich ihm: Wenn man dort vor allem einen treuen Repräsentanten deutschen Wesens, des älteren deutschen Wesens aus dem Zeitalter Goethes, suche, dann könne man eine echtere Darstellung des Typus als Francke nicht finden. Als solcher hat er in langer Wirksamkeit drüben sich selber und dem deutschen Wesen Liebe und Verehrung erworben.[374]

Unter den Studenten dieser Jahre war vor allem ein kleiner Kreis Siebenbürger Sachsen, die mir näher traten, Brandsch und Albrecht die ersten, mit ihnen gleichzeitig Husserl, aus Mähren, jüdischer Abkunft, jetzt Professor an der Universität Göttingen, während Albrecht Professor der Physik in Brünn ist. Brandsch, den wir sehr gern sahen, es war ein ungewöhnlich lebhafter und begabter junger Mensch, kam auf eine schreckliche Weise ums Leben. Er war nach Jena gereist, um dort zu promovieren; am Morgen des Tages, an dem das Examen stattfinden sollte, fand man seinen zerrissenen Leichnam auf dem Bahndamm der Weimar-Jenaer Bahn. Er war in der Nacht überfahren worden; der erste Gedanke war, dass er selbst seinen Tod herbeigeführt habe. Doch überzeugten sich die Freunde, die gleich hinüberfuhren und seinen Leichnam vor der Anatomie retteten, dass diese Annahme aus äußeren und inneren Gründen haltlos sei; der Verunglückte hatte am Tage vorher sich den Examinatoren vorgestellt, war am Abend auf das Forsthaus gegangen, hatte dann, in der Dunkelheit zurückkehrend, den Weg verfehlt und war auf den Bahndamm gekommen: An einer scharfen Biegung hatte ihn der Zug überrascht und erfasst. Es war mir ein großer Schmerz, am Ende des Jahres sollte ein größerer folgen, der Tod Hellers.

Noch zwei Studenten mögen erwähnt sein, die in jenen Jahren ins Haus kamen: Neumann aus Mannheim, jetzt Professor der Kunstgeschichte in Kiel, ein überaus feiner, spiritueller junger Mann, der damals Geschichte studierte, seine lebhaften Augen sind mir noch aus dem Kolleg gegenwärtig; auch unsere Beziehungen sind bis auf diesen Tag lebendig geblieben. Und Berthold Otto, jetzt Herausgeber des *Hauslehrers* in Groß-Lichterfelde.[375] Otto war mir von Erdmann in Kiel empfohlen, ein wunderlich träumerischer Mensch, begabt, lernbegierig, aber ohne die Kraft entschiedener Konzentration; so konnte er es nicht zu dem Entschluss bringen, ein Examen zu machen. Durch schwere Zeiten hindurchgegangen, in denen ich ihm gelegentlich wieder begegnete, hat er endlich die in ihm vorhandene Energie auf einen Punkt eingestellt: die Erneuerung der Erziehung durch eine völlig veränderte Methode. Mit nicht geringer Kraft hat er es durchgesetzt, zunächst seine eigenen Kinder ohne jeden Schulbesuch allein

Rudolf Brandsch, Edmund Husserl, Gustav Albrecht: „Unter den Studenten dieser Jahre war vor allem ein kleiner Kreis Siebenbürger Sachsen, die mir näher traten“ (Foto datiert 26. Juni 1880).

Berthold Otto: „ein wunderlich träumerischer Mensch, begabt, lernbegierig, aber ohne die Kraft entschiedener Konzentration“; Paulsens Sohn Rudolf heiratete 1910 Ottos Tochter Franziska.

nach seinem Verfahren zu unterrichten, trotz aller Versuche der sächsischen Behörde, die Kinder in die Schule zu nötigen. Und jetzt macht er nicht erfolglose literarische Propaganda für die neue Methode, die auf zwei Stücke vor allem aufgebaut ist, im Ganzen: Freiwilligkeit des Lernens, im Einzelnen: Isolierung der Schwierigkeiten.

Unter den neuen Menschen, die ich in dieser Zeit kennen lernte, war Georg Brandes der bedeutendste.[376] Ich hatte von ihm die *„Hauptströmungen der Literatur des 19. Jahrhunderts“* gelesen und bewunderte den meisterhaften Schriftsteller. Eines Tages, es wird Frühjahr 1879 gewesen sein, kam Professor Steinthal zu mir mit einem Unbekannten, den er mir vorstellte: Dr. Georg Brandes aus Kopenhagen. Meine Freude, den Mann kennen zu lernen, war groß. Wir verstanden uns alsbald, unsere Ansichten begegneten sich an vielen Punkten, in der Geschichte, der Literatur, auch der Politik. Die Unterhaltung mit ihm war stets belebt und interessant, am meisten, wenn man mit ihm allein war. Dann konnte er auch hören. In der Gesellschaft konnte sein Drang, sich allein reden zu hören, beschwerlich werden, trotzdem er der beste Erzähler, freilich auch der skrupelloseste war, den ich je gehört habe. Er war in der ganzen Welt gewesen, hatte in Paris mit den Literaturgrößen gelebt, hatte in England John Stuart Mill besucht, was ihm in meinen Augen ein besonderes Relief gab. Wir haben uns zeitweilig recht häufig gesehen, auch im Hause verkehrt, allerdings mit allmählich etwas abnehmender Intimität. Es wurden mir allmählich in seiner geistigen Physiognomie Züge sichtbar, die mich reservierter machten, vor allem ein Mangel an Diskretion, der ein paar Mal zu scharfer Kontroverse Anlass gab. Ich weiß nicht, ob auch der in dieser Zeit sich rasch ausbreitende Antisemitismus dazu beitrug, die Aufmerksamkeit auf diese Schwächen einzustellen. Anfangs hatte ich gar nicht gewusst, dass er Jude sei, und als ich es erfuhr, war ich dagegen noch völlig gleichgültig. Aber mit der Zeit wurde ich etwas empfindlicher dagegen: Die Leichtfertigkeit, mit der er von religiösen Dingen überhaupt redete, im Besonderen gelegentliche Schnödigkeiten über kirchlich-christliche Bräuche, wie die Taufe, erschien mir als unfein: Der Jude sollte hier billig eine gewisse Zurückhaltung beobachten; ich machte auch keine Witze über die Zeremonie der Beschneidung. Es war ein ähnliches Gefühl, als es die Grenadiere des Alten Fritz in dem Gedicht Fontanes haben, da der Berliner Spießbürger in ihr Räsonieren über den König einstimmt: Wir dürfen es, aber er darf es noch lange nicht.[377] Auch Bekannten gegenüber, mit denen man ihn zusammenbrachte, konnte er einen kompromittieren; so erinnere ich mich, dass er eines Tages, als ich mit einem schwedischen Freunde, Dr. Wærn aus Uppsala, ihm im Tiergarten begegnete und sie bekannt machte, ihm sogleich mit der Frage ins Gesicht sprang: „Was machen denn die alten Esel in Uppsala?" – eine Unschicklichkeit, die jenen so verstimmte, dass er fast kein Wort mehr sprechen mochte. Item, auf meiner Seite wurde allmählich die Zurückhaltung größer, obwohl ich für meine Person fortfuhr, die Unterhaltung mit ihm sehr anziehend zu finden. Unser Verkehr ging daher zu Ende, als er im Jahre 1882 nach Kopenhagen zurückkehrte; ich habe ihn, trotzdem er oft wieder nach Berlin kam, nicht wiedergesehen. Es wurde noch gelegentlich ein Buch oder ein Brief ausgetauscht, aber ein Verlangen zur Herstellung des persönlichen Verkehrs war auf beiden Seiten nicht mehr vorhanden.

Noch zwei Bekannte aus jenen Jahren mögen erwähnt sein, Paul Rée und Heinrich Romundt. Ich weiß nicht, wie ich Dr. Rée kennen gelernt habe; wir sahen uns öfter und nicht ungern. Er war eine höchst eigentümliche Natur; er sprach sehr langsam, bedächtig, kühl, sarkastisch, wobei es ihm an Lebhaftigkeit des Empfindens keineswegs fehlte. Sein Urteil war scharf, treffend, meist negativ gerichtet. Als sein Versuch, sich in Berlin an der Universität zu habilitieren, vereitelt wurde (er hätte wohl auch nicht zum Dozenten getaugt: es fehlte ihm ganz an Enthusiasmus), studierte er Medizin und nahm, nachdem er promoviert hatte, bei seinem Bruder, der ein Gut in der Neumark besaß, seinen Wohnsitz, nach Neigung die ärztliche Kunst ausübend. Er hat später seinem Leben selber ein Ziel gesetzt, indem er sich in die Taminaschlucht stürzte. Von welcher Art das Motiv war, das zu diesem Schritt führte, weiß ich nicht; er schien immer in sicherem Gleichgewicht zu leben. Übrigens war auch er, wie ich erst später erfahren habe, ein Jude.

Dabei fällt mir ein anderer Bekannter aus jener Zeit ein, bei dem ich auch Dr. Rée gesehen habe: Dr. Haller. Er brachte mir eines Tages eine Empfehlung von Dr. Althoff. Wir sahen uns eine Zeitlang öfter; er hatte ein englisches Buch von John Morley, von der Überzeugungstreue, das ich kannte und schätzte, ins Deutsche übersetzt.[378] Jetzt ging er indessen mit größeren Dingen um: Ein neues System der Philosophie zu gründen war seine Absicht. Zu diesem Zweck hielt er

Georg Brandes, gemalt nach seiner Rückkehr aus Berlin im Sommer 1883 von Peder Severin Krøjer in Skagen: „Es entstand zwischen uns ein lebhafter Verkehr, bei dem allerdings der Intellekt mehr befriedigt wurde als das Herz.“

es aber für angemessen, zuerst einer Elite von Zeitgenossen seine Gedanken vorzutragen. Er bat also etwa 20 Bekannte, männliche und auch weibliche, in seine Wohnung unter den Zelten, wo er sehr stattlich eingerichtet war; ein großer, hell beleuchteter Tisch stand an der Fensterwand, an ihm nahm er selbst, mit Manuskripten reich beladen, Platz; an der dunklen Wand gegenüber waren Stühle in zwei Reihen für die Zuhörer gestellt. Und so floss nun die Rede, halb gelesen, halb gesprochen, aus der Helle ins Dunkle herüber. Es gelang ihr indessen nicht, wenigstens bei mir nicht, Helligkeit hervorzubringen: Es war viel von Parmenides die Rede, aber die dunkle Dialektik von dem Einen und dem Seienden, die Platos Dialog „*Parmenides*“ so ungenießbar macht, verschlang auch hier die Gedanken: Ich gestand mir am Ende der ersten Stunde, dass ich kein Wort verstanden habe, und hielt es daher für angemessen, mich aus der Reihe der begünstigten Zeitgenossen, denen das Licht zuerst aufgehen sollte, zurückzuziehen. Ob es den Übrigen besser als mir gegangen ist, weiß ich nicht; dass tiefsinnige Reden für und wider geführt werden, beweist am Ende nichts. – Nach einigen Jahren las ich in der Zeitung, dass Dr. Haller auf einer Reise über die Ostsee bei Nacht sich über Bord in See gestürzt habe.

Unter den Hörerinnen des Worts war auch eine russische Schriftstellerin, Fräulein Salomé; sie kam mit Dr. Rée. Ich habe die beiden, die in einem Hotel zusammen lebten, dort besucht: Von welcher Art das seltsame Gemeinschaftsleben war, weiß ich nicht; es machte den Eindruck vollendeter Harmlosigkeit, wie denn auch Fräulein Salomé, später Frau Lou Andreas, nicht im allermindesten den Eindruck einer emanzipierten Dame machte. Sie war still, zurückhaltend in ihren Äußerungen, mehr bereit zu hören als zu reden. So habe ich sie auch später noch einmal als Frau wiedergesehen.

Dr. Romundt kam aus Basel, wo er als philosophischer Privatdozent im Kreise Nietzsches gelebt hatte: Er hatte diese Stellung als Gekränkter aufgegeben, als bei einer Vakanz ein anderer ihm vorgezogen worden war. Er hat seitdem keine rechte Wirksamkeit wieder gewinnen können, weder als Lehrer noch als Schriftsteller, während er in Basel ein gern gehörter Dozent war. Er kam öfter mit Dr. Rée zu uns. Seine Leidenschaft war, mit der trockensten Miene von der Welt kleine Bosheiten zu sagen; er hatte darin eine nicht geringe Gabe, vor allem den Menschen kleine Necknamen anzuhängen: So pflegte er Lotze nicht anders als den Porzellanphilosophen zu nennen. Er ging dann nach Freiburg a. d. E. und später nach Dresden, wo ich ihn noch einmal wiedergesehen habe. Unser Verhältnis hat aber mein späteres Buch über Kant erschüttert.

Zur Fakultät hatte ich gar kein Verhältnis; Zeller war immer ablehnend gewesen; ich hatte ihn am Anfang seiner Berliner Professur ein paar Mal besucht, war aber mit so eisiger Zurückhaltung empfangen worden, dass ich gern nicht wiederkam. Die späteren Vorkommnisse bei der Habilitation besserten das Verhältnis nicht; sie störten doch auch die früheren besseren Beziehungen zu Harms. Hier war ich wohl selbst mit schuld; er war mir immer freundlich entgegengekommen; aber mein Mangel an Hochschätzung des Gelehrten machte sich auch im Verhältnis zum Menschen geltend, und so war der Verkehr völlig eingeschlafen; es kam dazu, dass seine Schwerhörigkeit eine Unterhaltung fast ausschloss.

Dagegen gewann ich zu zwei jüngeren Kollegen ein freundliches Verhältnis: zu Georg von Gizycki und Ebbinghaus, die sich beide Ende der 70er habilitierten. Gizycki war ein praktischer Philosoph, nicht bloß und nicht so sehr auf dem Papier, wo seine Gedanken im Geleise des englischen Hedonismus und der Assoziationspsychologie sich bewegten, mit großer Sicherheit, aber ohne Tiefe, als im Leben: Er trug sein Missgeschick, eine fast völlige Verkrüppelung und Lähmung des Körpers, mit großer Ruhe und Heiterkeit der Seele. Er wusste, dass sein Leben an einem Faden hing, und sagte wohl einmal: „Wenn Sie nächster Tage die Nachricht von meinem Tode erhalten, wundern Sie sich nicht.“ In der Tat kam der Tod ganz plötzlich, ich hatte ihn noch kurz vorher nach seiner Art froh und tätig gesehen.

Ebbinghaus war eine völlig anders angelegte Natur: gesund, kraftvoll, ganz theoretischen Untersuchungen zugewendet; ich sah ihn das erste Mal in seinem Phrontisterium,[379] das für seine Gedächtnisstudien auf möglichste Abschließung von dem Lärm der Außenwelt angelegt war. Draußen war er lebendig, fröhlich, zu Scherz und Neckerei aufgelegt; wir haben manche schönen Wandertage in deutschen Landen als gute Gesellen zusammen genossen, bis seine Berufung nach Breslau uns äußerlich trennte.

Noch erwähne ich, dass wir, vielleicht durch Dr. Weil oder Frau Wilsing, die Bekanntschaft der Familie Willy Erman machten. Er war damals Bibliothekar an der Königlichen Bibliothek und wohnte dicht bei unsrer Derfflingerstraße; später wurden wir Nachbarn in Steglitz. Mit ihm und seinem Bruder Adolf, dem Ägyptologen, habe ich im August 1882 meine erste eigentliche Hochgebirgsreise gemacht. Zwar waren wir auf der Hochzeitsreise in die Alpen gekommen, hatten in Schluderbach im Ampezzotal einige Tage gesessen, aber, da Emilie keine Hochtouren machen konnte, so war ich auch nicht dazu gekommen: Nur den Monte Piano habe ich mit ein paar Wiener Studenten bestiegen, wobei der Abstieg während eines prachtvollen nächtlichen Gewitters geschah, unter Sorgen freilich auf beiden Seiten. Ebenso wenig war ich von Riva aus ins Hochgebirge gekommen; der größte Ausflug, der freilich leicht übel hätte endigen können, ging über die Höhen von Pregasina nach Limone hinunter: Ein herrlicher Fußpfad lockte immer höher hinauf nach dem kleinen Gebirgsdorf; dann begann ich, bald völlig pfadlos, die steilen Wände nach Limone herunter zu klettern; ohne Ahnung vom Hochgebirge setzte ich voraus, herunter müsse man irgendwie immer kommen. Ich kam auch herunter, mit manchen Schrunden an Kleidern und Händen und dem Vorsatz, mich nicht wieder einsam pfadlosen Klettereien auszusetzen: Es hätte allzu leicht schiefgehen können. Seitdem hatte ich die Alpen nicht wieder gesehen; wir waren entweder nach Holstein oder nach Thüringen gegangen.

Jetzt ergriff ich die erwünschte Gelegenheit, mich einer wirklichen Alpenfahrt anzuschließen. Wir fuhren, mit endlos dauerndem Extrazug, nach München – Innsbruck; von da ging's ins Stubai hinauf, über Ranalt, wo unter dem Titel von Gamsbraten das entsetzlichste Ziegenleder uns vorgesetzt wurde, zur Dresdner Hütte. Es war meine erste Hüttennacht, ich habe all den romantischen Zauber genossen, den die Versetzung in primitivste Verhältnisse für den Kulturmenschen hat. Früh um drei marschierten wir über den Bildstöckljochferner,[380] im Schimmer einer sternklaren Nacht; dann ging die Sonne glorreich auf, und wir entschlossen uns, die Schaufelspitze mitzunehmen. Es war meine erste Kletterpartie. Oben auf der Spitze, einer engbegrenzten Platte, angelangt, hatten wir eine freie grenzenlose Aussicht: Von allen Seiten grüßten die weißen Häupter herüber, es schien, als ob man durch Meilenferne sich zurufen könne. Ich war ganz berauscht von der erhabenen Schönheit des Schauspiels. Da nahte sich die Prosa: Drei Studenten aus „Leibzg", die schon in Neustift durch Beharrlichkeit ihres Kartenspiels uns aufgefallen waren, kamen auch herauf; und kaum angelangt, zieht der eine schon die Karten heraus und sagt: „Na, nu genne mer ja unsern Schgat weiter glopfen!" Meine Entrüstung, die ihnen übrigens offenbar ganz wunderlich und unberechtigt vorkam, durchkreuzte das Vorhaben. – Der Abstieg führte nach dem freundlichen Sölden im Ötztal. Von hier ging's nach Obergurgl hinauf, wo wir beim Kuraten[381] Quartier nahmen. Der Pfarrhof war übrigens tatsächlich Wirtshaus, und der feiste Kurat hätte jeder Kneipe Ehre gemacht. Es war für mich ein neuer Aspekt des katholischen Kirchenwesens: ein evangelischer Pfarrer mit solchem Äußern und Innern unmöglich. Am folgenden Tage waren wir Zeugen zweier Schauspiele, die sich mir tief eingeprägt haben. Am Morgen war Prozession durch die Felder: Der Kurat im Ornat, unter dem Thronhimmel schreitend, von der gesamten Bevölkerung, Alt und Jung, in Festkleidern begleitet, segnete die Wiesen, auf denen da und dort ein kleiner Feldaltar, mit rotem und weißem Stoff angetan, errichtet war. Ich habe selten etwas Malerischeres gesehen als diesen langsam über die grüne Fläche des Talgrundes sich bewegenden bunten Zug, wozu die Schneegipfel die herrliche Umrahmung bildeten. Wir sahen oben von dem Kirchhofshügel dem Schauspiel zu. Dieser selbe Hügel sollte am Abend die Szene für ein anderes Schauspiel werden. Am Nachmittag wurde die Leiche eines Wiener Studenten, der abgestürzt war, heruntergebracht. Es wurde ihm rasch ein Grab gemacht, der Kurat hatte es in der Ecke angewiesen; er war offenbar in Verlegenheit: Haben wir es mit einem Christenmenschen oder mit einem Protestanten oder gar einem Juden zu tun? Er kam dann in der Dämmerung herüber, in seinem Bierwirthabit, gab lärmend einige Anordnungen für die Bestattung und ging ab, ohne ein Wort der Ansprache, ohne ein Gebet, nicht einmal ein stilles. Wir blieben erschüttert am Grab stehen, in dem ein junges Leben so plötzlich, so klang- und sanglos zugedeckt wurde. Als wir ins Gasthaus hinüberkamen, trafen wir den Kuraten, die Gäste, die etwas einsilbig geworden waren, animierend: „Trinkt, Leute, und seid lustig!" Wie fest gewurzelt muss eine Kirche sein, die es wagen kann, durch solche Männer sich repräsentieren zu lassen.

Nach herrlicher Frühwanderung über das Ramoljoch, welche die Eindrücke des gestrigen Abends einigermaßen auslöschte, blieben wir in der San-Moar-Hütte, mit Mühe ein Feuer anzündend und bei großem Rauch einen „Schmarrn" bereitend. Am andern Morgen fanden wir uns völlig eingeschneit. Wir gingen über das Niederjoch; den Similaun, den wir hatten besteigen wollen, mussten wir des Schnees wegen lassen. Durch das enge und steile Tal der Karthaus ging's nun rasch aus der winterlichen Welt hinab in die italienische Sommerhitze des Etschtals. In Schlanders feierten wir den Geburtstag Franz Josephs mit; am folgenden Abend waren wir in St. Gertraud im Ultental, wieder beim Kuraten, diesmal aber in würdigerer Gestalt. Der alte Herr Eller kam nur zur Mahlzeit herüber, seine Schwestern sorgten für Haus und Tisch, er präsidierte bei der einfachen Tafel und gab durch seine bloße Anwesenheit den Ton an. Von hier aus wurde die Schöntaufspitze bestiegen, wieder mit wunderbarem Wetterglück: Die Ortlergruppe lag mit ihren herrlichen Spitzen und Fernern in greifbarer Nähe vor uns. – Über die prachtvolle Straße des Stilfser Jochs emporsteigend, sahen wir oben die italienische Grenze, um dann, uns rechts wendend, auf den Piz Umbrail zu steigen. Ein furchtbares Unwetter, das uns überfiel, nötigte zum

Dresdner Hütte: „Es war meine erste Hüttennacht, ich habe all den romantischen Zauber genossen, den die Versetzung in primitivste Verhältnisse für den Kulturmenschen hat.“

Verzicht und schleunigstem Aufsuchen eines Unterschlupfs. Völlig durchnässt kamen wir in einer Sennhütte an; sie war leer, aber glücklicherweise offen, auch fand sich etwas Holz und Reisig, womit wir ein Feuer anmachten, um uns ein wenig zu erwärmen und zu trocknen. Nach einer guten Weile hörten wir Schritte, und alsbald traten drei Gestalten ein, die durch ihr echt Graubündner Äußeres, Behaarung fast des ganzen Gesichts außer den Augen und der Stirn, wohl geeignet waren, einige Bedenken einzuflößen. Sie betrachteten die Eindringlinge erstaunt; als wir aber unsere Herkunft und Absicht erklärten, wurden sie ganz freundlich und boten auch Milch und Brot an; es wurde Milch in die Pfanne getan, und wir schlürften bald den heißen Trank mit großer Begierde. Was uns aber am meisten in Erstaunen setzte, war dies, dass diese ungeschlachten Hirten ein tadelloses Hochdeutsch sprachen. Es erklärte sich so: Im Münstertal ist die Volkssprache die ladinische; in der Schule aber wird Deutsch gelehrt, und so sprechen auch die einfachen Leute ein reines Buchdeutsch. Nach herzlichem Abschied von unsern trefflichen Wirten stiegen wir spät abends nach Santa Maria im Münstertal herab, wo wir in einem alten, sehr sauberen Dorfgasthaus, ich erinnere mich noch der feingetäfelten Stube, in der ich untergebracht war, von den Anstrengungen des Tags uns erholten. – Wir sind dann, über die Malser Heide und den Finstermünzpass, meist auf eiliger Einspännerfahrt, bis Partenkirchen gefahren: Die Sehnsucht nach Hause trieb uns beide zur größten, fast fluchtartigen Rückkehr. Es war meine einzige längere, freilich auch nicht viel mehr als vierzehntägige Trennung von Emilie.

Berufung nach Breslau

Im Jahre 1880 war Professor Harms gestorben. Als sein Nachfolger kam im Frühjahr 1881 Lotze von Göttingen, der schon sein Vorgänger hätte werden sollen. Wäre er schon dem Ruf 1867 gefolgt, so würde sich in meinem Schicksal wohl manches anders gestaltet haben. Er hat nur von Ostern bis Pfingsten in Berlin gelesen: Von einer Reise nach Göttingen kam er krank zurück und starb bald darauf. Ich habe ihn sehr betrauert, denn ich hatte gehofft, zu ihm in ein näheres Verhältnis zu kommen, trotz eines Missgeschicks, das ich früher mit ihm gehabt hatte: Ich hatte ihm eine Sammlung erkenntnistheoretischer Aufsätze (1874) widmen wollen; er hatte aber, auf eine Probe hin, sich so wenig anerkennend ausgesprochen, dass es unterblieb, wie denn die Aufsätze überhaupt ungedruckt geblieben sind. Eine Zusammenstellung seiner Theorie der Ursache mit derjenigen Humes und Mills war ihm ganz absurd vorgekommen, doch wohl, weil er die Engländer weder schätzte noch gründlicher studiert hatte. Das Vorkommnis hatte aber weder meiner Hochschätzung des Mannes Eintrag getan, noch hatte es bei ihm Verstimmung zurückgelassen; er kam mir sehr freundlich entgegen, war offen und mitteilsam. Unsere erste Begegnung entbehrte nicht eines Beigeschmacks von Komik. Ich kam kurz vor Anfang des Semesters einmal ins Sprechzimmer der Universität. Hier traf ich einen kleinen, unscheinbaren Mann im Überzieher, den ich für einen Handwerker hielt, der etwas zu richten habe. Er kam aber auf mich zu und stellte sich vor: „Professor Lotze". Ich war so überrascht, dass es mir auf der Zunge lag zu sagen: „Unmöglich, Sie müssen sich täuschen." Ich besaß eine Photographie von ihm, ein feines, ausdrucksvolles, bartloses Gesicht; nun hatte er sich einen Schnurrbart stehen lassen, der dem Gesicht etwas Vulgäres gab. Item, ich kam nicht darüber hinaus, ihn erstaunt anzusehen, bis er mich fragte: „Und mit wem habe ich die Ehre?" Ich musste über mich selbst lachen, und wir kamen in ein heiteres Gespräch.

Nach dem allzu frühen Tode Lotzes wurde Dilthey von Breslau berufen. Neben ihm hatte die Fakultät Benno Erdmann in Kiel vorgeschlagen. Ich erfuhr dies auf eine Weise, die mich erregte und zu einem falschen Schritt verleitete. Es war im Sommer 1882, ein Festessen für zwei 70-Jährige, ich meine Droysen und Kummer, vereinigte die Professoren in einem Hotel. Da kam Scherer, der mich wohl auch sonst einmal ansprach, zu mir und sagte: „Wir wollen uns zusammensetzen, dass wir doch ein vernünftiges Wort reden können." Im Verlauf des Diners äußerte er, wie ganz zufällig: „Wissen Sie denn, dass Benno Erdmann an Lotzes Stelle kommen soll?" Ich war aufs Äußerste überrascht. Erdmann war eben 30, erheblich jünger als ich, sowohl nach dem Lebensalter als nach dem akademischen Alter. Ich sagte also rasch: Das wäre ein Affront für mich, der mich bestimmen müsste zu gehen. Ich hatte mir gar keine Aussicht darauf gemacht, Lotzes Nachfolger zu werden; aber dass man einen so viel Jüngeren mir gleichsam vor die Nase setzen sollte, hielt ich für unerträglich. Scherer lenkte, als er meine Erre-

Hermann Lotze (links) und Wilhelm Dilthey, Professoren der Philosophie in Berlin

gung sah, ein und suchte mich zu beruhigen: Die Sache sei noch nicht entschieden; und wir sprachen nicht mehr davon. Am folgenden Tage ging ich aber zu Zeller und sagte ihm: ich hätte erfahren, dass die Fakultät Erdmann vorgeschlagen habe; im Fall, dass er berufen werde, erwarte ich, dass man auch die Umwandlung meines Extraordinariats in ein Ordinariat beantrage. Zeller wich erst aus: wie ich davon wissen könne, das sei Fakultätsgeheimnis usw. Ich sagte: was alle Welt wisse, werde ich auch wissen dürfen. Ob er für jenen Antrag werde zu haben sein? Er antwortete: es sei kein drittes Ordinariat für Philosophie vorhanden und auch kein Bedürfnis dafür. Ich erwiderte: dann werde ich mich ans Ministerium wenden mit demselben Antrag. Da der Referent Göppert kurz zuvor gestorben war, hatte der Theologe Weiß zeitweilig die Geschäfte. Mit ihm habe ich über die Sache gesprochen und ihm auf seinen Wunsch auch eine schriftliche Darlegung des Inhalts übergeben: dass ich in dem Fall der Berufung Erdmanns erwarten müsse, ebenfalls zum Ordinarius ernannt zu werden, wenn ich nicht in eine völlig schiefe Lage kommen solle, dass ich ferner ein drittes Ordinariat, nämlich für praktische Philosophie, wie es früher an der Universität bestanden habe, für angemessen erachte und, immer jenen Fall vorausgesetzt, um seine Übertragung bitte. An und für sich, neben älteren Kollegen, genüge mir das Extraordinariat, aber eine Herabdrückung meiner Stellung könne ich nicht ruhig über mich ergehen lassen.

Bald darauf wurde bekannt, dass Dilthey berufen sei und angenommen habe. Ich weiß nicht, ob mein Schritt dazu irgendetwas beigetragen hat, vermutlich wäre es ohnehin so gekommen. Und ich hätte die Sache ruhig gewähren lassen sollen; für mich wäre auch in dem andern Fall ein Platz und eine Wirksamkeit geblieben. Aber ich verstehe es, dass ich damals anders empfand. Seltsam aber ist, dass mir erst lange Zeit nachher über Scherers Verhalten ein Licht aufgegangen ist: Seine Absicht war offenbar, mich gegen die Professur Erdmann und also indirekt für Dilthey in Bewegung zu setzen, mit dem er, wie ich wieder erst lange hinterher erfuhr, eng befreundet war. Es hat mich dann erst recht verdrossen, dass ich auf diese Weise zu jenem falschen Schritt mich hatte instigieren[382] lassen.

Die Berufung Diltheys hatte für mich dann aber eine weitere Folge, an die ich wieder gar nicht gedacht hatte: Ich wurde in Breslau vorgeschlagen, neben Erdmann. Der Minister von Goßler ließ mich eines Tages Ende Oktober 1882 zu sich bitten; er empfing mich mit der Mitteilung, dass er bereit sei, mir ein Ordinariat in Breslau zu übertragen. Ich war keineswegs, wie er erwartet haben mochte, über diese Aussicht erfreut: Berlin, meinen Wirkungskreis, meine Freundschaft zu verlassen, um im Osten auf völlig unbekannten Boden mich anzusiedeln, kam mir überaus schwer an; und ich verhehlte das nicht. Von Goßler redete mir zu: „Wenn ich nicht als Landrat nach Masuren gegangen wäre, was mir auch nicht gerade zusagte, dann sähen Sie mich jetzt nicht hier als Minister." Ich gab nach und nahm vorläufig an. Übrigens machte ich bei der Verhandlung noch eine Erfahrung: Es war gegen mich beim Minister eine Art Denunziation eingegangen. In meinem Artikel: „Was uns Kant sein kann?" hatte ich an einer Stelle über den Religionsunterricht und seine Wirksamkeit oder vielmehr Unwirksamkeit mich lebhaft geäußert.[383] Hierauf war des Ministers Aufmerksamkeit von einem Breslauer Kollegen, dem altkatholischen Weber, gelenkt worden. Er legte der Sache aber augenscheinlich kein Gewicht bei und bemerkte nur: ich möge zu Missverständnissen, wie sie hier vorlägen, keine Veranlassung geben. Ich erwiderte, dass das keineswegs meine Absicht sei und dass der Grund zu dem Missverständnis nicht bei mir liege: ich habe meine Ansicht deutlich genug vorgetragen. Nachdem ich noch mit Bonitz und Althoff gesprochen hatte, sagte ich offiziell zu. Als Gehalt wurde mir das des Vorgängers bewilligt, 6600 Mark.

Nach ein paar Wochen fuhr ich in einer Freitagnacht (25. November) nach Breslau, mich dort umzusehen und eine Wohnung zu mieten. Es war ein nasskalter, regnerischer Novembertag, als ich im dämmernden Morgengrauen ankam: die Stadt noch verschlafen, die Straßen schmutzig, die Pferdebahn klebrig und abgegriffen, so der Kondukteur[384] und Kutscher; ich war in sehr deprimierter Stimmung. Ich ging in ein Hotel und nahm ein Zimmer, es war kalt und unfreundlich; ich trank Kaffee und durchblätterte die Zeitungen: Überall hieß es: Aus Berlin wird gemeldet, in Berlin hat sich dies und das zugetragen: Berlin der Mittelpunkt des Universums, Breslau ein Dorf am Rande. Dann ging ich aus, eine Wohnung zu suchen. Immer wieder derselbe Eindruck: schmutzig, dunkel, klebrig, dritte Garnitur! Ich kam an das alte Universitätsgebäude an der Oder: der Zugang von der Stadtseite her eine enge Gasse, die langen Korridore öde, schmutzig, es wurden gerade Kohlen eingetragen. Mir verging ganz der Mut. Ich ging über die Oder; der Fluss, die Dominsel wäre an einem andern Tag mir wohl

Breslau, Ring Ostseite (Marktplatz): „Berlin der Mittelpunkt des Universums, Breslau ein Dorf am Rande."

stattlich und schön vorgekommen, wie sich denn von dieser Seite auch die Universität besser präsentiert: Heute war alles grau und widrig. Ich suchte einen Bekannten, Professor Partsch, der drüben wohnte, auf: nicht zu Hause. So war alles gegen mich. Ich fuhr in mein Hotel zurück, eigentlich schon entschlossen, um jeden Preis die Zusage rückgängig zu machen. Auch der östliche Typus der Stadtbevölkerung, die vielen krummen Nasen waren mir nicht ermutigend. Am Nachmittag war das Glück etwas besser, ich traf am Tauentzienplatz eine passendere Wohnung, fand einen früheren Kollegen aus Berlin, Professor Gaspary, zu Hause, bei dem ich dann auch den Abend zubrachte, nachdem ich noch ein wenig die Umgebung der Stadt rekognosziert hatte. Freilich, heiter wollte die Stimmung nicht werden; auch nicht am Abend, es war mir, als hörte ich aus allem, was gesprochen wurde, heraus: Niemand bleibt hier im Osten länger, als er muss. Sollte ich gehen, auf die Gefahr hin, jahrelang, vielleicht mein Leben lang in Breslau zu bleiben?

Als ich am Sonntagabend nach Hause kam, war die Stimmung auch hier gedrückt, ich hatte meine Erlebnisse schon geschrieben. Wir empfanden beide gleich: der Osten eine Verbannung. Ich ging zu Dr. Althoff, der damals eben in das Ministerium eingetreten war und der mir schon in den vorhergehenden Verhandlungen sich freundlich erwiesen hatte. Als ich ihm meine Not klagte, sagte er ohne viel Umstände: „Ja, dann bleiben Sie eben hier; es ist auch hier Raum für Sie, ich halte es für ganz gut, dass ein jüngerer Mann die Philosophie hier vertritt; es wird auch ein Ordinariat für Sie frei werden; ich will selbst mit dem Minister sprechen." Nach ein paar Tagen bat ich daraufhin den Minister schriftlich, mir mein Wort zurückzugeben; es geschah, freilich nicht ohne den Ausdruck des lebhaften Bedauerns, der einigermaßen nach Missbilligung klang.

Damit war denn über meine Stellung fürs Erste entschieden. Eine Versetzung in das Ordinariat einer preußischen Universität konnte kaum in Betracht kommen, nachdem ich den Breslauer Lehrstuhl verschmäht hatte. Ich bin damals in dieser Hinsicht sehr guten Muts gewesen, trotzdem mir von allen Seiten die Ablehnung als ein fast unbegreiflicher Fehler vorgestellt wurde, auch von mir wohlgesinnten Männern, wie Adolph Wagner: ich habe mir damit ein schweres und kaum zu beseitigendes Hindernis der Beförderung geschaffen. Dass Zeller und Dilthey sich ziemlich ungehalten äußerten, kann nicht wundernehmen; ich würde es im gleichen Falle wahrscheinlich auch getan haben. Und ich gestehe, es war ein gewagter Schritt; als Extraordinarius neben jüngeren Männern in Berlin alt werden, es hätte freilich sein Bedenkliches gehabt; und darauf zu rechnen, dass die Fakultät in Berlin mich jemals vorschlagen würde, hatte ich nicht den allermindesten Grund; ein Nachfolger für Zeller, sagte mir Dilthey, sei in der Person von Dr. Diels schon vorhanden. Indessen, es war geschehen, und es hat mich keinen Augenblick gereut; ich empfand damals nichts als die wiedergewonnene Freiheit, die Sicherheit, fürs Erste in Berlin zu bleiben; und die ferne Zukunft: Nun, ich war damals noch jugendlich genug, mir darum keine Sorgen zu machen. Für das Auskommen schien auch so hinlänglich gesorgt; mit meinem Gehalt von 2400 Mark, für das ich nun freilich eine Erhöhung nicht erwarten durfte, und dem Honorar brachte ich es auf einen Jahreserwerb von etwa 10 000 Mark; dazu kam noch, was Emilie von Herrn von Gruner und ich von Hause erhielt oder erhalten konnte, so dass wir bequem lebten. Und dass mir die Zuhörer einmal fehlen könnten, lag auch außerhalb meiner Sorgen; Zeller äußerte zwar einmal gegen mich: „Wir wissen ja, dass die Studenten nicht bloß um unserer Verdienste willen die Vorlesungen belegen." Ich war höflich genug, nicht zu sagen, aber optimistisch genug zu denken: meine Vorlesungen seien bisher ohne andern Grund besucht worden als den Wert, den die Hörer auf das, was ihnen darin geboten wurde, legten.

Bemerken muss ich übrigens doch, dass ich seit dem April 1882 in die Wissenschaftliche Prüfungskommission eingetreten war; ich vermute, dass Bonitz die Aufmerksamkeit auf mich gelenkt hat. Es wurde mir nicht schwer, in die Aufgabe mich zu finden, auch das Vertrauen der Examinanden zu gewinnen; sie waren freilich durch meinen Vorgänger, den geradezu verhassten Direktor Dr. Kern, nicht verwöhnt; waren seine mündlichen Fragen ebenso unverständig wie die Aufgaben für die schriftlichen Arbeiten, dann muss die Prüfung ein Martyrium gewesen sein, und gerade für die tüchtigsten und fähigsten Kandidaten. Eine öfters wiederkehrende Aufgabe war z. B. die: der Einfluss der Kantischen Philosophie auf die Entwickelung der Psychologie. Ich ging an die Sache mit dem Willen: auf das Positive zu sehen und nach dem zu fragen, was die Examinanden wüssten, nicht nach dem, was sie nicht wüssten. Im Ganzen ist es mir mit dieser Maxime gut geraten; ich bin in meinem Leben häufig von Leuten, die ich nicht kannte, angesprochen worden: Sie kennen mich nicht, Herr Professor, aber Sie haben mich vor so und so viel Jahren geprüft – ein Anzeichen dafür, dass die Erinnerung an jene Stunde keinen Missklang in der Seele zurückgelassen hatte.

Neues Leben

Mit dem tief einschneidenden Ereignis vom Juni 1883 ist der erste Abschnitt meines häuslichen und akademischen Lebens abgeschlossen. Ein Gefühl der Verödung des Lebens legte sich über mein ganzes Dasein. Ich hatte die Empfindung: Der Herbst ist da, die Zeit des blühenden Frühlings, der fröhlichen Sommertage mit ihrem gedeihlichen Wachstum ist vorbei. Das Gemüt schien der Freude für immer verschlossen; die unmittelbare Teilnahme an den Dingen, die Freude an der eigenen Tätigkeit, sie waren erloschen. Immer klang es mit an: wozu nur? Sie sieht die Dinge nicht mehr, die deine Augen auf sich ziehen und deine Anteilnahme gewinnen möchten; sie freut sich nicht mehr über Gelingen und Erfolg. Ich hielt meine Vorlesungen wie bisher; sie hoben zeitweilig, indem sie die Aufmerksamkeit bei der Sache festhielten, aus der Lethargie heraus, aber sowie die Stunde vorbei war, stellte sich der Druck wieder ein. Ich verkehrte mit Menschen und sprach wie sonst über Nahes und Fernes, aber ohne innere Anteilnahme. Ich wanderte allein und mit Freunden, aber auch die Natur war für mich wie eine Münze, die den Klang verloren hat: Die äußeren Umrisse waren dieselben, aber der Gefühlston fehlte. Ich ging im August, mit Freund Fieberg, ein paar Tage durch die Sächsische Schweiz; ich sah manchen Ort wieder, den ich vor sechs Jahren mit Emilie besucht hatte, die Bastei, die Täler und Gründe, die links auf die Höhe führen: Sie sahen mich wie abgestorben an, das Leben aus ihnen entwichen. Ich war im Herbst bei den Eltern in Langenhorn, ich kam mir vor, als sei ich plötzlich um zwanzig Jahre älter geworden.

Allmählich fand doch eine Wiederherstellung statt. Es kamen wieder Stunden, wo der normale Gefühlston durchbrach. Zunächst fast verstohlen und mit einer leisen Empfindung begleitet, als sei Freude eine unerlaubte Entgleisung. Aber mehr und mehr dehnten sich solche Zeiten aus. Der Schmerz kehrte zurück, aber er verlor den brennenden Charakter. Die Arbeit begann wieder an Interesse zu gewinnen; hatte ich sie zeitweilig als bloßes Betäubungsmittel gebraucht, so stellte sich nun allmählich die Lust dazu wieder ein. Die Kinder gewannen die Aufmerksamkeit für ihre kleinen Freuden und Leiden, ihre harmlose Fröhlichkeit, die anfangs einen Stachel gehabt hatte, stimmte das Gemüt zu ruhig-friedlichem Mitempfinden. Im Hause kehrte Gedeihen und Behagen wieder ein. Im Winter 1883/84 war die Wunde geschlossen und wenigstens oberflächlich verheilt. Sie schmerzte wohl noch, doch nicht so, dass diese Gefühle das Leben beherrschten.

Zu dieser Heilung hat, abgesehen von der Zeit, am meisten beigetragen, dass ich in der Schwester der lieben Toten zunächst eine Wiederherstellerin des Hauses, allmählich auch einen persönlichen Ersatz fand. Von ihr muss ich nun zunächst reden.

Am 30. Juni 1883 kam, lange erwartet und ängstlich ersehnt, meine Schwägerin Laura, die jüngste Schwester Emiliens, in das verwaiste Haus. Sie war durch

Laura Paulsen geb. Ferchel

schwere Krankheit ihrer Schwägerin Regine, der Frau ihres Bruders Gustav, in Lohr festgehalten worden; schon nach Pyrmont hätte Emilie sie gern mitgehabt, aber die Schwägerin ließ sie nicht, sie könne ohne sie nicht gesund werden; ihre bloße Anwesenheit brachte Ruhe und Hoffnung. Als endlich dort eine Wendung zum Bessern eingetreten war, kam sie zu uns: Als Trösterin und Helferin ist sie in mein verödetes Haus eingezogen; und Trösterin und Helferin ist sie uns durch alle Tage bisher geblieben. Gott erhalte sie uns und segne sie für alle Liebe und Treue, die sie meinen Kindern und mir erwiesen hat.

Wir kannten uns schon von längeren Besuchen her, die sie in unserem Hause gemacht hatte. Sie war im Sommer 1878 unser erster Logierbesuch gewesen und seitdem öfter wiedergekehrt. Emilie hatte sie als die „kleine" Schwester besonders lieb; sie hat mir wiederholt auf die Seele gebunden: „Wenn mir etwas zustößt, musst du Laura ins Haus zu den Kindern nehmen." Und kurz vor ihrer Reise nach Pyrmont sagte sie einmal: „Vielleicht ist mein Tod Lauras Glück." Und hier kann ich einen seltsamen Wahrtraum zu erwähnen nicht unterlassen: In der letzten Nacht, die Emilie erlebte, träumte es Laura im fernen Lohr, wie sie ihren Jüngsten, den drei Monate alten Rudi, ihr in die Arme legte.

Die beiden Schwestern waren im Übrigen sehr verschieden geartete Naturen. Emilie war träumerisch und sentimental, weniger zum Handeln als zur Betrachtung und zur genießenden Empfindung angelegt; wirklichkeitsfremd, ja wirklichkeitsscheu, überließ sie die Dinge gern ihrem eigenen Gang; ohne festen Willen, überließ sie auch sich selbst dem Gefühl und der Stimmung: eine verspätete Romantikerin; wie sie denn die romantischen und weltschmerzlichen Dichter, die Brentano, Lenau und andere, schwärmerisch liebte, auch in ihren Formen sich selbst nicht ohne Glück versuchte. Dass meine Schätzung dieser Dichtungen der ihrigen nicht ganz entsprach, blieb ihr immer ein kleiner Schmerz. Die jüngere Schwester war von allem das Gegenteil. Zwar hatte es auch ihr in der Jugend nicht an sentimentaler Empfindsamkeit gefehlt. Aber sie hatte sich zur Herrin darüber erhoben. Mit klarem Verstand fasste sie die Wirklichkeit fest ins Auge; sie besaß eine erstaunliche Sicherheit intuitiver Erkenntnis, vor allem für menschliche Dinge und Verhältnisse, so dass die Kinder oft verwundert fragten: „Aber Tante, woher weißt du das?" Mit festem Willen begabt, hatte sie sich selber erzogen; dieser feste und klare Wille machte sie auch zur gebornen Erzieherin Anderer: Sie sah das Notwendige und setzte es mit beharrlicher Festigkeit durch. So erfuhren es die Kinder; so haben es ebenfalls zahlreiche Mädchen,[385] die sie gezogen und zu tüchtigen Menschen gebildet hat, mit Dank hinterher anerkannt.

Die Haushaltung kam nun in einen neuen Gang. Hatte Emilie sie den Mädchen überlassen und auch bei ihrer andauernden Schwäche vielfach überlassen müssen, so war jetzt überall Auge und Hand einer sicheren Leitung zu spüren. Laura ging selbst in die Küche und auf den Markt, manche Entdeckung wurde gemacht, die zu eingreifenden Änderungen führte. Der Verkehr mit den Marktfrauen machte ihr Vergnügen, sie gewann durch Freundlichkeit und klaren Blick bald ihre Freundschaft. Ebenso merkten Handwerker, Bäcker, Schlächter usw. das neue Regime, überall traten geordnete und gesicherte Verhältnisse an die Stelle der Willkür und der unbegrenzten Möglichkeiten. Vor allem aber erhielt die Kinderstube einen andern Zuschnitt. Auch hier hatte die Mutter nicht viel sein können; so regierten Ammen und Mädchen. Ich sah wohl, dass es nicht überall stand, wie es sollte; vor allem denke ich mit Grauen an das Ammenregime: Die erste haben wir zwei Jahre im Hause gehabt, ein schmutziges, mürrisches, verlogenes Fabrikmädchen aus Steinbach, dem sogenannten Hexen-Steinbach in Thüringen, aber Emilie wollte sich von ihr nicht trennen: „Sie hat mein Hänschen genährt", das war die Antwort, an der jeder Antrag auf Abschaffung abprallte. Hier trat nun auch ein gründlicher Wandel ein; die letzte Amme, eine unverschämte und stets unzufriedene Person, ging bald mit einem Krach aus dem Hause. Und nun war die Tante Herrin in der Kinderstube. Sie hat mit unermüdlicher Treue und Liebe über die Jugend gewacht, die drei Jüngsten hingen alsbald mit rührender Zärtlichkeit an ihr. Sie brachte sie zu Bett und nahm sie auf, sie spielte mit ihnen und gab ihnen ihre Nahrung; sie erzählte ihnen Geschichten und Märchen, sie hatte sie unablässig bei sich bei Tag und bei Nacht. – So kam das Haus aus dem Ungewissen und Schwankenden auf festen reinlichen Boden.

Durch Laura bin ich auch mit der Familie erst eigentlich bekannt geworden; Emilie war ihr durch die lange Trennung doch einigermaßen entfremdet, wenn sie auch die Mutter bis zu ihrer Verheiratung regelmäßig einmal im Jahre besuchte. Freilich, die Mutter habe ich nicht mehr kennen gelernt, sie war wenige Monate vor Emilie gestorben. Ich habe es später auf das lebhafteste bedauert, sie muss eine ungewöhnlich tüchtige Persönlichkeit gewesen sein; aber da Emilie nicht auf die Reise nach Bayern drang, so ist sie damals unterblieben. Nachher haben wir den Weg zu den Geschwistern umso öfter gemacht.

Ich trage aus der Familiengeschichte einiges nach. Der Vater, Joseph Ferchel, zu München 1797 geboren, wo sein Vater Hofpianist und Musikprofessor an der Pagerie[386] war. Er hatte einen Bruder, mit dem er aber alle Gemeinschaft abgebrochen hatte, der als nicht unbekannter Privatgelehrter und Sammler zu München lebte (s. ADB).[387] Als Fahnenjunker machte er den Feldzug 1815 unter Prinz Carl mit, von dem die Mutter noch eine kleine Pension erhielt. Er wurde dann, nachdem er in Landshut u. a. bei Sailer studiert hatte, Geometer. Ende der 20 heiratete er Victoria Riegg aus Staltannen, Kirchdorf Steingaden, im bayrischen Gebirg, nicht weit von Lech. Sie stammte aus einem kleinen Bauernhof, den wir im Jahre 1889 besucht und noch im Besitz der Familie gefunden haben; ein Neffe der Mutter, Peter Riegg, hauste darauf. Beide stammen aus rein katholischer Umgebung; sie müssen durch eigenen Entschluss sich der evangelischen Kirche zugewendet haben, der ihre Kinder alle angehören. Der Beruf des Vaters führte die Familie durch das ganze bayrische Land, sie hat im

Bayerischen Wald, Landsberg, Kaufbeuren, Nördlingen, zuletzt in Würzburg gelebt. Hier ist der Vater im Jahre 1853 in Folge eines Unfalls (Sturz von der Draisine[388]) gestorben. Die Mutter blieb mit neun unversorgten Kindern zurück; nur zwei Söhne, Edmund und Rudolf, waren oder machten sich alsbald selbständig. Beide sind jung gestorben, Rudolf im Jahre 1867 zu Schwandorf, Edmund 1875 zu Kemnat. Der älteste, August, war kurz vor dem Vater gestorben, nachdem er eben sein juristisches Studium in Erlangen vollendet hatte; er war hervorragend begabt, der Liebling der Mutter. Mit bewunderungswürdiger Energie und Umsicht nahm die Mutter die Regierung des Hauses in die Hand. Ist die beste Mutter, nach Goethe, die, der der Vater ohne Sorge bei seinem Tode Haus und Kinder übergibt, dann darf sie diesen Ruhm voll in Anspruch nehmen. Alle ihre Kinder sind tüchtige Menschen geworden und haben es im Leben zu etwas gebracht. Gustav, ein ungewöhnlich kraftvoller und energischer Mann, wurde Eisenbahningenieur im Staatsdienst: Von hervorragender Tüchtigkeit, aber höchst ausgeprägter Selbständigkeit des Wesens, verschmähte er alle Stellungen, die ihm bei der Zentraldirektion angeboten wurden, um draußen beim Bau zu bleiben, wo er selber Herr war, seine Beamten und Arbeiter regierte und wohl auch durch selbstherrliche Erledigung der Dinge in gelegentliche Konflikte mit der Zentralinstanz kam, wenn er z. B., ehe die Genehmigung kam, einen Brückenbau oder eine Strecke schon ausgeführt hatte. Wilhelm wurde Kaufmann; er war als Buchhalter in einem Würzburger Geschäft eine sehr geschätzte Kraft, übrigens, wie der Bruder, ein selbständiger Charakter und ein Hitzkopf, was ihm sein Leben lang zu schaffen machte. Eine Tochter von ihm, die an einen Arzt Dr. Dietzler verheiratet ist, haben wir einmal auf einer Wanderung im Hunsrück zu Kastellaun besucht. Der jüngste Sohn, Eduard, der Liebling der Familie, wurde Offizier: Er hat die Feldzüge von 1866 und 1870 mit Auszeichnung mitgemacht. Ein schweres Herzleiden nötigte ihn bald nach dem Kriege, den Abschied zu nehmen; er ist nach langen schweren Leiden, die durch schwerste und widrigste häusliche Verhältnisse ins Unerträgliche gesteigert wurden, im Jahre 1902 zu Landshut gestorben. Unter den Töchtern heiratete die älteste, Minna, nach Amerika, wo sie bald starb. Charlotte, geboren 1841 zu Landsberg am Lech, heiratete den Aufschlagverwalter[389] Andreas Mauderer in Würzburg. Das Haus unserer Tante Lotte ist allmählich eine Art Heimat der Familie geworden: Bei ihr lebte die Mutter bis zu ihrem Tode 1883; bei ihr fanden die jüngeren Schwestern sich zu längerem oder kürzerem Aufenthalt ein; bei ihr haben wir seit 1885, wo ich sie zum ersten Mal in Höchstädt sah, viele schöne Ferientage zugebracht. Die folgende Schwester Mathilde starb als Kind von neun Jahren. Dann folgte Emilie, 1846 am 13. März zu Kaufbeuren geboren, als Kind nach Berlin verpflanzt. Als Jüngste, am 26. September 1851 zu Nördlingen geboren, war das Lorle der Verzug der Geschwister. War sie zuerst unbegehrt erschienen: „'s Lorle hab ich schon gar nimmer gewollt", pflegte die Mutter wohl im Scherz zu sagen, so ist sie später die

Julius Kaftan, Professor in Berlin: „Kaftan gehört zu den einfachen, geraden, durchaus aufrichtigen Naturen, die vollkommenes Vertrauen zu ihrer Redlichkeit, der moralischen wie der intellektuellen, einflößen".

allbegehrte Pflegerin und Helferin gewesen, für die Mutter in ihren alten Tagen, für die Tante Lotte und ihre Kinder, für das Haus des Bruders Gustav, für Emilie und endlich für uns. In Würzburg aufgewachsen, lebte sie seit 1870 abwechselnd im Hause der Schwester Lotte und des Bruders Gustav, bis sie 1883 bei uns ihr Heim und ihren dauernden Lebens- und Wirkungskreis fand.

Fast gleichzeitig mit dieser großen Wandlung meines Lebens gewann der Freundeskreis eine bedeutsame Erweiterung: Professor Kaftan war zu Ostern 1883 von Basel als Professor der Dogmatik an die Berliner Universität berufen worden. Ein Landsmann aus Schleswig, nur ein paar Jahre jünger als ich (er ist zu Loit bei Apenrade im Jahre 1848 geboren), kam er mir mit freundlichem Vertrauen entgegen. Und ebenso bildete sich zwischen seiner jungen Frau, der Tochter eines Regierungsrats a. D. und Gutsbesitzers in Sachsen, und meiner Schwägerin umso leichter ein herzliches Verhältnis, als beide in Berlin als Fremde sich fühlten. Zufällig hatten sie bloß ein paar Häuser von uns in der Derfflingerstraße Wohnung genommen, und so fiel auch das große Hemmnis fort, das sonst in der Großstadt so leicht den persönlichen Verkehr trotz beiderseitiger Neigung unmöglich macht: die Entfernung. Wir sahen uns bald häufig; nach einiger Zeit wurde ein regelmäßiger Abend verabredet: alle 14 Tage ohne jede Verpflichtung und ohne allen Aufwand. Gemeinschaft der Heimatsgefühle, Übereinstimmung

Kaftansches Haus: „die Nachbarschaft wurde nach einigen Jahren wiederhergestellt, da uns Kaftans nach Steglitz folgten".

in Neigungen und Urteilen über kleine und große Dinge, Berührung in den Studien, namentlich auf dem Boden der Kantischen Philosophie, alles das führte zwischen uns ein intimes Verhältnis herbei, das endlich auch in dem Du der Anrede Ausdruck fand. Die nachbarliche Nähe wurde durch unseren Umzug nach Steglitz zeitweilig zwar aufgehoben, aber der regelmäßige Verkehr blieb, und auch die Nachbarschaft wurde nach einigen Jahren wiederhergestellt, da uns Kaftans nach Steglitz folgten. Kaftan gehört zu den einfachen, geraden, durchaus aufrichtigen Naturen, die vollkommenes Vertrauen zu ihrer Redlichkeit, der moralischen wie der intellektuellen, einflößen und mit denen der Umgang eben darum so erfreulich ist. Zwischen unseren letzten Überzeugungen machten sich die Abweichungen bald bemerklich; da die Grenzen der Übereinstimmung in kurzem festgestellt waren und beiderseits respektiert wurden, so waren sie kein Hemmnis des geistigen Austauschs und des Verständnisses. Die Freundschaft der Häuser führte übrigens auch eine weitgehende Gemeinsamkeit des Freundeskreises herbei; ein Austausch der Gäste, namentlich der dauernden, wurde allmählich zur Regel.

Annalen

1884

Das Jahr 1884 brachte die „*Geschichte des gelehrten Unterrichts*" zum Abschluss. Ich hatte an ihr seit Jahren gearbeitet, im Winter 1883/84 mit Aufbietung der letzten Kraft, es handelte sich auch darum, in der Arbeit Vergessen und Wiederherstellung zu finden. Im Frühjahr fand ich mich so erschöpft, dass sich Schlaflosigkeit einzustellen begann; doch war die Natur noch so elastisch, dass ein paar sonnige Apriltage, die ich in Naumburg und Umgebung einsam wandernd zubrachte, genügten, die Leistungsfähigkeit wiederherzustellen: Ich habe die ersten Veilchen und Anemonen niemals mehr genossen als auf den Wegen nach Kösen – Schulpforte, Roßbach – Freyburg. Über Leipzig, wo ich Professor Zarncke, den fleißigen Bearbeiter der älteren Geschichte der Universität und ihrer Akten, aufsuchte und von ihm als Mitarbeiter auf diesem Forschungsgebiet sehr freundlich aufgenommen wurde, fuhr ich nach Hause.

Was die Entstehung dieses meines ersten größeren Werks anlangt, so wurde schon berichtet, dass der Wille, über die Situation der Gegenwart zur Klarheit zu kommen, mich zur Beschäftigung mit der Geschichte des höheren Schulwesens geführt hatte. Dass Karl von Raumers „*Geschichte der Pädagogik*",[390] die damals fast die Alleinherrschaft hatte, eine Parteischrift sei, hatte ich bald gesehen; ich ging daher mit dem entschiedenen Vorsatz an die Sache: die Wirklichkeit zu sehen, wie sie an sich selber ist, und keine Belehrung zu verschmähen, die hierzu dienlich sein könne. Dass dafür die Gestaltung der Dinge selbst, wie sie sich vor allem in den Lehrplänen und Geschichten der einzelnen Anstalten darstellt, von größerer Bedeutung sei als die Lehrschriften und Theorien, die Raumer in erster Linie berücksichtigt, stand mir von vornherein fest. Ich musste mich also an die Durchforschung dieser zerstreuten und nicht immer leicht zu ermittelnden Literatur machen. Hätte ich zu Anfang die Masse übersehen, ich weiß nicht, ob mich nicht die Scheu übermannt hätte, das Meer zu befahren. Ich fing übrigens mit einer beschränkteren Absicht an: Es war zunächst die Absicht, bloß die Geschichte des griechischen Unterrichts darzustellen. Der Plan erweiterte sich erst auf den klassischen Unterricht, dann auf den gelehrten Unterricht überhaupt, wobei denn der klassische Unterricht die Stellung im Mittelpunkt behielt, doch so, dass er im Rahmen des Ganzen sich darstellte. Die Ausdehnung der Untersuchung auf die Universitäten ergab sich von Anfang an als eine Notwendigkeit: Der griechische Unterricht hatte ursprünglich seinen Ort auf der Universität, und überhaupt war die artistische oder philosophische Fakultät bis zum Beginn des 19. Jahrhunderts Fortsetzung und Abschluss des allgemein-wissenschaftlichen oder vorbildenden Unterrichts. Wie wenig man von diesen Dingen bisher wusste, das zeigte sich unter anderm

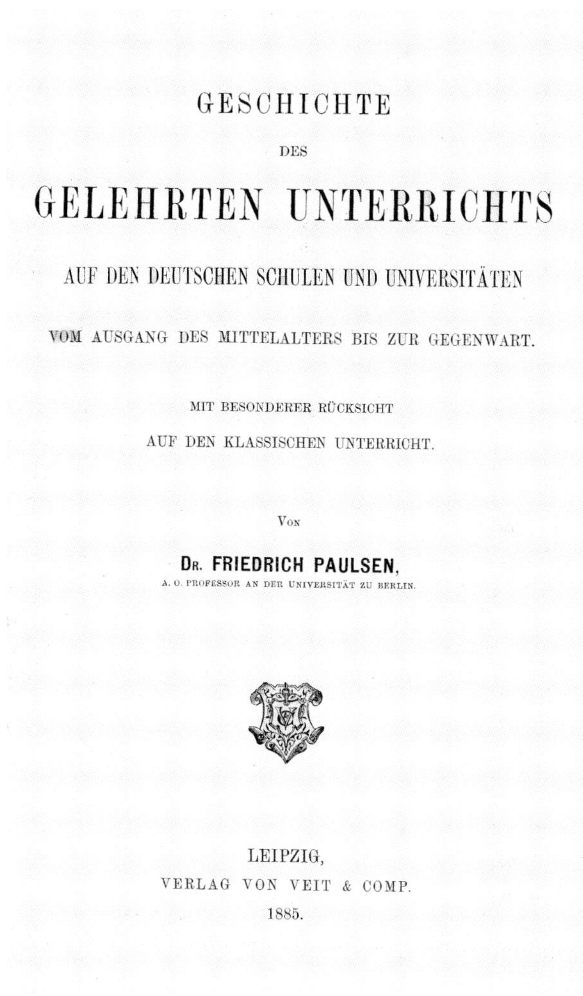

GESCHICHTE

DES

GELEHRTEN UNTERRICHTS

AUF DEN DEUTSCHEN SCHULEN UND UNIVERSITÄTEN

VOM AUSGANG DES MITTELALTERS BIS ZUR GEGENWART.

MIT BESONDERER RÜCKSICHT
AUF DEN KLASSISCHEN UNTERRICHT.

VON

DR. FRIEDRICH PAULSEN,
A. O. PROFESSOR AN DER UNIVERSITÄT ZU BERLIN.

LEIPZIG,
VERLAG VON VEIT & COMP.
1885.

„Geschichte des gelehrten Unterrichts“, Paulsens erstes größeres Werk: „Das Buch ... erregte bald einen Sturm der Entrüstung“.

auch darin, dass die große Enzyklopädie von Schmid[391] die Universitäten grundsätzlich ausschloss, ein Angebot, nach dieser Richtung hin die Darstellung zu ergänzen, wurde einfach abgelehnt.

Das Buch, das im November herauskam,[392] erregte bald einen Sturm der Entrüstung; die gesamte orthodoxe Gymnasialpädagogik machte dagegen mobil. Zarncke eröffnete den Feldzug mit einer hämisch-wegwerfenden Anzeige im *Literarischen Zentralblatt*. Ich meinte nicht, dass sie von ihm selber sei, und bat ihn um die Aufnahme einer Anmerkung dazu, die er ablehnte mit der Motivierung: ob ich erwarte, wenn von der Seite mit Kanonen geschossen würde, dass man von der andern ruhig stillsitze? Also Krieg die Losung; ich war doch überrascht; zwar wusste ich wohl, dass Überzeugungen ihre Wurzeln im Willen haben; dass man aber bei der Beurteilung eines Buches den Verstand ganz zu Hause lassen und nur fragen würde: Passt es in unsern Kram?, das hatte ich doch nicht erwartet und nicht für möglich gehalten. Es folgten ähnliche Anzeigen, von Theobald Ziegler in der *Augsburger Allgemeinen Zeitung*,[393] auf die ich noch mit einem Artikel antwortete;[394] dann ließ ich die Flut über mich ergehen. Die Sache hatte übrigens den Erfolg, dass nun auch die Freunde einer Schulreform auf das Buch aufmerksam wurden und ihrerseits mich als Bundesgenossen begrüßten. Allmählich kamen auch ruhigere, sachliche Beurteilungen, so von Voigt-Leipzig in der *Deutschen Literaturzeitung*, von Nohle in der *Philologischen Wochenschrift*. Andererseits wurde ich freilich auch wegen meiner Würdigung der Jesuitenschule und meines Mangels an protestantischer Empfindung aufs heftigste angegriffen: der „Janssen der Schulgeschichte"![395] Dass ich den Niedergang der Universitäten und Schulen in den zwanziger Jahren des 16. Jahrhunderts als erste und unmittelbare Wirkung der Reformation hingestellt und aktenmäßig nachgewiesen hatte, war ein unverzeihliches Verbrechen.

So war das Buch in kurzem eines der lebendigsten Stücke der Jahresliteratur. Der Absatz entsprach diesem Erfolg nicht; es lag mit am allzu hohen Preis: 16 Mark für einen allerdings ziemlich starken Band, das war zu viel. Ich hatte bei dem Abschluss des Vertrages dem Verleger (Veit & Co., Credner, Leipzig) die Feststellung des Ladenpreises überlassen, nur die Höhe der Auflage und des Honorars wurde bestimmt (1650 Exemplare; 100 Mark pro Bogen Honorar), in der Meinung, dass das Interesse des Autors und des Verlegers an diesem Punkt völlig zusammengingen und dass dieser das sicherere Urteil hierüber habe. Ich sah bald, wie falsch diese Annahme sei; ich hatte auf einen Ladenpreis von 10, höchstens 12 Mark gerechnet, voraussetzend, dass dann, bei der großen Zahl der möglichen Abnehmer, in kurzem eine neue Auflage notwendig werden müsse. Der Verleger rechnete sich seinen Vorteil anders heraus: Sechs Mark für das Exemplar mehr bringt auch bei langsamerem Absatz bloß an die Schulbibliotheken sichereren und vielleicht größeren Gewinn als zwei Auflagen. In der Folge habe ich bei dem Abschluss von Verlegerkontrakten stets die Festsetzung des Ladenpreises als erste Bedingung angesehen, nach der alle übrigen sich richten mussten.

Auf diese Weise war ich mitten in den Schulkampf hineingestellt, zu meiner eigenen Überraschung: Eine so unmittelbare Wirkung hatte ich von meiner im Grunde durchaus theoretischen Untersuchung nicht erwartet. Ich überließ aber zunächst meinem Buch allein, den Kampf zu führen; abgesehen von meinem Artikel in der *Augsburger Allgemeinen Zeitung* als Antwort auf Zieglers Angriff habe ich die nächsten Jahre nichts in dieser Sache veröffentlicht. Meinen Grundsatz, dem Buch selbst zu überlassen, seine Aufnahme durch die Kritik zu bestehen, hielt ich durchaus fest. Ich habe auf keine Weise den Versuch gemacht, das Urteil durch Auswahl der Rezensenten zu lenken oder durch Zureden zu bestimmen: Das *corriger la fortune* erschien mir auch in dieser Gestalt als ein unwürdiges Geschäft.[396] Überhaupt löste ich mich bald von dem Buch innerlich los; ich ging alsbald an ein neues Werk, die „*Ethik*"; ihre Ausarbeitung füllte die nächsten Jahre. Indem mein Interesse diesem neuen Unternehmen sich zuwendete, konnte ich mit voller Ruhe den Schicksalen des alten zusehen.

An meiner akademischen Lehrtätigkeit hatte ich nach wie vor Freude. Unter den Teilnehmern an den Übungen, die mir näher traten, erwähne ich Diederich Hahn, den späteren Direktor des Bundes der Landwirte, Ludwig Busse, jetzt Professor der Philosophie in Münster, Theodor Kalepky, Professor der neueren Sprachen am Falk-Realgymnasium in Berlin, mit denen ein dauernder Verkehr sich erhielt.

Kleine Ausflüge wurden in diesem Jahr gemacht: mit den Kindern nach Suderode, wo wir eine freundliche Pfingstwoche genossen: Sie erholten sich hier rasch von Masern und Keuchhusten, die mit allerlei Nachplagen uns im Frühjahr heimgesucht hatten. Rudi fing hier zu sprechen an: Ich höre ihn noch, wie er eines Tages sich auf den Hut klopft und ruft: „ut – betta": Die Tante sollte ihm, wie sonst, Blätter auf den Hut stecken. Ein andermal kletterte er auf allen Vieren die paar Stufen zur Haustür hinauf, purzelte herunter, kletterte wieder hinauf und richtete sich triumphierend auf: Seht, was für ein Kerl ich bin! Ich lasse mich nicht vom ersten Misserfolg umwerfen. – Laura bewährte sich hier zum ersten Mal als Wandergefährtin für mich, wir haben herrliche Tagestouren gemacht – nach Quedlinburg, Halberstadt, nach Rosstrappe und Hexentanzplatz, nach Alexisbad und Ballenstedt, bei gutem Wetter und bei bösem.

Im August brachten wir die Kinder den Großeltern nach Langenhorn. Sie hatten bisher nur den Ältesten gesehen und an ihm nicht viel Freude gehabt: Er war gegen alte Leute abstoßend. Jetzt kamen ihnen die drei Kleinen mit hellen Augen voll Vertrauens entgegen. Es gab viel Freude. Mit Laura verstanden sie sich aufs beste, die rüstige Art, mit der sie selbst überall zufasste, war ihnen höchlichst sympathisch. Vor allem wurde das Verhältnis der beiden Tanten ein sehr inniges. Auch das trug zum Gelingen unseres Besuchs bei, dass die Eltern ihr altes Hauswesen abgegeben und sich zur Ruhe gesetzt hatten. Ich hatte bei meinem Besuch im vorigen Jahr die Sache glücklich zum Abschluss gebracht: Unsere Landstelle, die zu verwalten bei dem Vater die Kräfte nicht mehr ausreichten (vor allem waren seine geistigen Kräfte im Schwinden), hatte ich, trotz seines Widerstandes, an Vetter Friedrich Ketelsen, der längst im Hause war, verkauft und dafür ein kleines hübsches neues Haus in der nächsten Nachbarschaft mit schönem Garten und Koppel für zwei Kühe gekauft. Die Mutter und Tante waren sehr glücklich, die Last der Haushaltung abgeben zu können, sie lebten auf in dem freundlich-bequemen kleinen Haushalt. Der Garten vor dem Hause mit unendlichen Beeren war das Paradies der Kinder, und Hof und Koppel gaben den erweiterten Spielplatz. Über Gremsmühlen kehrten wir zurück. Als wir mit vier Kindern von eineinhalb bis sechs Jahren in den Speisesaal marschierten, entstand großes Schütteln des Kopfes;[397] sie bestanden aber die Probe glänzend.

Friedrich Ketelsen, Vetter Friedrich Paulsens in Langenhorn, mit seinen Kindern Christine und Johannes

Im Herbst habe ich noch zwei kleine Ausflüge gemacht; mit Dr. Schmidtlein am Anfang September nach Thüringen; wir marschierten von Saalfeld durch das Schwarzatal über Paulinzella nach Manebach, von da weiter über Oberhof nach Friedrichroda. Mit Reuter war ich am Ende des Monats zuerst in Braunschweig und Wolfenbüttel; das alte Braunschweig entzückte uns, so Riddagshausen und Wolfenbüttel. Dann wanderten wir quer über den Harz von Harzburg über den Brocken nach Braunlage, wo wir spät in der Nacht ankamen, da wir am Brocken den Weg verfehlt hatten. Stöberhai, Lauterberg, Walkenried war der folgende Tagesmarsch. Nachdem wir Ilfeld besehen, ging's nach Hause. – Ich trug den ganzen Weg zwei Bände Nitzsch *„Deutsche Geschichte"*[398] in der Reisetasche: die Abendstunden nicht ungenutzt zu lassen.

1885

Im Sommersemester 1885 hielt ich eine neue Vorlesung, über Psychologie und Anthropologie. Ich empfand es als eine Art Schuldigkeit gegen die Hörer der Pädagogik und Ethik, ihnen die psychologischen Kategorien, die dort überall gebraucht und vorausgesetzt wurden, im Zusammenhang zu entwickeln. Die drei Vorlesungen schienen sich zugleich zu einer innern Einheit zusammenzuschließen: einer Wissenschaft vom Menschen, seiner Natur, seiner Bestimmung und seiner Bildung im Sinne der Bestimmung. Auch diese Vorlesung hat mir viel

In diesem Haus in Ost-Langenhorn, Dorfstraße 151, etwa 100 Meter westlich des ursprünglichen Hofes, wohnten Friedrich Paulsens Eltern sowie seine Tante Agathe Margarete Ketelsen, die Schwester der Mutter, seit 1883/84: „ein kleines hübsches neues Haus in der nächsten Nachbarschaft mit schönem Garten und Koppel für zwei Kühe".

Freude gemacht; ich konnte darin viel von dem, was mich Beobachtung und Nachdenken über menschliche Dinge gelehrt hatten, zu einheitlicher Anschauung zusammenführen. Gegen die eben damals aufkommende experimentelle Psychologie verhielt ich mich dabei in Hinsicht auf die Sache nicht ablehnend, sondern zuwartend, aber für meine Person gleichgültig: Ich war und bin überzeugt, dass die grundlegenden Anschauungen vom Wesen des Menschen und die entscheidenden Begriffe vom seelischen Leben in seiner Gesetzmäßigkeit durch Experimente weder gewonnen noch wesentlich bestimmt werden können, dass sie vielmehr auf Grund intuitiver Erfassung des Typischen zu Stande kommen müssen. Schopenhauer ist ein größerer Psycholog als Herbart, der den ersten vergeblichen Versuch machte, die Psychologie zu einer „exakten" Wissenschaft zu erheben. Auf jeden Fall war das, was ich meinen Hörern bieten wollte, etwas anderes als „exakte" Psychologie – vielleicht kam es dem, was Kant unter dem Titel einer „pragmatischen" Anthropologie behandelte, am meisten nahe: Blick für die Einheit des Lebens, handliche Kategorien zur Erfassung der Erscheinungen, endlich Ausblick auf die letzten Zusammenhänge, in denen das seelisch-geistige Leben steht, das etwa waren die Ziele, die ich mir in dieser Vorlesung setzte. Anfangs fand ich noch Raum auch für eine entwicklungsgeschichtliche oder geschichtsphilosophische Skizze. In der Folge habe ich diese Partie ausgeschieden, um für die grundlegenden Erörterungen mehr Raum zu gewinnen. Es war meine Absicht, diesen Stoff in einer besonderen Vorlesung zu behandeln; meine mannigfachen Studien zur Geschichte, sozial-, religions- und bildungsgeschichtlicher Art, sollten darin ihren Abschluss und ihre Einheit finden. Es hat sich aber bisher die Zeit und Kraft dafür nicht finden wollen, und ob die beiden nun sich noch finden werden, muss ich am Ende bezweifeln. Die Zuversicht, womit ich vor 30 Jahren eine derartige Vorlesung übernommen hätte, kehrt auf keinen Fall zurück.

Auch dies Jahr brachte schöne Wanderungen. Am Anfang April traf ich mit Reuter und seinem Freund Jellinghaus, Direktor in Segeberg, in Schwerin zusammen; wir besuchten dann die alten Ostseestädte der mecklenburgischen Küste, Wismar, Doberan, Rostock. Wismar hat mir besonders gefallen, eine noch ganz in sich geschlossene alte Stadt, mit einem von prächtigen Eichen bestandenen Wall umgeben; die zahlreichen alten Kirchen, die das Stadtbild beherrschen, bringen durch Höhe und Schlankheit der Verhältnisse die Idee des gotischen Stils, die Überwindung der Erdenschwere, auf das Vollkommenste zum Ausdruck. In Doberan wurden wir genötigt, durch eine schlaflose Nacht den 70. Geburtstag des Fürsten Bismarck passiv mitzufeiern: Der Patriotismus der Doberaner Gesellschaft, der in unserm Hotel sich auslebte, erschöpfte sich erst gegen Morgen. Reuter begleitete mich über Neubrandenburg nach Berlin.

Die Pfingsttage lockten mich auf ein paar Tage an das Ufer der mittleren Elbe: Sie sind mir in entzückender Erinnerung, eine wahre Entdeckungsfahrt. Mit Nohle ging ich über Schönhausen, wo wir Bismarcks Schlosspark, seine Jugendumgebung, sahen, nach Jerichow mit seiner alten romanischen Klosterkirche. Auf dem Weg über die Wiesen nach Tangermünde, das mit seinen hochragenden Türmen und Ufermauern verlockend herüberwinkte, überfiel uns furchtbarer Gewitterregen, so dass wir vollständig durchnässt im „Schwarzen Adler" zu Tangermünde ankamen. Wir schlüpften in die Kleider des Wirts, die bereitwillig zur Verfügung gestellt wurden, und empfingen in dieser Verkleidung die von Berlin ankommenden Freunde Belger und Weil. Der Nachmittag und Abend waren schön, die Kleider am Feuer getrocknet: Wir wurden nicht satt, die malerischen Ansichten zu betrachten, welche die alte, ganz verschlafene Stadt von innen und von außen in unerschöpflicher Fülle darbietet: Das 14. und 15. Jahrhundert steigt leibhaftig vor dem Auge auf, mit ihm Kaiser Karl IV., der Luxemburger, der hier in den Ruinen der Burg sichtbare Spuren seines Daseins in der Mark zurückgelassen hat. Der folgende Tag, der Pfingstsonntag, ging strahlend auf; ich war allein früh draußen auf dem alten Kirchhof an der Stadtmauer, Vergangenheit und Einsamkeit und das Festgeläut der Glocken umfingen mich. – Stendal war das nächste Ziel, seine alten Kirchen und Tortürme zeugen von vergangener Kraft und Herrlichkeit, die kleinen unansehnlichen Häuser, meist aus dem 18. Jahrhundert, eins darunter das des Flickschusters, der Winckelmanns Vater war, stechen dagegen stark ab. In dem Uenglinger Torturm passierte uns etwas Wunderliches: Wir stiegen die Treppe hinauf, ein seitlich nach innen angebrachtes Fenster zog den Blick auf sich; einer nach dem andern guckte hinein und fuhr plötzlich, als ob er das Haupt der Meduse erblickt hätte, zurück: Es saß ein Gefangener darin; der sah mit höhnischem Blick auf das Fenster, durch das ihn heute, der schöne

Tangermünde, „das mit seinen hochragenden Türmen und Ufermauern verlockend herüberwinkte"

Tag lockte viele Besucher hinauf, schon Hunderte mochten angesehen haben. Gegen Abend gingen wir nach Arneburg hinüber: Das letzte Stück Wegs auf dem hohen Elbufer war schön, und noch schöner der Anblick der in dem kleinen Städtchen unerwartet uns empfing: auch hier eine Burgruine Karls IV. auf dem hohen Ufer und diese mit hohem Erdwall umgeben, der ringsum von unten bis oben, innen und außen mit blühendem Flieder bewachsen war: Keine verzauberte Prinzessin konnte je einen schöneren und heimlicheren Sitz gehabt haben. Der folgende Tag führte über die Elbdeiche nach Havelberg, das mit seinem alten hochgelegenen Dom schon meilenweit sichtbar war. Auch dies ein weltvergessener Ort; der schöne Kreuzgang diente als Artillerieschuppen. Wir gingen noch am Abend nach Werben hinüber, nachdem wir am Nachmittag lange auf der Spitze gelegen hatten, die Havel und Elbe beim Zusammenfluss bilden: Die von Schiffen stets belebten Ströme weisen nach Berlin und Hamburg. Werben überraschte am Morgen wieder durch eine alte mächtige gotische Kirche und durch Reste von Mauern und Türmen; und dann nochmals Wilsnack, wo die Kirche zum heiligen Blut einst eine von Tausenden besuchte Wallfahrtskirche war. So kamen wir wie von einer Fahrt in fremde und von Touristen noch unentdeckte Länder zurück. Seltsam, wie auch hier wieder das Alte sich bestätigt: Das Schöne gilt, so wenig als der Prophet, nicht in seinem Vaterlande. Und da der Fremde nicht in die Altmark kommt, er sieht nur Berlin, so war sie unentdeckt geblieben.

Die Sommerferien führten uns nach Süden. Laura ging voraus mit den Kindern nach Höchstädt a. d. D., wo damals Mauderer die Aufschlagverwaltung hatte. Ich folgte Anfang August; über Regensburg, wo ich den Dom besuchte, Ingolstadt, das mich als Sitz der alten bayrischen Universität anzog, und Donauwörth, die stattlich über der Donau aufgebaute alte Stadt, fuhr ich nach Höchstädt. Hier lernte ich erst die ältere Schwester, Tante Lotte, kennen: Sie hatte damals noch die schlanke Gestalt der Verstorbenen und auch in Blick und Gesichtsausdruck mit ihr große Ähnlichkeit. Durch den herrschenden Zug ihres inneren Wesens war sie ihr nicht minder verwandt: eine Güte, die wohl auch bis zur Schwäche ging, Güte gegen jede Art von Kreatur, vom Menschen bis zur Katze und zum Raben, die sie pflegte, aber weiter bis herab zu den Mäusen, die ihre Speisekammer heimsuchten, und den Würmern und Ameisen, die ihre Straße kreuzten. Dabei hatte es ihr doch an Festigkeit bei der Erziehung ihrer beiden Kinder nicht gefehlt; der Sohn, Gustav, war damals Primaner auf dem Gymnasium in Dillingen, die Tochter, unsre Mädi, ein Mädchen von elf Jahren, besuchte die Schule der Klosterschwestern in Höchstädt: Sie war, obwohl evangelisch, der Verzug der Lehrerinnen und des Kuraten. Der „Vatter“, wie er im Unterschied von mir hieß, war ein rüstiger Sechziger, ein Mann von großer Tüchtigkeit und unbedingter Redlichkeit im Amt, was durchaus nicht von allen Beamten der bayrischen Finanzverwaltung gilt, im Hause von klarster Entschiedenheit des Wollens, von vollkommener Ruhe und Heiterkeit des Wesens: Eigenschaften, die er bis in sein höchstes Alter sich bewahrt hat. Er erfreute sich, wohin er immer kam, der Achtung und des Vertrauens der Vorgesetzten, der Zuneigung der Umgebung, der Schätzung derer, mit denen er amtlich zu tun hatte: in seiner kleinen Sphäre ein vorbildlicher Mann.

Nach ein paar Tagen machte ich mich mit Laura und Vetter Gustel, wie er bei den Kindern hieß, zu einer Wanderung durch den Bregenzer Wald auf. Wir fuhren über Ulm nach dem Bodensee, bei prächtiger Gewitterbeleuchtung den See befahrend, und blieben in Bregenz. Am frühen Morgen stiegen wir auf den Pfänder, der See lag wie ein Meer, dessen letzte Ufer das Auge nicht mehr erreicht, vor uns, links die herrlichen Matten und Berge von Glarus und Appenzell, rechts die weinbekränzten Gelände des Nordufers mit seinen alten Städten von Lindau bis Meersburg. Wieder heruntergestiegen, entschlossen wir uns noch, von Dornbirn nach Schwarzenberg hinüber zu gehen. Es war ein unaussprechlich heißer Nachmittag, die Sonne prallte auf die schrägen Hänge der „Lohe“ mit senkrechten Strahlen auf; es wurde Abend, bis wir die 1600 Meter der Jochhöhe erstiegen. In halber Dunkelheit ging's den steilen steinigen Pfad nach Schwarzenberg hinunter: Laura war todmüde, dass sie die Nacht nicht schlief, und auch mir zitterten die Knie. Der Leichtsinn des angehenden Bergsteigers war mir noch nicht ausgegangen; ich rechnete die Meter nicht, sondern bloß die horizontalen Kilometer. Am folgenden Tag fuhren wir, in dem trefflichen Gasthaus leidlich hergestellt, bis Schoppernau, wo wir am Abend ganz allein mit dem Wirt im Garten saßen und seinem Zitherspiel und Gesang lauschten. Dann ging's über Hochkrumbach auf den Widderstein, wo Laura und Gustel die ersten Proben im Bergklettern ablegten. In Oberstdorf hatten wir uns mit Erman verabredet; wir blieben mehrere Tage und machten Touren in die schönen hier einmündenden Täler.

Nachdem Laura und Gustel über Sonthofen nach Höchstädt zurückgekehrt waren, machte ich mit Erman und Dr. Hampke noch einen Ausflug nach Vorarlberg. Von Bludenz besuchte ich allein das Jesuitengymnasium, die Stella Matutina, zu Feldkirch. Ich war fast den ganzen Tag dort. Der Pater Fox, der mich empfing, er hat sich als Bearbeiter des Demosthenes in der philologischen Welt einen Namen gemacht,[399] kannte meinen Namen als des Verfassers der „*Geschichte des gelehrten Unterrichts*"; er war sehr entgegenkommend und führte mich durch die ganze Anstalt. Es war das großartigste und bestausgestattete Schulinternat, das ich gesehen habe: die Wohn- und Klassenräume, die Schlaf- und Speisesäle, die Kirche und die Aula, alles mit solider Tüchtigkeit, nicht ohne Freiheit und Schmuck, eingerichtet. In der sehr stattlichen, auch mit modernwissenschaftlichen Werken gut ausgestatteten Bibliothek fand sich auch die „*Geschichte des gelehrten Unterrichts*". Ein schöner großer Garten, mit Spiel- und Erholungsplätzen aller Art, bildete die prächtige Einfassung des Ganzen. Die große Mehrzahl der Väter war übrigens, ebenso wie die Zöglinge, abwesend, das Haus besaß eine Sommerfrische, die während der Ferien bezogen wurde. Die Zöglinge stammten zum größten Teil aus dem Deutschen Reich, besonders aus dem katholischen Westen, adlige Namen unter ihnen häufig. In auffallendem, ohne Zweifel gewolltem Gegensatz zu der stattlich-vornehmen Einrichtung der gemeinsamen Räume und der Wohnung für die Zöglinge stand das kleine, sehr einfach gehaltene Stübchen, das Pater Fox für sich bewohnte: Der Einzelne ist nichts und hat nichts für sich zu wollen, alles für das Ganze! Das ist der Grundsatz, der die gesamten Lebensordnungen der Gesellschaft durchdringt und ihr die ungeheure Wirkungskraft gibt. Ich fand es einige Jahre später auf dem Freinberg bei Linz ebenso. Die Väter wohnten in kleinen Zellen, die den Rundtürmen einer nie vollendeten Befestigung, ich meine ursprünglich als Geschützdeplacements, eingebaut sind. An jeder Tür hing hier ein Täfelchen mit einer Reihe von Rubriken: *in schola, in ecclesia, in horto*;[400] durch einen verschiebbaren Zeiger hat der Bewohner der Zelle, wenn er sie verlässt, anzuzeigen, wo er in jedem Augenblick zu finden ist: eine Bindung des subjektiven Beliebens, die dem Draußenstehenden fast wie ein Leben im Gefängnis vorkommen würde. Hier erinnert sie wieder an das Grundgesetz, dem man sich ein für alle Mal unterworfen: Du bist und willst nichts sein als dienendes, jedem Wink gewärtiges Glied des Ganzen.

Nachdem noch wir über den Lünersee die Schesaplana bestiegen hatten, mit herrlichem Blick ins Schweizerland, und von Sennen auf der Sporer-Alp, wo wir beim Abstieg zu nächtigen genötigt wurden, recht im Gegensatz zu der Erfahrung mit den Graubündnern im Santa Mariatal, tüchtig geplündert worden waren, kehrte ich nach Höchstädt mit großer Freude zu den Meinigen zurück. Ein Ausflug nach dem nahen Bissingen rief Erinnerungen der vergangenen Tage hervor. Auf dem Heimweg über Würzburg lernte ich in Lohr Schwager Gustav und seine Frau kennen.

Ein Herbstausflug im September beschloss die fast allzu ausgedehnten Reisen dieses Jahres; er galt den Eltern, die ungern auf einen Besuch im Jahr verzichteten. Ich war aber erst ein paar Tage auf Sylt, wo ich mit Tönnies in Westerland zusammentraf. Die Eltern traf ich wohl an, sie hatten sich in dem neuen Hause völlig eingelebt. Dagegen war in dem lieben Hause auf dem Sande Trauer. Der Vater, mein guter Onkel Ketel, war im August gestorben. Tante Johanna ertrug die Trennung mit großer Fassung, sie empfand sie, in der Gewissheit ihm bald zu folgen, als eine bloß augenblickliche. Mit heiterer Ruhe sprach sie von ihrem nahen Ende und nahm von mir Abschied: wir würden uns hier nicht mehr sehen, aber droben. Sie starb im folgenden Frühjahr.

1886

Das Jahr 1886 wurde unser Baujahr. Wir hatten längst den Wunsch gehabt, irgendwo draußen in einem Vorort Berlins ein kleines eigenes Haus zu bewohnen, auch uns vielfach umgetan, in Westend, in Charlottenburg usw., aber immer vergeblich: Etwas auch nur leidlich Passendes wollte sich unter den zahlreichen feilstehenden Villen nicht finden. Da liefen uns ungesucht ein Bauplatz und ein Baumeister in die Hände. Unser Nachbar Willy Erman hatte sich in Steglitz, wo er schon länger zur Miete wohnte, am Fichtenberg ein Grundstück gekauft; er machte uns auf ein zweites, das daneben käuflich sei, aufmerksam: Es war der größere Rest der Parzelle, wovon er einen Teil gekauft hatte.[401] Wir kamen heraus, sahen und waren gleich entschlossen: Am 15. Mai wurde das Grundstück erworben, am 7. Juli war Richtfest unseres Hauses, wofür wir selber mit großer Freude und heißem Bemühen den Grundriss entworfen hatten. Mit Spannung verfolgten wir von Woche zu Woche das Wachstum; ein kleiner Verdruss hie und da vermochte doch die freudige Erwartung, mit der wir Werden und Wachsen unseres Heims begleiteten, nicht zu stören; und wir begriffen oft nicht, wie unser Nachbar, dessen Bau gleichzeitig mit unserem fortschritt, mit so viel Sorgen und Ärgernissen sich hat beschweren können. Wir hatten damals beide noch den glücklichen Optimismus gesunder Nerven.

Übrigens war der Entschluss in jeder Hinsicht ein glücklicher. Er gab uns, außer der Freude am Besitz und dem Gefühl der Sicherheit, auf eigenem Grund und Boden zu sitzen und von keinen Launen und Spekulationen eines Hauspaschas abhängig zu sein, wie sie den Bewohner des großstädtischen Mietshauses in eine halbe Hörigkeit herabdrücken können, vor allem auch Ruhe und Unabhängigkeit von nachbarlichem Lärm. Die „Freiheit der Ohren“ allein ist ein so großes Gut, dass sie jede Unbequemlichkeit, die sonst von dem Draußenwohnen entspringen mag, allein aufwiegt. Ich hatte in unsern beiden Berliner Wohnungen, wie schon früher als Student, von nachbarlichen Klavieren Unbeschreibliches erduldet. In der ersten stand mein Schreibtisch Wand an Wand, Rücken gegen Rücken mit dem Klavier der Nachbarwohnung; auf diesem Klavier arbeitete sich eine junge Amerikanerin acht bis zehn Stunden täglich ohne Barmherzigkeit gegen sich und ihre Umgebung ab, ohne jeden Erfolg, denn gerade die Gabe des musikalischen Gehörs hatte die Natur, die sonst gegen sie nicht karg gewesen war, ihr vollständig versagt. So litten wir miteinander und sahen uns oft traurig an: Es muss ja sein! In der nächsten Wohnung in der Derfflingerstraße hatten wir kaum ein halb Jahr uns des leidlichen musikalischen Hausfriedens erfreut (mit dem übrigen Hausfrieden stand es freilich in der Etage unter uns schlimm: eine Mutter lebte darin mit zwei ältlichen Töchtern auf dem Kriegsfuß: Zanken und Toben und Schreien drangen beständig durch die dünne Decke); da führte der Teufel ein Damenpensionat in die von den kriegerischen Damen geräumte Wohnung. Und nun erhielt ich Gelegenheit, täglich die Künste von drei bis sieben Jüngerinnen der Musen auf dem Klavier zu bewundern, das natürlich diesmal genau unter meinem Schreibtisch seinen Platz erhielt. Ich habe oft mit meinem Buch die Flucht ergriffen und mich in den Tiergarten auf eine einsame Bank gesetzt, stundenlang, nur um keine Musik hören zu müssen. Wirklich, noch drei Jahre, und Nerven und Gehirn und Verstand wären für immer zerrüttet gewesen. Ich fände es wahrlich gerechtfertigt, wenn die Wohnungspolizei oder eine verständige Hauspolizei anordnete: Klaviere dürfen nur mit Zustimmung aller Bewohner des Hauses über die Schwelle gebracht werden und ihre Aufstellung erhalten.

Der Hausbau hielt in dem Jahr von größeren Reisen ab. Ich war in der Pfingstwoche ein paar Tage mit Reuter und Jellinghaus im Lauenburgischen. Im August kam unsere Tante Lotte mit Mädi zum Besuch; dadurch wurde Laura für einen kleinen Ausflug ins Riesengebirge frei; wir haben es in fünftägiger Wanderung durchstreift. Im September machte ich noch meinen Besuch in der Heimat, verband aber damit eine Weserwanderung. Meine Begierde, alte deutsche Städte zu sehen und in ihr Leben einen Einblick zu tun, führte mich erst nach dem herrlichen Hildesheim. Dann sah ich Göttingen und seine Umgebung, Lotzes Haus, den Wall, den Kirchhof; ich stand vor Lagardes Tür, die Hand am Drücker, und ging doch nicht hinein, ich weiß nicht, von welcher Scheu gehalten. Ich habe den Mann, den ich trotz seiner Wunderlichkeit verehrte, nicht mit Augen gesehen. Kassel und Wilhelmshöhe schenkten mir einen schönen Tag. Am Abend fuhr ich nach Trendelburg, von dem Namen geleitet, wie ich denn dieser Marotte öfter gefolgt bin, so nach Amöneburg, nach Potschappel bei Dresden, letzteres der ärgste Hereinfall. Ich ging dann, im Ganzen dem Lauf der Weser folgend, über Höxter-Corvey, Hameln nach Pyrmont, das Herz voll wehmütiger Erinnerung. Nach Rinteln zog mich die alte Universität, von der aber in dem ausgestorbenen Nest weder Spuren noch Erinnerung zu finden waren.

Hierauf stieg ich über die Weserberge mit ihren wundervollen Eichenwäldern – weidende Schweineherden erklärten den Ruf der westfälischen Schinken – nach Bückeburg, Herders gedenkend.[402] Ein paar Tage mit Reuter, in Hamburg besahen wir u. a. das Rauhe Haus, und ein paar Tage in Langenhorn beschlossen die erquickende Herbstfahrt, auf der mich übrigens im ganzen Verlauf der Thukydides begleitete. Ich las zum ersten Mal die Geschichte des großen Kriegs und des Zusammenbruchs Athens im Zusammenhang. Der treffliche Reclam hatte gerade die alte Heilmannsche Übersetzung wieder zugänglich und damit den Autor auch dem Wanderer tragbar gemacht.[403] Ich habe von der Lektüre einen starken Eindruck erhalten, die Achtung vor dem griechischen Volkscharakter ist dadurch bei mir nicht erhöht worden. Die Unsolidität und Flatterhaftigkeit des Wollens, die starke Anlage zu Neid und Grausamkeit, die so oft hervorbricht und die durch die Künste der Beredsamkeit, mit denen sie sich rechtfertigt, noch einen ganz besonders fatalen Beigeschmack erhält, alles dies tritt in der erbarmungslos offenen Zeichnung des großen Historikers mit erschreckender Deutlichkeit dem Leser vor Augen.

Unter den jungen Leuten, die in diesen Jahren mir näher traten, erwähne ich Raffel, früher Offizier, später im Reichsdienst in Ostafrika und Präsident auf Samoa; Peus, Sohn eines Elberfelder Tischlers, ein redlicher, aber leidenschaftlicher Mann, der später in der sozialdemokratischen Partei eine Rolle spielte; Hinneberg, der nachmalige Herausgeber der *Deutschen Literaturzeitung*, Mordhorst, ein Schüler Reuters aus Glückstadt, jetzt Prediger in Schleswig, Köhncke, ebenfalls ein Schüler Reuters, jetzt Archivar der Akademie der Wissenschaften, Erich Adickes, jetzt Professor der Philosophie in Tübingen. Zu allen haben sich lebendige Beziehungen erhalten. Etwas später kam August Prall hinzu, der Sohn des Propstes Prall in Heide und einer alten Langenhorner Mitschülerin. Er war uns ein besonders lieber Gast. Auch Arthur Drews, jetzt Professor in Karlsruhe, nahm zeitweilig an meinen Übungen teil, es wollte sich aber kein friedliches Verhältnis zwischen uns ergeben: Er hörte und sah nur Hartmann und die „*Philosophie des Unbewussten*".[404] Einer etwas späteren Generation gehören William Stern[405] (jetzt Privatdozent in Breslau) und Jonas Cohn (in Freiburg i. Br.) an.

1887

Das Jahr 1887 führte uns in unser neues Haus, es war am 27. März, dass wir einzogen: ein glücklicher Tag und ein Anfang glücklicher Jahre. Das Haus entsprach ganz unsern nächsten Bedürfnissen, wie es denn auch ganz aus ihnen heraus entworfen war: nicht für Darstellung nach außen, nicht für gesellige Repräsentation nach innen, sondern für unsere häuslichen Erfordernisse. Der zweistöckige Bau enthielt in jedem Stock vier Räume, durchsichtig um Eingang und Treppenhaus geordnet; unten die Wohnräume und die Küche, die ich nicht hatte in das Souterrain legen wollen, um sie für Laura und die Töchter zugänglicher zu halten und die Mädchen unter beständige Aufsicht zu bringen; oben mein Studierzimmer

Paulsens Villa in Steglitz, Fichtestraße 31 (heute Lepsiusstraße 96): „Das Haus entsprach ganz unsern nächsten Bedürfnissen, wie es denn auch ganz aus ihnen heraus entworfen war".

und drei geräumige Schlafstuben. Dazu kam das Souterrain mit sehr reichlichen Räumen für jeden Gebrauch und zwei kleinen Stuben für die Mädchen; später haben wir für die heranwachsenden Kinder auf dem Boden noch drei kleine Stuben mit einem großen luftigen Balkon eingerichtet.

Nicht minder erwies sich die Lage allen Wünschen entsprechend. Ein hübscher Vordergarten schied uns von der Straße, weit genug, um jede Belästigung durch Staub und Lärm fernzuhalten; der Nachbar hatte uns die weitere Entfernung von der Straße auferlegt, sie kam uns zugute. Auf diesen Garten sah eine geräumige Veranda mit gedeckten und offenen Plätzen: Sie hat uns 20 Jahre hindurch jeden sonnig-warmen Tag vom Frühjahr bis in den Herbst hinein gedient, besonders auch die Mahlzeiten im Freien einzunehmen. Ebenso sieht das Fenster, an dem mein Schreibtisch seinen Platz hat, auf diesen Garten; zwischen zwei alten Kiefern durch blickt mir die Spitze unsres Kirchturms ins Zimmer; sonst ist von Häusern nichts zu sehen. Der Garten hinter dem Hause wurde als Obst- und Gemüsegarten und als Spielplatz für die Kinder eingerichtet. Ein Sandplatz bot für Zelt- und Graben- und Burgenbau herrlichen Spielraum, Schaukel und Barren für andere Betätigung Gelegenheit, Kegel und Boccia fehlten nicht: ein wahres Paradies gegen staubige Berliner Straßen und vollgedrängte Tiergartenplätze. Mir bot der Gemüse- und Beerengarten in den ersten Jahren ein erwünschtes Feld altgewohnter Tätigkeit. Freilich, die Erträge blieben bescheiden; der magere

Sandboden war bei der Anlage um den nur auf dem Papier des Anlageplans und der Rechnung reichlich verwendeten Dünger gekommen; das ließ sich schwer gutmachen; und dazu wurde ihm die Sonne immer mehr durch das Wachstum eigener und nachbarlicher Bäume entzogen.

Höchst erfreulich erwies sich auch die Umgebung. Der angenehmste Spaziergang, den die nähere Umgebung Berlins bietet, vor der Tür: der Weg um den Fichtenberg, lange Zeit mit freiem Anblick ringsum: nördlich die Türme von Berlin und Charlottenburg, westlich über die grünen Saatfelder Dahlems bis zu den Rändern des aufsteigenden Grunewalds, südlich Potsdam, dessen Turmspitzen oben über dem blauen Höhenzug des Glienickerbergs sichtbar wurden, östlich Lichterfelde, unser rasch wachsender Nachbarort. Es werden nicht allzu viel Tage vergangen sein, die uns nicht um den Berg und über den Berg haben wandeln sehen; er hat manches leisere Gespräch zu belauschen Gelegenheit gehabt. Durch eine alte Kirschallee oder auf schmalen Rainpfaden durch hohe Kornfelder ging's in einer halben Stunde nach dem Grunewald hinüber, hier bietet hochstämmiger Kiefernwald erwünschten Schatten; in einer weiteren halben Stunde wird der Grunewaldsee mit dem alten Jagdschloss der Hohenzollern erreicht, dessen Ufer zum Liegen und Träumen einladen. Im Winter ist der See ein wundervoller Eisspiegel, den wir oft als Schlittschuhläufer, im Sonnenschein und im Mondschein, befahren haben. Eine weitere Stunde führt über die Schluchten der Saubucht nach dem Karlsberg; wie oft sind wir hier auf freier Höhe, vor der Errichtung des Kaiser-Wilhelm-Turms, gelegen und haben über die prachtvollen Wasserspiegel lange in den Abendhimmel gesehen, um dann im Mondschein an den glitzernden Havelbreitungen nach Wannsee zu wandern.

Das erste Jahr im neuen Hause war ein Jahr stiller Arbeit, die „*Ethik*“ rundete sich zu einem Ganzen. Sie ließ mich erst im August auf ein paar Tage los, in denen ich die Eltern besuchte. Eine Wanderwoche im Harz mit Laura folgte nach der Rückkehr. Wir fuhren nach dem alten Goslar, gingen über Grund nach Clausthal. Der folgende Tag brachte eine unerwartet lange Wanderung. Wir gingen über Altenau und Torfhaus auf den Brocken, in der Absicht, oben zu bleiben. Da es noch gute Zeit war und uns nichts oben hielt, entschlossen wir uns, noch nach dem Molkenhaus herunterzugehen. Hierbei verpassten wir aber, nachdem wir schon vorher einen Umweg gemacht hatten, den Übergang auf das linke Ufer der Ecker. Der Weg streckte sich immer weiter, das Molkenhaus kam nicht; die Nacht war längst hereingebrochen, wir marschierten weiter und weiter, zur Linken nun ein rauschendes Wasser, der Fußsteig unter den Bäumen nicht mehr sichtbar; die Ermüdung ging allmählich in stumpfe Erschöpfung über. Endlich, es war halb elf Uhr geworden und wir waren seit halb sieben fast beständig auf den Beinen, ein Licht; wir tasteten uns über einen Steg, es war eine Mühle; auf die Frage, wo wir seien, sagte man uns: beim Eckerkrug, in einer Viertelstunde würden wir ihn erreichen. Wir schwankten noch hinunter, klopften die Wirtsleute auf und legten uns gleich ins Bett, freilich ließ die Übermüdung es kaum zum Schlaf kommen.

Paulsens Eltern in hohem Alter; Foto aus dem Besitz Friedrich Paulsens

Am Morgen schmerzten alle Glieder; indessen ein tüchtiger Marsch über die Rabenklippen nach Harzburg stellte uns wieder her. Wernigerode und Wendefurth waren die letzten Stationen.

Im September machte ich mich noch zu einer Wanderung nach Karlsbad in Böhmen auf, wo Freund Reuter nach einem das ganze System schwer erschütternden Eisenbahnunglück Wiederherstellung suchte. Meißen mit seinem hochragenden Schloss und Dom war der Ausgangspunkt. Ich wanderte dann einsam das prächtige Zschopautal hinauf, Kriebstein, Schellenberg, Wolkenstein sind mir in der Erinnerung. Von Annaberg ging ich über den Rücken des Erzgebirges nach Kupferberg; der Gegensatz des lebendig Aufstrebenden und des Versinkenden ist mir selten so lebhaft vor Augen getreten: Kupferberg ein verdrossenes Bergstädtchen, in dem die Armut haust. Mit dem katholischen Pfarrer und einem zugereisten jüdischen Handlungsreisenden bildete ich ein Trifolium[406] in dem ärmlichen Gasthaus. Wir saßen lange bei allerlei neckischem Gespräch zusammen. Am frühen Morgen stand ich bei Sonnenaufgang auf einem Hügel nahe bei der Stadt, der einen weiten Ausblick in das schöne Böhmen gewährte: Was hat das Schicksal diesem vielgequälten Lande vorbehalten? Umfasst vom Deutschtum, geographisch und geistig, und doch ihm feindselig, kann es je zu gedeihlicher Entwickelung kommen? Es wird viel davon abhängen, dass es vergessen kann, vergessen, was es erduldet hat.

Auf langer einsamer Kammwanderung durch schöne Tannenwälder erreichte ich endlich den steilen Abstieg über Schlackenwerth nach Karlsbad, wo ich auf

Palast Wallensteins in Prag: „Dass dieser Bau dem künftigen König von Böhmen bestimmt sei, sagt jeder Stein."

dem Bahnhof sogleich von einer freundlichen alten Frau abgefangen und in ein sehr behagliches Quartier geführt wurde. Meinen Freund traf ich in einem ziemlich schäbigen Gasthaus außerhalb der Stadt dürftig genug untergebracht. Er hatte die Kosten gescheut, zahlte aber mehr als ich und ließ es sich nicht nehmen, zum Schluss noch der Stadt die Kurtaxe einzusenden, die von dem draußen Wohnenden niemand zu erheben hatte: Don Quichote. Der Rückweg wurde über Prag – Dresden genommen. Prag übertraf in jeder Hinsicht die Erwartungen. Die prachtvollen Paläste des böhmischen Adels, die alten Straßen, die Moldaubrücke, die Burg und der Dom: eine Fülle des Großartigen und zugleich historisch Bedeutsamen, wie es kaum eine zweite Stadt im deutschen Kulturgebiet aufweist. Die Stadt machte damals noch einen überwiegend deutschen Eindruck, die Hauptstraßen zeigten so gut wie lauter deutsche Läden und Überschriften; auch ist uns von Feindseligkeit gegen deutsche Anrede nichts begegnet, öfters dagegen guter Wille, deutsch zu sprechen, auch bei mangelhaftem Vermögen. Am lebhaftesten ist mir der Palast Wallensteins mit seiner königlichen Halle nach dem Park in der Erinnerung geblieben: Dass dieser Bau dem künftigen König von Böhmen bestimmt sei, sagt jeder Stein. Für das Haus Habsburg gab es damals wohl keine andere Möglichkeit als die zu Eger praktizierte,[407] wollte es seine Stellung erhalten. Dass es jetzt möglich ist, einen Mann wie Bismarck einfach als Herzog von Lauenburg im Sachsenwald in den Ruhestand zu versetzen,[408] zeigt die Verschiedenheit der Zeiten: Die Festigkeit des Staatswesens ist unermesslich gewachsen. – Nachdem wir noch der Sächsischen Schweiz einen schönen Herbsttag mit Abend und Morgen auf dem Prebischtor abgewonnen hatten, ging's nach Hause, wo Reuter noch vier Wochen bei uns blieb, bis er seine Ruhe vollständig wiedergewonnen hatte.

1888

Das Frühjahr brachte die letzte Krankheit und den Tod meiner lieben Mutter. Sie ist am 21. März in Frieden mit Gott und der Welt und in der freudigen Hoffnung eines seligen Lebens gestorben. Dass sie ihr Alter bis auf fast 70 Jahre gebracht hat, ging über alle Erwartung: Fast so lange, als meine Erinnerung zurückreicht, war sie kränklich und schwach; die schwere Niederlage[409] von 1854, wo sie wochenlang wie eine Sterbende war, hat sie nicht mehr verwunden. Dass sie trotzdem ihren Wirkungskreis erfüllte, wenn auch mit äußerster Anstrengung, war dem festen und starken Willen zu verdanken, der die Pflicht als das erste, die eigene Pflege als ein durchaus Sekundäres nahm; eine Bildungsdame hätte sich längst für invalide erklärt und ihr Leben in Bädern und Sanatorien zugebracht. Ob nicht Willenskraft und hingebende Arbeit schließlich auch für die Erhaltung des Lebens mehr austragen als willenlose Auslieferung an Ärzte und Kuren? – Ich kann der Mutter nicht ohne die innigste Dankbarkeit gedenken: Mit Liebe und Treue hat sie meine Kindheit behütet, mit fester Zucht meine Knabenjahre geleitet und mich in schlichter Bescheidenheit erzogen, mit unendlicher Geduld und Langmut hat sie meine Jugendtorheiten getragen und den Glauben nie verloren, mit immer neuer Teilnahme und Freude meinen späteren Weg begleitet, mit Liebe und Treue meiner und meiner Kinder bis ans Ende gedacht. Es hat zwischen uns nicht an Reibungen gefehlt; es war ihr schmerzlich, dass ich ihren religiösen Anschauungen nicht anhing, und sie hat es an Versuchen nicht fehlen lassen, mich wieder dafür zu gewinnen. Dass ich solche nicht immer mit schuldiger Schonung ablehnte, störte zeitweilig unser Zusammenleben. In späteren Jahren wurden wir beide vorsichtiger und duldsamer, und so fielen diese Reibungen fort. Ich bin glücklich, dass sie es noch erlebt hat, meine Füße auf festem Boden zu sehen.

Im Herbst des Jahres erschien mein zweites größeres Werk: das „*System der Ethik*".[410] Es war lange geplant, die Grundanschauungen und die Konstruktionsprinzipien standen schon Ende der 70er fest, als ich im Victoria-Lyzeum Vorlesungen hielt. Auch ein Buchhändler-Vertrag geht in diese Zeit zurück.

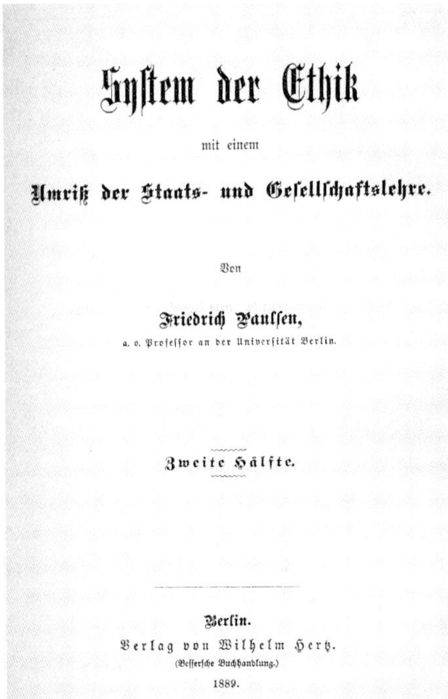
System der Ethik

mit einem

Umriß der Staats- und Gesellschaftslehre.

Von

Friedrich Paulsen,

a. o. Professor an der Universität Berlin.

Zweite Hälfte.

Berlin.

Verlag von Wilhelm Hertz.

(Bessersche Buchhandlung.)

1889.

„System der Ethik“: „mein zweites größeres Werk“

Dann kam die Schulgeschichte dazwischen. Ich gewann Zeit, in wiederholten Vorlesungen den Gedankenkreis durchzuarbeiten; die Beschäftigung mit Erziehungsgeschichte und Erziehungslehre brachten Bereicherung und Vertiefung der Anschauungen. Die schriftstellerische Ausführung gehört wesentlich den Jahren 1885–88 an. Ich schätze, dass es für das Buch einen großen Gewinn bedeutete, diese zehnjährige Zeit zur Ausreifung zu erlangen. Ist schon das Studium der Ethik nach dem Aristoteles nicht für die Jugend, so setzt die Bearbeitung durchaus die Reife des Mannesalters voraus, die erst durch das Leben, seine Kämpfe, seine Arbeit, seine Widerstände gewonnen wird. Auch der Bearbeitung der sozialen Ethik und der Gesellschafts- und Staatslehre ist die Verzögerung zugute gekommen. Der Idealismus der Jugend geht allzu leicht mit allgemeinen Theoremen durch, er übersieht die Hemmungen, vor allem die tausend kleinen Hemmungen, die in der Wirklichkeit sich der Durchführung auch der einleuchtendsten Ideen entgegenstellen. Erst im Zusammenstoß mit dem Leben und seinen konkreten Aufgaben, in der Arbeit des Berufs, in den Nöten des Hausregiments geht die Wahrheit jenes Schiller-Worts lebendig auf: von den Gedanken, die so leicht beieinander wohnen, und den Sachen, die sich so hart im Raum stoßen,[411] vor allem den Köpfen, die so eigensinnig und widerstrebend sich erweisen, sobald es über die Prinzipien hinaus an die Gestaltung der Dinge selbst geht.

Gelegenheit zu Betrachtungen dieser Art gab mir in eben diesem Jahr ein Besuch von Tönnies; er war im April ein paar Wochen bei uns. Es gab manche Schwierigkeiten zwischen uns, aus allerlei Ursachen, auch aus kleinen und kleinlichen: z. B. die ihn selbst und die Umgebung bei jedem Gehen und Kommen peinigende Unentschlossenheit, die unablässig Verlegenheiten hervorrief. Die Hauptursache aber dafür, dass zwischen uns die Verständigung schwierig wurde, war doch die, dass wir in dem Urteil über das Verhältnis von Idee und Wirklichkeit nirgends zusammenkommen konnten. Er stellte sich ganz auf den Standpunkt der Idee und verwarf rücksichtslos die Wirklichkeit und ihre Entwickelung an jedem Punkt, während bei mir die Neigung stärker hervortrat, die Vernunft in der Wirklichkeit zu erkennen und anzuerkennen. So in der Beurteilung der öffentlichen Dinge: Ich war, seitdem die Regierung in den 80er Jahren in die sozialreformatorische Richtung eingelenkt hatte, im Ganzen der Ansicht, dass diese Tendenz Unterstützung verdiene und eine hoffnungsreiche Entwickelung unseres Volkslebens möglich mache; Tönnies dagegen sah hoffnungslos nichts als Auflösung und Verderben; seine Gegenstellung gegen Bismarckische Politik, gegen monarchische Sozialreform hatte wohl eben damals die größte Schroffheit erreicht. Eben derselbe Gegensatz trat in der Beurteilung des akademischen Wesens hervor: Er verwarf es völlig, für sich und für Andere, ein ganz Anderes erstrebend: eine freie Akademie, ähnlich der antiken, wo, ohne alle Rücksicht auf die Wirklichkeit und ihre Bedürfnisse, wissende Meister und lernbegierige Jünger im freien Verkehr miteinander leben sollten. Und zwar war das nicht bloß ein Problema,[412] sondern halb und halb ein ernst gemeinter Plan: Irgendwo, in der Schweiz etwa, könnte und müsste etwas Derartiges eingerichtet werden. Ich stellte dem die reale Welt und die Aufgaben gegenüber, die sie jeder zur Wirksamkeit bereiten Kraft in überreichem Maß darbiete, empfand es wohl auch als eine Herabsetzung meiner Tätigkeit, dass solche Wirksamkeit in der wirklichen Welt gar nichts gelten sollte. Umgekehrt empfand es Tönnies vielleicht als eine Art Anklage, wenn ich von Phantasten sprach, die sich zur gegebenen Wirklichkeit kein Verhältnis zu verschaffen im Stande oder willens seien, die sich außerhalb der Welt stellten, um entschuldigt zu sein, dass sie nicht mit Hand anlegten, die vorhandenen Verhältnisse zu bessern. Er war nämlich seit einer Reihe von Jahren Dozent an der Kieler Universität, fand aber Kiel und die Universität und die Studenten so unter seiner Würde, dass er jede Lehrtätigkeit, die sich ihm anbot, verschmähte, jede Anpassung an das Bedürfnis der Studierenden für gemein ansah, jede Vorbereitung auf eine Vorlesung als schimpfliche Schauspielerei ablehnte. Als ihm eine Professur für Staatswissenschaften angeboten wurde (die Fakultät hatte ihn vorgeschlagen für ein Ordinariat, die Verwaltung bot sie ihm zunächst in der Form des Extraordinariats *cum spe ordinariatus*[413] an), lehnte er dies Angebot als gänzlich unter seiner Würde ab: als ob noch erst eine Probe zu bestehen wäre. Dahinter kamen aber noch andere Bedenken zum Vorschein, so äußerte er, dass er sich schwerlich werde entschließen können, den er-

Ferdinand Tönnies mit knapp 30 Jahren; Foto aus dem Besitz Friedrich Paulsens mit Widmung: „Meinem lieben Freunde Fr. Paulsen zum Geburtstage 1885, F. T."

forderlichen Amtseid zu leisten, der entweder Knechtschaft oder Gewissenlosigkeit bedeute. So bereitete sich die Einsamkeit vor, in der Tönnies lange Jahre gelebt hat und noch lebt, obwohl sie seit der Begründung einer Familie allmählich sich gemildert hat. Ein entschieden und durchaus negatives Verhältnis zur gegebenen Welt kann keine andere Folge haben. Und diese doch empfundene Vereinsamung wird dann wieder zum Grund der Anklage gegen die Wirklichkeit: Wie sollte sie nicht schlecht sein, die sich um mich nicht kümmert? Bei Nietzsche ist das alles gesteigert und gleichsam in paradigmatischer Form zu studieren.

Die Verstimmung, die damals zwischen uns entstand, ist erst allmählich wieder gewichen, als auch er älter und milder wurde und zu seinen Füßen junges Leben zu regen sich begann.

Um noch von den Wanderfahrten des Jahres kurz zu berichten, so folgte auf die traurige Reise an das Grab der Mutter im März, wo die Erde noch tief mit Schnee bedeckt war, eine fröhliche Pfingstfahrt. Sie wurde in Gemeinschaft mit den alten Freunden Belger, Weil, Bruchmann, Nohle gemacht und führte von dem geliebten Naumburg durch das Tal der Unstrut über den Kyffhäuser und nach Mansfeld. Auch hier trat uns wieder auf wenig befahrenem Boden, es ging noch keine Eisenbahn durch das Unstruttal, der Reichtum unseres Vaterlandes an historischen Erinnerungen und an landschaftlichen Schönheiten entgegen: die Naumburg mit dem Edelacker, das hochgelegene Freyburg, des Turnvater Jahns Verbannungsort, die alte Burg Scheidungen auf stattlichem Hügel sich erhebend, das malerische Städtchen Nebra, Memleben[414] mit seiner herrlichen Ruine, der Sterbeort Ottos des Großen, Wiehe, Rankes Geburtsort, die alte Klosterschule Roßleben, die beiden Sachsenburgen bei Artern, wo Goethes Ahnen hausten,[415] Frankenhausen, Thomas Münzerschen Andenkens, das Jagdschloss Rathsfeld, der

Kyffhäuser und die Rothenburg, das waren die Glanzpunkte auf der dreitägigen Wanderung. Eines Charakterbildes erinnere ich mich besonders: Es waren heiße Tage, Freund Belger, der anfing beleibt zu werden, litt Qualen von Durst und Hitze; nachdem er sich erst die Stiefelzüge aufgeschnitten hatte, um Luft zu kriegen, setzte er sich endlich auf einen Stein am Wege: *J'y suis, j'y reste*;[416] ich kann nicht mehr. Es blieb uns nichts übrig, als ihn sitzen zu lassen, jeder Versuch, ihn mit weiter zu bringen, wurde zornmütig abgelehnt. Nach etwa einer halben Stunde überholte uns ein Leiterwagen mit Brettern, darauf unser Freund, triumphierend auf uns herabblickend. In einer weiteren Stunde kamen wir nach Nebra, und hier fanden wir den Guten in übermütigster Laune am runden Wirtstisch, ein schäumendes Glas Bier und ein Beefsteak vor sich.

Auf dem Heimweg wurde Mansfeld besucht, das Städtchen, in dem Luther seine Jugendjahre verlebt hat. Die alte Schule ist noch vorhanden, in der er die Elemente gelernt, ebenso das Schloss seiner Grafen. Ein Relief über einem Portal scheint auf den Charakter des Geschlechts der Mansfelder gemünzt: Krieger nach einem schweren Gelage in entsprechenden Stellungen und Betätigungen; Unterschrift: *Quid est? bapsi.*[417] Der raue Tag stimmte trefflich zur Umgebung. Vom Harz her kam ein Schwall dunkler kalter Luft und fegte über die nackten Schutthalden, die der Bergbau zurückgelassen hatte: Ich habe selten ein so herbes, trostloses Landschaftsbild gesehen als auf den Höhen zwischen der Station und dem Ort Mansfeld.

Im September (4. bis 22.) machte ich mit Laura eine lange und schöne Wanderung durch das südwestliche Deutschland. Baden-Baden war der Ausgangspunkt, auf dem alten Schloss sangen die Äolsharfen[418] ihre herbstlichen Lieder. Das Wandertäschchen auf dem Rücken, stiegen wir nach dem Murgtal hinüber, unterwegs zahlreichen Wagen begegnend, deren Insassen uns durch ihre gelangweilten und trübseligen Gesichter heiter stimmten. In Schönmünzach musste ich erst durch energisches Einschreiten uns die Nachtruhe erkämpfen gegen einen Schwarm Engländer oder Amerikaner, die nicht müde wurden, in ewiger Wiederholung refrainreiche Lieder abzuleiern. Der Wirt, den ich zu kränken gefürchtet hatte, dankte mir: „Trinken tun sie doch nichts, sie singen bloß, und unserans braucht auch seine Ruh." Von der Hornisgrinde schauten wir vergeblich nach dem Wasgenwald[419] aus, wir haben auf der ganzen Wanderung bei sonst schönem Wetter weder die westlichen Berge noch die Alpen gesehen, nicht einmal vom Straßburger Münster. Ottenhöfen, ein stattliches Dorf mit charakteristischen Schwarzwaldhäusern, und Allerheiligen bezeichnen unsern Weg nach Straßburg, das wir nicht ungern wieder verließen; die französelnde Stadt machte uns gar keinen heimeligen Eindruck, weder die ungemein reich ausgestattete neue Universität[420] noch das schwere düstere Kaiserschloss noch endlich der Dom vermochten uns länger als einen Tag zu halten. Dagegen sagte uns das heitere Freiburg sehr zu, ich begreife, dass es als Universitätsstadt Straßburg längst überflügelt hat; der Schlossberg mit seinen herrlichen Wegen, der Dom mit dem prächtigen luftigen, fast unbegreiflich leicht sich erhebenden Turm, endlich auch ein behagliches altes Gasthaus, zum Heiligen Geist, wo der Klerus Einkehr hält, haben sich der Erinnerung eingeprägt. Ich hatte vorgehabt, Alban Stolz, von dem ich manches mit Vergnügen gelesen hatte, zu besuchen; er war ein ungemein selbständiger, origineller, geistreicher Kopf, dessen „Spanisches für die Gebildeten" oder „Das Nachtgebet meines Lebens" (eine Selbstbiographie),[421] ebenso auch seine Sammlungen von Aphorismen auch Protestanten etwas zu sagen haben. Indessen, es ging mir hier wie in Göttingen mit Lagarde, ich kam nur bis zur Haustür, ging aber nicht hinein; die Sorge, möglicherweise ungelegen zu kommen oder zudringlich zu erscheinen, hielt auch hier die Hand von der Klingel. Hinterzarten, Feldberg, Todtnau, St. Blasien, Höchenschwand, Tiengen bezeichnen den Weg nach Schaffhausen, dem äußersten Punkt, den wir erreichten. Den von beutegierigen Hotels und Wegzolleinnehmern umlagerten Rheinfall sahen wir kaum mehr als von ferne, so verdross mich diese widerwärtige Ausbeutung des Naturschauspiels. Ich habe ihn später, wo ich abgehärteter war, mit staunender Freude aus der Nähe gesehen. Über Konstanz, Mainau erreichten wir gegen Abend Singen und den Hohentwiel; ich kam noch eben recht, die untergehende Sonne zu grüßen. In dem Gasthaus, das wir auf halber Höhe entdeckten, fanden wir freundliche Unterkunft; als wir nach dem Abendessen heraustraten, hatten wir das wunderbarste Schauspiel: Dichter weißer Nebel, im herrlichsten Vollmond erglänzend, erfüllte das ganze Tal wie ein wallendes Meer, nur die benachbarten Bergkuppen, der Hohenkrähen und andere, ragten wie gespenstische Inseln daraus hervor. Wir gedachten Ekkehards[422] und sahen nach dem Bodensee und Säntis hinüber: Aber nichts als das Nebelmeer war zu entdecken. Ein Tag in Tübingen gab einen Geruch von der alten Gelehrtenburg der Schwaben, einen Geruch, denn in der Tat war die ganze Stadt in *einen* Geruch getaucht, nämlich aromatischen Hopfengeruch: Wohin man kam, in allen Häusern, auf allen Balkons, auf dem Fußboden aller Stiftsstuben[423] wurde der eben gepflückte Hopfen getrocknet. Ein Ausflug in die Rauhe Alb führte in das liebliche Urach, es sollte uns ein paar Jahre später wiedersehen. Nachdem Stuttgart und Heilbronn im Fluge besucht worden, kehrten wir in Mosbach bei meinem alten Freunde und Hausburschen aus Erlangen ein, Dr. Acker, der hier als Nervenarzt eine Anstalt begründet hatte. Er gab uns am folgenden Tage das Geleit den Neckar abwärts bis Zwingenberg. Seine pfälzische Lebhaftigkeit ließ uns das traurige Geschick nicht ahnen, das seiner wartete: Er hat wenige Jahre darauf, nachdem wir ihn in Berlin noch einmal wiedergesehen hatten, in periodischer Paranoia, die sich in Berlin schon vernehmlich ankündigte, seinem Leben ein Ende gemacht. Wir wanderten weiter neckarabwärts über Neckargemünd, den Königstuhl und das Schloss nach Heidelberg; am Abend standen wir auf dem Melibokus und sahen im verschwimmenden Schein der sinkenden Sonne die Türme von Worms. Die Herrlichkeit deutschen Landes ist mir selten so zu Gemüt gegangen wie hier am Neckar und an der Bergstraße; es waren wundervolle Herbsttage, überall die Fülle der Obst-

Naumburg an der Saale: „Auch hier trat uns wieder ... der Reichtum unseres Vaterlandes an historischen Erinnerungen und an landschaftlichen Schönheiten entgegen“.

ernte an den Bäumen, auf dem Weg zum Melibokus fielen uns die schönsten reifen Welschnüsse[424] in Massen zu Füßen. In Zwingenberg träumten wir uns bei behaglichem Geplauder mit dem Wirt zum Goldenen Löwen in Goethes Dichtung zurück.[425] Dann ging's eilig über Wartburg und Naumburg nach Hause; die Sehnsucht nach den Kindern, die übrigens in der Obhut der Tante Lotte waren, ließ Laura nicht länger draußen.

Anfang Oktober verließ uns Tante Lotte. Wir behielten Mädi bei uns, um ihr den Besuch der höheren Schule noch möglich zu machen. Dafür ging unser Lottchen mit nach Höchstädt, der Tante Lotte zur Trösteinsamkeit.[426] Sie ist zwei Jahre dort gewesen und hat die Schule der Klosterschwestern besucht.

1889

Am 1. Mai 1889 folgte mein lieber Vater in seinem 84. Jahr der vorangegangenen Mutter im Tode nach. Er hatte sich selbst überlebt. Bei verhältnismäßig großer körperlicher Rüstigkeit, die bis ins letzte Jahr ihm erhalten blieb, hatten die geistigen Kräfte schon seit einer Reihe von Jahren nachgelassen und waren zuletzt fast auf Null gesunken; das Gedächtnis verlor sich ganz und mit ihm das Urteil, er wiederholte sich in Fragen und Antworten fast von Minute zu Minute; nur für

Grabstein für die Eltern Friedrich Paulsens auf dem Kirchhof in Langenhorn: „Hier ruhen in Gott meine lieben Eltern …"

längst vergangene Dinge hatte er noch eine leidliche Unterscheidung. In den Jahren seiner Kraft war er ein Mann von nicht gewöhnlicher Einsicht und Tüchtigkeit gewesen; er besaß das unbedingte Vertrauen seiner näheren Umgebung, und auch in der Gemeindeverwaltung nahm er eine angesehene Stellung ein. Sein Rat wurde von der Nachbarschaft in allen Dingen gesucht, ob es sich handelte um die Behandlung eines erkrankten Haustiers, die Beschaffung oder Belegung[427] eines Kapitals, die Verwertung eines Grundstücks oder was immer. Unsere ganze Verwandtschaft verehrte ihn unbedingt als das Haupt der Familie. Seine Geschwister taten keinen Schritt ohne seinen Rat und Willen und waren ihm mit grenzenloser Dankbarkeit ergeben. Auch ich bin ihm unendlich viel schuldig. Meine Erziehung überließ er freilich in der Hauptsache der Mutter, in der Erkenntnis, dass sie dem Kinde näher sei und eine glückliche Hand habe. Doch hat es an väterlicher Fürsorge mir nie gefehlt und in entscheidenden Augenblicken auch nicht an väterlicher Zucht. Vor allem habe ich es ihm zu danken, dass er die Mittel erworben hat, die mir die Freiheit verschafften, einem höheren Ziel zuzustreben. Und dass seine väterliche Gesinnung es über ihn vermochte, mich aus dem Hause aufs Studium ziehen zu lassen, begründet allein eine unendliche Verpflichtung.

In der Pfingstwoche fuhr ich wieder nach Langenhorn, diesmal um unsre gute Tante Grete, die nun vom langen Krankendienst frei war, auf einen Besuch zu uns nach Steglitz zu holen. Sie hat die vier Wochen, die sie bei uns war, sehr genossen; es waren vielleicht die ersten sorglosen und arbeitfreien Wochen, die sie im Leben sich gegönnt hatte. Der großstädtische Mensch mit seinem Ferienbedürfnis und seiner Reisefreiheit weiß nicht, wie angespannt das Leben in einem bäuerlichen Haushalt ist. Auf dem Hinweg sah ich Reuter und machte mit ihm und ein paar Freunden, Jellinghaus, Tönnies, Adickes eine kleine Fahrt an die Unterelbe; ein herrlicher Abend in der Bösch bei St. Margarethen[428] war der Glanzpunkt, wir saßen auf dem Deich und sahen über den weiten Wasserspiegel in den hellen Abendhimmel, in den Juninächten wird es dort kaum dunkel.

Im Hause brachte das Jahr manche Veränderung. Vor allem: Der Kleinste ging seit Ostern nun auch in die Schule; die eigentliche Kindheit der Kinder hatte damit ihr Ende erreicht. Er ging mit großem Eifer an die Sache und lernte mit leidenschaftlicher Lust und Liebe; noch jahrelang war ihm der jedesmalige Klassenlehrer eigentlich doch der liebste Lehrer. Überhaupt war Rudi ein ungemein gesundes, frisches, liebenswürdiges Kind, voll Freude an jedem Spiel, voll Eifer zu jeder Tätigkeit; zwischen ihm und Laura bestand das allerzärtlichste Verhältnis. Auch die beiden Schwestern waren sehr fröhlich gediehen. Die Grete schien mehr und mehr der Großmutter ähnlich zu werden, äußerlich und auch innerlich; wenn sie, aus der Schule kommend, mit geröteten Backen und strahlenden Augen den Steig durch den Garten heraufging und zu meinem Fenster heraufsah, dann meinte ich, ganz den Ausdruck der Großmutter in ihrem Gesicht zu erkennen. Sie war freundlich-aufmerksam gegen jedermann, immer bereit, von ihren kleinen Schätzen mitzuteilen, sie hob sich oft auf, um dann verschenken zu können; mit stiller Achtsamkeit der Betrachtung der Dinge zugewendet, liebte sie es, in allerlei Phantasiezeichnungen Gesehenes und Eingebildetes wiederzugeben; dies Besinnliche ihres Wesens kam überall zum Ausdruck, so auch in der Liebe, womit sie sich selber in einer Gartenecke ein Gärtchen angelegt und ausgeschmückt hatte, mit Sorgfalt es pflegend. Die jüngere Schwester, Lotte, schien ihrer Mutter Ebenbild zu werden; im Gesichtsschnitt und den dunklen Augen, in der Haarbildung und dem bräunlichen Teint waren unverkennbar die Züge Emiliens wieder lebendig. Sie war in ihren Bewegungen lebhaft, rasch, entschieden; ein heftiges Wollen und ein leidenschaftliches Empfinden schien sich darin kundzutun, wie es der Tante Lotte in ihrer Jugendzeit nachgesagt wurde und auch Emilie nicht fremd war, wenn es in späterer Zeit auch durch Selbstbeherrschung, die sie im fremden Hause gelernt hatte, und auch durch körperliche Schwäche gemildert oder herabgesetzt war. Lotte stand lange Zeit ein wenig unter dem Schatten der älteren Schwester, die aller Welt Liebling war, nicht am wenigsten auch der

Verzug der Lehrerinnen in der Schule: Sie lernte leicht, und wenn es fehlte, schlüpfte sie durch, ihr treuherziges Gesicht ließ es nicht als Folge von Nachlässigkeit oder Leichtsinn erscheinen. Lotte wurde das Lernen schwerer, sie gab sich mehr Mühe und war vielleicht überhaupt treuer in der Pflichterfüllung; aber sie verstand sich nicht so zu geben oder hatte nicht das Natürlich-Zutunliche, das die ältere Schwester als glückliche Naturausstattung besaß; sie konnte zuweilen ein wenig scheu, zurückhaltend, misstrauisch erscheinen. Alle diese Dinge hatten mit zu dem Entschluss des vorigen Jahres beigetragen, Lotte der Tante Lotte mitzugeben: Hier war sie allein und konnte alle Liebe auf sich vereinigen.

Im Herbst entschlossen wir uns, nach langem Bedenken und starkem Widerstreben Lauras, unsern Hans nach Niesky in die Erziehungsanstalt der Brüdergemeine[429] zu bringen. Er war das Sorgenkind von klein auf gewesen; mit sieben Monaten zur Welt gekommen, schien er anfangs überhaupt kaum lebensfähig. Unaussprechlicher Sorge und Bemühung gelang es, ihn zu erhalten, doch blieb er jahrelang zurück und schwächlich; eine allzu zärtliche Mutter und eine allzu widrige Amme teilten sich in die erste Erziehung; es kostete später große Mühe, die ersten Elemente der Reinlichkeit und Schamhaftigkeit ihm beizubringen, sie haben nie mehr ganz feste Wurzeln geschlagen. Auch die Wahrhaftigkeit war nicht gediehen: Die Verlogenheit der Amme und die Nachsicht der Mutter, die seine Fehler und kleinen Missetaten nicht sehen konnte und auch nicht sehen wollte, hatten ihn früh die Entdeckung machen lassen, dass man mit der Lüge unter Umständen sehr bequem sich helfen könne. Seit er die Schule besuchte, begann die Not mit den häuslichen Arbeiten, er hatte gar keine Lust dazu, obwohl er nicht ohne die nötige intellektuelle Begabung war; fast täglich entstand so aus Verschieben und Hintrödeln Verdruss. So war er jahrelang das störende Element im Hause; er störte das fröhliche Verhältnis zu den andern, die Kinderstube litt beständig unter seiner Gegenwart; er störte auch absichtlich die Harmlosigkeit und Kindlichkeit der kleineren Geschwister und wurde so für sie zu einer wirklichen Gefahr. Ich empfand dies besonders auch in der Dämmerstunde, die ich viel mit den Kindern, ehe sie zu Bett gebracht wurden, zubrachte, ihnen dies oder das erzählend oder vormachend; er konnte nicht dabei sein, ohne dass es Verdruss gab, seine demonstrative Geringschätzung oder sein blödes Lachen verdarb uns jedes Mal die Freude. So schien es für uns und für ihn gleich notwendig, die Umgebung zu verändern. Ich brachte ihn am 2. Oktober nach Niesky. Ich empfing von der Anstalt, von den Männern, die sie leiteten, von der Einrichtung und Umgebung die günstigsten Eindrücke. Es herrschten ein freier Sinn und ein fröhlicher Geist in der Gemeinschaft bei großer Einfachheit der äußeren Ausstattung; schöne Spielplätze im Wald lagen vor der Tür, der Jugend war hier freieste Bewegung und Betätigung im Spiel, im Anbau, gestattet. Öfters wurden Ausflüge in die Umgebung gemacht; auch an einer Art militärischer Übungen, mit Exerzitien und Kampfspielen, fehlte es nicht. Die Lehrer waren jugendliche Männer, die in engster Gemeinschaft mit den Zöglingen lebten; kleine Stubengenossenschaften

Erziehungsanstalt der Brüdergemeine in Niesky, Oberlausitz: „Ich empfing von der Anstalt, von den Männern, die sie leiteten, von der Einrichtung und Umgebung die günstigsten Eindrücke."

von acht oder zehn Zöglingen hatten ihren „Bruder", der mit ihnen arbeitete oder bei ihren Ausarbeitungen gegenwärtig war. So waren auch die Klassen klein und vollkommen übersehbar, und alte Tradition hielt bewährte Methoden in Übung.

In der Tat hat uns der Entschluss nie gereut. Der Unterricht hatte guten Erfolg, die individuellere Behandlung im kleinsten Zirkel überwand Schwierigkeiten, die in den überfüllten Klassen der öffentlichen Schule unbesiegbar gewesen wären; die Gewohnheit regelmäßiger Arbeit, die er rings um sich sah, schien ihn mitzunehmen. Auch in seinem persönlichen Wesen machten sich Wandlungen bemerkbar, die uns zeitweilig recht hoffnungsvoll stimmten. Besuche, die wir in Niesky machten, schienen ihn zu freuen, besonders ein Besuch, den Laura mit Rudi in den Pfingsttagen[430] machte; sie kam ganz glücklich nach Hause: mit wie aufleuchtendem Gesicht sie von ihm beim unerwarteten Empfang erblickt worden sei. Und so waren auch seine Ferienbesuche zu Hause öfters ganz erfreulich.

Im April (16.) hielt ich in der Versammlung des Realschulmännervereins[431] einen Vortrag, der mir aus jenen Kreisen neue Bekannte und Freunde zuführte: das Realgymnasium und die humanistische Bildung.[432] Die Absicht war, deutlich zu machen, dass auch die Bildung, die auf dem Realgymnasium erworben werde, durchaus überwiegend eine „humanistische", d. h. auf das Studium der menschlich-geschichtlichen Welt gegründete, sei, und damit das alte dumme Vorurteil zu brechen, das sich an den Namen des „Realismus" hängt. Ich habe Ursache anzunehmen, dass der Vortrag in dieser Absicht nicht ganz vergeblich war. Freilich stieß er innerhalb des Realschulmännervereins auch auf Widerspruch, nämlich bei denen, die den mathematisch-naturwissenschaftlichen Unterricht einseitig betonten, wie Direktor Schwalbe vom Dorotheenstädtischen Realgymnasium. Doch stärkte er innerhalb des Vereins die Gruppe der mehr humanistisch Gesinnten, zu ihr gehörten Direktor Bach vom Falk-Realgymnasium, Direktor Schauenberg von Krefeld, Direktor Steinbart und Schmeding vom Duisburger Realgymnasium und andere. Und so hat er wohl einiges beigetragen, das Realgymnasium in der Selbsterkenntnis seines Wesens zu fördern.

Friedrich Paulsen etwa 1889: „An sich war mir eine Verpflanzung nicht wünschenswert, ich hatte alles, was ich wollte".

Im Mai (16.) erhielt ich einen Ruf nach München; Minister Lutz bot mir auf den Vorschlag der Fakultät den durch den Tod Prantls erledigten Lehrstuhl an. So ehrenvoll die Berufung war, so konnte ich doch nicht rechte Freudigkeit finden, ihr zu folgen. An sich war mir eine Verpflanzung nicht wünschenswert, ich hatte alles, was ich wollte: einen ausgedehnten Wirkungskreis, der mich ganz befriedigte, einen mir völlig zusagenden Wohnsitz, einen Kreis von Freunden, den ich ungern verlassen hätte. Der Ehrgeiz, Ordinarius zu sein und in einer Fakultät eine Rolle zu spielen, war bei mir nur in sehr mäßigem Grad ausgebildet; ich empfand eher etwas Scheu vor der Last von unförderlichen Geschäften und vor allem vor neuen gesellschaftlichen Verpflichtungen, die von dem Eintritt in eine fremde Fakultät unabtrennbar schienen. Die dicke Luft, die in München herrscht, Bierdunst und Genusssucht, konnten mich auch nicht anziehen. Und so war ich, da ich bei einer Besprechung mit Althoff und Minister v. Goßler die Überzeugung gewann, dass man auf mein Bleiben immerhin einen wenn auch bescheidenen Wert legte – Goßler riet allerdings mehr zur Annahme als zur Absage –, alsbald entschlossen zu bleiben, das alte Wort ruminierend:[433]

Si qua sede sedes, atque est tibi commoda sedes,
Illa sede sede, nec ab illa sede recede.[434]

In der Form einer kleinen Gehaltserhöhung (von 2500 auf 3100 Mark) fand der Entschluss auch eine förmliche Anerkennung von Seiten der Verwaltung. Nach München ging dann Stumpf.

Ein Aufsatz in der *Deutschen Rundschau* (Maiheft) über „Hamlet, die Tragödie des Pessimismus",[435] brachte mir manch enthusiastische Zuschrift, auch die Aufforderung aus Wien, eine Bühnenanweisung aus meiner Hamletauffassung her zu entwerfen, andererseits auch eine Reihe heftigster Zurückweisungen, bis zur Verunglimpfung: Eine englische Dame war über meine Auffassung der Ophelia aufs äußerste entrüstet, so dass sie für ihren Verführer nicht viel härtere Worte hätte haben können. – Solche Wirklichkeit können Personen erlangen, die nie eine andere Existenz als in der Einbildung gehabt haben.

Die Sommerreise mit Laura (15. August bis 14. September) führte dies Jahr ins bayrische Hochland. Ich ging ein paar Tage voraus, sah alte Freunde in Michelau und Kloster Banz bei Lichtenfels, machte einen Abstecher nach Coburg – Neuses, besuchte das herrliche Bamberg. Zusammen fuhren wir dann über Starnberg – Feldafing nach dem hohen Peißenberg, der einen herrlichen Abend und Morgen bot. Dann wanderten wir nach Steingaden, der Heimat der Mutter. Schon auf dem Wege dahin begrüßten uns bekannte Namen, wir lasen auf den dort üblichen, an Wegkreuzungen aufgestellten sogenannten „Totenbrettern" die Namen von Peter Riegg, Thomas Riegg, Brüder der Mutter, die Laura noch gekannt hatte. Doch blieben wir diesmal nicht. In Hohenschwangau spätabends angekommen, mussten wir, da alle Gasthäuser überfüllt waren, in einer ehemaligen Bauhütte Unterkunft nehmen. Das prachtvolle Neuschwanstein, das wir am Morgen besuchten, erweckte zwiespältige Gefühle: Der unheimliche Charakter des Größenwahns des königlichen Bauherrn ist dem Bau, vor allem seinen Innenräumen, überall aufgedrückt. Von Hohenschwangau sind wir dann, wieder das Nötigste im Bündel auf dem Rücken tragend und da und dort Pakete mit Wäscheersatz vorfindend, quer durch das ganze bayrische Gebirg gezogen, bis hinüber nach Salzburg. Heiterwang in Tirol war die erste Station, ein altes Gasthaus bot herrliche, früher, vor der Eisenbahnzeit, von Fürstlichkeiten bewohnte Zimmer. Als wir in Lermoos eben einen Führer angenommen hatten auf die Zugspitze, begann es zu regnen. Wir gingen nun nach Garmisch und saßen hier drei Tage in strömendem Regen; als wir durchnässt ankamen, fanden wir auch hier alle Gasthäuser übervoll. Halb verzweifelt zogen wir bei Nacht von Haus zu Haus, immer aus dem Regen in die schrecklichen Dachtraufen hineintappend. Endlich klingelte ich an einer Villa; nach langem Warten erschien eine Dame und fragte nach unserm Begehr; ich stellte unsre Lage vor und bat, uns um Gottes willen und gegen gutes Geld Unterkunft zu gewähren. Nach längeren Verhandlungen mit der Mutter erschien sie wieder und lud uns herein: Sie vermieteten zwar sonst nur auf längere Zeit, aber unter diesen Umständen wollten sie uns aufnehmen. Odysseus kann nicht froher gewesen sein, als er, der Meeresbrandung entronnen, seinen Fuß auf festen Boden setzte. Mit unseren freundlichen Wirtsleuten, es waren Königsberger, die sich hier angesiedelt hatten, wurden wir bald gut Freund, und ein Übriges tat unser Dickens, den wir in der Reisetasche mitführten: Wir haben den ganzen „*Copperfield*"[436] in jenen Tagen durchgelesen. Die Heiterkeit der Welt, die wir hier atmeten, ließ uns zum Bewusstsein der Gefangenschaft, worin uns der Regen hielt, kaum kommen. Endlich schien sich der Himmel aufzuklären, wir stiegen auf den Schachen, waren aber kaum eine Stunde gegangen, als es wieder zu rieseln anfing, und bald ging der Regen in Schnee über: Im wütenden Schneegestöber kamen wir endlich oben an. Von Aussicht war natürlich keine Rede, eine geheizte Stube und eine Erbswurstsuppe,[437] die erste, die ich gegessen, waren die Tröstungen, die darüber hinweghalfen. Da hier kein Bleiben war, stiegen wir nach Mittenwald herunter, wo die „Post" uns Erquickung und Unterkunft bot. Auch Walchensee, Jachenau, Lenggries verregneten uns; erst die Wanderung über die Hirschtalalm und den Fockenstein nach Tegernsee brachte Sonnenschein; freilich war der Boden so aufgeweicht, dass der Fuß vielfach bis tief über die Knöchel versank. Herrlich war am folgenden Tag die kleine Wanderung über die Gindelalm nach Schliersee – Neuhaus. Auch der Wendelstein glückte, wir hatten oben einen prachtvollen Sonnenuntergang und -aufgang. In Seewi wollte sich unsere treffliche Wirtin nicht ausreden lassen, dass ich der „geistliche Herr" sei, ich sollte durchaus die schöne Stube haben und nur entschiedenstem Widerspruch gelang es, diese für Laura zu gewinnen. Mir aber wurde das Bett im Saal gerichtet, ich glaube, meine Redekunst hat nicht ausgereicht, die gute Frau von der Irrigkeit ihrer Deutung unsrer Personen zu überzeugen. Über Walchsee, Lofer, den Hirschbichl ging's in die Ramsau, wo wir aber unsere Freundin Elisabeth Besser, die ständige Besucherin der Ramsau, nicht antrafen. Nachdem wir den Königssee befahren hatten, stiegen wir von Berchtesgaden hinüber nach Hallein, wo wir wieder Ferchls auf dem Kirchhof antrafen; Salzburg sahen wir im üblichen Regen. Dann fuhren wir nach München, um von den Strapazen dieser nassesten aller Wanderungen ein paar Tage auszuruhen.

1890

Der Winter 1889 brachte die mich überraschende Aufforderung der Verlagsbuchhandlung, die zweite Auflage der „*Ethik*" vorzubereiten, sie ist im Juli 1890 erschienen. Ich hatte an Wilhelm Hertz, dem Inhaber der Besserschen Buchhandlung, einen ebenso einsichtigen als liebenswürdigen Verleger gewonnen. Als ich im Frühjahr 1888 zu ihm ging, um ihm die „*Ethik*" für seinen Verlag anzubieten, war er sogleich bereit und bat mich, ihm die Bedingungen zu bezeichnen. Ich sagte: Der feste Punkt sei für mich: ein mäßiger Ladenpreis, dass bei dem Käufer, wenn ihm das Buch vorgelegt werde, die Empfindung der Überteuerung nicht aufkommen könne, sondern eher die umgekehrte, dass ihm hier ein Buch zu einem bescheidenen Preis angeboten werde; ich schlage vor: höchstens 20 Pfennig für den Bogen und bitte ihn nun, auf Grund dieses Ansatzes und einer Zahl von

1500 Exemplaren seine Kalkulation aufzustellen und mir dann Vorschläge für das Honorar zu machen. Er war gleich bereit; ich akzeptierte das Angebot von 60 Mark Honorar für den Bogen, und der Vertrag wurde ausgefertigt. Unsere späteren Verhandlungen sind womöglich noch rascher erledigt gewesen. Für die *„Einleitung in die Philosophie"* wurden, bei übrigens gleichen Bedingungen, im Jahre 1892 15 Pfennig als Bogenpreis festgestellt.

Ich berichte über diese Geschäfte, weil die Sache für mich auch eine grundsätzliche Bedeutung hatte. Mir war es zur Gewissheit geworden, dass der hohe und immer mehr sich steigernde Preis der wissenschaftlichen Literatur, im Besonderen der Lehrbücherliteratur, zu einem ernsthaften Hemmnis der Universitätsstudien zu werden drohe; ein Preis von 30–50 Pfennig für den Bogen schränke für ein Lehrbuch, das an sich einer beträchtlichen Verbreitung fähig sei, sogleich den Absatz auf einen kleinen Kreis notwendiger Käufer ein; der Student werde verhindert, die notwendigen Bücher anzuschaffen, und der Autor komme um seine Wirksamkeit. Ich habe diese Gedanken später auch literarisch vertreten;[438] in dem zu Leipzig im Jahre 1903 gegründeten „Akademischen Schutzverein" haben sie eine Organisation gefunden, die freilich unabhängig von meinen Anregungen entstanden ist.[439]

Hertz war für solche Erwägungen nicht unzugänglich, wenn er ihnen vielleicht auch nicht so viel Gewicht beimaß, als ich es tat. Auf jeden Fall, wir kamen geschäftlich leicht zum Ziel. Und der Erfolg gab mir zweifellos recht. Die erste Auflage der *„Ethik"* erschien in zwei Bänden von 57 Bogen zu dem Preis von 11 Mark; und auch die folgenden Auflagen bis zur sechsten haben diesen Preis festgehalten, obwohl sie nach und nach um eine ganze Anzahl Bogen sich vermehrten. Hätte der Preis nach üblichem Ansatz 15 bis 20 Mark betragen, dann hätte der Autor schwerlich die Freude gehabt, seinen Wunsch in Erfüllung gehen zu sehen: dass die *„Ethik"* zu einem „Lesebuch des deutschen Volkes" werden möge. Denn das war allerdings sein Ehrgeiz: Er wollte nicht ein Buch schreiben, das den „Philosophen von Gewerbe" Stoff und Anlass zum immer erneuten Hin- und Herreden über die Prinzipien böte, obwohl er vielleicht auch dazu im Stande gewesen wäre, sondern ein Buch, das dem gebildeten Leser, dem Pfarrer, dem Arzt, dem Mann im öffentlichen Leben, vor allem auch schon dem Studierenden, dem die Fragen des Lebens und der Lebenswerte, der Gestaltung des Eigenlebens und des Gesamtlebens zu ernsthaften Problemen würden, seine Hilfe anbiete. Dass diese Absicht weit über die anfänglichen Hoffnungen erreicht worden ist, dafür bin ich meinem Freunde Wilhelm Hertz noch heute dankbar.

Im Dezember (4. bis 17.) fand die berühmte Schulkonferenz zu Berlin statt;[440] ich war als Mitglied berufen. Ich will nicht ihre Geschichte hier schreiben, aber ein paar persönliche Eindrücke geben. Sie war im Grunde eine große Täuschung und auf Täuschung berechnet. Der Ankündigung des Ministers, dass er Vertreter aller Richtungen zu freiester Aussprache berufen werde, entsprach die wirkliche

Zusammensetzung der übergroßen Versammlung keineswegs; die Anhänger der orthodoxen Gymnasialpädagogik hatten ein erdrückendes Übergewicht, während hervorragende Vertreter anderer Richtungen ausgeschaltet waren. Die Verhandlungen waren durch ein im Detail ausgearbeitetes Fragenprogramm mit bestellten „Berichterstattern" gebunden. Endlich wurden durch Mehrheitsabstimmungen „Beschlüsse" gefasst und als Ausdruck der im Lande herrschenden Anschauungen der „Schulreform" von 1892 zu Grunde gelegt. Alles das hätte man ohne diesen Apparat haben können, wenn man die Provinzialschulräte zu einer Beratung hätte zusammenkommen lassen. – Auf Seiten des Realschulmännervereins herrschte Entrüstung, es wurde der Vorschlag gemacht, überhaupt nicht in diese „Konferenz" einzutreten, sondern mit Protest zu verzichten. Ich für meine Person lehnte ab, diesem Vorschlag zu folgen: ich sei als Einzelner, nicht als Vertreter einer Richtung oder eines Vereins zu einer „Beratung" eingeladen, dem könne und wolle ich mich nicht entziehen. So unterblieb dieser Schritt.

Eine seltsame Ablenkung erfuhr nun diese wohlinstruierte Aufführung durch das unerwartete Eintreten des Kaisers. Er erschien in der Eröffnungssitzung, ließ sich die Mitglieder vorstellen und hielt dann eine Ansprache, worin er seine „Erfahrungen" und seinen „Willen" der Versammlung aussprach. Sie machte, so darf man wohl sagen, durch Ton und Inhalt auf alle Versammelten, vielleicht Dr. Göring ausgenommen, einen peinlichen Eindruck: Dass ein jugendlicher Mann, der jüngste in der Versammlung, zu meist grauen Häuptern, erwählten Fachmännern seines Ministeriums, in dieser Form sprach, mit Geringschätzung wegwerfend, was die meisten von ihnen ihr Leben lang erstrebt hatten, um dann sich selbst als den Führer der neuen Zeit zu neuen Zielen hinzustellen, das hatte in den Ohren des ausgehenden 19. Jahrhunderts einen seltsamen Klang, einen Klang, wie aus dem 18. Jahrhundert, wo es nur Fürsten und Diener gab. Die Kritik, die er an der Vorlage des Ministeriums übte, indem er an die Stelle des ausgearbeiteten Programms der „Enquete", das seit Wochen in aller Händen war, eine auf ein Blatt hingeworfene Reihe von „Fragen" zur Beratung stellte, nicht ohne über die „Enquete" eine höhnische Bemerkung zu machen, „das alte deutsche Wort für die Sache ist Frage", alles das steigerte den Eindruck der Selbstherrlichkeit, womit hier einer zur Beratung berufenen Versammlung befohlen wurde, welchen Rat sie zu geben habe. Dazu stimmte die Schlussszene am Ende der vierzehntägigen Tagung: Nachdem der Kaiser der Versammlung seinen Dank ausgesprochen, dass sie seinen Weisungen gefolgt sei, ließ er dem Minister vor aller Augen sein Bild mit der Unterschrift *sic volo sic jubeo*[441] überreichen: Die Anschauung, dass er nur Handlanger, nur Subalterne, nicht aber Berater brauche, hätte wohl nicht schärfer zum Ausdruck gebracht werden können.

In der Schlusssitzung, der der Kaiser wieder beiwohnte, hatte ich ein Referat über das Realgymnasium. Mir wurde am Abend vor der Sitzung von dem Minister an die Hand gegeben, die Sache fallen zu lassen: Der Untergang des Real-

Wilhelm II.: „der Kaiser ... sah mich mit seinen harten blauen Augen starr und fast drohend an" (Gemälde von Max Koner, 1890).

gymnasiums sei beschlossene Sache. Ich erwiderte: Wenn er es wolle, dränge ich mich nicht auf; andererseits sei ich durchaus bereit, die verlorene Sache zu führen, und ich könne nicht umhin zu glauben, dass es einen schlechten Eindruck machen müsse, wenn man dem Verurteilten das letzte Wort entziehe. Er sagte: „Gut, so sprechen sie für das Realgymnasium." – Ich fasste in meinem Bericht die Gründe für die Unentbehrlichkeit dieser Form so kurz und wirksam als möglich zusammen, indem ich zeigte, dass es Berufsarten gebe, denen zwar das Griechische entbehrlich sei, nicht aber das Lateinische: z. B. den Offiziersstand, für die Kadettenanstalten sei ja der Lehrplan der Realgymnasien angenommen worden. Es war mir schon gesagt worden, dass der Kaiser an diesem Punkt empfindlich sei und dass ich vermeiden solle, ihn zu berühren. Ich hielt es nicht für passend, das stärkste Argument aus der Hand zu geben; der Kaiser, der nur ein paar Schritt von mir am selben Tisch saß, sah mich mit seinen harten blauen Augen starr und fast drohend an; ich fuhr ruhig fort, meinen Gedankengang zu entwickeln, erreichte aber freilich nichts weiter, als dass der Kaiser in seiner Schlussrede bemerkte: die Kadettenhäuser, deren „Einrichtungen auf die andern höhern Schulen zu übertragen" hier vorgeschlagen worden sei, stünden allein unter ihm und berührten uns hier gar nicht. – Eine Antwort auf diese die Sache völlig verkehrende Bemerkung zu machen, wäre an sich kaum möglich gewesen, sie wurde auch durch den Schluss der Sitzung äußerlich abgeschnitten.

Auf die Kulissenschiebereien, mit denen während der ganzen Zeit hinter der Szene gearbeitet wurde, um zu der Versammlung erträglichen und dem Kaiser präsentierbaren „Beschlüssen" zu gelangen (der Geheime Rat Wehrenpfennig und andererseits der Prof. Schiller aus Gießen waren besonders tätig, die Drähte zu ziehen), ist hier nicht einzugehen. Bloß das will ich bemerken, dass ehrliche Männer, denen die Sache am Herzen lag, von dieser ganzen Mache sich abgestoßen fühlen mussten. Ich weiß nicht, ob es dies war, was mich mit Oskar Jäger alsbald ein Verständnis finden ließ. Er hatte meine „*Geschichte des gelehrten Unterrichts*" seinerzeit heftig angegriffen und mir den Necknamen eines „Janssen der Schulgeschichte" angehängt. Ich begegnete ihm vor dem Beginn der ersten Sitzung Unter den Linden und sagte, als wir uns vorgestellt wurden: „Ich bin noch in ihrer Schuld, Herr Direktor." Er sah mich verwundert an. „Nun", sagte ich: „Hieb um Hieb, ich habe Ihren noch nicht erwidert." Er lachte: „Sie haben recht"; und seitdem wurden wir ganz gute Kameraden, zuerst auf der Konferenz, wo wir zusammen gegen die Fricksche „Einheitsschule" standen, und so fortan. Auf der Konferenz wurde dann die „Einheitsschule" beschlossen, die niemand eigentlich wollte. Aber eben dieser Ausgang brachte den Freunden des klassischen Unterrichts zum Bewusstsein, dass sie bisher auf falschem Weg gewesen seien; und so kam es denn nach kaum einem Jahrzehnt zu der neuen Reform nach dem Prinzip: Gleichstellung des klassischen und des modernen Gymnasiums.

Es war der Weg, auf den ich längst gewiesen hatte. Dass Jäger ihn mitging und Andern Führer wurde, daran habe ich vielleicht ein kleines Verdienst.

Von Ausflügen des Jahres ist zuerst eine kleine Frühlingsfahrt mit Ebbinghaus nach Thüringen zu erwähnen (April 17. bis 23.). Über Halle, Merseburg, Weißenfels ging's nach Naumburg, das ich mich jedes Mal freue wiederzusehen. Wir wanderten dann das Saaltal hinauf, über die Rudelsburg und Dornburg nach Jena, dann über die Kernberge mit sprossenden und blühenden Veilchen, Roda und die Leuchtenburg nach Rudolstadt. Saalfeld, Volkstedt, Blankenburg, ein Gebiet voll geschichtlicher Erinnerungen. Durch das Schwarzatal, in dem die Buchen ihre langen braungelben Sprossen mit grünen Spitzen in die Frühlingsluft streckten, wanderten wir hinüber nach Gehren, besuchten Ilmenau und den Kickelhahn und begrüßten auf dem Rückweg die Liebfrauenkirche in Arnstadt und den herrlichen Dom in Erfurt.

Im August (2. bis 20.) besuchte ich mit Laura und Grete und Rudi die alte Heimat. Zum ersten Mal kam diesmal der alte Wunsch zur Ausführung, die Hallig Oland, die Heimat des Vaters, zu sehen. Ein rüstiger Ockholmer Schiffer führte uns hinüber, wir waren ein ganzes Boot voll: Vetter Friedrich und andere Langenhorner Verwandte. Wir stiegen an der „Piepe" aus, hier war früher eine Warft gewesen, auf der mein Großvater zuerst gewohnt hatte; ich kannte den Namen aus den Erzählungen der Tanten wohl. Jetzt gingen die Wellen über die Stätte hin. Die Kinder sammelten auf dem Schlick alte Küchenscherben; sie mochten einmal als Gerät in den Händen der Großmutter vor mehr als hundert Jahren Leben gehabt haben. – Bei Hans Lorenzen kehrten wir ein, seine Tochter diente[442] bei Vetter Friedrich, und wurden mit dem Nationalgericht: Mehlbeutel und Schinken, herrlich bewirtet. Ein Sohn von ihm war zu Haus, er war Tischler und hatte seine Werkstatt in dem kleinen Pesel; an der Lungenschwindsucht leidend, war er hoffnungsloser Todeskandidat. Ich besuchte ihn und wurde bald auf seine Bibliothek aufmerksam; wie erstaunte ich, als ich eine kleine Handbibliothek der Sozialdemokratie entdeckte. Ich hatte gemeint, auf Oland in weltferner Vergangenheit zu atmen, und nun auch hier allermodernste Gedanken und nicht bloß in den Büchern, sondern auch im Kopf: Der junge Tischler war in Berlin gewesen und hatte hier seine alte Religion gegen die neue Weisheit vertauscht. Seine Eltern wollten freilich davon nichts wissen, seine Mutter, die alte Sophie, hätte noch ganz in den Kreis meiner alten Tanten hineingepasst. Übrigens hatten wir heute schon eine ähnliche Überraschung erlebt. Unserm Schiffer aus Ockholm meinte ich aus Berlin als aus weiter Fremde zu erzählen; es ergab sich bald, dass er, was die Fremde anlangte, uns sehr über war, er hatte alle Weltteile gesehen, er war als Matrose bei der Reichsmarine gewesen und hatte länger als Bootsmaat gedient. So war auch dieser vergessene Erdenwinkel in das Leben der Gegenwart verflochten. Sehr lebhaft in die Vergangenheit versetzte dagegen ein Besuch bei einer sehr alten Frau, die schon mehr als 25 Jahre an der Gicht beständig zu Bett lag; sie war mit meiner guten Tante Paulena gleichaltrig und begann alsbald, als ich ihr von meiner Herkunft sagte, von ihr und den Geschwistern zu erzählen, mit denen sie die Schule zusammen besucht habe. Auch das Haus, in dem mein Vater und die Tanten groß geworden waren, besuchten wir, oder vielmehr die Reste, denn die Flut von 1825 hatte es in der Hauptsache weggerissen; nur ein Teil war von dem Nachbarhaus, mit dem es zusammengebaut war, zum Stall eingerichtet worden.

Auf der Rückfahrt, die erst spät angetreten werden konnte, hätten wir beinahe noch ein Abenteuer erlebt: Wir hatten keinen Wind, das Ruder förderte langsam, das Wasser begann rasch zu sinken, und um ein Haar wären wir auf dem Schlick fest geworden, wo wir denn die Nacht über bis zum Eintritt der nächsten Flut hätten sitzen müssen. Mit äußerster Anstrengung brachte unser Wirk Matthiesen das schwere Boot noch in das Bottschlotter Tief, und wir erreichten glücklich die Schleuse, wo uns der Wagen schon lange erwartete.[443] Um Mitternacht kamen wir endlich nach Hause.

Noch eine Bekanntschaft haben wir an diesem Tage gemacht: In der Kirche zu Oland trafen wir einen Maler vor seiner Staffelei. Es war Jacob Alberts; ein Wort

Die Hallig Oland am Ende des 19. Jahrhunderts; links die Kirche mit Glockenturm

gab das andere, er besuchte uns im Winter in Berlin und ist allmählich ein lieber Freund unseres Hauses geworden.

Von der Westküste gingen wir an die Ostküste, nach Glücksburg, wo wir auf ein paar Tage bei einem Reeper[444] am Wald uns einlogierten. Die Flensburger Förde mit ihren Höhenufern und Buchenwäldern zeigte sich im schönsten Licht. Wir umwanderten sie fleißig, Gravenstein, Düppel, Sonderburg, Broacker wurden aufgesucht, wir gingen dieselben Wege, die ich vor 20 Jahren in schwülen Julitagen mit Reuter gegangen war. Damals war der Düppelsturm[445] noch in frischer Erinnerung, die Schanzen wieder ausgebaut, sie schienen jeden Augenblick auf einen neuen Sturm sich zu bereiten: jetzt tiefer Friede, die Schanzen abgetragen, das Land für immer deutsch. – Damals war es auch, dass ich zum ersten Mal nach beinahe 30 Jahren meinen alten Lehrer Pastor Thomsen, der mich für das Gymnasium vorbereitet hatte, wiedersah; er war seit 1864 Pastor in Sterup; ich suchte ihn auf und vergesse nicht den starken Eindruck, als ich in seine Studierstube geführt wurde: Ein alter, etwas müder Mann in grauen Haaren stand vor mir. Ich hatte es freilich gewusst, dass 30 Jahre auch über seinen Scheitel dahingegangen waren; und doch, unwillkürlich hatte ich das Bild des blonden Dreißigers in der Seele, der damals so leicht und lebhaft sich bewegte und mit so scharfen Augen uns oft angeschaut hatte. Und die Überraschung wiederholte sich, als er mich zu seiner Frau führte: Aus der jugendlichen Braut hatte die Zeit eine Matrone gemacht. Ich konnte den Eindruck den ganzen Tag nicht verwinden; so unvermittelt ist mir das Alter mit dem jugendlichen Bild niemals wieder zusammengestoßen.

Im Oktober (1. bis 11.) machte ich noch einen Herbstausflug in das Harzgebiet. Zuerst besuchte ich die alte Universitätsstadt Helmstedt, einsam, es ist für das Leben mit der Vergangenheit wesentlich. Die ganze Stadt macht den Eindruck, als ob sie vor 150 Jahren eingeschlafen sei. Ich besuchte das giebelreiche Juleum, den Prachtbau, den Herzog Julius von Braunschweig für seine hohe Schule gegen Schluss des 16. Jahrhunderts errichten ließ; das obere Stockwerk nimmt die Bibliothek ein, es ist ein einziger großer Saal, an den Wänden stehen

Bild auf Seite 309:
„Beichte auf der Hallig Oland", Gemälde von Jacob Alberts, 1891; an einer Vorstudie arbeitete der Maler, als Paulsen ihn 1890 in der Kirche auf Oland traf. Alberts führte die Halligen mit diesem Gemälde und weiteren Bildern in die Welt der Malerei ein. Nachdem er das Bild 1901 in einer Berliner Ausstellung gesehen hatte, schrieb Paulsen in der *Vossischen Zeitung* (nachgedruckt in den *Eiderstedter Nachrichten* vom 12. März 1901): „Im Raum der kleinen Kirche, deren altes, verblichenes Holzwerk den eigentümlichen Geruch der Vergangenheit fühlbar ausströmt, sitzen drei Frauen und ein älterer Mann, sie bilden die Beichtgemeinde, zu der ein jugendlicher Prediger in gehaltener Weise spricht. Sie sehen mich unaussprechlich bekannt an, der Mann mit der Anstrengung des Schwerhörigen im Gesicht, die alte Frau mit dem leidenden Zug um den Mund, ich meine die feine dünne Stimme mit dem aspirierten Gaumen-R zu hören. Und über ihnen hängt von der Holz-

decke herab ein Schiff, ein Dreimaster unter dem Danebrog. Ob es der Grönlandfahrer ist, mit dem mein Urgroßvater, wie sein Tagebuch auf alten, vermorschten Blättern meldet, im Jahre 1743 seine erste Meerfahrt als fünfzehnjähriger Schiffsjunge antrat, unwiderstehlicher Sehnsucht gegen den Willen der Mutter folgend, die den Mann und die ältesten Söhne nicht lange vorher in einem Schiffbruch an der jütischen Küste verloren hatte?“ Der Pastor auf dem Bild ist Hinrich Cornelius Ketels, der damals die Halligen Langeneß, Oland und Gröde betreute. Die Frauen tragen halligfriesische Tracht. An der Wand ist das Epitaph für den Schiffer Ipke Paulsen, einen Vorfahren Friedrich Paulsens, von etwa 1700 zu sehen. „Seit dem Tage“, so schrieb Paulsen, „da Dürer den heiligen Hieronymus im Gehäuse zeichnete, ist weltentrückte Stille und Einsamkeit nicht wirksamer gemalt worden.“ Alberts habe „das malerische Nordfriesland“ entdeckt, sei „der Maler seiner und meiner Heimat“.

auf tiefen Regalen die alten Schweinslederbände, groß und klein, wie Gespenster aus ihren Höhlen herabblickend auf die alten riesigen Doppelpulte, die in doppelter Reihe den langen Saal füllen: Hier holten sich vor 200 Jahren die Calixtus und Conring ihre Gelehrsamkeit. Alles steht noch da, wie sie es verlassen haben; ob sie nicht einmal um Mitternacht im Mondschein sich hier ein Stelldichein geben und über die Pulte herüber mit den perückengeschmückten Häuptern sich zunicken? Derselbe Atem der Vergangenheit in den alten Kirchen; von den Wänden herab schauen die Bilder der alten gelehrten Häupter dich an, als wollten sie fragen: Was störst du unsre Ruh? Hier weiß niemand mehr unsere Namen, und niemand fragt nach uns: Wie kommst du Fremdling hierher und schaust uns so forschend an, als kenntest du uns? Und nochmals wiederholt sich auf dem Kirchhof der Eindruck: Alte versunkene Steine und eine erlöschende Inschrift, alles ruft dir zu: Es war einmal – und es wird einmal ein Tag sein, da geht vielleicht ein dann Lebender über einen verwilderten Kirchhof und bleibt stehen und liest fragend einen Namen: Habe ich den nicht einmal gesehen, in der Gelehrtengeschichte des 19. Jahrhunderts irgendwo? Richtig, ja in Berlin war er Professor – und hat, wenn ich nicht irre, eine Geschichte des gelehrten Unterrichts verfasst.

Es folgten Tage heiterer Gegenwart: Mit den alten Genossen Belger, Bruchmann, Nohle wanderte ich im Gebiet des Nordharzes; in Blankenburg saßen wir mehrere Tage im Gartenhaus des Weißen Adlers, herrliche Oktobertage auf größeren und kleineren Wanderungen genießend. Zum Schluss machte ich noch die Bekanntschaft eines stud. med. Pröhl in Wernigerode, den Belger bei früherem Aufenthalt noch als Schüler sich attachiert[446] hatte. Er ist auch uns ein lieber Freund geworden.

1891

Das Jahr 1891 gehörte der Ausarbeitung der „*Einleitung in die Philosophie*". Seit der Vollendung der „*Ethik*" war darauf mein Augenmerk gerichtet und wurden Vorarbeiten dafür gemacht. Ich empfand es als eine Art Schuldigkeit gegen die Leser der „*Ethik*", die Gesamtanschauung der Dinge, worauf in dieser überall Bezug genommen wurde, im Zusammenhang vorzulegen. Das Schema dafür bot die Vorlesung, die ich seit Jahren als zweistündiges Publikum im Winter für einen großen Hörerkreis gehalten hatte. Es war darin immer mehr das Hauptgewicht in die metaphysischen Probleme verlegt worden, nachdem anfangs die erkenntnistheoretischen im Vordergrund gestanden hatten. Zugleich wünschte ich, die öffentliche Vorlesung aufzugeben; am Nachmittag gehalten, kostete sie mich, namentlich seitdem wir in Steglitz wohnten, jedes Mal drei Stunden, ein Zeitaufwand, der mir allmählich unerträglich wurde: Fünf Vormittage für die Privatvorlesungen und Übungen und drei Nachmittage für Publikum und Prüfungen ließ sich auf die Dauer nicht festhalten.

An die Stelle der Wirksamkeit durch öffentliche Vorlesungen trat außerdem in allmählich steigendem Maße die schriftstellerische Wirksamkeit durch Aufsätze, die Tagesfragen behandelten. Die alle Welt erregende Schulreform war es zunächst, die mich zur Feder greifen ließ; in einer Reihe von Aufsätzen, im *Deutschen Wochenblatt*, dann in den *Preußischen Jahrbüchern* behandelte ich die schwebenden Probleme.[447] Dass ich mich damit erneuter übler Nachrede von Seiten der reinen „Akademiker" aussetzte, wusste ich natürlich im Voraus; indessen, ich hatte über die Hochschätzung dieser Kreise mich längst hinweggesetzt, auch hatte ich seit der Veröffentlichung der „*Geschichte des gelehrten Unterrichts*" hier kaum noch etwas zu verlieren: Dass dies Buch eine Schande für einen Universitätsprofessor und gar für einen Berliner sei, wie es der Geheimrat Klix einem meiner Bekannten gegenüber aussprach, stand den meisten meiner Kollegen fest. Ich war also hiergegen ziemlich abgehärtet. Andererseits war ich seit langem der Überzeugung, dass die Trennung zwischen der Gelehrtenwelt und den breiteren gebildeten Volksklassen ein Unheil sei. Nachdem einmal der Schritt getan worden ist, dass dem Urteil der „öffentlichen Meinung" in Presse und Abgeordnetenhaus ein Einfluss auf alle öffentlichen Angelegenheiten eingeräumt wird, ist es unrecht, wenn sich diejenigen, die wirklich ein Urteil über die Dinge haben oder haben können, der Leitung der öffentlichen Meinung entziehen; es ist eine falsche Vornehmheit, bloß für Professoren schreiben zu wollen. Sicherlich, es gibt Dinge, die zwischen Fachgelehrten ausgemacht werden müssen und nur zwischen ihnen ausgemacht werden können, und hier gehört „Popularität" nicht hin. Aber es gibt andererseits Fragen, über die von Sachverständigen belehrt zu werden das Publikum einen Rechtsanspruch hat; entziehen sich die Einsichtigen dieser Aufgabe, so ist die Folge nicht, dass das Publikum ohne Belehrung überhaupt bleibt, sondern dass es sie von Unberufenen empfängt. Und die weitere Folge ist die Ausschaltung der auf Wissenschaft gegründeten Sachkunde aus den Kräften, die unsere Einrichtungen und unser Leben gestalten. Die Engländer schienen mir auch in dieser Hinsicht vorbildlich für uns sein zu können. Ihre Zeitschriften und selbst ihre Zeitungen ziehen die besten Kräfte in den Dienst der allgemeinen Belehrung, und auch die hervorragendsten Gelehrten halten sich nicht für zu vornehm für diesen Dienst. Die weitere Wirkung ist, dass das geistige und sittliche Niveau der periodischen Presse dort ein höheres ist, dass auch der Tagesjournalist in dieser Gesellschaft ein anderer wird und höhere Ansprüche an sich stellt.

Den Frühlingsausflug, der mir allmählich zum Bedürfnis wurde, um von Winterarbeit und Staub das Gehirn zu befreien, machte ich dies Jahr mit Ebbinghaus (16. bis 25. April). Von Marburg und Gießen, wo die Universitäten besucht wurden, wanderten wir das Lahntal abwärts bis Koblenz – Boppard. In Wetzlar folgten wir natürlich Goethes Spuren;[448] über Braunfels zogen wir nach dem entzückenden Weilburg; Runkel, Limburg, Schaumburg bezeichnen weitere Stationen. Ein herrlicher Tag führte über die Laurenburg und Kloster Arnstein nach Nassau. Von Oberlahnstein aus wurden Koblenz und Boppard besucht.

Auch die Herbstreise machten wir zusammen (20. August bis 10. September). Prag war das erste Ziel. In Linz besuchten wir die Jesuiten auf dem Freinberg. Von Salzburg gingen wir ins Salzkammergut, das ich zum ersten Mal sah: Mondsee und St. Wolfgang, von hier auf den Schafberg, wo wir bei herrlichem Sonnenschein das entzückende Panorama des ganzen Seengebiets genossen. Über Unterach, den Langbathsee, Obertraun gingen wir nach Steeg am Hallstätter See, wo wir vier Tage blieben, größere und kleinere Wanderungen machend, auf den Saarstein, nach Goisern, wo der „Bauernphilosoph" Deubler als Wirt gewohnt hatte, und Ischl, nach Altaussee und Grundlsee, nach Hallstatt und Gosau. Über den Traunsee und Gmunden fuhren wir nach Linz zurück, um dann auf der Donau, fahrend und wandernd, nach Wien zu ziehen. Die prachtvollen alten Stifte St. Florian und Melk gaben Zeugnis von dem Reichtum und Geschmack des Benediktinerordens: Ihre Kaiserzimmer waren früher die Absteigequartiere des Hofs auf seinen Reisen im Land. In besonders glanzvoller Erinnerung ist mir Maria Taferl, eine Wallfahrtskirche hoch über der Donau nahe bei Pöchlarn: Es war ein wundervoller Spätnachmittag, der Blick schweifte von dem Höhenweg, der hinaufführt, weit hinaus über den Lauf der Donau und das Hügelgebiet des schönen Unterösterreichs bis an die steirischen Berge. Auf dem höchsten Punkt liegt die Kirche. Eine Steigerung von Licht und Glanz schien nicht mehr möglich; und doch, beim Eintritt in den mächtigen weiten Innenraum hatte man die Empfindung, als sei dies der gleichsam von der Natur selbst intendierte Höhepunkt: Der Barockbau, in Licht und Gold flimmernd, schien den Übergang vom irdischen Glanz zur himmlischen Glorie den Sinnen selbst darzustellen und empfindlich zu machen. Ich habe den ästhetischen Wert dieser prangenden Festsäle, als welche sich die Jesuitenkirchen darstellen, nirgends so intensiv empfunden als hier, wo sie mit höchsten Leistungen der Natur selbst in einen anscheinend unmöglichen Wettkampf treten. Man kommt vor freudigem Staunen über diese Fülle von Licht und Farbe gar nicht zur Reflexion über die Formen und ihre Werte, über das Einzelne der Bildwerke: Sie wirken nur als Momente zum Ganzen, dem berauschten Auge in immer neuen Brechungen des Lichts neue Reize zuführend. Was ist dagegen das einförmige Grau, wie es etwa der Bamberger Dom zeigt; wie eine Höhle gegen einen strahlenden Himmelsraum steht er da.

Und zugleich empfand ich mit den Sinnen gleichsam die Macht der katholischen Kirche. Hier findet das Volk, was es sucht: Erhebung aus täglicher Arbeitslast und drückender Finsternis des Elends in den Himmel seligen Lichts. Ein Vorgeschmack des den Armen und Elenden versprochenen Paradieses, hier ist er umsonst für jedermann jederzeit zu haben. Die Pforten stehen immer offen; so predigt diese Kirche: Tritt ein, wer du seist, und gehst du in grobem Bauerngewand einher, ja trägst du die Lumpen des Bettlers: Hier hast du gleiches Heimatsrecht, auch das Bettlergewand wird von den Himmelsstrahlen vergoldet. In protestanti-

Maria Taferl: „Der Barockbau, in Licht und Gold flimmernd, schien den Übergang vom irdischen Glanz zur himmlischen Glorie den Sinnen selbst darzustellen und empfindlich zu machen.“

schen Ländern, man nehme die Schweiz, stünde an solchem Punkt unfehlbar ein Prunkhotel, um das der Bewohner des Landes sich scheu herumdrückt: Es ist nur dem internationalen Reisevolk geöffnet, das für sein Gold hier seine Langeweile abzulegen sich vergebliche Mühe macht. Der Einheimische betritt die Räume nur als Trinkgeld empfangender Bediensteter oder als möglichst rasch wieder abgestoßener Arbeiter. Und wäre etwa eine Kirche oder Kapelle von einem reichen Engländer daneben gestiftet, so stünde sie mürrisch verschlossen da, und selbst am Sonntag würde der arm und bäurisch Gekleidete als fremder Eindringling von der Seite angesehen werden. Und was wäre aus den Klöstern und Stiften geworden, wenn die Reformation und die Säkularisierung durchgedrungen wären? Ein Herrensitz in einem Park, an dessen Eingang ein drohender Pförtner abwehrend winkt: Hier hat nur Zutritt, wer sich als Mitglied der „Gesellschaft“ zu legitimieren im Stande ist. Das Kloster, auch das vornehme Stift, wehrt niemand den Eintritt, wenigstens die Kirche und der Hof stehen jedem offen. Und irgendwo ist auch ein Pförtchen, wo der hungrige Bettler, der des Wegs kommt, anklopfen mag und wo er einen überdeckten Torweg oder eine bescheidene Zelle findet, in der ihm eine Suppe und ein Stück Brot gereicht wird. Die katholische Kirche ist Volkskirche und wird es bleiben; die protestantische Kirche ist die Kirche der Gebildeten oder der Interessierten oder der Sektierer, es fehlt ihr das Freudige und Selbstverständliche des Volkstümlichen: Sie hat es abgestoßen, als *paedagogia puerilis*[449] es verschmähend, und sie kann es nie wieder erreichen.

In Wien blieben wir sechs Tage; das schrecklich laute Hotel vertauschten wir alsbald mit ein paar sehr behaglichen Zimmern, die uns das schwarze Brett der Universität nachwies: Sie waren, so erzählte uns die freundliche Wirtin, sonst meist von Abgeordneten bewohnt. Besagte Wirtin saß, was mir auffiel, den ganzen Tag auf einer Art Vorflur; sie hatte alle vermietbaren Räume vermietet. Wien ist in der alten Innenstadt und dem Ring Berlin ohne Zweifel überlegen; dagegen sind die endlosen Vorstadtstraßen, mit Berlin W verglichen, schrecklich. Und der Prater, sosehr er an volkstümlichem Leben dem Tiergarten überlegen ist, bleibt an Mannigfaltigkeit und Schönheit der Anlagen, vor allem der Wasserpartien, zurück. Die Sammlungen Wiens waren gerade im großen Umzug, so dass wir davon wenig sahen; dafür lockten sommerliche Tage zu Ausflügen: Schönbrunn, Laxenburg, Klosterneuburg, Kahlenberg. Einen tiefen Eindruck machte der Besuch der Kaisergruft unter der Kapuzinerkirche: Welch eine Welt von Schicksalen ist hier in dem stillen Raum tief unter dem Tage zur Ruhe gekommen! Maria Theresia und ihr philosophischer Sohn, Joseph II., dem man als lebendigster Darstellung des alten deutschen Österreichs noch überall begegnet, der Herzog von Reichstatt, Napoleons und Louisens Sohn, und der unglückliche Kaiser Maximilian von Mexiko, Kronprinz Rudolf, den sein Geschick vor der Zeit dahingerafft, damals der letzte der Reihe: Mir ist selten so feierlich still zu Mut gewesen, als da uns ein Kapuziner wortlos durch diese Räume führte. Als ein paar Engländer anfingen, ihre Bemerkungen auszutauschen, wusste er sie mit einem schlichten mahnenden Wort alsbald zur Ruhe zu bringen.

1892

Im Herbst kam die „*Einleitung in die Philosophie*“ heraus.[450] Die Fachgenossen, die sich darüber zu Gericht setzten, ließen nicht viel Erfreuliches vernehmen. Ein Privatdozent in Bern machte eine Anzeige für Avenarius' *Vierteljahrsschrift für wissenschaftliche Philosophie*,[451] die mir der Herausgeber im Manuskript schickte mit einer Anfrage: ob ich Bedenken gegen den Abdruck habe? Ich schickte sie ungelesen zurück mit der Bemerkung: Die Verantwortung für den Inhalt seiner Zeitschrift sei bei ihm, nicht bei mir; ich habe nicht die Absicht, missgünstige Stimmen über mein Buch zu unterdrücken, so wenig als günstige Kritiken her-

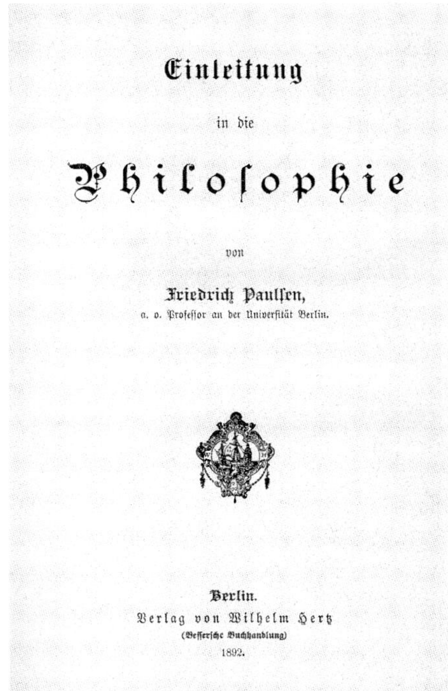
Einleitung
in die
Philosophie
von
Friedrich Paulsen,
a. o. Professor an der Universität Berlin.

Berlin.
Verlag von Wilhelm Hertz
(Bessersche Buchhandlung)
1892.

„Einleitung in die Philosophie": „Die Fachgenossen, die sich darüber zu Gericht setzten, ließen nicht viel Erfreuliches vernehmen."

vorzurufen. Die ebenso schwächliche als schmähliche Besprechung oder vielmehr Misshandlung des Buchs erschien dann richtig in der Zeitschrift.[452] Sie hat doch die Wirkung gehabt, dass ich seitdem dem Blatt den Rücken kehrte. Mit ähnlichen misstönenden Äußerungen ließen sich Baumann in Göttingen, Glogau in Kiel vernehmen, der letztere oder eigentlich beide andeutend, dass Absichten mehr als Einsichten die Gedanken bestimmt haben müssten; es verriet sich darin jene Pöbelhaftigkeit der Gesinnung, die eigentlich nur in Deutschland einheimisch ist: das Motive-Schnüffeln. Meine „*Geschichte des gelehrten Unterrichts*" war diesem Verfahren auch schon ausgesetzt gewesen: Es sollte darin Bismarck, dem Realisten, oder dem Zentrum, das eben an Macht gewann, zu Gefallen geurteilt sein, nach der Maxime des *do ut des*.[453]

Ich habe mir durch solche Niederträchtigkeiten keine Stunde verbittern lassen; man muss sie, wenn man deutscher Professor und gar Professor der Philosophie ist, als ein Unvermeidliches hinnehmen. So sah auch Wilhelm Hertz solche Rezensionen an; er meinte: Gunst oder Ungunst der Rezensenten hat für den Absatz des Buchs gar keine Bedeutung; Bücher pflanzen sich fort durch persönliche Empfehlung. Wenn es so ist, dann darf ich glauben, dass meiner „*Einleitung*" solche in besonders reichem Maß zuteilgeworden ist. Die erste Auflage war in kurzem vergriffen, und seitdem ist fast Jahr für Jahr eine neue Auflage erschienen. Und zu der großen Verbreitung in Deutschland kam bald ein sehr ausgebreiteter Absatz der englischen Übersetzung in Amerika: Das Buch wird dort viel als Textbuch an den Universitäten verwendet, ebenso wie auch die „*Ethik*“. Nicht wenig hat hierzu beigetragen, dass beide Bücher von Professor Frank Thilly (an der Missouri -, jetzt an der Cornell University) meisterhaft übersetzt waren.[454] Meine Überzeugung, dass die „*Einleitung*“ zur Einführung in philosophisches Denken, welchem Zweck ich sie bestimmt hatte, wirklich geeignet sei, hat dadurch eine wirksame Unterstützung erhalten. Übrigens habe ich auch bei Prüfungen Gelegenheit gehabt zu bemerken, dass die erste Orientierung in der Welt möglicher philosophischer Gedanken und Denkweisen durch das Buch sehr erleichtert worden war. Seine Probe als Lehrbuch wird demnach als bestanden angesehen werden dürfen.

Was die inhaltliche Bestimmtheit der Gedanken anlangt, so hat man mich daraufhin vielfach den Anhängern und Jüngern Fechners beigezählt. So gern ich meinen Namen in der Nachbarschaft dieses vortrefflichen und ehrwürdigen Mannes sehe, so muss ich doch, der Wahrheit die Ehre zu geben, bekennen, dass ich in der Bildung meines Gedankenkreises durch ihn nur in sehr bescheidenem Maße bestimmt worden. Ich habe Fechner überhaupt erst spät kennen gelernt, als meine Anschauungen in allen Hauptpunkten sich schon befestigt hatten; Fechner war in den 60er und 70er Jahren noch ein wenig bekannter oder ein viel verkannter Schriftsteller. Unter den Philosophen, die meine Gedanken in ihrem Werden bestimmt haben, nimmt Lotze eine viel bedeutsamere Stellung ein; ihn habe ich schon um 1870 intensiv studiert, Fechner kaum viel vor 1880 kennen gelernt. Neben Lotze müsste ich dann Spinoza, Kant, Schopenhauer und andererseits Mill-Hume nennen.

Leider muss ich unter die vielen „versäumten Gelegenheiten“ meines Lebens auch die rechnen, dass ich zu Fechner gar kein persönliches Verhältnis zu gewinnen gesucht habe, weder ein auf schriftlichem noch auf mündlichem Verkehr beruhendes. Ich gäbe jetzt etwas darum, wenn ich ihn, etwa bei meinem Besuch in Leipzig 1884, aufgesucht hätte; seine Adresse hatte ich mir wohl notiert. Wundt habe ich damals aufgesucht, aber ihn nicht getroffen; und so habe ich bis auf diesen Tag ihn nicht von Angesicht gesehen, so viele Beziehungen wir hatten, sachliche und auch persönliche.

In unsere häuslichen Verhältnisse brachte der Sommer dieses Jahres eine Veränderung: Meine liebe Schwägerin wurde meine Frau. Am 6. August war die Hochzeit, diesmal bei unserer Tante Lotte in Höchstädt-Dillingen; nur der engste Familienkreis war zugegen.

Als Emilie starb, lag mir kein Gedanke ferner als der, jemals wieder zu heiraten. Da Laura als Hausfrau und Mutter der Kinder wie von selbst für sie eintrat und von Anfang an diese Stellung aufs Vollkommenste erfüllte, so kam für mich, was sonst Witwer mit Kindern zu nötigen pflegt, eine Frau ins Haus zu führen, eigentlich gar nicht in Sicht. Wir lebten uns auf dem Fuß der innigsten Freundschaft und des vollsten Vertrauens so miteinander ein, und ich befand mich unter dem neuen Regime so wohl, dass mir der Gedanke an eine Änderung des Verhältnisses eigentlich nie ernstlich kam. Ob für Laura diese Stellung ebenso befriedigend sei, ob sie nicht, besonders nach außen, für sie unerfreuliche Seiten und Schwierigkeiten habe, danach ließ mich der natürliche Egoismus, der da meint, wenn ihm wohl sei, müsse es auch andern so sein, gar nicht fragen. Und ihr Zartgefühl ließ es nicht zu, von widrigen Begegnissen, an denen es nicht fehlte, zu reden, ja sie verhinderte auch Andere, mich darauf aufmerksam zu machen. Es war fast ein Zufall, der mir einmal all das Peinliche, das für sie aus dem Verhältnis erwachsen konnte, plötzlich ans Licht treten ließ. Sowie mir die Sache zum Bewusstsein kam, war ich entschlossen, dem ein Ende zu machen. Nach allerlei Bedenken und Zögerungen nahm sie die ihr angebotene Hand an. Es war ein glücklicher Augenblick, der unsre Hände ineinanderfügte. So empfanden es die Kinder, so die Freunde, so vor allem wir selber. Die Gewissheit, dass Charaktere und Anschauungen zueinander passten, konnte wohl nicht leicht größer sein als nach gemachter neunjähriger Probe des Zusammenlebens. Und die seitdem verflossenen vierzehn Jahre haben ein jedes die neue und beglückende Bestätigung gebracht.

Auf die Hochzeit (die Trauung fand in der Kirche des ehemaligen Jesuitenkollegs in Dillingen statt, die damals den Protestanten eingeräumt war, ein ehemaliger Erlanger Germane[455] traute uns) folgte eine sehr vergnügte Hochzeitsreise selbsechst, zu Anfang mit Mädi selbsiebent, ins Land der Schwaben. Von Göppingen ging die Wanderschaft mit den Kindern zuerst über Hohenstaufen und Rechberg nach Gmünd, Lorch und zurück. Dann von Nürtingen nach Neuffen, wo die Ruine den Kindern wunderbare Räuberverstecke bot. In Urach nahm uns die „Post" auf zu mehrtägigem Aufenthalt; Ausflüge nach Lichtenstein, Hohenurach, Seeburg, St. Johann usw. wurden gemacht; ein herrlicher Abend steht mir vor der Seele, an dem wir spät von Seeburg zurückkehrend das ganze Tal von dem grünlichen Glanz der Glühwürmchen durchleuchtet sahen. Am 15. waren wir zu Hause, die Kinder mussten in die Schule. Im Oktober (4. bis 13.) machten wir dann noch allein unsre zweite Hochzeitsreise nach Dresden und in die Sächsische Schweiz: Wundervolle Abende bei Vollmond, mit dem flutend-zitternden Widerschein auf der Elbe, beschlossen sonnige Wandertage, an denen der Lilienstein, das Prebischtor, der Hochstein, der Bärenstein usw. bestiegen wurden. Dresden mit seinen herrlichen Sammlungen, Meißen und Tharandt machten den Beschluss dieser schönen Tage.

Friedrich Vischer gibt in seinem Roman „*Auch Einer*" für die Wahl einer Frau eine Anweisung, d. h. sein *alter ego* A. E. spricht sie im eigenen Namen aus: „Man kommt immer aufs Einfachste zurück: Wünsche Dir ein Weib, gut, wiewohl nicht dumm, verständig für die Welt, ahnungsstill in tieferen Dingen, und dann etwa den Tagesmenschen dümmlich erscheinend – tut nichts. – Es wird auch solche geben, aber sie zu finden, müsste man mehr Glück haben als unsereiner."[456]

Als ich im Sommer 1906 die Worte las, war mir, als seien sie extra für mich geschrieben, mir die Größe meines Glückes zu Gemüt zu führen. Wahrlich, was ist gegen die Kraft raschen Sehens, richtigen Urteilens, wohltätigen Wirkens und die große Kunst des Carlyleschen Schweigens, was ist dagegen die Fähigkeit der rasenden Beredsamkeit über alle Dinge, die man „Bildung" nennt?

Nach der Hochzeit 1892: Friedrich Paulsen mit seiner Frau Laura und den Kindern

(von links) Hans, Lotte, Rudi und Grete

1893

Im Sommersemester 1892 hatte ich ein Publikum gehalten: Über die deutschen Universitäten und das Universitätsstudium. Im Winter erhielt ich den Auftrag, für das Werk über die deutschen Universitäten, das die Unterrichtsverwaltung für die Chicago-Ausstellung herstellen ließ, die allgemeine Einleitung über Wesen und Geschichte der deutschen Universität zu schreiben.[457] Es ist daraus später das Buch über die deutschen Universitäten hervorgegangen.[458]

Im April hielt ich wieder einen Vortrag in der Versammlung der Realschulmänner: „Über die gegenwärtige Lage des höheren Schulwesens in Preußen".[459] Es war eine Darlegung der durch die verunglückte Schulreform von 1892 geschaffenen Situation,[460] mit der Aufforderung: an dem erstrebten Ziel einer gleichberechtigten modernen Form des Gymnasiums trotz alledem festzuhalten, und der Prognose: es müsse in kurzem das Ziel erreicht werden; der alten Gymnasialpartei sei längst über ihrem Siege von 1892 bange geworden. Ein Ausgleich mit ihr, ja ein Zusammenschluss zur Bekämpfung der heillosen „Einheitsschule" sei vielleicht möglich. Auch an der größeren Bewegungsfreiheit innerhalb der Schule hätten beide Parteien das gleiche Interesse; durch die Lehrpläne von 1892 sei eine unerträgliche Einengung und Bindung des einzelnen Lehrers, z. B. auf einen bestimmten Lehrstoff, eingeführt worden. Dies führte zu einem kleinen Rencontre[461] mit dem Geheimen Regierungsrat Stauder, dem Vater der Lehrpläne, der die Behauptung aufstellte: es sei den Lehrern größere Freiheit eingeräumt als zuvor, den Beweis dafür auf mein Drängen aber schuldig blieb. Herr Stauder war ein Mann von geringer Bedeutung, als Nachfolger von Männern wie Wiese und Bonitz in dieser bedeutsamen Stellung ein Armutszeugnis für das preußische Beamtentum, mindestens für das Kultusministerium. Ich hörte, dass er die Stellung seinem „staatstreuen" Altkatholizismus,[462] der ihn ins Ministerium geführt, und dann dem Anciennitätsprinzip[463] zu verdanken gehabt habe. In der bald folgenden zweiten Auflage der „*Geschichte des gelehrten Unterrichts*" hatte ich seinen Namen, als des Verfassers der Lehrpläne, nicht genannt. Er schrieb mir darauf einen Brief: ob es aus „Schonung" geschehen sei? Ich erwiderte: Es sei geschehen, weil ich niemand die Verantwortung für diese unter unerhörtem Druck zu Stande gekommenen Lehrpläne habe aufbürden mögen. Sie bezeichnen in jeder Hinsicht, auch stilistisch, den Tiefstand der offiziellen Schulweisheit.

Im August erhielt ich völlig unvermutet einen Ruf an die Universität Leipzig, an Stelle des gestorbenen Professors Masius, für Philosophie und Pädagogik. Wundt schrieb mir einen sehr freundschaftlichen Brief, dass die Fakultät und er selbst im Besonderen es mit großer Freude begrüßen würde, wenn ich annehme. Es war der erste Ruf, der mich in Versuchung führte. Kiel, Würzburg, Breslau, München: Überall hatte ich die Empfindung, dass die Übersiedelung eine Minderung des Wirkungskreises bedeute. Dagegen Leipzig, eine große Zentraluniversität mit alter Arbeitstradition, das war allerdings etwas anderes; und Kollege Wundts, Hildebrands und anderer von mir hochgeschätzter Männer zu werden, aus einer Fakultät, die mich mehr als kühl behandelte, in eine Gemeinschaft versetzt zu werden, der ich willkommen war: Das hatte etwas Verlockendes. Auch die äußeren Bedingungen waren günstig und hätten sich leicht weiter steigern lassen. – Andererseits widerstrebte das angeborne und durch lange Sesshaftigkeit gesteigerte Beharrungsvermögen; die Stadt und Umgebung von Leipzig konnten den Vergleich mit Berlin-Steglitz nicht aushalten; die neuen geselligen Verpflichtungen, die mit dem Eintritt in die neue Fakultät verbunden waren, schreckten auch ab: Hier konnte ich in meiner alten bequemen Einsamkeit, mit meinen Freunden, fortleben. So war ich zweifelnden Herzens, doch eigentlich schon entschieden, in Berlin zu bleiben, wenn man hier mir eine Stellung in der Fakultät geben würde. Ich fand Dr. Althoff gleich geneigt, sein altes Versprechen jetzt einzulösen. Da ich bescheidenste Ansprüche an Gehalt machte (6000 Mark, während in Leipzig 7500 angeboten worden waren), so waren keinerlei Schwierigkeiten zu erledigen; Minister Bosse sagte, als ich ihm die 6000 Mark in Vorschlag brachte: „Nun, das ist wohl das Mindeste, was wir Ihnen anbieten können." – Da gleichzeitig für Zeller ein Ersatz von der Fakultät vorgeschlagen war in Professor Stumpf aus München, so fand man es im Ministerium angemessen, dass wir gleichzeitig zu Ostern 1894 in die Fakultät einträten. Ich hatte auch dagegen keine Einwendung: Ich hatte an sich gar keine Begierde, der Körperschaft anzugehören oder mich mit ihren Geschäften zu beladen. Wäre nicht das Extraordinariat unter jüngeren Männern nach außen allzu unbequem geworden, vor allem auch gegenüber den Studierenden, so wäre mir die freiere Stellung die liebere gewesen.

Im April (11. bis 22.) machten wir eine herrliche Frühlingsfahrt an den Rhein. Wiesbaden und Taunus wurden berührt; dann setzten wir uns in Bingen fest, wo wir in einem sehr angenehmen Hause (Hotel Hilsdorf am Markt) behaglichste Unterkunft hatten. Wir machten Tagestouren nach allen Seiten: Kreuznach und Oberbaumburg,[464] wo wir in der Ruine unter einem von tausend Bienen umsummten blühenden Pflaumenbaum unser Mittagsmahl einnahmen, der Ebernburg mit dem schönen Denkmal Sickingens und Huttens, der ersten Darstellung Huttens, in der ich sein Wesen ausgedrückt finde, das Wesen des rücksichtslosen instigierenden Agitators, der selber nichts zu verlieren hat und andre ins Unglück stürzt, es könnte auch Vansen[465] darstellen. In Bacharach waren wir an einem hellen kalten Sonntagmorgen. Wir standen auf der Ruine Stahleck: Der Glanz der Sonne, das Geläut der Glocken, das von nah und fern zu uns heraufklang, das farbige Stadtbild und der schöne Strom zu unsern Füßen, es ist ein unvergesslicher Eindruck. Oberwesel, St. Goar, Reichenberg, Marienthal,[466] Boppard, Koblenz, Rolandseck, das Siebengebirge: wer nennt sie alle, die strahlenden Schönheiten dieser Rheinfahrt. Bonn und das heilige Köln, wo wir einen Tag den Kirchen und dem Museum widmeten, machten den Schluss. – Am Schluss des Sommersemes-

Wir Wilhelm,

von Gottes Gnaden

König von Preußen etc:

thun kund und fügen hiermit zu wissen, daß Wir Allergnädigst geruht haben, den bisherigen außerordentlichen Professor in der philosophischen Fakultät der Friedrich-Wilhelms-Universität zu Berlin Dr. Friedrich Paulsen zum ordentlichen Professor in derselben Fakultät zu ernennen. Es ist dies in dem Vertrauen geschehen, daß derselbe Uns und Unserem Königlichen Hause in unverbrüchlicher Treue ergeben bleiben und die Pflichten des ihm übertragenen Amtes in ihrem ganzen Umfange mit stets regem Eifer erfüllen und insbesondere alle halbe Jahre ein Kollegium über einen Zweig der von ihm zu lehrenden Wissenschaften unentgeltlich lesen, sowie auch für jedes Semester mindestens eine Privatvorlesung in seinem Fache ankündigen werde, wogegen sich derselbe Unseres Allerhöchsten Schutzes bei den mit seinem gegenwärtigen Amte verbundenen Rechten zu erfreuen haben soll. Urkundlich haben Wir diese Bestallung Allerhöchstselbst vollzogen und mit Unserem Königlichen Insiegel versehen lassen.

Gegeben — Neues Palais, den 27ten Dezember 1893.

Wilhelm R.

Bosse.

Bestallung
für
den bisherigen außerordentlichen Professor in der philosophischen Fakultät der Friedrich-Wilhelms-Universität zu Berlin
Dr. Friedrich Paulsen
als ordentlichen Professor in derselben Fakultät.

Ernennungsurkunde zum ordentlichen Professor, unterzeichnet von Wilhelm II., datiert 27. Dezember 1893 ters holte ich Laura mit den Kindern aus Langenhorn ab; auch diesmal sahen wir Oland; Wirk Matthiesen fuhr uns wieder herüber, Pastor Prall aus Heide und seine Braut waren mit im Boot. Als wir dem Ufer uns näherten, steht der Pastor von Oland am Rand und begrüßt in Prall einen Studienbekannten. Und ich begrüßte ihn als den Sohn meines alten Lehrers Siefert in Altona. Er lebte hier nach allerlei seltsamen Schicksalen schon mehrere Jahre, ganz zufrieden mit seinem *Buen Retiro*,[467] wie denn die Oländer mit ihm in trefflichem Frieden lebten. Nachdem wir im Pfarrhaus den Hammelbraten, der gerade angekommen war und den Sonntag und die nächste Woche versorgen sollte, fröhlich verzehrt hatten, besuchten wir die alten Bekannten auf der Insel; unser sozialdemokratischer Tischler war inzwischen auf dem kleinen Kirchhof zur Ruhe gebracht worden. In Langenhorn besuchte uns Mordhorst, der als Einjährig-Freiwilliger das Manöver an der Westküste mitmachte: Unsere alte Tante Grete hatte ihn, meinend, es komme Einquartierung, auf das Ernstlichste vor der Tür abgewiesen: sie könne keinen Soldaten haben. Sie konnte es kaum glauben, dass ein Theolog, ein künftiger Pastor, als Soldat unter ihrem Dach hause.

Im September (8. bis 23.) besuchten wir erst unsern Freund Archivrat Doebner in Hildesheim, das wir diesmal unter kundigster Führung sahen. Von Sooden-Allendorf aus, wo wir Ebbinghaus trafen, wurden schöne Ausflüge nach Eschwege und Hanstein gemacht. Eisenach und Friedrichroda waren wieder Mittelpunkt für Tagestouren. Georgenthal – Tambach waren für mich erinnerungsreiche Orte. Ein paar Tage in Weimar und Jena führten zu manchen persönlichen Begegnungen, Eucken, Rein; in Frauenprießnitz suchte ich meinen alten Schulfreund Stölten von Altona auf; er führte uns nach dem reizend-idyllisch gelegenen Tautenburg, wo er eine kleine, sehr geschmackvolle Kirche gebaut hatte, und dann bei prachtvollem Mondschein über die Hohe Lehde nach Dornburg.

Im November ging unsere Mädi nach Punitz.[468] Sie hatte erst die Kühnsche Schule besucht, dann zwei Jahre lang die Zeichenschule in Berlin und nun das Examen als Zeichenlehrerin bestanden. Da kam eine Anfrage von ihrer Lehrerin, ob sie geneigt sei, für den Winter in einer polnischen Familie auf dem Lande Zeichen- und Malunterricht zu geben. Wir waren gleich dafür, und es hat uns nicht gereut. Sie kam in eine vornehme Familie, Gräfin Mycielska, wo sie von der Mutter und den zwei Töchtern überaus liebenswürdig aufgenommen wurde; sie lebte wie eine Tochter im Hause, wurde überallhin mitgenommen und hatte an allem, was die Familie unternahm, teil. In der Tat ein Entgegenkommen, wie sie es in einer sozial gleichgestellten deutschen Familie schwerlich irgendwo gefunden hätte, am wenigsten in einer preußischen Junkerfamilie. Als sie nach drei viertel Jahren wiederkam, war die Fremde und ihr günstiger Einfluss unverkennbar: Sie war aufgeschlossener, freier, fröhlicher, aufmerksamer. Der briefliche Verkehr mit der Familie dauerte noch lange; wir haben auch nach und nach fast alle Glieder der Familie in Steglitz kennen gelernt.

1894

Der Eintritt in die Fakultät im April vollzog sich ohne Sang und Klang; er hatte keinerlei Veränderungen in dem Verhältnis zu den Kollegen, von denen kaum drei oder vier mir Glück wünschten, noch zu den Studierenden zur Folge: ganz nach meinem Wunsch. Nur eine neue Last erwuchs mir: Die Doktorprüfungen und Fakultätssitzungen kosteten mich jetzt regelmäßig den Donnerstagnachmittag. Die Freude an ihnen war nicht eben groß. In den Sitzungen unendliche Beredsamkeit über das unendlich Kleine, vor allem die Philologen *omnium ordinum*[469] zeichneten sich durch beharrliches Wiederkäuen und starrsinniges Festhalten an einmal geäußerten Ansichten aus: Auf die Sache kam schließlich gar nichts an, nur noch auf das Rechthaben. Und die Prüfungen, besonders die Prüfungen der Chemiker in Philosophie, legten oft harte Geduldsproben auf: Sie waren durch lange Gewöhnung darauf geführt worden, die „Vorsokraten" als ihr besonderes Arbeitsgebiet in der Philosophie anzugeben. Erst sehr allmählich gelang es, sie der neueren Philosophie und ihren Problemen etwas näher zu bringen. Dazu kam eine Widerwärtigkeit in der Abschätzung: Die Nebenfächer dienten nur, bei schlechtem Ausfall das Prädikat herabzudrücken, dagegen wurde ihr Recht, bei gutem Ausfall es zu heben, nicht anerkannt; vor allem erwiesen sich hier wieder die Philologen starrsinnig und hart: Bei den Naturwissenschaftlern gelang es eher, für eine tüchtige Leistung in der Philosophie Anerkennung durch ein besseres Prädikat durchzusetzen. Überhaupt habe ich die immer wiederkehrende Beobachtung gemacht, dass bei Philologen ein sachlich-billiges, ins Ganze rechnendes Urteil sehr viel seltener ist: Sie sehen auf die Mängel und Lücken und lieben es, sie im Einzelnen vorzurechnen. Es hängt doch auch mit der Aufgeblasenheit zusammen, die man wohl als die eigentliche Berufskrankheit der philologischen Universitätsprofessoren in Deutschland bezeichnen darf: Die Berliner Universität wird in dieser Absicht den Ruhm in Anspruch nehmen können, die „schönsten Fälle" hervorgebracht zu haben, von Friedrich August Wolf an bis auf die Gegenwart.

Am 9. März war die Konfirmation von Hans in Schöneberg durch Pastor Vorberg, ein Tag schmerzlicher Erinnerung.

Zu einem Frühlingsausflug kam es dies Jahr nicht; dagegen war Reuter die Osterferien bei uns. Meine Schulgeschichte, deren zweite Auflage vor der Tür stand, nahm meine Zeit in Anspruch: Dagegen machten wir in der Pfingstwoche mit den Kindern eine kleine Fahrt in den Harz. Nachdem wir zuvor früh um vier auf dem Dahlemer Feld die Sonnenfinsternis beobachtet hatten, die in der Tat kurz nach Sonnenaufgang wieder völlige Dämmerung eintreten ließ, fuhren wir früh nach Wernigerode. Am Pfingstsonntag wanderten wir auf den Brocken, wo Tausende von Menschen sich drängten und es unmöglich machten, auch nur eine Erfrischung zu erlangen; wir mussten also ungegessen abziehen und speisten unterwegs nach Ilsenburg bei gutem Mut die geringen Reste unseres Frühstücks,

Wenningstedt auf Sylt am Ende des 19. Jahrhunderts: „Das wundervolle Seebad eröffnete den Tag; Wenningstedt war damals noch ganz primitiv".

erst spät am Nachmittag gelangten wir zu einer Tasse Kaffee und einem Butterbrot. Hohneklippen und Harzburg waren die Ziele der folgenden Tage; wir richteten uns nun so ein, dass wir am Morgen uns selbst bei Schlächter und Bäcker mit dem Nötigen versorgten und uns irgendwo an einer Quelle im Wald zum Mahl lagerten. Die Freude am Ungewohnten machte diese Lagerungen besonders genussreich. Die Kinder waren übrigens von klein auf gewöhnt: Niemand darf bei Ausflügen müde oder hungrig und durstig werden, sonst kann er nicht mit. Sie marschierten mit manchen Extratouren den ganzen Tag ohne Murren und ohne Ermüdung.

In den Sommerferien ging ich mit Laura nach dem Norden (10. August bis 5. September). Zuerst blieben wir einige Tage in dem geliebten Gremsmühlen bei unsern alten Freunden Wrages; Tagesausflüge nach dem Bungsberg, nach Panker, bei welcher Gelegenheit ich auch unser Haßberg wiedersah (es hatte aber aufgehört Seebad zu sein), nach Plön, Kasseedorf – Stendorf, ließen uns die herrlichen See- und Waldlandschaften des östlichen Holstein recht genießen. Ein paar Tage in Langenhorn gehörten unsrer alten Tante Grete. Dann gingen wir nach Sylt, wo wir bald das überfüllte Westerland gegen das freundliche Wenningstedt vertauschten. Es waren zehn herrliche Tage, die wir hier zubrachten. Das wundervolle Seebad eröffnete den Tag; Wenningstedt war damals noch ganz primitiv; im Seebad war man ganz sich selber überlassen; ich schwamm regelmäßig weit hinaus, von den stets regen Wellen sanft geschaukelt. Wir blieben dann am Strand, suchten irgendwo in den hohen Dünen auf dem Kliff eine gegen den Westwind geschütztere Stelle auf und streckten uns in den Sand; der blaue Himmel mit fliegenden weißen Wölkchen, die schimmernden Möwen über den Dünen kreisend, die wogenden Gräser des Strandhafers, der leise rieselnde Flugsand, das alles hat sich unvergesslich eingeprägt. Dann lasen wir dazwischen, Hebbels „*Nibelungen*",[470] Augustins „*Konfessionen*",[471] die „Odyssee": Die Einsamkeit und Stille schafft große Empfänglichkeit. Nachmittags wurde meist ein größerer Spazier-

Wyk auf Föhr, Sandwall um 1900

gang gemacht, nach dem Uwenberg bei Kampen, nach Keitum usw. Der Weg über die Heide, in der Dämmerung an den alten Hünengräbern vorüber, ist voll Ossianischer Stimmung.[472] Oder wir gingen auf dem Kliff zurück, die Dünen lassen dicht am Abhang einen etwa zwei Meter breiten Fußsteig frei, wo der Fuß wie auf gepflastertem Steig auftritt, der Blick schweift über das Meer und seine drei Brandungsringe ins Unendliche, hie und da ein fernes Segel erspähend; dann taucht die sinkende Sonne in die grünen Wogen, und nun hängt der leuchtende Abendhimmel noch eine Stunde und länger wie eine goldglänzende Tapete im Westen, bis allmählich die Nacht vom Osten herüberzieht und Heide und Moor mit „purpurner" Finsternis bedeckt.

Am letzten August fuhren wir nach Wyk, wo wir übernachteten; die lampenbeleuchteten Balkons des Sandwalls[473] luden zu behaglichem Verweilen ein; indessen, wir bestiegen in der Frühe den „Flamingo", um über Helgoland nach Hamburg zu fahren. Das kleine und dürftige Schiff schwankte bedenklich, als wir der freien See und dem kräftigen Westwind die breite Seite boten; doch hielten wir uns tapfer, während die meisten Passagiere verschwanden. Endlich kamen wir unter den Schirm von Helgoland, und bald tauchten aus dem Nebel die roten Klippen hervor. Wir landeten nicht, was mir heute leid tut, wer weiß, ob ich das alte Felseneiland noch einmal mit Augen schaue. Die Fahrt über Cuxhaven die Elbe hinauf war ruhig und schön; die holsteinischen Marschen lagen im Duft,[474] Mühlen, Türme, Höfe zeichneten sich mit leisen farblosen Umrissen wie in einer blassen Radierung ab. – Hier erst machten wir die Entdeckung, dass wir einen alten Bekannten an Bord hatten: Dr. Husserl, damals Privatdozent in Halle. Er hatte viel zu klagen über persönliche Schicksale, über Krankheit usw. In Altona blieb ich ein paar Tage bei Reuter; den Sedantag[475] feierte ich mit dem Gymnasium in Pinneberg; von dem Kollegium, das zu meiner Zeit gelebt hatte, war nur einer noch dabei, der seminaristische Lehrer der ehemaligen Septima.

Inzwischen hatte ich die Nachricht erhalten, dass Onkel Ipke gestorben sei; ich kehrte daher noch einmal nach Langenhorn zurück, um seinem Begräbnis beizuwohnen. Er war wie der jüngste, so der letzte aus der Reihe der Geschwister des Vaters, der uns verließ. Nun stand ich als der älteste des Geschlechts da, der Name hing an mir und meinen Söhnen. So waren es ernste Gedanken, die mich bewegten, als ich dem Sarg, der nach alter Sitte zweimal um die alte Kirche getragen wurde, folgte. Schmerzlich war uns allen, dass Onkel Ipke noch kurz vor seinem Tode das Haus und die Stelle, wo die Familie vor 70 Jahren aus der Olander Flut gelandet war, verkauft hatte. Die Arbeit war ihm zu viel geworden, Leute mochte er nicht in Dienst nehmen; so hatte er sich rasch entschlossen der Last entledigt und ein kleines Nachbarhaus dafür gekauft, wo er die letzten paar Jahre kümmerlich genug lebte. Hätte er den Verwandten vom Sande ein Wort gesagt, so würden sie die Stelle gern übernommen haben, und sie wäre in der Familie geblieben. So seltsam verschlossen war sein Wesen. Seit dem Tode der Tante Josina hatte er ganz einsam gelebt, fast ohne jede Hilfe und Pflege, wie der Ärmste der Armen; dabei hinterließ er ein überaus stattliches Vermögen; und er war nicht geizig: Er hatte noch in der letzten Zeit ansehnliche Legate für öffentliche Zwecke ausgesetzt.

Anfang Oktober ging ich noch mit Rudi und Hans ein paar Tage von Niesky nach Löbau, über Hochkirch mit seinen Erinnerungen an Friedrich den Großen und Keith[476] auf den Czorneboh und nach Bautzen. Die Erinnerung an Freund Belger[477] begleitete uns hier überall.

Gedenkstein für Friedrich Paulsens Onkel und Tanten auf dem Langenhorner Friedhof

1895

Das Jahr begann und endete mit Nöten, die uns der Älteste machte. Hatten wir bisher gehofft, dass die Jahre in Niesky einen dauernd günstigen Einfluss auf ihn haben würden, wie er denn wirklich, trotz gewisser Wunderlichkeiten zeitweilig ganz zutunlich und nett war und auch in der Schule das Geforderte ohne Schwierigkeit leistete, so war schon sein Verhalten bei der Konfirmation 1894 derartig, dass es für die Folge allerlei Kämpfe voraussehen ließ. Im März 1895 sollte er das durch die Lehrordnung von 1892 neu eingeführte sogenannte „Abschlussexamen" bestehen, das den Einjährigenschein eintrug. Hatten schon seine Briefe vorher ein hochgradiges Examensfieber, durch die schriftlichen Arbeiten hervorgerufen, gezeigt, dem wir durch Zureden vergeblich zu steuern suchten, so brachte die Nähe des Termins für die mündliche Prüfung, zu dem, zum ersten Mal in der Anstalt, der Schulrat aus Breslau erwartet wurde, die Krisis: Er verließ heimlich gegen Abend die Anstalt und wanderte die ganze Nacht durch bis nach Muskau. Dann wusste er sich nicht weiterzuhelfen und wurde auf ein Telegramm von einem Lehrer abgeholt. Durch eine Anfrage des Direktors erregt, hatten wir eine schlaflose Nacht. Am folgenden Tag fuhr ich nach Niesky und hatte mit dem Ausreißer ein trübseliges Wiedersehen. Er wurde zum mündlichen Examen zwar zugelassen, bestand aber nicht, was unter diesen Verhältnissen nicht überraschte. Da in der Anstalt, um der Ansteckungsgefahr willen, die das romantische Unternehmen haben konnte, seines Bleibens nicht war, nahm ich ihn mit nach Hause. Nach manchen Überlegungen, auch mit Ärzten, hielt ich es für das Beste, ihn zu Hause zu behalten und auf das Gymnasium in Steglitz zu tun. Er wurde ohne Umstände in die Untersekunda aufgenommen; ich hörte von den Lehrern, dass er, wenn er hier das Examen gemacht hätte, nach seinen Klassenleistungen, besonders in der lateinischen und griechischen Sprache, es hätte ohne alle Schwierigkeit bestehen müssen; er sei, vor allem in der Grammatik, einer der besten Schüler. Er hätte also zu Michaelis[478] die Prüfung wiederholen können. Unglücklicherweise fand aber damals hier keine Herbstversetzung statt; er musste also noch ein Semester in Untersekunda bleiben. Dies wurde sein Unglück. Hatte er schon den Sommer sich gehen lassen, so wurde er jetzt vollends nachlässig und übermütig; ein gewisses frühreifes Ingenium, das sich seit Jahren in allerlei unreifen schriftstellerischen Produktionen, in Prosa und Versen, äußerte, kam hinzu; er wurde die Bewunderung der Mitschüler. Eines Tages fiel ein solches Erzeugnis einem Lehrer in die Hände, es waren dumme, aber im Grunde harmlose Verse auf einen andern Lehrer. Der Entdecker hielt es für erforderlich, Anzeige zu erstatten, und damit war dann das *consilium abeundi*[479] gegeben. – In den Weihnachtsferien musste ich mich nach einer neuen Schule umtun, die Wahl fiel auf Freienwalde, wo ich ihn denn selbst hinüberbrachte und für ihn Quartier suchte. Da man hier ihn erst besehen wollte, so kam das Unglücksexamen nicht vor dem Herbst 1896 zum endlichen Ende: Zwei und ein halbes Jahr hatte die nichtswürdige, nach ein paar Jahren wieder auf allgemeines Drängen aufgehobene Einrichtung ihn in der Untersekunda festgehalten, zum größten Schaden für seine Gesamtentwickelung, zur Pein für das Haus. Wäre es nicht gewesen oder wäre nur der Unglücksrat von Breslau nicht gekommen – der ledernste Pedant, dem ich in meinem Leben begegnet bin –, so würden sie, versicherten mir die Lehrer in Niesky, ihn unbedenklich nach Obersekunda versetzt haben. Es ist möglich, dass ein glatter und angstloser Übergang in das Pädagogium ihm zu einem Aufschwung Anlass geworden wäre. Die Depression, die er durch die Misserfolge erlitt, hat er überhaupt nicht überwunden. Er war nachher nicht zu bewegen, sich der Abiturientenprüfung zu unterziehen. Ich musste ihn nach anderthalb Jahren Prima fortnehmen, um nicht Ähnliches wie in Niesky zu riskieren. – Seit jenem Unglück hing sein Schicksal zehn Jahre lang wie eine drohende schwarze Wolke an unserem Himmel. Unzählige Sorgen und Enttäuschungen folgten einander.

Im August kam der erste Band der zweiten Auflage der „*Geschichte des gelehrten Unterrichts*" heraus.[480] Das Werk war mir in der Arbeit der letzten Jahre unter den Händen auf das Doppelte gewachsen. Überall fand ich zu ergänzen, neues Material zu verarbeiten, gegen falsche Auffassungen und Beurteilungen Stellung zu nehmen, vor allem war die Geschichte des letzten Jahrzehnts nachzutragen, *cujus aliqua pars et ego fui.*[481] Es war kein Zweifel, das Klima war in dem Jahrzehnt ein durchaus anderes geworden. Die Zuversicht des Selbstverständlichen und allein Möglichen, welche die orthodoxe Gymnasialpädagogik noch 1884 zur Schau getragen oder vielmehr wirklich besessen hatte, war an allen Punkten gebrochen; sowohl in der Auffassung des Vergangenen, z. B. des Humanismus des 16. und Realismus des 17. Jahrhunderts, war eine vollständige Wandlung eingetreten als in der Beurteilung der Lage der Gegenwart und des Weges der Zukunft. Karl von Raumer oder Eckstein nachzusprechen war unmöglich geworden. In Absicht auf die Zukunft bereitete sich in den Kreisen der Gymnasialpädagogen alter Observanz unter der Führung von Jäger und Cauer der große Umschwung vor, der in der Formel ausgedrückt ist: statt der Erhaltung des Gymnasialmonopols Erhaltung des klassischen Unterrichts um den Preis der Gleichstellung der Realabiturienten. Aufregung rief die zweite Auflage daher nicht mehr hervor; es sind mir kaum Besprechungen zu Gesicht gekommen, was freilich auch in der engherzigen Geschäftspraxis des Verlegers seinen Grund haben mochte. – Sollte ich noch eine dritte Auflage erleben, so würde ich die Genugtuung haben, in dem Vorwort sagen zu können: dass ich aus dem Lager der Ketzerei in das Lager der Orthodoxie versetzt worden sei, aber nicht durch Änderung meiner Anschauungen, sondern durch den großen Wandel in der Welt draußen. Die verfolgte Sache ist inzwischen zur siegreichen geworden. Einen höheren Triumph hätte mir der Schmeichler nicht wünschen können beim Erscheinen der ersten Auflage.

Im Winter 1895/96 hielt ich zum ersten Mal eine neue Vorlesung über Rechtsphilosophie. Sie war mir bei der Übertragung des Ordinariats zur Amtspflicht

Friedrich Paulsen um 1895: „Nun stand ich als der älteste des Geschlechts da, der Name hing an mir und meinen Söhnen."

gemacht worden. Auch an dieser Vorlesung habe ich viel Freude gehabt. Meine Zuhörer waren zu neun Zehnteln Juristen. Ich musste mich erst ein wenig in das, was sie gewöhnt waren, hineinfinden. Das erste Mal verfehlte ich es dadurch, dass ich zu wenig auf präzis gefasste Formeln gab. In der Folge gab ich darin nach, dass ich den Inhalt mehr in Definitionen und Formeln goss, seitdem habe ich auch hier über Untreue des Hörsaals nicht zu klagen gehabt. Und mir selbst ist diese etwas schärfere Zuspitzung der Gedanken wert geworden. So große Scheu ich vor der Erstarrung lebendiger Gedanken in einem festgepfählten Schulsystem behielt, so habe ich doch dem Bedürfnis der Lernenden, in festen Sätzen einen Extrakt des Vortrags zu besitzen, überall mehr nachgegeben, als ich es anfangs zu tun für recht hielt: Ich wollte damals nicht das Schwarz auf Weiß zum getrosten Nachhausetragen[482] bieten.

Noch erwähne ich, dass ich in diesem Jahre zuerst in die Diskussion politischer Tagesfragen hineingezogen wurde. Die „Umsturzvorlage" war eingebracht;[483] sie war zunächst zur Bekämpfung der Sozialdemokratie erfunden, auf direkten Antrieb des Kaisers, der den „Genossen" nicht vergab, dass sie auf sein erstes Entgegenkommen nicht „eingeschwenkt waren wie die Unteroffiziere", um Bismarcks Ausdruck zu gebrauchen. Durch das Zentrum war dann die Angriffsfront erweitert: wozu die Sozialdemokratie bekämpfen, solange man den Quell nicht verstopft, die gottlosen Hochschulen schließt und die atheistischen Professoren absetzt. Ich wurde von dem Herausgeber der *Zukunft*[484] wiederholt und dringend aufgefordert, dazu das Wort zu nehmen. Es geschah in einem Artikel „Die Deutschen Universitäten und der Umsturz“ (Februarheft der *Zukunft*).[485] Ein Artikel „Die Monarchie und die Parteien“ in Schrempfs *Wahrheit* folgte[486] und im Januar 1896 ein Artikel über die Privatdozentenfrage in den *Preußischen Jahrbüchern*.[487] Die drei Artikel gehören zusammen: Es handelte sich um die Abwehr eines von den Scharfmachern (Stumm und Genossen) organisierten Angriffs auf die Universitäten und ihre Lehrfreiheit. Der Kaiser befand sich damals im Bann dieser Gruppe, und das Kultusministerium war mit dem ganzen Staatsministerium schwach genug, dem Druck nachzugeben. Die „Umsturzvorlage“ wurde freilich abgeschlagen. Dagegen wurde der Feldzug gegen einen sozialdemokratischen Privatdozenten (den Physiker Arons) mit der äußersten Energie geführt. Da es nicht gelang, bei der philosophischen Fakultät die Abtreibung des Ungeratenen durchzusetzen, und da die Disziplinarbefugnis des Ministeriums fraglich schien, so wurde ein eigenes Gesetz gemacht und vom Abgeordnetenhause angenommen, auf Grund dessen der p. p.[488] Arons vom Staatsministerium aus seiner Privatdozentur entfernt werden konnte. Bei dieser Aktion leistete der Professor Hinschius, der in den 70er Jahren als Kulturkampfhetzer dem Ministerium Dienste geleistet hatte, auch jetzt Vorspann: Er bewies das Recht des Ministeriums, jeden Beamten zu disziplinieren; die Privatdozenten seien aber Quasi-Beamte. Ich zeigte demgegenüber, dass der ganze Sinn des Instituts[489] sei: die Universitätslehrer auf der ersten Stufe ganz außer Berührung mit der Amtssphäre und dem Amtsrecht zu halten. So sei es geschichtlich zu verstehen und so sei es durch die Sache gefordert; so stehe es auch in den Statuten der preußischen Universitäten. Natürlich hielt der Artikel die gesetzgeberische Aktion nicht auf. Doch war er vielleicht nicht ganz vergeblich; er zeigte wenigstens, dass auf den Universitäten der Wille, die alte Freiheit zu verteidigen, nicht abgestorben sei.

Inzwischen hatten sich im Sommer in der Fakultät die Verhandlungen über Arons abgespielt. Vom Ministerium war eine Aufforderung eingegangen, gegen Arons einzuschreiten. Ich sprach entschieden gegen den Vorschlag, der gemacht wurde, eine Untersuchung durch die Fakultät oder den Dekan anstellen zu lassen; man möge das Urteil auf Grund des von der Regierung beigebrachten Materials fällen, wobei man vielleicht zu einem Verweis wegen gewisser Äußerungen sich werde entschließen müssen. An einem der nächsten Tage erhielt ich eine Aufforderung von Dr. Althoff, auf das Ministerium zu kommen. Ich stellte mich ein und sah alsbald, dass ich in Ungnade gefallen sei. Er zeigte sich über die Verhandlungen der Fakultät, über die Abstimmung der Einzelnen vollkommen unterrichtet; es muss also ein Mitglied der Fakultät ihm direkt oder indirekt alles zugetragen haben: Wer es gewesen ist, darüber habe ich nur Vermutungen. Er machte mir heftige Vorhaltungen: Die Universität scheine sich nach meiner Ansicht als Republik, als Staat im Staat auftun zu sollen, in absoluter Unabhängigkeit von der Verwaltung. Ich erwiderte: ich erstrebe durchaus nichts Derartiges, wohl aber sei ich der Ansicht, dass die Fakultät in ihrer richterlichen Funktion, als Disziplinar-

Leo Arons, seit 1890 Privatdozent für Physik in Berlin: „Vom Ministerium war eine Aufforderung eingegangen, gegen Arons einzuschreiten."

gericht über Privatdozenten, keine Weisungen vom Ministerium annehmen könne und dürfe, dass sie als solche auch darüber entscheiden müsse: ob sie in weitere Untersuchungen des Falles eintreten solle oder auf Grund des vorliegenden Materials die Entscheidung treffen. Er redete, auf die Rechtsfrage nicht weiter eingehend, dann von sozialdemokratischer Gesinnung, die bei einem Professor als Staatsbeamten schlechterdings nicht zu dulden sei, und brach mit einem plötzlichen und fast drohenden Adieu die Besprechung ab. Ich nahm meinen Hut und ging, nun auch im Zorn, mit einem kurzen Adieu zur Türe hinaus. Offenbar war es auf eine Einschüchterung abgesehen; wie er denn auch schon bei einer Begegnung bald nach meinem Artikel in der *Zukunft* mir angedeutet hatte: für einen Professor erscheine es nicht passend, in einem Blatt, das jede Woche Majestätsbeleidigungen bringe, als Mitarbeiter sich zu zeigen. Worauf ich erwiderte, dass mir das Verhältnis eines Mannes zu einem Blatt, in dem er gelegentlich einmal einen Artikel mit seinem Namen veröffentliche, nicht so arg erscheine.

Um die Sache gleich zu Ende zu bringen: Ich wurde nun längere Zeit von Althoff geschnitten. Wir begegneten uns, da er in Steglitz wohnte, öfters unterwegs, er ging vorüber, ohne meinen Gruß zu erwidern, was denn zur Folge hatte, dass ich auch nicht mehr grüßte. Indessen, das Wetter zog auch wieder vorüber. Als das Umsturzgewitter ausgetobt hatte und das Interesse an der Verfolgung der Sozialdemokratie an höchster Stelle nachließ, stellte Althoff das alte Verhältnis zu mir wieder her. Er ließ mich bitten, ihn aufzusuchen, es wird im Frühjahr 1897 gewesen sein; als ich kam, empfing er mich, gewissermaßen sich entschuldigend: Es habe ihn jenes Vorkommnis wie der Verlust eines persönlichen Freundes geschmerzt; ich wisse nicht, was ein Mann in seiner Stellung alles erlebe, wie er auch wohl getäuscht werde: „Glauben Sie mir, unsereiner lernt die Herren Professoren von mancher Seite kennen, von der Sie sie nicht sehen." So kamen wir wieder ins Geleise; er ließ mich nun meinen Weg gehen und hat seitdem keinen Versuch wieder gemacht, mich durch Bedrohung oder auch durch Verlockung auf andere Gedanken zu bringen. Dagegen hat er mich in der Folge oft zu Beratungen herangezogen, in Personalangelegenheiten wie in sachlichen Fragen, zu Einzelbesprechungen – er kam häufig am Sonntag zu mir herüber – und auch zu allgemeinen Beratungen in Sachen des Universitäts- und Schulwesens. Ich habe dabei Gelegenheit gehabt, ebenso den gesunden Verstand des Mannes, der oft unter wunderlichen Formen sich versteckte, aber doch den Weg und das Ziel nicht aus den Augen verlor, zu erkennen, als auch seinen guten Willen gegen Einzelne; so schroff und abstoßend er sein konnte und so wenig sein Benehmen namentlich gegen junge und abhängige Leute den vornehmen Charakter hatte, der dieser Stellung angemessen ist, so war er im Grunde doch wohlwollend und förderte, wo er Kraft und Leistungsfähigkeit sah, zum Ziel. Ich habe davon mehr als eine Probe aus der Nähe gesehen; wie er z. B. auch mit persönlicher Bemühung und Teilnahme Gymnasiallehrern Freiheit und Muße für eine Arbeit verschaffte oder wie er sich freute, jüngere Universitätsgelehrte an die rechte Stelle zu bringen und ihnen die Wirkungskraft zu erhöhen.

Dass er sachlich für die Universitäten und die wissenschaftliche Forschung in seiner jahrzehntelangen Verwaltung sehr Bedeutendes geleistet hat, daran wird niemand zweifeln. Er scheute keine Arbeit und keine Mühe, wenn es galt, ein Notwendiges durchzusetzen, mit ungemeiner Zähigkeit wusste er innerhalb der vom „Ressortpatriotismus" beherrschten Gesamtverwaltung das Interesse der Universitäten und des höheren Unterrichts durchzusetzen. Und auch das wird man sagen dürfen, dass er im Ganzen im Sinne der Freiheit der Wissenschaft seinen Einfluss geltend gemacht hat. Er war in keiner Weise ein engherziger Parteimann, am wenigsten war er ein Parteigänger der Dunkelmänner; ich habe dafür entscheidende Beweise aus späterer Zeit, wo er sich der freieren Richtung in der Theologie mit Entschiedenheit annahm. Dass er dabei ein „politischer" Mann blieb, ist selbstverständlich; ließ sich, was er wollte, auf keine Weise durchsetzen, wurde durch überlegene Mächte seine Mitwirkung oder Duldung für Dinge in Anspruch genommen, die er an sich kaum billigte, so hielt er es nicht für notwendig, darum sein Amt niederzulegen. Dass dabei auch ein Interesse der Selbsterhaltung mitsprach, ist anzunehmen: Er hatte ohne Zweifel Freude an der Macht. Aber mit gutem Grund lässt sich sagen, dass auch das allgemeine Interesse eine gewisse Biegsamkeit von den Beamten fordert: Der Theoretiker soll rücksichtslos seine Gedanken zu Ende führen, allein dem λόγοσ[490] folgend, der Praktiker muss sich den Dingen und Verhältnissen anpassen, seine ganze Wirksamkeit beruht darauf, dass er das unter den gegebenen Umständen Erreichbare durchsetzt. Spröde Eigenwilligkeit, die auf dem „ganz oder gar nicht" besteht, ist hier eine disqualifizierende Eigenschaft. Es ist, wie Bismarck einmal sagte, als ihn Virchow wegen der Schwankungen in seiner Politik angriff: „Ich kann den Wind nicht machen, ich muss das Steuer nach dem Wind legen, um meinem Ziel mich zu nähern.“ Althoff hatte ohne Zweifel von Bismarck gelernt, gelernt vielleicht auch, wenn anders er dies nötig hatte, in der Wahl der Mittel und in der Benutzung und der Behandlung der Personen nicht allzu ängstlich zu sein. Aber er hatte mit ihm auch gemeinsam die zähe und nachhaltige Kraft, den entschiedenen Willen zur Sache und zum Ziel.

Am wenigsten möchte ich Althoff zum Vorwurf machen, dass er über den Willen der Fakultäten sich öfters hinwegsetzte. Wer diesen Dingen nähergetreten ist, der wird den großen Respekt vor dem Votum einer Fakultät, wie ihn die Zeitungen haben oder heucheln, schwerlich teilen. Ja, man kann sagen: Etwas Gewissenloseres als eine Körperschaft, in der eigentlich niemand sich als den Verantwortlichen fühlt, gibt es überhaupt nicht. Ein Einziger oder ein paar Leute, die sich vorher verständigt haben, machen den Vorschlag, die Masse fühlt sich durch die Stimme der Sachverständigen gedeckt, ist in der Regel auch nicht in der Lage, ein Urteil zu haben, und so wird das Votum eines Mannes unter dem Deckmantel der Fakultät ausgefertigt. Ein Widerspruch ist, namentlich in einer großen Fakultät, kaum möglich, schon die Ungeduld, die nur rasch einen Beschluss will, drückt ihn zu Boden. So kann es geschehen, dass Leute, die nichts geleistet haben, die nichts sind und nichts können, in den Himmel gehoben und als einzigartige Leuchten der Wissenschaft gepriesen werden, vielleicht bloß um zu verhindern, dass der eigentlich berufene Mann, der aber diesem oder jenem Fakultätspotentaten nicht genehm ist, berufen wird. Oder ein andermal geschieht es, dass sehr tüchtige Leute übergangen oder herabgesetzt und missgünstig beurteilt werden, um sie unmöglich zu machen. Alles dies habe ich erlebt. Und darum würde ich sagen: Die Berufung der Professoren allein in die Hand der Fakultäten legen, wäre der nächste Weg zum Ruin der deutschen Universitäten. Schon die Kontrolle der Vorschläge durch eine obere Instanz mäßigt die Willkür. Vielfach wird es aber so sein, dass die Zentralverwaltung auch wirklich mehr im Stande ist, eine sachgemäße Entscheidung zu treffen. Wenn auch das eigene Urteil über den Wert wissenschaftlicher Leistungen auf einen engen Kreis beschränkt bleibt, so wird doch dieser Mangel einigermaßen kompensiert durch die ausgedehntere Personenkenntnis und die Möglichkeit, durch mannigfache Urteile Uninteressierter sich zu unterrichten. Kein Zweifel, dass beides Althoff in ungewöhnlichem Maße zur Verfügung stand. Er besaß Personalkenntnis auf diesem Gebiet in erstaunlichstem Umfang, wobei ihm die rasche Orientierung und sein unglaubliches Gedächtnis für solche Dinge sehr zustatten kam; er benutzte andererseits jede Gelegenheit, sich Urteile und Auskünfte von vielen Seiten zu beschaffen, im ausgedehntesten Maße, wobei er sich allerdings wohl nicht immer auf ganz einwandfreie Wege beschränkte. Aber zweifellos besaß er auf diese Weise eine Information über die sachlichen und persönlichen Verhältnisse, wie sie nicht von ferne in einem andern Kopf in solcher Vollständigkeit sich vorfand. Er war daher

Friedrich Althoff: „Dass er sachlich für die Universitäten und die wissenschaftliche Forschung in seiner jahrzehntelangen Verwaltung sehr Bedeutendes geleistet hat, daran wird niemand zweifeln."

in hohem Maße befähigt, über die vorhandenen Lehrkräfte zu disponieren, den tauglichen Mann an den Platz zu bringen, wo er am nötigsten und wirksamsten sein konnte. Dass dabei alle Wünsche der Einzelnen befriedigt würden, war natürlich unmöglich und wird immer unmöglich bleiben. Und darum wird ein Mann in dieser Stellung der üblen Nachrede und dem Hass niemals entgehen können. Dass Althoff beides in besonders reichlichem Maß zuteilgeworden ist, ist noch kein Beweis gegen die Tüchtigkeit seiner Verwaltung.

Freilich, er hat sich durch die Art seines Verhaltens gegen Personen, die sich von ihm abhängig fühlten, auch manchen begründeten Vorwurf und manchen unnötigen Hass zugezogen. Es fehlte ihm die Haltung des wahrhaft vornehmen Mannes, der Wohlwollen und Zurückhaltung im rechten Maße zu mischen weiß; es war etwas Hastiges, Unruhiges, Aufgeregtes, fast möchte man sagen Plebejisches in seinem Wesen, das einmal hochfahrend und plump verletzend, ein andermal durch etwas wie schmeichlerisches Wesen abstoßend wirken konnte. Dabei konnte er wieder liebenswürdig und verbindlich sein, wenn er gewinnen wollte. Napoleon I. erscheint in Taines Darstellung[491] mit einer ähnlichen seltsamen Mischung von Charakterzügen ausgestattet. In der Tat hatte Althoff auch denselben Herrschaftswillen in seinem Gebiet. „Das *imperare*", sagte er einmal, „macht den Staatsmann." Dabei hatte er ganz die Unbefangenheit gegen Parteischablonen und Doktrinen wie jener; er sah auf die Person und ihre Leistungsfähigkeit, nicht auf ihre Zugehörigkeit zu dieser oder jener Richtung. „Ich habe nie eine Hetze mitgemacht", äußerte er einmal gegen mich, „keine Antisemiten-

Denkmal für Wilhelm Tell in Altdorf: „Das stattliche Denkmal Tells, der mit seinem Knaben an der Hand aus den Bergen herabschreitet, sollte eben enthüllt werden."

hetze, aber ebenso wenig die Hetze gegen Katholiken – oder gegen Freisinnige. Ich sehe mir den Einzelnen an."[492]

Der Frühlingsausflug dieses Jahres (16. bis 20. April) beschränkte sich auf eine kleine Wanderung mit Kaftan und Nohle im Gebiet des Erzgebirges:[493] Von Aussig bestiegen wir den Milleschauer, bei welcher Gelegenheit mir der Sinn des Ausdrucks „böhmische Dörfer" aufging: Es war uns unmöglich, die Namen der drei oder vier tschechischen Dörfer, durch die wir kamen, zu merken. Der Ausblick von der Höhe des Milleschauer war sehr schön, so auch der Abstieg über die Dubna-Kapelle[494] zur Elbe und die Überfahrt zum Schreckenstein. Wir besuchten dann Teplitz, das noch im Winterschlaf lag; von Schanda[495] aus machten wir eine schöne Tour über den Gabrielensteig durch die Edmundsklamm nach Herrnskretschen; Hohnstein und Brand machten den Beschluss.

Im Sommer entschlossen wir uns, die Schweiz zu besuchen, zum ersten Mal: Ich hatte gegen dies Fremdenland mit dem internationalen Reisevolk, das seine Hotels erfüllt, eine apriorische Abneigung und war lieber in deutschen und österreichischen Ländern gewandert. Ich gestehe, dass ich von dieser Abneigung völlig geheilt zurückkehrte. Die Schweiz bleibt herrlich und unvergleichlich, was die Natur anlangt, und mit der Bevölkerung habe ich nur oder fast nur erfreuliche Berührungen gehabt: Ihre freie und sichere Haltung ist durch den Massenbesuch der fremden Gäste nicht gebrochen; überall begegnet man freundlicher Höflichkeit, verbunden mit Bestimmtheit und Klarheit in Forderung und Aussage, Zuverlässigkeit und Redlichkeit in der Erfüllung der Zusage oder billiger Erwartung. Und auch dem gefürchteten östlichen und westlichen Reisepöbel sind wir ohne sonderliche Mühe ausgewichen, ob mehr durch Glück oder Verstand, lasse ich dahingestellt.

Nach kurzem Besuch in Höchstädt fuhren wir über Augsburg, das wir im Fluge besahen, nach Lindau. Ich lernte hier die Familie Bever kennen, die als Bindeglied zwischen den Familien Gruner und Ferchl auch in mein Leben so entscheidend eingegriffen hat. Der alte Regierungsrat war müde, dagegen Frau Bever eine sehr rüstige und lebhafte Frau; ihre Liebe zu den Ferchls-Kindern, wie sie die drei Töchter nannte, die auch mir so nahestanden, ließ auch unser Verhältnis gleich als alte Freundschaft erscheinen. Das nächste Ziel war dann der Säntis, nach dem wir schon so oft hinübergeschaut hatten. Von St. Gallen, wo das alte Kloster des heiligen Gallus besucht wurde, gingen wir durch die paradiesische Gartenlandschaft über Vögelisegg und den Gäbris nach Appenzell. Im „Hecht" fanden wir freundlich-behagliche Unterkunft. Zu unserem Erstaunen erfuhren wir, dass der Wirt zugleich Landammann, der Präsident der Republik Appenzell, sei. Und unser Erstaunen stieg, als am folgenden Tag die Töchter des Präsidenten bei Tisch in Landestracht die Gäste bedienten; es erreichte seinen höchsten Gipfel, als ich später, am frühen Morgen herunterkommend, die Gattin des Landammanns mit den Mägden beschäftigt fand, die Gaststuben zu kehren: eine Gesundheit der Anschauung von der Würde der Arbeit, die den aus dem ostelbischen Preußen Kommenden aufs höchlichste überraschte. Dass der Unteroffizier schon zu vornehm ist, etwas mit der Hand anzufassen, dass dazu die „Gemeinen" sind, die er „kommandiert", das ist der erste Grundsatz, den ihm die preußische Armee beibringt, der Grundsatz, der ihm durch das Gebot des Handschuhtragens beständig eingeprägt wird, denn die Bedeutung des Handschuhs ist hier offenbar, das Zufassen mit der Hand unmöglich zu machen. Die Unterscheidung zwischen Menschen, die bloß befehlen, und anderen, die bloß mit der Hand anfassen, wird so gleichsam zur Grundsäule der gesamten Staatsordnung gemacht; denn für den gemeinen Mann ist der Staat der Unteroffizier, der ihm nachher als Polizeimann, als Steuerbeamter usw., immer mit dem Handschuh angetan, durch das ganze Leben wieder entgegentritt. Ich erinnere mich einer langen Verhandlung des Berliner Reserveoffzierskorps, es handelte sich um die Wahl des Sohnes eines ersten Berliner Hotelwirts zum Reserveoffizier; es lag nichts vor, die Person untadelig, die Verhältnisse glänzend, aber ein Bedenken erhob sich: ob er nicht in die Lage kommen könne, gelegentlich einmal, wenn gerade kein Kellner da sei, mit eigener Hand bei der Bedienung der Gäste zugreifen zu müssen. Und dies Bedenken, lange hin und her ventiliert, wog schließlich so schwer, dass die Mehrheit sich gegen die Wahl entschied. Und nun waren wir plötzlich in ein Land versetzt, wo nicht der beliebige Leutnant, sondern die vornehmste Familie des Landes, nicht die Söhne, sondern sogar die Frau und Töchter, und nicht gelegentlich, sondern regelmäßig bei der Arbeit, ja bei der Bedienung Fremder mit eigener Hand zugriffen. Ich fühlte mich in meine alte nordfriesische Bauernwelt mit ihren nach preußischen Anschauungen so inkorrekten demokratischen Ansichten von der Arbeit der Hand, dass sie den Menschen nicht schände, zurückversetzt.

Mit einem freundlich-geduldigen Führer bestiegen wir den Säntis: Ein herrlicher Abend und ein prachtvoller Morgen belohnten uns. Die Nacht war freilich verloren, es kamen und gingen ununterbrochen Leute, und jeder Schritt war durch den ganzen Holzbau zu hören. Der Abstieg über den blauen Schnee und das Wildkirchli war besonders schön. Über Einsiedeln fuhren wir nach Brunnen, wo wir eine Reihe von Tagen blieben. Wir hatten bei liebenswürdigen Menschen, dem Maler Schoeck, eine entzückende Wohnung; das Haus lag auf einer Terrasse, etwa 30 Meter über dem See, der Blick nach dem See und Gebirge völlig frei, der Uri Rotstock schien uns mit seinem glänzenden Firn frühmorgens durch tief herabreichende große Fenster ins Zimmer. Einen Tag wie den andern schien die Sonne vom blauen Himmel und lud zu Ausflügen zu Wasser und zu Lande ein: Morschach und Axenstein, Rütli und Seelisberg waren unsere Spaziergänge, Rigi und Fronalpstock, Gotthard und Andermatt größere Ausflüge. Der Fronalpstock, über Morschach steil aufsteigend, trug über den Rigi mit seinem Hotelgewimmel und Jahrmarktströdel weitaus den Sieg davon: Wir waren ganz einsam auf der Hochfläche, und auch die Aussicht steht der vom Rigi nicht nach; der Steilabfall zum See und die Nähe des Hochgebirges ersetzt, was jener an Mannigfaltigkeit voraushaben mag. Noch haben wir von hier aus die Tellfeier in Altdorf mitgemacht, unter dem Geleit des Bruders unserer Wirtin, der Major in dem schweizerischen Heer war. Das stattliche Denkmal Tells, der mit seinem Knaben an der Hand aus den Bergen herabschreitet, sollte eben enthüllt werden. Ein Festspiel auf dem Marktplatz von Altdorf eröffnete die Feier. Es folgten Ansprachen des Bundespräsidenten Zemp und des Landammanns von Schwyz, die durch Schlichtheit und Herzlichkeit erfreuten. Das militärische Aufgebot vermochte freilich dem an Berliner Paraden Gewöhnten nicht zu imponieren. Das Ganze aber machte den erfreulichen Eindruck einer nicht durch äußere Macht, sondern durch die Urkräfte der Sitte, des Herkommens, des Gemeinsinnes zusammengehaltenen Gemeinschaft.

Am 3. September fuhren wir über den Brünig nach Grindelwald, ich erinnere mich nicht, jemals eine erdrückendere Hitze auf der Eisenbahn ausgestanden zu haben. Auch hier blieben wir wieder acht Tage, in einer Pension Schönegg, in sehr angenehmen Verhältnissen: Wohnung und Gesellschaft, Wirte und Bedienung, alles sagte uns zu. Und der Himmel tat weiter sein Bestes: Die glänzenden

Friedrich Naumann: „der glänzendste, einschmeichelndste, überzeugendste Redner, den ich gehört habe"

Schneehäupter der Zentralkette standen einen Tag wie den andern auf dem tiefen Blau des Himmels eingezeichnet. Wir bestiegen eine Reihe der mittleren Höhen, die Scheidegg, das Lauberhorn, das Faulhorn, das Zäsenberghorn, Mürren mit dem Safieretal[496] und Trümmelbachfall: Es gibt nur einen Ausdruck für die Empfindung:

Die unbegreiflich hohen Werke
Sind herrlich wie am ersten Tag.[497]

Auf dem Rückweg kehrten wir in Bern bei der Familie des Buchhändlers Francke ein, eines Bruders meines lieben Freundes in Harvard. In Basel bot sich Gelegenheit, einen Vortrag von Pfarrer Naumann zu hören: Es ist der glänzendste, einschmeichelndste, überzeugendste Redner, den ich gehört habe; er ist vielleicht weniger virtuos als Stöcker, aber durch sein ganzes Wesen gewinnt er gleich das Vertrauen des Hörers in seine unbedingte Redlichkeit: *vir bonus dicendi peritus.*[498] In Speyer machten wir Station, um einen alten Erlanger Freund, Professor Harster, zu besuchen, er ist ein paar Jahre später als Direktor des alten Nürnberger Gymnasiums auf einer kleinen Bergtour in Tirol plötzlich, vom Herzschlag getroffen, gestorben. Wir hatten seit Erlangen uns nicht gesehen und manches zu erzählen: Er hatte sich vor allem in den römischen Antiquitäten den Ruf eines anerkannten Kenners erworben. Über Worms und Mainz, deren alte Dome ich gern wiedersah, ging es nach Hause.

1896

Das Jahr begann mit einem Vortrag, den ich am 12. Januar im großen Rathaussaal zum Gedächtnis des 100. Geburtstages Pestalozzis hielt. Er wurde durch die Anwesenheit der Kaiserin Friedrich[499] mehr gestört als gehoben: Im letzten Augenblick eröffnete mir der Kultusminister, dass sie kommen würde, aber unbedingt Punkt ein Uhr aufbrechen müsse, um zum Frühstück im Schloss beim Kaiser rechtzeitig erscheinen zu können. Da ich den Vortrag nur skizziert hatte, um frei sprechen zu können und zu müssen, so war Kürzung und Dehnung in meiner Hand. Ich merkte bald, dass ich sehr zusammendrängen müsse, um den Termin nicht zu überschreiten, wurde zum Überfluss auch noch durch den Minister, der gerade vor mir saß und wiederholt unruhig nach der Uhr sah, daran erinnert – welche Äußerung der Angst und Ungeduld mich schließlich bestimmte, meine Uhr demonstrativ aus der Tasche zu ziehen und vor mich aufs Pult zu legen. Alles dies wirkte aber auf den Redner nicht eben erhebend, und ich war froh, als ich Punkt ein Uhr das letzte Wort sprach, worauf die hohe Dame in der Tat in demselben Augenblick sich erhob und hinausging. Es wäre, denke ich, der Sache mehr gedient, wenn höchste Herrschaften unter so bedrängten Umständen die Ehre ihrer Anwesenheit derartigen Veranstaltungen nicht schenkten. Mir war der Vortrag so verleidet, dass ich ihn nicht für den Druck ausarbeiten mochte; übrigens wird die Welt nicht viel daran verloren haben.

In der Folge hatte ich die Hände voll zu tun mit der Vollendung des zweiten Bandes der „*Geschichte des gelehrten Unterrichts*", der im Herbst herauskam, und der Überarbeitung der „*Ethik*", von der die vierte Auflage im Sommer erschien.

Albert Schweitzer im Jahre 1896: „Ein Elsässer, Schweitzer, wurde uns von Curtius empfohlen".

Die Kaiserin Friedrich, Witwe des Kaisers Friedrich III.: „Es wäre, denke ich, der Sache mehr gedient, wenn höchste Herrschaften unter so bedrängten Umständen die Ehre ihrer Anwesenheit derartigen Veranstaltungen nicht schenkten."

Meine Vorlesungen und meine Übungen fuhren fort, mir Freude zu machen. Unter meinen Hörern trat mir in diesen Jahren besonders Theodor Lorenz nahe, ein schon älterer, hervorragend begabter Student. Mehrere Semester nahm auch ein Blinder an den Übungen teil, Hohenemser aus Frankfurt; er orientierte sich rasch und leicht. Zwei Brüder Horneffer kamen ins Haus, der eine von ihnen ging an das Nietzsche-Archiv. Durch eine Dekanatsprüfung machte sich mir ein kleiner Berliner, Willy Kabitz, zuerst bekannt, ungewöhnlich lebhaften und rasch fassenden Geistes. Ein Graf Dohna, ein schon älterer Mann, der als Major aus dem Dienst geschieden war, nahm an den Übungen längere Zeit mit regem Eifer und Einsicht teil. Unter andern Namen sind mir die von Baensch und Mayer in der Erinnerung geblieben, beide jetzt Privatdozenten an der Straßburger Universität. Ein Elsässer, Schweitzer, wurde uns von Curtius empfohlen; er verkehrte bei uns und ist jetzt ebenfalls Dozent in Straßburg.[500]

Noch berichte ich mit einem Wort über unsere Reisen. Im April (13. bis 21.) besuchten wir das Frankenland. Zuerst die Heimatstadt Lauras, denn so darf man Würzburg nennen. Die heitere und malerische Stadt mit ihrer näheren Umgebung, dann Wanderungen mainauf und -ab, besonders eine schöne Wanderung über Vogelsberg, Volkach, Dettelbach, Kitzingen (wo unsre Mädi geboren ist) sind mir in heller Erinnerung. Ebenso ein Ausflug nach Rothenburg ob der Tauber, dem entzückendsten alten Stadtbild, das auf der Welt zu finden sein möchte: Es ist wirklich märchenhaft, dieses Hineinragen des 16. Jahrhunderts ins 19.: Die alten Mauern und Türme, die Treppen und Weichen,[501] alles steht da, als wenn die Bürger beim Sturmläuten die Wälle zu besteigen jeden Augenblick bereit wären.

Agathe Margarete Ketelsen („Tante Grete"), Schwester der Mutter Friedrich Paulsens: „Sie hat ihr Leben lang Anderen gedient."

Die Sommerreise mit Laura ging wieder in die Berge (13. August bis 9. September). Nachdem wir in Nürnberg die bayrische Landesausstellung besucht, fuhren wir nach Kufstein. Am Achensee hatten wir uns mit Ebbinghaus verabredet. Dann ging's durchs Zillertal auf die Berliner Hütte. Auf dem Weg nach dem Schwarzenstein nötigte ein heftiger Schneesturm zur Umkehr. Nach Regentagen in Mayrhofen gingen wir über das Tuxer Joch nach St. Jodok, wo wir den Kollegen Brandt mit Sievers und noch einigen Linguisten trafen. Über Igls, Innsbruck fuhren wir nach Zell am See, wo wieder unendlicher Regen uns die Schmittenhöhe verdarb. Die letzte schöne Woche brachten wir mit Kaftans und Kautzsch (Halle) auf dem Obersalzberg im Berchtesgadener Ländle zu.

Am 22. Oktober starb unsere liebe Tante Grete in Langenhorn. Schon im Frühjahr 1895 hatte Krankheit und Schwäche ihr Leben bedroht. Ich fuhr hinüber, und als ich unerwartet an ihr Bett trat, sagte sie heiter: „Nun hätte ich doch eher den Tod vermutet als dich." Jetzt kam der Tod eigentlich unerwartet; noch ganz kurz vorher war Laura mit unsrer Grete auf ein paar Tage zum Besuch bei ihr gewesen; sie war schwach, aber in ihrer Art still und heiter. Schmerzlos ist die gute Seele hinübergegangen. Sie hat ihr Leben lang Anderen gedient. In ihren Jugendjahren diente sie bei Pastor Iversen, erst in Enge, dann in Neukirchen in Angeln; dann blieb sie unverheiratet im Hause der Großeltern, blieb, als diese starben, bei dem Bruder, eine rechte Tante: Sie war eine Schwester der Frau, eine Mutter ihrer Kinder; endlich kam sie zu uns und hat der Mutter die letzten Lebensjahre zu Jahren der Ruhe und der Freiheit gemacht. Und so hat sie den Vater bis ans Ende behütet und gepflegt. Ich habe niemals ein hartes oder zorniges Wort über ihre Lippen gehen hören. Sie konnte verletzt werden, aber sie wehrte

Bei Langenhorn, Foto aus dem Besitz Friedrich Paulsens: „Das alles lag nun wie ein für immer geschlossenes Buch hinter mir."

sich nicht, es sei denn mit einem traurigen Blick. Wo sie helfen konnte, war sie stets bereit, ohne auf Dank zu rechnen. Und darum hat sie in ihrem Leben viel dankbare Anhänglichkeit sich erworben. Die Kinder des Bruders hingen an ihr wie an einer zweiten Mutter. Und so ist sie es mir gewesen. Ich schätze es als ein besonderes Glück, dass sie die letzten Jahre in freundlicher Stille in unserem Hause leben durfte. „Ich sitze hier ja wie eine Perle im Gold", pflegte sie wohl mit einer heimischen Redensart[502] zu sagen.

Als wir nach der Bestattung in das nun leere Haus zurückkehrten, hatte ich das Gefühl, einen tiefen Einschnitt im eigenen Leben hinter mir zu haben. Bis dahin war das Haus der Eltern in der Heimat immer noch wie die eigentliche Heimat gewesen, jedes Jahr war ich hinübergekommen und hatte die Berührung mit der Erde, mit der eigenen Jugend wieder empfunden. Jetzt war dies Haus verödet und musste bald in fremde Hände übergehen. Ich hatte wohl einmal daran gedacht, es festzuhalten, aber ohne Bewohner war es in kurzem verwüstet, und mit fremden Mietern hatte es für uns keinen Wert. So waren wir nun in der eigenen Heimat wirklich wie landfremde Menschen. Und mit der Tante Grete war zugleich die letzte des Geschlechts dahingegangen, die meine Jugend gleichsam von oben gesehen hatte, die von der Familie und von den Vorfahren noch in lebendiger Überlieferung wusste. Sie hat mir, wenn ich in den letzten Jahren sie allein besuchte, an manchem Abend davon erzählt, von der Jugend der Mutter, von dem Vater und seinem ersten Eintreten in den Gesichtskreis der Familie, von meinen Kinder- und Knabenjahren.

Das alles lag nun wie ein für immer geschlossenes Buch hinter mir. Mit tiefer Wehmut wählten wir aus dem Hausgerät einige Stücke aus, die wir in unser Haus überführen wollten: Sie sind mir nun die Zeugen der eigenen Jugend.

1897

1897 war das Kantjahr.[503] Ich hatte für die Frommannsche Sammlung philosophischer Klassiker den Kant übernommen, war aber durch die zweite Auflage des „*Gelehrten Unterrichts*“ von der Ausarbeitung bisher zurückgehalten worden. Sobald ich diese Last abgelegt, ging ich an die Vorarbeiten für den „*Kant*“. Er wurde im Jahre 1897 vollendet und erschien zu Ostern 1898.[504] Die Absicht des Werks war eine doppelte: Ich wollte einerseits meine Auffassung der kritischen Philosophie in einer durchgeführten Darstellung des Systems vorlegen, andererseits aber auch meine Stellung zu diesen Gedanken erkennbar machen. In der Darstellung handelte es sich mir vor allem darum, den positiven Gehalt des Systems zur Geltung zu bringen, gegenüber den negativen Auffassungen, die Kants Philosophie auf eine Lehre von der Unerkennbarkeit der Wirklichkeit oder auf eine neue, die transzendentale Methode der Auflösung erkenntnistheoretischer Fragen reduzieren. Dass Kant eine positive Theorie der Erkenntnis, aber auch eine positive Metaphysik habe, freilich eine anders fundierte als die alte „dogmatische“ Metaphysik aus reinen Begriffen, das stand mir seit meinen Kantstudien von 1873 her fest und hatte sich bei der immer wiederkehrenden Beschäftigung mit ihm aus Anlass der philosophischen Übungen immer mehr bestätigt. Bei der Abrechnung handelte es sich vor allem darum, die historisch-entwicklungsgeschichtliche Anschauung des 19. Jahrhunderts der formalistisch-rationalistischen Kants und des 18. Jahrhunderts gegenüberzustellen und zu zeigen, dass wir an keinem Punkt mehr ebenso wie Kant denken und denken können. So schien mir beides erreicht werden zu können: die Befangenheit in dem Formellen des Systems zu brechen, der man so oft begegnet, und andererseits die Gedanken selbst aus ihrer Gefangenschaft in dem Formalismus zu befreien und sie in lebendige Beziehung zur Gegenwart zu setzen.

An den „*Kant*“ schlossen sich noch zwei größere Abhandlungen: „Kant der Philosoph des Protestantismus“, im Winter 1898/99 geschrieben, im Mai 1899 in den *Kant-Studien* von Vaihinger erschienen,[505] und „Kants Verhältnis zur Metaphysik“, im Herbst 1899 geschrieben, im Februar 1900 in derselben Zeitschrift erschienen.[506] Diese letzte Abhandlung ist mir auch im Freien, auf einem Gang von Starnberg nach Andechs, entstanden: Das Ganze und die Teile standen in den Umrissen fertig auf einem Blatt, als ich am Ziel war. Ich meine, dass hier die Gesamthaltung des Kantischen Systems, sein positiver Charakter in Hinsicht auf eine metaphysische Weltanschauung, ganz besonders einleuchtend dargelegt ist: Alle Teile des Systems, die Erkenntnistheorie, die Metaphysik, die Ethik, die Naturphilosophie, die Geschichtsphilosophie gravitieren gegen dasselbe Ziel: einen objektiven Idealismus. Kommt Kant dadurch in die Nähe von Plato und Hegel zu stehen, so ist das die Umgebung, die er sich selber gibt oder geben würde.

Ein kleiner Aufsatz über Nietzsche, aus Anlass von zwei Nietzscheschriften Kaftans und Tönnies', in der Sonntagsbeilage der *Vossischen Zeitung* (April),[507]

Lessing und Kant. Begleitfiguren vom Reiterstandbild Friedrichs des Großen in Berlin (1851) von Christian Daniel Rauch, Aufnahme nach einem Gipsabguss als Frontispiz zum 1898 erschienenen Kant-Buch Paulsens

trug mir eine liebenswürdige Zuschrift von Theodor Fontane ein, die zu einem kleinen, bis zu seinem Tode reichenden Briefwechsel,[508] auch zum Austausch von Schriften führte: Ich besitze eine ganze Anzahl seiner Werke von seiner Hand. Ich schätzte längst Fontane, den Wanderer durch die Mark.[509] Seine Romane habe ich erst jetzt zu lesen begonnen. Der erste war „*Vor dem Sturm*",[510] den wir am Ostseestrande der Kurischen Nehrung uns vorgelesen haben: die breite Schilderung des Zuständlichen, die epische Fülle des Menschenkreises: Wie beim Homer tauchen beständig neue Personen auf, die der Dichter kennt, wie in dunkler Nacht ein Stern nach dem andern aus der Tiefe aufleuchtet, die behagliche Leichtigkeit der Erzählung: Alles macht den Roman zu einer Dichtung ersten Ranges. Ich habe dann „*Effi Briest*", „*Unwiederbringlich*", den „*Stechlin*" und andere gelesen, zum Teil wiederholt:[511] In der Art, die Menschen im Gespräch sich selbst darstellen zu lassen, ist Fontane schlechthin Meister. Auch wo sie im Grunde nichts sagen und wo nichts geschieht, hört man ihnen gerne zu, wie im „*Stechlin*". „*Effi Briest*" aber ist in jedem Betracht ein Meisterstück: die Herbeiführung des Konflikts, die Schilderung der Situation, die Andeutung des Geschehens, die tragische Lösung, die innere Entwicklung der Personen, alles das ist von einer Kraft, die nicht leicht übertrof-

Rudolf Paulsen mit 16 Jahren: „Das einsame Zusammenwandern gab zu mancher Aussprache Gelegenheit, und mit den Augen der Jugend gesehen, geben auch die altbekannten Stätten neue Eindrücke."

fen werden kann. So sind auch die Gedichte und Balladen mir zu einem Lieblingsbuch geworden.[512]

Die Frühjahrswanderung machte ich dies Jahr mit Rudi (12. bis 18. April). Wir fuhren nach Weimar und pflückten in Goethes Garten die ersten Veilchen und Anemonen, sahen das Schillerhaus und das Schloss, dann ging's nach Eisenach. Am frühen Morgen wanderten wir durch das Annatal nach der Hohen Sonne und Wilhelmsthal, und wieder zurück auf die Wartburg, am Nachmittag nach Creuzburg hinüber. Heldrastein, Treffurt, Normannstein waren die Ziele des folgenden Tags. Dann aber ging's nach Eisenach zurück: Die Drachenschlucht hatte dem Vierzehnjährigen unauslöschliche Sehnsucht erweckt. Wir gingen also wieder hindurch, diesmal nach Ruhla, Thal und Friedrichroda, wo wir am Abend ankamen. In Professor Weber, dem Historiker der Posener Akademie, trafen wir einen erfreulichen Abendgesellschafter; wir hatten uns kennen gelernt aus Anlass einer abfälligen Anzeige, die er von der ersten Ausgabe meines *„Gelehrten Unterrichts"* in den *Preußischen Jahrbüchern* geliefert hatte. Später hatte er dies und jenes von mir gelesen und war anderer Ansicht geworden. Eines Tages kam er zu mir und sagte mir, dass ihn jene Rezension jetzt verdrieße. Seitdem sind wir in freundschaftlichen Beziehungen geblieben. – Am Karfreitag gingen wir auf altbekannten lieben Wegen nach Georgenthal, wo wir im Vorübergehen gerade zur Predigt zurechtkamen und erbauliche Einkehr hielten, dann nach Tambach und zurück über Finsterbergen. Vor 17 Jahren hatte ich alle diese Straßen und Steige oft begangen; nun schritt ihr Jüngster mir wacker zur Seite. Der Weg auf den Inselsberg, den wir am folgenden Tage machten, ging noch über Schnee und Eis. Auf dem Rückweg besuchten wir das alte Schnepfenthal:[513] Der Leiter der An-

Theodor Fontane: „In der Art, die Menschen im Gespräch sich selbst darstellen zu lassen, ist Fontane schlechthin Meister."

stalt, ein freundlicher Herr, zeigte uns ihre Einrichtungen und erzählte von dem Battenberger, der eben aus Bulgarien vertrieben war:[514] Er und sein Bruder seien als Zöglinge hier gewesen, ihre kürzlich übersendete Photographie zeigte, dass sie die Anstalt nicht vergessen hatten. – Über Kösen und die Rudelsburg ging's am Ostersonntag nach Hause. Es waren schöne Tage gewesen: Das einsame Zusammenwandern gab zu mancher Aussprache Gelegenheit; und mit den Augen der Jugend gesehen, geben auch die altbekannten Stätten neue Eindrücke.

Zu Pfingsten fassten wir den Mut, mit allen Kindern und Mädi in den Harz zu fahren (5. bis 9. Juni). In Goslar zeigten wir die alten geschichtlichen Denkmäler den Kindern, denen es freilich an dem geschichtlichen Abstand noch fehlte. Nachdem wir im Hotel Achtermann einen vergeblichen Versuch gemacht hatten zu schlafen, der kommende Pfingstsonntag ließ es nicht einen Augenblick zur Ruhe kommen, weder im Hause noch draußen, zogen wir um drei Uhr früh ab hinauf nach Hahnenklee. Der schönste Morgen stieg herauf: Voll Tau standen die Wiesen im Doppelschmuck der eigenen tausendfarbigen Blüten und der funkelnden lichtstrahlenden Tropfen. Nachmittags fuhren wir nach Blankenburg, wo wir im Hotel „Silberborn" die ersehnte Ruhe fanden. Unter fröhlichsten Scherzen durchwanderten wir in den folgenden Tagen die entzückende Umgebung: Rübeland mit seiner Höhle, Michaelstein und seine Ruine, den Regenstein, Treseburg und das Bodetal. Es war einer der sonnigsten Ausflüge, die wir je gemacht haben.

Im August ging's dies Jahr nach Osten (17. August bis 6. September). Ich fuhr mit Laura nach Königsberg, um einmal die Luft zu atmen, in der Kant gelebt hatte. Wir nahmen Quartier in Cranz, dem kleinen Seebad an der Nordküste des

Seebad Cranz bei Königsberg: „Cranz selbst bot des Interessanten nicht wenig; die östliche Welt war in allen Formen durch typische Exemplare vertreten".

Samlandes, und fuhren von dort aus, sooft es uns zog, nach Königsberg. Die Stadt machte keinen großen Eindruck, eng und östlich und schmutzig, freilich wurde eben die Kanalisation gebaut. Immerhin hatte es ein Interesse, die alte Universität, den Dom mit der *Stoa Kantiana*, die sein Grab enthält,[515] das alte Schloss mit dem „Moskowitersaal",[516] das Friedrichsgymnasium,[517] die alten Grachten und Brücken, an denen schon Kant gedankenvoll hingeschritten war, mit ihren Schiffen und Menschen zu sehen. Ob mein Urgroßvater, Paul Frercksen, der in den 50er und 60er Jahren öfter als Schiffer von Amsterdam nach Königsberg gefahren war, ihm einmal begegnet sein mochte? Echte Töne aus dem alten Preußen hörten wir im Hause des 2. Bürgermeisters von Königsberg, Brinkmann: Das scharfe Urteil in politischen Dingen, der in jedem Augenblick explodierende Hass gegen ein sich blähendes Junkertum mit Herrenmoral und Herrenansprüchen, nur nicht an sich selber, man hätte es wohl auch aus dem Munde Kants hören können. Und seltsam ist, wie der Klang der Rechthaberei dem preußischen Dialekt eingeprägt ist: Jedes Wort kommt hart und scharf heraus, als ob es sich gleich auf die Hinterbeine stellte. Welch ein Unterschied gegen die biegsame und schmiegsame Rede des Dresdners, die unbeholfene und polternde des Bayern oder den ruhigen Tonfall des Nordwestdeutschen, der es dem Gewicht der Gründe überlässt, sich durchzusetzen. Die Balten zeigen Züge und geistigen Habitus des Ostpreußen noch um einen Ton gesteigert: des Herrenvolks, das sich auf dem slawischen Boden gewöhnt hat, in Befehlsworten zu sprechen. Kant hat ganz den ostpreußischen Klang in seiner Rede: Man hört ihn durch die Schrift durch; in spitzer, juristischer Deduktion trägt er seine Gedanken wie ein Plädoyer vor; er ist jederzeit bereit, Einwendungen vorwegzunehmen, Exzeptionen[518] abzuschneiden, Widerlegungen mit scharfer Erwiderung zurückzuweisen. Seine Polemik zeigt überall den herben Ton des Advokaten, der nicht hören und erwägen, sondern Recht behalten will. Sein Humor oder vielmehr sein Witz ist von der stechenden Art, dem Voltaireschen verwandt, nicht von der gutmütigen Fechners. – Alles dies wurde mir in der scharfen Luft der preußischen Hauptstadt[519] besonders lebendig fühlbar; und so brachte die Fahrt nach Königsbarch[520] eine erwünschte Erweiterung der anschaulichen Kenntnis deutschen Wesens.

Cranz selbst bot des Interessanten nicht wenig; die östliche Welt war in allen Formen durch typische Exemplare vertreten, die Russen, die Polen und vor allem die Juden, in fettglänzendem Kaftan, mit vorn herabfallenden Ringellöckchen und langen Bärten. Der Strand ist schön und für die Ostsee bewegt. Die Küste bietet, nach Osten und Westen, schöne Partien, Rauschen und Warnicken sind herrliche Naturschauspiele, jenes eine Dünenlandschaft mit Wald und See, dieses eine Steilküste mit prächtigem Buchenwald. Und die Dünen am Kurischen Haff halten beinahe einen Vergleich mit denen von List[521] aus. Von Königsberg aus besuchten wir noch Moditten, das Forsthausidyll, in dem Kant 1764 die Gedanken vom Schönen und Erhabenen niedergeschrieben hatte,[522] und Juditten, die Heimat des streitbaren und lehrhaften Gottsched.

Den Rückweg nahmen wir, der Tucheler Heide von einem Mal satt, über die Nordlinie.[523] Die Marienburg, wie ein Gebirge im Flachland vor den Augen des von Westen Kommenden sich erhebend, hielt uns zuerst fest. Dann blieben wir ein paar Tage in Danzig: Die alte Stadt lag damals noch in ihrem Festungsring, den sie erst eben zu sprengen begann. Ich habe, außer Rothenburg, kaum eine Stadt mit so einheitlich geschlossenem Charakter gesehen: Das 17. Jahrhundert steht in den engen Straßen mit hohen Giebelhäusern, mit Hallen und „Beischlägen"[524] lebendig vor einem. Der alte Schopenhauer, der Vater des Philosophen, jener herbe und stolze Handelsherr, hätte einem plötzlich begegnen mögen, man wäre nicht weiter erstaunt gewesen. Oliva und Zoppot wurden besucht, auch jenes ganz ins 17. Jahrhundert versetzend, wogegen denn der moderne Badeort merklich abstach. Auf der Weiterfahrt hatten wir Gelegenheit, in Belgard eine hinterpommersche Landstadt zu sehen: kein Wunder, dass in diesem Lande der Junker herrscht. In Kolberg bot uns die Ostsee das Schauspiel eines Seesturms; man hätte ihr solche Wellen nicht zugetraut, ein paar Meter hoch kamen sie Schlag auf Schlag an das Bollwerk und warfen Wasser und Schaum weit hinein ins Land. Stettin zeigte das Bild einer aufblühenden modernen Stadt, es war augenscheinlich im Begriff, Danzig und Königsberg weit zu überflügeln.

In den Oktoberferien war Reuter bei uns; die schönen Tage forderten zu manchen kleinen und größeren Wanderungen in der Mark auf.

1898

Nachdem der „*Kant*" im März dieses Jahres glücklich vom Stapel gelaufen war, gönnte ich mir die übliche Frühjahrserholung, einige Wandertage. Mit Laura machte ich vom 12. bis 23. eine Moselfahrt. Die Mosel war von den wunderbaren deutschen Strömen fast der einzige, den ich noch so gut wie nicht kannte. Wir fuhren nach Weilburg; der Zufall wollte, dass ich hier gleich bei der Ankunft eine alte Bekanntschaft erneuerte: Prof. Matzat, Direktor der landwirtschaftlichen Schule zu Weilburg, den ich auf der Schulkonferenz von 1890 kennen gelernt hatte, war gerade in unserem Hotel anwesend. Noch ein Kollege von ihm, der mich aus meinen Sachen kannte, war dabei, und so gab es einen sehr angeregten Abend. Nachdem wir am Morgen das reizend von der Lahn umflossene Städtchen mit seinem alten Nassauer Residenzschloss und der schönen Gartenterrasse davor von innen und außen besehen hatten, fuhren wir nach Limburg, dessen hochragender Dom mich schon öfter festgehalten hatte, und gingen dann das Tal hinunter nach Ems. Ein Ausflug von hier führte über Frücht, wo wir das Grab des Freiherrn vom Stein besuchten, nach Braubach und der Marksburg: Mit Mühe und nach viel Parlamentieren[525] und Warten wurden wir in die alte Burg eingelassen, in der es spukhaft genug aussah: Sie würde von einem uralten Major a. D., so hörten wir, bewohnt und von einem Drachen in weiblicher Gestalt bewacht. Moselkern an der Elz war dann ein paar Tage unser Hauptquartier: Die Ruine der Ehrenburg und die Burg Eltz wurden besucht, erstere eine der malerischsten Ruinen: Wir sahen sie in zauberhaftem Abendlicht; Burg Eltz noch bewohnt, wie uns berichtet wurde, von drei Zweigen der Familie, deren jede ihren abgeteilten Raum einnimmt. Die Lage ist überraschend: Wenn man von Münstermaifeld, Karls des Großen Musterungsplatz,[526] herüberkommt, tritt man plötzlich an den Rand des Elztals heraus; und aus ihm steigt nun tief unten ein steiler Fels in die Höhe, der auf seiner engen Hochfläche die kleine wohlerhaltene, zinnengekrönte, zugbrückenbewehrte Burg trägt. Anderntags wanderten wir moselaufwärts über die wundervollen Krümmungen des Flusses bei Bullay bis Cochem; überall wurde in den Weinbergen gearbeitet, der Dünger in Kiepen und Körben hinaufgetragen, gehackt und geschnitten: Es galt den guten Jahrgang 1898 vorzubereiten. In Kastellaun auf dem Hunsrück besuchten wir eine Nichte Lauras, die dort an einen Arzt verheiratet ist: Der echte Hunsrückwind blies uns den ganzen langen Wandertag um die Ohren. In Trier imponierte uns die Porta Nigra: Wir hatten eben in Koblenz das neue Kaiser-Wilhelm-Denkmal am Deutschen Eck gesehen: Der Unterbau erschien plump und klein, klein gegen die Höhen, unter denen es sich behaupten zu wollen den Anspruch erhob; das Römertor dagegen erschien groß und leicht, ja bei allem Ernst, wie er einem Festungsbau ziemt, elegant und frei. Von Metz aus besuchten wir die Schlachtfelder;[527] wir gingen den ganzen langen Kreis von Gravelotte, wo Freund Lincke dabeigewesen war, über Amanvillers, wo Andres Martensen vom Sande seinen Tod gefunden hatte, bis

Das 1897 eingeweihte Denkmal für Kaiser Wilhelm I. am Zusammenfluss von Rhein und Mosel: „Der Unterbau erschien plump und klein".

nach St. Privat, von dem uns der Sergeant Dörschlag[528] so oft erzählt hatte: 145 Schuss hatte sein Geschütz an diesem Tage abgegeben, und eine „Verwundung" des Rohrs zeugte noch davon. Fast unmöglich schien es, den breiten nackten Abhang vor den Gartenmauern von St. Privat im Feuer feindlicher Infanterie hinaufzusteigen; zahllose Grabstätten legten Zeugnis von der vergeblichen Opferung der preußischen Garde ab, bis ihr durch die dahinter aufgefahrene Artillerie Luft gemacht wurde. In Metz waren wir erstaunt, überall Deutsch zu hören und auf den Läden deutsche Namen zu finden. Die törichte Abwanderung der Franzosen hatte dem deutschen Element das Durchdringen erleichtert. Sehr schön ist der Dom mit seinen schlanken Gliedern und feinen Verhältnissen; und wunderhübsch der Blick von der Esplanade ins obere Moseltal. Auf der Rückfahrt blieben wir noch in Traben ein paar Tage, die wieder zu schönen Ausflügen Gelegenheit boten.

Noch erwähne ich, dass ich am 24. März, dem 50. Jahrestag der Erhebung Schleswig-Holsteins gegen Dänemark, in einer großen Versammlung der Landsleute bei Kroll[529] die Gedächtnisrede hielt. Sie fiel völlig ins Wasser: Ich konnte schon mit der Stimme eine bei Bier und Tabak unruhige Gesellschaft nicht beherrschen; aber ich hatte ihnen auch nichts zu sagen. Einige Schlagworte, die mit Hurra aufgenommen werden, waren hier am Ort; ich kann nur zum Verstande sprechen, nicht aber auf die Nerven und Instinkte wirken, wie es der Volksredner verstehen muss.

Von der Moselfahrt brachte ich einen Aufsatz mit, der unterwegs entstanden war. Ich hatte Otto Willmanns „*Geschichte des Idealismus*", Bd. III,[530] als Lesebuch mitgenommen, nicht in der Meinung, etwas Aufregendes in die Tasche zu stecken. Aber schon beim ersten Blättern sah ich, worauf es hier hinausging, auf eine durchgeführte Schmähung der gesamten modernen Philosophie als eines Erzeugnisses des Unglaubens und der subjektiven Willkür. Ich war gleich entschlossen, dazu nicht zu schweigen; und so entstand der Artikel „Das jüngste

Friedrich Paulsen in seinem Arbeitszimmer in Steglitz

Ketzergericht über die moderne Philosophie", der dann im Augustheft der *Deutschen Rundschau* erschien.[531] Dass ich nicht voreingenommen bin gegen Mittelalter und Katholizismus, hatte ich wiederholt gezeigt, ich suchte der Geschichte ihr Recht zu geben; eben darum schien es mir nur billig, auch zu zeigen, dass ich nicht gewillt sei, die Neuzeit einem völlig ungeschichtlichen, lediglich an einem dogmatischen Schema sich haltenden Gericht preiszugeben. Vielleicht hat der Artikel ein wenig zur Ernüchterung des Urteils bei dem Verfasser jenes Buchs und seinen Lobrednern beigetragen. – Im folgenden Jahr gab ein Vortrag von v. Hertling,[532] den ich wieder unterwegs las, nach Starnberg, Veranlassung, die Forderungen der wissenschaftlichen Forschung gegen die Begrenzung durch das Dogma nochmals zu präzisieren, in dem kleinen Artikel „Katholizismus und Wissenschaft".[533] – Und ein Gedenkblatt „Fichte im Kampf um die Freiheit des Denkens", aus Anlass seiner vor hundert Jahren stattgehabten Vertreibung aus Jena, stammte aus derselben Erregung; es ist im Oktober 1898 geschrieben, im Aprilheft der *Deutschen Rundschau* 1899 erschienen.[534] – Auch in dem Buch über Kant und dem Aufsatz „Kant der Philosoph des Protestantismus" waren diese Dinge berührt. Sie riefen manche Entgegnungen hervor und führten zu einer Kontroverse mit dem Pater von Nostitz-Rieneck SJ.[535] Das letzte Argument war immer: Die unbegrenzte Freiheit des Denkens führt zur Revolution. Ein Argument, das kurz vorher in einem Buch von Nikolaus Siegfried, „*Vom Atheismus zum Anarchismus*",[536] in der Geschichte eines Studenten, der durch die mit Namen genannten Berliner Professoren um Glauben und Gewissen war gebracht worden, gar erbaulich ausgemalt war.

Auch in eine andere Kontroverse war ich verwickelt worden: die Judenfrage. Eine Anmerkung zur Nationalitätenfrage über das Judentum und den Antisemitismus in der dritten Auflage der „*Ethik*"[537] rief erbitterte Anklagen hervor.[538] Meine Absicht war gewesen, den Juden zum Bewusstsein zu bringen, dass hier eine wirkliche Schwierigkeit vorhanden sei, die auch von Männern, die keineswegs Antisemiten seien, empfunden werde: nämlich das starke Vordringen der Juden in die akademischen Berufe, das zu einer Art Monopol der Juden führen müsse, wenn man die Dinge einfach der freien Konkurrenz überlasse, einem Monopol, das übrigens längst, ehe es sich durchgesetzt hätte, die elementaren Instinkte der landsässigen Nationalitäten gegen sich aufbringen und so zu einer Katastrophe führen müsste. Der einzige Weg, dieser Entwicklung vorzubeugen, sei die wirkliche Assimilierung und also das Verschwinden des Judentums durch Aufgehen in die anderen Nationen. Es ist noch heute meine Ansicht: Aufgehen in die europäischen Nationen oder Rückkehr in die alte Verfassung der Schutzbürgerschaft. Das letztere will der Antisemitismus, sofern er überhaupt weiß, was er will; und in demselben Sinne wirkt der jüdische Nationalismus, jetzt im Zionismus organisiert, ob er es weiß oder nicht. – Diese objektiven Darlegungen wurden von jüdischen Literaten und Vereinen als unerträgliche Angriffe auf das Judentum denunziert; und so hatte ich das Vergnügen, gleichzeitig von den Ultras des Katholizismus als Atheist und Anarchist im Reichstag und in Schriften der Regierung zur Beachtung empfohlen zu werden: solange Leute wie ich an den Universitäten geduldet würden, sei jede Bekämpfung der Sozialdemokratie vergeblich. Und von Seiten jüdischer Ankläger im „Verein der deutschen Staatsbürger mosaischen Glaubens" zu hören: dass, solange ein Mann wie ich Professor der Ethik an der Berliner Universität sei, auf ein Aussterben der „Schmach des Jahrhunderts", des Antisemitismus, freilich nicht zu rechnen sei.

Durch gute Gerüchte in böse Gerüchte![539]

Hinzufügen muss ich aber, dass von mir befreundeten Juden meine Bemerkungen über diese Dinge mir nicht nachgetragen worden sind.

Mehr Zustimmung erwarb mir ein kleiner Artikel, den ich in der *Vossischen Zeitung* veröffentlichte: „Die Überbürdung der Oberlehrer".[540] Er eröffnet eine Reihe von kleinen Aufsätzen, in denen ich den Interessen des Oberlehrerstandes,[541] des meistbelasteten und geringstdotierten und -geachteten unter den gelehrten Ständen, mich annahm.[542] – Auch eine Reihe von Artikeln, die ich für Reins *„Enzyklopädisches Handbuch der Pädagogik"* in diesen Jahren bearbeitete, haben viel Beachtung gefunden: Aufklärung, Bildung, Humanismus und Realismus, Philosophische Propädeutik, Prüfungen.[543] Besonders ist der Artikel „Bildung" oft abgedruckt, auch in andere Sprachen übersetzt. – Mir selber machte ein Aufsatz Freude, in dem ich einen übersehenen Zug in dem Bilde Jesu aufzuzeigen unternahm: „Das Ironische in Jesu Stellung und Rede". Er erschien im Oktober in der *Christlichen Welt*,[544] hat aber, soviel ich sehe, wenig Beachtung gefunden.

Unser Sommerausflug ging nach Bayern – Tirol (17. August bis 20. September). Mauderers waren nach Starnberg gezogen, der Vater hatte den Dienst aufgegeben und wünschte nach München zu gehen, wo eine altkatholische Gemeinde war. Wir rieten zu Starnberg, das in jeder Hinsicht ein erfreulicherer Ruhesitz sei als eine Großstadt. Und so geschah es, sie wohnten hier erst ein paar Jahre zur Miete, dann bauten wir uns selbst unser kleines Haus auf dem Mühlberg. Mein erster Weg in Starnberg war zu dem Lehrer Zillich aus Würzburg, den ich in Tutzing wusste; er hatte höchst widrige Kämpfe um seine pädagogischen Anschauungen mit einem tyrannischen Schulinspektor auszufechten gehabt, der mit allen Mitteln den freien und selbständigen Mann zu brechen suchte. Ich fand einen sehr ruhigen, fast schüchternen Mann, freilich hatte er sich erst eben von einer Krankheit erholt. Unglaublich, wie jemand ihn so verkennen konnte, dass er in ihm einen trotzigen Revolutionär sah. Wir fuhren dann nach Partenkirchen, wo wir ein paar Tage blieben. Über Mittenwald, Seefeld, Mösern gingen wir nach Telfs und dann ins Ötztal. Leider trafen wir entsetzlich heiße Tage, die den langen Weg verleideten; als wir eben uns anschickten, vom Obergurgl übers Ramoljoch zu gehen, setzte der Regen ein. Ziemlich missvergnügt kehrten wir über den Fernpass nach Partenkirchen – Starnberg zurück, wo wir nun drei Wochen blieben. Der Starnberger See und seine Umgebung nach allen Seiten wurde fleißig befahren und begangen; die Gegend wurde uns sehr lieb: Der See mit seinem Bade, die Ufer mit ihrem durchgängig großartigen Charakter, das Isartal zwei Stunden nach Osten, der Ammersee ebenso weit nach Westen, mit herrlichen Übergängen über die wellige Voralpenlandschaft, alles das ergibt zusammen eine für Erholung und Erfrischung wundervoll geeignete Stätte. Das Bad im See gehört zu den größten physischen Genüssen, die ich kenne. Und eine Kahnfahrt am Abend, wenn der See in tausend Übergangsfarben schillert und die Dörfer mit ihren rotweißen Kirchtürmen sich gegen den leuchtenden Himmel abheben, gehört zu den größten Genüssen für das Auge, die ich kenne. Und für größere Spaziergänge bieten Tutzing, Bernried, Seeshaupt, Ambach, Andechs, Seefeld, Schäftlarn, Wolfratshausen, Beuerberg usw. die schönsten Ziele.

1899

Das Jahr begann mit einer kleinen Universitätsaffäre: Professor Delbrück hatte in seinen *Preußischen Jahrbüchern* über die Germanisierungspolitik des neuen Oberpräsidenten von Schleswig-Holstein, Herrn v. Köller, ein sehr scharfes Urteil gefällt.[545] Dafür sollte er vor den Disziplinargerichtshof für nicht-richterliche Beamte gestellt und zur Absetzung verurteilt werden. Ich versuchte in einem Artikel im *Deutschen Wochenblatt* die groteske Unangemessenheit dieses Verfahrens darzutun, ohne zu verhehlen, dass ich die Ausdrucksweise des Kollegen mir anzueignen nicht im Stande sei.[546] Dies trug mir von seiner Seite bittere Vorwürfe ein. Ob die Darlegung auf der andern Seite einen Eindruck gemacht hat, weiß ich nicht. Auf jeden Fall, auch diese Aktion ging wunderlich genug aus. Delbrück wurde zu einer Geldstrafe verurteilt; ehe aber diese bezahlt war, hatte er durch Unterstützung der Flottenpolitik der Regierung in öffentlichen Volksversammlungen zu Berlin sich politische Verdienste erworben, die jenes Vergehen nicht nur wettmachten, so dass die Strafe in Gnaden erlassen wurde, sondern noch einen Überschuss ergaben: Er erhielt einen Kronenorden 3. Klasse. So nahe wohnen Verdienst und Verbrechen beieinander, und so eilig hat es eine gewissenhafte Regierung, beide nach Gebühr zu erkennen und anzuerkennen: Präziser ist Lohn und Strafe der Tat wohl nie auf dem Fuße gefolgt. Es ist die Regierung im Telegrammstil.

Ein paar weitere Artikel politischen Charakters schlossen sich an: „Parteien und Parteipolitik“ (in den *Preußischen Jahrbüchern*, Märzheft),[547] „Politik und Moral“ (in der *Christlichen Welt*, April).[548] Es sind Versuche, das Wesen der Partei, die Forderungen der Politik und die Forderungen der Moral in ihrem Verhältnis gegeneinander zu bestimmen.

Im März starb mein lieber alter Lehrer, Professor Steinthal. Der Tod war die Erlösung von einem Leben, das seine Freude, die Arbeit und das Wirken, schon seit einer Reihe von Jahren eingebüßt hatte; ein leichter Schlaganfall hatte seine geistige Kraft gebrochen, wenn er auch körperlich noch wieder einigermaßen rüstig war. Es hatte etwas überaus Schmerzliches zu sehen, wie der immer tätige Mann noch dies und das zu Stande zu bringen suchte, aber mit peinvollem Entsagen davon absehen musste, weil die Gedanken ihm nicht mehr zu Willen waren. – Im Jahre vorher war mein guter Brodersen in Langenhorn gestorben: vielleicht die beiden Lehrer, die persönlich auf mich den stärksten Einfluss gehabt haben. Ich habe ihnen beiden ein Erinnerungsblatt gewidmet.[549] – Und noch ein Erinnerungsblatt entstammt diesem Jahr: an meinen alten Freund August Reichensperger. Es ist aus Anlass der Biographie Pastors erschienen in Form einer Anzeige in der *Deutschen Literaturzeitung* (gedruckt Februar 1900).[550]

In den Osterferien machte ich mit Laura einen kleinen Ausflug nach dem Harz (17. bis 22. April). In Hannover besuchten wir alte Freunde, Doebners und Runges; über Braunschweig mit Richmond[551] fuhren wir nach Harzburg, durchquerten den Wald am folgenden Tag bis Lauterberg; gingen dann über Neustadt, Hohnstein, Stolberg nach Suderode, wo unsere Lotte seit dem Herbst 1898 in Pension bei Frl. Medem war.

Hans hatte ich eben vorher aus der Freienwalder Schule genommen und zu einem Landmesser nach Bunzlau in die Lehre gegeben, auf seinen dringenden Wunsch und auf seine entschiedenste Weigerung, das Abiturientenexamen zu machen. Seine bescheidene Begabung und seine, relative, Neigung für Mathematik schienen dahin zu weisen; und viel Beschäftigung im Freien, wie sie hier in Aussicht stand, schien diesen Beruf ebenfalls zu empfehlen. Es ging auch anfangs über Erwarten gut, der Chef, der ihn auch im Hause hatte, war mit ihm nicht unzufrieden, und er selbst äußerte in seinen Briefen lebhafte Dankbarkeit für diese Veränderung seiner Lage.

In der Pfingstwoche hielt ich einen Vortrag auf dem Evangelisch-sozialen Kongress in Kiel, nachdem wir vorher mit Reuter und Tönnies ein paar erfreuliche Tage in Gremsmühlen gehabt hatten. Mein Vortrag behandelte die großen historischen Wandlungen im Bildungsideal, vom Mittelalter bis auf die Gegenwart, mit entschiedener Zuspitzung auf die Gegenwart und ihre Verhältnisse, die Zukunft und ihre Forderungen.[552] So schwer und widerwärtig mir das Sprechen im vorigen Jahr bei Kroll geworden war, so leicht und gern sprach ich hier zu aufmerksamen und geduldigen Hörern: eine Erfahrung, die ich oft gemacht habe: Ein einziger missmutiger oder ungeduldiger Hörer kann mich aus der Stimmung bringen, in der mir die Mitteilung Freude macht und gelingt. In der Universität helfe ich mir durch Anrede, selbst durch Bitte um Entfernung.

Ich traf in Kiel viele alte Freunde, darunter mit besonderer Freude meinen alten Lehrer, Pastor Thomsen, und machte manche neue Bekanntschaft. Höchst lehrreich war mir am folgenden Tage der Besuch der Kaiserlichen Werft, nicht so sehr um des Einblicks in die Geheimnisse der Schiffsbaukunst willen, der uns gewährt wurde – obwohl es doch auch ein Erstaunliches war zu sehen, wie man fingerdicke Eisenplatten wie ein Blatt Papier mit der Schere zerschneidet, dass die

Werftanlagen in Kiel um 1900: „Höchst lehrreich war mir ... der Besuch der Kaiserlichen Werft, nicht so sehr um des Einblicks in die Geheimnisse der Schiffsbaukunst ... als um des Einblicks in die Lebensverhältnisse der Arbeiter willen."

Streifen sich aufrollen, oder wie man in Stahlplanken Löcher bohrt, wie sonst in Holz – als um des Einblicks in die Lebensverhältnisse der Arbeiter willen. In Gaarden[553] sind ganze Straßen mit Arbeiterhäusern bebaut: Die kleinen schmucken, fast villenartigen Gebäude haben etwa drei Wohnräume nebst Küche, Keller und Boden, ein hübsches kleines Vordergärtchen, von denen manches im Schmuck der Rosen prangte, und einen größeren Hintergarten für Gemüse, Beeren und Obst. Diese Straßen sind von einem Bauverein der Werftarbeiter aus dem Überschuss der Kantinen, wesentlich vom Bier, gebaut, sie werden Eigentum der Arbeiter durch eine Jahreszahlung von 405 Mark (Miete und Abzahlung). Der Werftinspektor Franzius erzählte uns, wie er den Arbeitern vorgestellt habe: Wollen Sie die Flasche Bier, wie überall, mit 10 Pfennig bezahlen oder wollen Sie sie zum Selbstkostenpreis entnehmen? Wenn Sie sich zu ersterem entschließen, so werden wir mit dem Überschuss einen Fonds begründen, der zum Bau von Häusern verwendet werden soll. Er habe die Zustimmung der Mehrheit erlangt, und das sei nun der Erfolg. Dazu fehlt nicht ein Erholungsheim in einem großartigen Garten mit Restaurationsräumen, Lesesälen usw. Ich habe nie einen stärkeren Eindruck von der Leistungsfähigkeit der modernen Großindustrie auch in Absicht auf die Gestaltung des Arbeiterlebens gewonnen. Bei vernünftig organisierter Verwendung des Arbeitereinkommens ermöglicht es eine Lebenshaltung, die weit über den Durchschnitt des kleinen Handwerkers und des Kleinbauern hinausgeht, von dem Tagelöhner nicht zu reden. Und auch Freiheit und Muße sind diesen Arbeitern reichlicher zugemessen als je zuvor.[554]

Blick auf Passau, um 1900: „eine der schönstgelegenen Städte Deutschlands"

Ein paar herrlicher Tage gedenke ich, die wir mit den Kindern und Freund Belger in Tangermünde – Stendal hatten (17./18. Juni). Belger war unendlich guter Laune und voll fröhlicher Mitteilsamkeit, ein in der Sonne glühendes Mohnfeld eben vor Tangermünde sein Symbol. – Es ist die letzte Wanderfahrt gewesen, die wir zusammen gemacht haben.

Im Sommer reisten wir wieder nach Süden. Zuerst in den Bayerischen Wald, nachdem die Nürnberger Ausstellung[555] ewige Sehnsucht zurückgelassen hatte. Von Regensburg aus besuchten wir die Walhalla und Kelheim,[556] die doch etwas frostig anlassen, vor allem weil es ihnen an einem dem äußern Aufwand entsprechenden würdigen Inhalt fehlt: Tempel ohne Allerheiligstes. Dann ging's in den Wald nach Eisenstein hinauf, an der böhmischen Grenze. Schöneren Wald wird man nicht leicht sehen und mächtigere Tannen, als sie hier angetroffen werden, gewiss nicht. Der Arber bot eine recht hübsche Bergwanderung. Bemerkenswert ist, dass auch in den dunkelsten Bayerischen Wald evangelische Kirchen und Kapellen vorgedrungen sind: ein Anzeichen der rasch fortschreitenden Mischung der Konfessionen; sie bilden das Gegenstück zu den katholischen Kirchen in Holstein. Passau, wo wir dann ein paar Tage blieben, ist eine der schönstgelegenen Städte Deutschlands; wir waren immer wieder entzückt von dem Blick, den man vom hohen Nordufer der Donau über die drei Flüsse und auf die von Donau und Inn gebildete Zunge hat. Und ein Gasthaus wie den „Mohren" findet man auch nur in solchen alten deutschen Mittelstädten. Allerlei Ausflüge, donauabwärts nach Vichtenstein, innaufwärts nach Wernstein, ilzaufwärts nach Hals, brachten zugleich immer neue Ansichten der Stadt.

Nach einigen Ruhetagen in Starnberg machten wir eine größere Tour durch Südtirol. Von Waidbruck gingen wir ins Grödental nach St. Ulrich, bestiegen von hier den Puflatsch mit sehr schönem Blick auf die umliegenden Alpen und Berge und verlegten dann auf einige Tage unser Hauptquartier nach St. Michael auf dem Eppan. Der Penegal war der Glanzpunkt unserer Ausflüge: Wir lagen stundenlang oben, die Aussicht auf Rosengarten, Schlern, Ritten, auf die Tauern, Ötztaler, den Adamello, das Auge wurde nicht müde, sie immer wieder zu suchen. Von Bozen aus machten wir einen Abstecher nach Meran; einen anderen Tag ging's über Oberbozen, Klobenstein zurück auf steilem Abstieg über St. Justina. Den Rückweg nach Berlin zwang uns die durch unendlichen Regen diesseits des Brenner bewirkte Bahnunterbrechung über Mittenwald – Partenkirchen zu nehmen. Mit dem Vorsatz, Südtirol nicht zum letzten Mal besucht zu haben, schieden wir von dem herrlichen Lande: Sonne, Licht und Farbe geben ihm vor dem regnigten Norden einen großen Vorsprung.

1900

Im April erschien die Sammlung von Aufsätzen als Buch: „*Schopenhauer, Hamlet, Mephistopheles*". Mit einem Anhang: „Das Ironische in der Rede Jesu".[557] Ich fasste die Aufsätze, die vorher einzeln in der *Deutschen Rundschau* erschienen waren, zu einer Einheit zusammen, weil sie im Grunde einen Gedanken darstellen: die Gefahr der Hingebung an pessimistische Reflexion, an lebentötenden Unglauben. Die Aufsätze sind noch einmal in einer Doppelauflage erschienen, dann nicht wieder. Ich bin noch heute überzeugt, dass ein gut Stück Lebensweisheit in ihnen steckt und dass sie eigentlich mehr Beachtung verdienen, als sie gefunden haben.

Zu einer längeren Abhandlung in den *Preußischen Jahrbüchern* (Märzheft)[558] gab Adolf Harnacks eben erschienene „*Geschichte der Königlich Preußischen Akademie der Wissenschaften*" Veranlassung.[559] Die Hochachtung vor den Leistungen des Instituts, die darin zum Ausdruck kam, war keine unbedingte, nicht so uneingeschränkt wie die Bewunderung der Gelehrsamkeit, des Geschickes, der Klarheit, Tiefe und Unbefangenheit des Verfassers. Dass der Neid des Übergangenen darin zum Ausdruck komme, war *ein* Urteil, das mir über die Abhandlung zu Ohren kam. Ich glaube nicht, dass meine Hochschätzung durch die Mitgliedschaft gesteigert worden wäre. Ich habe auf keine Weise entdecken können, dass durch die Angehörigkeit zu dieser Gelehrtenkorporation die wissenschaftliche Leistungsfähigkeit oder die Weisheit der Einzelnen gesteigert worden wäre; und mein Glaube an die „Organisation der Wissenschaft", der nie groß war, im

„modernen Großbetrieb" ist durch das, was ich von den Unternehmungen der Akademie einigermaßen übersehe, auch nicht eben erhöht worden. Die Kant-Ausgabe[560] z. B. hätte ein rüstiger Verlagsbuchhändler mit einem tüchtigen jungen Gelehrten, wenn ihnen von irgendeiner Stelle 20 000 Mark zur Verfügung gestellt worden wären, in der halben Zeit mit größerer Vernunft und Einheit zu Stande gebracht. Vergeudung von Arbeitskraft und Geld, das scheint die Signatur dieses Großbetriebs. Indessen, es mag auch Unternehmungen geben, in den Naturwissenschaften, in den Inschriftenwerken,[561] für die das Urteil sich günstiger stellt. Eine Gefahr wird immer bleiben. Ist das Geld da, so schreit es nach Verwendung, und findet es keine fruchtbare, so nimmt es auch mit der unfruchtbaren vorlieb: siehe *Monumenta Germaniae Paedagogica*.[562] Und für den Einzelnen wird auch eine Gefahr bleiben: dass er an Frische und Unbefangenheit der Produktion verliert. Die Notwendigkeit, von Zeit zu Zeit etwas für die Akademie zu produzieren, etwas zu produzieren mit dem Anspruch der hohen „Wissenschaftlichkeit", sie wird schwerlich zu schöpferischer Tätigkeit inspirieren, vielleicht aber diese unter Umständen reprimieren.[563]

Der Jubiläumsfeier der Akademie wich ich aus. Wir machten eine Reise nach Italien in diesem Frühjahr (19. März bis 23. April). Ich bezeichne bloß die Hauptpunkte. Der Besuch von Verona und Venedig wurde uns durch Regen und Kälte und einen gräulichen Katarrh, den wir uns in den vom Winter ausgekälteten, ungeheizten Sammlungen und Kirchen alsbald zuzogen, gründlich verbittert. Auch die Städte selbst und die Bevölkerung, die mir von der ersten Fahrt im Herbst in glänzend heller Erinnerung waren, kamen mir jetzt, unter dem grauen Himmel im Schmutz ihrer engen Straßen, unsäglich verfallen, verdumpft, elend und ekelhaft vor. Und auch draußen war von Frühling und Blüte keine Spur: die Tiefebene so winterlich fahl und nass wie die Marschen meiner Heimat in dieser Jahreszeit. Oberitalien und seine Städte muss man im Herbst sehen, wenn die Luft warm ist und die Sonne das Grau der Straßen und selbst die Lumpen des Bettlers vergoldet. Dann ist auch die Bevölkerung, die jetzt frierend und zähneklappernd herumsteht, fröhlich und lebhaft, bei Arbeit und Genuss im Freien sich ihres Daseins harmlos erfreuend. Über Bologna, das nach Venedig, der abgelebten Bettlerin, wie eine reiche und stolze Patrizierin sich darstellte, fuhren wir nach Florenz, wo wir reichlich eine Woche blieben. Auch hier dauerte der Kampf mit Kälte und Schnupfen fort: Wir hatten bei einer sonst sehr freundlichen deutschen Wirtin (Via del Presto 11) ein Zimmer von so ungeheuren Dimensionen inne, dass man, um aus einer Ecke zur andern sich zu verständigen, beinahe rufen musste. Der kleine Ofen, in den für eine Lira eine halbe Schürze voll Holz gesteckt wurde, leistete darin etwa so viel, als die Verbrennung eines Zündholzes in einem Zimmer von normaler Größe leistet. So war es kaum möglich, trotzdem wir alles anzogen, was wir an Kleidung mithatten, zu Hause auszuhalten. Aber draußen war es nicht viel besser: In allen Sammlungen und Kirchen Kellerluft, nur im Freien war es erträglicher. Und so haben wir denn die meiste Zeit draußen zugebracht:

Fiesole, Boboli, San Miniato, Oliveto, Certosa, Arcetri, Villa Petroia wurden wiederholt besucht. Die Hoffnung, hier überall der Fülle blühender Blumen und Sträucher zu begegnen, wurde freilich wieder getäuscht: Blühende Blumen sah man nur auf den Arnobrücken in Florenz, wo sie abgeschnitten zum Verkauf feilgeboten wurden. Dass wir trotz alledem auch die Uffizien und die Palazzi, die Kirchen und Klöster fleißig und mit deutscher Gewissenhaftigkeit besucht haben, brauche ich nicht zu sagen.

Erst als wir am 4. April nach Santa Margherita an der Riviera di Levante kamen, hatten wir das Gefühl, in Italien, dem Lande des Frühlings, zu sein. Wir atmeten auf im Anhauch „der erwärmten Buchten" des Meeres; hellglänzend und wärmend lag die Sonne auf der steil ansteigenden ligurischen Küste; die Lungen weiteten sich, und die kranken Luftwege heilten rasch aus. Wir wurden nicht müde, die herrlichen Wege zu wandern, die überall auf und über die Höhen führen: nach Ruta hinauf, durch den Öl- und Kastanienwald, der Boden war von Veilchen, Primeln, Anemonen ganz bedeckt, von der Höhe entfaltete sich mit einem Mal der prachtvolle Blick über den Küstensaum von Camogli über Nervi bis Genua; nach Rapallo und den dahinter sich erhebenden Bergen, Montallegro, Sant'Ambrogio, wo Nietzsche seine Zarathustra-Träume wie Eingebungen von oben kamen;[564] nach Monte Fino, wo wir lange durch das mannshohe weiß blühende und süß duftende Heidekraut wanderten, oben allerdings durch einen Gewittersturm mit Hagel und Schnee überrascht wurden, der auf eine Viertelstunde die ganze Landschaft in winterliches Weiß kleidete; nach Portofino, der prachtvollen Spitze der Halbinsel, an deren Ansatz Santa Margherita liegt, mit dem reizend in die von Höhen umfasste Bucht eingebauten Städtchen; nach Sestri – Chiavari mit der wundervollen Küstenstraße am brandenden Meer. Eine so überwältigende Fülle landschaftlicher Schönheit sah ich zum ersten Mal, wir haben sie jeden Tag mit allen Sinnen neu genossen. Auch in nächster Nähe gab es einen Reichtum erlesener Genüsse: Schon in dem hübschen Garten unseres Hotels (Metropol), der unmittelbar ans Meer grenzte, standen herrliche alte Palmen, blühende und fruchttragende Orangen, immergrüne Sträucher und blühende Blumen in Fülle, vor allem kletterten Rosensträucher aller Art an den hohen Einfassungsmauern empor und erfüllten die Luft mit ihrem feinen Duft. Und neben unserem Garten war gleich der große Park eines genuesischen Marchese, der zu jeder Zeit offen stand. Der bewegte Boden war durch die Kunst des Gärtners trefflich ausgenutzt; vor allem boten die steilen, mit tiefen Buchten einschneidenden Felsenküsten eine unendliche Abwechslung reizvollster Bilder: Grotten und Höhlen und Tore und abgestürzte Felsblöcke, an denen das ewig rege Meer emporbrandete, die Prellerschen Odysseebilder[565] traten dem Auge hier in der überraschendsten Wirklichkeit entgegen. – Voll Dankbarkeit schieden wir nach acht Tagen, in der Hoffnung, diese paradiesische Welt nicht zum letzten Mal gesehen zu haben; welche Hoffnung uns denn auch, freilich nicht in ganz der erwünschten Weise, in Erfüllung gegangen ist.

Venedig um 1900

Auf die Naturgenüsse folgten zwei Städte: Genua und Mailand. Genua, *la superba*,[566] verdient seinen Namen: Eine prächtiger aufgebaute, mit stolzeren Straßen und Palästen geschmückte Stadt habe ich nicht gesehen; und malerischere Gassen und Gässchen, als sie zwischen den Hauptstraßen auf- und niedersteigen, mit tausend farbigen Kleidern, Tüchern und Lappen behangen, habe ich auch nicht gesehen. Das Stadtbild vom Leuchtturm am Abend ist einzig: Über dem immer belebten Hafen erhebt sich die Stadt, an der steilen Küste zu den Bergen emporkletternd; und von den Rändern her blicken schneebedeckte Häupter der Alpen und Apenninen in das Bild. Mailand bleibt an stolzer Schönheit weit dahinter zurück. Dafür hat es die Fülle von Geschichte und Kunst. Im Dom, den man von innen sehen muss, nicht von außen, was übrigens ja schließlich die Meinung aller gotischen Kirchen ist: Die Außenansicht ist im Grunde immer Verlegenheit, und diese Verlegenheit wird umso sichtbarer, je mehr man sich Mühe gibt, sie zu verdecken, also im Dom waren wir am Ostersonntag. Der ungeheure Raum war von einer festlichen Menge erfüllt, doch ohne Gedränge; da erschien, ein mir neues Schauspiel, der Erzbischof auf der Kanzel mit einem Gefolge von Geistlichen, die ihm, wie Flügeladjutanten den Majestäten, während der Predigt zur Seite blieben und zur Einfassung dienten. Die katholische Kirche verschmäht keine Form, um durch die Sinne auf das Gemüt zu wirken; in der Tat wird die Rechnung auf den Weg durch die Augen nicht fehlgehen: Es gibt wohl keine wirksamere Demonstration der Größe und Bedeutung eines Mannes und der durch ihn vertretenen Institution als eine derartige Einfassung seines öffentlichen Auftretens. Wie umständlich und unwirksam ist dagegen der Weg durch Ohr und Verstand. Das Mittelalter rechnete überall so: Der Rektor einer Universität erschien nie öffentlich ohne Gefolge, und selbst der simple Magister ließ seine Scholaren hinter sich her gehen.

Auf der Fahrt nach Mailand waren wir in Pavia ausgestiegen; hier lernte ich Italien noch von einer Kehrseite kennen. Als wir einsteigen wollten, um mit dem

Lokalzug nach der Certosa[567] zu fahren, wurde ich durch zwei Männer, von denen der eine sich vor mir in den Zug drängte, der andere nachdrängte, aufgehalten; ich war durch die Verladung des Gepäcks in Anspruch genommen und kümmerte mich weiter nicht um sie. Kaum aber saßen wir auf unseren Plätzen, als ich nach der Uhr sehen wollte und mit Schrecken entdeckte: Sie fehlte mitsamt der Kette. Ich stieg aus, wandte mich an den *Capo di Stazione*,[568] der nahm die Sache mit Gelassenheit auf; ein paar *Carabinieri,* die er unterrichtete, stolzierten den Zug einmal auf und ab und sahen in die Wagen, die Uhr war weg und die Diebe ebenso. Offenbar waren es jene beiden Leute gewesen, die mich beim Einsteigen zwischen sich genommen hatten; während der vordere wieder aus dem Coupé[569] ausstieg und mich einklemmte und zurückdrängte, hatte der andere die Uhr aus der Tasche gezogen. Vermutlich hatten sie sich eiligst in die Stadt zurückgezogen, die voll Menschen war: Es war großer Gesindemarkt.[570] In Mailand angekommen, ging ich auf das deutsche Konsulat, meinen Verlust, der immerhin 250 Mark betragen mochte, meldend und mir Rat erbittend, was ich tun solle. Auch hier wurde die Sache mit größerer Gelassenheit angehört, als ich sie wohl vorbrachte: solche Dinge kämen alle Tage vor und ich möge mich nur gleich dabei beruhigen. Höchstens könne ich die Uhr als verloren in die Zeitung setzen und eine gute Belohnung versprechen: vielleicht dass ich auf diese Weise wieder in ihren Besitz gelange. – Wenig getröstet ging ich fort; ohne mich auf das Experiment mit der *Camorra* einzulassen, nahm ich den Verlust auf mich, freilich blieb ein Rest von Bitterkeit noch lange, vielleicht nicht einmal so sehr über den Verlust selbst als über die kläglich-komische Figur, die ich als Objekt in der Hand der Räuber gespielt haben musste. Und freilich war ich nicht ohne Schuld; ja fast könnte man sagen: Es war gerechte Strafe. Erstens hatte ich der Uhr am selben Tage geflucht und sie in den Po zu werfen gedroht: Sie war nämlich, nach einer alten Unart, plötzlich einmal zehn Minuten stehengeblieben und dann weitergegangen, was uns in Verlegenheit mit der Zeit gebracht hatte; und zweitens hatte ich sie auf dem Bahnhof vor aller Augen nach der öffentlichen Uhr gestellt: Ein formelles Anerbieten, sie loszuwerden, hatten zwei Gauner, die mich dabei beobachtet haben mochten, ohne Zweifel gedacht. – Übrigens hat die Sache auf mich doch einen solchen Eindruck gemacht, dass ich noch heute in kein Gedränge, auf keinen Bahnhof gehe, ohne unwillkürlich den Rock zuzuknöpfen. So wirksam sind Lehren in dieser Form. Andrerseits kann ich keinen italienischen Polizisten sehen, ohne dass mir jene beiden tadellos angezogenen Herren in den Sinn kommen, wie sie den Zug bei Pavia in tiefer Seelenruhe miteinander auf- und abwanderten. Ich glaube, das italienische Volk könnte sich die Kosten für den Unterhalt dieser geputzten Herren sparen, ohne dass die öffentliche Sicherheit dabei ein Erhebliches einbüßte, oder umgekehrt, dass die herrschende Unsicherheit erheblich zunähme. Und vielleicht kann man diese Betrachtung auf die Armee, die es unterhält, ausdehnen: Seine militärische Bedeutung würde nicht erheblich verlieren, wenn es seine Soldaten nach Hause entließe, wo sie irgendetwas Nützliches tun könnten. Ich war wenigstens immer wieder erstaunt darüber, wohin wir kamen, in Venedig, Florenz, Genua, überall zu jeder Tageszeit, vormittags und nachmittags, größere und kleinere Trupps Soldaten, fein gekleidet mit weißen Kragen und Manschetten, auf der Straße flanieren zu sehen. Wann exerzieren diese Herrschaften? Und wie? In Berlin sieht man Soldaten auf den Straßen eigentlich nur entweder in Kolonnen zum und vom Exerzierplatz marschieren oder im Drillichanzug ihre Geschäfte besorgen: Der Soldat als Spaziergänger ist selbst in der Hauptstadt eine unbekannte Figur, es sei denn an einem Sonntagnachmittag.

Und noch ein übles Symptom: die Bewunderung für die Räuber als die eigentlichen Volkshelden. Freilich, das italienische Volk hat seit vierhundert Jahren keine Nationalhelden gehabt, wenigstens keine kriegerischen, als *Condottieri*[571] und Räuber. Aber es bleibt doch ein schlimmer Zug. Eben als wir an der Riviera waren, waren alle Zeitungen voll von den Taten und Listen eines großen Räubers, und die aufrichtigste Teilnahme der Presse und der Bevölkerung begleitete sein Entwischen.

Den Beschluss unserer italienischen Reise machten ein paar Tage an den Seen, zuerst am Lago Maggiore. Wir nahmen Wohnung in Tremezzo (Bazzoni).[572] Es waren paradiesisch schöne Tage: helle Sonne ohne Hitze; der See und seine Ufer strahlend von Farbe und Licht, die höheren Berge noch mit blendendem Schnee bedeckt, und zu den Füßen die blühende Erde, eine unendliche Fülle schimmernder Blütenbäume, Pfirsich, Kirschen und Pflaumen. Wir blieben meist oben auf der Tremezzina[573] und lasen unter einem blühenden Baum in der Sonne sitzend den Dante. Eine herrliche Straße nach Civenna, hoch oben über dem Lago di Lecco, war der einzige größere Ausflug. Über Lugano und den Gotthard fuhren wir eilig zum Anfang des Semesters nach Hause.

In der Pfingstwoche schrieb ich, meist auf dem oberen Balkon zwischen rauschenden Kiefernwipfeln sitzend, den Aufsatz über Ernst Haeckel als Philosophen.[574] Delbrück hatte mich darum gebeten, halb wider Willen ging ich darauf ein; als ich aber zu lesen begonnen hatte, fing die Sache an mich zu interessieren, und in kurzem war ich mit ganzem Eifer dabei. Ich hatte Haeckel als phantasievollen, vielleicht etwas wagehalsigen Naturforscher geschätzt; die entwicklungsgeschichtliche Anschauung einmal *in concreto* durchzuführen, war unter allen Umständen ein Verdienst, mochten dabei auch phantastische Interpolationen[575] eine große Rolle spielen: Auf jeden Fall trat darin die von dem Darwinismus der Naturphilosophie gestellte Aufgabe aufs klarste zu Tage. In den „Welträtseln“[576] unternahm aber Haeckel nun ein anderes: Er versprach nicht weniger als eine einheitliche, alle Schwierigkeiten der Metaphysik auflösende Weltanschauung, und diese seine Philosophie stellte er mit schärfster Herausforderung der „zünftlerischen“ Philosophie gegenüber nicht nur als die allein wahre, sondern auch als die einzig aufrichtige hin: Alle Philosophen, Kant an der Spitze, sind Dualisten[577] und Lügner, Lügner, weil sie die Wahrheit des Monismus wohl erkennen, aber sie öffentlich anzuerkennen „in der Furcht des Herrn“ sich scheuen. Diese Heraus-

Paulsens Villa in Steglitz: „In der Pfingstwoche schrieb ich, meist auf dem oberen Balkon zwischen rauschenden Kiefernwipfeln sitzend, den Aufsatz über Ernst Haeckel als Philosophen."

forderung mochte ich als Jünger Kants nicht auf mir sitzen lassen, und so schrieb ich im frischen Zorn den Aufsatz. Dass er auf Haeckel irgendwelchen Eindruck machen würde, erwartete ich natürlich nicht; in der Tat hat er nur seinen flammenden Zorn gegen den Berliner Metaphysiker hervorgerufen, den er teils selbst in allerlei Invektiven kundtat, teils durch ein Literatengesindel, mit dem er sich umgeben hat, an den Mann bringen ließ. In Letzterem vor allem kam die innere Unwahrhaftigkeit, ja Niedrigkeit der Gesinnung zu Tage. Alles dies hatte ich vorausgesehen. Dennoch tut es mir noch heute nicht leid, den Artikel geschrieben zu haben. Und ganz ohne Wirksamkeit ist er wohl auch nicht geblieben: Männer wie Bölsche und Wille sind in ihrer Beurteilung der Haeckelschen Philosophie dadurch doch wohl ein wenig befestigt worden.

Im Sommer waren wir wieder in Starnberg (21. August bis 15. September). Im September besuchten wir das Passionsspiel in Oberammergau: Es machte doch einen bedeutenden Eindruck; ich habe darüber in der *Christlichen Welt* berichtet.[578] Wir gingen dann über Linderhof, das erfreulichste unter den Schlössern, die Ludwig II. gebaut hat, nach Hohenschwangau, wo Tante Lotte zu uns kam. Über Steingaden, wo wir diesmal in Staltannen die Verwandten aufsuchten, und den Peißenberg fuhren wir nach Hause. – Ein anderer Ausflug führte von Ohlstadt über den Grat des Heimgartens auf den Herzogstand nach Kochel: ein herrlicher Tag. Von Kochel gingen wir über Benediktbeuren nach Tölz und Holzkirchen; von da an den Chiemsee, nach Seebrück und Seeon, wo wir ein paar Tage blieben.

Im Herbst hielt ich einen Vortrag in Dresden (13. Oktober) über Parteien und Parteipolitik.[579] Der Vorstand der Gehe-Stiftung[580] hatte mich dazu eingeladen. Ich hatte eine große und geduldige Zuhörerschaft, gegen 800 Personen, die mir über anderthalb Stunden mit Ruhe und Aufmerksamkeit folgten. Ein angeregter Abend folgte, bei dem ich Viktor Böhmert, die Geheimen Regierungsräte Dr. Waentig und von Nostitz aus dem Ministerium kennen lernte, auch Dr. Romundt wiedersah.

Vorher waren wir noch ein paar Tage in der Sächsischen Schweiz gewesen: wunderschöne Oktobertage, an denen wir noch mittags im Freien saßen. In Schandau trafen wir Dr. Nath, der mich kannte: Er hatte längere Zeit im Ministerium gearbeitet, Lehrpläne und Prüfungsordnungen gesammelt und sortiert und wusste von manchen Dingen daher Bescheid. Den Rückweg nahmen wir über Bunzlau, wo wir Hans besuchten.

Im September war unsere alte Freundin, Frau Curtius, gestorben. Damit schloss sich für immer ein Haus, in dem wir seit 30 Jahren gern und viel verkehrt hatten. Professor Curtius war ihr ein paar Jahre vorhergegangen; er war gestorben wie ein Held, noch im Sterben klar und seiner selbst gewiss.

Im Spätherbst entschlossen wir uns, in Starnberg ein Grundstück zu kaufen und zu bauen. Die bisherige Mietwohnung wurde unmöglich; da schien es geraten, da ein passender Ersatz fraglich war, lieber auf eignem Grund und Boden uns anzusiedeln. Der Vorgang in Steglitz lockte; hier hatten wir zu guter Zeit günstig gekauft, der Wert des Bodens war beträchtlich gestiegen. Ich rechnete, in Starnberg werde das Gleiche der Fall sein; sobald es als Vorort von München Vorortsverkehr haben werde, müsse die Bebauung rasch fortschreiten und der Preis steigen. Wir kauften also auf dem Mühlberg ein Grundstück auf herrschender Höhe, doch dem Ort nahe genug, um ein Wirtschaften möglich zu machen, und ließen darauf ein kleines Haus bauen, zu dem wir in Steglitz im Winter mit viel Freude Grundriss und Aufriss machten: Mädi besorgte das Malerische, ich in der Hauptsache den Grundriss und die Räume. Der Bau wurde so rasch gefördert, dass das Haus im Juli nächsten Jahres bezogen werden konnte. – Die Spekulation erwies sich freilich als ohne die bayrische Eisenbahnverwaltung gemacht. Zwar wurde Vorortverkehr auf der Strecke nach Starnberg eingeführt, aber nur auf 25 Kilometer Entfernung; Starnberg ist aber 27 Kilometer von München entfernt, und so geschah das Witzige, dass der einzige Vorort, den es in Bayern gab, vom Vorortverkehr ausgeschlossen blieb. Der Fiskus mochte auch rechnen: Der Münchner fährt am Sonntag doch nach Starnberg, da nehme ich den größeren Preis. Dass der Münchner bei Vorortzügen nach Starnberg ziehen könne und dann alle Tage fahren würde, kam ihm nicht in den Sinn. – Wie sinnreich der bayrische Fiskus zu rechnen versteht, zeigte sich in der Antwort auf eine Eingabe um einen Abendzug von München nach elf Uhr, bisher der letzte. Er ließ einige Tage die Fahrgäste zum Elfuhrzug zählen und fand, dass sie noch nicht einmal alle Plätze füllten; jedenfalls blieb niemand wegen Platzmangel zurück; also offenbar kein Überschuss an Passagieren und kein Bedürfnis eines späteren Zuges. Dass die Eisenbahn der Ansiedlung vorangehen könne und müsse, kam diesem hellen Kopf – Wasserkopf pflegte Schwager Gustav zu sagen – wieder nicht in den Sinn. Die Starnberger Krämer und Mettwurstverkäufer waren froh, dass es keinen Vorortverkehr gab: Sonst holten die Leut ihre Sach in München. Krähwinkel stirbt in Deutschland nicht aus.

Übrigens, uns kann es recht sein, wenn Starnberg das stille Dorf am See bleibt.

1901

Einige harte Auslassungen im Abgeordnetenhause vom Ministertisch gegen die Unersättlichkeit des Gymnasiallehrerstandes (Miquel) und die Notwendigkeit, der maßlosen Agitation Grenzen zu ziehen (Bosse), bestimmten mich, in der *Nationalzeitung* (12. März) das Wort zu nehmen, um die „Beschwerden des höheren Lehrerstandes" als gerechtfertigt darzutun:[581] Gerade das sei es, was der Stand nicht ertragen könne, Verweigerung der formellen Gleichstellung mit dem Richterstand „aus prinzipiellen Gründen"; das gehe gegen die Standesehre, die zu schützen jeder Stand die Pflicht habe. Der Artikel fand außerordentlichen Anklang in Lehrerkreisen; er ist sehr viel abgedruckt worden.[582] Im Ministerium erregte er einiges Missfallen; Dr. Althoff, der mich aufsuchte, sagte, dass der Minister mir in der nächsten Sitzung seine Meinung ordentlich sagen werde; und an eine „prinzipielle Gleichstellung mit dem Richterstand" sei nicht zu denken, die werde nie kommen. Ich erwiderte ruhig: Der Lehrerstand könne und werde nicht aufhören, sie zu erstreben, und ich sei völlig überzeugt, dass sie auch einmal werde erreicht werden, denn sie sei eine Forderung der Sache selbst.

Im April hielt ich einen Vortrag in der Versammlung des Realschulmännervereins in Kassel: „Die höhere Schule und das Universitätsstudium im 20. Jahrhundert".[583] Ich legte darin die Bedeutung der Reform von 1901 und zugleich die notwendigen Konsequenzen des Schrittes dar.[584] Im Ganzen sind die Dinge den Weg gegangen. Ich unterließ es nicht, auch hier die berechtigten Forderungen des Lehrerstandes wieder zu betonen: sie seien ein wesentliches Stück der Schulreform. – Ein sehr belebtes Festessen schloss sich an; ich hatte meinen Platz zwischen den Provinzialschulräten Lahmeyer und Kaiser: dieser ein alter Studiengenosse von der Bonner Alemannenkneipe, jener mir von Reuter her wohlbekannt. Seinen Namen hatte ich übrigens zum ersten Mal als den eines eifrigen Schülers im Vorwort zu Kühners lateinischer Grammatik gesehen, der sich um die Korrektur verdient gemacht habe. Ich erzählte es ihm, und er freute sich seines guten Rufs und meines guten Gedächtnisses. – Inzwischen war Laura herübergekommen, und wir wanderten noch ein paar Tage im Hessenland nach Münden hinüber, nach Fritzlar und Wildungen usw.

Noch eine Abhandlung verwandten Inhalts folgte: „Der höhere Lehrerstand und seine Stellung in der gelehrten Welt" (*Preußische Jahrbücher*, November).[585] Sie fand im Ministerium so lebhaften Beifall, dass der Sonderdruck, den Althoff mich herstellen zu lassen veranlasste, an die Lehrerkollegien verschickt wurde. Ich hatte darin ausgeführt, dass der Lehrerstand in erster Linie als Gelehrtenstand Geltung habe und sich erhalten müsse; als reiner Beamtenstand werde er niemals mit dem Offizier und dem Juristen in der gesellschaftlichen Schätzung konkurrieren können. Und ich begrüßte von diesem Gesichtspunkt aus das Vorgehen der Regierung, eine Summe in den Etat einzustellen, um für wissenschaftliche Leistungen aus dem Lehrerstande Reisestipendien, Vertretungen usw. bewilligen zu können. Dabei hielt ich an der Absicht fest, dass die Regierung andererseits die Pflicht nicht ablehnen könne, durch die möglichste Gleichstellung des Lehrerstandes mit dem Richterstande *ihre* Einschätzung der Bedeutung des Standes zum Ausdruck zu bringen; gleichzeitig aber auch durch Beschränkung der Klassenfrequenz und der Pflichtstunden Zeit und Kraft für wissenschaftliche Arbeit frei zu machen.

Im August fuhren wir nach Starnberg, voll Verlangen, unser neues Haus und Grundstück zu sehen, in dem Mauderers seit dem Juli wohnten. Wir kamen um Mitternacht an, konnten uns aber nicht versagen, die Räume gleich vom Keller bis zum Boden zu durchwandern. Sie erschienen behaglich, einige sogar stattlich, der Raum im Ganzen vortrefflich ausgenutzt. Am Morgen kam der Garten dran: Das Grundstück lag zwar noch unbebaut, aber der freie Blick von der Höhe des Mühlberges erfreute: zur Rechten ragen die zackigen Spitzen des Karwendelgebirges, des Quellgebiets der Isar, herein; dann schiebt sich, den See verdeckend, eben der Schlossberg vor, der keck aufstrebende Turm der kleinen Kirche und das altersgraue Schloss krönen die Höhe und zeichnen ihre Silhouette auf dem Himmel ab; das Schloss, jetzt Dienstgebäude für Verwaltung und Gericht, liegt gerade über; das Wiesental des Maisinger Bachs, der gerade unter dem Schloss eine Mühle treibt, trennt Mühlberg und Schlossberg. Dann öffnet sich zur Linken, beim Abfall des Mauernwalls des Schlossbergs, das Mühltal; der Blick schweift frei über die weite Fläche des braunen Moors, durch das die Würm, der Abfluss des Starnberger Sees, sich schlängelt, bis zu den waldreichen Höhen von Wangen und Mühltal, über welche die Straße durch den Forstenrieder Park nach München führt. Wir machten uns nun alsbald an die Anlage des Gartens, steckten die Wege ab, bestimmten den Bäumen im Zier- und Obstgarten die Plätze, legten die Beete im Gemüsegarten an und hatten so die Hände voll zu tun.

Nachdem diese Begierde gestillt war, machten wir einen Ausflug nach Tirol. Von Kufstein gingen wir wieder durch das herrliche Kaisertal, über das Stripsenjoch nach St. Johann; dann von Zell am See das Fuschertal hinauf über Ferleiten nach der Trauneralm, weiter über die Pfandlscharte und den Pasterzengletscher zum Glocknerhaus; wundervoll war der Nachmittag auf der Franz-Josef-Höhe: Der Großglockner stand wie ein Kristallkegel gegen den blauen Himmel, dann ging die Sonne gerade durch seine Spitze hindurch, so dass sie wie ein goldener Knauf auf-

Blick auf Starnberg, vorn in der Mitte Paulsens Haus: „der freie Blick von der Höhe des Mühlberges erfreute“.

gesetzt erschien. In Heiligenblut nahmen wir einen Wagen, den wir schließlich mit ein paar unfreundlichen Bourgeois vom Rhein zu teilen uns nötigen ließen. Wir waren froh, als wir sie verließen und zu Fuß über die Höhe von Winklern nach Dölsach im Tal der Drau hinüberwanderten, wo wir erst in völliger Dunkelheit ankamen. Dölsach ist die Heimat Defreggers, der Wirt hatte ihn als Knaben gekannt und zeigte uns ein paar jugendlicher Zeichnungen, die er von ihm aufbewahrte. Über Lienz, Toblach fuhren wir nach Landro, gingen dann am Misurinasee vorbei nach Cortina d'Ampezzo: ein hübsches Städtchen, in einem von rötlichen Dolomiten prachtvoll eingefassten Tal gelegen. Nach einem Ruhetag gingen wir über Schluderbach auf die Plätzwiese; am Morgen bestiegen wir den Dürrenstein, mit entzückender Rundschau, und gingen am Nachmittag über das reizend gelegene kleine Bauernbad Altprags nach Niederdorf. Auf dem Wege nach Welsberg ist eine Kapelle, deren Besuch unglücklich Liebenden besonders empfohlen ist: Die Kirche hat in ihrer liebenswürdigen Menschlichkeit für alle Nöte des Lebens Rat und Hilfe und einen eigenen Fürsprecher. Auf dem Kirchhof begegneten wir dem Grabstein der gewesenen Wirtin vom „Goldenen Lamm“ in Welsberg. Die Inschrift lautete:

Maria Schmid, geborene Klenk,
geb. 19. August 1800, gest. 24. Mai 1894.
Sie war fromm und voll Menschenliebe,
Mehr für Andere als sich selbst besorgt,
Ihr Ende war der Tod der Gerechten.
Sie hatte Acht auf den Wandel ihres Hauses,
Und aß ihr Brot nicht müßig.

Mir kamen die Tränen in die Augen; die Inschrift auf dem Grabe der Lammwirtin im Pustertal, sie schien wie eigens gemacht für die, die neben mir stand.

Wir kehrten im „Goldenen Lamm" ein und fanden, dass die Tugenden der früheren Wirtin noch fortwirkten. Ich versprach mir, hier noch einmal, und bald, wieder einzukehren. Bisher ist's nicht geschehen. Ob es noch einmal dazu kommt?

Nach Starnberg zurückgekehrt, blieben wir noch 14 Tage, des Sees, des Hauses und des Gartens, in dem nun gearbeitet wurde, uns erfreuend. Nur ein kleiner Ausflug nach Landsberg und Kaufbeuren wurde gemacht: Landsberg, dem Geburtsort der Tante Lotte, Kaufbeuren, dem Geburtsort Emiliens; wir entdeckten das Haus, in dem die Eltern damals gewohnt hatten, wieder. Laura war einmal mit der Mutter hier gewesen.

Als wir von Schongau nach Hause kamen, fanden wir die Nachricht vor, dass Rudi das Abiturienten-Examen glücklich bestanden habe. War auch die Mathematik ganz ausgefallen, so hatten Griechisch und Deutsch ihn durchgebracht. Der lange fortgesetzte Versuch, ihn in der Mathematik wieder auf die normale Leistungsfähigkeit zu bringen, er ging bis in die Quarta zurück, war völlig vergeblich gewesen. Er hatte nicht die simpelste Tertianeraufgabe aus der Geometrie zu lösen vermocht. Wie viel besser wäre Zeit und Kraft für Dinge, die ihm lagen, verwendet gewesen. Es haben diese persönlichen Erfahrungen beigetragen, bei mir die Überzeugung zur Reife zu bringen, die ich jahrelang gehabt hatte, die ich nun aber auch öffentlich mit Entschiedenheit auszusprechen begann. Dass es notwendig sei, auf der Oberstufe etwas mehr Bewegungsfreiheit für die verschieden gerichtete Begabung und Neigung zu gewähren, um aus dem stumpfsinnigen Pensenlernen zu freier Arbeit und Selbsttätigkeit zu führen.

Nachdem wir nach Hause zurückgekehrt waren, genoss ich mit Rudi die schöne Muluszeit;[586] mancher schöne Herbsttag sah uns auf weiter Wanderung durch die märkischen Wald- und Seelandschaften. Wir besprachen tausend Dinge, er war offen und mitteilsam, empfänglich und teilnehmend. Er war entschieden, Philologie zu studieren. Ich wehrte mich anfangs dagegen: Zum Gelehrten schien es mir nicht zu reichen, und zum Lehrer werde er sich nicht schicken. Ich hätte am liebsten gesehen, dass er sich für das medizinische Studium entschieden hätte, wo ich vor allem ein regelmäßig fortschreitendes Arbeiten und dann einen ihm gemäßen Lebensberuf voraussah: Er hatte etwas Liebenswürdig-Hilfreiches in seinem Wesen von klein auf gehabt. Auch Jurisprudenz hätte ich noch gebilligt, wenn es auch meinen eigentlichen Wünschen nicht gerade entsprach. Indessen, er bestand durchaus darauf, Philologie zu studieren, behauptete auch, der Lehrerberuf werde ihn durchaus befriedigen und er sei völlig bereit, das Oberlehrerexamen als Studienabschluss neben dem Doktor ins Auge zu fassen. Da ich einen Zwang weder üben wollte noch konnte, so kamen wir also in mannigfacher gemeinsamer Überlegung dahin überein: Er solle Klassische Philologie studieren mit entschiedener Richtung auf das philosophische Gebiet, Plato war ihm besonders lieb geworden, neben den Tragikern, und als Nebengebiet möge er das deutsche Altertum und die deutsche Literatur betreiben: also eine ähnliche Abgrenzung der Studien, wie sie uns von Freund Belger bekannt war. Ich hatte eine stille Hoffnung, dass die Freiheit des akademischen Studiums in ihm eine leise glimmende wissenschaftliche Neigung zur Flamme anblasen würde und dass so aus ihm doch noch einmal ein Gelehrter werden möge. Die äußeren Hilfen und Chancen schienen dazu in jeder Hinsicht so günstig zu liegen, dass ich mich mit der Sache auch innerlich aussöhnte.

Als nähere Sorge kam dann ein anderes: der Militärdienst. Ich war dafür, ihn gleich am Anfang zu erledigen, und Rudi war dazu bereit. Wir kamen überein, er solle sich in Erlangen bei der Artillerie melden. Ich hoffte, dass er, wie ich einst, für die Waffe ein lebhafteres Interesse gewinnen, auch von der Ausbildung im Reiten Freude haben werde.

So ließen wir unseren Jüngsten dann gegen Ende des Septembers mit tausend guten Wünschen und voller guter Hoffnung auf sein im Grunde klares und vernünftiges Wesen ziehen. Gewisse Schwierigkeiten in seinem Naturell, die während der Knabenjahre zeitweilig hervorgetreten waren, eine gewisse Empfindlichkeit und auch wohl einige Bockigkeit, z. B. gegen Lehrer, die er nicht liebte, würden, so meinten wir, der militärischen Disziplin auf der einen Seite, der Selbstzucht in der Verbindung auf der anderen Seite, am leichtesten weichen. Denn das war natürlich ausgemacht, dass er, wenn er nach Erlangen ginge, in die Burschenschaft eintrete, wo er gleich eine ganze Anzahl alter Bekannter fand, die in unserem Hause verkehrt hatten.

Was sind Hoffnungen, was sind Entwürfe!

Die heiteren Septembertage des Jahres 1901 sind die letzten ganz sorglos glücklichen Tage gewesen. Die folgenden Jahre haben uns Schmerz und Sorge von aller Art gebracht.

1902

Das Jahr begann mit einem mich tief schmerzenden Verlust: Am 17. Januar starb Scheffer-Boichorst. Er war vor etwa zehn Jahren als Nachfolger von Weizsäcker für mittelalterliche Geschichte von Straßburg nach Berlin gekommen; allmählich hatten wir uns genähert, er fand bei mir wohl für manche Seite seines Wesens Verständnis, wofür Andere weniger aufgeschlossen waren. Auch meine sympathische Haltung gegen Mittelalter und katholisches Wesen – er stammte aus einer katholischen Familie Westfalens – mochte den Verkehr mit mir ihm anziehend machen; denn obwohl er nicht im mindesten kirchlich-katholisch war (er lehnte noch auf dem Totenbett den Besuch eines katholischen Geistlichen entschieden ab und wurde darum ohne Assistenz der Kirche begraben), so war er doch gegen

Paul Scheffer-Boichorst, Professor in Berlin: „Das Jahr begann mit einem mich tief schmerzenden Verlust".

einen übereifrigen Protestantismus, wie er bei anderen Kollegen ihm begegnete, nicht ohne Empfindlichkeit. So waren wir allmählich sehr befreundet geworden; er kam oft zu uns heraus, besonders Sonntagmittag, wo er dann auch unseren Freund Belger gern sah; die vollständige Zwanglosigkeit des Verkehrs in unserm Hause sagte beiden alten Junggesellen zu. – Seit dem Anfang des Winters hatte er gekränkelt, nach Weihnachten war die Hoffnung dahin. Er musste in ein Sanatorium gehen und lag hier noch ein paar Wochen schwer krank, bis ihn der Tod erlöste. Rührend zeigte sich hier die Anhänglichkeit seiner Schüler, es war fast beständig einer anwesend, um jedem Wunsch des Kranken gewärtig zu sein. Er hielt sich gegen sie in der Tat wie ein Vater; bei strengen Anforderungen an ihre Leistungen war er gegen sie persönlich wie ein väterlicher Freund, der für alle ihre Angelegenheiten und Sorgen ein offenes Herz und, wo es die Lage forderte, auch einen offenen Beutel hatte. Er hat von seinem ansehnlichen Einkommen keine Schätze gesammelt, außer in den Herzen lebender Menschen. – An seinem Grabe sprachen sein Fachkollege Tangl und ich. Wobei ich dann wieder die Erfahrung machte, wie wenig die miteinander Lebenden, auch wenn sie sich täglich begegnen, voneinander wissen: Unter den Kollegen sagten mir mehrere: Wir wussten gar nicht, dass Sie so nahe Freunde gewesen waren.

Im April kam mein Buch „*Die deutschen Universitäten und das Universitätsstudium*" heraus;[587] es war die Erweiterung jener Darstellung für die Chicago-Ausstellung von 1892, weshalb es auch im selben Verlag (Asher und Co.) erschien. Das Werk wurde von der Kritik günstiger aufgenommen als irgendeins der früheren Bücher; vor allem erschien in der Tagespresse, die der Verleger heranzog, eine sehr große Anzahl höchst anerkennender Besprechungen. Trotzdem blieb der äußere Erfolg weit hinter dem der anderen zurück, obwohl der Preis ungewöhnlich niedrig angesetzt war: In vier Jahren ist die Auflage (1500 Exemplare) noch nicht ganz abgesetzt; ein neuer Beweis für die Auffassung von Hertz: Besprechungen tun wenig, Empfehlung von Person zu Person ist die wirksame Propaganda. Professoren aber lesen keine Bücher über Universitätswesen, und Studenten ebenso wenig. Übrigens kam wohl auch die Konkurrenz des moralisierenden Büchleins von Theobald Ziegler, *„Der deutsche Student am Ende des 19. Jahrhunderts“*,[588] dem theoretischer gehaltenen, doppelt so umfangreichen und doppelt so teueren Werk in die Quere.

In derselben Zeit schrieb ich, auf Wunsch des Ministeriums, die Abhandlung „Über das Prinzip der Gleichwertigkeit der drei Formen der höheren Schule“; sie ist in einem von Lexis herausgegebenen Sammelband erschienen.[589] Die Aufgabe des Werkes war: die Grundzüge der neuen Schulverfassung etwas ausführlicher darzustellen, als es in Lehrplänen geschehen kann.

Ein kleiner Osterausflug führte diesmal nach Nordböhmen. Von Tetschen aus machten wir ein paar Tagestouren auf den Schneeberg und die seltsamen Tyssaer Wände, über den Winterberg nach Windisch-Kamnitz, nach Aussig und auf die Hohe Wostray. Die sonnig-schönen Tage in dem lieblichen Gelände wurden ein wenig durch verdrießliche Nachrichten aus Erlangen getrübt. Rudi war am 1. April nicht zum Gefreiten befördert worden. An sich hegte ich keinen Ehrgeiz nach dieser Richtung; aber als Symptom war mir die Sache unerfreulich: Sie schien darauf hinzudeuten, dass die Neigung, sich verquer zu den Menschen und Dingen zu stellen, die schon auf der Schule zeitweilig sich geltend gemacht hatte, aufs Neue hervortrete. Sie war in der letzten Schulzeit fast verschwunden; wir hatten gehofft, sie sei vernünftig-zielstrebigem Willen ganz gewichen. Die völlige Ablehnung der Instruktion wies auf neue Obstruktionen in der Seelenverfassung hin. – Übrigens wurde er nachträglich im Mai von der Kompanie aus befördert. Der Hauptmann äußerte sich nicht ungünstig.

In der Pfingstwoche gingen wir, mit den Töchtern, nach Thüringen. Ich hatte den Festvortrag für die Goetheversammlung übernommen. Zunächst aber erfreuten wir uns einiger sehr fröhlicher Wandertage. In Ruhla hatten wir in einer kleinen Villa angenehmste Unterkunft gefunden. Alle die alten vertrauten Wege wurden wieder begangen: nach Altenstein und Liebenstein, nach Eisenach und der Wartburg, nach dem Inselsberg und nach Wilhelmsthal: Gesundheit und Rüstigkeit schreckten auch vor einem tüchtigen Marsch im Regen nicht zurück, und die gute Laune litt nicht, wenn es auch einmal ein paar Stunden mehr wurden, als erwartet war. – Der Vortrag über Goethes ethische Anschauungen[590] lief, trotz der Heiserkeit, die ich aus den Bergen mitgebracht hatte, glücklich vom Stapel. Er ist an dem Gegensatz Goethes gegen Kant und Schopenhauer orientiert: der Quellpunkt seiner ethischen Anschauungen, der Glaube an die Natur und das

Leben; Kants Glaube an das Gesetz, verbunden mit seinem Unglauben an die Natur, ist ganz wider Goethes innerstes Wesen. Und Schopenhauers Verachtung der Wirklichkeit und des Lebens ist krank oder teuflisch: Goethe hat sie im Mephistopheles als die eigentliche Wurzel des Satanischen dargestellt. Der Goethe-Vortrag bildet gewissermaßen den positiven Gegenpol zu den Abhandlungen „*Schopenhauer, Hamlet, Mephistopheles*".

Aus dem Sommer sind mir ein paar schöne märkische Wandertage in der Erinnerung: Rheinsberg, wo Mädi einige Tage den blühenden Frühling auf entzückende kleine Aquarelle gemalt hatte. Trotz des unablässigen Regens waren wir sehr vergnügt. Ebenso waren ein Ausflug nach Lanke – Liepnitz – Oranienburg sowie der Abend an der Niederung des Kanals sehr erfreulich.

Im August brachte ich erst Hans, nach einem schrecklich verfehlten Versuch, ihn nach dem Scheitern in Bunzlau in Harzburg am Harz den Vorbereitungskursus zu Ende bringen zu lassen, nach Tannenfeld bei Gera, in eine Nervenheilanstalt; er blieb hier bis Ostern, ohne irgendwelchen Erfolg. Über Erlangen, wo die Eindrücke auch nicht die erquickendsten waren, fuhr ich nach Starnberg, wo wir bis Mitte September blieben. Nur ein kleiner Ausflug an den Chiemsee unterbrach den stillen Aufenthalt. Wir fuhren nach Marquartstein und machten von hier Tagestouren nach allen Seiten, Hochgern, Taubensee – Kössen, Klobenstein – Kössen – Reit im Winkl. Der Tag zum Taubensee brachte uns der Erschöpfung nahe; wir waren früh aufgebrochen und hatten, darauf rechnend, dass die Sennhütten oben noch bewirtschaftet seien, nichts als ein kleines Frühstück und ein wenig Obst mitgenommen. Erst um ein Uhr, statt wie erwartet um zwölf, waren wir oben, und nun fanden wir alle Hütten schon verlassen. Die Sonne brannte heiß, wir hatten nichts zu essen und zu trinken, und der Taubensee wollte sich auch nicht zeigen: nichts als eine wellige, unübersichtliche Hochfläche, ohne alle Wege und Wegweiser. Endlich, nach langem Herumirren fand sich der See, wir legten uns hin, verzehrten die letzte Birne und schliefen ein Stündchen. Dann suchten wir den Weg nach Kössen, aber auch hierbei gerieten wir wieder ins völlig Weglose; Ermüdung, Durst und Erschöpfung wollten fast mutlos machen. Da endlich, es war schon Spätnachmittag, eine bewohnte Sennhütte; es hat uns selten etwas so gut geschmeckt als die große Holzschüssel mit Milch und Brot, die uns die alte Frau hier vorsetzte. Erst am Abend kamen wir nach Kössen herunter, und spät in der Nacht fuhr uns ein Knecht über den Klobensteinpass nach Marquartstein zurück. Als wir am übernächsten Tage den Weg in umgekehrter Richtung zu Fuß machten und die Abgründe sahen, an denen wir in dunkler Nacht auf schmalem Spurweg vorbeigefahren waren, allein dem Weginstinkt des Pferdes überlassen, empfanden wir noch nachträglich ein kleines Schaudern. – Von diesem letzteren Weg, den wir an einem wundervollen Septembersonntag machten, brachte ich eine kleine Skizze mit, welche in den *Münchner Neuesten Nachrichten* unter dem Titel „Der stille Katholizismus" erschien;[591] er knüpfte an die drei Kapellen an, denen wir auf unserem Weg begegnet waren, alle drei auf herrschender Höhe

Lotte (links) und Grete Paulsen im Jahr 1902

mit entzückender Aussicht gelegen, alle drei in der Natur von dem, was über der Natur ist, predigend. Der kleine Aufsatz hat mir viele freundliche Äußerungen, von protestantischer und katholischer Seite, eingetragen. – Mit Professor Delbrück aus Jena,[592] dem wir vor zwei Jahren in Florenz begegnet waren und der uns damals den Weg nach Santa Margherita gewiesen hatte, kehrten wir nach München zurück.

Ein herrlicher Tag wurde uns noch auf dem Herzogstand beschert: Schon der Abend war schön, unvergleichlich aber der Morgen; die Sonne brach durch wallende Nebel sich Bahn; aber noch lange lag über dem Walchensee, die tiefe Einsenkung zwischen den Uferbergen bis zum Rand erfüllend, dichtes weißes Gewölk. Wir standen oben auf felsiger Spitze im hellen Sonnenschein, die Gipfel der Berge ringsum lagen im klarsten Licht, nur vom See und seinen Waldufern war nichts zu sehen, nichts als der weiße geballte Nebel darüber; da drangen aus der Tiefe die Klänge des Glöckchens vom Klösterle herauf, Kunde gebend von Menschen, die unter der Wolkenlast von der Sonne hier oben nichts sahen.

Am 12. September traten wir den Rückweg nach dem Norden an, und zwar über Main und Rhein. In Miltenberg am Main besuchten wir unsern Neffen Gustav, der hier als Amtsrichter das neue Grundbuch anlegte;[593] das malerische Städtchen liegt reizend in das südlich aufsteigende Mainufer eingebettet; auf halber Höhe thront eine alte Burg; sein Bewohner, ein freundlicher alter Herr, führte uns durch seine Räume und zeigte uns seine in langem Leben zusammengebrachte

Sammlung von Altertümern und Kuriositäten aller Art. Etwas mainabwärts liegt auf dem andern Mainufer das Kloster Engelberg. In seiner Kapelle ist das Grab eines ehemaligen Königs von Portugal: So belehrte die Erstaunten die Inschrift der Marmorplatte über dem Grab; Dom Miguel hatte nach seiner Vertreibung 1848 hier bei seinem Schwager, dem Fürsten Löwenstein-Wertheim, auf Kleinheubach ein Asyl, dann in dem still-einsamen Kloster auf Bergeshöh seine letzte Ruhestätte gefunden.[594] – Über den Main setzend, begegneten wir einem Bekannten, wenigstens indirekt Bekannten: dem Pfarrer Wagner, Bruder eines meiner Erlanger Koätanen:[595] Er führte uns auf Waldwegen zu den rätselhaften „Hunnensäulen", ungeheuren roten Sandsteinsäulen, die mitten im Walde liegen. Über ihre Herkunft oder vielmehr ihre Bestimmung, denn offenbar sind sie an Ort und Stelle gebrochen und bearbeitet, liegt Dunkel. – Merkwürdig war mir in diesem Winkel noch eins: die grenzenlose Zersplitterung des Grundbesitzes, neben fürstlichem Großbesitz. Wenn man von Miltenberg über den Main auf das gegenüber aufsteigende Ackerland blickt, so erscheint es wie eine aus vieltausend Lappen und Läppchen zusammengeflickte Decke, die einzelne Anbaufläche oft nicht größer als ein mäßiges Zimmer. Gustav sagte, es seien oft keine Besitzer zu ermitteln, weil es die Kosten der Eintragung nicht lohne. Die Verwüstungen eines unvernünftigen Erbrechtes lassen sich nicht sichtbarer darstellen.

Von Bingen fuhren wir zu Schiff den Rhein abwärts, eine große Enttäuschung: Es war ein grauer Tag, das Rheintal lag voll von schwarzem Kohlenrauch, den die nicht abreißende Reihe der Schleppdampfer ausspie, die grauen Schieferfelsen stierten missmutig hinein: Man könnte nichts Trübseligeres sehen; kein Wunder, dass der Rhein seine Anziehungskraft verliert. – In Düsseldorf besuchten wir die große rheinländisch-westfälische Ausstellung. Die Wunder der Industrie machten einen mächtigen Eindruck: Dass dem heutigen Menschen nichts unmöglich ist, ist die Empfindung, mit der man zwischen solchen Werken, Gussstahlblöcken, Schiffswellen und -schrauben, Maschinen und Geschützen von fabelhaftem Gewicht und Abmessungen, hinschreitet. Und als wir durch die Rauchsäulen des Ruhrgebiets heimfuhren, erschienen auch sie uns in anderem Licht als auf dem Rhein ein paar Tage zuvor: Etwas Ungeheures, ja Märchenhaftes wird durch diese sich über den Himmel hinziehenden Fahnen angedeutet: der Sieg des modernen Menschen über die Naturkräfte; die Elemente sind in seiner Hand wie Wachs in der Hand eines Knaben.

Noch eine unvermutete kleine Reise kam im Oktober (18. bis 21.): Ich wurde zur Feier des 100-jährigen Geburtstags meines alten Lehrers, Professor Trendelenburg, eingeladen: An seinem Geburtsort Eutin sollte sie stattfinden. Es war selbstverständlich, dass ich mich dem nicht entzog. Am Vorabend vor der Feier kam ein Telegramm aus Berlin: Ich möge die Vertretung des Ministeriums bei der Feier übernehmen. Große Verlegenheit: Ich hatte keinen Frack und weiteren Apparat. Da kam die Hilfe: Der Wirt des Voßhauses[596] bot mir seinen an, und nie hat mir ein Frack schöner gestanden als dieser geborgte. Die Feier verlief sehr schön,

Eucken aus Jena hielt am Morgen die Festrede, worin er das Wesen des Mannes und seine geschichtliche Stellung trefflich beleuchtete. Das Festessen am Nachmittag vereinigte mit der vollzählig erschienenen Familie Trendelenburgs, ein Sohn und fünf Töchter mit ihren Kindern waren da, einen weiten Kreis näherer und fernerer Schüler und die Eutiner Gesellschaft. Es war mir rührend, mit den Töchtern Erinnerungen zu tauschen: Ich hatte sie nicht wiedergesehen, seit ich vor 33 Jahren als schüchterner Student ins Haus gekommen war. – Ich hatte dann noch ein paar schöne Herbsttage, mit Tönnies und Stumpf. Am Uklei[597] trafen wir unsern Freund Alberts, er malte den glühend in der Herbstsonne stehenden Buchenwald.

1903

Die folgenden Jahre haben uns manche Sorge und Aufregung, sie haben uns auch zum ersten Mal Schwäche und Krankheit ins Haus gebracht.

Unsere beständige Sorge brachte ich Ostern nach Münster in Westfalen. Der Landmesser Haupt, der Hans aufzunehmen und auszubilden übernahm, stellte sich als ein Landsmann aus Heide heraus. Hans hat hier ein Jahr in verhältnismäßiger Ruhe zugebracht, und seine Ausbildung wurde so weit gefördert, dass er im folgenden Jahr auf der Hochschule aufgenommen wurde. – In Münster besuchte ich unsern alten Freund Adickes. Er war eben mit der Affäre Kappes beladen, jenem Kollegen, der von ihm als Plagiator entlarvt und in der Folge abgesetzt wurde;[598] auch ich wurde in diese Angelegenheit wenigstens insofern verwickelt, als ich ein Sachverständigen-Gutachten abzugeben genötigt wurde.

Zu Pfingsten machten wir mit den Kindern eine Reise in die alte Heimat. Tönnies hatte mich zum Paten seines Dritten gebeten. Das Verhältnis zwischen uns war, nach dem Wegfall mancher störender Elemente, wieder ein wärmeres geworden; er war als Familienvater ruhiger und heiterer, manche Schärfe und Bitterkeit in seinem Wesen hatte sich allmählich verloren, der Umgang mit den Kindern war sein Glück. Auch die äußeren Lebensverhältnisse hatten sich für ihn erfreulicher gestaltet. Zwar in eine Professur war er nicht eingetreten, er hatte die akademische Lehrtätigkeit eigentlich immer von sich gewiesen, und so war er Privatdozent in Kiel geblieben, oder eigentlich Privatdozent *in partibus*;[599] er wohnte in Eutin und fuhr bloß alle acht oder vierzehn Tage einmal zu einer Vorlesung hinüber. Schade für ihn und für seine möglichen Schüler, denn er war eigentlich ein lehrhafter Mann und hatte auch ein starkes Verlangen, Schüler und Jünger um sich zu sammeln, das nun, bei der Einsamkeit und Abkehr von der Universität, auf allerlei wunderliche Weise Befriedigung suchte. Indessen, das war nun als ein Gegebenes hinzunehmen; und er hatte dafür, was ihm im Grunde unentbehrlicher war: den stillen Frieden des Hauses und der Arbeit,

Ferdinand Tönnies mit seiner Familie in Eutin, Foto aus dem Besitz Friedrich Paulsens: „Tönnies hatte mich zum Paten seines Dritten gebeten."

ohne Amtspflichten und ohne die Reibungen, die das Amt mit sich bringt. Die trefflichste Frau wusste mit Einsicht den Haushalt so zu führen, dass die Bescheidenheit des Einkommens ihm nicht zu fühlbar wurde. – So waren es ein paar freundliche Tage, die wir zusammen hatten. Wir wohnten in Gremsmühlen bei Wrages und kamen täglich nach Eutin hinüber.

Von Gremsmühlen fuhren wir nach Langenhorn, wo wir nun bei Vetter Friedrich wohnten. Wir waren jahrelang nicht mehr dort gewesen: Der Heimatsort war mir fast fremd geworden. Ein großer Brand hatte unsere alte Nachbarschaft in ihrer äußeren Erscheinung völlig verändert. Wir besuchten die Gräber und die Kirche, wo ich ein Glasfenster zum Andenken an die Eltern gestiftet hatte, den heiligen Paulus nach Dürer darstellend. Auch Oland, das wieder besucht wurde, hatte sich gründlich verändert: Es war durch einen Steindamm mit dem Festland und nach der andern Seite mit Langeneß verbunden.[600] Wir landeten, hielten uns aber nicht weiter auf, sondern gingen über den Damm nach Langeneß. Die Hallig stand gerade in ihrer Frühlingsblüte, wie sie Alberts so oft gemalt hat:[601] ein entzückender Anblick. Der grüne Grasboden war mit roten Blüten so durchwirkt, dass die ganze Hallig wie ein einziger grün-rosenrot schimmernder Teppich erschien; daraus erhoben sich die Warften mit Grün und Weiß, das letztere von dem weißen Klee, der so weit reicht, als die Flut nicht den Boden durchtränkt. Über der blühenden Erde spannte sich der blaue Himmel mit einigen segelnden Wölkchen, ein leiser Hauch von der See milderte die Hitze, der Duft der Blüten erfüllte die Luft mit einem feinen Aroma, der fröhliche Gesang der Lerche, das Summen von unzähligen Bienen klang zu einem großen Jubellied über diese Herrlichkeit zusammen. Die Inseln der Seligen können nicht schöner sein, auf denen die Geister auf leichten Sohlen hinschweben. Doch der Schiffer rief, wir mussten ins Boot, um mit der Flut nach Gröde und wieder nach Ockholm zu kommen.

Den Sommer über machte ich mit Laura häufig größere und kleinere Wanderungen in der Mark; sie hatte leichte Herzbeschwerden, gegen die unser Arzt fleißiges Gehen für das beste Mittel ansah. Auch auf die Sommerreise nach dem Süden (14. August bis 21. September) gab er uns die Direktive mit: viel wandern. Wir verstanden, dass Bergsteigen nicht ausgeschlossen sei. Und so machten wir eine Reihe ziemlich anstrengender Touren. Zuerst mit den Töchtern über Walchensee, Hinterriß über das Gramaijoch[602] nach der Pertisau. In der Hinterriß war fröhlicher Tanz, als wir spätabends ankamen: Nachdem wir dem Schuhplat-

Glasfenster mit einer Abbildung des Apostels Paulus in der Langenhorner Kirche, zur Erinnerung an seine Eltern von Friedrich Paulsen gestiftet. Das Fenster wurde gefertigt von der Firma Didden & Busch, Glasmalerei und Anstalt für kirchliche Kunst in Berlin-Schöneberg.

Neu-Peterswarft auf Nordmarsch-Langeneß: „Die Inseln der Seligen können nicht schöner sein“ (Foto von 1905).

teln eine Weile zugesehen hatten, forderte ein Bursch aus der Jachenau unsre Grete zum Tanz auf, die sich mit Vergnügen und gutem Schick in die Sache fand. Als wir am Morgen früh nach der Wurzhütte gingen, wurden wir von Begegnenden gewarnt: das obere Tal sei völlig überschwemmt durch den in der Nacht herabgegangenen starken Gewitterregen. In der Tat war es so; wir zogen bald Stiefel und Strümpfe aus und wateten durch flaches Wasser, bald auch über tiefere Rinnen hin und her, wobei das Geröll den Füßen höchst unbehaglich war. Das Rauschen und Brausen des Wassers war dabei so stark, dass man schon auf 20 Schritt sich kaum mehr verständigen konnte. Schließlich kamen wir nach manchen Kreuz- und Querzügen ans Ziel, die Wurzhütte. Von hier begann der Aufstieg; auf steilen Kehren ging's ununterbrochen zweieinhalb Stunden in die Höhe; als Laura mit einiger Verspätung oben ankam, war sie so erschöpft, dass sie nichts essen konnte. Erst als wir abwärts gehend nach einer Stunde eine Sennhütte erreichten, nahm sie etwas Sahne. Am Abend gegen acht Uhr erreichten wir endlich die Pertisau; und nun waren Beschwerde und Müdigkeit wie weggeblasen. Wir machten uns daher keine Sorge; gingen auch am nächsten Tage wieder früh hoch am Ufer hin nach der Scholastika und nachmittags über Eben nach Brixlegg, wo uns unterwegs die herrlichsten Wiesen blühten. In Brixlegg fanden wir uns sehr behaglich aufgehoben und blieben ein paar Tage; die reizende Umgebung, der Nixensee, Schloss Matzen, die Gratlspitze, wurde besucht: In Schloss Matzen nahm uns ein freundlicher alter Herr, der Besitzer, dem wir auf verbotenem Wege im Garten begegneten, alsbald mit ins Haus und zeigte uns

Halligfahrt mit dem Postschiffer Wirk Matthiesen: „Doch der Schiffer rief, wir mussten ins Boot“ (Foto von etwa 1920).

seine Herrlichkeiten, eine Sammlung von Altertümern, großenteils aus dem Österreichischen, er war Major in österreichischen Diensten gewesen und hatte den Krieg von 1859 mitgefochten.[603]

Im September machten wir ohne die Kinder noch einen zweiten Ausflug von Starnberg, in die Schweiz. Wir fuhren über Lindau nach Ragaz, wanderten von hier nach altgewohnter Weise mit dem Täschchen auf dem Rücken am Walensee auf prächtiger hoher Straße nach Glarus, stiegen zum Klausenpass hinauf und, nachdem der lange heiße Urnerboden passiert war, nach Unterschächen hinunter. Den folgenden Tag spazierten wir über die Axenstraße nach Weggis, wo wir ein paar Tage im „Löwen“ angenehme Unterkunft hatten. Ein paar starke Touren bei großer Hitze auf den Rigi, über den Bürgenstock nach Buochs und Seelisberg wurden von Laura nicht ohne große Anstrengung überstanden, aber am Abend war sie munter und fühlte sich nicht angegriffen, so dass wir ganz ohne Besorgnis waren. Über Luzern, Zürich, wo wir nach Belgers Anweisung das alte Bodmerhaus[604] auf der Höhe und das Pestalozzi-Museum besuchten, fuhren wir nach Konstanz. Von hier aus suchten wir den Rheinfall auf, für dessen Schönheit diesmal der Sinn mehr als bei früherer Gelegenheit geöffnet war. Das reizend gelegene Schloss Arenenberg, wo Napoleon III. seine Kindheit verlebt hatte und das noch der Kaiserin Eugenie gehörte, wurde besucht, von hier ließen wir uns nach der Reichenau übersetzen, wo eine ältere Schicht historischer Erinnerungen den Sinn umfing. Von dem entzückenden Meersburg fuhren wir dann bei stärkstem Sturm über den Bodensee nach Lindau, die Wellen schlugen beständig über das

Deck des wie eine Nussschale tanzenden kleinen Dampfers. Auf dem Rückweg besuchten wir noch das Mädle,[605] das in Dachau bei Herrn von Hayek mit heißem Bemühen Tiere malte, und gingen über Schloss Schleißheim nach Hause nach Starnberg und nach einigen Tagen der Ruhe nach Steglitz. Von Erlangen nahmen wir Rudi, der eben von seiner ersten Übung aus dem Manöver entlassen war, und Reuter mit.

Zu Hause angekommen, gab es neue Unruhe: Unsere Lotte hatte schon lange nach England zu gehen gewünscht, um englische Sprache und englisches Leben kennen zu lernen. Jetzt war ihr eine Stellung in einem Pfarrhaus bei Northampton angeboten. Da sich für die Reise Anschluss an eine befreundete Familie bot, wurde diese aufs äußerste beschleunigt. Als sie fort war (1. Oktober), erfolgte der Zusammenbruch: Laura musste sich legen, unser Arzt stellte eine starke Herzerweiterung fest. Über ein Jahr lang dauerten die Beschwerden, oft mit beängstigenden Zuständen und großer Reizbarkeit des ganzen Systems. Sie gönnte sich auch nicht die notwendige Ausspannung und fand sie auch nicht, wenn sie sie suchte.

Ein anderes schmerzliches Ereignis fiel in dieselbe Zeit. Unser Freund Belger war zugleich mit uns krank nach Berlin zurückgekehrt. Er hatte schon seit zwei Jahren immer erneuerten Urlaub, nun kam er von Ems, wohin ihn die Ärzte geschickt hatten, als ein todkranker Mann zurück. Die letzten Wochen waren eine qualvolle Leidenszeit; als ich ihn das letzte Mal, im Elisabeth-Krankenhaus, wo vor 23 Jahren Heller um dieselbe Zeit gestorben war, besuchte, konnte er nicht mehr sprechen; halb aufrecht im Bett sitzend, sah er mich mit dem Blick unaussprechlicher stummer Qual an; ich sprach ihm einen Vers von seinem geliebten Paul Gerhardt vor, er nickte mit dem Kopf wie dankend; es war sein letztes Lebenszeichen an mich. In der folgenden Nacht hatte er ausgelitten. Wir bestatteten ihn auf dem Matthäikirchhof. Ein kleines Schriftchen mit einem Nachruf von mir und einem Aufsatz aus seinen glücklichen Jugendtagen (er beschrieb einen Ausflug nach Laurion bei Athen) ging an seine zahlreichen Freunde als ein Abschiedsgruß.[606] Er hatte viele Menschen, die ihn lieb hatten. Obwohl er die letzten Jahre sich fast von allem Verkehr zurückgezogen hatte, außer in unserem Hause, wo er öfter einmal auch auf ein paar Tage weilte, im Besonderen seit vielen Jahren regelmäßig zu Weihnachten, blieben ihm alle treu und anhänglich, die sein goldenes Herz, das so gern Freude machte, einmal kennen gelernt hatten. Für uns bedeutete sein Tod eine große Lücke in unserm Leben; es war für mich allemal ein Festtag, wenn er kam: Die heitere Mitteilsamkeit, die in einem Kreise, in dem ihm wohl war, über ihn kam, die Fülle guter Einfälle, die ihm von überall her zuströmten, die vielen gemeinsamen Erinnerungen ließen die Stunden wie Augenblicke entschwinden.

In das Jahr 1903 fiel die Diskussion über Buchhandel und Bücherpreise.[607] Ich hatte schon im Frühjahr einen Artikel in der *National-Zeitung* veröffentlicht, worin ich das Verhängnisvolle des Bestrebens des Buchhändlerrings nachwies,

Christian Belger, Pfingsten 1903, Foto aus dem Besitz Friedrich Paulsens: „Für uns bedeutete sein Tod eine große Lücke in unserm Leben; es war für mich allemal ein Festtag, wenn er kam".

durch Verteuerung der Bücher und Abschneidung des Rabatts dem Sortiment aufzuhelfen: es werde zu Grunde gerichtet durch die massenhaften Neugründungen kleiner leistungsunfähiger Firmen.[608] Im Sommer eröffnete Bücher in Leipzig den Kampf gegen die Ringbildung mit seinem Buch über den deutschen Buchhandel und die Wissenschaft.[609] Gleichzeitig kam es hier zur Bildung des „Akademischen Schutzvereins", der sich die Wahrnehmung der Interessen der Autoren und der Konsumenten von Büchern gegen die rücksichtslos vorgehende Organisation der Buchhändler zur Aufgabe stellte. Am Anfang des Wintersemesters wurde auch in Berlin, wie in anderen Universitätsstädten, ein Anlauf zu ähnlicher Vereinsgründung gemacht. Es erwies sich hier aber alsbald wieder die völlige Unmöglichkeit, Berliner Professoren unter einen Hut oder nur überhaupt zusammenzubringen. Mit großer Mühe wurde schließlich an einem Sonntagnachmittag eine kleine Versammlung auf die Beine gebracht; hier zeigte sich aber gleich, dass die Mehrzahl nicht gekommen war, etwas zu Stande zu bringen, sondern vielmehr Obstruktion zu treiben. Nach allerlei quertreiberischer Beredsamkeit, worin sich (wie immer) Diels auszeichnete, entschloss sich endlich ein Dutzend oder zwei, einen Verein zu gründen. Aber auch diese paar Leute waren zerstoben, sobald nun die Organisation des Vereins und seiner Tätigkeit ins Werk gesetzt werden sollte. Und so suspendierte sich der Verein schon, ehe er noch ins Leben getreten war.[610] Eine Erfahrung, die vor jeder Wiederholung ähnlicher Bestrebungen für immer abschreckt. – Übrigens hat die Bewegung und besonders der Leipziger Verein auf die Gestaltung der Dinge doch einen heilsamen Einfluss geübt; die Buchhändler sind daran erinnert worden, dass sie nicht allein in der Welt sind; die Neigung, jene Ringpläne weiter zu verfolgen, ist den Sortimentern wohl vergangen, und andererseits haben die Verleger wohl mit etwas mehr Vorsicht und Einsicht der Autoren zu rechnen, als es früher vielfach der Fall war.

Unter den Arbeiten des Jahres nenne ich noch die Abhandlungen für die von Professor Hinneberg redigierte, bei Teubner verlegte „*Kultur der Gegenwart*". Ich hatte vier Aufgaben übernommen: das Bildungswesen der Gegenwart, die geisteswissenschaftliche Ausbildung, die Ethik und die Zukunftsaufgaben der Philosophie. Die beiden ersten sind im Herbst 1903, die beiden anderen im Herbst 1904 geschrieben worden.[611]

Ein Buch von Ludwig Busse, „*Leib und Seele*", das die Theorie des „Parallelismus" des Physischen und Psychischen angriff,[612] gab zu einer Abhandlung über dieses Problem Veranlassung, in der ich meine Auffassung mit vorzüglicher Klarheit glaube dargelegt zu haben; sie ist in der *Zeitschrift für Philosophie und philosophische Kritik* erschienen (Oktober 1903),[613] zwei frühere kleinere Artikel von mir über dieselbe Frage in derselben Zeitschrift 1899 und in der *Deutschen Literaturzeitung*, 3. Januar 1903.[614]

In Starnberg waren ein paar kleine Aufsätze entstanden: „Die Ethik Jesu in ihrem Verhältnis zur Gegenwart" (*Deutsche Monatsschrift*, Oktober 1903)[615] war durch den Vortrag Herrmanns auf dem Evangelisch-sozialen Kongress hervorgerufen; und ein kleiner Artikel über Bölsches „*Entdeckung des Menschen im 19. Jahrhundert*" in den *Münchner Neuesten Nachrichten*.[616] Es freute mich zu sehen und zu zeigen, wie Bölsche, ebenso wie Wille, von dem Materialismus Haeckels abrückte und sich der echten Naturphilosophie Fechners näherte.

1904

Nach einem in jeder Hinsicht schweren Winter, schwer durch Lauras Krankheit, schwerer durch unfreundliche Verhältnisse im Hause, musste sich Laura im Frühjahr zu einer längeren Erholungsreise nach dem Süden entschließen (16. März bis 10. Mai). Sie fuhr mit Mädi über Starnberg und den Brenner nach der Riviera; in Santa Margherita fanden sie in unserem alten Hause gefällige Unterkunft in der kleinen Villa am See.[617] Der sechswöchige Aufenthalt bekam ihr vortrefflich; viel Aufenthalt im Freien, verbunden mit viel Ruhe, stellte das System leidlich wieder her. Ein Übergangsaufenthalt wurde in Starnberg genommen, sehr gekräftigt kam sie im Mai zu uns zurück. Der nachfolgende Herbstaufenthalt in England tat ein Übriges, und so ging der Sturm, der sie gerüttelt hatte, allmählich vorüber. Auch die größere Ruhe im Hause, die nun eintrat, war wohltätig. Ganz kamen wir freilich aus der Periode häuslicher Aufregungen nicht heraus.

Ich war im April in Darmstadt (7. bis 12.). Es fand hier der erste Deutsche Oberlehrertag statt, die konstituierende Versammlung eines Vereins aller Verbände akademisch gebildeter Lehrer Deutschlands, mit Ausnahme zunächst von Bayern. Man hatte mich eingeladen, die Festrede zu halten. Ich sagte mit großer Freude zu.

Dass ich von Oberlehrern aller Denominationen,[618] vom Gymnasium bis zur Oberrealschule, aufgefordert wurde, als Redner bei dieser ersten Versammlung ihren Gesinnungen und Wünschen Ausdruck zu geben, war mir eine große Genugtuung; es zeigte die große Wandlung, die in den zwei Jahrzehnten seit Erscheinen der ersten Auflage der „*Geschichte des gelehrten Unterrichts*" eingetreten war: Damals war ich als Parteigänger des Realismus vor den Gymnasialleuten verschrien und als der schwarze Mann hingestellt worden: Jetzt durfte ich mich als Sprecher des endlich wieder geeinten Standes fühlen. Durch die glückliche Wendung von 1900, an der ich nicht ohne Anteil war, war der Friede zwischen den feindlichen Brüdern wiederhergestellt. Ich sprach über die Stellung der höheren Schule innerhalb des gesamten Lebens des deutschen Volks; im Mittelpunkt der Betrachtung stand wieder mein altes Axiom: der Lehrer der deutschen Gelehrtenschule ein Gelehrter, ein Mann der Wissenschaft, der an ihr nicht als bloßer Kostgänger, sondern auch als Mitarbeiter Teil hat.[619] – Ich darf hoffen, dass ich den Anschauungen der Besten und Tüchtigsten des Standes in meinem Vortrag Ausdruck gegeben habe. Dass es an Widerspruch, wenn er dort auch ganz latent blieb, nicht durchaus gefehlt hat, bewiesen spätere Vorgänge. Die zweite Tagung, die zwei Jahre später zu Eisenach stattfand, gab einem Festredner das Wort zu dem Thema: „Der Beruf des Oberlehrers eine Kunst auf gelehrter Grundlage". Als Ergänzung zu meinem war der Vortrag gemeint und berechtigt. Es hielt aber einer der Vorsteher des thüringischen Gymnasialvereins es für angemessen, ihn in Gegensatz zu mir zu bringen und zu offenbaren: Die Versendung meines Vortrages an die Schulverwaltungen im Auftrag des Verbandes sei unterblieben, weil er nicht den Ansichten der Gesamtheit entspreche; manche seien der Meinung, so z. B. er selber, dass der Oberlehrer zwar früher ein Gelehrter gewesen sei, jetzt es aber nicht mehr sein könne und solle: Jetzt sei er Lehrer und Beamter. Mich veranlasste diese Offenheit zu einer kleinen Apostrophe in der *National-Zeitung* (18. Juni 1906): „Der Oberlehrer kein gelehrter Stand?"[620] Sie hat keine Erwiderung von jenem Herrn hervorgelockt, dagegen mir von vielen Seiten Zustimmung eingetragen: ein Zeichen, dass vornehme Gesinnung im Stande durchaus nicht ausgestorben ist.

Dass meine Stellung innerhalb der Schulwelt eine andere geworden war, dass ich aus der Stellung des Angreifenden durch die große Wandlung von 1900 in die des Verteidigenden, Rechtfertigenden, Ausdeutenden hinübergedrängt war, trat mir überhaupt an manchen Punkten zu Tage. So in einer kleinen Privatkonferenz, zu der in diesem Herbst Dr. Althoff mich ins Ministerium lud: Außer den Räten der Abteilung nahmen noch Harnack und Münch daran teil. Althoff entwickelte das Programm der größeren Freiheit und Individualisierung auf der Oberstufe des Gymnasialunterrichts. Er knüpfte an jüngste Äußerungen von mir in einer Rezension (von Arthur Bonus, „*Vom Kulturwert der deutschen Schule*", *Deutsche Literaturzeitung*, 28/10)[621] und an ältere Betrachtungen in der „*Geschichte des gelehrten Unterrichts*" an. Die Schulverdrossenheit auf der oberen Stufe zu bekämpfen, so etwa führte er aus, gebe es nur einen Weg: das Interesse der Schü-

Friedrich Paulsen im Jahre 1904: „Dass meine Stellung innerhalb der Schulwelt eine andere geworden war, ... trat mir überhaupt an manchen Punkten zu Tage."

ler in stärkerem Maße für die Arbeit der Schule zu gewinnen; das werde aber nur geschehen können durch größere Freiheit und Selbständigkeit: also weitgehende Wahlfreiheit der Unterrichtsfächer in der Oberprima. Nur ein paar Fächer: Deutsch, Geschichte, Religion, allgemein verbindlich, die übrigen mehr oder minder wahlfrei. – Die Sache schoss weit über die Grenzen des Möglichen hinaus; ich habe bald darauf in einem Aufsatz „Was kann geschehen, um den Gymnasialstudien auf der Oberstufe eine freiere Gestalt zu geben?" (*Monatsschrift für höhere Schulen*, Februar 1905)[622] die Sache in die Grenzen des Möglichen einzuschließen gesucht. Auffallend war mir in jener Konferenz, wie schweigsam die Räte sich verhielten; sie konnten sicher die Durchführung derartiger Pläne nicht für möglich halten: Dachten sie, die Sache wird in sich selbst zu Tode laufen? Nur einer unter ihnen, Matthias, war wohl ein Anhänger des Prinzips; er allein hat sich auch später der Angelegenheit angenommen. Übrigens bekannte sich doch auch der Minister Studt in einer Sitzung des Abgeordnetenhauses im März 1905 zu dem Prinzip und wies ausdrücklich auf meinen Aufsatz hin, der dann zahlreiche weitere Verhandlungen nach sich zog.

Die Schwierigkeiten, die sich der Ausführung der Sache entgegenstellten, erwuchsen teils aus der Beharrungskraft des alten Systems der Regulierung, teils aus dem Widerstand, den vermehrte Stunden und Kosten hervorriefen, endlich wohl auch aus dem Widerstand zahlreicher Direktoren und Lehrer, die bestimmte Anweisung der Freiheit und Verantwortlichkeit, die von der ihnen zugeschobenen Initiative unabtrennbar waren, vorzogen. Und so ist bisher eine dem großen Anlauf entsprechende Durchführung ausgeblieben. Immerhin ist an einigen Schulen die Oberprima in eine mathematische und eine klassische Abteilung getrennt worden, von denen dieser im mathematischen, jener im literarischen Unterricht Nachlass gewährt wird gegen hervorragende und über das allgemeine Schulziel herausgehende Leistungen in dem andern Studienzweig.

Auch in die Verhandlungen über das Schulunterhaltungsgesetz und die Frage der Simultan- oder Konfessionsschule[623] wurde ich hineingezogen. Eines Tages im Sommer 1904 kam der frühere Finanzminister, der alte Hobrecht, einer der Führer der Nationalliberalen, zu mir. Er legte mir die Lage dar, die sie bestimmt hätte, dem von Zedlitzschen Kompromissantrag beizutreten: Die Regulierung der Schulunterhaltung sei unbedingt notwendig, sie sei aber zu erreichen nur durch die gesetzliche Festlegung der herkömmlichen Bestimmung über die Konfessionalität der Volksschule; wenn das Gesetz nicht mit den Nationalliberalen, dann werde es mit dem Zentrum gemacht und dann natürlich im Sinne des Zentrums. Er knüpfte dann die Bitte an, wenn ich diese Stellungnahme billige, möge ich irgendwo mich darüber aussprechen, meine Stimme erreichte wohl namentlich die Jugend am ersten, und von dieser Seite drohe ein Riss in der Partei. Da ich für die Simultanschule im Prinzip nie eine Schwärmerei gehabt hatte, vielmehr die Einheit der Konfession der Schüler und der Lehrer für das an sich Natürliche und Wünschenswerte ansah, von der nur da abzuweichen sei, wo es die Mischung der Bevölkerung zur Notwendigkeit mache, um überhaupt eine leistungsfähige Schule zu haben, oder wo historische Überlieferung und der Wille der Bevölkerung sie fordere, so schrieb ich in diesem Sinne einen Artikel für die *National-Zeitung* (19. Juni).[624] Ich fand mich dabei in Übereinstimmung mit Kollegen wie Kahl, Pfleiderer, Delbrück, Harnack. Die linksliberalen Gruppen ließen sich natürlich wieder die Gelegenheit nicht entgehen, sich eine Niederlage zu holen. Mit heftigster Erhitzung, die da und dort in Tobsucht überzugehen drohte, stellten sie die Forderung der Simultanschule in den Mittelpunkt der Debatte: Die Erhaltung oder gesetzliche Festlegung des bestehenden Zustandes wurde als schmählichste Auslieferung der Schule an den Klerikalismus hingestellt. Leider ließen sich die Lehrer, wenigstens die große Mehrzahl, von ihren Berliner Fortschrittsführern diese Anschauungen suggerieren: Statt Freiheit im Religionsunterricht von der Bindung durch eine längst obsolete Orthodoxie und fachmännische Schulaufsicht als die wesentlichen und notwendigen Forderungen der Zeit zu proklamieren, wurde die Simultanschule zum Feldgeschrei gemacht, eine Sache, von der die meisten bis vor ein paar Jahren überhaupt noch nicht den Namen kannten und deren Bedeutung sicherlich nur wenigen einigermaßen klar war. Die Herdenhaftigkeit der Masse ist mir selten in so abschreckender Form entgegengetreten. Auch von demagogischer Denunziationssucht erlebte ich kleine Proben. So fand Natorp-Marburg, der Unternehmer einer Professorendemonstration gegen die Vorlage, die ablehnende Haltung der meisten Berliner erklärlich und selbstverständlich, natürlich aus persönlichen Gründen. Und auf einen Artikel, den ich nach der Entscheidung in der *Deutschen Schule* (August 1906) veröffentlichte,[625] wurde ich von Herrn Tews, einem der Dirigenten des Berliner Lehrervereins, förmlich in den großen Bann getan: Die deutschen Lehrer kennen jetzt ihre Freunde, die wahren und die falschen, und werden sie sich merken!

Ein ähnlicher, gegen die Wirklichkeit grundsätzlich blinder utopischer Radikalismus war übrigens schon kurz zuvor an einem andern Punkt hervorgetreten. Auf dem Königsberger Lehrertag 1904 hatte man eine Resolution angenommen: für alle Lehrer ohne Ausnahme sei Universitätsbildung zu fordern. Ich hatte versucht, auch hier der gesunden Vernunft Gehör zu verschaffen (in einem Artikel der *Deutschen Schule*, Augustheft 1904),[626] auch hier ohne Erfolg, wenigstens ohne andern als den, von den Führern der „Lehrerbewegung" der Rückständigkeit angeschuldigt zu werden.

Ich kann nicht umhin zu sagen, dass ich hierin schmerzliche Enttäuschungen erfuhr. Ich hatte den Lehrerstand durch das Bild eines so trefflichen, besonnenen, wirklich gesundsinnigen Mannes, wie es mein Lehrer Brodersen war, gesehen und ihn idealisiert. Vielleicht sind solche Lehrer in meiner Heimat, und gewiss nicht bloß hier, auch heute noch häufig anzutreffen. Für jene auf Lehrertagen perorierenden[627] Leute und für die Masse, die sie am Leitseil der Phrase hinter sich herziehen, ist allerdings die Klage nicht ungerechtfertigt: dass sie aus Mangel an echter Bildung durch jene gegen die Wirklichkeit blind machende Halbbildung zu einem völlig wurzellosen Radikalismus prädisponiert sind. Die Bremer und Hamburger Lehrer, welche die Abschaffung jedes Religionsunterrichts auf dem Lehrertag zu München (1906) forderten, waren, obwohl sie dort nicht durchdrangen, offenbar doch Vortruppen auf dem Wege, den jene Führer die Hauptarmee nachzuführen wenn auch nicht entschlossen waren, so doch einige innere Neigung empfanden.

Im Herbst traten wir eine Reise nach England an. Ich hatte längst gewünscht, das Land zu sehen, zu dem ich innerlich so viele Beziehungen hatte. Nun gaben zwei Momente den entscheidenden Anstoß: das erste, dass unsere Lotte drüben war: Wir hatten ihr versprochen, sie abzuholen, das zweite, dass einer meiner jungen Freunde, Dr. Lorenz, der seit Jahren drüben lebte, im Begriff schien, England mit Amerika, wo ihm eine Stellung angeboten wurde, zu vertauschen.[628] Mit beiden drüben zusammenzutreffen, war eine lockende Aussicht. Wir machten uns also am 15. August auf die Reise, kamen am Abend in Hoek van Holland an und gingen um zehn Uhr bei sehr stürmischem West in See. Der Dampfer kam kaum in die offene See, als er auch schon stark zu schaukeln begann, ich erhielt, auf

Theodor Lorenz: „einer meiner jungen Freunde“

Deck stehend, eine tüchtige Sturzwelle, die mich ziemlich durchnässte. Unten in der Kabine wurde Laura bald seekrank; ich hielt mich länger, schlief sogar ein paar Stunden; da packte es mich auch mit einer heimtückischen Plötzlichkeit, dass ich kaum aus dem Bett herauskam. Doch dauerte der Anfall nur kurze Zeit, die See wurde ruhiger, wir kamen unter den Windschatten der englischen Küste; ich sah die Sonne durch die Löcher der Kabine aufgehen und erhob mich, um das Schauspiel des aufsteigenden Landes nicht zu versäumen. Bald zeigte sich ein Streifen am Horizont, er nahm rasch an Deutlichkeit der Umrisse zu, Häuser und Türme erhoben sich, und wir liefen in den Hafen von Harwich ein. Ich dachte der alten Angeln und Friesen, die vor anderthalb Jahrtausenden den Weg westwärts gefahren waren und hier mochten ans Land gestiegen sein. Die Erinnerung an die schleswig holsteinische Heimat wurde immer lebendiger, als wir mit dem bereit stehenden Zuge durchs Land auf London zu fuhren. Die Dörfer und Felder, die Hecken und Koppeln, die Tore und Stiegel,[629] sie hätten so auch an der Ostküste der Herzogtümer sein können. Dann kamen die Vorboten der Hauptstadt: unendlich lange Zeilen einfacher und einförmiger Arbeiterhäuser, jedes zwei Stockwerke mit zwei Fenstern und einem winzigen Gärtchen, das meist voll Kleider und Wäsche hing; London streckt nach allen Seiten solche Doppelzeilen kleiner Häuschen ins Land hinaus. Endlich liefen wir in die Liverpool Station ein; da kam auch schon Dr. Lorenz und half uns die Zollrevision erledigen, die übrigens auf die glatteste Weise vor sich ging. Wir fuhren sogleich mit einem *cab*[630] nach der Paddington Station; aber unser Zug nach Oxford war fort, das Schiff hatte sich wegen des Sturmes beträchtlich verspätet. So kamen wir statt um elf erst um halb zwei Uhr nach Oxford. Unterwegs hatten wir übrigens einen Kollegen getroffen, Professor Deussen aus Kiel, der nach Cambridge zur Versammlung der *British Association* ging,[631] es sich aber nicht versagen konnte, erst auf eine Stunde nach

London zu fahren, um das Gewimmel in der Oxford Street einmal wieder zu sehen. Ich war auch nach Cambridge eingeladen worden, hatte aber abgelehnt, weil meine Sprachfertigkeit mir allzu mangelhaft vorkam. Ich hätte gleichwohl annehmen sollen: Ein Blick in die englische Gelehrtenwelt, wie sie die dortige Zusammenkunft bot, ist mir versagt geblieben.

In Oxford fanden wir nun unsre Lotte nicht auf der Bahn, trafen sie aber in St. Hilda's,[632] wo sie den letzten Monat in einem Damen-College gewohnt und die Ferienkurse mitgemacht hatte. Es gab ein gerührtes Wiedersehen, sie hatte schon Angst gehabt, dass uns etwas passiert sei. Wir bezogen nun ein nettes Quartier, das sie uns in der Nähe (High Street 51) besorgt hatte, mit hübsch ausgestattetem *sitting-room*[633] nach der Straße und einem Schlafzimmer, das den Blick auf die Gärten von St. Magdalen College hatte. Fünf Tage blieben wir in Oxford, dieser wunderbaren alten Universitätsstadt, wo Mittelalter und Neuzeit sich so unmittelbar berühren wie kaum irgendwo anders. Leider fehlte die Staffage, die Studenten und Dozenten mit ihren *caps & gowns*;[634] es waren Ferien, und auch meine Besuche bei Caird, bei Rashdall und anderen waren vergeblich. Nur Professor Gardner traf ich an, der mir kurz zuvor ein interessantes Buch („*Oxford on the Crossway*“[635]) mit scharfem Urteil über die englischen Universitäten, ihre Veräußerlichung durch den schlechten zur Herrschaft gelangten „athletischen Typus“, geschickt hatte.

Die alten Colleges nehmen beim ersten Besuch einen ganz gefangen: Die mächtigen, aus Quadern, die vom Alter nachgedunkelt sind, errichteten Gebäude, um einen oder mehrere in üppigstem Grün des Rasens prangende Höfe gruppiert, die schönen alten Kapellen, die stattlichen *dining-halls*,[636] die prachtvollen Bäume und Rasenflächen in den hinter den Bauten sich erstreckenden Gärten, der Atem des Altertums in allem, in den Tafeln und Inschriften, in den Bildern, welche die Wände der gemeinsamen Räume schmücken: Alles das zusammen macht einen überwältigenden Eindruck. Man empfindet: ein Land uralter Kultur, in dem das Mittelalter nie untergegangen ist, die Colleges Stätten stiller Vertiefung, in denen fast alle großen Geister des Volks die Jahre ihres ersten Wachsens und Reifens zugebracht haben, in denen Schauer der Ehrfurcht den Eintretenden umfangen und emporziehen in eine Sphäre, die weit jenseits des Gemeinen und Alltäglichen liegt. Wie lebt dagegen der deutsche Student: Er haust in einer dürftig möblierten Mietsstube in einem schmutzigen Vorstadthause, unter Unsauberkeit und Lärm aller Art, er speist in einer Kneipe, hastig sein Essen herunterschlingend, weil hinter ihm schon der Nachfolger auf Platz und Stuhl lauert, er lebt oft ohne Bekanntschaft und ohne Verkehr, wenn ihn nicht der Zufall mit Kameraden in Berührung bringt, im Übrigen auf ein paar Worte der Zwiesprache mit seiner gänzlich ungebildeten Wirtin am Morgen und Abend angewiesen. In der Tat, nicht ohne Neid konnte ich diese englischen Studienhäuser, meiner eigenen Universitätsjahre gedenkend, ansehen. Freilich, dass der glänzenden Oberfläche das innere Leben und Gedeihen nicht ganz entsprach, hatte mir eben erst das Buch von Professor Gardner wieder nahegebracht. Was mir auffiel, war, dass die Zimmer der Studenten – jeder hat ein Studierzimmer und ein Schlafzimmer, an einer Treppe völlig abgeschlossen gelegen, es herrscht das System der Vertikalteilung, statt der auf dem Kontinent üblichen Horizontalteilung mit langen Korridoren und seitlich aneinander sich reihenden Zimmern: Auch hierin tritt das englische System der Individualisierung und Selbständigkeit der Wohnung zu Tage – also was uns in den Studentenzimmern, die wir besuchten, es waren freilich nur wenige, die meisten waren verschlossen, auffiel, das war, dass eigentlich nichts auf den eigentlichen Zweck des Aufenthalts hinwies: keine Bücher, keine Bücherbretter, keine Schreibtische, dagegen eine unendliche Fülle von Polstermöbeln in jeder Gestalt, zum Liegen, zum Halbliegen, zum Sitzen, zum Hocken usw.: ein Raum zum Schwatzen, zum Dämmern, zum Träumen, aber nicht, wie die deutsche Studentenstube, zum Arbeiten auffordernd. Ich hörte übrigens später von einem, der als Rhodes-Stipendiat[637] in Oxford war, dass die Isolierung der Wohnungen gegeneinander Störungen keineswegs ausschließe, dass vielmehr das Zusammenwohnen so großer Massen auch große Unzuträglichkeiten mit sich bringe; er habe sich nur durch Übersiedelung in die Stadt vor täglichen und nächtlichen Beunruhigungen zu retten gewusst.

Die Umgebung von Oxford, die nähere wie die weitere, ist überaus anmutig und fruchtbares Hügelgelände, mit kleinen Gehölzen, ganz ähnlich wie das östliche Holstein, nur dass die Seen fehlen. Dafür ist jeder Punkt voll geschichtlichen Lebens. An einem der Nachmittage waren wir in Cumnor, einem eine Stunde westwärts hochgelegenen Kirchdorf, mit Erinnerungen an Lady Amy Robsart, die Freundin des Grafen Leicester,[638] die ein Opfer der Eifersucht der jungfräulichen Königin[639] wurde. An einem andern Tage besuchten wir Schloss und Park Blenheim, die das englische Volk vor 200 Jahren dem Sieger in der Schlacht bei Blindheim-Höchstädt[640] verehrt hatte, in der Tat, ein fürstliches Geschenk: der Park eine wundervoll komponierte Landschaft mit Seen und Wäldern, Wiesenflächen und alten Eichen von seltener Pracht. Und so das Schloss, großartig und prunkvoll, eines Königs würdig. Ein andermal machten wir einen Ausflug nach Warwick und Kenilworth; dort ein prächtiges Schloss mit herrlichen Räumen, voll seltener Kunstschätze, in einem Park, der in üppiger Fülle die schönsten exotischen Gewächse, prachtvolle Zedern z. B., aufwies, hier eine grandiose Ruine auf kahler Höhe, beide wieder mit der geschichtlichen Erinnerung eines Jahrtausends durchtränkt.

Aus dem Park in Warwick ist mir ein wunderliches Schauspiel in der Erinnerung geblieben: Mitten auf dem Rasen lag ein großer Teppich ausgebreitet; auf den vier Ecken saßen vier Männer mit leichten Stöcken und schlugen in langsamem Takt auf den Teppich. Ich will nicht verhehlen, dass dies gemächliche Verfahren der Teppichreinigung ebenso wie die gemächlichen Sitzvorrichtungen der Studenten in dem Oxforder College uns einigermaßen als ein Symbol des heutigen englischen Wesens vorkommen wollte: eine starke Neigung zur Bequemlichkeit, ein Trieb, sich zur Ruhe zu setzen, schien uns hier, wie auch an andern Punkten, entgegenzutreten. Ist diese Beobachtung richtig, dann wäre es kein Wunder, dass es dem englischen Volke anfängt schwerzufallen, mit dem deutschen gleichen Schritt zu halten. Denn dieses ist ohne Zweifel gegenwärtig auf einem Höhepunkt von Kraft und Willensenergie angelangt: Aus dem Stadium der begehrungslosen Unbedürftigkeit ist es herausgetreten, von dem Stadium gesättigter Wohlhäbigkeit noch weit entfernt.

Am Sonntag besuchten wir in St. Mary's den Gottesdienst. Das lange in einförmiger Litanei sich fortbewegende Psalmsingen der Gemeinde hat etwas eigentümlich Hypnotisierendes; ich kann verstehen, wie es dem, der es von Jugend auf gewöhnt ist, zu einem unentbehrlichen Stück der Sonntagsbetätigung werden kann. Die Predigt, von einem würdigen Geistlichen sehr eindrucksvoll vorgetragen, hatte auch, soweit ich folgen konnte, einen tüchtig-kräftigen Inhalt. Ungewöhnlich war uns, dass sie vom Blatt abgelesen wurde; es war aber nicht eben störend; und sofern es von leichtfertigem Extemporieren abhält, mag es auch seine gute Seite haben. Ist es aber auch hier die Bequemlichkeit, die dazu rät, und vermutlich ist das doch der Ursprung der Übung, dann wird man sie nicht loben können: Zweifellos ist eine frei vorgetragene Ansprache, die nicht an das geschriebene Wort gebunden ist, wenn sie es auch voraussetzt, wirksamer und eindringlicher. Am Nachmittag und Abend waren wir bei Dr. und Mrs. Burch *at St. Hilda's*. Die jungen Mädchen vergnügten sich und uns mit einer harmlosen kleinen Aufführung.

Von Oxford fuhren wir nach der Isle of Wight. In Ventnor nahmen wir einen vierzehntägigen Aufenthalt. Das kleine saubere Städtchen liegt an der Südspitze der Insel, zwischen der Steilküste und dem Down, einem etwa 300 Meter hohen Hügelzug, der die Küste gegen Westen begleitet. Er gewährt von seiner Höhe einen entzückenden Blick südwärts über den weiten, stets von Schiffen belebten Kanal, nordwärts über das hügelige Inselgebiet und die Meerenge, die es vom Festland trennt; auch die Festlandküste ist weithin in verschwimmenden Umrissen sichtbar. Am Südabhang des Hügels liegt eine Anzahl von herrlichen Sommersitzen mit wundervollen Parks; eine subtropische Flora gedeiht unter dem Einfluss des warmen Meereshauchs, Fuchsien überwintern im Freien und erreichen die Höhe und Stärke von großen Gesträuchen: Mit Blüten über und über bedeckt, bilden sie eine Zierde jedes Dorfgartens. Dabei war die Hitze nie drückend, obwohl wir glänzend schöne Tage hatten; die leicht bewegte Seeluft milderte die Temperatur so weit, dass es zu jeder Tageszeit draußen behaglich war.

Wir wohnten bei einer freundlichen Familie, einer Pfarrerswitwe mit drei Töchtern: Sie hatte einst ein wohlhäbiges Dasein geführt, alte Möbel legten noch Zeugnis davon ab; durch widrige Schicksale war das Vermögen zu Grunde gegangen, aber mit bester Miene oder vielmehr mit ruhigem Gemüt hatte man sich in das Unvermeidliche gefügt und ein *boarding-house*[641] in bescheidenem Um-

Isle of Wight zu Beginn des 20. Jahrhunderts: „Das Bad in der stets mäßig bewegten See war sehr angenehm".

fang und Stil zu führen übernommen. Die drei Töchter führten den Haushalt, gaben daneben aber den Besuchern auf Wunsch auch Sprachunterricht; die jüngste war übrigens Lehrerin in London und nur auf Ferien hier. Rührend war die Ehrerbietung, die der alten, völlig invaliden Mutter von den Töchtern erwiesen wurde; auch unter sich begegneten sie sich mit vollendeter Aufmerksamkeit. Und dieser Ton teilte sich der ganzen Tischgesellschaft, es waren etwa zehn Personen außer uns, unwillkürlich mit. Wie sicher sie ihrer selbst, ihrer Sitte und ihrer Lebensführung waren, trat auch darin hervor, dass sie nicht nur ihr Tischgebet festhielten, die alte Mutter sprach es, sondern auch ihren Abendgottesdienst, mit Bibellesen und Gebet, das sie knieend verrichteten: Die fremden Gäste mochten daran teilnehmen oder nicht; es kam aber kaum vor, dass sich jemand dem entzog. Am Sonntag war die Hausordnung ganz den Gottesdiensten angepasst, die regelmäßig besucht wurden.

Unsere Tageseinteilung gestaltete sich folgendermaßen: Wir standen nach unsrer Gewohnheit gegen sieben Uhr auf und gingen nun gleich ein Seebad nehmen, entweder in der Badeanstalt von Ventnor, die wir mit einer Viertelstunde Wegs durch die Stadt erreichten, oder an der Ostküste der Insel, hinter dem kleinen Bonchurch, einem alten, jetzt verlassenen Kirchlein aus der Normannenzeit: Der Weg dahin führte in 20 Minuten an reizenden Gärten vorüber. Das Bad in der stets mäßig bewegten See war sehr angenehm, freilich musste der Schwimmer sich ein wenig vor den überall im Wasser zerstreuten Felsblöcken in Acht nehmen, die nur bei voller Ebbe aus dem flachen Wasser hervorragten. Um neun Uhr kamen wir nach Hause, und nun erwartete uns der gedeckte Frühstückstisch, nach englischer Art außer Kaffee, Brot und Butter auch Fleisch, Fisch oder köstlichen gerösteten Speck aufweisend. Ein Versuch unsererseits, schon um sieben Uhr eine Tasse Kaffee mit Brot zu erhalten, war rundweg abgeschlagen worden: ganz und gar unmöglich, in ganz England wird nicht vor neun Uhr gefrühstückt; was denn auf einen gesegneten Schlaf schließen lässt, denn es wurde keineswegs spät zu Bett gegangen. Da auch abends nach sieben Uhr, der Zeit des *dinner*, nicht mehr gearbeitet wird, so scheint also zwischen dem Schluss des einen Tagewerks und dem Beginn des neuen für den behäbig lebenden Engländer eine Ruhepause

Laura und Friedrich Paulsen

von etwa 15 Stunden zu liegen: Bleiben neun Stunden für den Arbeitstag, die doch auch noch wiederholt unterbrochen werden. Die Sache gehört auch in das Kapitel der englischen Bequemlichkeit. Uns gedieh übrigens die Sache vortrefflich, insofern wir nun mit vollkommenem Appetit uns zum Frühstück setzten. In Oxford hatten wir es noch nicht zu Stande gebracht, zum ersten Frühstück Fleisch zu essen. Der Vormittag gehörte dann der Lektüre, oft am Strand, oder der Arbeit. Am Nachmittag wurde meist ein größerer Spaziergang gemacht, über den Down nach dem freundlichen Shanklin oder eine Wanderung über die grünen Küsten an den weißschimmernden Klippen hin.[642] Die Höhe des Down war mit blühendem Ginster bedeckt, gemischt mit hohem, strauchartigem Heidekraut, ähnlich dem an der Riviera, eine entzückende Farbenwirkung.

Unter den Tagesausflügen, die wir machten, mögen zwei erwähnt sein. Der eine nach den Needles: Von Freshwaterbay, wohin die Bahn führte, gingen wir über die ebene kahle Höhe bis zur Westspitze der Insel hin, von der die „Nadeln", aus der See ragende Felsspitzen, abgesplittert sind. Der Ausblick von dem Rücken der Höhe war von zauberhafter Schönheit: der ruhige Wasserspiegel zu beiden Seiten, mit dem Himmel sich mischend und in durchscheinenden weißbläulichen und grünlichen Tinten[643] schimmernd, die weißglänzenden Kreidewände der Küste, weithin die schön geschwungenen Buchten einfassend, der grüne Rasen, hie und da durch ein Ginstergebüsch belebt, die über der Alum Bay im zartesten Rot herüberleuchtenden Heidehügel: Es waren Farbenspiele von einziger

Schönheit. Den Needles selbst fehlte zur vollen Wirkung die Meeresbrandung, so standen sie ruhig im stillen Wasserspiegel.

Der zweite eine *mail-coach*-Partie[644] durch die ganze Insel: Die ganze Gesellschaft aus unserer Pension, alt und jung, hatte sich dazu vereinigt. Die Fuhrwerke sind so bequem als malerisch-phantastisch: Von den staffelförmig aufgebauten hohen Sitzen hat man einen vollen Überblick, der durch die Hecken, die auch hier die Wege begleiten, nicht eingeschränkt wird; vier muntere Pferde bringen auf guten Straßen das schwere Fuhrwerk in raschem Trab von der Stelle; mit einer Trompete wird bei der Durchfahrt durch Dörfer oder um unsichtige Ecken das Nahen signalisiert. Durch eine Reihe hübscher Dörfer mit alten stattlichen Kirchen fuhren wir zuerst nach Osborne, der jetzt leer stehenden Sommerresidenz der Königin Victoria. Der schöne Park an der Reede von Spithead, Portsmouth gegenüber, öffnet überall Durchblicke auf die ewig belebte Meeresstraße mit den gewaltigen vom Meeresboden aufsteigenden Eisentürmen, die den Eingang zum Kriegshafen sperren. Im Schloss imponierte die Sammlung indischer Kunstschätze aller Art, die von einheimischen Fürsten der „Kaiserin von Indien" zum 60. Jahrsjubiläum ihrer Regierung geschenkt waren: ein überwältigendes Zeugnis von dem Reichtum und der Größe jenes Landes. In Carisbrooke wurde längerer Aufenthalt gemacht. In einem hübschen Dorfwirtshaus-Garten ließen wir uns Tische decken und Tee machen, und dann packte Laura die Schätze aus, die sie mitgebracht: herrlichen Yorkshire-Schinken, *pork pie*[645] und Kuchen usw., es gab eine sehr lustige Tafelrunde. Nach Aufhebung der Tafel wurden die Ruinen des Kastells, das einst den König Karl I. so verräterisch aufnahm,[646] besucht; Reste der von ihm bewohnten Räume werden noch gezeigt. Die hochgelegene Burg ist noch in ihren Trümmern umfangreich und stattlich. Bald lockte sie den Gesang unserer Jugend heraus; wir hatten nämlich einen recht gut geschulten und zusammenstimmenden Chor dabei, der sich auch in Ventnor oft am Abend vom Down her vernehmen ließ; es sammelte sich bald eine Schar aufhorchender Zuhörer, in England hört man keinen Gesang: auch das ein Erbe der alten Heimat: *Frisia, Holsatia non cantat.*[647] Über die schöne Hochstraße an der Südküste kamen wir am Abend spät nach Hause, sehr befriedigt von unserer *mail-coach*-Expedition. Und hier wartete unsrer noch eine Überraschung: Am Morgen bei der Ausfahrt hatte ein Photograph unseren Wagen voll Menschen aufgenommen, wir hatten nicht weiter darauf geachtet: Am Abend überreichte er jedem Teilnehmer einen Abzug. Laura erhielt ihn am folgenden Morgen beim Frühstück mit einem Gedicht auf die hausmütterlichen Tugenden, die sie im Garten von Carisbrooke bewiesen.

Ein Besuch in Portsmouth, den wir zu Schiff machten, war nicht ganz so erfreulich; wir wurden der ziemlich langweiligen Stadt rasch überdrüssig und fuhren wieder nach Haus, nachdem wir nur die alte „*Victory*" noch besichtigt hatten, das Schiff, auf dem Nelson die Schlacht bei Trafalgar leitete; es gab zugleich eine Anschauung von den alten hölzernen Linienschiffen, mit denen England die

Herrschaft über die Meere gewonnen hat. Ob der Name Nelson das alte friesische Nelsen, Nielsen, ist?

Ein Ausflug nach Wroxall unter Führung von Miss Alice endete völlig unwegsam und zuletzt mit vollständiger Zerstreuung der Gesellschaft: Eine Einzäunung von unendlicher Ausdehnung, die als Schafweide benutzt wurde, hatte uns eingefangen, und wir stiegen schließlich bald hier bald dort über die hohe Mauer, wo ausgefallene Steine dem Fuß einigen Halt boten. Wir kamen endlich an eine stattliche *Residence*[648] in einem hübschen Park, in dem wir zu unserem Erstaunen einige Väter der Gesellschaft Jesu sich ergehen sahen. Es waren, wie wir hörten, französische Emigranten, die durch das Klostergesetz von Mr. Combes aus der Heimat vertrieben waren.[649] Sie beunruhigten die alte Mrs. Blackmore, unsere Wirtin, nicht wenig, ihre protestantischen Gefühle wurden durch die Nachbarschaft so gefährlicher Gäste stark erregt.

Die letzten zehn Tage unsrer Englandfahrt brachten wir in London zu. Wir nahmen in einem Privathaus in der Bloomsbury Street Wohnung, dicht an der New Oxford Street, um in Hinsicht auf die Tagesordnung frei zu sein. Das Haus war ein typisches Beispiel eines Londoner Zinshauses[650] aus den 30–40er Jahren, wie sie zu Hunderten in dieser Gegend nebeneinander sich aufreihen: drei Fenster Straßenfront, in jedem der beiden Stockwerke zwei Zimmer, ein kleineres nach vorn neben der Treppe, ein größeres nach hinten, dazu ein ganz unter dem Niveau der Straße gelegenes Souterrain, dessen Fenster durch einen umgitterten Lichtschacht von der Straße Licht erhielten, hier wohnten die Wirtsleute; oben war alles wochen- und tageweise vermietet. Unser *sitting-room*, sehr stattlich möbliert, lag nach hinten hinaus, mit dem Blick auf das Britische Museum; das Schlafzimmer, nach der Straße gelegen, erwies sich als so unruhig, der Wagenverkehr kam die ganze Nacht nicht zur Ruhe, dass wir in ein oberes Zimmer hinaufzogen. Auch hier übrigens die den vom Kontinent Kommenden befremdende Einrichtung, dass für Ehepaare ein nicht einmal doppelt breites Bett genügen muss: Wir sind ihr überall in gleicher Weise, in Privathäusern wie in Hotels, begegnet; ich hätte die Einrichtung überall auf der Welt eher als in England anzutreffen erwartet. Bisher hatten wir uns immer noch ein zweites Bett verschafft; hier erwies es sich als unmöglich. Unsere Mahlzeiten nahmen wir bald hier bald dort ein, wie es eben gelegen war. Die Sorge, dass es in London an Restaurants fehle, in denen man um leidlichen Preis speisen könne, erwies sich als völlig unbegründet; für zwei bis drei Schilling hatten wir überall einen ganz guten Tisch, freilich etwas einförmig nach unseren Vorstellungen: Außer der oft schrecklich verwürzten Suppe standen in der Regel zwei Fisch- und zwei Fleischgerichte zur Wahl, letzteres meist Roastbeef, das übrigens die Engländer durchaus nicht blutiger oder roher als andere Menschen essen, nur mit mehr Sorgfalt gebraten. Die Gemüse waren für eine deutsche Zunge meist bis zur Ungenießbarkeit geschmacklos, bloß in Wasser aufgebrüht. Und an Mehlspeisen gab es auch wenig Hervorragendes. Mehr Schwierigkeit machte das Getränk; das englische Bier wollte gar nicht munden, schon weil es keine Temperatur hatte; der Wein war teuer; doch entdeckten wir auch ein paar Lokale, wo es besseres, sogar Münchner Bier gab. Und überall begegnete man deutschen Kellnern, in London wie in Oxford, und ebenso nachher in Amsterdam. Das deutsche Volk muss in diesem Artikel einen erstaunlichen Export haben; ist es eine Erinnerung an seine frühere Stellung, wo es die Rolle des Bedientenvolkes unter den europäischen Nationen spielte? Oder darf man die Sache günstiger deuten? Ist sie ein Anzeichen der Anstelligkeit und des Sprachgeschicks, auch der Zuverlässigkeit und Redlichkeit, das deutsche Bewerber auf diesem Gebiet gesucht macht? Und die geographische Lage tut wohl auch das Ihrige dazu, so wie das alte Verlangen der Deutschen, fremde Länder zu sehen.

Die Stadt London und ihre tausendmal beschriebenen Sehenswürdigkeiten noch einmal zu beschreiben, kann mir natürlich nicht in den Sinn kommen. Ich greife ein paar Punkte heraus. Unser erster Besuch galt natürlich der Westminster Abbey, in der Tat eine einzige und unvergleichliche Stätte; keine Nation vermag dieser Einheit von Denkmälern geschichtlicher und geistiger Größe etwas an die Seite zu stellen. Eine Art Gegenstück zu diesem Orte des Friedens, wo England seine großen Männer ehrt, ohne Rücksicht auf ihre Parteistellung im Leben, bildet der Tower; er bringt dem Besucher in schaudernde Erinnerung, durch welche Ströme von Blut das englische Volk hat gehen müssen, ehe es als Volk die Sicherheit dessen, was Schopenhauer den „erworbenen Charakter“ nennt, erreicht hat. Unter den Sammlungen zog mich die Porträtgalerie besonders an; die Zusammenordnung von Bildnissen und Erinnerungen der Zeitgenossen, die miteinander lebten und kämpften, ist eine höchst wirksame Hineinstellung in die Geschichte der Zeiten. – In alledem tritt die völlig anders geartete Geschichte des deutschen Volks dem Beschauer vor Augen: Wir haben keine Stätten, in denen sich die Einheit unseres geschichtlichen Lebens so dem Auge fassbar darstellt, wie in Westminster oder der National Portrait Gallery, weil unser Volk keine Lebenseinheit in diesem Sinne bildete. Friedrich der Große und Maria Theresia, der Prinz Eugen und der Freiherr v. Stein, Luther und Kant, sie ruhen nicht in der Reichshauptstadt, die von gestern ist, und nicht einmal ihre Bilder lassen sich hier zusammenbringen. Die Zerstreuung über ein unendlich weites Gebiet mit zahlreichen kleinen Zentren, die für unser Leben charakteristisch ist, stellt sich auch in dieser Tatsache dar. Und schwerlich wird die Zukunft dies ändern, Berlin wird nie London oder Paris werden.

Ein Besuch des Parlamentsgebäudes war mir lehrreich: Der Sitzungssaal zeigt auf einen Blick die Art und Struktur der englischen Volksvertretung: Es ist ein Beratungszimmer für regierende Staatsmänner, nicht der Raum für eine Art Volksversammlung mit obligatorischer Beredsamkeit. Sowohl der Umfang (der Raum bietet entfernt nicht so viel Sitzplätze, als das Parlament Mitglieder zählt) als die ganze Ausstattung weisen auf den Unterschied von festländischen Parlamenten hin: keine Rednertribüne, der Redner spricht vom Platz, keine amphitheatralische Anordnung der Sitzreihen mit Sesseln und Pulten, sondern einfach ein paar lange Reihen von gepolsterten Bänken auf beiden Seiten eines breiten Mittelgangs, kein Aufbau eines Präsidententhrons mit großem Büro, sondern bloß ein erhöhter Sitz für den *speaker*. Alle jene Herrlichkeiten sind Erfindung der Franzosen, die aus dem englischen Parlament, wo die führenden Staatsmänner mit Freunden und Gegnern über die Staatsangelegenheiten verhandeln, um zu einem gültigen Beschluss zu kommen, die großen Redetheater gemacht haben, wo Literaten und Advokaten zum „Volk", „zum Fenster hinaus" sprechen. Hier war natürlich die „Tribüne" und das Theatermäßige und die Öffentlichkeit erstes Erfordernis. Und dann: bei uns ein abgesonderter Ministertisch, durch eine Barriere vom Hause getrennt oder als Enklave ins Haus hineingebaut; dort die Minister einfach auf den Bänken als Führer der herrschenden Partei sitzend: Man sieht mit einem Blick: Das englische Haus stellt die Regierungsgewalt des Landes dar, das deutsche Abgeordnetenhaus stellt eine der Regierung gegenüberstehende kritisierende, opponierende Versammlung der Vertreter der Regierten dar.

Das Britische Museum überwältigt durch die Fülle der Denkmäler des Altertums, die hier sich zusammengefunden haben; die Dauer und der Umfang der englischen Weltherrschaft tritt auch hier dem Besucher sichtbar entgegen. Zu bewundern ist aber nicht minder die Kunst und Sorgfalt, womit auch dem flüchtigen Besucher die Stücke so vorgeführt und erläutert werden, dass er einigen Gewinn davonträgt; man nehme die Ausstellung, welche die Entwicklung des Schreib- und Druckwesens zur Anschauung bringt. Mit Ehrfurcht betrachtete ich ein Glossar in Keilschrift auf Tontäfelchen, welches, nach der Erklärung, in der gemeinen Sprache nicht mehr übliche Ausdrücke aus einer älteren Sprachschicht in die jetzt, d. h. vor mehr als 5000 Jahren geltende Sprache übersetzte. Welcher Abgrund der Vergangenheit tut sich hier mit einem Mal vor dem geistigen Auge auf: Der Mann, der das Täfelchen beschrieb, blickte selbst schon in eine graue Vorzeit zurück, aus der unverstandene Termini zu ihm herüber tönten, die nur philologische Gelehrsamkeit zu deuten im Stande war.

Dr. Lorenz führte mich auch in den Lesesaal des Britischen Museums. Wer viel genötigt war, auf Lesesälen deutscher Bibliotheken zu arbeiten, kann ihn nicht ohne Neid ansehen; durch die Gesamtanordnung wird der große Oberlichtsaal in eine ganze Anzahl fast selbständiger Studienräume zerlegt: Er hat nämlich die Form einer mächtigen Rotunde unter einer Kuppel, im Mittelraum der Rotunde ist der große Katalog aufgestellt; der Außenring ist durch halbhohe Wände in Segmente zerlegt; diese Wände waren gebildet durch Schreibtische, die mit der hohen Rückenlehne gegeneinander stehen; die Plätze an diesen Tischen, die wieder durch Seitenwände gegeneinander leidlich isoliert sind, sind mit verschließbarem Schrank versehen. Da der Besuch kein großer zu sein scheint, freilich war es September, so arbeitet man so ruhig und bequem wie zu Hause. Und jedes Buch, das man wünscht und einem Diener reicht, ist in wenigen Minuten zur Hand.

Oxford Street in London: „eine Weltstadt ohnegleichen"

Unter unseren Ausflügen galt der erste dem kleinen Dorf Ightham in Kent, wo Freund Lorenz sein Heim aufgeschlagen hatte. Er holte uns von einer vorliegenden Station ab und führte uns auf reizenden Wegen über Feld und Wald im hügeligen Gelände nach seinem Wohnsitz. Auch an einem alten Schloss (Knole) in herrlichem Park kamen wir vorbei, bei dessen gastlichem Herrn nach seiner Information schon Hobbes und Locke mit andern geistigen Größen verkehrt hatten. Dr. Lorenz bewohnte eine allerliebste kleine *cottage*,[651] die er möbliert gemietet hatte, eine ältere Dame hielt ihm Haus; ein Garten, den er selbst bearbeitete, spendete Gemüse und Früchte: kurz, ein Idyll von ländlichem Aufenthalt, wie man es sich nicht schöner träumen mochte. Es war gerade die Hopfenernte, auf den Feldern ringsum fröhliche Menschen, die, aus der Stadt gekommen, ein paar Wochen ländlicher Arbeit und Freuden in diesem „Garten von England" genossen. – Ein andermal ging die Fahrt an der Themse aufwärts nach dem Schloss Hampton Court, einem großen niederländischen Ziegelbau, den der Oranier[652] ausbaute. Durch den schönen Bushy Park gingen wir nach Teddington, in Richmond erfreuten die herrlichen Themseufer, von hier ging's in den prachtvollen Kew Garden, zugleich Park und botanischer Garten. Oben auf einem der riesigen Tramwagen, die London mit den Vororten verbinden, kehrten wir nach der Stadt zurück. Einen Nachmittag brachten wir in Windsor und Eton zu; Eton war leer, doch sahen wir die Gebäude des alten Schulklosters; der Abend auf den Wiesen, die zugleich als Spielplätze dienen, war herrlich; die Sonne vergoldete das über der Themse sich erhebende alte Königsschloss, am Ufer weideten friedliche Schafherden, und hie und da stand ein Angler, unverwandt in die ruhig dahinziehenden Wasser des Flusses hinabstierend: ein Bild ländlichen Friedens dicht vor dem Hinabtauchen der Themse in den Schlamm der Millionenstadt.

Einen Ausflug flussabwärts nach Greenwich machten wir mit Herrn Unwin, einem Freunde von Dr. Lorenz, den er in Berlin in meiner Vorlesung kennen gelernt hatte. Schon an einem früheren Tage hatten wir ihn in seiner Wohnung in

Chelsea aufgesucht: Er hatte uns in das nahe gelegene Haus geführt, das Thomas Carlyle bis zu seinem Tode bewohnt hatte und das jetzt als Carlyle-Museum öffentlich zugänglich war; nicht ohne Bewegung hatten wir die schlichten Räume durchwandert, in denen der grimmige Schotte gehaust hatte: sein Phrontisterium[653] oben unter dem Dach, wo er, von der Erde abgetrennt, nur mit dem Himmel, der von oben durch ein großes Oberlichtfenster hereinleuchtete, Zwiesprache hielt, seine Küche, wo er am Herd zu sitzen liebte, um mit einem Freunde zu schwatzen, sein von hohen Mauern eingefasstes kahles Gärtchen. – Diesmal also ging's nach Greenwich; wir hatten vor, mit einem Flussdampfer zu fahren, aber die Fahrten waren eben eingestellt; so setzten wir uns auf eine Trambahn und durchfuhren unendliche Straßen mit gleichförmigem Vorstadtcharakter. In Greenwich gingen wir durch die Räume des Schlosses, das England seinen ausgedienten Seeleuten eingeräumt hat, eine Galerie von Bildern seiner Seehelden umfängt den Eintretenden, sahen auch das Observatorium, von dem England die Räume und Zeiten misst. Ein Omnibus brachte uns durch den Tunnel unter der Themse, allein eine Fahrt von zehn Minuten, nach dem Ausgang der Linie, die durch Eastend führt. Der endlose Straßenzug, den wir oben auf dem Omnibus durchfuhren, macht einen unheimlichen Eindruck. Es ist, als ob eine ganze Welt ihre Armut hierher ausgestoßen habe; enge, gedrückte, überfüllte Häuser an schmutziger Straße, die nach beiden Seiten noch engere und schmutzigere Straßen aussendet, ohne Ende, ohne Ende. In dem Hauptzug, durch den die Omnibuslinie geht, hatten wir die nicht eben erfreuliche Entdeckung zahlloser deutscher Namen auf den Ladenschildern zu machen: die Löwenfeld, Silberstein, Warschauer usw. haben hier ihr Geschäft in alten Kleidern, Schnaps, Landesprodukten usw. Es ist ein Verhängnis für das deutsche Volk, dass es seinen östlichen und westlichen Nachbarn in diesen Gestalten vor allem persönlich sich darstellt, in Warschau und Petersburg wie in London und New York: Der deutsch redende und mit deutschem Namen gezierte Handelsjude ist die erste und oft einzige Repräsentation deutschen Wesens und deutscher Sprache, welche die große Masse der Bevölkerung kennen lernt. Dass diese Leute, die nicht Deutsche sind und nicht aus Deutschland stammen, sondern aus Polen, Galizien, Rumänien, gleichwohl für Deutsche genommen werden, trägt ohne Zweifel zu der viel beklagten Unbeliebtheit des „deutschen" Volks bei seinen Nachbarn bei. – Im Vorübergehen taten wir einen Blick in die Toynbee Hall, ein Haus, von dem ein wenig Licht in die undurchdringliche Finsternis von Eastend ausstrahlt. Wir trafen aber auch hier Ferien, nur ein *graduate of Cambridge* war anwesend.

Soll ich über den Gesamteindruck, den London auf mich gemacht hat, noch ein Wort hinzufügen, so würde ich sagen: eine Weltstadt ohnegleichen. Sie umfasst eine Welt geschichtlicher Erinnerungen, von den Tagen Cäsars bis auf die Gegenwart, und durch ihre großartigen Sammlungen erweitert sie diese Welt über die ganze Erde und bis in die Anfänge der geschichtlichen Überlieferung überhaupt: Sie umfasst ebenso die Welt der Gegenwart, mit lebendigsten Beziehungen alle Erdteile durchdringend und um sich als Mittelpunkt sammelnd. Dieser Weite ihrer Beziehungen entspricht die Weite des Raums, den sie mit ihrer Gegenwart bedeckt: Es ist eine Tagereise, die von dem einen Ende, wo die Stadt im Westen aufhört, zum Ostende führt. Dieser Größe entspricht ein Verkehr von überwältigender Größe und Intensität, der aber mit einer wahrhaft erstaunlichen Ruhe, Sicherheit und Präzision funktioniert. Wenn wir auf dem Deck der bequemen Omnibusse durch die Oxford Street fuhren, waren wir immer wieder erstaunt darüber, wie sich dieses Gewimmel von Fuhrwerken, das zu unentwirrbaren Haufen sich ineinander zu schieben schien, in kurzem ohne Geschrei und Getöse entwirrte: In Berlin schreit bei nicht dem Viertel dieses Gedränges der Schutzmann, der Kutscher, der gefährdete Passant, hier schrie niemand: Der *policeman* winkt bloß mit der Hand, der Kutscher beachtet schweigend das gegebene Zeichen, die Passanten fühlen sich sicher: Hier wird niemand überfahren. Die Anpassung aller an den Großstadtverkehr ist hier vollkommen durchgesetzt. Dabei findet der Kutscher noch Zeit, den Fremdling, der neben ihm sitzt, gelegentlich auf dies oder jenes aufmerksam zu machen; der Kondukteur achtet auf jedes Zeichen, das ihm von der einen oder andern Seite gemacht werden möchte, und ist mit vollendeter Geschicklichkeit beim Ein- und Aussteigen behilflich. Und das Erstaunlichste, er erwartet kein Trinkgeld, gibt nicht, wie der Berliner, in *half-pennies* heraus, um Gelegenheit zu machen; ja, es ist mir vorgekommen, dass ein angebotenes Trinkgeld mit Dank abgelehnt wurde, freilich nur einmal. Aber es ist kein Zweifel, dass die unteren Klassen in England etwas Selbstbewussteres haben als in Deutschland, wenigstens in dessen östlicher Hälfte. Das tritt besonders deutlich auch im Verhältnis zu den *policemen* hervor: In Deutschland herrscht beim Publikum bis weit in die mittleren Kreise des Bürgertums hinein die Empfindung: Der ist da, uns zu kommandieren, in England sieht jedermann in ihm den Mann, der auch ihm zu Hilfe und Schutz da ist. In England ist jedermann Staatsbürger, in Deutschland Untertan. Wir brauchen mindestens noch ein Jahrhundert, ehe wir dieses sichere Verhältnis zum Staat erlangen. Und vielleicht erreichen wir es nie; das Verhältnis des Deutschen zum Staat beruht in erster Linie auf seiner Einordnung in das Heer, das Verhältnis des Engländers auf seiner Einordnung in die Staats- und Gerichtsverfassung. Solange für uns dies Verhältnis notwendig bleibt, und es ist nicht abzusehen, wie es bei unserer Weltlage anders werden kann, so lange wird der Masse der Deutschen der Staat sich darstellen in der Person einerseits des Kriegsherrn und andererseits des Unteroffiziers. Dass dieses militärische Wesen auch sein Gutes hat, ist keine Frage. Der Sinn für gute Haltung, Ordnung und Reinlichkeit wird durch die Armee der Masse unserer Bevölkerung mit bemerkenswertem Erfolg eingepflanzt. Meine Frau rief oft aus: Solche Schlamperei, wie man ihr hier bei Weibern und Männern der untern Klassen begegnet, sieht man bei uns doch nicht leicht.

Am 16. September nahmen wir Abschied von der Insel. Als die Lichter von Harwich in der Nacht allmählich verschwanden, blickte ich mit dankbaren Gefühlen auf diese fünf Wochen zurück: dankbar für die Fülle neuer Eindrücke, die ich heimbrachte und die mir manches Heimische in neues Licht stellten, dankbar auch für viel Freundlichkeit, die wir drüben erfahren hatten; wir haben kaum eine unangenehme Berührung mit der Bevölkerung gehabt, dagegen viel freundlich-gefälliges Entgegenkommen gefunden. Von einem Hass gegen Deutsche oder Deutschland habe ich persönlich nicht eine Spur erfahren, abgesehen von einem Begegnis mit unserem Londoner Hauswirt, der mich zum Schluss übers Ohr zu hauen versuchte, aber davon abstand, als ich ihn fragte: ob er sich so etwas gefallen lassen würde? In der Presse begegnete man ab und zu einer minder freundlichen Äußerung über Deutschland, aber stets in urbaner Form. Und sie verschwand in der Masse der Mitteilungen aus aller Welt. Die englische Presse zeigt, im Unterschied von der deutschen, einerseits einen über die ganze Erde sich erstreckenden Horizont, andererseits hat sie viel mehr Heimatscharakter. Jede deutsche Zeitung hält es für notwendig, jeden Tag aus allen europäischen Hauptstädten, mindestens aus Paris, London, Petersburg, Wien, Rom, ihren Lesern eine „Originalkorrespondenz" zu bringen. Die Londoner Zeitungen berichten einerseits aus allen vier Weltteilen, andererseits aus allen Ecken Englands, vor allem und zuerst von Sportsunternehmungen, dann von Gerichtsverhandlungen und Vorgängen des geselligen und wirtschaftlichen Lebens; das Festland Europas sinkt für sie zu einem der fünf Kontinente herab, deren Mittelpunkt England bildet. Die insulare Lage und die dadurch mitbedingte Isolierung gegen das europäische Festland ist überhaupt ein Moment, worauf man überall stößt. Ich kränkte einmal unsere Damen in Ventnor durch die Zusammenstellung von England und Russland: Sie gehörten beide nicht zu Europa, sondern bildeten „Kontinente" für sich. In der Tat ist es so: Englands Geschichte, englisches Leben und Empfinden und englische Politik sind viel mehr von Europa losgelöst als die irgendeines andern europäischen Landes, Russland ausgenommen. Was im Besonderen die Stammesverwandtschaft und die Religionsverwandtschaft mit dem deutschen Volk anlangt, so wird sie ohne Zweifel auf dieser Seite des Kanals viel stärker empfunden als auf der anderen. England hat keine Verwandten in Europa, höchstens in Amerika. Wobei dann eine bemerkenswerte Gleichheit im Verhalten des amerikanischen Volks zu England hervortritt; ich sagte einmal einem Engländer: Wie die Mutter des Sohnes in der Ferne treuer denkt als umgekehrt er der Heimat, so steht es zwischen Deutschland und England. Er erwiderte: und ganz so steht es wieder zwischen England und Amerika.

Nach einer sehr ruhigen und bequemen Überfahrt kamen wir frühmorgens bei Hoek van Holland an, zogen es aber vor, auf unserm Schiff noch bis Rotterdam hinaufzufahren. Freilich, der Versuch, noch etwas zu schlafen, wurde durch den Lärm der Ausladung zunichte. Dafür hatten wir nachher eine herrliche Fahrt durch die breite Wasserstraße zwischen den holländischen Niederungen; sie erinnerte mich an die Fahrt auf der unteren Elbe. Als wir in Rotterdam ankamen, hatten wir gleich das lebhafte Gefühl, wieder heimischen Boden unter den Füßen zu haben. Überall hört das Ohr deutsche Laute, sieht man deutsche Firmennamen: Wo man deutsch fragt, erhält man deutsche Antwort. Nach einem Aufenthalt von ein paar Stunden fuhren wir nach Amsterdam. Die Fahrt durch das Land erinnerte mich stark an meine nordfriesische Heimat: dieselben grasreichen Marschen, dieselben Fennen mit Gräben, dieselben Rinder und Schafe, dieselben Dörfer und giebelreichen Städte. Beim Aussteigen in Amsterdam begegneten wir einem Bekannten, dem Direktor Bauer aus Niesky, der eben nach Deutschland zurückkehrte. Wir fragten ihn, wo er gewohnt habe. „Im deutschen Seemannshospiz“, war die Antwort, „und ich kann es Ihnen sehr empfehlen, wenn sie auf Ruhe und Sauberkeit mehr als auf Großartigkeit Gewicht legen.“ Wir gingen hin und fanden es, wie er sagte und wie wir es wünschten: in einem alten Haus an einer stillen, baumbeschatteten Gracht ein gut ausgestattetes, geräumiges, ganz ruhiges Zimmer mit weiten Fenstern nach dem reinlichen Hof, ganz wie man holländisches Innere gemalt zu sehen gewöhnt ist. Wir kamen uns aus dem Trubel und Lärm Londons wie in Abrahams Schoß gerettet vor. Und der freundliche Hausvorstand, ein deutscher Prediger, und seine junge Frau gaben auch nach anderer Richtung hin Sicherheit.

Fünf Tage blieben wir hier, glänzend schöne Herbsttage mit warmem, aber nicht mehr drückendem Sonnenschein bei Tage und hellem Mondlicht, das auf den Grachten flimmerte und die Schatten der Giebelhäuser auf der Straße abzeichnete, bei Nacht. Wir benutzten sie vor allem, um von Land und Leuten so viel Anschauung zu erhaschen, als in kurzer Zeit geschehen konnte; die reichen Kunstsammlungen mussten dagegen zurückbleiben; wir haben eigentlich nur dem Rijksmuseum in Amsterdam und dem Mauritshuis im Haag ein paar Besuche abgestattet. Die Fülle von Schönheit, die dem Auge geboten wird, mussten wir freilich unausgeschöpft lassen. Amsterdam selbst macht den Eindruck einer vergangenen Größe; es ist eine stille Stadt, nur ein paar Straßen zeigen größeres Leben und modernen Charakter. Vor allem blieb der Hafen hinter meiner Erwartung zurück. Ich hatte mir aus den Erinnerungen meines Urgroßvaters, Paul Frercksen, der hier so oft aus- und eingekommen war, ein Bild gemacht: Schiffe aus allen Ländern im beständigen Kommen und Gehen; stattdessen ein paar kleine Segel- und Dampfschiffe auf dem verträumten Wasser und im Kriegshafen ein paar alte Orlogschiffe[654] im Ruhestand. Mit Rotterdam oder gar mit Hamburg ist die Amsterdamer Schifffahrt nicht zu vergleichen. Es ist offenbar das aufsteigende Deutschland, das auf Holland drückt; der Handel geht über Hamburg, Bremen, Emden oder, soweit er den Westweg einschlägt, rheinabwärts nach Rotterdam oder auf Antwerpen, Amsterdam ohne Hinterland wird ausgeschaltet, und als Stapelplatz ist es durch London erdrückt. Auch die Bevölkerung von Amsterdam, wenigstens wie man sie auf der Straße sieht, macht nicht den Eindruck der Wohlhäbigkeit; was in London uns nie begegnete, kam hier öfters vor:

dass sich reduziert aussehende Gestalten zur Führung anboten, ähnlich wie in Venedig. Man sagte mir, dass vielfach jetzt Arbeiter über die deutsche Grenze gingen, um hier als Saisonarbeiter etwas zu verdienen: ein ungeheurer Umschwung gegen das 18. und noch die Mitte des 19. Jahrhunderts!

Am folgenden Tag machten wir mit einem kleinen Dampfer, der sehr mäßig besetzt war, einen Ausflug nach der Insel Marken in der Zuiderzee. Wir fuhren dieselbe Wasserstraße, an Pampus vorbei, die in Paul Frercksens Aufzeichnungen oft vorkommt: Damals ging der Seeweg noch über die Zuiderzee, während jetzt ein Kanal direkt ins Meer führt. Ein Haufen goldlockiger Kinder empfing uns am Ufer der kleinen Insel; sie waren gewohnt, bewundert, gemalt und befühlt zu werden. Knaben und Mädchen trugen dieselbe Kleidung, allein ein Stern an der Mütze macht die Knaben als solche kenntlich. Der Kapitän führte in ein paar der kleinen Häuschen: Sie zeigten auf engstem Raum größte Sauberkeit und einen Reichtum an alten Herrlichkeiten, namentlich an bemalten Tellern und Töpfen, die mich lebhaft an die Küche meiner Tanten erinnerten: Sie waren offenbar gleicher Herkunft. Der Rückweg wurde durch einen der vielen Kanäle genommen, die das Tiefland nach allen Richtungen durchschneiden. Es war eine entzückende Fahrt: Das kleine Schiff glitt fast geräuschlos durch die stille Flut, auf beiden Seiten dehnten sich grüne Marschen, und behaglich wiederkäuende Rinder lagen am Rande des Kanals, eine ununterbrochene Folge von „niederländischen" Bildern. In einem Dorf unterwegens mussten wir noch ein Bauernhaus bewundern, in dem die Kühe „in der Stube" wohnten, oder also umgekehrt, wo die Ställe im Sommer wie Stuben hergerichtet waren. Die Einfahrt in den Hafen bot ein prächtiges Schauspiel: Die Sonne senkte sich in glänzendem Gewölk hinter der turm- und giebelreichen Stadt herab.

Am Abend gingen wir nach dem Judenviertel; es war ein Sonnabend, der strenge Sabbat war vorüber, die Massen der jüdischen Bewohner erholten sich auf der Straße und den angrenzenden Plätzen von den religiösen Strapazen, namentlich der Jugend war die Ausgelassenheit, die längerer Einschränkung zu folgen pflegt, anzumerken: Wir wurden als fremde Eindringlinge nicht bloß neugierig angeglotzt, sondern auch mit allerlei Hohnreden bedacht; da wir sie nicht verstanden, glitten sie ohne Schaden an uns ab, wenn auch der grinsende Hass im Gesicht nicht unverständlich war. Ich hätte nicht geglaubt, dass man in Westeuropa noch solchem Schauspiel begegnen könne; es erinnerte mich an das römische Ghetto, durch das ich vor dreißig Jahren einmal gegen Abend gegangen war, mit immer mehr sich beschleunigendem Schritt. Wenn man dies sieht, wird man an der Möglichkeit einer Assimilierung leicht irre.

Am Sonntag fuhren wir nach Haarlem und besuchten hier zuerst die Kirche: Der große schmucklose Raum füllte sich allmählich, die Männer verhielten sich sehr respektlos nach unseren Begriffen, sie gingen und standen, die Hüte auf dem Kopf, in Gruppen herum; endlich begann die Orgel zu spielen, und man setzte sich. Von der Predigt habe ich doch so gut wie nichts verstanden. Wir gingen dann

Bloemstraat im Amsterdamer Stadtteil Jordaan: „Amsterdam selbst macht den Eindruck einer vergangenen Größe“.

auf langen Spazierwegen nach dem Strand bei Zandvoort hinüber; die Villen der Amsterdamer liegen vor den Dünen, „*Vel tofreden*“, „*Hartenslust*“ und ähnlich benannt; es macht alles den Eindruck ruhigen Behagens: Wir haben unser Schiffchen auf dem Trocknen und genießen die Ernte früherer Tage. Der Strand von Zandvoort ist schön, er war schon völlig geleert und das Kurhaus geschlossen. Die Dünen sind nicht hoch, haben aber die Breite von einer Stunde; sie zeigen das Original zu den Bildern von Cuyp, wie die Haarlemer Wiesen uns von Ruysdaels Bildern her als alte Bekannte vorkamen.

Am Nachmittag des folgenden Tages, dessen Vormittag wir dem Museum gewidmet hatten, machten wir einen Ausflug nach Zaandam und Zaandijk: Die kleinen sauberen Häuschen an den Ufern der Zaan machen einen überaus anheimelnden Eindruck, und die Fülle der Windmühlen, man zählt an manchen Punkten ihrer zwanzig bis dreißig, gibt der Landschaft etwas Luftig-Phantastisches. Natürlich besahen wir auch das Häuschen, das Zar Peter bewohnte, als er seinen Russen die Schiffsbaukunst aus Holland holte.

Ein Ausflug nach dem Haag, der den Beschluss unserer Reise machte, führte uns gerade zur Eröffnung der Generalstaaten[655] in die Residenz: Wir hatten nichts davon gewusst, erst der Andrang von Menschen auf allen Stationen machte uns aufmerksam. Als wir in die Stadt kamen, fanden wir alle Straßen von festlich gekleideten Menschen gefüllt; die Holländer kamen, ihre junge Königin[656] zu begrüßen; oder war es die allgemeine Neigung, sich einen guten Tag zu machen? In Berlin wird der Fremde von der Eröffnung des Reichstags auf den Straßen kaum etwas merken; hier waren bis zum Abend alle Straßen und Plätze von Menschen so angefüllt, dass Wagen kaum durchkamen. Wir blieben unter der Menge, der Dinge, die da kommen sollten, geduldig harrend, haben aber von der ganzen Auffahrt schließlich nicht viel mehr als den Federbusch des Kutschers Ihrer Majestät gesehen. Das obligate Freudegeschrei hielt sich in bescheidenen Grenzen, ist der Niederländer zu phlegmatisch, sich so anzustrengen? Nachdem das Schauspiel vorüber war, gewährte uns das bis dahin verschlossene Mauritshuis den Zutritt zu seinen Schätzen. Am Nachmittag fuhren wir nach Scheveningen, der Strand und die Dünen sind hier noch schöner als in Zandvoort; ein Aufenthalt hier muss sehr erfreulich sein können: Diese Verbindung von Seebad und Großstadt, mit so vielen Schätzen der Kunst und so schöner Umgebung, wird sich nicht so leicht wiederholen.

Am 21. September kehrten wir, gesättigt von Reiseeindrücken wie noch nie zuvor, nach Hause zurück. Hier trafen wir Reuter und seine Nichte an; er hatte die ganzen Ferien über in Steglitz mit den Kindern gelebt und mit Rudi gearbeitet.

Ich erwähne zum Schluss noch die Veränderungen, die in unseren häuslichen Verhältnissen in diesem Jahre stattfanden. Hans war im April aus Münster zurückgekehrt; er wurde nun bei der Hochschule immatrikuliert; seine Wohnung erhielt er bei einer uns bekannten Frau. Der Erfolg war aber von der Art, dass ich ihn im August nach Schönwalde bei Eutin zu einem Arzt in Pension geben musste; er blieb hier den ganzen folgenden Winter. Rudi ging im Herbst nach Kiel mit einem jungen Freund, Thalheim, um sich von Wendland, dem ich ihn zuführte, in ein ernstliches Studium der Philologie einführen zu lassen. Grete zog nach Weimar auf die Kunstschule, um sich im Porträtfach, wofür sie bedeutende Begabung zeigte, auszubilden. Dafür ließen wir eine junge französische Schweizerin ins Haus kommen, die uns durch ihre stille, freundliche Art bald wert wurde. Leider ging der Winter nicht ohne einen neuen Influenzaanfall vorüber, wie er nun für Laura schon fast zur Regel geworden war. Auch ich kriegte später mein kleines Teil ab, ohne dass ich viel Gewicht darauf legte. Vielleicht hat die Versäumnis üble Wirkungen zurückgelassen, die sich in der Folge zeigten.

Als wir von der Reise in Berlin ankamen, bot sich eben in allen Buchläden mit zudringlicher Reklame ein Roman an, der einen Krieg Deutschlands mit England ausmalte; Schlusstableau: der deutsche Kaiser an der Spitze deutscher, französischer und russischer Bataillone in London einreitend.[657] Mir riss die Geduld gegenüber diesem blöden Unsinn, und ich schrieb einen Artikel „England und Deutschland", der gleichzeitig im Dezemberheft der *Deutschen Rundschau* und (von Mr. Unwin übersetzt) in der *Contemporary Review* erschien.[658] Er ist vielleicht nicht ohne einigen Eindruck zu machen vorübergegangen; wenigstens erhielt ich aus England eine ganze Reihe zustimmender Zuschriften, wie denn auch die Zeitungen drüben

Grete Paulsen: „Grete zog nach Weimar auf die Kunstschule".

Mitteilungen daraus brachten. In Deutschland scheint der Stimmungsumschwung etwas später eingetreten zu sein. Erst im Winter 1905/06 erhob sich eine Bewegung, die den abscheulichen Presstreibereien entgegentrat. Ich hatte Gelegenheit, in einer großen, von der Berliner Kaufmannschaft im Börsensaal einberufenen Versammlung zu sprechen und die Verhetzung der beiden Völker gegeneinander als selbstmörderisches Beginnen zu brandmarken. Im Sommer folgten dann die Freundschaftsbesuche der Stadtväter und der Journalisten.

1905

Zu Anfang des Jahrs gab es erregte Debatten in der Fakultät über den geplanten und von höchster Stelle mit Eifer betriebenen „Professorenaustausch" mit Amerika. Die Sache war von Kuno Francke in Anregung gebracht worden. Er war im Interesse seines an der Harvard-Universität begründeten *German Museum* im Sommer 1904 in Europa gewesen und auch vom Kaiser empfangen worden; derselbe hatte eine bedeutende Schenkung für jene Sammlung gemacht: Gipsabgüsse zahlreicher Geschichts- und Kunstdenkmäler von den ältesten Zeiten bis auf die Gegenwart. Bei dieser Gelegenheit war dem Kaiser die Idee suggeriert worden: ein Austausch leitender Universitätslehrer sei die notwendige Ergänzung dazu. Kuno Francke trug sich lange mit der Idee; er hatte schon vor vier oder fünf Jahren den Präsidenten Eliot von der Harvard-Universität veranlasst, mich zu einem Vorlesungszyklus einzuladen, den ich dann eventuell an andern Universitäten, wie Yale, Cornell, die sich der Einladung angeschlossen hatten, wiederholen möge. Ich hatte abgelehnt: Teils war die mangelnde Sprachfertigkeit ein Hindernis, teils empfand ich eine gewisse Scheu vor einem derartigen Auftreten, dem leicht ein wenig Anmaßlichkeit, wenigstens der Schein solcher, anhaftet: „Bilde mir nicht ein, was Rechtes zu wissen, bilde mir nicht ein, ich könnte was lehren, die Amerikaner zu bessern und zu bekehren."[659] In diesem Sinne hatte ich an President Eliot geschrieben. Nun wurde die Angelegenheit offiziell wieder aufgenommen. Im Juli oder August 1904 fanden Verhandlungen im Ministerium statt; ich war mit dem Rektor und Gierke als Mitglied des Senats zu den Verhandlungen zugezogen: die Sache müsse gemacht werden, der Rektor der Universität möge mit dem Präsidenten der Harvard-Universität die notwendigen Verabredungen treffen. Gleichzeitig wurde ich von Dr. Althoff dringend aufgefordert, als Erster im Austausch nach Amerika zu gehen. Meine Stellung zur Sache hatte sich nicht geändert; ich lehnte ab, und das umso mehr, als sie jetzt einen politischen Beigeschmack hatte: der Professor in einer Art offiziöser Mission, was denn zu zahlreichen Besuchen, Empfängen, Vorstellungen, Festessen usw. führen musste, Dinge, die mir allein eine solche Reise zu verleiden ausreichend waren. Ich empfand dazu, dass ein so hitziger Betrieb der amerikanischen Freundschaft, wie er jetzt stattfand – Prinzenreise[660] und Geschenke waren voraufgegangen –, leicht das Gefühl der „Absichtlichkeit" hervorrufen und Verstimmung als Bodensatz zurücklassen könne. Im Wintersemester kam die Angelegenheit vor den Senat, und von ihm wurde sie an die Fakultäten weitergeleitet. In der philosophischen Fakultät begegnete sie sehr unfreundlicher Aufnahme: Fast als Herabwürdigung der deutschen Universität durch Gleichstellung mit amerikanischen wurde sie von hochfahrenden Hitzköpfen dargestellt. Eine Kommission hielt endlose Debatten; und das Ende war: dass man zu dem Entschluss kam, die Sache dem Ministerium zu überlassen, um selbst reine Hände zu behalten. Ich habe meine Stellung in einem Artikel in der *National-Zeitung* (14. Februar 1905) präzisiert.[661] – Inzwischen haben sich die Dinge auf dieser Basis weiter entwickelt. Im folgenden Wintersemester hatten wir Professor Peabody von der Harvard-Universität hier, mit dem sich ein sehr freundschaftliches Verhältnis herstellte: eine vortreffliche Darstellung des Besten im amerikanischen Wesen.

Auch zu einer andern schwebenden Frage wurde ich veranlasst, Stellung zu nehmen: zu der grotesken Agitation gegen die katholischen Studentenverbindungen. Ich war schon im Herbst von den Studierenden der Charlottenburger Hochschule[662] aufgefordert worden, ihren Kampf für die „akademische Freiheit" durch eine Ansprache zu unterstützen. Ich lehnte es entschieden ab: die akademische Freiheit scheine mir auch die Freiheit einzuschließen, dass sich katholische Studenten auf Grund ihrer kirchlichen und politischen Anschauungen zu Vereinen zusammenschlössen. Eine gewissenlose und fratzenhafte Hetze der „Fortschrittspresse" brachte die Studenten immer mehr um die Logik und gesunde Vernunft, und durch das ganze Jahr 1905 ging dieser „Freiheitskampf" zur Unterdrückung der Freiheit. Übrigens war der Vorgang in seiner unglaublichen

Deutsche Bücherei
Band 31.

Zur Ethik und Politik.

Gesammelte Vorträge u. Aufsätze.

Erster Band.

Von

Friedrich Paulsen.

Expedition der Deutschen Bücherei
(Alfred Sarganek)
Berlin S.W. 61, Johannistisch 4.
Verlag von H. Neelmeyer, Berlin S. 59.

„Zur Ethik und Politik“: „Die Bände haben mir viel Freude gemacht.“

Fratzenhaftigkeit doch wieder lehrreich: Unter Freiheit versteht die Masse immer und ewig dasselbe, nämlich das Recht und die Macht, die Gegner zu unterdrücken. Ich schrieb ein paar Artikel gegen den Unsinn, für die *National-Zeitung* (10. März 1905)[663] und die *Münchner Neuesten Nachrichten* (Juni), welch letzterer aber nicht veröffentlicht wurde: Die Redaktion degagierte[664] ihn noch nach dem Satz. Auch eine Anzeige von Sebastian Merkle, „*Die katholischen Fakultäten und der religiöse Friede*“[665] (in der *National-Zeitung*, 10. Mai, dann *Deutsche Literaturzeitung*, 13. Mai)[666] gehört in diesen Zusammenhang.

Eine Anzeige von Alfred Heubaums „*Geschichte des deutschen Bildungswesens*“ in der *Deutschen Literaturzeitung* (April)[667] wurde der Anlass, dass die Firma B. G. Teubner sich an mich wandte um Abfassung eines kleinen Büchleins über diesen Gegenstand für ihre Sammlung „Aus Natur und Geisteswelt“. Ich sagte zu und begann noch im Sommer den Inhalt zu skizzieren.[668]

Gleichzeitig wurde ich von dem Herausgeber der *Deutschen Bücherei*, Dr. Arnold Reimann, ersucht, eine Sammlung meiner kleinen Aufsätze der *Bücherei* zu überlassen. Ich war anfangs wenig geneigt, aber durch sein Andringen trat ich doch der Sache näher und begann unter meinen kleinen Veröffentlichungen einmal zu revidieren. Bald kam der Geschmack an der Sache, und das Ende war, dass er nicht bloß ein, sondern zwei kleine Bändchen „*Zur Ethik und Politik*“ davontrug.[669] Im Grunde entsprach das Unternehmen meiner Tendenz: gute Lektüre zu wohlfeilsten Preisen, um Massenabsatz zu gewinnen. Der Preis der beiden Hefte von 16 Bogen betrug 50 Pfennig, gebunden 1 Mark. Die Hefte haben mir viel Freude gemacht.

In den Osterferien nahm ich, um von allerlei trüber Gegenwart die Gedanken abzulenken, die Aufzeichnungen vor, die mein Urgroßvater Paul Frercksen hinterlassen hat. Sie waren mitsamt dem Schiffsbuch, das er als Kapitän geführt hatte, in einer alten eisenbeschlagenen Holzkiste, worin sie aufbewahrt gewesen waren, nach Onkel Ipkes Tode an mich gekommen. Ich hatte sie wohl einmal durchgeblättert; jetzt, wo ich sie ernsthaft zu lesen und zu entziffern begann, kamen sie mir so interessant vor, dass ich mich entschloss, sie abzuschreiben und drucken zu lassen. Die Schrift war vielfach so erloschen, dass das Lesen große Mühe machte; doch brachte ich die Sache schließlich zu Stande. Sie sind dann in der *Zeitschrift für Schleswig-Holsteinische Geschichte* im Oktober erschienen.[670]

Die Beschäftigung mit diesen Dingen ließ einen Vorsatz zur Reife kommen, der mich auch schon lange beschäftigt hatte: in den Ferien einen Besuch im Norden zu machen, die Stätten zu sehen, die jener auf seinen Fahrten so oft besucht hatte. Das hatte aber zur nächsten Folge, dass Laura sich entschloss, ihren Besuch in Starnberg, der auch im vorigen Herbst schon ausgefallen war, diesmal im Frühjahr zu machen; und das umso mehr, als es unserer Tante Lotte gar nicht gut ging. Sie hatte im Sommer vorigen Jahres, wo sie bei uns war, etwas wie einen leichten Schlaganfall gehabt, von dem sie sich nur sehr langsam erholte. Laura fuhr also am 25. Mai nach Starnberg, und ich folgte ihr in der Pfingstwoche. Auf dem Hinweg besuchten wir, Laura kam mir entgegen, Landshut und Freising, zwei hübsche alte Städte, jenes mit dem stattlichen Schloss Trausnitz auf dem hohen Ufer des Isartals, dieses mit einer ganzen Pfaffenstadt auf der Höhe. Von Starnberg aus machten wir einen zweitägigen Ausflug auf den Schachen bei Partenkirchen: diesmal mit vollkommenem Wetterglück. Der Einblick in das Wettersteingebirge, wie wir ihn am frühen Morgen hatten, war überaus großartig und eine ausreichende Entschädigung für eine schlaflose Nacht. Auf den Wiesen von Graseck holten wir den versäumten Schlaf überdies nach: Eine paradiesische Blütenfülle umgab unsere Lagerstatt. Ich war glücklich, dass Laura wieder ohne Beschwerden eine solche Partie zu machen im Stande war, es waren immerhin 1800 Meter Höhe.

Im Juli hatten wir die Freude, Kuno Francke auf einige Tage bei uns zu haben. Er hatte sich seine jugendliche Lebhaftigkeit und Frische, ja seine Kindlichkeit unverändert erhalten, obwohl er den 50sten Geburtstag in dem Jahr gefeiert hatte.

Am 7. August traten wir die Reise nach Norden an, über Warnemünde – Gedser fuhren wir nach Kopenhagen, wo uns beim ersten Ausgang am Abend gleich mehrere Bekannte vom Kolleg her begrüßten. Am andern Morgen ging's mit dem ersten Dampfer nach Helsingör, den Sund hinunter, eine reizende Fahrt an der seeländischen Küste hin. Auch hier trafen wir wieder Bekannte. Pastor Lensch und seine Braut waren mit auf dem Schiff. Nach kurzem Aufenthalt in Helsingborg, wo wir mit nordischer Küche die erste Bekanntschaft machten (ich besuchte auch den alten mächtigen Turm auf der Uferhöhe mit seiner Terrasse, die früher weniger friedlichen Zwecken gedient hatte als der Aussicht des Touristen) fuhren wir über Höganäs nach Mölle am Kullen. Wir blieben zwei Tage in dem kleinen Seebad, im Hotel Elfersson. Die Lage ist sehr angenehm; auf mäßiger Höhe saß man unter alten Kiefern und hatte einen reizenden Ausblick auf den Sund und seine Schiffe, am Abend blinkten die Leuchtfeuer von der seeländischen Küste zu uns herüber. Das Vorgebirge selbst ist ein etwa eine Stunde ins Kattegat in nordwestlicher Richtung vorspringender, spitz auslaufender Granitblock, der sich bis zu etwa 200 Meter erhebt und oben mit gemischtem Laubwald bestanden ist. Die sehr zerklüfteten nackten Felswände, die steil zum Meere abfallen, bilden in immer neuen Variationen höchst malerische Buchten, Grotten, Tore, Türme, Nasen, einsam aus dem Meer sich erhebende Felsblöcke und -spitzen. Wenn am Abend die sinkende Sonne auf dem grau-rötlichen Granit liegt und der rote Schimmer der prachtvollen Heide, womit die Köpfe und Flanken da und dort bedeckt sind, sich von dem dunklen Grün des Waldes abhebt, das Ganze eingetaucht in das vom Meer zurückgeworfene Himmelslicht, dann gibt es Farbenspiele von zauberhafter Wirkung. Überrascht wurden wir durch die Unbefangenheit der herrschenden Badesitten; es ist uns wiederholt begegnet, dass wir, auf einen Vorsprung heraustretend, unten in der Bucht eine ganze Familie ohne alle Umstände in der See baden sahen; woher sich denn auch die Dürftigkeit der Badeeinrichtung bei Mölle erklärte: Man fand es angenehmer und unterhaltender, irgendwo im Freien ein Freibad zu nehmen.

In Höganäs, wo wir übernachteten, um am frühen Morgen weiterzufahren, hatten wir einen überaus schönen Sonnenuntergang. Das Meer lag still zu unseren Füßen, die Sonne sank ruhig hinab, wir aber gedachten des Schiffbrüchigen, den vor 150 Jahren der Herbststurm hier an die Küste geworfen hatte und der den ganzen Winter in dem damals kleinen Dorf bleiben musste, um von Ladung und Schiff zu retten und zusammenzubringen, was zu retten war.[671] Am Morgen fuhren wir an der Küste bis Göteborg hinauf; der Boden ist im Ganzen eben und angebaut, rot angestrichene Bauernhäuser erscheinen vereinzelt über weite Strecken; hin und wieder treten aber auch große Felsplatten fast ohne Erhebung über dem Boden frei zu Tage: ein Anzeichen, dass nur eine dünne Erdschicht den Felsen bedeckt. Durch Göteborg fuhren wir ohne Aufenthalt weiter bis zum Trollhättan, wo wir die Nacht blieben; die Fälle erreichten nicht ganz unsere Erwartung: Es sind mehr große und ausgedehnte Stromschnellen als eigentliche Steilfälle, wie der des Rheins bei Schaffhausen. Am 12. erreichten wir die norwegische Hauptstadt, von Moss ab benutzten wir das Dampfschiff, um die Einfahrt durch den prachtvollen Fjord zu genießen, in der Tat ein herrliches Schaustück. Der folgende Tag, ein Sonntag, war „*Norges store dag*",[672] wie ihn die Presse stilisierte: der Tag der Abstimmung über die Union mit Schweden. Hatte die Besorgnis vor Unruhen oder Krieg, wie gesagt wurde, den diesjährigen Besuch aus

Blick auf die norwegische Hauptstadt Christiania (Oslo)

Deutschland beträchtlich herabgedrückt, so erwies dieser Tag die Torheit solcher Befürchtungen: Mit der ruhigsten Entschlossenheit und der vollkommensten Einmütigkeit gab das norwegische Volk sein Votum ab: keine Straßenaufläufe, kein Geschrei, nichts von sichtbarer Agitation, so vollzog sich ohne jegliche Unruhe der Schnitt durch die Union.[673] Ich habe über die Eindrücke jenes Tages sowie über die Erlebnisse der folgenden Reise, die über Hamar nach Molde ging, dann über die Fjorde und die Gebirgsstraßen der Westküste bis Bergen, in einem in Loen und Bergen geschriebenen Artikel der *Vossischen* Sonntagsbeilage (30. September) berichtet, der hier einzufügen wäre.[674]

In Bergen hielt uns die alte Stadt mit ihren geschichtlichen Erinnerungen von den norwegischen Königstagen her, ihren Denkmälern aus der hansischen Zeit, ihrer großartigen Umgebung, wo Gebirg und Meer sich in würdevoller Einheit zusammenschließen, zwei Tage lang fest, unter denen der sonst, wie man sagt, unvermeidliche Regentag diesmal ausfiel. Ein abendlicher Ausflug auf den Blaamand, zum Sonnenuntergang, ist mir in leuchtender Erinnerung geblieben; die Stadt und die Meeresbuchten lagen zu Füßen, die fernen Berge im Nordwesten glänzten im letzten Abendsonnenschein, dunkles Gewölk, das von Osten heraufzog, gab einen wirksamen Kontrast und erzeugte über den grünen Flächen landeinwärts ein eigentümlich farbiges Halbdunkel. Wir standen lange oben, gegen den scharfen Luftzug, der von dem Fjell her über die Höhe ging, hinter den Steinwänden ein wenig Schutz suchend.

Am Abend des 29. fuhren wir mit dem Dampfer zum Fjord hinaus, die Stadt und die Höhen lagen in herrlichster Abendbeleuchtung. Durch die Schären kamen wir in ruhigstem Wasser schlafend nach Stavanger, dessen Straßen am frühen Morgen noch in tiefem Schlaf lagen. Die lange Tagesfahrt nach Christiansand, mit Einfahrt in zahlreiche Fjorde, brachte noch eine Fülle landschaftlicher Bilder, gegen die wir aber allmählich etwas abgestumpft waren: Sie wiederholen im Grunde immer dasselbe, gewaltige nackte Klippen grau-grünlicher Färbung, steil aus dem Meer aufsteigend und nur hie und da mit einem kleinen grünen Streifen am Ufer umsäumt, auf dem ein paar Häuschen liegen. Einige Abwechslung brachte die um Mittag eintretende beinahe totale Sonnenfinsternis. Am hellsten Himmel glaubte man fast den Mond vor der Sonnenscheibe vorüberziehen zu sehen. Um Mitternacht erreichten wir Christiansand und verließen unser gutes norwegisches Schiff, um auf das dänische Postschiff „*Jylland*" überzugehen. Es empfing uns gleich mit der unerfreulichen Meldung, dass eine Kabine für uns nicht mehr zu haben sei, wir müssten im allgemeinen Raum übernachten. Durch Entgegenkommen anderer Passagiere gelang es uns dennoch, einer Kabine habhaft zu werden. Aber beinahe bereuten wir den Tausch, der enge Raum war von einer widrigen Luft erfüllt, als ob seit Jahren abgelagerter Unmut kranker Reisender darin an allen Wänden und Sachen sich befestigt hätte. Indessen, was war zu machen, der Tausch ließ sich nicht rückgängig machen; wir blieben in den Kleidern, ließen die Tür offen und versuchten bis zum Abgang des Schiffes zu schlafen. Um vier Uhr früh setzte es sich in Bewegung, und wir gingen aufs Deck, um dem Lande Norwegen unsern Abschiedsgruß zuzuwinken. Es war ein herrlicher Morgen, eben begannen die ersten Vorboten der Morgenröte am hellen Himmel zu erscheinen; wir blieben oben und sahen einen prachtvollen Sonnenaufgang, während im Norden hinter uns die Umrisse der Felsenküste langsam unter den Horizont sanken. Allmählich aber machte sich der unruhige Charakter des berüchtigten Skagerraks bemerklich; das alte schlechte Schiff fing an beträchtlich zu schlingern, und Laura musste auch diesmal dem Meere ihren Tribut zahlen. Auch mir war von langer Schlaflosigkeit, schlechter Kost und übler Luft ziemlich miserabel. Gegen Mittag näherten wir uns der Spitze von Jütland, und sowie wir um das Horn der weit ins Meer vorspringenden, durch die Brandung kenntlichen Sandbank herum waren, hatten wir ruhiges Fahrwasser. Das kleine Skagen mit seinen Dünen, seinen Leuchttürmen, seinen Hotels und seinen roten Ziegeldächern zog an uns vorüber, recht einladend, trotz des vollständigen Mangels an Grün.

Um vier Uhr setzten wir endlich den Fuß wieder auf festen Boden, in Frederikshavn, wo ein gutes Gasthaus uns nach langer Entbehrung eine große Erquickung war. Da wir der Seefahrt herzlich müde waren, verzichteten wir auf die Fahrt über das Kattegat nach Kopenhagen und zogen die Eisenbahnfahrt durch Jütland und über die Inseln vor. Mich zog es auch, das alte Dänemark – *gamle Danmark* –, mit dem wir so lange und so fest verwachsen gewesen waren, einmal mit Augen zu sehen. Noch am Abend fuhren wir nach Aalborg hinüber. Schon diese Fahrt weckte mir heimische Gefühle auf das Stärkste; wirklich, war das nicht die schleswigsche Geest? Dieselben mageren Äcker, das Vieh und die

Harald Höffding, Professor in Kopenhagen: „Es war mir eine Freude, dem alten Freund ... einmal meinen Gegenbesuch zu machen.“

Schafe angepflöckt, ganz wie bei uns, und ebenso die Häuser und Dörfer: Die Dänen hatten wohl recht, Schleswig Südjütland zu nennen, oder, so könnte man auch, die Sache umkehrend, sagen: Jütland ein verlängertes Nordschleswig. In Aalborg überraschte uns ein höchst komfortabel eingerichtetes Hotel (Phoenix); ich hatte ein dürftiges und wenig sauberes Unterkommen erwartet, so lebte alte Spottrede aus der Kinderzeit in der Vorstellung fort: Und nun fanden wir ein so vortreffliches Haus, als wir seit Christiania[675] nicht bewohnt hatten. Ebenso war, was die Küche bot, sehr lobenswert; meine Vorstellung von Jütland erfuhr eine rasche und vollständige Umwandlung. Und diese zu vollenden war der folgende Tag bestimmt. Ein Frühspaziergang nach dem Limfjord, dessen Brücke wir hin und her durchmaßen, führte uns durch die ganze Stadt: Sie stellte sich recht stattlich dar, selbst an einem eben neugebauten Museum für jütische Altertümer fehlte es nicht; und zahlreiche Neubauten ließen auf die aufsteigende Bewegung des wirtschaftlichen Lebens einen sicheren Schluss zu. Der Limfjord, in dessen Fluten einst Kaiser Otto I. seinen Speer geschleudert haben soll,[676] hat bei Aalborg das Aussehen eines breiten ruhigen Stromes, nur die kleinen Seeschiffe deuten darauf hin, dass es ein Meeresarm ist. Die Eisenbahnfahrt nach Fridericia[677] führte an der langen Reihe von Städten vorüber, deren Namen mir aus der Geographiestunde der Langenhorner Schule wohlbekannt waren; die Umsetzung des bloßen Namens in eine wirkliche Anschauung erfüllte mich jedes Mal mit einer gewissen Genugtuung, das Wort ist wie ein leeres Gefäß, das auf Erfüllung wartet. Der Eindruck einerseits der engen Verwandtschaft von Jütland und Schleswig, andererseits des zunehmenden Wohlstandes des Landes steigerte sich während dieser Fahrt beständig: Die Ostküste mit ihren Fjorden, Wäldern und Hügeln ist wieder ganz die Fortsetzung der Ostküste Schleswigs; und der Anbau der Felder, das Aussehen der Dörfer, der Typus der Städte wird immer reicher und stattlicher. Man hat den Eindruck, die Amputation von 1864 ist Dänemark nicht schlecht bekommen; es ist von der Last einer europäischen Politik mit unzulänglichen Mitteln befreit und widmet sich nun mit vortrefflichem Erfolg dem Ausbau seiner heimischen Verhältnisse, der Lösung seiner wirtschaftlichen und geistigen Aufgaben. Auf diese Weise kann es sich einen sehr ehrenvollen Platz in der europäischen Völkerfamilie sichern, einen Platz, wie es ihn durch eine doch vergebliche militärische Politik niemals hätte gewinnen können.

Die Überfahrt über die Belte und die Inseln brachte gleiche Freuden der Verifizierung oder Realisierung bisher leerer Namen. Erstaunt war ich darüber, dass hier nicht, wie zwischen Warnemünde und Gedser, die Dampffähre die Wagen des Zuges selbst aufnimmt; stattdessen müssen die Reisenden in Eile und heftigem Gedränge viermal aus- und einsteigen, eine für den mit Gepäck Beladenen recht unbequeme Zumutung. Die Fahrt über den Großen Belt, an der Insel Sprogö vorbei, war übrigens ganz hübsch und so die Einfahrt in das alte Korsör. Spätabends kamen wir in Kopenhagen an, wo wir in dem Turisthotel, das wir bei dem ersten Aufenthalt vor fünf Wochen rekognosziert[678] hatten, eine recht angenehme Unterkunft fanden. Die fünf Tage, die wir in Kopenhagen zubrachten, brachten zur Wiederbelebung alter Eindrücke eine Fülle des Neuen. Schloss Rosenborg galt der erste Besuch; auf Schritt und Tritt erweckte es Jugenderinnerungen; die nach Regierungen[679] geordnete Sammlung ist eine Repetition der dänischen Geschichte, besonders der Kulturgeschichte, wie wir ihr in Berlin nichts an die Seite zu stellen haben; das Bayerische Nationalmuseum in München ist ähnlich. Unter den Bildern der Männer aus der Umgebung Friedrichs VII. fiel mir die große Zahl deutscher Namen auf. Die Masse der Kriegsbilder aus den Jahren 1848–50 zeigte einen unglaublichen Tiefstand der Kunst in jener Zeit. Am folgenden Tag, einem Sonntag, besuchten wir zuerst das Thorvaldsen-Museum, man sieht immer wieder mit Freude die aus freisprudelnder Phantasie hervorgehende Fülle anmutiger Gestalten. Am Nachmittag machten wir mit Professor Höffding einen Ausflug durch den Tiergarten nach Tårbæk. Es war mir eine Freude, dem alten Freund,[680] der uns so manchen Besuch in Steglitz gemacht hatte, einmal meinen Gegenbesuch zu machen. Wir haben ihn auch in seinem einsamen Hause einen Abend besucht. Der nächste Tag führte uns zunächst früh nach der Volkshochschule zu Lyngby, wo wir freilich nur die leeren Räume vorfanden, doch belebte sie die Mitteilung unseres freundlichen Führers. Der Charakter der Anstalten ist durch die ungemeine Einfachheit der Wohnräume der Einzelnen, die in Wirklichkeit nichts als Schlafräume sind, bezeichnet: Man bringt den ganzen Tag in der Gemeinschaft zu, von früh bis spät: Unterricht, Arbeit, Spiel, Gesang lösen sich ab, bis der Tag herum ist; Isolierung soll nicht stattfinden; die Gemeinschaft soll den Einzelnen ganz mit ihrem Geist durchdringen. Dabei ist Spielraum gelassen auch für Bildung des Charakters durch die so wichtige Selbstregierung im Verband, innerhalb des allgemeinen Rahmens der gesetzten Ordnung. Wir fuhren dann nach Frederiksborg bei Hilleröd; es ist nach dem Brande des alten Schlosses, das wir 1873 besucht hatten, als Nationalmuseum ganz in der alten Gestalt wiederhergestellt; auch hier erfreute mich die Fülle der Gesichte, welche die Heimat und die Jugend vor meinen Augen aufsteigen ließ, von dem Tage an, wo Gorm der Alte seiner Gemahlin Thyra Danebod einen Stein hatte setzen lassen,[681] bis herab auf selbsterlebte Tage. Ein Wägelchen brachte uns von hier durch prächtigen Wald nach dem Esrumsee mit Schloss Fredensborg; wir sind lange in dem schönen Park umhergewandert, wo König Christian und Königin Louise mit ihrer internationalen Verwandtschaft den Herbst zuzubringen liebten; ein „russischer Pavillon" im Park erinnert an Zar Alexander III., der hier die Ruhe und Sicherheit fand, die sein weites Reich ihm nirgends bot. Das Nationalmuseum,[682] das wir am nächsten Morgen besuchten, zeigte, dass die Dänen inzwischen malen gelernt haben; eine ganze Reihe vorzüglicher Künstler ist in dem letzten Jahrzehnt hervorgetreten und mit ausgezeichneten Gemälden, meist heimischer Richtung, in der Sammlung repräsentiert. Die Sammlung Ny Carlsberg,[683] die der Brauer Jacobsen zusammengebracht und seinem Volk geschenkt hat (man begegnet seinem Namen überall, in jeder Sammlung kehrt das „Geschenk des Herrn Jacobsen" immer wieder), erfreute durch die Fülle antiker Kunstwerke, die erst die Gegenwart ans Licht gebracht hat. Übrigens ist Jacobsen ein lebendiger Zeuge des neuen Geistes, der in dem neuen Dänemark herrschend geworden ist: Der Trieb zur Auszeichnung hat eine neue und fruchtbarere Richtung gewonnen als in der althergebrachten „patriotischen" Betätigung. Sein Bier, das man überall in Kopenhagen trinkt, wollte uns übrigens keineswegs besonders munden, und dass die Dänen sich für ein kleines Gläschen von dem Getränk 20 Öre (etwas über 20 Pfennig) abnehmen lassen, wunderte uns mehr, als dass Jacobsen bei solchem Preis seines Erzeugnisses ein reicher Mann geworden war. Die Nachmittage und Abende brachten wir draußen am Sund zu, Klampenborg, Skodsborg usw.; den letzten Tag mit Dr. Hölck, den wir vor ein paar Jahren in Düsseldorf kennen gelernt hatten, einem alten Schüler Reuters. Waldeinsamkeit und belebte Wasserstraße bilden eine sehr anziehende Einheit. Auch ein paar Seebäder im Sund fielen noch ab, nachdem ich in Norwegen nur ein paarmal, zuletzt in Bergen, hatte baden können.

Auf dem Rückweg stiegen wir in Roskilde aus, den alten Dom, die Begräbnisstätte der dänischen Könige zu sehen. Der schöne Bau liegt auf einer Höhe mit dem Ausblick auf den vielgespaltenen Isefjord; als geschickter Zufluchtsort für Handelsfahrzeuge und für Wikingerboote mag er die Lage des ältesten Königs-

Kopenhagen um 1900: „Die fünf Tage ... brachten zur Wiederbelebung alter Eindrücke eine Fülle des Neuen."

sitzes auf Seeland bestimmt haben. Als wir Einlass begehrten, wurde uns solcher zunächst verweigert: Der König werde erwartet, es sei der Todestag der Königin Louise.[684] Es gelang uns, das Herz des Küsters zu erweichen, und so machten wir einen etwas eiligen Rundgang durch die Kirche und die Kapellen mit ihren z. T. prunkhaften Särgen und Denkmälern. Die stille Predigt von der Eitelkeit aller menschlichen Dinge, die von diesen Königsgräbern ausging, erhielt durch den Tag doch einen kleinen Zuwachs an Eindringlichkeit. Als wir eben herausgetreten waren, begegnete uns der alte König mit dem auch schon alten Kronprinzen in so schlichten Fuhrwerken, dass wir sie fast übersehen hätten; wenige Monate nachher hielt der alte Herr, der noch einen Augenblick auch mein Landesherr gewesen war, seinen Einzug an dem stillen Ort.[685]

Wir waren kaum von unserer Nordfahrt zu Hause angelangt, als sich bei mir ganz plötzlich ein hochgradiger Schwächezustand einstellte. Auf der Rückfahrt von Kopenhagen hatte ich zuerst eine Anwandlung von Schwäche gemerkt; auf dem Stettiner Bahnhof musste ich den Koffer, den ich zu tragen gewohnt war, wiederholt hinstellen, weil er mir zu schwer wurde. In wenig Tagen nahm diese Schwäche so zu, dass es mich schon atemlos machte, wenn ich die Treppe zu meinem Zimmer hinaufging; auch das Aussehen wurde schlecht: Gesicht und Hände sahen wachsgelb und verwelkt aus. Unser Arzt, Dr. Alberts, untersuchte mich und stellte eine schwere Anämie, mit Veränderung der roten Blutkörper-

Christian IX., König von Dänemark 1863–1906: „der alte Herr, der noch einen Augenblick auch mein Landesherr gewesen war"

chen, fest; er führte sie auf allerlei Unzuträglichkeiten auf der Reise zurück: unbekömmliche Ernährung, Kälte, unvorsichtig genommene kalte Bäder. Als die Sache sich verschlimmerte, riet er, Professor Fürbringer zu Rate zu ziehen. Er bestätigte die Diagnose, vermutete aber tiefer liegende Ursachen. In der Tat erinnerte ich mich nun, dass schon im Sommersemester gewisse Symptome vorhanden gewesen waren; vor allem: Ich hatte nach der Ersteigung meines zwei Treppen hoch gelegenen Auditoriums in der Universität einige Herz- und Atembeschwerden empfunden, die mich genötigt hatten, eine Pause zum Verschnaufen einzulegen, während ich sonst mühelos meinen Vortrag begonnen hatte. Professor Fürbringer verordnete vor allem: Ruhe, nur eine Vorlesung am Tag, Bäder und Levico, ein arsenhaltiges Eisenwasser. Unterbrochen durch kleine Rückfälle, fand im Winter eine allmähliche Besserung statt, die Kräfte wuchsen wieder so weit, dass ich auch einen mehrstündigen Spaziergang durch den Grunewald unternehmen konnte.

Die Gemütsstimmung war durch die Krankheit überhaupt nicht erheblich affiziert, abgesehen davon, dass ich gegen Störungen und Kränkungen reizbarer war. Im Übrigen war zwar die Arbeitskraft oder die Ausdauer bei der Arbeit etwas herabgesetzt, die Lust und Fähigkeit zum Konzipieren und Formen aber nicht vermindert. Die Vorlesung hielt ich ohne Mühe, und auch am Schreibtisch fühlte ich mich wohlaufgelegt und rüstig. Mit großer Freude habe ich das im Sommer übernommene Schriftchen ausgeführt; es erschien unter dem Titel „*Das deutsche Bildungswesen in seiner geschichtlichen Entwickelung*" im Frühjahr 1906.[686] Auch sonst gerieten mehrere kleine Artikel.

1906

Am 16. März brachen wir nach der Riviera auf, Professor Fürbringer erwartete von einem längeren Aufenthalt an der Mittelmeerküste eine vollständige Herstellung. Wir fuhren mit dem Nachtzug nach Frankfurt, dann an einem herrlichen Vorfrühlingstag durch die Rheinebene in die Schweiz: da und dort sahen schon blühende Anemonen und Primeln aus der Erde; die Schneeberge am Vierwaldstättersee spiegelten sich in der grünen Flut: Fast hätten wir der Versuchung, auszusteigen und ein paar Tage zu bleiben, nachgegeben. Am Abend des 17. waren wir in Mailand und am folgenden Mittag trafen wir in unserem geliebten Santa Margherita ein. Mit der Wohnung gab es freilich manche Not, ehe wir wieder in unserm Gartenpavillon das gewünschte Zimmer beziehen konnten. Auch das Wetter schlug um, eine ganze Woche kalter Regentage machte sich umso empfindlicher bemerklich, als unsere Heizung recht dürftig war und blieb. Doch ließen wir uns von dem verordneten Spaziergang früh und nachmittags nicht abhalten. Auch wurde mir das Gehen und selbst das Steigen nicht schwer. Allerdings ist ein Gehen an dieser Küste ohne Steigen kaum möglich, man müsste sich denn auf die Fahrstraße an der Küste beschränken, die von Rapallo über Santa Margherita nach Portofino verläuft. Sie ist aber dem Spaziergänger verleidet an nassen Tagen durch den schlammigen Schmutz, der durch die massenhaften Fuhrwerke einem an den Kopf geschleudert wird, an heißen Tagen durch den schrecklichen Kalkstaub, der, durch unzählige Automobile beständig aufgeregt, den Wanderer in eine Wolke hüllt. Dass die europäische Menschheit diese wahnsinnigen Angriffe auf ihr Leben und ihre Gesundheit durch ein paar tausend verblödete und halb enthirnte Sportsleute sich gefallen lässt, als ob es sich um eine Naturnotwendigkeit handelte, der man nicht wehren kann, ist mir immer als eins der erstaunlichsten Zeugnisse für die Geduld des Publikums vorgekommen: Jeder schimpft und erträgt's weiter. Die Presse aber, die angeblich zum Schutz der „öffentlichen Interessen" da ist, weiß kein Wort von der Sache: Natürlich, sie hat an der „nationalen Industrie" ein Interesse, nämlich das: durch Annoncen und Reklameartikel, vermutlich auch in weitem Umfang durch Schweigegelder, gefüttert zu werden. Das Publikum aber, dieser ärgste und stumpfsinnigste aller Dickhäuter, merkt nichts davon: Wenn ihm die Presse nicht eine „öffentliche Meinung" macht, und sie schweigt in diesem Falle, dann hat es nur ein unorganisiertes Grunzen.

Im April kamen warme und heitere Tage, die auch zu größeren Ausflügen einluden. Wir besuchten in Nervi den Kollegen Lasson, machten wiederholt die Bootfahrt nach San Fruttuoso, einem kleinen in verborgener Felsenbucht entzückend gelegenen Kloster an der Südküste der Halbinsel, das nur den einen Fehler hatte: täglich von Hunderten von deutschen Gästen überlaufen zu sein, die sich dort wie in ihrer Stammkneipe einrichteten. Ein andermal waren wir in Cavi – Sestri; der Weg über die Höhen von Cavi gehört zu dem Schönsten, was ich jemals

Paul Drude, Professor in Berlin: „Was für ein zerbrechliches Geschöpf der Mensch ist, das ist mir nie erschütternder entgegengetreten."

gesehen habe; am Nachmittag waren wir lange in der Villa Piuma; der prachtvolle Park mit herrlichen alten Kiefern und mannshoher Heide, die in brennendem Sonnenschein einen fast betäubenden Duft aussendeten, lud zum Liegen und Träumen ein: Tief unten brandete das Meer an die zerklüftete Küste, und über die fernen Weiten des Meeres zogen Segel und Dampfer.

In unserm Hotel fand sich bald recht angenehme Gesellschaft zusammen. In unserm Pavillon wohnte neben uns Professor Freudenthal von der neuen Hochschule für Sozialwissenschaften in Frankfurt am Main, ein liebenswürdiger und unterrichteter Jurist, Sohn des Breslauer Philosophen; wir haben viele gemeinsame Wanderungen gemacht; er wusste vor allem von seiner jüngsten Fahrt nach Nordamerika zur Erforschung des Strafvollzugswesens in den verschiedenen Staaten der Union sehr interessant zu erzählen. Sodann kam ein Kollege aus Berlin, der Physiker Drude mit seiner Frau, einer gebornen Würzburgerin. Es stellte sich in kurzem ein überaus behagliches Verhältnis zu den einfachen, frischen und fröhlichen Menschen her; wir speisten zu viert am kleinen Tisch mittags und abends, machten auch gemeinsame Ausflüge, zu Boot nach Zoagli, Portofino, oder zu Fuß auf den Monte Fino, wo wir einen prachtvollen Mittag hatten, und am Abend trafen wir uns noch regelmäßig bei einem Glas Bier in einem eben eröffneten Münchner Bierlokal, das bald einen ganzen Kreis deutscher Professoren zu versammeln pflegte. Professor Drude schien von einer unverwüstlichen Lebenskraft zu sein: Schmächtig und sehnig, mit jugendlichem, sonnengebräuntem Gesicht, man hätte ihn für einen preußischen Offizier in Zivil halten mögen, sprang er die Höhen mit einer Elastizität hinauf, um die ich ihn beneidete: Ich erinnere mich noch, wie er von der Crocetta am Montallegro, wo wir uns getroffen hatten, auf dem Kamm weiter eilte und nach wenig Minuten von entfernter Bergspitze uns zuwinkte, die Stimme reichte nicht mehr hinüber. Es ist mir eines der schmerzlichsten und unbegreiflichsten Ereignisse gewesen, dass dieser lebensvolle Mann zwei Monate darauf in Berlin durch seine eigene Hand dieses freudige und hoffnungsreiche Leben zerstörte. Ich konnte es erst gar nicht glauben, als die Nachricht kam: Noch am Nachmittag vorher hatte er uns mit seiner Frau besucht, wir hatten fröhlich geplaudert und Zukunftspläne geschmiedet, und vierundzwanzig Stunden nachher richtete er, nach einer schlaflosen Nacht und einem vergeblichen Versuch, nach Tisch zu schlafen, den Revolver gegen die eigene Schläfe. Was für ein zerbrechliches Geschöpf der Mensch ist, das ist mir nie erschütternder entgegengetreten.

Die letzten Tage in Santa Margherita ging es mir etwas weniger gut; der Appetit wurde geringer, der Schlaf unsicherer, ich weiß nicht, ob es mit der großen Hitze zusammenhing, die plötzlich in den Ostertagen eintrat, und an den etwas anstrengenden Touren, von denen wir uns nicht abhalten ließen, vielleicht wirkten auch psychische Erregungen mit, die mir auch den Nachtschlaf nahmen. Doch war ich noch in Lugano, wohin wir uns als Übergangsstation zum Norden am 20. April begaben, ziemlich leistungsfähig, so dass wir alle Tage Vor- und Nachmittagsausflüge machen konnten, wenn auch mit einigem Maßhalten im Steigen. Noch in Stuttgart, wo wir einen Tag auf der Rückfahrt blieben, nebenbei bemerkt in dem vollkommensten und vorsehentlichst eingerichteten Hotel, das ich jemals bewohnt habe (Hotel Marquardt), fühlte ich mich ganz wohl. Wir waren fast den ganzen Tag auf den Beinen: früh Stadt und Park, mit den Schlössern Rosenstein und Wilhelma, Besuche bei den Buchhändlern, Herren Kröner und Hauff, nachmittags auf der Solitude, Schillerschen Angedenkens,[687] hin und her zu Fuß, bei ziemlich herbem Wind etwa 20 Kilometer. Nachdem wir am folgenden Morgen der „Hohen Karlsschule" noch einen Besuch abgestattet hatten, sie schließt sich unmittelbar an das Schloss an, man fühlt, wie die jungen Leute dem Herzog nie aus den Augen kamen –, langten wir am Abend des 26. zu Hause an.

Hier war raue Witterung, wir mussten gleich wieder an geheizte Zimmer uns gewöhnen; trotzdem oder eben deswegen hatte ich alsbald einen heftigen Katarrh, der mich monatelang nicht verließ. Am 30. begann ich die Vorlesungen, ich sah gleich, dass ich auf eine mich beschränken müsse. In kurzem stellte sich auch wieder große Schwäche ein, die so zunahm, dass ich nach einer Viertelstunde Gehens erschöpft war; ich konnte nach der Vorlesung die paar Minuten von der Bahn nach Hause nicht mehr zu Fuß machen. Im Juni begab ich mich in die Behandlung von Professor Kuttner, der mir von vielen Seiten gerühmt wurde. In der Pfingstwoche brachte ich ein paar sehr unerfreuliche Tage in dem Westsanatorium zu; langwierige Untersuchungen endeten damit, dass er mir eröffnete: Die Ursache des Leidens liege in chronischen Darmblutungen, die wahrscheinlich schon von langer Zeit her ihre schädigenden Wirkungen geübt hätten. Ich musste nun die Vorlesungen aussetzen und wurde zu anhaltendem Liegen verurteilt; ein

Hotel Marquardt in Stuttgart: „in dem vollkommensten und versehentlichst eingerichteten Hotel, das ich jemals bewohnt habe“

sehr warmer Sommer war mir günstig, so dass ich sehr viel draußen im Garten liegen konnte. Doch setzte ich durch, dass ich die Vorlesungen, nach vierzehntägiger Unterbrechung, wieder aufnehmen durfte, ich habe sie nicht ohne Mühe doch glücklich zu Ende gebracht.

Die Krankheit hat mir viel freundliche Teilnahme gebracht, viel mehr als ich erwartet und wohl auch verdient hatte. Ich war von jeher sehr zurückhaltend gewesen, namentlich gegen Leute, die den Glauben haben konnten, durch ihre Stellung mir überlegen zu sein. Diese Zurückhaltung ist mir nicht vergolten worden; es kam so viel Besuch, auch von alten Kollegen, dass ich oft von einem ganzen Kreis umgeben war, das Plaudern strengte mich nicht an, und die Teilnahme hat mich doch sehr gefreut. Wie empfänglich der Kranke dafür ist, habe ich erst bei dieser Gelegenheit gemerkt. Ich vermute, dass ich oft rücksichtslos erschienen bin, wenn ich es an Nachfrage und Gruß habe fehlen lassen; in Wahrheit war es mehr die Besorgnis, durch Fragen lästig zu werden oder zudringlich zu erscheinen.

Dieser Sommer brachte auch meinen 60. Geburtstag. Ich gestehe, dass ich von der Fülle freundlicher Anteilnahme von nah und fern überwältigt war. Dass so viele Menschen in Liebe meiner gedenken könnten, hätte ich für ganz unmöglich gehalten. Ein paar kleine Blätter, die ich als Dank versendet habe, mögen von den Empfindungen dieser Tage Zeugnis ablegen.[688]

Unsere häuslichen Verhältnisse anlangend, erwähne ich noch, dass unsere Lotte diesen Sommer in Lausanne zubrachte, im Hause der Frau Secrétan, deren Tochter Maggi früher bei uns gewesen war. Der Umgang mit der liebenswürdigen Familie, die mannigfache Berührung mit der Welt, die fremde Sprache und Art ist nicht ohne Einfluss auf ihre Art geblieben, sie kam heiterer und aufgeschlossener zurück. Grete war wieder in Weimar und Rudi in Kiel. Hans hatte ich im August 1905 nach Broacker zu Pastor Schumacher geschickt. Er hatte den Sommer wieder völlig verloren und mir schwere Aufregungen gebracht. Ich entschloss mich jetzt, definitiv zu verzichten, was schon früher zu tun weise gewesen wäre: Ihm haben all die Sorgen und Mühen und Kümmernisse nichts geholfen, und mir haben sie jahrelang das Leben verbittert und schließlich gekürzt. Am törichtsten vergeudet war das letzte Halbjahr; der Arzt in Schönwalde, bei dem er den Winter 1904/05 zugebracht hatte, ließ mir keine Ruhe, bis ich ihn im April 1905 besuchte; und hier wurde er nicht müde mir zuzureden: Sie müssen es noch einmal versuchen. Hans hat mir versprochen, dass er sich des Alkohols enthält usw. Ich hatte gar keinen Glauben, aber der Respekt vor dem „Sachverständigen" setzte es doch durch, dass ich ihn nochmals auf die Hochschule in Berlin brachte; ich versuchte ihm einige Anlehnung zu verschaffen, aber es war alles vergeblich; die Abstinenz, an die der „Sachverständige" geglaubt hatte, dauerte nicht länger als die Abwesenheit der Gelegenheit. Ich hatte es ihm gesagt, hatte ihm die ganze lange Krankheitsgeschichte des abnorm veranlagten Kindes, des unglücklich sich entwickelnden Knaben erzählt: Er blieb dabei, man müsse es versuchen. Mein Glaube an Sachverständige, vor allem auch an medizinische, hat dadurch einen weiteren schweren Schaden erlitten; von psychischen Abnormitäten wissen sie noch verzweifelt wenig. Ich habe wohl ein Dutzend Ärzte konsultiert und ihn behandeln lassen; die Sache war immer wieder dieselbe: Man muss es versuchen, versuchen mit Geduld und Liebe. Geduld war zweifellos das am wenigsten Ersprießliche: Energische Einspannung in die Arbeit, körperliche Arbeit, das hätte vielleicht helfen können. Und gerade davon machten die Ärzte nirgends Gebrauch. Das Ende war nun, dass er dort in Broacker ganz sich selbst überlassen blieb und nichts tat: eben das, was er selber sich wünschte. Und mir brachte es endlich wenigstens von dieser Seite Ruhe – bis auf Weiteres.

Eine erfreuliche Vergrößerung unseres kleinen Kreises brachte uns in diesem Sommer eine kleine Kopenhagenerin, Jenny Erslev, die uns gleichsam zufällig ins Haus lief. Ein Bekannter, Dr. Kabitz in Hannover, hörte, dass für die Kleine ein Haus, wo sie Deutsch lernen könne, gesucht werde. Er erinnerte sich unsrer Schweizerin und fragte bei uns an; ich war gleich dafür: Ein fremdes Element bringt immer etwas von neuem Leben ins Haus. Sie kam im Mai und war nach ein paar Tagen, als ob sie immer zum Hause gehört hätte: Sie wusste überall Bescheid, sah alles und legte überall Hand an, ohne Aufdringlichkeit, war die Aufmerksamkeit selbst gegen jedermann und hatte immer ein fröhliches Gesicht und ein fröhliches Wort: Ich war wirklich dankbar, dass wir sie hatten, sie hat meiner Schwäche und Hilfsbedürftigkeit sich mit rührender Sorgfalt durch den ganzen Sommer hindurch angenommen. Ihre Sprachfertigkeit, die übrigens von Anfang an groß war, hat durch den Aufenthalt in unserm Hause sicherlich gewonnen, alle Welt plauderte gern mit ihr, ob auch die Sprachrichtigkeit, ist wohl fraglich: Sie hatte hierfür zu viel von dem, was den meisten, die eine fremde Sprache sprechen sollen, zu fehlen pflegte: der *hardiesse*,[689] wie Friedrich August Wolf sagt, dem fröhlichen Wagemut, dem es auf einen Fehler mehr oder weniger nicht ankommt. Übrigens wurde gerade durch ihr Beispiel wieder demonstriert, wie unendlich wenig die Richtigkeit und wie unendlich viel die Fertigkeit bedeutet; unsre Schulen gehen von der entgegengesetzten Schätzung aus.

Friedrich Paulsen mit seiner Frau Laura und den Töchtern Grete (links) und Lotte (mit Buch)

Am 14. August gingen wir nach Starnberg, wo wir diesmal sechs volle Wochen ohne alle Unterbrechung blieben. Die meiste Zeit lag ich im Garten in der Sonne, bis im September plötzlich ein großer Wetterumschlag eintrat. Doch hat mir der Aufenthalt in der Höhenluft zweifellos gut getan. Unsern Garten, sowohl den in Starnberg wie den in Steglitz, habe ich erst in diesem Jahre voll schätzen lernen; sie boten beide, wie ich brauchte, Schatten oder Sonne, und der Starnberger dazu einen sehr freundlichen weiten Ausblick. Die Fähigkeit zu körperlichen Leistungen nahm sehr langsam zu, ich bin doch einige Male an den See gegangen. Mit Rudi, der mit uns bei Tante Lotte war, habe ich in diesen Wochen einiges zusammen gelesen: die *„Ethik"* Spinozas, die Kantischen *„Kritiken"*. Auch kam mancher Besuch, der erfreulichste von Max Kaftan,[690] unsere Mädi feierte ihre Verlobung mit ihm. Auch unsere Steglitzer Kaftans kamen auf der Rückreise von Tirol und endlich noch der Schwiegervater unsrer Braut aus Kiel: Er hatte die Festpredigt auf dem Gustav-Adolf-Fest in Augsburg übernommen.[691] Wir freuten uns sehr, dass die Wahl des jungen Paars den herzlichen Beifall der Schwiegereltern und so unsrer alten Freunde hatte.

Die Neigung und die Fähigkeit zu geistiger Beschäftigung erlitt durch die Krankheit kaum eine merkliche Beeinträchtigung, wenn auch die Arbeitszeit stark verkürzt werden musste. Überhaupt, am Schreibtisch und auf dem Katheder fühlte ich mich am wenigsten als Kranker. Eine ganze Anzahl kleiner Arbeiten entstanden. An der Riviera ein kleiner Artikel über die sexuelle Moral in Frenssens jüngstem Roman *„Hilligenlei"*.[692] Wir hatten das Buch mitgenommen und am Strande gelesen. Am Ende hatte sich so viel Entrüstung bei mir angesammelt, dass ich mich ihrer entladen musste, und so schrieb ich eines Morgens an dem kleinen Rest eines ehemaligen Tisches, der auf der Galerie am Wasser stand, in einem Zug den Aufsatz nieder. Er erschien in der Osternummer der *Neuen Freien Presse* in Wien,[693] die mich eben dringend eingeladen hatte. Der Artikel ist viel gelesen worden, hat mir auch manche Zuschrift von unbekannter Hand gebracht; ob er auch dem Verfasser zu Gesicht gekommen ist und auf ihn einigen Eindruck gemacht hat, weiß ich nicht. Merkwürdig ist mir aber, wie sein eben erschienenes jüngstes Buch *„Peter Moors Fahrt nach Südwest"*[694] einen völlig veränderten Stil zeigt: Fast könnte man es, gegenüber *„Hilligenlei"*, das sich in Gewagtheiten aller Art, bis zum absolut Unerträglichen, gefällt, als eine „Erzählung für die reifere Jugend" bezeichnen.

Ein kleiner Artikel in der *Deutschen Literaturzeitung* „Zur Frage der theologischen Privatdozenten" (2. Juni)[695] schloss eine längere Kontroverse, die zwischen der *Christlichen Welt* und dem Ministerium oder dem Geheimen Rat Elster geführt worden war, ab: Es handelte sich um den von jener Seite erbrachten, von dieser verworfenen Nachweis für die dauernde Zurücksetzung der Privatdozenten kritischer Richtung gegen die sogenannten „Positiven". Dr. Althoff, der mir ein paar Tage darauf begegnete, schien mit meiner Darlegung, die entschieden für die erste Seite eintrat, völlig einverstanden zu sein. Er äußerte: Die Sache musste einmal zur Sprache kommen, sie konnte nur von jener Seite zur Sprache gebracht werden; es sei ohne Zweifel mehr als ein Missgriff gemacht worden. Ich hatte die Empfindung, dass er den Angriff auf die Machenschaften der „Positiven“ und die illegitimen Einflüsse, durch die sie sich durchsetzten, als eine Unterstützung seiner Position im Ministerium ansah. Auch ist mir von den Beteiligten gesagt worden, dass die Sache nicht ohne Wirkung geblieben sei; eine ganze Anzahl rasch aufeinander folgender Beförderungen bisher Übergangener dürfe man als Erfolg jenes Angriffs betrachten.

Des Zusammenstoßes mit den Führern des Radikalismus im Volksschullehrerstande aus Anlass des vergeblichen Kampfs um die Simultanschule wurde schon gedacht. Dagegen muss ich noch meiner Anteilnahme an der Reform des höheren Mädchenschulwesens erwähnen. Schon im Jahre 1904 wurde ich gelegentlich zu einer vertraulichen Beratung im Ministerium eingeladen, bei der außer den Räten noch Harnack gegenwärtig war. Dr. Althoff entwickelte in skizzenhaftem Umriss den Plan, der zwei Jahre nachher, im Januar 1906, einer größeren Konferenz von 44 Mitgliedern im Kultusministerium vorgelegt wurde. Die zweitägige Besprechung führte im Ganzen zur Billigung des Plans: zwei selbständige Anstalten: das Lyzeum eine in sich geschlossene Lehranstalt mit zehnjährigem Kursus für die allgemeine höhere Bildung der Mädchen, das Oberlyzeum eine ebenso in sich geschlossene Anstalt mit vierjährigem Kursus für diejenigen, die sich für ein weiteres wissenschaftliches Studium vorbilden wollen. Die Vermischung beider Anstalten durch „Gabelung“, wie sie von Helene Lange mit leidenschaftlichem Eifer gefordert wurde, gelang es abzuwehren. Den mich leitenden Gesichtspunkt habe ich in einem kleinen Aufsatz „Die neue Organisation der höheren Mädchenschule“ in Naumanns Jahrbuch *Patria* dargelegt.[696]

1906, 16. Juli. Ein Rückblick

Der Abschluss des 60. Lebensjahres gibt an sich Veranlassung, über den zurückgelegten Lebensgang und das vollbrachte Lebenswerk rückblickende Überschau zu halten, und das umso mehr, wenn andauernde Körperschwäche mahnt, das Ende nicht mehr in allzu weite Ferne zu legen.

Wenn ich zunächst die Berufstätigkeit überblicke, die in meinem wie in jedem rechtschaffenen Leben den Schwerpunkt des Daseins eingenommen hat, dann darf ich mich vor vielen glücklich preisen: Ich bin mit ganzer Seele akademischer Lehrer gewesen, und ich habe von Anfang bis zu Ende die unmittelbare Gewissheit gehabt, mit der Seele meiner Hörer Fühlung zu haben. Ich habe es nie verstehen können, wie dieser schönste und freieste aller Berufe zuweilen von seinen Inhabern selbst mit Missachtung behandelt oder als eine lästige Zugabe zu dem Geschäft des wissenschaftlichen Forschers empfunden werden kann. Es gibt kei-

Friedrich Paulsen mit 60 Jahren

nen Beruf, der von äußeren Hemmungen freier und der in seinen Wirkungen weitreichender wäre. Einer Auslese der nationalen Jugend, ja der Jugend aller Völker, wie sie an den großen deutschen Universitäten jetzt sich versammelt, in der Zeit der größten Empfänglichkeit behilflich sein, feste Anschauungen von Welt und Leben und dauernde Überzeugungen von dem, was wahrhaft würdig und erstrebenswert ist, zu gewinnen, das ist eine Aufgabe, die an Bedeutung und Würde wohl unter die allerersten gestellt werden darf, die das Leben überhaupt bietet. So habe ich sie jederzeit empfunden und die Einsetzung der besten Kräfte für ihre Lösung hat mich stets beglückt. Auch in diesen Tagen der Schwäche ist mir der Vortrag vom Katheder nie eine Last, oft eine Freude und Erquickung gewesen, die mich aus trüber Verstimmung emporgehoben und die produktiven Kräfte neu belebt hat.

Dass ich meine Wirksamkeit als akademischer Lehrer nicht mir allein, sondern wesentlich dem Stoff, den ich zu behandeln in der glücklichen Lage war, und andererseits der Zeitbewegung, die diesem Stoff wieder in erhöhtem Maße das Interesse der Jugend zuführte, verdanke, das habe ich mir nie verhehlt. Philosophie in dem Sinne, in dem ich sie stets behandelt habe, nicht als eine in sich abgeschlossene, womöglich durch eine Geheimsprache noch mehr isolierte Wissenschaft, sondern als Welt- und Weisheitslehre, darf zu allen Zeiten auf die Teilnahme einer bildungsdurstigen Jugend zählen; in dem Menschenalter, in dem ich sie lehrte, kam ihr zugut, dass nach langer Verachtung das Bedürfnis nach philosophischen Anschauungen und Überzeugungen sich von allen Seiten wieder zu regen begann. Etwas wie Wissenschaftsmüdigkeit war dabei im Spiel: Die „exakte Forschung“, von der man so lange alles Heil erwartet hatte, begann ihre Jünger zu enttäuschen; an keinem Punkte, in der Natur oder in der Geschichte, definitive Resultate, geschweige denn eine große, umfassende, Geist und Gemüt gleichmäßig befriedigende Anschauung der Dinge, nichts als fragmentarisches ‚Wissen‘, dessen Erwerbung zeitweilig den Geist beschäftigen, dessen Besitz ihn aber nicht zu beglücken vermöge. In dieser Gesinnung fand eine neue Hinwendung zur Philosophie statt, eine neue Hoffnung erhob sich, durch denkende Betrachtung zu gewinnen, was sich mit Hebeln und Schrauben nicht erzwingen ließ: eine vernünftige Weltansicht.

Am sichtbarsten war es diese Hoffnung, die meinen Vorlesungen über Einleitung in die Philosophie fast von Anfang an Hunderte von Zuhörern zuführte. Die großen Linien einer Welt- und Lebensanschauung zu ziehen, war hier mein Bestreben; von den vulgären Vorstellungen aus, wie sie namentlich in der Gestalt einer rein physikalischen Weltansicht aus der vorausgehenden Epoche überkommen waren, suchte ich mit leiser Leitung zu einer tieferen und freieren Auffassung hinüberzuführen: ich darf hoffen, nicht ohne einigen Erfolg. Nachher hat das gedruckte Werk gleichen Namens die in dem mündlichen Vortrag begonnene Bewegung weitergeführt. In ähnlichem Sinne unternahmen es die Vorlesungen über Ethik, von den geläufigen Tatsachen und Urteilen über menschliche Dinge aus die Hörer zu den Prinzipien und zu einer umfassenden und einheitlichen Auffassung des Lebens zu führen. Lebenslehre wollte die Vorlesung sein, und in diesem Sinne hat sie und später das gedruckte Buch gewirkt: So darf ich aus zahlreichen Zuschriften, die aus allen Kreisen der Bevölkerung, mit Namen und ohne Namen, im Lauf der Jahre an mich gerichtet worden sind, schließen. Und diese selbe Zuspitzung auf Lebens- und Urteilsleitung hat auch der Vorlesung über Rechtsphilosophie aufmerksame und ausdauernde Zuhörer zugeführt. Ich habe nie über die sprichwörtliche „Juristenfaulheit“ zu klagen Ursache gehabt; im Gegenteil, ich habe oft die Empfindung gehabt, als ob eine von dem Technischen absehende und zum menschlich Bedeutenden hinführende Betrachtung des Rechts von den Hörern mit besonderer Dankbarkeit begrüßt würde. *Jus ars boni et aequi,*[697] das ist doch die lebendige Seele des Rechtes.

Große Freude haben mir auch die pädagogischen Vorlesungen jederzeit gemacht. Die Erziehung bot Gelegenheit, von allen Dingen, die mir am Herzen lagen, zu reden: von Fragen der praktischen Ethik in der Lebensgestaltung, von Zeitfragen und Zeitsorgen, von Elementen der praktischen Psychologie und Psychagogie, von den Wissenschaften und ihrer Bedeutung für das menschliche Gesamtleben und für die Jugendbildung insbesondere. Indem ich diesem lebendigen Interesse an den Dingen, das ich selbst empfand, nachging, gewann ich die lebendige Teilnahme der Hörer, die durch die geduldige Ausführung aller vorbestimmten Örter eines Systems so leicht erstickt wird. Der Hörer will kein System, sein Interesse für die vollständige Ausfüllung eines Paragraphenschemas ist überaus gering; er will in jeder Stunde ein Stück Leben und Wirklichkeit. Und so wird es denn wohl auch dem Gesetz des seelischen Wachstums entsprechen: Wie im Watt sich nicht eine gleichmäßig fortschreitende Begrünung des Bodens vollzieht, sondern hier wächst ein Bult[698] und dort, und allmählich schlickt und wächst es zwischen ihnen zu, bis zuletzt eine geschlossene Grasdecke den ganzen Grund bedeckt, so geschieht es auch im Geistigen, beim Kinde und noch beim Jüngling. Hier und dort eine lebendige Anschauung, dort ein Stück konstruktiver Gedankenbildung, allmählich bilden sich Beziehungen, und zuletzt erscheint das einheitliche Gedankensystem.

Über die Vorlesungen über Psychologie und über Geschichte der neueren Philosophie brauche ich nichts zu sagen: Sie waren in demselben Charakter gehalten: Die Richtung auf das Lebendige und Wesentliche beherrschte auch sie. Wie ich in der Psychologie den toten Ballast dahinten ließ, den jetzt die Experimentalpsychologen bergeweis ablagern, so in der Geschichte der Philosophie die toten Namen und die vergeblichen Gedanken. Ich habe immer mehr Stoff ausgestoßen, um die lebendigen Probleme und Gedanken eingehender entwickeln zu können. Dabei habe ich mit quertreiberischer Polemik mich nie aufgehalten: Auch die in letzter Absicht verfehlten Gedankenbildungen muss man in ihrer Stärke und ihrem Recht zeigen; sie werden durch die Folge von selbst korrigiert.

Von großer Wichtigkeit sind mir von Anfang an die Übungen gewesen. Sie brachten mich mit einem kleinen Kreis in engere persönliche Fühlung, manches dauernde Freundschaftsverhältnis ist daraus erwachsen. Aber auch das Verhältnis zu dem weiteren Kreis der Teilnehmer war mir wert: Die Gelegenheit, über irgendeinen Gegenstand bei gegebenem Anlass *ex tempore*[699] mich auszusprechen, hat mir viel Anregung und Förderung gebracht. Über manches bin ich mir in der Wechselrede mit den Teilnehmern selbst klarer geworden; ich habe oft beim Nachhausegehen das Gefühl der Bereicherung gehabt und noch unterwegens mit dem Bleistift fixiert, was die Übungen angeregt hatten. – Auf eine Dissertationenfabrik waren meine Übungen von vornherein nicht angelegt; es war lange Zeit schon durch mein Verhältnis zur Fakultät ausgeschlossen; junge Leute, die als meine Schüler sich erkennbar machten, waren dadurch nicht eben empfohlen; und auch später habe ich die Sache niemals darauf eingestellt. Ich wollte nicht „Fachphilosophen“ züchten, sondern zu eindringend-verständigem Lesen der großen philosophischen Denker erziehen und auch dadurch auf die werdenden Überzeugungen wirken. Dass ich auch darin nicht ganz unglücklich gewesen bin, darf ich aus manchem stillen und ausdrücklichen Zeugnis entnehmen.

Was die Form der Vorlesung anlangt, so ist die meinige einmal von einem Beobachter als „wohlabgewogener Lehrton“ bezeichnet worden. In der Tat ist damit gesagt, was ich jederzeit erstrebt habe. Belehren ist die eigentliche und erste Aufgabe der Vorlesung, nicht durch Beredsamkeit Affekte erregen und das Urteil bestimmen, noch weniger natürlich amüsieren. Die Vorlesung soll sich an den Verstand wenden und zum selbständigen Denken und Urteilen führen. Sie wird das am besten tun, wenn sie zunächst die Tatsachen selbst darlegt, die möglichen Ansichten über ihre Auffassung und Konstruktion entwickelt, die Gründe, von denen die Entscheidung abhängt, sichtbar macht und redlich die eigene Auffassung des Vorhergehenden hinstellt, nicht mit der Miene dogmatischer Unfehlbarkeit, nicht mit verachtender Polemik gegen anders gerichtete Auffassungen, sondern mit der ruhigen Sicherheit, die das gute Gewissen gibt: nur Gründen zu folgen und jederzeit bereit zu sein, besseren Gründen zu weichen. So wird der Hörer selbst an die Dinge herangeführt und sein Verstand in Freiheit gesetzt und befähigt, sie zu untersuchen und zu beurteilen. Namentlich da, wo man mit schon mehr oder minder befestigten Ansichten und Vorurteilen des Hörers zu rechnen hat, wie es in der Philosophie der Fall ist, wird dies das allein zweckmäßige Verfahren sein. Im Ganzen ist es auch die Art, die den Hörern auf die Dauer am meisten zusagt. „Amüsanten" Vorlesungen wendet der deutsche Student, zu seiner Ehre darf man es sagen, bald den Rücken. Die Kitzelung des Ohrs mit Witzen und Anekdoten mag einen Augenblick unterhalten; sie wird bald als fad und der Würde des Orts nicht angemessen abgelehnt. Der Student will ernstgenommen werden; ob er schließlich mit Ernst bei der Sache ist, ist noch eine andere Frage, aber er will im Kolleg nicht mit Späßen traktiert werden. Natürlich, es schadet nichts, dass eine zugespitzte, witzige Wendung, eine humoristische Bemerkung, ein satirischer Hieb mit unterläuft: Aber sie müssen sich ungesucht aus der Sache ergeben. Und sie dürfen nicht gleichsam unterstrichen werden; das Lehrhafte dagegen darf man unterstreichen.

Leichter nimmt pathetische Beredsamkeit gefangen, und wo sie aus dem Herzen kommt, mag sie auch ihr Recht haben. Ein Mann wie Treitschke konnte nicht anders als mit Affekt sprechen, und er hat ohne Zweifel damit einen bedeutsamen Einfluss auf seine Hörer gewonnen. Dennoch sind es wohl nicht die dauerhaftesten und solidesten Wirkungen, die auf diese Weise geübt werden, und jedenfalls nicht die, auf welche der akademische Lehrer ausgehen sollte. Vielleicht gelingt es, eine Anzahl auf ihr Leben lang zu Gefangenen der eigenen Anschauung zu machen, sie leiden dann an all den Schwächen, welche die Herrschaft von Vorurteilen erzeugt: Unduldsamkeit, Leidenschaft, Gehässigkeit gegen Andersdenkende. Wer sich an den Tatsachen durch eigenes Denken eine Ansicht gebildet hat, steht als freier Mann fremden wie eigenen Urteilen gegenüber. Nicht selten wird aber auch jener Erfolg ausbleiben; der Hörer, der sich mit einem Netz von Anschlägen auf seine Überzeugung umsponnen fühlt, dessen Affekte beständig in Erregung versetzt werden, wird plötzlich einmal ungeduldig und zerreißt dann, misstrauisch geworden, das ganze Gewebe. Wer sich an den Verstand wendet, hat Umkippungen solcher Art nicht zu besorgen. Der Hörer fühlt sich nicht als Objekt behandelt, sondern als Vernunftwesen geachtet, dessen eigenem Urteil die Sache anheimgestellt bleibt. Und das ist die Grundlage eines dauernden Vertrauensverhältnisses. Natürlich, der Lehrer muss Überzeugungen haben und darf von ihnen reden; wenn dann hie und da der wärmere Ton durchschlägt, der aus dem Herzen kommt, so wird er nicht ohne Widerhall bleiben. Aber ein beständiges Sprechen im Brustton erträgt der gesunde Sinn in der Vorlesung nicht; es mag auf die Kanzel gehören oder auf die Rednertribüne der Volksversammlung, aber nicht auf das Katheder, das nicht mit solchen Augenblickswirkungen rechnen soll.

Was endlich Sprache und Stimme angeht, so wird es das Angemessenste sein, wenn sie sich von dem Ton des Gesprächs, natürlich nicht des vulgären, sondern des gehaltvollen Gesprächs, am wenigsten entfernen. Ein gegen die Decke gemurmelter Monolog, wie ihn Ranke hielt, ist so unerträglich wie ein im leiernden Kanzelton oder im schmetternden Ton der Volkstribune den Zuhörern ins Ohr geschriener Vortrag. Je mehr der Zuhörer die Empfindung hat, dass der Lehrer ihn anredet, wofür auch das Ansehen nicht unwichtig ist, je mehr der Vortrag den Charakter der stillen Zwiesprache gewinnt, desto gewisser ist er der dauernden Aufmerksamkeit. Schon physisch ermüdet ein zu leiser oder ein zu lauter Vortrag das Organ; dem schlichten Gesprächston, der ohne Anstrengung sich verständlich macht, ist die ununterbrochene Folge des Hörers am meisten gesichert. Er hat auch den Vorteil, sich einmal gehen lassen zu können. In der Unterredung ist eine Wiederholung des Gedankens, der bei dem ersten Versuch der Formulierung nicht rein und scharf genug herauszukommen schien, gestattet. Hier darf man sich einmal selbst unterbrechen, kann einem augenblicklichen Einfall Raum geben, der die Sache in diesem Moment ins rechte Licht zu stellen geeignet scheint, kann auf Vorkommnisse anspielen, die gerade im Bewusstsein des Tages sind: lauter Dinge, die belebend wirken und ein unmittelbares Verhältnis zwischen Lehrer und Hörer herstellen.

Damit ist natürlich gegeben, dass der Vortrag frei sein muss, wenn er wirksam werden soll. Ist alles vorher festgelegt, so wird, selbst wenn nun nicht das Manuskript wörtlich vorgelesen wird, doch der Eindruck des Fertigen und Toten entstehen. Eine Beweglichkeit, wie sie dem Gespräch eignet, kann der einseitige Vortrag natürlich nicht haben; er wird einen festeren Gang innehalten, und das ist kein Schade: Der Hörer will zu einem Ziel geführt werden, und er folgt umso williger, je deutlicher ihm die Zielstrebigkeit des Vortrags zum Bewusstsein kommt; weshalb auch ein sicheres Distinguieren[700] der Teile ihm immer willkommen ist. Aber innerhalb des im Ganzen feststehenden Schemas freie Bewegung mit einer dem Augenblick anheimgegebenen sprachlichen Formung, das wird die rechte Form sein.

War mein Verhältnis zu den Studierenden stets ein inniges und herzliches, so kann ich ein Gleiches von dem Verhältnis zu den akademischen Fachgenossen nicht sagen. Die Beziehung zur Fakultät war von vornherein kühl, wie es schon durch die Vorgänge bei der Habilitation gegeben war. Ich fand mich durch ursprüngliche Naturanlage und durch die Verhältnisse außerhalb der Kreise der akademischen Selbstbewunderung gestellt, einen Drang zu verehrender Annähe-

Die Universität in Berlin um 1900

rung an die Universitätspotentaten habe ich niemals gefühlt. Vielleicht teile ich das Schicksal, zu dem Bismarck sich bekennt: dass das Organ für Verehrung bei ihm nur bescheiden ausgebildet sei; wenigstens ist das Organ zur Bewunderung lebender und anerkannter Größen bei mir nicht stark entwickelt. Ich habe durch eine Art Naturinstinkt mehr als durch Reflexion einen respektvollen Abstand immer vorgezogen. Es wird das meiner Natur Gemäße gewesen sein; ich verdanke ihm zugleich, dass ich niemals Reibungen gehabt habe. Friede und Selbständigkeit, das war alles, was ich wollte; und ihrer habe ich in vollem Maße mich erfreut. Nach Geltung oder Herrschaft in dieser Welt habe ich nie gestrebt, die Rolle eines Fakultätspotentaten hat für mich nie den mindesten Reiz gehabt. Ich bin daher auch nach dem Eintritt in die Fakultät ihr innerlich ziemlich fremd geblieben; ich habe zu Einzelnen ein freundliches, ja herzliches Verhältnis gehabt, aber zur Fakultät als solcher hatte ich gar kein Verhältnis. So habe ich es auch weiter nicht auffallend gefunden, dass die Fakultät, der ich über 30 Jahre als Lehrer angehört habe, mich niemals mit dem Ehrenamt des Dekanats betraut hat, während jüngere Leute, die noch auf der Schulbank saßen, als ich schon von ihrem Katheder dozierte, es verwalteten. Hand wird nur von Hand gewaschen, das gilt, wie überall in der Welt, so auch an den deutschen Universitäten: Wer sich weder um Wohlmeinen noch um Macht bemüht, bleibt außerhalb.

Ebenso war mein Verhältnis zur Akademie der Wissenschaften, in die einzutreten für die Vielen der Gegenstand brennender Begierde ist. Ich habe es stets mit vollkommener Gelassenheit getragen, ja es als selbstverständlich empfunden, dass ich draußen blieb. Und nicht minder habe ich es völlig in Ordnung gefunden, dass man mein gelegentliches Urteil über Akademie und Akademiker, das allerdings nicht ganz der üblichen Schätzung entsprach, auf getäuschte Erwartung zurückführte.

Auch zur akademischen Welt draußen habe ich wenig persönliche Beziehungen gehabt. Ich habe von Anfang an nie etwas getan, die Aufmerksamkeit auf mich zu lenken, keine Tourneen und keine Besuche gemacht. Wenn ich trotzdem wiederholt Berufungen an auswärtige Universitäten erhalten habe, so durfte ich der darin ausgedrückten Anerkennung mich umso reiner erfreuen, als ich niemals das mindeste getan habe, sie herbeizuführen. Überhaupt kann ich mit Wilhelm Heinrich Riehl sagen: Ich habe mich nie um etwas beworben, ausgenommen um die Hand meiner Frau.

Als der Freiherr vom Stein in den 80er Jahren einmal zu diplomatischen Geschäften in Sachen des Fürstenbundes verwendet worden war, bat er um seine Zurückberufung: „da ich der Diplomatie immer abgeneigt war, wegen der Wandelbarkeit der Politik der Höfe, des Wechsels von Müßiggang und einer schlau berechnenden Geschäftstätigkeit, des Treibens, um Neuigkeiten und Geheimnisse zu erforschen, der Notwendigkeit, in der großen Welt zu leben, mit ihren Genüssen und Beschränkungen, Kleinlichkeiten und Langerweile mich zu befassen, wegen meines Hangs zur Unabhängigkeit und meiner Offenheit und Reizbarkeit." (Max Lehmann, „*Freiherr vom Stein*", I, 78).[701] *Mutatis mutandis*[702] waren es ähnliche Gründe, die mich bestimmten, dem Universitäts- und Fakultätstreiben mich möglichst fernzuhalten.

Ich füge noch ein Wort über meine schriftstellerische Tätigkeit hinzu. Auch hier darf ich sagen: Ihr Erfolg ist weit über das Maß dessen, das ich in meinen kühnsten Träumen erwartet habe, hinausgegangen. Meine pädagogischen Schriften haben einen Einfluss auf den Gang der Dinge gewonnen, der zu ihrer ersten Aufnahme durch die maßgebenden Kreise im stärksten Kontrast steht. Bei ihrem ersten Erscheinen wurde die „*Geschichte des gelehrten Unterrichts*" als paradox, verkehrt, ja fast pervers von den herrschenden Klassizisten angesehen; ich habe es erleben dürfen, dass sie allmählich die Gedanken von der Vergangenheit und von der Zukunft in nicht unbeträchtlichem Maße gestaltet hat. Und meine philosophischen Schriften sind zu Lesebüchern des deutschen Volkes und nicht bloß des deutschen geworden: Übersetzungen in die englische, russische, japanische Sprache haben ihnen einen weltweiten Wirkungskreis eröffnet. Und auch hier habe ich die Genugtuung, sagen zu dürfen, dass sie ihren Weg ohne mein Zutun gefunden haben: Ich habe niemals eine Rezension hervorgerufen oder einen Einfluss auf die Beurteilung zu üben versucht, ebenso wenig auch zur Übersetzung aufgemuntert; vielmehr bin ich durch solche oft erst in Gestalt der fertigen Arbeit überrascht worden. Wenn ich ein Urteil über die Ursachen habe, die den Büchern Leser gewonnen haben, so sind es vor allem zwei Momente: der Blick für die Wirklichkeit der Dinge und der Wille zu besonnener Darstellung und Beurteilung. Beide haben ihre Wurzeln wohl in den glücklichen Verhältnissen meiner ersten Jugendbildung. In der einfachen und durchsichtigen Lebensumgebung des heimatlichen Dorfs habe ich Menschen und Dinge sehen und auffassen gelernt. Und ebenso galt hier allein ruhige Vernünftigkeit des Urteils, für aufgeregte Geistreichigkeit, wie sie der Jugend der Großstadt so gefährlich wird, war nicht die mindeste Schätzung vorhanden. Die Aufnahme, die meine Bücher gefunden haben, ist mir ein tröstliches Anzeichen dafür, dass es auch in der Gegenwart, trotz des Enthusiasmus für aufgeregte Literatur und tobsüchtige Beredsamkeit, an Männern und Frauen nicht fehlt, die der besonnen vernünftigen Rede ihr Ohr leihen. Und vielleicht ist jene hysterisch-dekadente Literatur, so wichtig sie tut und so breit sie sich macht, doch nur ein Oberflächenphänomen. Die Leidenschaft für das Pathologische, von der die Bühne und die Zeitschriftenliteratur zurzeit beherrscht erscheint, wird ihre Zeit haben und eines Tages wie ein böser Traum verschwunden sein.

1907

Das Jahr 1906 endigte mit einem frohen Fest: der Hochzeit unserer lieben Mädi mit Max Kaftan am 22. Dezember. Die Familie Kaftan war vollzählig aus Kiel herübergekommen. Der Trauung in der Kirche, die durch den Vater des Bräutigams vollzogen wurde, mit trefflicher, zu Herzen gehender Ansprache und herrlichem Gesang von Fräulein Sertürner, folgte das Festmahl in Albrechtshof.[703] Wir waren 44 Tischgäste, fast lauter Bekannte untereinander; es herrschte die heiterste Stimmung, bis Mitternacht blieben die letzten zusammen, die Alten im Gespräch, die Jugend bei fröhlichem Tanz. Das junge Paar fuhr nach Starnberg, um mit den Eltern, die nicht hatten dabei sein können, Weihnachten zu feiern. Mir ist der Abschied doch recht schwer geworden, den ganzen Tag waren mir immer die Tränen nahe. Der Verlust, den unser Haus erfuhr, lag mir auf der Seele, sosehr ich ihr das neue Glück gönnte. Durch all die Jahre hindurch, die sie in unserm Hause gelebt hatte, war nie die kleinste Misshelligkeit zwischen uns vorgefallen. Sie war, nachdem sie ganz sich selbst gewonnen hatte, nach der Rückkehr aus dem Mycielskischen Hause, von einer ruhigen Gleichmäßigkeit, einer stetigen Heiterkeit des Wesens, dass sie, wohin sie kam, alsbald Sonnenschein und gute Luft um sich schuf. Ich habe niemals ein von der Natur glücklicher ausgestattetes, durch Selbstzucht vollendeter gebildetes junges Mädchen kennen gelernt. Wer in unser Haus kam, wurde von ihr angezogen, Alte und Junge, Fröhliche und Missmutige: Ihr konnte niemand widerstehen. Mit den Fröhlichen war sie fröhlich, bis zur Ausgelassenheit, dabei vollkommen sicher, niemals die Grenzlinie zu berühren, wo die Fröhlichkeit aufhört, schön und liebenswürdig zu sein. Mit den Traurigen war sie traurig; für jede Sorge und Not, groß oder klein, hatte sie aufmerksame Teilnahme und wo möglich freundliche Hilfe. Fürwahr ein glücklich zu schätzendes Haus, das sie erworben hat.

Elisabeth Mauderer (Mädi): „Ich habe niemals ein von der Natur glücklicher ausgestattetes, durch Selbstzucht vollendeter gebildetes junges Mädchen kennen gelernt."

Ein zweiter Verlust anderer Art traf uns durch den Tod unseres Arztes und Freundes, Dr. Alberts. Nach langem und furchtbar schwerem Leiden (Leberkrebs) starb er in der Nacht auf den Ostermorgen. Ich besuchte ihn seit langem regelmäßig, ich habe nie jemand gesehen, der schweres und kaum erträgliches Leiden mit solcher Heiterkeit der Seele getragen hätte. Er war immer teilnehmend, immer bereit, das Gespräch von seinen Schmerzen abzulenken und auf ein Allgemeines hinzuführen. Der wirkliche Glaube gibt eine große Kraft der Selbstdisziplin und der Erhebung über die Sinnlichkeit. Es waren wohl auch Temperamentsunterschiede zwischen ihm und andern Freunden[704] vorhanden, die ich in gleicher Lage oft unruhig und ungeduldig bis zur Verzweiflung gesehen hatte; der letzte Grund der großen und erstaunlichen Seelenruhe, gegenüber der Krankheit und gegenüber andern Bedrängnissen schwerster Art, war doch wohl die unmittelbare gefühlsmäßige Zuversicht, in Gottes Hand zu sein: Denen, die Gott lieben, müssen alle Dinge zum Besten dienen. Einen unaussprechlichen Vorsprung hat, wem dieser Glaube wirklich in Fleisch und Blut übergegangen ist, vor allen denen, die in den natürlichen Übeln die Einwirkung feindlicher Mächte, wie immer gedacht, fühlen. – Ein Blatt der Erinnerung, das ich Alberts gewidmet habe, liegt bei der biographischen Sammlung.

Mit meiner Gesundheit, die um die Zeit der Hochzeit einen relativen Hochstand erreicht hatte, ging es seit Anfang des neuen Jahres wieder allmählich abwärts. Ich weiß nicht, wie viel das Aufhören der Levico-Kur, die ich von Oktober bis Mitte Dezember gebraucht hatte, wie viel bittere Erfahrungen und schwere Kränkungen, die im Januar und Februar 1907 über mich kamen, dazu beigetragen haben. Eine Influenza stellte sich auch als nun schon regelmäßiger Gast im Jahr ein. So erreichte ich mit Mühe das Ende des Wintersemesters, in dem ich zum ersten Mal seit meiner Habilitation meine Übungen hatte ausfallen lassen müssen; ich las nur Pädagogik mit vier Stunden.

Gegen Mitte April war ich doch wieder so weit, dass Professor Kuttner glaubte, mir einen kleinen Frühlingsausflug anraten zu können. Wir entschieden uns für Baden-Baden (12. bis 27. April). Der Schulrat Lambeck, ein alter Besucher von Baden-Baden, hatte meine Aufmerksamkeit darauf eingestellt. Mit ihm und Professor Pfleiderer, dem ich wieder zugeredet hatte, wohnten wir in einem recht angenehmen Privatquartier bei freundlichen Leuten. Der Frühling freilich, der uns in Aussicht gestellt war, wollte durchaus nicht kommen; das Jahr 1907 behielt den herben Wintercharakter, mit dem es bisher sich vorgestellt hatte, auch dort: Nasskalt oder Frost war die Losung, wir haben die ganzen vierzehn Tage geheizt und meist zu Hause beim Ofen gesessen. Die Blütenknospen der unzähligen Sträucher und Bäume auf der Promenade standen bei unsrer Abreise fast noch auf eben dem Punkt, auf dem wir sie bei der Ankunft gefunden hatten. Von Aufenthalt im Freien konnte daher für mich nicht viel die Rede sein; kleine Spaziergänge ließen sich zu günstiger Stunde doch machen. Die so einladenden waldbedeckten Höhen, über die wir vor achtzehn Jahren, als wir unsere Schwarzwaldwanderung von hier aus antraten, im Fluge besucht hatten, mussten wir freilich diesmal uns begnügen von unten zu besehen. Nicht ohne einigen Neid ließen wir uns am Abend von unsern Hausgenossen von ihren Ausflügen berichten.

Übrigens gab es manche freundliche Begegnung mit alten Bekannten: Georg Elias Müller aus Göttingen war mit seiner Frau da; wir hatten uns seit 20 Jahren nicht gesehen; war er damals, bei einem Besuch in Berlin, reizbar und heftig gewesen, so dass es fast zu einem Krach zwischen uns gekommen wäre, so war er jetzt heiter und aufgeschlossen, wie in alten Studententagen. Aus Tübingen kam Karl Müller, der Kirchenhistoriker, herüber, mit dem ich gute Stunden hatte; er war uns in Berlin ein lieber Freund gewesen. Ziegler aus Straßburg, Volkelt aus Leipzig, Imelmann aus Berlin und andere vollendeten den Kreis. Ich habe eigentlich zum ersten Mal in meinem Leben einige Tage in so belebter Gesellschaft draußen zugebracht; sonst waren wir stets nur so durch die Welt gerannt und Kollegen unterwegs eher ausgewichen; nun waren wir zahm geworden, und ich habe dabei diesen zwanglosen Verkehr recht schätzen gelernt. Er mag auch beigetragen haben, dass Baden-Baden trotz des winterlichen Wetters, wir haben es in einem großen Schneewetter verlassen, im Ganzen doch wohltätig auf mein Befinden eingewirkt hat.

Den Sommer über dauerte das allmähliche Aufsteigen, jetzt auch wieder durch eine Levico-Kur unterstützt, bis in den Juli an. Ich konnte meine Vorlesungen ohne Mühe halten, nahm auch die Übungen wieder auf, wobei ich zum ersten Mal den Versuch machte, meine „*Einleitung in die Philosophie*" zu Grunde zu legen. Es ging über Erwartung gut; ich hatte lange Scheu gehabt, das Buch, das in Amerika und Japan vielfach als Textbuch benutzt wird, mit meinen Studenten durchzugehen, weil es hier an der für die Bewegung notwendigen Reibung fehlen zu müssen schien. Indessen, die freie Ausführung, zu der schon das übervolle Auditorium nötigte, hatte auch ihre Annehmlichkeit; ich konnte ganz aus dem Sinn des Autors heraus sprechen, was sonst, bei Spinoza oder Kant, doch durch manche Differenzen erschwert war.

An eine große Arbeit mich zu machen, war auch in diesem Jahr Mut und Kraft nicht ausreichend. Es blieb bei kleineren und größeren Gelegenheitsarbeiten, deren denn eine ganze Zahl entstanden. Viele sind Erzeugnisse des Augenblicks, ein Vorkommnis, ein Einfall bei Gelegenheit der Lektüre hat ihnen im Moment Form und Inhalt gegeben. Die Konzeption und Formung wurde mir leicht und geschah mit lebhafter Hebung der sonst oft etwas deprimierten Stimmung. Einige Aufsätze sind auch aus dem Zusammenhang älterer Überlegungen hervorgewachsen und mit mehr Sorgfalt ausgeführt. So eine kleine Abhandlung über die Frage: In welcher Richtung ist die Schulreform von 1901 weiterzuführen? (in den *Monatsheften für höheres Schulwesen*, Januar).[705] Sie wendet sich gegen die Vorschläge der Unterrichtskommission der Naturforscher und Ärzte von 1905 und 1906, in denen eine sehr erhebliche Ausdehnung des naturwissenschaftlichen Unterrichts als unerlässliche Voraussetzung für eine wahrhaft moderne Bildung gefordert wird: sieben Stunden wöchentlich auf allen höheren Schulen, außer freien Übungen, das Wenigste, um den Bildungswert dieser Wissenschaften zur Geltung und Entfaltung zu bringen. Ich zeigte, das sei gegen den Sinn der Schulreform von 1901 und bedeute die Tendenz zur Zerstörung des klassischen Gymnasiums. Auf eine etwas gereizte Erwiderung Professor Poskes replizierte ich in einem Artikel des Augusthefts der *Monatsschrift*.[706] Ich versuchte den Herren klar zu machen, dass das Ziel, Erweiterung des Kreises der naturwissenschaftlich Gebildeten, auf dem Wege der Vermehrung realistischer Anstalten an den Gymnasien durch Benutzung der „Bewegungsfreiheit" auf der oberen Stufe zu erreichen sei, nicht aber durch Herstellung eines allgemeinen Zwangs zu ausgedehnteren mathematisch-naturwissenschaftlichen Studien: Dadurch würde lediglich bewirkt werden, dass der alte Hass gegen das philologische Zwangssystem in neuer Gestalt gegen das mathematisch-physikalische Zwangssystem sich erhebe.

Ein Aufsatz „Väter und Söhne, eine sozialpädagogische Studie aus der deutschen Gegenwart", erschien in der *Deutschen Rundschau* (Maiheft):[707] Sie schlug offenbar sehr in lebendige Empfindungen der Gegenwart, besonders der älteren Generation, ein, wie eine große Anzahl von Zuschriften zeigte. Dass eine ärgerliche Verstimmung zwischen den Generationen sehr allgemein ist, zum guten Teil durch eine wahnwitzige Jugendliteratur, die vielfach von den Verrücktheiten Nietzsches inspiriert ist, hervorgerufen, ist nicht zweifelhaft. Auch die Vererbungsliteratur spielt dabei eine Rolle. Alle Schwächen und Laster beruhen auf „erblicher Belastung", das ist die von der Jugend mit Begierde aufgenommene Belehrung, die ihr durch Drama und Roman suggeriert wird. Dagegen ist alles Kraftvolle und Genialische etwas Einzigartiges, nicht Ableitbares, ein besonderer Besitz dieses so ausgezeichneten Individuums, das die „Alten" vergeblich in den Rahmen ihrer konventionellen Wertmaßstäbe einzuspannen und zu ihrer eigenen Mittelmäßigkeit herabzuziehen trachten. Mit diesen beiden Theorien ausgerüstet, ist der Jugendliche gegen jede Anwendung von Verantwortlichkeitsgefühl und von Pietät geschützt. Es gibt keine Verantwortlichkeit, die fällt auf Eltern und Voreltern; es gibt keine Dankbarkeit und Pietät, denn was wir sind, sind wir trotz der Mittelmäßigkeit unsrer Vorfahren.

Als einen der Jugendverführer hatte ich besondere Veranlassung den grund- und bodenlosen Räsonierer Ludwig Gurlitt zu kennzeichnen. Er war Lehrer an dem Steglitzer Gymnasium und benutzte seine Stellung, um das Gymnasium überhaupt und unsre Anstalt, ihre Lehrer und ihren Leiter, der öffentlichen Geringschätzung preiszugeben, wobei ihm von ein paar eben der Schule entlaufenen jungen Leuten sekundiert wurde. Schon in einem Artikel „Ludwig Gurlitt und die deutsche Schule" (*Vossische,* Sonntagsbeilage, 14. Oktober 1905)[708] hatte ich diesem Unfug zu steuern gesucht, nicht ohne einige Hoffnung, dass er von mir Rat annehmen werde. Vergeblich; er redete sich immer mehr in die Rolle des Helden-Märtyrers hinein, der den Beruf habe, der Erlöser der Jugend von unerträglichen Bürden, der Befreier der Menschheit von dem Joch starren Schulpedantismus' zu werden. Das Ende war seine Schrift *„Mein Kampf um die Wahrheit"*.[709] Ich habe sie als einen Ichroman, aus widerstandsloser Autosuggestion entsprungen, in einem kleinen Artikel in der *Vossischen,* Sonntagsbeilage (6. Juli 1907) dargestellt.[710]

Nachdem ich das Semester nicht ohne Schwierigkeit zu Ende gebracht hatte (eine Erkältung mit völliger Stimmlosigkeit nötigte mich zum Aussetzen der Vorlesungen), gingen wir Mitte August nach Starnberg. Die Absicht war auf Wyk gerichtet gewesen; aber der nasskalte Sommer, der zu unablässigem Heizen auch durch den Juli und August nötigte, schien davon abzuraten. Wir wendeten also den Blick nach Süden, ich dachte an Vahrn bei Brixen. In Starnberg waren wir aber alsbald so heimisch, dass wir blieben; ich fürchtete mich, in enge Gasthausräume mit all den Störungen zu kommen, die so empfindlich werden, wenn man nicht mehr den Tag über draußen zubringen kann. Acht Wochen lang waren wir sesshaft in Starnberg; der schönste Herbst entschädigte für den trübseligen Sommer; September und Oktober brachten fast ausnahmslos helle, sonnige, warme Tage, so dass es noch möglich war, viel draußen zu sitzen. Auch sonst leuchteten diese Wochen in heiterem Glanz. Wir gehörten diesmal ganz uns selber; alles Störende und Widrige hielt mir Laura fern. Der Tag war geteilt zwischen Arbeit und Erholung; durch Besuche waren wir diesmal so gut wie gar nicht in Anspruch genommen.

Paulsens Haus in Starnberg: „der schönste Herbst entschädigte für den trübseligen Sommer".

Meist wurde vormittags ein kleiner oder größerer Spaziergang über die mäßigen Höhen ringsum gemacht, nachmittags bei schönem Wetter eine Kahnfahrt auf dem immer erfreulichen See. Dazwischen lagen ruhige Arbeitsstunden. Mir kam der Mut, an die Ausarbeitung meiner „*Pädagogik*" zu gehen; das Schreiben ging mir leicht von der Hand und machte Freude.[711] Dazwischen wurde dies und das gelesen, vor allem die „*Weltgeschichte der Neuzeit*" von Dietrich Schäfer;[712] ich konnte mir nicht versagen, der Freude über das Werk in einem größeren Aufsatz Ausdruck zu geben, der in der *Internationalen Wochenschrift* erschien.[713] Auch ein treffliches Buch von Friedrich Wilhelm Foerster, „*Schule und Charakter*",[714] kam mir in die Hände und brachte durch erfreulichste Übereinstimmung in Anschauungen und Gesinnungen einen friedlichen Eindruck hervor. Dieser erhielt noch weitere Unterstützung durch Zuschriften von Rudolf Pannwitz,[715] der, dem Gurlittschen Kreise angehörig, einen Umschwung nicht in den Gesinnungen, aber in dem Vorgehen anzukündigen schien. – So wirkte alles zusammen, diese Wochen zu den friedlich-heitersten zu machen, die ich seit Jahren genossen habe.

Mitte Oktober kehrten wir nach Hause zurück. Die herrliche Herbstlandschaft lockte, besonders auf der Fahrt durch das entzückende Saaletal, wiederholt zum Aussteigen. Doch kam es nicht zum Entschluss. Das Wintersemester begann nicht ungünstig. Ich konnte die Vorlesungen über Pädagogik vor einem ungewöhnlich großen Auditorium beginnen und auch Übungen über Spinozas „*Ethik*" halten. Die letzteren musste ich freilich bei sinkenden Kräften von den Weihnachtsferien ab fallen lassen. Die Vorlesungen habe ich ohne Unterbrechung zu Ende geführt, sogar mit allmählich steigender Frische. Der Gebrauch von Levico schien sich wieder zu bewähren. Die Neigung und Kraft zu literarischer Produktion setzte nicht aus. Im Gegenteil, sie schien sich zu steigern, indem sie als eine Art Heilmittel gegen hypochondrische Verstimmungen wirkte. Wenn ich einen Artikel, auf dem Sofa liegend, mit dem Bleistift auf einem Blättchen Papier skizzierte oder ihn nachher mit der Feder ausführte, dann vergaß ich der übrigen Misere und fühlte mich für den Augenblick völlig frisch und frei, *totus in illis.*[716] So entstanden ein paar kleine Aufsätze, die in der *Woche* erschienen sind.[717] Sie wurden durch den Zorn über die maßlosen Unsauberkeiten hervorgerufen, mit denen die Vertreter der „Homosexualität“ Deutschland überschütteten. Es war die Zeit der Harden-Eulenburg-Prozesse,[718] unseligen Andenkens: Die Hilflosigkeit der Justiz, die Unverschämtheit der Anwälte des „dritten Geschlechts“, die Unersättlichkeit des Publikums nach Sensationen, der eine gierige Presse nur allzu gern Futter streute, alles das stieg mir in den Hals, und ich suchte und fand in jenen Artikeln Erleichterung. Sie erregten die Aufmerksamkeit in einem Umfang, wie ich es noch nie erlebt hatte. Es kamen Zuschriften aus allen Kreisen, ärztlichen, juristischen, militärischen, akademischen, auch von schlichten Leuten, die lebhafte Zustimmung ausdrückten. Ich hätte niemals geglaubt, dass die *Woche* so sehr ein Organ wäre, an die „öffentliche Meinung“ heranzukommen; ihr Inhalt war mir, wenn ich sie einmal in die Hände gekriegt habe, immer ein wenig gering erschienen. Es war Professor Hinneberg, der mich in die Gesellschaft, fast wider meinen Willen, brachte: Er besuchte mich eines Tages, ich sagte ihm, dass ich eben einen Artikel beendigt habe, mit dem ich nicht recht wisse wohin. Worauf er: „Ich gehe gerade auf die Redaktion der *Woche*, geben Sie mir ihn mit.“ So bin ich denn auch in Beziehung zum *Tag* gekommen,[719] schließlich der Erwägung nachgebend: Man muss die Hörer suchen, wo sie zu finden sind, und sei es auf den Gassen und an den Zäunen. Der Prophet von Nazareth lehrte auch nicht bloß in den Schulen.

Eine andere Angelegenheit nahm meine Teilnahme in Anspruch: der in der katholischen Kirche ausbrechende Krieg gegen den sogenannten „Modernismus“. Die Enzyklika „*Pascendi*“, die Pius X. im September erließ, drohte jede Freiheit der wissenschaftlichen Arbeit innerhalb der katholischen Kirche[720] zu unterbinden, ein Vorgang, der in Deutschland in erster Linie die katholischen Fakultäten, damit aber zugleich unsre Universitäten und zuletzt die Einheit des geistigen Lebens der Nation überhaupt anging. Ein Aufsatz von mir über die Krisis der katholisch-theologischen Fakultäten[721] eröffnete eine Folge von Artikeln protestantischer und katholischer Universitätsgelehrter in der *Internationalen Wochenschrift*. Sie hat vielleicht einiges dazu beigetragen, die deutschen Bischöfe in der Zurückhaltung gegen die römischen Forderungen, um nicht zu sagen: im passiven Widerstand, zu bestärken. Fürstbischof Kopp in Breslau war der Führer der Bewegung; er gab in wiederholten Zuschriften an mich seine Zustimmung zu der von mir bezeichneten Linie des Verhaltens zu erkennen. – Dr. Althoff äußerte in enthusiastischen Tönen seine Zustimmung zu der hier vorgezeichneten Politik gegen Rom. Ein letzter Artikel in der Frage wurde für die neue Auflage der „*Philosophia militans*“ geschrieben: „Der Modernismus und seine Zukunft.“[722]

1908

Das Wintersemester endigte mit einem frohen Ereignis: der Verlobung unserer Lotte mit Dr. Kabitz. Auf der Hochzeit von Mädi hatte sich eine intimere Beziehung zwischen beiden angesponnen. Sie führte zur Erklärung am Karfreitag 1907; nach Überwindung einiger innerer Schwierigkeiten gab Lotte ihr Jawort. Ich habe von Anfang an den Schwiegersohn herzlich begrüßt; ein lieberer hätte mir nicht zugeführt werden können. Ich kannte Dr. Kabitz schon seit Jahren, als junger Student war er zuerst als Dekanatsprüfling ins Haus gekommen: Ich erinnere mich recht wohl der ersten Begegnung. „Eben war ein kleiner netter Kerl bei mir", sagte ich, als ich herunterkam, „den wollen wir einmal einladen." Er ist dann oft und immer häufiger als gern gesehener Gast ins Haus gekommen. Seine frische, fröhliche Natur, seine unbefangene Offenheit, sein unabsichtliches Wesen gewannen ihm überall die Herzen. Seine Energie, seine ungewöhnliche Arbeitskraft, seine Begabung machten mir ihn auch von dieser Seite her wert. So war meine oder also unsere Zustimmung zu dieser Verbindung leicht gewonnen, ja ging der eigenen Entscheidung unserer Lotte schon vorher. Nachdem die Habilitierung in Breslau, die schon vorher ins Auge gefasst war, unter freundlichen Umständen sich vollzogen hatte, erfolgte die Verlobung am 8. März.

Gleich darauf, am 10. März, reiste ich mit Lorle[723] nach der Riviera. Die Reise über Basel, wo Nachtstation gemacht wurde, ging gut vonstatten. Ich fühlte mich recht frisch und war sehr hoffnungsvoll gestimmt. In Nervi logierten wir uns in Schickerts Parkhotel ein, das den Vorzug hat, ein ganz deutsches Haus zu sein: deutsch die Wirte (vom Rhein), deutsch die Bedienung (Schweizer Mädchen), deutsch auch die Gäste; und den weiteren Vorzug, dass der große parkartige Garten unmittelbar ans Meer stößt. Die Terrassen unten haben einen prachtvollen Blick auf das Meer und die Küste, von Monte Fino, der im Osten den Horizont mit seinen schönen Linien begrenzt, bis nach Genua, und an hellen Tagen glänzen die Voralpen vom Westen herüber. Die ersten Tage waren schön; wir lagen den ganzen Tag unten auf den Terrassen oder noch weiter unten, auf den Klippen, in brennender Sonne. Dann aber kamen kalte Tage; sie brachten mir, der ich mich vielleicht auch etwas unvorsichtig der Abendluft ausgesetzt hatte, das alte Übel; es schleppte sich lange hin, bis ich einen deutschen Arzt zu Rate zog, der im Hotel wohnte. Die Hotelkost, obwohl dem deutschen Geschmack etwas angepasst, wurde mir unbehaglich und unverdaulich; das abscheuliche Fleischessen, mittags drei und abends vier Gänge, von den Engländern überallhin verschleppt, wurde mir ganz zuwider. Auch die Sonne blieb sparsam, wiederholte Gewitter brachten große Schneefälle im Gebirge und setzten die Temperatur herab; seit 50 Jahren hatte man ein so kaltes Frühjahr nicht gehabt. Mit kurzen Unterbrechungen wurde den ganzen März und April hindurch das Haus geheizt, noch am 23. April, an dem wir endlich uns wieder nach Norden aufmachten, war die Zentralheizung in Tätigkeit.

Hermann Ebbinghaus, ein Freund Paulsens

Unter diesen Umständen brachte der lange Aufenthalt für meine Gesundheit keinen Gewinn. Den größten Teil der Zeit brachte ich im geheizten Zimmer zu, und das ungeduldige Warten auf Wärme und Sonne machte den Aufenthalt im Käfig nur umso unbehaglicher. Im Norden weiß man, dass März und April Wintermonate sind, und richtet sich darauf auch mit der Vorstellung ein, hier hatte man immer die Empfindung, dass einem im Grunde Unrecht widerfahre. Ich schied von Italien mit dem Vorsatz, es nicht wiederzusehen. Auch allerlei kleine Widrigkeiten, die früher mit harmlosem Leichtsinn hingenommen wurden, ertrug der Kranke nur mit Ungeduld und Missstimmung: den Schmutz, die kleinen unablässigen Versuche zu Betrügereien usw. Der Empfang war, dass man in Genua auf dem Bahnhof, wo wir abends ein Butterbrot und eine Flasche Bier nahmen, uns eine Rechnung von L. 9,60 präsentierte. Und aller Einspruch war vergeblich: Es sei auf der Platte ja auch ein halbes *poulet*[724] gewesen. Natürlich fehlten auch die üblichen falschen Münzen nicht.

Einige Unterbrechung in die Einförmigkeit des Daseins, das übrigens Fräulein Matty Bruchmann mit uns teilte, die uns in diesen Wochen recht lieb und wert wurde, brachten Besuche: von Schäfers aus Steglitz, die von einer eiligen Fahrt durch ganz Italien zurückkehrten, von Ebbinghaus, von Dr. Wachtler aus Steglitz, der ein paar Wochen blieb, endlich von dem Bildhauer Seeboeck aus Rom. Er kam nach Nervi, um meine Büste zu modellieren. Althoff hatte ihm in Steglitz gesessen, er veranlasste ihn, nach Nervi zu gehen, um mein Porträt zu machen. Neun Sitzungen in einem kleinen Zimmerchen am Strande ließen das Werk zu Stande kommen. Es gelang, trotz der ungünstigen äußeren Verhältnisse, ganz vorzüglich; und die

Büste Friedrich Paulsens: „Neun Sitzungen in einem kleinen Zimmerchen am Strande ließen das Werk zu Stande kommen."

Stunden waren in munterer Gesellschaft, die der Künstler dabei zu haben liebte, ganz behaglich. Auch der Einblick in die Technik war mir erfreulich. Und zu Herrn Seeboeck, einem gebornen Wiener, der aber seit 20 Jahren in Rom lebte, gewannen wir ein sehr freundschaftliches Verhältnis. Er hatte gar nichts von den Allüren des Modernen, des typischen Künstlers an sich, sondern war der natürlichste und schlichteste Mensch, für alle menschlichen Interessen offenen Ohrs. Wir hoffen, ihm und der Büste im nächsten Winter in Berlin wiederzubegegnen. Der Zufall wollte, dass die nächstvorhergehenden Objekte seiner Kunst Papst Pius X. und Professor Schell[725] waren, das Weltkind folgte.[726] Wäre ich nach Rom gekommen, scherzte er, dann hätte er mich aus demselben Ton wie den Papst modelliert.

Im Übrigen wurde fleißig gearbeitet. Eine Reihe kleiner Aufsätze entstand, darunter „Die Frau im Recht in Vergangenheit und Zukunft".[727] Ein Buch von Marianne Weber[728] gab dazu den Anstoß, wobei ich denn wieder zu empfinden Gelegenheit hatte, wie weit meine Stimmung von den „Modernen" allmählich abgerückt war. Ist's das Alter, das den Umschwung bringt? Oder ist es, wie ich es empfinde: dass die „Modernen" wirklich keine Fühlung mit der Wirklichkeit haben, dass sie in Utopien ihre luftigen Wolkenkuckucksheime bauen?

Der Rückweg, den wir, immer in Erwartung des Frühlings, lang hinausgeschoben hatten, führte über Mailand, den Gardasee, den Brenner nach Meran. In Mailand saßen wir lange in der Galleria Vittorio Emanuele und ließen die italienische

Armee in allen Waffengattungen vorbeiparadieren. Ob sie für einen anderen Gebrauch zu haben sein wird? Die feingeputzten Puppen, mit flanierenden Augen, weißer Wäsche, Kragen und Manschetten, sehen nicht danach aus; der Unterschied vom preußischen Soldaten, der am Werktag auf der Straße so gut wie überhaupt nicht zu sehen ist, es sei denn auf dem Marsch oder im Arbeitsanzug, ist in die Augen fallend: Soldaten für den Ernstgebrauch und Soldaten für Unterhaltung und Spiel. – Im Hotel zum Abschied wieder große Ausplünderung. Die Fahrt über den Gardasee bei prachtvollem Wetter war sehr schön. Sie weckte alte Erinnerungen, je mehr wir uns Riva näherten. Der Monte Baldo, diesmal in strahlender Schneekrone, die Ponalestraße, alle die alten Bilder tauchten wieder auf; dann Arco, Torbole, der Loppiosee, jetzt von der Eisenbahn im Fluge gesehen.

Abends spät kamen wir in Meran an, wo uns Althoff im Parkhotel sorgsam Logis beschafft hatte. Wir blieben fünf Tage, bis auf einen heiß-sonnigen Tag beständig im geheizten Zimmer. Im Übrigen waren diese Tage nicht unerfreulich. Mit Althoffs ergab sich ein freundlich bequemer Verkehr und manch interessantes Gespräch. Er war von rührender Freundlichkeit und Fürsorglichkeit, und Frau Althoff erwies sich als eine liebenswürdige Dame von großer Schlichtheit des Wesens und Freundlichkeit des Herzens. Auch Frau Schmoller war mit ihrer Tochter da, es gab am Abend manche angeregte Unterhaltung.

Am 29. fuhren wir über den Brenner nach Starnberg; mit der üblichen italienischen Verspätung kamen wir in München an. Unterwegs saßen wir in ängstlichem Gedränge unter allerlei exotischem Volk. Das Schlimmste war die Tischgesellschaft im Speisewagen. Wir hatten zwei ungarische Juden zur Gesellschaft am Vierertisch: der ältere eine geradezu erschreckende Erscheinung. Die von Fett, Schmutz und Juwelen glänzenden Hände waren beständig auf dem Tisch und wühlten im Brotkorb oder hatten andere Geschäfte. Man versteht von solchem zufälligen Begegnis die antisemitische Verstimmung des österreichischen Volks, die seine Politik beherrscht. In der Tat, wäre nur die Wahl, von Juden oder Römischen beherrscht zu werden, dann würde ich das klerikale Regiment auch vorziehen.

In Starnberg trafen wir alles in den alten Verhältnissen. Tante Lotte hatte sich doch etwas erholt, wenn auch der Schwindel, der die freie Bewegung hemmte, nicht verschwunden war. Die Hoffnung, ein wenig Frühling im Garten zu finden, erwies sich freilich als Täuschung. Es war noch vollständiger Winter, kein Blättchen und keine Blüte. Und das Heizen dauerte auch fort.

Als wir am 2. Mai zu Hause in Steglitz eintrafen, wurden wir von sehr erfreulichem Sonnenschein empfangen. Schon von dem Eintritt in die norddeutsche Tiefebene her begannen die Spuren des Frühlings an Birken und Obstbäumen mit jungem Grün sichtbar zu werden. In unserm Garten standen die Forsythien und Ribes[729] in voller Blüte. Man hatte die Empfindung, nicht in den Norden, sondern in den Süden verpflanzt zu sein. Ich fing die Vorlesungen (Psychologie) mit gutem Mut an. Bald aber begannen die Kräfte zu sinken, der Appetit verlor sich so gut wie ganz, so dass die Tischstunden zur Pein wurden; ich entzog mich ihnen allmählich und nahm meine Suppe oder was es war für mich. Die Vorlesung selbst zwar behielt für mich etwas Belebendes; oft, wenn ich ganz erschöpft und todmatt in die Universität kam, war nach einigen Minuten des Vortrags die Müdigkeit völlig abgestreift und ich bewegte mich ganz frei im Stoff. Gegen Ende des Semesters entschlossen wir uns, mit dem Automobil nach der Universität zu fahren, es brachte den Vorteil, dass wir den Treppen und dem oft unerträglichen Gedränge auswichen. Und merkwürdig, wie rasch der Stimmungsumschlag gegen das Gefährt erfolgte: Ich hatte es ingrimmig gehasst, jetzt fand ich es sehr bequem, rasch, zuverlässig und lenksam. – Der Russe hat ein Sprichwort: Spucke nie in eine Pfütze, du weißt nicht, ob du nicht noch daraus trinken musst.

16. Juli 1908
Heute beginne ich mein 63. Lebensjahr. Ob ich lebend wieder heraustrete? Oder ob es der letzte Geburtstag ist, den ich feiere? Ein Stufenjahr, *annus climactericus* nennt Melanchthon das Jahr;[730] es hat ihn wie Luther hinweggenommen. Dass auch bei mir die Kurve der Vitalität sich in den drei Krankheitsjahren dem Ende zugeneigt hat, darüber gebe ich mich keiner Täuschung hin. Die aufsteigende Wellenlinie erreicht nicht mehr die Höhe wie noch 1906/07; die Depressionen werden tiefer. Eine Zeit so vollkommener Kraftlosigkeit, wie die letzten Wochen, habe ich überhaupt noch nicht erlebt. Jeder Finger hängt wie ein Bleigewicht am Leibe, der Kopf hat beständig die Neigung, sich auf die Arme zu legen oder zu stützen. Das Essen ist ein mühseliges Herunterwürgen des Notwendigsten.

Nun, wie Gott will; ich habe mein Werk im Wesentlichen getan. Und nicht ohne ein Gefühl tiefer und inniger Dankbarkeit kann ich auf das Leben und alles, was es mir gebracht hat, was es mir zu wirken gestattet hat, zurückblicken. Was Freund Belger auf seinem Sterbebett mir einmal sagte: „Das Leben ist doch reich und schön gewesen", das kann auch ich wiederholen: Mir ist eine reiche Wirksamkeit vergönnt gewesen, reicher, als ich sie mir geträumt habe, reich auch an Liebe und Dankbarkeit, die ich erfahren. Und auch des Schönen habe ich, mit Rückert zu sprechen, viel gesehen auf dieser eiligen Vorüberfahrt. Geht's aber den andern Weg, nochmals den Weg aufwärts, nun, so will ich die Jahre als Geschenk betrachten, und an Aufgaben und Wirksamkeit wird es auch nicht fehlen.

20. Juli. Als ich heute früh in die Universität kam, empfing mich die Botschaft: Pfleiderer ist gestorben. Sie hat mich tief erschüttert. Am Dienstag hatten wir auf demselben Platz nebeneinandergesessen, er hatte die letzten Wochen über Herzbeschwerden geklagt, doch hatte ich ihnen kein Gewicht beigelegt: Er sah völlig unverändert aus, war angeregt und fröhlichen Gemüts, nur das Gehen wurde ihm schwer. Nun war er plötzlich am Sonnabendabend dahingerafft, demselben Abend, an dem er in die Sommerfrische hatte fahren wollen. Er hatte mir davon erzählt: er habe sich plötzlich entschlossen, ein Ende zu machen, Urlaub genommen und wolle nach dem Schwarzwald. Hoffnungsfroh hatte er von Freudenstadt ge-

Cursum quem fortuna dedit peregi. Den Weg, den das Schicksal gab, habe ich vollendet.

sprochen, wo eine Tochter ihm ein Quartier gemietet habe. Ich sagte halb im Scherz: „Da besuche ich Sie, wenn Starnberg mich erst wird auf die Beine gebracht haben." – Er war ein liebenswürdiger Mensch und ein redlicher Denker. Die Herzensgüte leuchtete ihm aus den hellen Augen. Für mich hatte er eine sehr freundliche Gesinnung, die sich besonders auch während meiner Krankheit immer wieder offenbarte. Namentlich in den Frühlingstagen zu Baden-Baden waren wir uns nähergekommen. Er genoss sie, ein hoher Sechziger, mit einer kindlichen Fröhlichkeit, die mir, der ich nicht viel mittun konnte, manche Stunde verschönt hat.

27. Juli. Heute habe ich meine Vorlesungen über Psychologie geschlossen, nicht ohne innere Bewegung: Ist es das letzte Mal, dass ich das Katheder bestiegen habe? Ich war völlig am Ende meiner Kraft. Nicht bloß die Fahrt nach Berlin, auch die Vorlesung selbst ermüdete mich jetzt, während sie bis dahin mehr als eine Erfrischung und Aufmunterung gewirkt hatte. – Dreiunddreißig Jahre, ein volles Menschenalter, habe ich meines Lehramts gewaltet, ich darf sagen, mit Liebe und Sorgfalt, und so ist denn der Dank mir nicht versagt geblieben. Ist jetzt das Ende gekommen, ich will nicht klagen, sondern dankbar und freudig bekennen: *cursum quem fortuna dedit peregi.*[731]

Anhang

Herkunft und Vorfahren (1877)[732]

Am 16. Juli 1846 um die Mittagsstunde bin ich zu Langenhorn, einem Dorfe Nordfrieslands, meinen Eltern als ihr erstes Kind geboren worden. Ich blieb das einzige; drei jüngere Brüder starben bei der Geburt.

Meine Eltern sind einfache Bauersleute. Sie bewohnen noch gegenwärtig das Bauernhaus, in welchem ich geboren bin. Sie gehören beide nicht durch Geburt dem Dorfe an. Mein Vater stammt von Oland, einem jener kleinen schutzlosen Inselchen im Schleswigschen Wattenmeer, welche oft wiederholte Sturmfluten von den größeren Marschniederungen an der Westküste des Herzogtums übrig gelassen haben. Dort lebten, so weit ich zurücksehen kann, meine Vorfahren durch nichts ausgezeichnet, da, wie gesagt wird, Redlichkeit und Tüchtigkeit auf jenen Halligen keine Auszeichnung sind. Die früheren waren Schiffer, wie fast alle Bewohner der armen Eilande. Sie führten die Schiffe Amsterdamer Reeder als Steuerleute oder Kapitäne nach den Küstenländern der Ost- und Nordsee, auch nach Grönland und Ostindien. Ein kleines Kapital, das mein Urgroßvater Paul Frercksen in langem Seedienst erworben, und eine kleine Erbschaft, die ein in Amsterdam angesiedelter Verwandter, ein Bruder seiner Frau, der dort zu Reichtum gekommen war, ihm hinterließ, gab seinem Sohn, meinem Großvater Frerk Paulsen, die Freiheit, dem beschwerlichen Beruf zu entsagen, den seine schwache Gesundheit nicht ertrug. Er lebte, nach kurzen Ausflügen in den Jugendjahren, mit seiner Familie von den Renten des kleinen Kapitals, welches er, durch Sparsamkeit vermehrt, seinen Kindern hinterließ. Nicht ohne Rührung kann ich daran denken, wie jene gearbeitet, hausgehalten, gespart und wohl auch entbehrt haben, um einem fernen Enkel, den ihre Augen nie sahen, den Eintritt in weitere, größere Lebenskreise möglich zu machen. – Meine Großmutter, die mich noch als kleines Kind auf den Armen getragen hat (sie starb 1848), war die Tochter des Olander Küsters, Ipke Petersen, von dessen religiös grüblerischer Richtung noch manches erhaltene Blatt, das ich in der Jugend mit Ehrfurcht betrachtete, Kunde gibt. Er war in Streit mit seinem Vorgesetzten, dem Geistlichen der kleinen Hallig. Derselbe schien ihm nicht den rechten Glauben zu haben, vor allem vermisste er bei ihm das wahre Hauptstück des Christentums: die Lehre, dass wir arme Sünder sind und nur durch Christi Blut vor Gott gerecht werden können. Der Geistliche wusste nicht von dem tiefen Verderben der Menschennatur und schien zu viel von den Werken und der eigenen Gerechtigkeit zu halten. Lange mag in dem wackeren Mann die schuldige Ehrerbietung gegen den Vorgesetzten und berufenen Diener des Worts mit der eigenen Glaubensgewissheit und der Pflicht des Bekenntnisses gekämpft haben; sein Tagebuch enthält Gebete um Erleuchtung für seinen verirrten Seelenhirten, um Mut und um Sanftmut für ihn selbst. Endlich wagt er Vorstellungen zu machen; vergeblich, der Pastor widersteht, es kommt zu bitteren Streitigkeiten; endlich verfasst er sogar eine Eingabe an den König (Christian VII.), dem er in naiver Einfalt das Leid der Hallig klagt und in kindlicher Zuversicht von der Allmacht und Weisheit des Thrones Abhilfe erwartet. Ich weiß nicht, ob die Bittschrift jemals abgegangen ist, vermutlich gehört sie zu den übrigen Monologen des Tagebuchs. – Es ist dieselbe große Bewegung, welche das ganze deutsche Volk im 18. Jahrhundert beschäftigt, die hier am äußersten Rande des Volksgebiets ihre letzten Ringe zieht: der Kampf zwischen Pietismus und Rationalismus. Der alte Küster auf der fernen kleinen Nordseeinsel weiß nicht um die Weltgegensätze und ihren lärmenden Kampf; aber er stemmt sich gegen die neue Strömung, als der Pastor, den sie auf der Universität erfasst haben mag, sie in seine Heimat trug. Er verteidigt seinen alten Glaubensbesitz, der ihm von seinen Vätern seit der Reformation her ererbt ist, gegen die neue Aufklärung.

Frau Poppe Valene,[733] die Küstertochter, schenkte meinem Großvater acht Kinder, sechs Töchter und zwei Söhne. Das dritte Kind, der erste Sohn (geb. 1805, 5. Oktober), ist mein Vater. Er heißt nach seinem Großvater Paul, aber nicht Frerks,[734] wie die alte Sitte verlangte, sondern Paulsen, weil inzwischen die Festhaltung an einem Familiennamen zum Gesetz gemacht worden war; die beiden älteren Schwestern, Poppe und Angens, hießen noch Frerks, nach dem Taufnamen des Vaters. Ihm folgten die Schwestern Brodine, Paulene, Naëmi Johanna, Josina und zuletzt ein Bruder Ipke. Die kleine Schar wurde in strenger Zucht gehalten; bei der Mutter ging es wohl lässlicher zu, sie war von grenzenloser Gutmütigkeit, welche von ihren Töchtern einige geerbt und auch mir noch als Kind erwiesen haben. Der Vater dagegen war strenge, und wenn er anwesend war, musste alles mäuschenstill bei seiner Arbeit sitzen. Das mochte wohl notwendig sein in einem Hause, das nur zwei kleine Stuben hatte. Und so war es eine einförmige stille Lebensgewohnheit, in welche die Kinder hineinwuchsen. Das kleine Ländchen, auf welchem das Haus stand, bot weder zu Arbeit noch Spiel viel Raum. Es hatte vielleicht den doppelten Umfang wie jetzt. Man mochte es zur Zeit der Ebbe am Strande des Meeres gehend in etwa einer und einer halben Stunde umschreiten. Zur Zeit der täglich zweimal wiederkehrenden Flut ragten nur zwei kleine künstliche Erdhügel (Warfen) wie kleine Inselchen aus dem grauen Gewässer. Auf diese Warfen, von denen seitdem der eine[735] von den Wellen verschlungen ist, drängten sich die Häuschen, damals noch etwa 20 an der Zahl, zusammen. Sie gleichen einander völlig; sie sind eng und niedrig; ein graues Strohdach liegt auf Mauern, die wenige Fuß hoch sind, oder vielmehr auf tief in die Erde getriebenen Pfählen, deren Zwischenräume mit Steinen ausgefüllt sind; wenn die Mauern von der Flut weggespült werden, tragen die Pfähle noch das Dach, und der Boden bietet eine letzte Zuflucht. In den kleinen Raum zwischen den vier Mauern teilen sich die Menschen und ihre tierischen Lebensgenossen, die Kühe und einige Schafe. Auf der Sonnenseite liegen die beiden Stuben, die Wohnstube und der Pesel, letzterer ohne Ofen und mit Steinfliesen gepflastert; gegen Norden Küche und Stall.

Zur Sommerzeit fällt der Blick durch die kleinen bleiumrahmten Fensterscheiben der Wohnstube auf einen spiegelebenen, grünbläulich schimmernden Grasteppich, von dessen einfarbiger Fläche sich nur hin und wieder ein langwolliges graues Schaf oder mit schärferen Umrissen eine schwarz-weiße Kuh abhebt. Kein Baum oder Strauch bietet dem Auge einen Ruhepunkt, die scharfen Nordwestwinde lassen keinen Baumwuchs aufkommen; kein Kornfeld unterbricht die Gleichförmigkeit des grünen Rasens; kein Hügel gibt dem Boden den Anschein von Leben und Bewegung. Eingerahmt wird das Bild von dem grauen Wattenmeer, dem ruhelos ebbenden und flutenden, über welchem ebenso rastlose Möwen sich hebend und senkend und den Wasserspiegel berührend hinflattern; am östlichen Horizont erhebt sich ein langgezogener dunkler Streifen, es ist das Festland, der „feste Wall“, wie der Halligbewohner sagt. Die einzige Mannigfaltigkeit in dieser öden Inselwelt ist das wechselnde Licht, das aber nicht viel mehr vermag, als die Einförmigkeit sichtbarer zu machen: Das Gras ist grün, und die Wellen sind grau sowohl im Winter, wenn schwere graue Wolkenmassen nahe über dem Boden dahinziehen, als im Sommer, wenn heiße Sonne brütend auf dem Schlick liegt oder wenn im Herbst leichte weiße Wolken eilig über den blauen Himmel ziehen.

Einförmig wie die Natur des Eilands ist das Leben seiner Bewohner; selbst die Jahreszeiten bringen kaum Abwechselung. Es gibt kaum Säen und Ernten, die einzige Ernte ist die Einbringung des Heus für die Schafe. Die Männer sind im Sommer abwesend auf der See; die Frauen sorgen für den kleinen Haushalt. Handarbeiten, besonders Stricken, kürzt oder füllt die langen Tage.

In solcher Umgebung wuchs mein Vater auf. Mancher Zug, der ihn charakterisiert, der auch im Sohn noch nicht ganz verwischt ist, dürfte hieraus verständlicher scheinen. Der Nordfriese überhaupt und besonders sein ausgeprägtester Typus, der Halligbewohner, ist ernst, schweigsam; die Einförmigkeit der Außenwelt spiegelt sich in der Einförmigkeit seines innern Lebens, man möchte die graugrüne Farbe seiner Hallig als die beständige Färbung seines Gemütshorizonts bezeichnen. Selten öffnet sich die Lippe zu leichter und lebhafter Rede, seltener zu Scherz und Lachen, es sei denn zur Spottrede, niemals zu fröhlichem Gesang. Frohe, lustige Geselligkeit ist kaum zu finden. Die Männer, wenn sie beisammen sind, sprechen von Wind und Wetter, von Gras und Ochsen, von Gemeinde und Staat, die Frauen von Kühen und Schafen, von Milch und Butter, von Hemden und Röcken, von allen Dingen in der Welt, nur nicht von denen, welche die Unterredner persönlich angehen; individuelle Angelegenheiten, soweit sie nicht das äußere Leben angehen, werden nicht berührt; das Innenleben, das Persönliche aufzuschließen, herrscht unüberwindliche Scheu. Bezeichnend ist, dass die Sprache den Gebrauch des persönlichen Fürworts selten gestattet; man redet sich, gleichsam sich sachlich und objektiv gegeneinander verhaltend, mit Namen an. Nicht dass es an innerem Leben fehlte; der Friese ist grüblerisch, zu etwas tiefsinnig-schwermütiger Lebensauffassung geneigt, Selbstmorde sind häufig und andererseits Bekehrungen; herumziehende Apostel der Erweckung finden hier allezeit offene Ohren und bereite Herzen für ihre Predigt der Weltverachtung. Aber dieses Leben liegt tief, und er trägt Scheu, seine Seele zu zeigen. Seinen Nachbarn gilt er deshalb für hochmütig. Allerdings fehlt auch diese Wendung nicht ganz. Die Verschlossenheit ist ablehnend; sie mag nicht mit jedermann zu tun haben, und vor allem ist sie spröde gegen den Fremden. Sie fühlt kein Bedürfnis, sich aufzuzeigen, um anerkannt zu werden, sondern zieht sich vornehm vor der Berührung zurück. Sie schränkt den Verkehr auf die Allgemeinheiten des Markts ein.

Der Zug von Tiefsinn, das Gegenteil von Leichtlebigkeit, ist von Schwärmerei ganz fern. Es ist der indischen oder englischen Art verwandt, durchaus nicht der orientalischen: Begeisterung für eine Idee mit rücksichtsloser Nichtachtung der Wirklichkeit und der Schwierigkeiten ist hier nicht zu Hause. Man erwägt verständig, klar, steckt seine Ziele und strebt diesen mit Festigkeit und ausdauernder Kraft nach. Nüchternheit bezeichnet eigentlich den Habitus des Friesen; selbst seine Religiosität hat manchmal etwas diese Färbung: Argumente, wie sie auf den Verstand wirken, überzeugen von der Mangelhaftigkeit dieser Welt und von der Wahrheit der wünschenswerten Ergänzung durch eine andere. In größere Verlegenheit würde man aber nicht leicht einen Friesen setzen können als durch die Frage: Wie er sich den Himmel vorstellt? Das ziellose Leben um seiner selbst willen, das nicht auf eine Erwerbung und einen greifbaren Zweck gerichtet ist, das *dolce far niente* der Seligkeit ist ihm ganz unverständlich. Das Gefühlsleben, beständig zurückgedrängt und unterdrückt, bringt es nicht leicht über eine etwas ärmliche Entwickelung hinaus. Die Fähigkeit des Genießens und damit die Fähigkeit der schönen Geselligkeit geht dem Friesen in seiner natürlichen Form fast ganz ab.

Diese gesammelte Bedächtigkeit durchdringt die ganze moralische Sphäre. Sie erscheint als lebhafter Sinn für Gerechtigkeit: Jedem sein Recht geben, aber ebenso jedem gegenüber auf seinem Recht bestehen ist friesische Weise. Diese Rechtlichkeit bedeutet jedoch leicht Einschränkung des Moralischen auf das Rechtliche; die Lebhaftigkeit und Wärme des Gefühls, welches über das Formelle sich wegsetzt, fehlt diesem Charakter, der sich nicht selten zu Schroffheit und Härte steigert. Eine klare, nüchterne, juridische Auffassung zieht sich durch alle menschlichen Verhältnisse: Mann und Frau respektieren sich und lassen einander in ihren Kreisen gewähren, dagegen findet sich selten leidenschaftliche Liebe und intensives Zusammenleben; Kinder und Eltern stehen in einem ähnlichen rechtlich pflichtmäßigen Verhältnis des Gehorsams und der Ehrerbietung einerseits, der Sorge und Erziehung andererseits. – Respektabilität ist der Grundzug des friesischen Lebens. Alle Tugenden, die Wohlgeordnetheit des Hauses, der Familie, der Gemeinde zur Folge haben, sind hier gewöhnlich; aber selten sind die anmutigen Tugenden, die nun dem äußerlich gesicherten, rechtlich gefassten Leben Schmuck und Zierde verleihen, ja die eigentlich allein ihm für die Empfindung einen Wert verschaffen, der es lebenswert macht.

Mein Vater ist ein echter Nordfriese. Er hat die Tugenden und die Mängel dieses deutschen Stammes in ausgeprägtester Form. Er ist ernst, klar, verständig, zuverlässig; ein vorzüglicher Haushalter ohne Peinlichkeit, gerecht und worthaltend, maßvoll in seinen Ansprüchen, fest in der Durchsetzung des ihm Zukommenden; auf den Schein gibt er gar nichts, er verachtet alles, was darauf gerichtet ist: ein wahrhafter Mensch, würde Carlyle sagen, mit dem lebhaftesten Trieb, die Wirklichkeit der Dinge zu sehen, nach Abstreifung alles dessen, was Menschen herumzutun pflegen, um sie nicht sehen zu müssen. Daher genießt er des allgemeinsten Vertrauens, er ist stets der ganzen Verwandtschaft und Nachbarschaft Berater und Geschäftsführer gewesen. Seine eigenen Angelegenheiten hat er stets aufs musterhafteste geordnet, so sauber und pünktlich, wie es unter solchen Umständen gewiss die größte Seltenheit ist; und rein aus innerem Trieb: Er war weder durch traditionelle Gewohnheit noch durch geschäftsmäßige Pflicht dazu genötigt. Es ist die Forderung seines inneren klaren Wesens, Klarheit in allen seinen Angelegenheiten zu haben. – Die andere Seite ist damit gegeben. Mit dem Schein schwindet auch der schöne Schein, die Anmut in der Lebensführung und besonders in der Auffassung und Behandlung der menschlichen Beziehungen. Es fehlt meinem Vater gar nicht an Wohlwollen; aber es ist ein nüchternes, praktisches Wohlwollen, das auf den Erfolg seiner Verwendung sieht. Es verschmäht die kleinen Züge spontaner, an sich nichtiger Aufmerksamkeit, die nichts als Zeichen einer zarten Empfindung sind. Dem entspricht der Mangel an Sensibilität für solches Entgegenkommen. Es ist eine *engros*-Behandlung der menschlichen Dinge, eine verständig-geschäftsmäßige Erledigung, die meiner Mutter oft wehe getan hat, bis sie sich hineinfügen lernte. So ist er auch im geselligen Verkehr, den er übrigens leichter entbehrt als irgendein Mensch, den ich kenne; er vermeidet ihn geradezu, die Einsamkeit des Zimmers oder noch mehr der Natur vorziehend. Er hat sehr wenig Bedürfnis der Mitteilung, nicht einmal seiner Familie gegenüber; ich erinnere mich kaum jemals mit ihm über etwas gesprochen zu haben, was nicht alle Welt hätte hören können. Ein rein objektives Gespräch, namentlich über öffentliche Angelegenheiten, kann ihn allein zu lebhafter Beteiligung und Meinungsäußerung veranlassen. Wenn ich zu Hause war, freute er sich allemal, die Neuerungen in Staat und Gemeinde, in Landwirtschaft und öffentlichen Anlagen mit mir zu besprechen. Die Neigung zur Einsamkeit, der in meinem Vater durch Neigung zu geschäftsmäßiger Beteiligung an den Dingen einigermaßen das Gleichgewicht gehalten wurde, ist bei einigen seiner Geschwister bis zur Weltscheu ausgebildet: Besonders seine nächstältere Schwester, die vor einigen Jahren gestorben ist, vermied jahrelang vor ihrem Tode nicht nur jeden Verkehr mit Fremden, sondern auch den mit ihren Geschwistern, mit denen sie zusammen wohnte. Sie kam nur zu den gemeinsamen Mahlzeiten in die gemeinsame Wohnstube, sonst saß sie allein in ihrem Zimmer, ohne Arbeit, ohne Buch, allein mit ihren Gedanken, an den langen Winterabenden ohne Licht. Sie war durchaus nicht stumpfsinnig, im Gegenteil von scharfem Verstand und sehr treuem Gedächtnis; sie hat mir die ersten Geschichten erzählt, die ich als Kind gehört habe, ich erinnere mich noch sehr gut einer Geschichte, die sie immer wieder erzählen musste, von einem Kind, das mit seinem Vater nach Spanien fuhr und dort am gelben Fieber seinen Vater verlor und wunderbare Schicksale unter den fremden Menschen, deren Sprache es nicht verstand, erlebte. Es war nicht Trägheit, das meine Tante Brodine der Welt entfremdete, aber was es war, hat sie keinem Menschen anvertraut.

Bis zum Jahre 1825 lebte die Familie meines Großvaters auf Oland. Der eine Tag glich dem andern. Ein alter Schiffer hielt die Schule. Durch unbändige Heftigkeit verbitterte er seinen Schülern das Leben, so dass ich eine Tante noch in ihrem Alter mit bitterem Ingrimm von ihm reden hörte. Gelernt wurde Lesen, Schreiben und Rechnen; materielle Kenntnisse wurden nur aus der Bibel gewonnen; dazu wurde der große Katechismus, ein gräuliches Buch, das ich auch noch aus eigener Erfahrung des Auswendiglernens kenne, eingeprägt und zahllose Gesangbuchverse, die ebenfalls eine Plage meiner Jugend waren. Ich glaube, mein Vater weiß bis auf den heutigen Tag nicht, dass es noch andere Verse als im Gesangbuch gibt. Seine inhaltlichen Kenntnisse dagegen hat er durch spätere Lektüre in einer für seine Verhältnisse sehr achtbaren Weise ergänzt. Seine Neigung führte ihn auf Geographie und Statistik, eine Menge von Auszügen aus Büchern solchen Inhalts bezeugen seinen Fleiß.

Das Jahr 1825 brachte ein Ereignis, das die Familie aus ihrer Ruhe aufschreckte, eine große Sturmflut, welche ihr Haus zerstörte. Es ist das Ereignis, das wohl am angelegentlichsten die Phantasie meiner Kindheit beschäftigt hat. Mein Vater hat oft, wenn auch selten gern, davon erzählt. Es war ein kalter Februartag; ein heftiger Südwestwind trieb die Springflut gegen die friesischen Küsten und schwellte das Wasser zu ungewöhnlicher Höhe. Doch ging man ohne Besorgnis zu Bett. In der Nacht sprang der Wind nach Nordwest um, und immer heftiger werdend staute er die Flut, die durch den Kanal[736] nur langsamen Abfluss fand, in der südlichen Bucht der Nordsee auf. Das Wasser begann in die Häuser zu dringen und weckte die Schlafenden. Man stand auf und suchte sich zu wehren. Vergeblich, bald schlugen die Wellen Fenster und Türen ein, und es blieb nur eilige Flucht auf den Boden. Es war eine furchtbare Nacht. In das Brausen des Sturmes, das Heulen des Meeres mischte sich das Jammern der Weiber, das Schreien schlaftrunkener Kinder, das ängstliche Brüllen der Kühe. Bald spülte die Flut die Mauern ein, so dass das Dach nur auf den Pfählen ruhte. Vor den Augen der Ratlosen trugen die Wellen ein Stück der Habe nach dem andern davon. Koffer und Schränke mit den lange gehüteten Schätzen trieben auf dem Wasser und versanken. Am jammervollsten war es, als auch die einzige Kuh, losgerissen von ihrem Stand, durch die weite Maueröffnung hinausschwamm ins wogende Meer und endlich mit kläglichem Brüllen verschwand. Noch immer stieg die Flut; die Männer maßen sie und fanden neue Flucht ratsam: Das Nachbarhaus war etwas höher gebaut; es war mit dem eigenen so in eins gebaut, dass ein gemeinsames Dach beide bedeckte. Der Bodenraum war durch eine Bretterwand in zwei Teile geteilt. Diese Wand durchbrach man jetzt, und die Familie verließ ihr Haus. Es war auf immer.

Mit der Morgendämmerung begann sich der Sturm zu legen und das Wasser zu verlaufen. Das Tageslicht beschien einen trostlosen Anblick: zerrissene Häuser, zertrümmertes Gerät, totes Vieh über den Warf zerstreut; jammernde Menschen die Trümmer erkennend und zusammenlesend. Da war der Entschluss bald gefasst: Hier ist nicht mehr unseres Bleibens. Was sich von Sachen in dem verwüsteten Haus, über die Hallig zerstreut fand, wurde gleich ins Boot getragen; die Familie stieg ein und fuhr nach dem Strand des Festlandes. Dort besaß mein Großvater seit einem Jahre eine Bauernstelle in Langenhorn, die er aus einem Konkurs hatte übernehmen müssen. Nicht gern hatte er sich dazu entschlossen; auch jetzt verließ er nur mit schwerem Herzen seine heimatliche Insel. Er ist auch in dem neuen Hause kaum heimisch geworden: Im nächsten Frühjahr starb er und hinterließ meinem damals zwanzigjährigen Vater die Sorge oder wenigstens Vertretung und Obhut der Familie. Dieser war vor zwei Jahren einen Sommer auf dem Festland gewesen, um Landwirtschaft zu lernen. Das kam ihm jetzt zustatten. Er griff die Sache tapfer an, und, durch Aufmerken und Fragen, durch Erfahrung und Schaden lernend, war er bald ein sehr tüchtiger Landwirt. So blieb die Familie, in beinahe gänzlicher Abgeschlossenheit gegen die neue Umgebung, fast 20 Jahre zusammen.

Im Jahre 1845, als sein jüngster Bruder, Ipke, die Stelle übernehmen konnte, gründete mein Vater seinen besonderen Hausstand. Er hatte meine Mutter, deren Heimat das eine Meile nördlich gelegene Dorf Sande, Kirchspiel Enge, ist, auf eigentümliche Weise kennen gelernt. Seine Schwester Johanna ging oft nach Enge, wo damals ein junger Prediger mit besonderem Eifer wirkte, in die Kirche. Dort traf sie oft mit einem nicht mehr sehr jungen Mädchen zusammen, das ihr durch die Aufmerksamkeit auffiel, womit es an dem Munde des Predigers hing. So entstand zwischen beiden gleichgestimmten Gemütern zunächst eine stumme Bekanntschaft, allmählich ein freundschaftlicher Verkehr. Derselbe dehnte sich aus auf den Bruder, der seine Schwester manchmal begleitete. Das Mädchen hieß Christina Ketelsen; sie wurde im Sommer 1845 seine Frau.

Die Eltern meiner Mutter habe ich noch beide gekannt. Sie besaßen auf dem Sande eine kleine Bauernstelle, die mit einem Pferd bewirtschaftet werden konnte. Mein Großvater, Andreas, war ein Mann von schneidiger Strenge, vor allem gegen sich selbst; er hatte durch schwere Arbeit den bescheidenen Wohlstand, dessen sich die Familie erfreute, erworben. Die Großmutter, Lene, war sanfter Gemütsart, doch keineswegs so, dass sie ihre Kinder verzärtelt oder geschont hätte. Das ging freilich auch nicht. Um auszukommen, war es in den schlechten Zeiten notwendig, dass jeder mitarbeitete, wo er konnte, dass der Pfennig gespart wurde, wo man ihn nicht ausgeben musste. Der älteste Sohn, der von Kindheit an krank lag, machte dazu manche außerordentliche Ausgabe notwendig. Sein Zeitvertreib war Zeichnen, er konnte nicht gehen; freilich, Lehrer oder Vorlagen oder Gerät gab es nicht. So zeichnete er nach allerlei Bildern, die ihm zufällig in die Hände kamen, nach der Natur, so gut es gehen wollte. Ein Büchlein, mit mancher wunderbaren Bildung von seiner Hand, Schafe und Blumentöpfe und Häuser und Menschen darstellend, ist neben den Bildern meiner Fibel meine erste und lange Zeit meine einzige Anschauung von künstlerischer Tätigkeit gewesen. Meine Mutter hat ein wenig von demselben Trieb; sie hat mir als Kind auf Tafel und Papier unermüdlich Figuren gezeichnet, und besonders war sie berühmt wegen ihrer aus Papier geschnittenen Pferde und Kühe: Ich erinnere mich derselben aufs lebhafteste. Auf ein gefaltetes Papier wurde der Umriss gezeichnet, und so gab es beim Ausschneiden gleich ein halbes Dutzend Figuren, die ich dann mit Pinsel und Tinte schwarzbunt zeichnete. Übrigens ist dies nur ein Zug eines allgemeinen Sinnes für das Zierliche und Schöne, das sich in der ganzen Familie meiner Mutter findet. Er tritt besonders in einer freundlicheren und freieren Ausbildung der menschlichen Beziehungen hervor: Ich bin stets sehr gern im Hause meiner Großeltern, jetzt meines Oheims, Ketel Moritz, gewesen. Es war mir jedesmal ein Fest, wenn ich die Erlaubnis erhielt, dort ein paar Tage zu sein. Es herrschte dort eine Herzlichkeit des Zusammenlebens, eine Zartheit der Mitempfindung, welche bei meines Vaters Naturell in unserem Hause nicht heimisch werden konnte. Auch hier hatten sich die Hausgenossen lieb, aber es war nicht so sichtbar; das Verhältnis blieb gleichsam in den groben Umrissen, während dort in jedem Tun und Reden das Bestreben jedes Familienmitgliedes an den Tag trat, dem andern Freude zu machen. Dieses Leben voll Herzlichkeit hatte für mich etwas überaus Wohltuendes; ein Kind hat für diese Temperaturunterschiede eine unglaublich feine Empfindung. – Es ist mir eine der tröstlichsten Betrachtungen, die mir das Leben bietet, dass diese Gestaltung der Familienbeziehungen weitaus den größten Teil dessen ausmacht, was des Menschen Glück genannt wird. Die äußeren Umstände tragen dazu verhältnismäßig sehr wenig bei, sie machen nicht das dauernde Klima der Lebensempfindung in einem Hause, sondern wirken nur wie vorüberziehende Wolken. Die allein wesentlichen Ursachen sind innere, in der Natur der Individuen, also bis zu einem gewissen Grade in ihrer Macht liegende. Haben Dorfgeschichten[737] deshalb etwas so Rührendes und Erfreuliches, weil sie diese oft vergessene Wahrheit zur Anschauung bringen?

Es war ein glückliches Haus, in dem meine Mutter aufwuchs, so wenig das Glück ein glänzendes war. Die Kinder haben alle, sowie sie die Schule verließen, nach der Reihe das Brot einer Dienstherrschaft gegessen. Freilich war das damals gewöhnlich. Die Vornehmheit, welche Dienen als schimpflich ansieht, ist in jener Gegend noch eine sehr neue Empfindung. Es war gewissermaßen eine Lehrzeit, welche die Erziehung des elterlichen Hauses vollendete. Der älteste gesunde Bruder kam zu einem Zimmermeister in die Lehre; meine Mutter diente bei einer Tante, und die jüngste Schwester, Agathe Margarete, bei dem Prediger des Ortes, mit dem sie auch noch zog, als er nach der Ostküste des Herzogtums versetzt wurde.

Dieser Prediger, Iversen war sein Name, hat einen großen Einfluss auf die Familie meiner Mutter ausgeübt. Es ist derselbe, dessen Predigten von meines Vaters Schwester besucht wurden. Er war von der mächtigen Strömung ergriffen worden, welche während des ersten Viertels unseres Jahrhunderts den Rationalismus und die Aufklärung des vorigen Jahrhunderts ablöste, einer Strömung, die, alle Lebensgebiete durchdringend, auf dem Gebiet der Theologie und Religion die alte kräftige Gläubigkeit zurückzuführen bestrebt war. In den Herzogtümern war sie durch Claus Harms auf der Kieler Universität, dann allmählich auch auf den Kanzeln heimisch geworden. Die alten rationalistischen Prediger starben allmählich aus, und Heißsporne des Glaubens traten an die Stelle. In Enge geschah das zufällig ungewöhnlich früh. Der alte Prediger, der abends mit seinen Beichtkindern müßig zu zechen pflegte, ging eines Abends aus dem Wirtshaus nach Hause, fiel unterwegs um, es war Winter, und wurde am folgenden Tage tot gefunden. Ihm folgte Iversen; heißblütig, glaubenseifrig, im Leben streng gegen sich und andere, er muss wirklich ein Stück alten Prophetentums in sich gehabt haben: So trat er in seine schlafende Gemeinde und brachte sie in gewaltige Erregung. Hass und Verachtung ist die Folge auf der einen Seite, hingebende Verehrung und begeisterte leidenschaftliche Aneignung des neuen Lebensprinzips auf der andern Seite. Meine Mutter gehört bald zu der letzteren kleinen Schar oder ist eigentlich, in der Sprache des Predigers zu reden, die erste Seele, die er in dem verwilderten Dorf dem Heiland gewinnt. Sie fragt sich: Ist es wahr, was der Prediger sagt, dass du sündig bist und so nicht zu Gott kommen kannst und dass Christus leiden und sterben musste, um dich vor Gott gerecht zu machen? Und ihr Herz antwortet: Ja, es ist wahr. Nun, sagt sie sich, dann ist es notwendig, ein anderes Leben von heute ab zu beginnen. Dann muss es zum Ausdruck kommen, dass du nicht mehr der Welt angehörst, sondern dem Heiland, der für dich gestorben ist. Und von dem Tage an meidet sie ihre alten Spiel- und Lebensgenossen; sie war von Natur sehr munter und gesellig. Die stehen verwundert und fragen: Was ist dir geschehen? Sie gibt darauf keine Antwort; sie ist, wie bisher, freundlich und hilfreich, soviel sie kann; aber eigentliche Lebensgemeinschaft kann sie mit ihnen nicht mehr haben. Die Welt und das Leben sind ihr zu ernsthafte Dinge geworden, als dass es sich noch geziemte, mit Scherz und Lachen die Tage oder auch nur eine Stunde zu füllen. Auch ihre Eltern und Geschwister stehen verwundert vor dem neuen Wesen. Man hatte stets ehrbar gelebt, aber diese Art Christentum war bisher in dem ganzen Dorfe nicht erhört worden. Der Ernst und die Gewissheit des Glaubens gewann aber hier den Sieg; das ganze Haus bekehrte sich. Freilich kostete es auch manchen Kampf. Im Dorf lebt man nicht isoliert, sondern in einer engen Gemeinschaft der Nachbarschaft und Verwandtschaft, jeder vor jedermanns Augen. Und da die Bewegung eine rein innerliche war, so hatte sie nichts von dem Hochmut der Bekennerschaft, vielmehr musste sie vor allem gegen den Kleinmut sich wehren, der fragte: Aber gehen denn die Andern, auch ehrbare und ordentliche Leute, in die Irre? Wie kannst du dir herausnehmen, wenigstens durch diesen Wandel, durch deine Zurückziehung von ihnen, dies zu behaupten? Und an Spott über die neue Heiligkeit fehlte es nicht; die Verwunderung wendete sich allmählich in Hass. – Es war ein nicht leichter Sieg, in welchem vor allem die junge Begeisterung meiner Mutter für den gewonnenen höheren Lebensinhalt gegen solche Versuchung zum Abfall standhielt. Allmählich gewöhnten sich die Leute an das andere Wesen; es bildete sich eine Art von Isolierung des Hauses gegen die Außenwelt, welche nicht mehr die tägliche Auseinandersetzung notwendig machte. Man ließ sie gewähren und hielt sich außerhalb der gezogenen Demarkationslinie. Man sah, dass die Familie, wenn sie auch die geselligen Interessen der andern nicht mehr zu teilen entschlossen war, in allen Lebensbeziehungen die alte Zuverlässigkeit und Redlichkeit bewahrte, ja steigerte: Es war der wunderbare Grundsatz in ihr zur Herrschaft gekommen: Lieber Unrecht leiden als tun. Nichts von Hochmut, von Heuchelei wirkte dazu: In der Tat, die Verhältnisse forderten nicht zum Heucheln, sondern allein zum Dissimulieren[738] auf. So gingen sie ihren Weg, durch ihr Leben bekennend, dass sie nicht zu dieser Welt gehörten, durch ihr Wort oder Wesen niemandem lästig oder die eigene Form aufzudrängen bestrebt.

Mir ist diese Bekehrung immer als etwas überaus Großes vorgekommen. Sie konnte nur auf Grund einer sehr entschiedenen Disposition für höhere Lebensauffassung und Lebensgestaltung zu Stande kommen. Nicht ein historischer Glaube entschied, sondern ein tieferes Bedürfnis, in das vergängliche Dasein einen größeren Sinn zu legen; ebenso wenig als es der historische Unglaube an irgendwelche Fakta war oder ist, der überall die Welt in ihrer Hingebung an das kleine Alltagsleben erhält. Es ist der Idealismus als Gesinnung, der sich, sobald ihm eine Form geboten wurde, in der es möglich war, sich über die Gemeinheit des stumpfen und dumpfen tierischen Jedentaglebens zu erheben, mit Leidenschaft dieselbe aneignete. Dass diese Form nicht eine rein menschliche, sondern eine vielfach mit abstrusen Schnörkeleien des Glaubens und Lebens behaftete war, ändert an der Reinheit und Energie des Idealismus der Gesinnung gar nichts. Die Formen schafft kein Mensch, kein Einzelner, sondern der Gesamtgeist. Übrigens treten in der einfachen Umgebung ländlichen Lebens die christliche Lehren und Übungen kaum in Gegensatz zu berechtigt menschlich-weltlichen; es gibt keine Wissenschaft, der man widersprechen müsste, um glauben zu können; es gibt keine Lebensformen von höherem Gehalt und höherem sittlichen Wert, denen man den Rücken kehren müsste, um zu forcierter Sitteneinfalt und zu rückläufiger Schmucklosigkeit des Daseins zurückzukehren. Äußerlich betrachtet bedeutete die Isolierung gegen die übliche Geselligkeit nicht viel anderes als die Isolierung gegen die ländliche, aber nicht sittliche Rohheit der Gelage, in denen jedes nicht gewöhnliche Ereignis durch den Genuss von Spirituosen in echt samojedischer Weise gefeiert wird.

Durch diese Abkunft und Geschichte meiner Eltern wurde auch dem Hause, das sie gründeten, sein Charakter bestimmt. Die natürliche Neigung meines Vaters zur Einsamkeit und die idealistisch-religiöse Ablehnung der gemeinen weltlichen Geselligkeit seitens meiner Mutter umgaben unsere Familie von vornherein mit einer geselligen Isolierung. Nicht zwar so, dass meine Eltern nicht durchaus im Verkehr mit den Dorfgenossen gelebt hätten, mein Vater stand vielmehr in dem häufigsten Verkehr als Ratgeber und als Gemeindebeamter, aber der Verkehr blieb äußerlich und geschäftlich; es gab daneben Lebenskreise in unserem Hause, welche den andern fremd waren, wie andererseits in den Häusern unserer Nachbarn und Bekannten Dinge geschahen, denen ich ganz fremd blieb. Es ist mir das bald zum Bewusstsein gekommen; ich spielte und lebte zwar durchaus mit den Altersgenossen und wurde daran von meinen Eltern nicht gehindert; allein es lag doch etwas um mich, über mir, ungreifbar, aber doch vorhanden, das mich von den andern trennte. Es hat diese Empfindung, die mir freilich nur selten und bei zufälligen Gelegenheiten bewusst wurde, auf die Stimmung meines Lebens vielleicht eingewirkt; zunächst manchmal etwas deprimierend. Etwas Besonderes zu sein ist für den, der es nicht mit Bewusstsein ist, also für ein Kind, unter einfachen und gesunden Verhältnissen stets etwas Schweres. Der Gesamtgeist reagierte gegen das Abweichende ablehnend und gerade am unbefangensten im Kinderverkehr. Eine spätere Periode meines Lebens ist nicht verständlich ohne diese Voraussetzung. Es kam eine Zeit, wo ich aufs Lebhafteste bemüht war, darzutun, dass ich die Sonderstellung meiner Eltern nicht teile, wo ich alles tat, um „mich der Welt gleichzustellen", wie es in der Sprache der Gläubigen heißt.

Reiseeindrücke aus Norwegen (1905)[739]

Nach Skandinavien, dem alten germanischen Urland, hatte es mich schon lange gezogen. Als ich las, dass dieses Jahr der Norden wegen der befürchteten politischen Unruhen wenig besucht sei, war mein Entschluss sogleich gefasst. In der zweiten Augustwoche fuhren wir über die Ostsee nach Kopenhagen, wo im Fluge alte Erinnerungen aufgefrischt wurden: der Hafen, das Christiansborgschloss; das Standbild Frederiks VII., meines ersten Landesherrn, das eben enthüllt wurde, als ich Kopenhagen das erste Mal sah, steht jetzt vor der durch den großen Brand zur Ruine gewordenen alten dänischen Königsburg, ein nachdenklich stimmendes Symbol: die dänische Monarchie selbst nur noch eine Ruine vergangener Größe. Aber auch hier ist neues Leben aus den Ruinen erblüht: Das dänische Volk gedeiht wirtschaftlich und geistig, seitdem es unmöglich gewordene politische Aspirationen abgestreift hat. Am folgenden schönen Morgen ging's den Sund hinunter, diese unvergleichliche alte Meerstraße, bis Helsingör. Nach kurzem Aufenthalt an dem heidebewachsenen rotschimmernden Granitvorgebirge des schwedischen Kullen, an dem vor etwas mehr als anderthalbhundert Jahren mein Urgroßvater Paul Frercksen sein Schiff verlor, mit genauer Not das Leben rettend, ging's mit der Eisenbahn durch das südliche Schweden, das mit seinen rotgestrichenen Bauernhäusern einen freundlichen wohlhäbigen Eindruck macht, über den Trollhättan, über den mächtigen Fall des Glomma bei Sarpsborg nach Christiania, wo wir gerade am 13. August, „*Norges store Dag*", eintrafen. Über den Ausfall der Abstimmung brauche ich natürlich den verehrten Leser nicht mehr zu unterrichten; über die Stimmung, in der die Hauptstadt des nunmehr völlig selbständigen Norwegens den Tag beging, darf ich vielleicht aus meiner Beobachtung ein Wort sagen. Es war für uns doch ein ergreifender Augenblick, als am frühen Morgen des 13., es war ein Sonntag, die Klänge des Lutherliedes „Ein feste Burg ist unser Gott", und darauf des Lobgesangs des heiligen Ambrosius,[740] zu unseren Fenstern am Eidsvollsplatz,[741] vor dem Storting,[742] emporstiegen. Ich ging in die Stadt; auf dem weiten Marktplatz war eine dichtgedrängte, nach Tausenden zählende, mit den norwegischen Farben in allen Formen und Maßen geschmückte Menge versammelt, kein Gedränge, kein Geschrei, kaum laute Rede, aber von Vor Frelsers[743] hohem Turm herab wieder die Klänge bekannter Choräle. Ich ging in die Kirche, sie war längst vor Beginn des Gottesdienstes überfüllt, auf allen Gängen die Menge gestaut, so dass an ein Bleiben nicht zu denken war. Die Predigt las ich später, eine tiefernste Ansprache über die neuen Aufgaben des norwegischen Volkes. Ich denke, ein Volk, das seine „Revolution" so begeht, darf eine Zukunft hoffen; vielleicht ist nie mit solcher Einmütigkeit und so klarem, ernstem Willen von einem Volk ein neuer Abschnitt seines geschichtlichen Lebens begonnen worden; denn freilich ist es ein bedeutsamer Abschnitt im Leben des norwegischen Volkes, der mit dem Sommer 1905 begonnen hat: Nach jahrhundertelanger Anlehnung an stärkere politische Mächte, zuerst an Dänemark, dann an Schweden, tritt Norwegen letzt als selbständiges Glied in die europäische Völkerfamilie ein, frei von der Belastung mit ihm mehr oder minder fremden politischen Zwecken, dafür aber mit der Aufgabe beschwert, für seine Selbständigkeit und Würde nun allein mit seiner eigenen Hand einzustehen, eine Aufgabe, die neue Pflichten und Lasten auflegt, deren Schwere sich noch nicht übersehen lässt. Indessen, die Lösung der Union mit Schweden kann nicht auf die Dauer Gleichgültigkeit oder gar Feindseligkeit der beiden Nationen gegeneinander bedeuten; vielleicht ist die Beseitigung eines verhassten äußeren Bandes auch hier die Voraussetzung für eine umso ehrlichere, auf der Gemeinsamkeit der letzten Lebensinteressen gegründete internationale Vereinigung.

Doch nicht von Politik soll hier die Rede sein, sondern von Land und Leuten. Wir nahmen Abschied von Christiania, nachdem wir noch einen herrlichen Abend auf dem 400 Meter über der Stadt gelegenen Frognerseter mit seinem prachtvollen Blick über Stadt und Fjord zugebracht hatten. Hamar am Mjøsa-See war unsere erste Station auf der weiteren

Nordfahrt. Die Ufer dieses schönen blaugrünen Sees, dessen Name als des größten norwegischen Sees wohl vor fünfzig Jahren zuerst an mein Ohr geklungen hatte, erinnern einigermaßen an den Züricher See: die Uferberge etwas höher, aber ähnlich abgeflacht und wohl angebaut, freilich nach nordischen Verhältnissen; nicht Städte und Dörfer darf man in dicht gedrängter Fülle erwarten, wie im Süden, sondern vereinzelte Höfe, die sich nur da und dort ein wenig dichter zusammenscharen. Eine halbe Stunde von Hamar liegt eine der wenigen Ruinen des an geschichtlichen Baudenkmälern armen Landes, die Überreste der im 12. Jahrhundert errichteten Domkirche von Hamar. Vier mächtige Bogenjoche, von Rundpfeilern getragen, zeugen mit den noch überall erkennbaren Grundmauern von der einstigen Größe dieser nordischen Zentralkirche. Auf einen in den See vorspringenden Hügel gebaut, muss sie von allen Seiten aus meilenweiter Ferne als das stolze Symbol der Herrschaft des neuen Glaubens sichtbar gewesen sein, noch die Reste machten im Licht der untergehenden Sonne einen großen Eindruck. Bis Otta führte am folgenden Tage die Eisenbahnfahrt; dann übernahm der nationale „Skyds“[744] unsere weitere Beförderung. In zweieinhalbtägiger Fahrt brachte uns ein munteres Zweigespann kleiner gelbweißer Pferde durch das Gudbrandsdal an das Westmeer. Das Wetter war gut, der Mut besser; und so wurden die 24 Stunden auf der „Stolkjære“, einem kleinen zweirädrigen Stuhlwagen mit Sitz für zwei Personen, hinter denen der Kutscher die Zügel hält, nicht zu lang. Freilich, großartig ist die Landschaft nicht. Die Talsohle bewegt sich auf einer Höhe von etwa 3–600 Metern; über die Wasserscheide zwischen dem Christianiafjord, dem der Lågen in langem Lauf zuzieht, und dem Atlantischen Meer, in das nach kurzem, raschem Lauf die Rauma fällt, gleitet, wer nicht auf den Lauf der Wasser achtet, hinüber, ohne sie zu bemerken. Die einfassenden Bergränder sind ebenso einförmige, langgezogene Rücken. Der Anbau des Tals ist für diese Breite noch leidlich: ein paar kleine Gersten- und Haferfelder, oder, wenn Felder zu großartig klingt, Gärten finden sich meist bei den Ansiedelungen; sie stehen noch grün wie bei uns im Juni. Im Übrigen ist Weidewirtschaft der Lebensunterhalt der Bewohner und einige Pferdezucht. Die Wohnstätten der Menschen muten, namentlich auf der dürftigeren Höhe, anfangs schier ein wenig eskimoisch an: Hütten, die sich oft mit dem First kaum vier bis fünf Meter über der Erde erheben, die Wände aus grauen Baumstämmen, deren Ritzen mit Moos verstopft sind, das Dach aus Baumrinde und mit grünendem Rasen bedeckt, nicht selten hat auch eine kleine Kiefer oder Birke sich darauf angesiedelt. Für den Reisenden bieten die Skydsstationen einfache, aber saubere Unterkunft und ganz gute Verpflegung. In Toftemoen und Stueflåten haben wir, die Rasendecke zu Häupten, vortrefflich geschlafen.

Der dritte Tag brachte uns in rascher fröhlicher Fahrt an der mit brausender Freude zum Fjord herabstürzenden Rauma ans Meer; in Andalsnes verabschiedeten wir uns von unserm braven Baktril Hilmersen und seinen Falben; in dreistündiger Abendfahrt mit dem Dampfer erreichten wir Molde. Ich werde nie den Eindruck vergessen, den ich empfing, als wir in dem trefflichen Hotel Alexandria in unser zwei Treppen hoch gelegenes Zimmer traten und vom Balkon aus über die mondbeglänzte Meeresbucht ausschauten: Etwas von dem Zauber venezianischer Mondnächte lag über der stillen Wasserfläche; und von jenseits grüßten die Berge des Romsdals, durch das wir eben heruntergefahren waren, mit ihren stolzen schneegekrönten Häuptern herüber. Als am andern Morgen die Sonne auf dem wohlgepflegten, mit blühenden Georginen[745] prangenden, gegen das Meer sich erstreckenden Garten des Hotels lag, wurde uns der Abschied recht schwer. Aber es war unseres Bleibens nicht, wir mussten den Anschluss an die kleinen, unregelmäßig verkehrenden Fjorddampfer suchen, und so fuhren wir nach Ålesund, einem seit dem Brandunglück und der raschen kaiserlichen Hilfe[746] auch in Deutschland wohlbekanntem Städtchen. Dankbar gedenke ich des schönen Bergenschen Touristendampfers „Sigurd Jarl“, der uns nicht nur in rascherer Fahrt zum Ziele führte, sondern uns auch trefflich bewirtete, sogar Pschorr vom Fass fehlte nicht, nach dem minderen norwegischen Bier, das sich nur durch seinen unbilligen Preis auszeichnet, ein köstlicher Genuss. In Ålesund angelangt, erstiegen wir, vielfach noch unwegsame Straßen passierend, den über der Stadt 155 Meter steil aufsteigenden Felskamm des

Aksla. Lange saßen wir oben auf den nackten, vom Ureis geglätteten Granitblöcken, blühende Heide ringsum zu Füßen. Das Auge vermochte sich nicht zu ersättigen an den Herrlichkeiten, die von allen Seiten sich ihm boten, ja zudrängten. Nach Westen unter unseren Füßen die eben neu aufgebaute Stadt, das Hämmern und Klopfen von tausend fleißigen Händen, die außen und innen an den neuen Häusern tätig waren, drang unaufhörlich zu uns herauf; darüber hinaus eine Fülle kleiner Inseln, teils nackter, grauer Granitklippen, die, nur wenige hundert Quadratmeter groß, eben über den Wasserspiegel ragen, teils größerer grüner Werder, mit Bauernhäusern und weidendem Vieh, dazwischen eingestreut größere Erhebungen, bis zu einigen hundert Metern Höhe, und endlich am Horizont der brandende Ozean, seine grünblauen Farben mit den weißlichblauen des Himmels mischend. Wendete man sich zur Rechten oder zur Linken, so wurde das Auge von mächtigen Gebirgsinseln angezogen, zwischen denen die unzähligen Fjorde und Wasserstraßen aufblitzten, sie selbst graugrünliches Gestein, mit rotem Heidekraut bekleidet. Und dahinter, gegen Osten den Horizont abgrenzend, die hohen Wände des Fjell, von denen blendend der Schnee herleuchtet. Ich hatte den Eindruck, als ob die Natur hier ein Höchstes an feierlicher Erhabenheit erreicht habe: Mächtigkeit und Weite der Verhältnisse, Schönheit und Klarheit der Linien, Pracht und Mannigfaltigkeit wunderbar abgestimmter Farben, vielleicht sind sie nicht zum zweiten Male von ihr so erreicht wie an dem Absturz der Westküste Norwegens in den Atlantischen Ozean.

Ich will unsere weiteren Fahrten, zu Schiff und zu Wagen, meist in raschem Wechsel, nicht verfolgen, der düstere Hjørundfjord, der prächtige Geiranger sind Glanzstücke. Dagegen möchte ich noch von einem Ausflug auf das Fjell berichten. Von Merok aus führt eine neue Kunststraße in raschen Kehren zur Höhe von 1100 Metern auf das Plateau des Fjells, über das sich mächtige Kuppen und Zinnen bis zu etwa 2000 Metern erheben. In etwa dreistündiger Fahrt über die Höhe wird das einsame Gasthaus Grotli erreicht, ein Knotenpunkt der Skydslinien, die den Osten mit dem Westen des Landes verbinden. Für den sinnlichen Menschen hat das Fjell durchaus nichts Anziehendes: ein eisiger Wind, auf den unsere sommerliche Ausrüstung keineswegs eingerichtet war, drang durch jeden kleinsten Spalt der Kleidung; meilenweit umher – und die norwegischen Meilen sind lang – einförmige, grauenvolle Öde: ungeheure graue Steinrücken, da und dort zu schädelförmigen Kuppen sich erhebend, bilden den Grund, auf den höheren liegt Schnee, ebenso liegen die Hänge voll Schnee; Lachen von Schmelzwasser, zu Seen sich dehnend, in denen Schnee- und Eisschollen schwimmen, füllen die großen und kleinen Mulden; eine dürftige Heideflora, darunter hervortretend das hellgelbe Rentiermoos, bezieht weite Strecken mit ihrem Graugrün; hin und wieder eine strauchartige Zwergbirke, die sich selbst über ihr Dasein zu verwundern scheint. Ein erstaunlicher Eindruck des Urtümlichen bemächtigt sich auch dessen, der nicht mit dem Auge des Geologen diese Wüste anschaut: die Alpen erscheinen dagegen mit ihren kecken Spitzen, ihren mächtigen Kämmen, ihren tiefgefurchten Tälern, ihren prachtvollen Wäldern als etwas Modernes, Gestaltetes; hier haben wir die uralte Erde in ihrer ursprünglichen Nacktheit. Auch das Fehlen des tierischen Lebens hat etwas Beängstigendes; ein Habicht, ein paar junge Schneehühner war alles, was auf stundenlanger Fahrt das Auge erblickte, kein Lerchengesang wie in unserer Heide, kein Schmetterling um Blüten flatternd, keine Käfer durch das Kraut hastend, grauenvolle Stille und Öde, das Rinnen und Rieseln der Schmelzwasser der einzige Laut, der das Ohr trifft. Wäre nicht die Straße, die die Macht des Menschen auch über diese Wüste sichtbar macht, dann müsste der Eindruck ein schlechthin erdrückender sein. Wir waren doch froh, als wir den stattlichen neuen Holzbau des Gasthauses Grotli vor uns sahen.

Nachdem wir uns wenig hergestellt, erwartete uns noch eine Überraschung. Ein Herr, der eintritt, sagt: er habe eben die Lappen besucht. Wir hielten es für einen Spaß, aber nein, etwa 200 Meter von unserem Hotel steht richtig in einer Vertiefung ein von uns übersehenes braunes Zelt, aus dessen oberer Öffnung der blaue Rauch jetzt lustig hervorzuwirbeln beginnt. Wir gehen hinüber und werden zuerst von zwei grauschwarzen Hunden, dann auch von zwei buntgekleideten Kindern mit zweifellos finnischen, übrigens gar nicht hässlichen Gesichtern empfangen. Im Zelt sitzen, sichtbar durch die zurückgeschlagene Eingangsklappe, auf der Erde am Feuer, das auf einer Steinsetzung mitten im Zelt brennt, Vater und Mutter der beiden Kinder, und ein drittes kleines Geschwister liegt am Rand des Zeltes auf einem eigenartigen kleinen Holzgestell. Wir folgen der Einladung, einzutreten und am Feuer Platz zu nehmen, auf kleinen Kisten und Kasten, die herbeigeschafft werden. Die Frau lässt sich in ihrer Hantierung, Rensteaks in der Pfanne über dem Feuer zu schmoren, nicht einen Augenblick stören; der Mann stochert mit einem Rentierknochen im Feuer und steckt am glühend gewordenen Ende sich den Rest einer Zigarre an, die er vermutlich eben geschenkt erhalten hat. Ein paar Stückchen Schokolade machen die Kinder zutraulich; sie nennen ihre Namen, Karen und Johann, das Wiegenkind heißt Christine: Wir haben die Beruhigung, unter christlich getauften Menschen uns zu befinden. Von dem Vater hören wir, dass er der glückliche Besitzer einer Herde von 1200 Rentieren ist, die in der Umgebung ihre ständigen Weideplätze haben. Ein Haufe von Rentiergeweihen, die wir beim Heraustreten nicht weit vom Zelt liegen sehen, belehrt uns über die Bestimmung der Zucht. Und als wir am Abend im Hotel mit Rentiersteaks bewirtet wurden, begann uns über den Zusammenhang menschlicher Dinge, auch über die Fülle der Bratenstücke, die wir vorhin im Zelt mit Verwunderung über den guten Appetit der Lappländer hatten zubereiten sehen, allmählich ein unvermutetes Licht aufzudämmern.

Am folgenden Morgen zuerst wieder eine stundenlange Fahrt durch die winterliche Öde, dann geht's die Straße durch das Videdal herab; kaum sind die ersten Kehren zurückgelegt, da wehten uns schmeichelnd lindere Lüfte ums Gesicht; in zwei Stunden erreichten wir Strynevatn, einen See, der zum Gebiets des Nordfjords gehört, nur durch eine kleine Aufschüttung von dessen östlichem Ausläufer, dem Innvikfjord, getrennt. Und wunderbar, diese zwei Stunden scheinen uns aus dem Nordpolgebiet wie mit einem Schlage an einen der Schweizerseen verpflanzt zu haben. Der Garten vor dem hübschen Gasthaus in Hjelle ist mit bunten Blumen und von der Last ihrer Früchte zur Erde gebeugten Obstbäumen erfüllt; wir trinken unseren Kaffee im Freien, gegenüber steigen die Berge auf, unten bewaldet und umgrünt, dann werden sie kahl, und die Spitzen glänzen weiß, zwischen ihnen strecken sich prachtvolle bläuliche Gletscherzungen tief herab. So überall: am Loenvatn, dem prachtvollen Oldenvatn, dem herrlichst geschmückten Alpensee, den ich jemals sah: unten grünende Felder und Gärten, dann steilabstürzende Wände, die Ränder und Spitzen firngekrönt, und dazwischen in die Talspalten tief hineinragend, reinlich blaue Gletscher, die nicht, wie die Alpengletscher durchweg, durch Moränen verunreinigt sind. Über die Maßen großartig ist es, wenn sich von einem der steil hängenden Gletscher ganze Eisberge ablösen und mit Donnergetöse in Blöcke zerbrechend zu Tal springen.

So ist Norwegen reich, ja überreich an Naturschönheiten: Gebirg und Wasser, Meerfjorde und Binnenseen in wahrhaft unerschöpflicher Fülle und Mannigfaltigkeit. An zwei Dingen fehlt es: Ein eigentliches Wandern, wie in Tirol oder Bayern, ist kaum möglich; dazu sind die Entfernungen zu groß, die Berge zu unwegsam; die Übergänge zu hoch; doch findet der rüstige Bergsteiger wohl seine Gelegenheit. Sodann: Es fehlt der Landschaft an Geschichte, an geschichtlichen Erinnerungen, die sie mit menschlichen Taten und Schicksalen beleben, wenigstens für uns: Nordfjord und Sognefjord sind für uns bloß geographische Namen, nicht Träger tausendfältiger Anschauungen und Gefühle weckender Erinnerungen, wie Rhein und Mosel, Thüringer Wald und Harz. Für den Einheimischen sind sie mehr; und doch, auch ihm können sie nicht dasselbe sein wie die deutschen Lande; es ist ein objektiver Unterschied, zusammenhängend mit der so überaus dünnen Besiedelung: Man kann tagelang fahren, ohne irgendwelchen sichtbaren Denkmälern historischen Lebens zu begegnen. Keine Burgen und Kirchen, keine Städte mit Mauern und Toren, kaum Dörfer, sondern nur einsame Höfe und Skydsstationen, und alle drei vier Meilen einmal eine einsame namenlose Holzkirche. Überhaupt, eine gewisse Einförmigkeit, meinethalben eine Einförmigkeit in der Erhabenheit, haftet der Landschaft an, so dass man sich nach einigen

Tagesfahrten einer gewissen Abstumpfung schwer erwehrt. So muss ich gestehen, dass Gudvangen und Stalheim, die als Prachtstücke nordischer Natur gepriesen werden, auf mich keinen starken Eindruck mehr machten: Die furchtbaren Mauern des Nærøyfjords und seiner Fortsetzung im Nærøydal wirkten fast nur noch deprimierend auf uns: ein grauenvoller Gedanke, hier Tage und Wochen zuzubringen.

Was die Bevölkerung anlangt, so ist sie, soweit meine Beobachtungen reichen, gegen die Fremden entgegenkommend und gefällig, ohne Zudringlichkeit und Gier; die kleinen Wagenlenker z. B., die an allen Stellen ihre Fuhrwerke bereithalten, bieten kaum ihre Dienste an, sondern lassen ruhig die Wahl. Selbst die Begierde nach Trinkgeldern hält sich innerhalb bescheidener Grenzen, was ohne Zweifel mit der Abwesenheit der internationalen Kellnerschar zusammenhängt, die Aufwartung wird durchweg von einheimischen Mädchen besorgt. Prellereien sind uns gar nicht begegnet. Dem Deutschen ist erfreulich, dass seinem Volkstum und seiner Sprache unverkennbar Sympathien entgegengebracht werden, ohne Zweifel nicht zum mindesten eine Folge der häufigen Nordlandfahrten des Kaisers.[747] Überall findet man Wirte und Portiers, die deutsch sprechen, so dass der Mangel an Kenntnis der Landessprache niemand vom Besuch abzuhalten braucht. Ein kleiner Bursche in Olden sprach mich in tadellosem Deutsch an: „Wünschen Sie zu fahren?“ Ich fragte ihn, woher er sein Deutsch habe. „Aus ein Buch“, antwortete er; und die Aussprache hatte er, wie sich weiter ergab, von einem, der in Berlin studiert hatte, gelernt; freilich fehlte noch viel zur Vollkommenheit, aber der Kleine sah mit so hellen forschenden Augen in die Welt, dass ich die beste Zuversicht zu dem Erfolg auch seiner ferneren deutschen Studien habe.

Daneben begegnet man überall der englischen Sprache, so dass man oft am selben Tisch die drei Sprachen nebeneinander hört, wie denn auch, eine Sitte, der ich noch nirgends sonst begegnet bin, auf den Tafeln der Gasthäuser sehr häufig in kleinen Fähnchen die norwegischen Farben neben den deutschen und englischen aufgestellt sind. Möge die Sache von guter Vorbedeutung für das Verhältnis der drei Nationen sein; in der Tat weist die politische Lage Norwegens auf die Anlehnung oder wenigstens in letzter Stunde auf den Schutz der beiden großen stammverwandten Nationen hin: eine Ausdehnung Russlands an den Atlantischen Ozean wäre für beide gleich unerträglich.

Von den englischen Touristen haben sich übrigens manche an den lachsreichen Strömen der Westküste angesiedelt, um hier mit der ihrer Nation eigenen Gründlichkeit den Angelsport zu betreiben. In einer gedruckten Empfehlung eines Hotels las ich eine Bescheinigung eines Mr. Sanderson, dass er in dem Hotel 14 Tage gewohnt und 27 Lachse getötet (*killed*) habe im Gesamtgewicht von 253 Pfund und dass er in jeder Hinsicht befriedigt gewesen sei. Man sieht Mr. Sanderson vor sich: nichts von poetischer Begeisterung oder sentimentaler Naturschwärmerei, auch das Vergnügen wird mit dem Ernst des Geschäfts betrieben, *he has killed 27 laxes ans had his comfort;* was will man mehr in Norwegen? Der Deutsche schwärmt für die Gletscher und Wasserfälle, der Engländer zählt seine getöteten Lachse und hält auf seinen Komfort, der denn auch dem Deutschen zugute kommt: Die Hotels sind für die Verhältnisse gut eingerichtet, und auch die Verpflegung ist nicht schlecht, freilich etwas anspruchsvoll im Auftreten und auch in den Preisen: Das englische System der dreimaligen Fisch- und Fleischfütterung ist durchgeführt, aber vielfach mit unzulänglichen Mitteln, so dass die „ewige Wiederkehr des Gleichen“[748] – man kann sein Glück am Mittag- und Abendtisch auf Tage und Wochen vorausberechnen – auf die Dauer etwas verstimmend wirkt, ähnlich wie die Wiederkehr derselben Fjordränder und Wasserfälle. Ich will nicht uneingestanden lassen, dass uns am Sognefjord in Gudvangen eine heftige und unwiderstehliche Sehnsucht nach den heiteren Buchenwäldern Seelands und den Fleischtöpfen der dänischen Küche überkam. Ich fürchte, wir würden in fluchtartiger Eile das Land verlassen haben, wenn nicht das Meer dazwischen gewesen wäre und andererseits das so herrlich gelegene alte Bergen uns festgehalten hätte. Hier wirkte wieder das Zusammen von Meer und Gebirg, wie in Ålesund, wundervoll großartig zugleich und die Seele lösend.

Allen den Lieben und Guten, nahen und fernen, alten und jungen, die am 16. Juli meiner freundlich gedacht haben, mit besonderer Zuschrift zu danken, wie ich sollte und möchte, dazu würde die Kraft gegenwärtig nicht ausreichen. Daher bitte ich mir zu gestatten in dieser Form allen gemeinsam und doch jedem Einzelnen auszusprechen, wie sehr ich das Glück empfinde, so Vielen lieb und wert zu sein. Ich stehe beschämt vor der Fülle von wohlwollender Anteilnahme an meinem persönlichen Dasein, von liebenswürdiger Anerkennung für meine Bestrebungen. Ich kann nichts tun, als dankbar alles hinnehmen und es zu dem übrigen vielen Guten legen, das mir im Leben geschenkt worden ist, geschenkt worden ohne mein Verdienst. Denn wahrlich, wenn ich heute auf mein Leben zurückblicke, so ist es wie ein Wunder vor meinen Augen, durch Fügung mehr als durch eigene vorschauende Einsicht gestaltet. Gewolltes ist nicht geworden, Ungewolltes und Ungesuchtes ist gekommen, voller und reicher, als ich es je zu träumen gewagt hätte; über Klippen bin ich hingefahren, ohne Schaden zu nehmen, und auch aus Irrfahrt und Torheit ist am Ende friedsame Frucht erwachsen, sodaß ich mit dem Patriarchen ausrufen möchte: „Ich bin zu gering aller Barmherzigkeit und aller Treue, die du an deinem Knechte getan hast; denn ich hatte nicht mehr denn diesen Stab, da ich über diesen Jordan ging, und nun bin ich zwei Heere geworden".

Wenn ich nun doch ein Wort von dem, was ich gewollt habe, sagen darf, so haben mir von Anfang an mehr oder minder bewußt zwei Leitmotive meiner Wirksamkeit vorgeschwebt. Das eine: die Philosophie aus der Isolierung, worin sie noch vor einem Menschenalter sich befand, herauszuführen und sie wieder in lebendige Beziehung zu der Bildung und den Aufgaben der Zeit zu setzen: Philosophie, so schien mir, ein unentbehrliches Element des Gesamtlebens, ohne das es Gesundheit und Harmonie nicht haben kann. Das andere: Scheu vor dem Partei- und Faktionswesen, Scheu vor dem Schulemachen und Cliquebilden; mit einem Wort des Erasmus von Rotterdam: „Semper solus esse volui nec quicquam pejus odi quam juratos et factiosos." Philosophie soll den inneren Menschen frei machen, nicht binden, ihr Lehrer zum Selbstdenken anleiten, nicht zum Nachsprechen anhalten.

Was aber die Zukunft anlangt, so soll mir aus der Erinnerung an diesen Tag neuer Mut und neue Freude wachsen, in treuer Arbeit, so lange ihr denn noch Raum gewährt sein mag, gemeinsamen Ueberzeugungen und Zielen auch ferner an meinem Teil zu dienen, zugleich aber auch der Liebe und des Vertrauens mich persönlich immer würdiger zu machen, die mir als freie Gabe so überreich entgegengebracht werden. Mit Goethe will ich bis ans Ende meiner Tage nicht aufhören zu sagen und zu bekennen:

Daß die Welt, wie sie auch kreise,
Liebevoll und dankbar sei.

Und so will ich denn auch mit demselben Geleitsmann dem Alter, das vor der Tür steht und, „ein höflich Mann", in diesem Jahr zum ersten mal bei mir angeklopft hat, mit getroster Seele entgegengehen.

„Die Jahre nehmen dir, du sagst, so vieles:
Die eigentliche Lust des Sinnenspieles,
Erinnerung des allerliebsten Tandes
Von gestern; weit- und breiten Landes
Durchstreifen frommt nicht mehr; selbst nicht von oben
Der Ehren anerkannte Zier, das Loben,
Erfreulich sonst. Aus eignem Thun Behagen
Quillt nicht mehr auf, dir fehlt das dreiste Wagen.
Nun wüßt ich nicht, was dir besondres bliebe?"
Mir bleibt genug: es bleibt Idee und Liebe.

Steglitz am Fichtenberg
18. Juli 1906.

F. Paulsen

Hier wiedergegeben nach dem Exemplar, das Ferdinand Tönnies erhielt und das sich in dessen Nachlass in der Schleswig-Holsteinischen Landesbibliothek befindet. – Paulsen zitiert nacheinander das Gebet des Patriarchen Jakob kurz vor seinem Kampf mit dem Engel (1. Buch Mose, 32, 11), Erasmus von Rotterdam („Ich habe immer allein sein wollen und habe nichts mehr gehasst als die Verschwörer und Parteigänger") und Goethe: zwei Verse aus dem Gedicht „Einlass" aus dem „Buch des Paradieses" des „West-östlichen Divans", eine Wendung aus dem Gedicht „Das Alter" und ein ganzes Gedicht aus dem „Buch der Betrachtungen" des „West-östlichen Divans".

Anmerkungen

1 Früher eine eigene Hallig, heute der Westteil von Langeneß.

2 Aus den Lebenserinnerungen des Grönlandfahrers und Schiffers Paul Frercksen. In: Zeitschrift der Gesellschaft für Schleswig-Holsteinische Geschichte 35 (1905), S. 76–116. – Paulsen wechselt auch in seinem Aufsatz zwischen den Schreibweisen „Frerk“ und „Frercksen“. – Das Manuskript der Erinnerungen Paul Frercksens und das von ihm geführte Schiffsjournal sowie viele weitere Familienunterlagen aus dem Besitz Friedrich Paulsens befinden sich heute im Nordfriisk Instituut in Bredstedt.

3 Von Langeneß.

4 *durchgeführt, um ... vorzubeugen*] Ursprüngliche Fassung der Handschrift: *durchgeführt, den äußern Anlass dazu gab der Umstand, dass der Name Paul Paulsen in der Gemeinde Langenhorn noch mehrmals vorkam. So haben denn auch die noch folgenden fünf Geschwister den Namen Paulsen geführt, von dem allerdings im täglichen Verkehr niemals Gebrauch gemacht wurde, auf Oland nicht und nicht in Langenhorn: Jeder wurde mit seinem Taufnamen und wenn nötig dem Hausnamen dazu gerufen.*

5 Heute zumeist „Fething“ geschrieben.

6 Niederdeutsch: Grasland, das im Unterschied zur Weide zum Mähen bestimmt ist.

7 Nicht beheizte Stube, die vorzugsweise bei Festlichkeiten benutzt wurde.

8 So nannten die Insel- und Halligbewohner in Nordfriesland das Festland. Vgl. S. 449.

9 In der Ausbildung der Volksschullehrer diente der Besuch der Präparandenanstalt, der unmittelbar an die eigene Volksschulzeit anschloss, der Vorbereitung auf den Besuch eines Lehrerseminars. Paulsen überträgt hier jedoch einen Begriff der preußischen Verhältnisse, die in Schleswig-Holstein erst seit 1867 galten, auf die Zeit des dänischen Gesamtstaats. Tatsächlich waren Sönke Andresen, der 1822–1828 in Enge Lehrer war, und Thomas Casper Tychsen, der 1829 sein Nachfolger wurde, Absolventen des Lehrerseminars in Tondern. Sie waren also besser ausgebildet als die meisten Dorfschullehrer ihrer Zeit, die nur bei einem älteren Berufsgenossen in die Lehre gegangen waren.

10 *ihre Mittel ... daran.*] Ursprüngliche Fassung der Handschrift: *ihre Mittel möglich machten; sie zog die Obstbäume aus Kernen wie die Blumen aus Ablegern und Samen; eine Baumschule oder eine Handlung, wo Blumen oder Baumstämmchen zu haben gewesen wären, gab es damals wohl nicht in meilenweiter Umgebung. Und dann hätte sie noch nicht das Geld dafür ausgeben mögen: Warum kaufen, was man selber ziehen kann?*

11 Stücke Weideland in der Marsch, die im Allgemeinen von Wassergräben umgeben sind.

12 *Bis hierher ... zu vernehmen.*] Nach der Überarbeitung der ersten beiden Kapitel ersetzte dieser Abschnitt einen früheren, den Paulsen am 12. Mai 1907 am Beginn der Arbeit an den folgenden Kapiteln niedergeschrieben hatte: *Die vorstehenden Aufzeichnungen lasse ich unverändert stehen, wie ich sie vor 30 Jahren gemacht habe. Damals war es meine Absicht, diejenige, die meine Lebensgefährtin zu werden entschlossen war, in die geistige Welt einzuführen, in der mein Leben wurzelte. Ich wollte sie zugleich mit denen vorbereitend bekannt machen, die damals alle noch lebten und in deren Kreis ich sie in kurzem persönlich einzuführen hoffte. Nun sind sie alle längst hinübergegangen, die, für die diese Blätter geschrieben wurden, zuerst, dann auch die, von denen sie handeln. Die ganze Welt, in der ich damals lebte, ist in die Vergangenheit hinabgesunken, und ich selbst bin mir halb zur Vergangenheit geworden: Die Jugend, die damals so nahe war, greifbar nahe für die Empfindung, liegt wie ein ferner Traum in silbern-dämmerigem Glanz. Ich will im Folgenden nicht den Faden, wie er damals abriss, weiterspinnen, sondern einige Bilder aus der Umgebung meiner Knabenjahre anfügen. Aus einer versinkenden oder schon versunkenen Welt stammend, mögen sie einen Augenblick die Teilnahme einer in dem seither verflossenen halben Jahrhundert äußerlich und innerlich völlig veränderten Welt gewinnen.*

13 Paulsen schreibt irrtümlich *Sollbrück*; Hinweis von Albert Panten.

14 Da Dänemark nach der Völkerschlacht bei Leipzig am Bündnis mit Frankreich festhielt, wurden im Winter 1813/14 auch die Herzogtümer Schleswig und Holstein zum Kriegsschauplatz und von einer schwedisch-russisch-preußischen Armee besetzt. In den letzten Wochen des Jahres 1813 versuchte sich das dänische Hilfskorps vor der alliierten Nordarmee, die unter dem Kommando des zum schwedischen Thronfolger erhobenen französischen Marschalls Jean Bernadotte stand, in die Festung Rendsburg zurückzuziehen. Im Dezember 1813 kam es bei Sehestedt (östlich von Rendsburg) zu einer verlustreichen Gefecht, in dem das dänische Korps sich behauptete, so dass es seinen Rückzug erfolgreich fortsetzen konnte. Bernadotte selbst war am Gefecht nicht beteiligt.

15 Bredstedt und die umliegende Nordergoesharde waren seit 1800 Teil des Amtes Husum, behielten aber eine weitgehend selbständige Verwaltung, an deren Spitze ein Landvogt stand. In der Zeit zwischen den beiden deutsch-dänischen Kriegen war das Johann Hans Christian Caspers.

16 Der Aktuar (Gerichtsschreiber) war in Bredstedt zugleich Amtsverwalter und als solcher Steuereinnehmer. Von 1849 bis 1864 war das Hans Heinrich Breede aus Friedrichstadt.

17 Da der Konflikt um die nationale Zugehörigkeit der beiden Herzogtümer, insbesondere aber Schleswigs, bis zum Krieg von 1848 vor allem mit dynastisch-erbrechtlichen Argumenten ausgefochten wurde, erreichte König Christian VIII. mit seinem Versuch, 1846 in einem „offenen Brief" die Erbrechte innerhalb der verschiedenen Teile der dänischen Monarchie klärend darzustellen, in den Herzogtümern keine Versachlichung, sondern eine Verschärfung der Diskussion.

18 Sporteln, d. h. Gebühren für Verwaltungs- und Gerichtshandlungen, fielen vielfach zur Hälfte den Beamten zu und galten als Teil ihrer Besoldung. Je mehr sie auf diesem Recht bestanden, desto unbeliebter machten sie sich.

19 Dorf westlich von Flensburg, d. h. in der Nähe der damaligen Sprachgrenze zwischen Dänisch und Deutsch.

20 Vertretungsweise Predigten in einer Nachbargemeinde in einer Zeit, in der deren Pastorat nicht besetzt ist.

21 Diese recht negative Einschätzung Paulsens ist u. a. damit zu erklären, dass eine kraftvolle friesische Sprachbewegung zu seinen Lebzeiten noch nicht bestand. Sie setzte erst 1907/08 ein. Der Nordfriesische Verein für Heimatkunde und Heimatliebe verteidigte z. B. 1908 den eigenständigen Status der friesischen Sprache. Diesem 1902 gegründeten Verein hatte sich Friedrich Paulsen angeschlossen, wie eine Mitgliederliste vom September 1906 zeigt.

22 *vermeiden kann.*] in der Handschrift: *vermeiden kann; literaturlose Sprachen verkümmern.*

23 Paulsen meint zweifellos ein Buch, das sein Vater seit 1841 besaß und das sich heute im Nordfriisk Instituut in Bredstedt befindet: Historisch-geographisch-statistische Beschreibung der Dänischen Monarchie, von H[ans] J[oachim] Jacobsen, Schullehrer in Heide, Altona 1835. – Hier werden die Färöer, wie damals im Deutschen üblich, als „Faröer" bezeichnet.

24 Bunyans Erbauungsbuch „The Pilgrim's Progress", 1678 erschienen, vermittelt seine religiöse Botschaft in der Form einer allegorischen Traumvision von einer abenteuerlichen und gefährlichen Reise ins Himmlische Jerusalem. Es gilt daher als ein Ausgangspunkt der englischen Romanliteratur.

25 Daniel Defoes 1719 erschienener Roman „The Life and Strange Surprising Adventures of Robinson Crusoe of York, Mariner" wurde schon 1720 ins Deutsche übersetzt und später, meist in bearbeiteter Form, immer wieder neu gedruckt.

26 Der Langenhorner Alte Koog wurde bereits um 1466 eingedeicht.

27 Karden: das Kämmen der Wolle vor dem Spinnen.

28 Johannes Goßner: Schatzkästlein enthaltend biblische Betrachtungen mit erbaulichen Liedern auf alle Tage im Jahr zur Beförderung häuslicher Andacht und Gottseligkeit, 2 Tle., Leipzig 1824.

29 Als Warften werden die Erdhügel auf den Halligen und in der alten Marsch bezeichnet, auf denen die Häuser stehen. Dieser Begriff wurde in manchen Gegenden Nordfrieslands auf der Geest, so in Langenhorn, aber auch für den Hofplatz benutzt.

30 Ein vor allem an der schleswig-holsteinischen Westküste gebräuchliches Landmaß von etwa einem halben Hektar.

31 Nachdem Preußen auf Druck Russlands Anfang Juli 1850 mit Dänemark Frieden geschlossen hatte, führten die Schleswig-Holsteiner den Krieg allein fort. Unter dem Oberbefehl des früheren

preußischen Generals von Willisen verloren sie am 25. Juli die Schlacht bei Idstedt, da Willisen unsicher und strategisch ungeschickt führte und ohne Not den Rückzug befahl. Die Niederlage bedeutete das militärische Ende der schleswig-holsteinischen Erhebung, dem Ende September/Anfang Oktober noch die S. 25 erwähnte Beschießung des von Dänen besetzten Friedrichstadt durch die schleswig-holsteinischen Truppen als moralisches Fiasko folgte.

32 Niederdeutsch: dreibeinige eiserne Kochtöpfe.

33 In der heutigen Schreibweise des Langenhorner Friesischen: „dat iil reeke“.

34 Der an Bäumen, vor allem Pflaumenbäumen, wachsende Schwamm wurde als Zunder beim Anzünden der Pfeife benutzt.

35 „*Feuerstätten*“] Danach in der Handschrift, von Paulsen aber wieder gestrichen, in Klammern die friesische Form: *Il-ste* (in der heutigen Schreibweise: „iil-stää“).

36 In der heutigen Schreibweise: „jaachte stiipe“.

37 In der heutigen Schreibweise: „siwe“.

38 In der heutigen Schreibweise: „skrok“.

39 In der heutigen Schreibweise: „skroke pote huule am longsten“.

40 In der heutigen Schreibweise: „särn“.

41 In der heutigen Schreibweise: „keerl“.

42 In der heutigen Schreibweise: „wui“.

43 In der heutigen Schreibweise: „weeb“.

44 Ein eigentlich niederdeutsches Wort („Heed“): Werg, die Abfälle bei der Bearbeitung des Flachses.

45 In der heutigen Schreibweise: „knooke“. – Niederdeutsch „Knuck, Knock“: zusammengedrehtes Bündel Flachs.

46 In der heutigen Schreibweise: „klose“.

47 Niederdeutsch: „Staven“: die Bauernstelle, häufig auch die Hofstelle (im Unterschied zu den Gebäuden). Hier bezeichnet „Stavenerde“ vermutlich Ackerkrume, die zur Verbesserung des „recht dürftigen“ (S. 42) sandigen Geestbodens diente.

48 Federkiel, Gänsekiel.

49 In der heutigen Schreibweise: „ruuk“.

50 Niederdeutsch „swelen“: Heu zusammenharken, um es dann in Diemen aufzusetzen oder auf Wagen zu verladen.

51 In der heutigen Schreibweise: „swale“.

52 Der Louisen-Reußen-Koog, südwestlich von Langenhorn, war 1799 eingedeicht worden. Heute liegt vor ihm noch der Sönke-Nissen-Koog.

53 Ein längs über das Fuder gelegter und an beiden Enden mit einem Tau befestigter glatter Baum, der dazu dient, die Heuladung oder die gestapelten Korngarben festzuhalten.

54 Aus dem Niederdeutschen übernommenes Wort: „die Wehle“ oder „das Wehl“ ist ein an der Binnenseite eines Deichs gelegener Teich, der durch einen Deichbruch entstanden ist.

55 Im dänischen Gesamtstaat mussten bestimmte Schriftstücke amtlichen oder urkundlichen Charakters auf besonderem, durch eine Stempelung gekennzeichnetem Papier geschrieben werden. Dessen Preis richtete sich nach Art und Wert des jeweiligen Geschäfts.

56 Kommode mit schrägem, aufklappbarem Aufsatz.

57 Wilhelm Roscher: Nationalökonomik des Ackerbaues und der verwandten Urproductionen: ein Hand- und Lesebuch für Staats- und Landwirthe, Stuttgart 1860 (Roscher: System der Volkswirtschaft, Bd. 2). – Das Werk erlebte zahlreiche Auflagen.

58 Wagenbauer.

59 Lateinisch: eheliche und gesellige Verbindung innerhalb einer gesellschaftlichen Gruppe.

60 „Liedertafel“ war im 19. Jahrhundert die übliche Bezeichnung für einen Männergesangverein.

61 Cayen Catharina Christiansen, geb. Carstensen, starb am 26. September 1906.

62 Die 1815 gegründete, vor allem unter dem Namen „Basler Mission“ bekannte Evangelische Missionsgesellschaft Basel, die vor allem im heutigen Ghana, Südindien und China tätig war, veröffentlichte regelmäßig Jahresberichte, aber auch andere Periodika, an die Paulsen hier gedacht

haben könnte: das Monatsblatt „Der Evangelische Heidenbote" und das „Magazin für die neueste Geschichte der evangelischen Missions- und Bibelgesellschaften" (seit 1857: „Evangelisches Missions-Magazin").

63 Heute großenteils im Nordfriisk Instituut.

64 Vgl. Anm. 14.

65 *über siebzig.*] Danach in der Handschrift gestrichen: *Ich erinnere mich noch wohl der Leichenfeier; es wurde für mich ein nicht unwichtiger Tag: Mein zweiter Lehrer, Küster Brodersen, nahm an diesem Tag Gelegenheit, mit noch einem andern Lehrer des Orts meinem Vater zuzureden, meinem Wunsch zu studieren nicht länger zu widerstehen.*

66 In der heutigen Schreibweise: „lasseeter".

67 In der heutigen Schreibweise: „baawelte".

68 *drei fremde Dörfer;*] danach in der Handschrift: *(Mönkebüll, Bargum und Stedesand;)*

69 Nach Matthäus 2, 11.

70 Hier in der älteren Bedeutung: Vormund, Vermögensverwalter.

71 Heute: Linnau.

72 Äquilibrist, Equilibrist: Gleichgewichtskünstler, Hochseilartist.

73 Kinder legen als Einsatz Geldstücke auf einen Holzklotz („Kaak") und werfen dann mit Steinen nach diesem. Die Münzen, die dabei mit der Wappenseite nach oben herunterfallen, gehören dem Werfer.

74 In der heutigen Schreibweise: „sil".

75 In den Marschen gebräuchliche Springstöcke zum Überwinden der Wassergräben um die Fennen (vgl. Anm. 11).

76 Nach dem zum geflügelten Wort gewordenen ersten Vers von Goethes Ballade „Der Schatzgräber": „Arm am Beutel, krank am Herzen, / Schleppt' ich meine langen Tage."

77 Die Hauptfigur des Erziehungsromans „Emile oder Über die Erziehung" (Émile ou De l'éducation) von Jean-Jacques Rousseau (1762).

78 Das Wort wurde in der Diskussion über die Reform des höheren Schulwesens in der zweiten Hälfte des 19. Jahrhunderts zum vielgebrauchten Schlagwort. Vgl. Paulsens in Anm. 540 nachgewiesenen Aufsatz.

79 Ergograph: Gerät zur Aufzeichnung der Muskelleistung.

80 Claus Röhe (1808–1869), der bis 1832 das Lehrerseminar in Tondern besucht hatte, war tatsächlich schon seit 1841 Lehrer in Langenhorn.

81 Es gab in den Herzogtümern Schleswig und Holstein keine Ausgabe von Luthers Großem Katechismus für den Schulgebrauch. Als Großen Katechismus bezeichnete man dort vielmehr , wie Paulsen es S. 93 und 98 tut, den „Kurtzen Unterricht im Christenthume, zum richtigen Verstande des kleinen Catechismus Lutheri", den Johann Andreas Cramer, Professor der Theologie und Prokanzler der Universität Kiel, im Auftrag der Kopenhagener Regierung für den Schulgebrauch in den Herzogtümern verfasst hatte. Er war 1785 erstmals erschienen und erlebte 1858 seine 100. Auflage. In Cramers Werk lautete eine der ersten Erläuterungen: „Die Seligkeit besteht, nach dem allgemeinen Begriffe davon, in einem immerwährenden und immer zunehmenden Vergnügen." Die von Paulsen zitierte Begründung für das Zunehmen des Vergnügens stand dort allerdings nicht.

82 Dreisatzrechnung.

83 Erzählendes Gedicht von Friedrich von Hagedorn (1708–1754), ein Loblied auf die heitere Genügsamkeit des fleißig Arbeitenden nach dem Geschmack der Aufklärung.

84 Eine Unterrichtsmethode, die nach dem Vorbild der britischen Pädagogen Andrew Bell (1753–1832) und Joseph Lancaster (1778–1838) ältere Schüler als „Monitoren" einsetzte, um die jüngeren zu unterrichten. Merkwürdigerweise scheint Paulsen, zu dessen Forschungsgebieten die Geschichte der Pädagogik gehörte, nicht bewusst gewesen zu sein, dass in den Herzogtümern Schleswig und Holstein die von Bell und Lancaster beeinflusste Methode der „wechselseitigen Schuleinrichtung" von König Friedrich VI. gefördert und den Lehrern am Lehrerseminar Eckernförde und der mit diesem verbundenen „Normalschule" in Lehrgängen vermittelt wurde.

85 Paulsen erwähnt nicht eigens, dass Schulräume und Lehrerwohnung unter einem Dach lagen, wie es bei Dorfschulen bis in das 20. Jahrhundert hinein selbstverständlich war.
86 Von französisch „se recréer“: sich erholen, erfrischen.
87 Pfeife mit einer Röhre aus Weichselholz, einem wohlriechenden Kirschbaumholz.
88 Auch hier zitiert Paulsen den „Kurtzen Unterricht im Christenthume“ von Johann Andreas Cramer (vgl. Anm. 81), dessen erste Frage „Wünschen wir nicht Alle vergnügt und froh zu sein?“ mit dem von Paulsen wörtlich wiedergegebenen Lehrsatz beantwortet wurde.
89 So hießen im dänischen Gesamtstaat die Prüfungsnoten.
90 Gemeint ist vermutlich: Neuester Hand-Atlas der alten und neuen Geographie über alle Theile der Erde: in 60 Karten, hrsg. v. Julius Schuberth, 2., rev. Aufl. Hamburg 1856.
91 Luthers Katechismus mit einer kurzen Erklärung. Ein Lehrbuch für die unconfirmirte Jugend von C. F. Balslev. Auf Veranstaltung des Königlichen Ministeriums für das Herzogthum Schleswig zum Schulgebrauch neu übersetzt, Schleswig 1859. – Das dänische Original war 1849 erschienen.
92 Von Ernst Moritz Arndt. Das Gedicht endet mit dem Vers: „das ganze Deutschland soll es sein“.
93 Es ist nicht eindeutig, welches der recht zahlreichen Gedichte, die dem populären „Marschall Vorwärts“ Gebhard Leberecht von Blücher gewidmet wurden, Paulsen hier meint. Vermutlich denkt er an Ernst Moritz Arndts „Lied vom Feldmarschall“ („Was blasen die Trompeten?“).
94 Das balladenhafte Lied „Des Sängers Tod“ von Peter Willatzen beginnt mit dem Vers „Es war auf Jütlands Auen“. Jede der fünf Strophen endet mit den Versen: „Geliebtes Schleswig-Holstein, / Mein Vaterland, leb' wohl!“
95 Das Lied von Matthäus Friedrich Chemnitz in der Vertonung von Carl Gottlieb Bellmann, 1844 beim Sängerfest in Schleswig zum ersten Mal gesungen, wurde sehr schnell über die Herzogtümer Schleswig und Holstein hinaus populär und aufs engste mit der schleswig-holsteinischen Unabhängigkeitsbewegung verbunden.
96 Franz Hoffmann: Friedl und Nazi: Eine Geschichte aus dem Tiroler Land für meine jungen Freunde, Stuttgart 1851.
97 Nicht ermittelt.
98 Möglicherweise: Des edlen Fürsten Wolfgang von Anhalt Bild nach dem Leben: zum Jubelfest der Uebergabe des evangelischen Glaubensbekenntnisses allen gegen Papismus Protestirenden gewidmet von einem entfernten, alten Anhaltiner, gebürtig aus Cöthen, Dresden 1830.
99 Die Belagerung von Wien: eine Geschichte aus dem Jahre 1683, dem Volke und der Jugend erzählt von W. O. von Horn [d. i. Wilhelm Oertel], Wiesbaden 1858.
100 Der Hamburger Volksschullehrer Heinrich Wolgast veröffentlichte 1896 die Streitschrift „Das Elend der Jugendliteratur“, in der er sich gegen eine eigene Kinder- und Jugendliteratur aussprach, weil er in ihr nur Massenware ohne künstlerischen Wert und „Tendenzschriften“ zur Vermittlung fragwürdiger Werte sah. Damit begann eine lange andauernde Diskussion für und wider.
101 Anspielung auf den 1. Petrusbrief 5, 8: „Seid nüchtern und wachet; denn euer Widersacher, der Teufel, geht umher wie ein brüllender Löwe und sucht, welchen er verschlinge.“
102 Anspielung auf das sogenannte Religionsgespräch in Goethes „Faust“: Auf Gretchens besorgte Äußerung, Faust ehre die heiligen Sakramente nicht, antwortet dieser: „Ich ehre sie.“ Und Gretchen erwidert: „Doch ohne Verlangen.“
103 In der heutigen Schreibweise: „ränge“.
104 In der heutigen Schreibweise: „klämpe“.
105 Lateinisch: besonderes Recht, Sonderteil; in der Wirtschaft ein Geldbetrag, der einem Gesellschafter wegen besonderer Leistungen vor der Aufteilung des Gesamtgewinns ausgezahlt wird.
106 Paulsen spielt hier auf den Titel eines Gedichts Goethes: „Gesang der Geister über den Wassern“ an, ohne dass ein inhaltlicher Bezug bestünde.
107 Paulsen bezieht sich hier auf eine der „Maximen und Reflexionen“ Goethes: „Was aber ist deine Pflicht? Die Forderung des Tages.“
108 Es kommen mehrere der für den Schulgebrauch gedachten Grammatiken von Raphael Kühner in Betracht. Vermutlich ist gemeint: Elementargrammatik der lateinischen Sprache mit eingereihten lateinischen und deutschen Übersetzungsaufgaben und einer Sammlung lateinischer Lehrstücke :

nebst den dazu gehörigen Wörterverzeichnissen. Für die unteren Gymnasialklassen, Hannover 1847. – 10. Aufl. 1851.
109 Der Bauer pflügt das Feld.
110 Der heftige Kampf, als Beispiel für die Verbindung eines Substantivs der ersten Deklination mit einem Adjektiv der dritten Deklination. Um sie durch alle Formen zu bringen, muss der Schüler also zwei verschiedene Deklinationen gleichzeitig benutzen.
111 Der große Frosch. Dies ist die korrekte Form, da „rana" im Lateinischen ein Femininum ist.
112 Die Kirche in Langenhorn hatte zwei Pastoren. Thomsen war nur Diakon; der „andere Pastor", Emil Simonsen, war daher nicht sein Kollege, sondern als Hauptpastor ihm übergeordnet.
113 Zur Abfolge der Klassen an den Gymnasien des 19. Jahrhunderts vgl. Anm. 128.
114 Die Reden, mit denen Cicero als Konsul den Galaterkönig Deiotarus 45 v. Chr. verteidigte („Pro Deiotaro") und mit denen er 63 v. Chr. Catilina und seine Mitverschwörer anklagte („Contra Catilinam"), waren beliebte Schullektüre im Lateinunterricht.
115 Lateinisch: indirekte Rede. Diese Redeform kommt in mündlicher Rede nur selten und im Friesischen gar nicht vor. Sie war für Paulsen also etwas Neues.
116 Die Briefe des französischen Neulateiners Marc-Antoine Muret, die 1580 zuerst im Druck erschienen waren (M. Antonii Mureti epistolae), lagen seit 1830 in einer deutschen Übersetzung vor: Briefe des Muretus in drei Büchern übersetzt und mit Anmerkungen begleitet von Albrecht Roder, Nürnberg 1830.
117 Raphael Kühner: Elementargrammatik der griechischen Sprache : nebst eingereihten griechischen und deutschen Übersetzungsaufgaben und den dazu gehörigen Wörterverzeichnissen, sowie einem Anhange von dem homerischen Verse und Dialekte, Hannover 1837. – 12. Aufl. 1851.
118 Das bekannteste Werk des Plutarch ist eine Sammlung von „Parallelbiographien" (Βίοι παράλλελοι), in der er jeweils einen Griechen und einen Römer zusammenstellt und sie miteinander vergleicht. Vgl. Anm. 141.
119 Gemeint ist die „Anabasis", der Augenzeugenbericht Xenophons vom Marsch der zehntausend griechischen Söldner, die den persischen Prinzen Kyros bei seinem Kampf um den Königsthron unterstützten und sich nach der verlorenen Schlacht bei Kunaxa nördlich von Babylon (401 v. Chr.), in der Kyros fiel, auf eigene Faust aus dem Zweistromland durch das winterliche Anatolien nach Griechenland durchschlagen mussten.
120 Die „Französische Grammatik für Gymnasien und höhere Bürgerschulen" von Franz Ahn erschien 1832 zum ersten Mal und lag 1852 bereits in 15. Auflage vor. Ahn veröffentlichte 1834 auch ein „Handbuch der englischen Umgangssprache", das 1846 in 4. Auflage erschien.
121 Der humoristische Roman von Oliver Goldsmith erschien 1766 zum ersten Mal.
122 Pt. Knudsen Blichert: Dänische Formenlehre zum Schulgebrauche, Schleswig 1854 (40 S.).
123 Vermutlich: Dänisches Lesebuch für die unteren Classen der Gelehrtenschulen und für Bürgerschulen, gesammelt und herausgegeben von P. K. Blichert, Schleswig 1855.
124 G. H. Seffer: Elementarbuch der hebräischen Sprache : eine Grammatik für Anfänger [...]; zunächst zum Gebrauch auf Gymnasien, Leipzig 1845. – 3., verb. u. verm. Aufl. 1861.
125 Q. Horatii Flacci Opera. Recensuit Et Illustravit Frid. Guil. Doering, 2 Bde., Leipzig 1803–1824. – 4., verb. u. verm. Aufl. 1829–1836.
126 Vermutlich: Joseph Socher: Grundriss der Geschichte der philosophischen Systeme von den Griechen bis auf Kant, München 1801. – [2. Aufl.] 1802.
127 Griechisch: raten, überlegen.
128 Die Gymnasien zählten die Klassen, der Rangfolge der Lehrer der alten Lateinschulen entsprechend, von oben nach unten, wobei die Bezeichnung zu erkennen gab, dass die drei obersten Klassen ursprünglich jeweils zwei Jahrgänge umfasst hatten. Der 5. bis 13. Jahrgang hießen also: Sexta, Quinta, Quarta, Untertertia, Obertertia, Untersekunda, Obersekunda, Unterprima und Oberprima. Zuweilen wurde diesen Klassen noch eine Septima als „eine Art Vorschule" (S. 120) vorgeschaltet. – Da am Altonaer Christianeum zu Paulsens Schulzeit die obersten Klassen noch ungeteilt waren, bestand das eigentliche Kollegium dort aus sechs „Klassenordinarien" (S. 121).

129 Das Christianeum ist in Wirklichkeit 1738 gegründet worden, als der dänische Staat die städtische Gelehrtenschule übernahm und zum Akademischen Gymnasium ausbaute. Bei der Einweihung des Neubaus 1744 erhielt es seinen Namen nach König Christian VI. Der festliche Umzug, an dem Paulsen teilnahm, war vermutlich der 1864 anlässlich des 200. Jahrestages der Verleihung des Stadtrechts für Altona veranstaltete.

130 Georg Friedrich Schumacher: Genrebilder aus dem Leben eines siebenzigjährigen Schulmannes. Fotomechanischer Nachdruck des Ausgabe Schleswig 1841. Erweitert um ein Nachwort und Register von Franklin Kopitzsch, Flensburg 1983, S. 86 f. – Schumacher wurde 1786 Primaner.

131 Paulsen schreibt „K. W. Nitzsch“. Es ist jedoch nicht Karl Wilhelm Nitzsch (1818–1880) gemeint, der 1848–1862 als Historiker an der Universität Kiel lehrte, sondern sein Vater Gregor Wilhelm Nitzsch (1790–1861). Er war 1827–1852 Professor der Philologie in Kiel und hatte zugleich seit 1834 die Oberaufsicht über die Gelehrtenschulen in beiden Herzogtümern. Ein Ergebnis seiner Arbeit war die 1844 erlassene Gymnasialordnung für das Christianeum, die aus dem Akademischen Gymnasium ein Gymnasium von neun Klassen machte.

132 Nitzsch hatte nicht in Leipzig studiert, sondern in seiner Heimatstadt Wittenberg. Er kannte die Verhältnisse in Sachsen aber nicht nur aus seiner eigenen Schulzeit, sondern auch aus Erfahrung als Lehrer: Er hatte seit 1814 in Wittenberg am Lyzeum unterrichtet, war 1817–1820 Konrektor im anhaltinischen Zerbst gewesen und 1820 in gleicher Funktion an das Gymnasium in Wittenberg zurückgekehrt, wo er bis zu seiner Berufung an die Universität Kiel blieb.

133 Wer in Preußen das Gymnasium bis zur Obersekundareife durchlief, konnte als sogenannter Einjährig-Freiwilliger den dreijährigen Militärdienst auf ein Jahr verkürzen. Zu den Folgen für die Zusammensetzung und Motivation der Schülerschaft der Mittelstufe vgl. auch S. 130. – Normalerweise genügte für die Anerkennung als Einjährig-Freiwilliger die Versetzung nach Obersekunda. Nur wurde 1892 im Rahmen der Schulreform eine Abschlussprüfung am Ende der Untersekunda eingeführt (vgl. S. 328), die aber 1901 bei der erneuten Reform wieder abgeschafft wurde.

134 „Schnur“ bezeichnet hier den auszeichnenden Schmuck an einer Uniform, speziell den der Einjährig-Freiwilligen. „Schnuraspiranten“ sind diejenigen, die das Gymnasium nur besuchen, weil sie die Verkürzung des Militärdienstes anstreben.

135 Klassenlehrer.

136 Lateinisch: etwas Unschickliches, Ungehöriges.

137 In Goethes „Zahmen Xenien“ heißt es: „Ich schreibe nicht, euch zu gefallen. / Ihr sollt was lernen.“

138 Französisch: Wohlbeleibtheit.

139 Wortreiche Erklärungen von Gefühlen und Ansichten.

140 Solange noch offen war, ob es für das Problem der Bildung eines deutschen Nationalstaats die „großdeutsche Lösung“ (unter Einschluss Österreichs) oder die „kleindeutsche“ (unter Ausschluss Österreichs) geben werde, wurde auch die Möglichkeit einer „Trias“ diskutiert: die Aufteilung des Deutschen Bundes in Österreich, Preußen und die Mittel- und Kleinstaaten.

141 Plutarchs ausgewählte Biographieen. Für den Schulgebrauch erklärt von Otto Siefert, Bd. 2: Timoleon und Pyrrhus, Leipzig 1861.

142 Von französisch „comment“ = wie (man sich zu verhalten hat): Verhaltensregel, Brauch in einer studentischen Verbindung

143 Lateinisch „exercitium“ = Übung; hier: Übersetzungsübungen als Hausaufgaben.

144 Vermutlich Moritz Seyffert: Palaestra Ciceroniana : Materialien zu lateinischen Stilübungen für die oberste Bildungsstufe der Gymnasien, Brandenburg 1841 (3., durchges. Aufl. 1852), oder : Materialien zum Übersetzen aus dem Deutschen ins Lateinische : als Anhang zur „Palaestra Ciceroniana“ desselben Verfassers / aus neueren lateinischen Schriftstellern gezogen und für die oberste Bildungsstufe der Gymnasien bearbeitet, Brandenburg 1844 (3. Aufl. Halle 1863).

145 Der echte lateinische Stil.

146 Lateinisch: Zeitenfolge, d. h. die Regeln für den Zusammenhang zwischen dem grammatischen Tempus in Hauptsatz und Nebensatz.

147 Von lateinisch „ex tempore“ = aus dem Stegreif; hier: Übersetzungsübung als Klassenarbeit ohne Hilfsmittel.

148 Carl Friedrich von Nägelsbach: Lateinische Stilistik für Deutsche : ein sprachvergleichender Versuch, Nürnberg 1846. – 3., berichtigte Aufl. 1858.
149 *Technik und Industrie*] in der Handschrift von Paulsen korrigiert aus: *Technik und Sport* – In der Diskussion über die Reform der höheren Schulen in Preußen am Ende des 19. Jahrhunderts spielte die Einführung des Turnens als Schulfach eine wichtige Rolle.
150 Paulsen denkt hier außer an sein bildungsgeschichtliches Hauptwerk „Geschichte des gelehrten Unterrichts auf den deutschen Schulen und Universitäten vom Ausgang des Mittelalters bis zur Gegenwart" (1885, 2. umgearb. u. sehr erw. Aufl. 1896) vermutlich auch an seine zahlreichen daran anschließenden Aufsätze und Rezensionen zu Fragen der Schulreform.
151 Augustinus berichtet am Ende des zweiten Buchs seiner „Confessiones" über eine Jugendsünde, wie man sie begeht, wenn einer sagt: „Komm, lass uns das machen" und man sich schämt, nicht schamlos zu sein („cum dicitur: ‚Eamus, faciamus' et pudet non esse impudenten". II, 10).
152 Zitat aus Horaz: De arte poetica, v. 163: wachsweich, zum Laster hingebogen zu werden. Auch bei Horaz ist die leichte Verführbarkeit junger Menschen gemeint.
153 Albert Forbiger: Aufgaben zur Bildung des lateinischen Stils : für die mittleren und oberen Classen in Gymnasien aus den besten neueren Latinisten entlehnt, 4., verb. u. verb. Aufl. Leipzig 1844. – 5., völlig umgearb. Aufl. 1856. – Die früheren, seit 1832 erschienenen Auflagen wenden sich nur an die Klassen der Mittelstufe.
154 Die sog. Kranzrede war der Dank des Demosthenes dafür, dass er 330 v. Chr. für seinen Kampf für die Freiheit Athens gegen König Philipp von Mazedonien mit einem goldenen Kranz geehrt wurde, und gab ihm die Gelegenheit, seine Politik zu rechtfertigen. Vgl. Anm. 399.
155 F. A. Pischon: Leitfaden zur Geschichte der deutschen Literatur, Berlin 1830. – 11., verm. Aufl. 1856. – 12. Aufl. bearb. v. W. A. Passow 1862.
156 Die beiden Tragödien „König Ödipus" und „Ödipus auf Kolonos".
157 Euripidis Tragoediae. Recensuit Godofredus Hermannus, vol. 1, pars 3: Iphigenia Taurica, Lipsiae 1833.
158 Lateinisch: Verschiedenheit der Lesarten eines überlieferten Textes.
159 Horaz: Satire I, 1, v. 4–5: „ ‚o fortunati mercatores' gravis annis / miles ait, multo iam fractus membra labore" = „ ‚Ihr glücklichen Kaufleute!' seufzt ein durch seine Jahre belasteter Soldat, dem viele Mühen schon die Kraft der Glieder gebrochen haben." In der abweichenden Lesart ist er „ein durch seine Waffen belasteter Soldat".
160 Enklitika sind unbetonte Partikel, die sich an das vorhergehende betonte Wort anlehnen, wie das τε, das, wenn es rein verknüpfende Funktion hat und keine Bedeutung trägt, im Satz ohne Akzent geschrieben und gedruckt wird, während alle sinntragenden griechischen Wörter akzentuiert werden.
161 Wilhelm Pütz: Grundriss der Geographie und Geschichte der alten, mittleren und neuen Zeit für die oberen Klassen höherer Lehranstalten, 3 Bde., Köln 1837–1838. – Bd. 1: 12. Aufl. 1863; Bd. 2 u. 3: 10. Aufl. 1865.
162 Scholarch: Schulaufseher.
163 Das Portal von 1721, das den Schülern „am Ende Lob" verhieß, ist auch an die beiden späteren Neubauten des Christianeums übertragen worden.
164 Vexieren (von lateinisch „vexare"): durch Irreführen ärgern.
165 Unmittelbar nach dem Tod König Friedrichs VII. im November 1863 hatte sein Nachfolger Christian IX. die unter Friedrich VII. ausgearbeitete, von ihm aber nicht mehr in Kraft gesetzte sogenannte Novemberverfassung unterschreiben müssen, die im Sinne der dänischen Nationalliberalen das Herzogtum Schleswig eng mit dem Königreich verband, während Holstein eine eigene Verfassung in Aussicht gestellt wurde. Da das den internationalen Verpflichtungen widersprach, die Dänemark 1851/52 im Zusammenhang mit der Thronfolgeregelung übernommen hatte, beschloss der Deutsche Bund Anfang Dezember die Bundesexekution zur Wahrung seiner Rechte und beauftragte Österreich, Preußen, Sachsen und Hannover mit dem Vollzug.
166 Herzog Christian August von Schleswig-Holstein-Sonderburg-Augustenburg (1798–1869) hatte sich nach dem Scheitern der schleswig-holsteinischen Erhebung 1852 u. a. verpflichten müssen, sich der vom König von Dänemark vorgenommenen Regelung der Erbfolge in der Monarchie

nicht zu widersetzen. Ein förmlicher Verzicht auf seine Erbansprüche in den Herzogtümern wurde von ihm nicht verlangt, da diese von dänischer Seite nicht anerkannt wurden. Daher konnte er sogleich nach dem Tod König Friedrichs VII. sein Erbrecht auf seinen Sohn Friedrich übertragen, der sich den Schleswig-Holsteinern, die die Trennung von Dänemark wollten, mit der propagandistischen Devise „Mein Recht ist Eure Rettung“ als Thronprätendenten empfahl. Ihm wurde daher in vielen Orten des Landes förmlich als „Herzog Friedrich VIII.“ gehuldigt, und es gab, vor allem in Holstein, eine starke Bewegung im Bürgertum, die ihn als Landesherrn haben wollte, zumal er seine Absicht erklärt hatte, sich auf das das fortschrittliche „Staatsgrundgesetz“ von 1848 zu stützen. Die Anerkennung durch den Deutschen Bund und insbesondere durch Preußen und Österreich blieb ihm jedoch versagt, weil Bismarck die Entstehung eines liberal verfassten Kleinstaats im Norden verhindern wollte und bald die Annexion der Herzogtümer durch Preußen anstrebte.

167 Da Dänemark der vom Deutschen Bund erhobenen Forderung nach Aufhebung der Novemberverfassung nicht nachkam, marschierte am 1. Februar 1864 ein preußisch-österreichisches Heer in das Herzogtum Schleswig ein.

168 Das Danewerk (dänisch: Dannevirke), die mittelalterliche Befestigung der Südgrenze des dänischen Reiches auf der Höhe der Schlei, war im Zuge der nationalen Spannungen um die Mitte des 19. Jahrhunderts noch einmal ausgebaut und 1863 sogleich mit Truppen besetzt worden. Am 5. Februar 1864 räumte das dänische Heer jedoch freiwillig die Danewerkstellung, deren symbolischer Wert weitaus höher war als ihr militärischer, und zog sich in die Düppeler Schanzen zurück.

169 Die Erstürmung der Düppeler Schanzen durch preußische Truppen am 18. April 1864 war das entscheidende militärische Ereignis des deutsch-dänischen Krieges von 1864, denn damit waren für die feindlichen Truppen sowohl der Weg nach Jütland als auch der Übergang zur Insel Alsen frei.

170 Nachdem der König von Dänemark im Wiener Frieden vom 30. Oktober 1864 zugunsten des Kaisers von Österreich und des Königs von Preußen auf die Herzogtümer Schleswig, Holstein und Lauenburg verzichtet hatte, wurden sie zunächst gemeinschaftlich durch zwei zivile Regierungskommissare regiert. In der Gasteiner Konvention vom 14. August 1865 wurde dann vereinbart, dass die gemeinsame Oberhoheit zwar fortbestehen, aber in Schleswig allein von Preußen und in Holstein allein von Österreich ausgeübt werden solle.

171 Nach der Räumung des Danewerks versuchten dänische Truppen, die vorrückenden Österreicher südlich von Flensburg zwischen Oeversee und dem Sankelmarker See aufzuhalten. Es kam am 6. Februar 1864 zu einem Gefecht, in dem die Österreicher siegten.

172 Am 27. Juni 1866 konnten die Österreicher unter Gablenz bei Trautenau (tschechisch: Trutnov) die von Schlesien her durch das Riesengebirge nach Böhmen einmarschierenden Preußen zurückdrangen. Einen Tag später behielten jedoch die Preußen die Oberhand.

173 Lateinisch: aufmunternde Rede.

174 Das illustrierte Familienblatt „Die Gartenlaube“, das seit 1853 erschien, trat in unterhaltenden und belehrenden Artikeln für bürgerliche Werte ein, u. a. auch für die Bildung eines deutschen Nationalstaats.

175 Die Uttenruthia, 1836 in Uttenreuth bei Erlangen gegründet, war die erste nichtschlagende Studentenverbindung in Deutschland. Paulsen hat sich ihr vermutlich nicht angeschlossen, weil sie ein christliches, insbesondere pietistisches, Gepräge hatte.

176 Paulsen verwendet das Wort hier anscheinend zur Bezeichnung des Stammlokals einer studentischen Verbindung, das außerhalb der Universitätsstadt liegt.

177 Die Erlanger Urburschenschaft Arminia (von der sich die stärker politisch engagierte Germania bereits 1827 abgespalten hatte) musste sich unter dem Druck der politischen Verhältnisse 1833 auflösen. Das geschah in der Gastwirtschaft des Dorfes Bubenreuth, die später nach ihrem Besitzer, dem von Paulsen S. 147 erwähnten Besitzer Mörsberger, „Mörsbergei“ genannt wurde. Ein Teil der Mitglieder beschloss, sich weiterhin zu treffen, und gab sich den unverfänglichen Decknamen Bubenreuther, bis sie 1843 wieder offiziell in Erscheinung treten konnten – jetzt als Bubenruthia.

178 Da die schleswig-holsteinische Erhebung aufs engste mit der Revolution von 1848 und der Nationalversammlung in der Frankfurter Paulskirche verbunden gewesen war, hatten die nationallibe-

ralen Kreise in ganz Deutschland nach dem Scheitern der Erhebung und der Revolution das Gefühl, Schleswig-Holstein sei durch das übrige Deutschland im Stich gelassen und durch Preußen verraten worden.

179 Kartell: Zusammenschluss studentischer Verbindungen gleicher Zielsetzung an verschiedenen Universitäten.

180 Joseph Hyrtl: Lehrbuch der Anatomie des Menschen: mit Rücksicht auf physiologische Begründung und praktische Anwendung, Prag 1846. – 7. Aufl. Wien 1862.

181 Gemeint ist die Überführung eines Zustands, in dem die Mitglieder der beiden studentischen Verbindungen sich nur wild prügeln (in der studentischen Sprache jener Zeit: holzen), in einen geordneten, in dem sie ihren Wettstreit durch geregeltes Duellieren (in der studentischen Sprache: pauken) austragen. – Zu „Komment" vgl. Anm. 142.

182 Friedrich Ueberweg: Grundriß der Geschichte der Philosophie von Thales bis auf die Gegenwart, 3 Bde., Berlin 1863–1866.

183 Heinrich Ritter: Encyklopädie der philosophischen Wissenschaften, 3 Bde., Göttingen 1862–1864.

184 Paulsens Angabe ist nicht ganz klar: In der für den Schulgebrauch gedachten „Bibliotheca graeca", die der Leipziger Verlag Teubner herausbrachte, erschienen 1827–1860 „Platonis Opera omnia", herausgegeben von Gottfried Stallbaum, in 10 Bänden (mit 20 Teilbänden). Eine achtbändige Ausgabe, ebenfalls mit dem Titel „Platonis Opera omnia" und ebenfalls von Stallbaum herausgegeben, erschien 1850 im Leipziger Verlag Tauchnitz.

185 Friedrich Albert Lange: Geschichte des Materialismus und Kritik seiner Bedeutung in der Gegenwart, Iserlohn 1866.

186 Friedrich Ueberweg: System der Logik und Geschichte der logischen Lehren, Bonn 1857. – 3., verm. u. verb. Aufl. 1868.

187 Alexander von Humboldt: Kosmos : Entwurf einer physischen Weltbeschreibung, 4 Bde., Stuttgart 1844–1858.

188 Der Physiologe Emil Dubois-Reymond.

189 Aristoteles Graece / Ex Recensione Immanuelis Bekkeri, 2 Bde. (mit durchlaufender Seitenzählung), Berlin 1831.

190 *Hause, ... angeknüpft haben.*] Ursprüngliche Fassung der Handschrift: *Hause eröffnet, der für mich von ganz ungeahnten Folgen sein sollte. Doch davon später.*

191 Aristoteles als ewigen (d. h. ewig gültigen) Philosophen zu bezeichnen, entsprach der Hochschätzung, die ihm die Scholastik des Hochmittelalters entgegengebracht hatte. Trendelenburg konnte sich darin nach dem Urteil Paulsens mit einem Neuscholastiker messen oder übertraf ihn sogar noch („trotz" mit Dativ kann „ebenso sehr wie" oder auch „mehr als" bedeuten).

192 Das „Graue Kloster" war die Berliner Gelehrtenschule, die 1574 in den Gebäuden des ehemaligen Franziskanerklosters eingerichtet wurde. Es lebt bis heute als „Evangelisches Gymnasium zum Grauen Kloster" fort.

193 Johannes Müller: Handbuch der Physiologie des Menschen für Vorlesungen, 2 Bde. (in 5 Teilbänden), Koblenz 1833–1840.

194 Friedrich Eduard Beneke: Grundlinien des natürlichen Systemes der praktischen Philosophie, 3 Bde., Berlin 1837–1841.

195 Friedrich Eduard Beneke: Die neue Psychologie : erläuternde Aufsätze zur zweiten Auflage meines Lehrbuches der Psychologie als Naturwissenschaft, Berlin 1845.

196 Friedrich Eduard Beneke: System der Metaphysik und Religionsphilosophie, aus den natürlichen Grundverhältnissen des menschlichen Geistes abgeleitet, Berlin 1840.

197 Eine „öffentliche", d. h. für Hörer aller Fakultäten zugängliche, Vorlesung, lateinisch: collegium publicum.

198 Gemeint ist Schleiermachers Übersetzung „Platons Werke", die zuerst 1804–1809 in Berlin erschien.

199 Gemeint ist vermutlich die Ausgabe: Platonis Dialogi secundum Thrasylli tetralogias dispositi ex recognitione Caroli Friderici Hermanni, 6 Bde., Leipzig 1851–1853. – [2. Aufl.] 1859–1864.

200 Friedrich Ueberweg: Untersuchungen über die Echtheit und Zeitfolge Platonischer Schriften und über die Hauptmomente aus Plato's Leben : eine von der kaiserlichen Akademie der Wissenschaften in Wien gekrönte Preisschrift, Wien 1861.
201 Carl Göring: System der kritischen Philosophie, 2 Bde., Leipzig 1874–1875.
202 Gottfried Bernhardy: Grundriß der Griechischen Litteratur : mit einem vergleichenden Ueberblick der Römischen, 2 Tle., Halle 1836–1845. – 2. Bearb. 1852–1859.
203 Auf der Auktion der Bibliothek des Klassischen Philologen Friedrich Gottlieb Welcker.
204 Aristotelis de anima libri tres. Ad interpretum graecorum auctoritatem et codicum fidem recognovit commentariis illustravit Frider. Adolph. Trendelenburg, Jena 1833.
205 Aristotelis Metaphysica. Recognovit et enarravit Hermannus Bonitz, 2 Bde., Bonn 1848–1849.
206 Friedrich Schleiermacher: Grundriß der philosophischen Ethik mit einleitender Vorrede von A. D. Twesten, Berlin 1841.
207 Friedrich Schleiermacher: Grundlinien einer Kritik der bisherigen Sittenlehre, Berlin 1803. – 2. Ausg. 1834.
208 Dialektik. Aus Schleiermachers handschriftlichem Nachlasse hrsg. v. L. Jonas, Berlin 1839.
209 In der Sprache der studentischen Verbindungen: ein im Berufsleben stehendes Mitglied der Verbindung.
210 In der Studentensprache: „konsiliiert werden" = das „consilium abeundi", die Aufforderung zum Verlassen einer Universität, erhalten.
211 Reuter würdigte Renauds Gedichte zu dessen 60. Geburtstag in einem Artikel der Fränkischen Nachrichten, der auch als selbständiger Sonderdruck erschien: Theodor Renaud (Vulpinus). Ein Gedenkblatt zum 6. Februar 1904, Erlangen 1904.
212 Lateinisch: Wir gewähren und erbitten gegenseitig Nachsicht. Nach Horaz, Ars poetica, v. 11: „hanc veniam petimusque damusque vicissim". Der Vers wird meist in der von Paulsen benutzten Form zitiert. Bei Horaz geht es jedoch um die künstlerische Freiheit, nicht um den unangemessen schonenden Umgang von Kollegen miteinander.
213 Lateinisch: milde Weisheit.
214 Friedrich Reuter: Die Erlanger Burschenschaft 1816–1833. Ein Beitrag zur innern Geschichte der Restaurationszeit, Erlangen 1896.
215 Friedrich Reuter: Friedrich Rückert in Erlangen und Joseph Kopp. Nach Familienpapieren dargestellt zum hundertjährigen Geburtstag des Dichters, Hamburg 1888. – Ders.: Aus Friedrich Rückerts Leben. Nach Akten. Mit poetischen Beigaben, 2 Bde., Ansbach 1907–1908.
216 Friedrich Reuter: Drei Wanderjahre Platens in Italien 1826–1829. Mit zehn ungedruckten Briefen Platens an Kopisch, Ansbach 1900.
217 Friedrich Reuter: Mittheilungen aus dem Leben des Director Bartelmann, Programm Kiel: Gelehrtenschule 1875, 1876, 1878.
218 Es geht um die Unterscheidung von zwei verschiedenen Possessivpronomina im Griechischen. Das zweite ist reflexiv und bezieht sich auf das Subjekt des Satzes, im Sinne von „sein eigener", während sich das erste auf eine andere Person bezieht, im Sinne von „dessen". Im Deutschen steht an ihrer Stelle im Allgemeinen ein zweideutiges „sein".
219 Lateinisch: die geistige Liebe zu Gott, ein zentraler Begriff von Spinozas Ethik.
220 *Anmerkungen.*] In der Druckausgabe der Jugenderinnerungen endet der Absatz hier; das Folgende ist weggelassen.
221 *nicht weichen;*] Danach ist in der Handschrift das Ergebnis einer zweifachen Umformulierung gestrichen: *das feine Lächeln behielt für mich einen kleinen Beigeschmack des Unechten. Trugen die Goldstaubblättchen, die der Friseur auf seinem Gesicht zurückgelassen hatte, oder die Goldfüllungen der Vorderzähne zu diesem Eindruck bei? ich weiß es nicht;*
222 Vermutlich Johann Friedrich Herbart: Analytische Beleuchtung des Naturrechts und der Moral, Göttingen 1836.
223 Johann Friedrich Herbart: Psychologie als Wissenschaft, neu gegründet auf Erfahrung, Metaphysik und Mathematik, 2 Bde., Königsberg 1824–1825, oder ders.: Lehrbuch zur Pyschologie, Königsberg 1816. – 2., verb. Aufl. 1834.

224 Hermann Lotze: Mikrokosmus : Ideen zur Naturgeschichte und Geschichte der Menschheit; Versuch einer Anthropologie, 3 Bde., Leipzig 1856–1864. – 2. Aufl. 1869–1872.
225 Wilhelm Roscher: System der Volkswirthschaft : ein Hand- und Lesebuch für Geschäftsmänner und Studierende. – 1870 lagen erst zwei von den insgesamt fünf Bänden vor: Die Grundlagen der Nationalökonomie (1854) und: Nationalökonomik des Ackerbaues und der verwandten Urproduktionen (1860). – Zu Paulsens besonderem Interesse am zweiten Band vgl. auch S. 63.
226 Die Lehre vom Staat : aus Schleiermachers handschriftlichem Nachlasse und nachgeschriebenen Vorlesungen, Berlin 1845.
227 Adolf Hausrath: Neutestamentliche Zeitgeschichte, 3 Bde., Heidelberg 1868–1874.
228 Das „Nibelungenlied" war um 1800 neu entdeckt worden und hatte bald den Rang eines deutschen Nationalepos zugewiesen bekommen. Die in Paulsens Studienzeit maßgebliche kritische Ausgabe war: Der Nibelungen Noth und die Klage nach der ältesten Ueberlieferung mit Bezeichnung des Unechten und mit den Abweichungen der gemeinen Lesart hrsg. v. Karl Lachmann, Berlin 1851. – 3. Aufl. 1851.
229 Das Gefecht bei Oberselk fand am 3. Februar 1864 statt, d. h. zwei Tage nach dem Einmarsch der preußisch-österreichischen Truppen in das Herzogtum Schleswig und zwei Tage vor der Räumung des Danewerks durch das dänische Heer (vgl. Anm. 167 u. 168).
230 Vgl. Anm. 169.
231 Mit der von Bismarck provozierten französischen Kriegserklärung vom 19. Juli 1870 begann der Deutsch-Französische Krieg.
232 Das Lied von Max Schneckenburger („Es braust ein Ruf wie Donnerhall") entstand 1840, als in der sogenannten Rheinkrise ein Krieg mit Frankreich drohte. Es wurde bei Ausbruch des Deutsch-Französischen Krieges zu einer Art Nationalhymne.
233 Vorzulegen.
234 *abgesehen von einer Neigung ..., die mir*] in der Handschrift: *abgesehen von sehr starkem Fußschweiß, der mir*
235 Der missglückte Landungsversuch des dänischen Linienschiffs „Christian VIII" und der Fregatte „Gefion" in der Eckernförder Bucht am 5. April 1849, bei dem die Küstenbatterien beide Schiffe zur Kapitulation zwangen und die „Christian VIII" explodierte, war die erste Kriegshandlung nach der Kündigung des Waffenstillstands von Malmö durch Dänemark. Als der Sieg einer Landarmee über eine weitaus überlegene Seemacht war der „Tag von Eckernförde" ein spektakulärer Anfangserfolg für die schleswig-holsteinische Armee, der in Berichten und Bildern in ganz Deutschland verbreitet wurde und der Stimmung Auftrieb gab.
236 1866/67 führte Napoleon III. Geheimverhandlungen mit dem König der Niederlande über einen Verkauf Luxemburgs, das zwar zum Deutschen Bund gehörte, aber mit den Niederlanden in Personalunion verbunden war, an Frankreich. Als sie kurz vor dem Abschluss standen, brachte Bismarck sie an die Öffentlichkeit und sabotierte damit den Plan. Einige Wochen drohte ein deutsch-französischer Krieg, bis der Konflikt im Mai 1867 mit internationalen Garantien für die Neutralität Luxemburgs beigelegt wurde.
237 Lateinisch: Die Form und die Grundsätze von Systemen der Ethik.
238 Lateinisch: Historisch-kritische Beiträge zu den Systemen der Ethik. – Im Druck von Paulsens Dissertation wurde das Wort „Ethik" dann jedoch durch „Moralphilosophie" ersetzt: Symbolae ad systemata philosophiae moralis historicae et criticae, Berlin 1871. Die Arbeit erschien mit einer gedruckten Widmung an Paulsens „besten Lehrer" Trendelenburg: „Adolfo Trendelenburg praeceptori optimo sacrum."
239 Lateinisch: ein geeignetes Dokument von Gelehrsamkeit und Verständnis.
240 Paulsen war enttäuscht, weil er – zu Recht – den Eindruck hatte, dass die Note für die Dissertation schlechter ausgefallen sei als die Note für die Doktorprüfung: „magna cum laude" entspricht einem „gut", „opus idoneum" einem „genügend".
241 Friedrich Adolf Trendelenburg: Über den letzten Unterschied der philosophischen Systeme, in: Trendelenburg: Historische Beiträge zur Philosophie, Bd. 2: Vermischte Abhandlungen, Berlin 1855, S. 1–30.

242 Ernst Curtius: Griechische Geschichte, 3 Bde., Berlin 1857–1867. – Theodor Mommsen: Römische Geschichte, 3 Bde., Leipzig u. Berlin 1854–1856.

243 Leopold von Ranke: Deutsche Geschichte im Zeitalter der Reformation, 6 Bde., Berlin 1839–1847. – 4. Aufl. 1869.

244 Heinrich von Sybel: Geschichte der Revolutionszeit von 1789 bis 1795, 3 Bde., Düsseldorf 1853–1860. – 3. Aufl. 1865.

245 Auf dem ersten Doppelblatt der Handschrift des folgenden Kapitels steht ein von Paulsen gestrichener und nicht ersetzter Anfang dieses Abschnitts: *Von den Vorlesungen des letzten Semesters habe ich keine deutliche Vorstellung mehr. An Trendelenburgs Übungen nahm ich* [gestrichen: *wenigstens gelegentlich*] *noch teil, bei Harms meine ich eine Vorlesung über Naturphilosophie gehört zu haben, die wenig bot.*

246 Kolloquium.

247 *Verkehr statt, ... darauf zurück.*] In der Druckausgabe der Jugenderinnerungen: *Verkehr statt.* Diese Kürzung geht vermutlich auf Paulsen selbst zurück, da er das Kapitel über seine ersten Dozentenjahre nicht mitveröffentlichen wollte und deshalb nicht auf es vorausverweisen konnte.

248 *des Vortrags, die ... führte, suchte er*] In der Druckausgabe der Jugenderinnerungen: *des Vortrags suchte er.* Der Nebensatz ist nicht mit abgedruckt.

249 „Regalieren" (von französisch „régaler"): bewirten, jemandem etwas bieten.

250 Lateinisch: Siehe bei mir, im Sinne von: „wie ich selbst gezeigt habe".

251 Lateinisch: hinderliche Beschwerde.

252 Von griechisch δώρον = Geschenk, Gabe und φάγος = Fresser.

253 Widmung, gewidmete Gabe; hier im Sinne von: kleines Geschenk.

254 G. F. Waagen: Handbuch der Geschichte der Malerei. Bd. 1: Die deutschen und niederländischen Malerschulen, Stuttgart 1862 (mehr nicht erschienen).

255 Hermann Ulrici: Über Shakespeare's dramatische Kunst und sein Verhältnis zu Calderon und Göthe, Halle 1839. – 2. umgearb. Aufl. Leipzig 1847.

256 G. G. Gervinus: Shakespeare, 4 Bde., Leipzig 1849–1850. – 3. Aufl. 1862.

257 Der deutsche Kaiser, der Kaiser von Österreich und der russische Zar.

258 Kasten der Protze, des Vorderwagens eines Geschützes, die zugleich als Munitionswagen diente.

259 Französisch: Geländeskizzen.

260 Bewegungen geschlossener Truppenteile.

261 Einen Vertrag über die Verlängerung des Dienstes abzuschließen.

262 Monumenta Germaniae Historica; die Sammlung der wichtigsten Quellen zur Geschichte Deutschlands im Mittelalter, 1819 begonnen. 1875 wurde in Berlin eine Zentraldirektion für das Editionsprojekt gebildet, deren Leitung Georg Waitz übernahm

263 *um zu studieren; ... zu Hilfe.*] In der Druckausgabe der Jugenderinnerungen: *um zu studieren.* Der Rest des Satzes ist weggelassen.

264 *Auch die Braut ... ausgeschaltet worden.*] Der ganze Absatz ist in der Druckausgabe der Jugenderinnerungen nicht enthalten. – Der Name von Erdmanns erster Frau ist nicht bekannt. Daher ist auch über ihren Vater nichts zu ermitteln.

265 Lateinisch: Über Aristoteles als Schüler Platons auch bei der Abfassung seiner „Dichtkunst". – Belgers Dissertation erschien 1872 im Druck.

266 Von der in Anm. 204 nachgewiesenen Ausgabe von Aristoteles' „De anima" erschien 1877 in Berlin eine „Editio altera emendata et aucta". Belger ist hier auf dem Titelblatt nicht genannt, doch geht seine Beteiligung aus seinem Vorwort hervor. Es schließt mit einem Dank an seinen Freund Kurt Bruchmann für die Hilfe beim Korrekturlesen.

267 Die Zeitschrift erschien seit 1881, 1884–1920 unter dem Titel „Berliner philologische Wochenschrift".

268 Aus einer in der Handschrift gestrichenen Fassung der Bemerkungen über Belger geht hervor, dass jedoch nicht Moriz Haupt, sondern Kirchhoff sein Doktorvater war und dass Belger den im Folgenden vorgestellten Max Fränkel in dessen Seminar kennen gelernt hatte.

269 Christian Belger: Moriz Haupt als academischer Lehrer, Berlin 1879.

270 Willensschwäche.
271 Externer; Schüler, der an einer Schule die Abschlussprüfung ablegt, ohne sie zuvor besucht zu haben.
272 Max Fränkel: Die attischen Geschworenengerichte: ein Beitrag zum attischen Staatsrecht, Berlin 1877. – Das Buch erschien mit der Widmung „Adolf Kirchhoff zugeeignet."
273 Von griechisch: επιδεικτικός = prunkend, insbesondere in der Redeweise; prahlerisch.
274 Bestnoten.
275 *Durch Belger ... nach Wunsch gegangen.*] Diese vier Absätze sind in der Druckausgabe der Jugenderinnerungen nicht enthalten.
276 John Locke: An essay concerning human understanding (1690).
277 John Stuart Mill: System of Logic, ratiocinative and inductive, being a connected view of evidence and the methods of scientific investigation, 2 Bde., London 1843. – Deutsche Übersetzung: System der deductiven und inductiven Logik : eine Darlegung der Principien wissenschaftlicher Forschung, insbesondere der Naturforschung, 2 Bde., Braunschweig 1862–63 (1849 bereits unter etwas abweichendem Titel).
278 Georg Waitz: Deutsche Verfassungsgeschichte, 8 Bde., Kiel 1844–1878. Waitz' Darstellung reicht von den ältesten Zeiten bis zur Mitte des 12. Jahrhunderts.
279 Die „Nordfresische Chronik" des Pastors Anton Heimreich, 1666 zuerst und 1668 in erweiterter Gestalt erschienen, war am Beginn des 19. Jahrhunderts durch den Historiker Nicolaus Falck erneut zum Druck gebracht worden: Anton Heimreichs Nordfresische Chronik, 2 Bde., Tondern 1819.
280 Johannes von Schröder: Topographie des Herzogthums Schleswig, 2. Aufl. Oldenburg 1854.
281 Die Säbelquaste als Abzeichen der Offiziere und höheren Unteroffiziere.
282 Immanuel Kant's sämmtliche Werke in chronologischer Reihenfolge hrsg. v. G[ustav] Hartenstein, 8 Bde., Leipzig 1867–1868.
283 Lateinisch: der sinnlich wahrnehmbaren Welt bzw. der geistig erfassbaren Welt.
284 Kritik der reinen Vernunft (1781, 2., wesentlich veränderte Auflage 1788).
285 Lateinisch: wie durch einen Nebel. – Die Formulierung stammt aus einer Komödie des Plautus (Captivi, v. 1024) und bezieht sich bei ihm auf eine sinnliche Wahrnehmung. Spinoza übertrug sie auf die Erkenntnis.
286 Das Thorvaldsen-Museum neben dem Kopenhagener Schloss Christiansborg wurde noch zu Lebzeiten des Bildhauers erbaut und 1846 eröffnet.
287 Dänisch: „wird enthüllt werden". Das Verb „afsløre" ist von „slør" = Schleier, abgeleitet.
288 Dänisch: „des alten Dänemark", d. h. des Dänemark vor dem Krieg von 1864, in dem es die Herzogtümer Schleswig und Holstein an den Deutschen Bund verlor.
289 Das klassizistische Schloss Christiansborg war 1884 abgebrannt. Es wurde erst 1907–1928 durch einen neubarocken Neubau ersetzt.
290 Die Insel im Öresund war der Sitz Tycho Brahes gewesen; hier hatte er seine astronomischen Beobachtungsstationen Uraniborg und Stjerneborg gebaut.
291 Thomas Carlyle: History of Friedrich II. of Prussia called Frederick the Great, 7 Bde., London 1858; Übersetzung: Geschichte Friedrich II. von Preußen genannt Friedrich der Große, 6 Bde., Berlin 1858–1869.
292 Indirekte Verbrauchssteuer.
293 Der Geistliche fragte nicht nach modernen Staaten, sondern nach den vier einander ablösenden Weltreichen, von denen König Nebukadnezar der Auslegung durch den Propheten Daniel zufolge geträumt hatte (Daniel 2, 37–44) und die im Mittelalter und der frühen Neuzeit mit Babylon, Persien, Griechenland und Rom identifiziert wurden.
294 Lateinisch: Lehrbefugnis; die Genehmigung, als Privatdozent an der Universität zu lehren.
295 Von lateinisch „petulans" und französisch „pétulant" = frech, ungebärdig.
296 Abstoßend langweilige.
297 Gustav Freytag: Die Journalisten. Lustspiel, 1852 uraufgeführt.
298 Friedrich Paulsen: Versuch einer Entwicklungsgeschichte der Kantischen Erkenntnißtheorie, Leipzig: Fues's Verlag 1875.

299 Henri du Marchie van Voorthuysen: Nagelaten schriften, uitgegeven door A. G. de Geer, 2 Bde., Arnhem 1886–1887, Bd. 1: De theorie der kennis van Immanuel Kant. – Die Ausgabe erschien nach dem frühen Tod des Autors nur in einer kleinen, geschenkweise verteilten Auflage, weil van Voorthuysens reicher Vater nicht wollte, dass an der Arbeit seines Sohnes herumgemäkelt werde. Paulsen kannte sie daher möglicherweise nur aus einer Besprechung: Van der Wyck: Kant in Holland. I. Du Marchie van Voorthuysen's Kant, in: Kantstudien 3 (1899), S. 403–414. Hier heißt es über den ersten Teil von van Voorthuysens Schrift, die die „Genesis der Kantischen Amschauungen" behandelt: „In der Hauptsache zeigt sich sein Verfasser einverstanden mit dem, was Prof. Dr. F. Paulsen in seinem ‚Versuch einer Entwickelungsgeschichte der Kantischen Erkenntnistheorie' über diesen vielumstrittenen Punkt gesagt hat. Van Voorthuysen zu Folge ist es das grosse Verdienst Paulsens, ein Zeichen seines Tiefsinns und scharfen Blickes, demonstriert zu haben, ‚wie die Erkenntnistheorie Kants aus Speculationen über den Gottesbegriff hervorgewachsen ist'. Van Voorthuysen bestreitet aber Paulsens Anschauung, es habe dem klaren, ruhig denkenden Kant leid gethan, die traditionelle Metaphysik als abgethan bei Seite legen zu müssen." (S. 405)

300 Max Duncker: Geschichte des Alterthums, 4 Bde., Berlin 1852–1857 (mehrere verbesserte Auflagen).

301 Theodor Waitz: Anthropologie der Naturvölker. Mit Benutzung der Vorarbeiten des Verfassers fortgesetzt von Georg Gerland, 6 Tle., Leipzig 1859–1871.

302 Hier erwähnt Paulsen zum ersten Mal Emilie Ferchel, die seine erste Frau wurde. Vgl. das zweite Kapitel des dritten Buches, das Paulsen am Schluss des Absatzes ankündigt.

303 *Was aber ... einlege.*] Der Satz ist in der Druckausgabe der Jugenderinnerungen nicht enthalten, da diese mit dem ersten Kapitel des dritten Buches endet und deshalb nicht auf das Kapitel „Emilie" verweisen kann.

304 Die von Lazarus selbst zusammen mit Heymann Steinthal begründete „Zeitschrift für Völkerpsychologie und Sprachwissenschaft" erschien seit 1860.

305 Berlin Westend, die neuen, wohlhabenden Stadtteile westlich des Brandenburger Tors und des Tiergartens.

306 Paulsens Formulierung ist missverständlich. Gemeint ist: Moritz Lazarus' Lebenserinnerungen, bearbeitet von Nahida Lazarus und Alfred Leicht, Berlin 1906, hierin insbesondere das Kapitel „Am preußischen Hof" (S. 500–513). Das Buch beruht auf Aufzeichnungen von Nahida Lazarus aufgrund von Gesprächen mit ihrem Lehrer und späteren Mann sowie auf Briefquellen.

307 *Professor Lazarus, den ich als Gelehrten ... Verhältnis entstanden.*] Diese zweieinhalb Absätze sind in der Druckausgabe der Jugenderinnerungen nicht enthalten.

308 Robert Flint: The Philosophy of History in Europe, Bd. 1: The Philosophy of History in France and Germany, Edinburgh and London 1874 (mehr nicht erschienen). – Paulsens Rezension: Zeitschrift für Völkerpsychologie und Sprachwissenschaft 8 (1875), H. 4.

309 John Stuart Mill: Three Essays on Religion: Nature, the Utility of Religion and Theism, London 1874. – Paulsens Rezension: Zeitschrift für Völkerpsychologie und Sprachwissenschaft 9 (1877), H. 1.

310 Walter Bagehot: Der Ursprung der Nationen: Betrachtungen über den Einfluss der natürlichen Zuchtwahl und der Vererbung auf die Bildung politischer Gemeinwesen, Leipzig 1874. – Paulsens Rezension: Zeitschrift für Völkerpsychologie und Sprachwissenschaft 9 (1877), H. 3.

311 Paulsens „Einleitung in die Philosophie" erschien 1892. Vgl. S. 314 f.

312 Die Lehre von der Nichteinmischung des Staates in das Wirtschaftsleben (von französisch „laissez faire" = lasst sie machen), die theoretische Entsprechung des liberalistischen „Manchestertums", des ungezügelten Kapitalismus.

313 Mit den 1873–1876 erschienenen „Unzeitgemäßen Betrachtungen" verließ Nietzsche sein Fachgebiet, die Klassische Philologie, und wurde zum Kulturphilosophen.

314 Lateinisch: der gesamte Erdkreis, die Welt.

315 Immanuel Kant: Prolegomena zu einer jeden künftigen Metaphysik, die als Wissenschaft wird auftreten können (1783).

316 *Die folgende ... angehören.*] Die beiden Sätze sind in der Druckausgabe der Jugenderinnerungen nicht enthalten.
317 *hin und her gegangen, ... glaubten.*] In der Druckausgabe der Jugenderinnerungen: *hin und her gegangen*. Der Rest des Satzes ist nicht mit abgedruckt.
318 Hier liegt wohl ein Versehen vor: Paulsen dürfte John Lockes Schrift „An essay concerning human understanding" meinen.
319 Zwischen Paulsens Erlanger Burschenschaft Bubenruthia, die aus der 1826 gegründeten Arminia hervorgegangen war, und der zur selben Zeit gegründeten Jenaer Arminia bestand schon früh ein besonders enges Verhältnis, ein sogenanntes Kartell.
320 Die übliche Bezeichnung für die starke deutsche Minderheit in Siebenbürgen, das bis zum Ersten Weltkrieg zu Ungarn gehörte und dann an Rumänien kam.
321 Heute Sibiu in Rumänien.
322 Wilhelm Wundt: Logik : eine Untersuchung der Principien der Erkenntniß und der Methoden wissenschaftlicher Forschung, 2 Bde., Stuttgart 1880–1883.
323 Hier endet die Druckausgabe der Jugenderinnerungen.
324 Des Hofes des Thronfolgers, des späteren Kaisers Friedrich III., und seiner Frau Victoria.
325 Über das Verhältniss der Philosophie zur Wissenschaft. Eine geschichtliche Betrachtung, in: Vierteljahrsschrift für wissenschaftliche Philosophie 1 (1877), S. 15–50.
326 Über die principiellen Unterschiede erkenntnisstheoretischer Ansichten, in: ebd., S. 159–173.
327 Über den Begriff der Substantialität, in: ebd., S. 488–513.
328 H[enry] R[ichard] Fox Bourne: The Life of John Locke, 2 Bde., London 1876. – Paulsens Rezension in: Vierteljahrsschrift für wissenschaftliche Philosophie 1 (1877), S. 580–597.
329 Immanuel Kant: Prolegomena zu einer jeden künftigen Metaphysik : Herausgegeben und historisch erklärt von Benno Erdmann, Leipzig 1878; Benno Erdmann: Kant's Kriticismus in der ersten und in der zweiten Auflage der Kritik der reinen Vernunft : Eine historische Untersuchung, Leipzig 1878. – Paulsens Rezensionen: Vierteljahrsschrift für wissenschaftliche Philosophie 2 (1878), S. 484–497, bzw. 3 (1879), S. 79–82.
330 Benno Erdmann: Die Stellung des Dinges an sich in Kants Aesthetik und Analytik, Phil. Diss. Berlin 1873.
331 David Hume: Dialoge über natürliche Religion, über Selbstmord und Unsterblichkeit der Seele. Ins Deutsche übersetzt und mit einer Einleitung versehen von Friedrich Paulsen, Leipzig 1877 (Philosophische Bibliothek, 75). – 3. Aufl. 1905.
332 Über seine Übersetzung von Epiktets „Enchiridion" berichtet Paulsen im Kapitel „Emilie" (S. 224).
333 Benno Erdmann: Martin Knutzen und seine Zeit: Ein Beitrag zur Geschichte der Wolfischen Schule und insbesondere zur Entwicklungsgeschichte Kants, Leipzig 1876. – Paulsens Rezension in: Jenaer Literatur-Zeitung, Nr. 26 vom 24. Juni 1876.
334 Friedrich Reuter: Mittheilungen aus dem Leben des Director Bartelmann (Programm Kiel, Gelehrtenschule 1875, 1876, 1878), Kiel 1875–1878. – Paulsens Rezension in: Jenaer Literatur-Zeitung, Nr. 22 vom 1. Juni 1878.
335 Der Beginn der Niederschrift dieses Kapitels ist „Berlin 15. Juni 83 Nachts 2 Uhr" datiert, der Schluss am 18. und 19. Juni geschrieben.
336 Als „Neue Ära" bezeichnete man die Jahre von 1859 bis 1862 in Preußen, als Prinz Wilhelm, der spätere Kaiser Wilhelm I., die Regentschaft für seinen geisteskranken Bruder, König Friedrich Wilhelm IV., übernommen und das konservative Ministerium Manteuffel durch ein liberaleres unter Karl Anton Fürst von Hohenzollern ersetzt hatte.
337 Prinz Wilhelm und Prinzessin Augusta.
338 Volljährig.
339 Zaum, der insbesondere jungen Pferden angelegt wird, um sie zu bändigen.
340 Im 14. Buch seiner Autobiographie „Dichtung und Wahrheit" schreibt Goethe im Zusammenhang mit seinem Studium der Lektüre der „Ethik" Spinozas: „Was mich aber besonders an ihn fesselte, war die grenzenlose Uneigennützigkeit, die aus jedem Satz hervorleuchtete. Jenes wunderliche Wort:

‚Wer Gott recht liebt, muß nicht verlangen, daß Gott ihn wieder liebe‘, mit allen Vordersätzen, worauf es ruht, mit allen den Folgen, die daraus entspringen, erfüllte mein ganzes Nachdenken. Uneigennützig zu sein in allem, am uneigennützigsten in Liebe und Freundschaft, war meine höchste Lust, meine Maxime, meine Ausübung, so daß jenes freche spätere Wort: ‚Wenn ich dich liebe, was geht's dich an?‘ mir recht aus dem Herzen gesprochen ist.“ Goethe verweist hier auf das 9. Kapitel des 4. Buchs seines Romans „Wilhelm Meisters Lehrjahre“, in dem er die Schauspielerin Philine, nachdem sie Wilhelm Meister nach einem Unfall gepflegt hat, sagen lässt: „Auf den Dank der Männer habe ich niemals gerechnet, also auch auf deinen nicht; und wenn ich dich lieb habe, was geht's dich an!“

341 Bis 1943 die offizielle deutsche Bezeichnung des seitdem rätoromanisch Samedan genannten Ortes im Kanton Graubünden.

342 Die Übersetzung erschien viele Jahre später als Privatdruck: Das Handbüchlein Epiktets. Ins Deutsche übertragen von Friedr. Paulsen, Druck: Gräfenhainichen 1892.

343 Im Sommer 1876 veranstaltete Richard Wagner die ersten Bayreuther Festspiele im eigenen Festspielhaus und in deren Rahmen die erste Gesamtaufführung seiner Tetralogie „Der Ring des Nibelungen“.

344 Hier erwähnt Paulsen, ohne sie einzuführen, zum ersten Mal Emilie Ferchels jüngste Schwester Laura, die später seine zweite Frau wurde.

345 In der Handschrift versehentlich: *Sie traf die Mutter mit Laura bei Mauderers zusammen.*

346 Als Privatdozent erhielt Paulsen keine Besoldung, sondern nur die sogenannten Kolleggelder der Studenten, die seine Lehrveranstaltungen besuchten.

347 In der Handschrift fehlt *brachte*.

348 Der letzte Vers dieser Strophe aus Matthew Arnolds dramatisch-lyrischem Gedicht „Empedocles on Etna“ lautet im Original: „To have advanced true friends, and beat down baffling foes – “. Das Fragezeichen steht dort erst am Schluss der folgenden Strophe. – Matthew Arnold: Poems, 2 Bde., London 1877, Bd. 2, S. 104: „Ist es so eine kleine Sache, / die Sonne genossen zu haben, / im Frühling leicht gelebt zu haben, / geliebt, gedacht, getan zu haben, / wahre Freunde gefördert und verwirrende Feinde geschlagen zu haben?“

349 Fritz Reuter: Ut mine Stromtid (1863/64). Der in Mecklenburg spielende niederdeutsche Roman ist Reuters Hauptwerk.

350 Zu einem Kupferstich seines Gartenhauses im Weimarer Park schrieb Goethe 1828 den Vierzeiler: „Übermütig sieht's nicht aus / Dieses stille Gartenhaus / Allen die darin verkehrt / Ward ein guter Mut beschert.“

351 Haßberg, heute ein Teil des Badeorts Hohwacht, liegt nicht an der Küste und schon gar nicht an einem nach Norden gerichteten Teil der Ostseeküste, sondern am Großen Binnensee.

352 Gemeint ist der Badeort an der Lübecker Bucht.

353 Vermutlich Joseph von Eichendorffs Gedicht „Wem Gott will rechte Gunst erweisen, / Den schickt er in die weite Welt“ in der Vertonung von Robert Schumann.

354 Paulsen zitiert im Folgenden den 126. Psalm.

355 Matthäus 5, 4–8.

356 Theodor Waitz: Allgemeine Pädagogik, Braunschweig 1852. – 2., verm. Aufl. 1875.

357 Thomas Hobbes: De cive (Vom Staatsbürger, 1642), die erste, lateinische Fassung seiner Staatslehre.

358 Französisch: Der *Ton* macht die Musik.

359 Griechisch: Nebensache.

360 Matthäus 8, 22.

361 Die Gründung der deutschen Universitäten im Mittelalter, in: Historische Zeitschrift, hrsg. v. Heinrich von Sybel, 45 (1881), S. 251–311; Organisation und Lebensordnungen der deutschen Universitäten im Mittelalter, in: ebd., S. 385–440.

362 Was uns Kant sein kann? Eine Betrachtung zum Jubeljahr der Kritik der reinen Vernunft, in: Vierteljahrsschrift für wissenschaftliche Philosophie 5 (1881), S. 1–96.

363 Über Vergangenheit und Zukunft der Philosophie im gelehrten Unterricht, in: Centralorgan für die Interessen des Realschulwesens 14 (1886), S. 1–34 (Nr. 1 vom 7. Januar).

364 Im Herzogtum Schleswig: volle Hofstelle, der Hufe in Holstein entsprechend.

365 Eines von Paulsens Hauptwerken: „System der Ethik“, im Herbst 1888 zuerst erschienen (mit dem Erscheinungsjahr 1889 auf dem Titelblatt). Vgl. S. 287 f.

366 Arthur Schopenhauer. Der Zusammenhang seiner Philosophie mit seiner Persönlichkeit, in: Deutsche Rundschau 32 (Juli-September 1882), S. 61–78. – Paulsen übernahm den Aufsatz später in sein Buch: Schopenhauer. Hamlet. Mephistopheles (vgl. Anm. 557), S. 3–93.

367 Vgl. Anm. 262.

368 Ernst Curtius war 1844–1849 Privatlehrer („Zivilgouverneur“) des preußischen Kronprinzen Friedrich Wilhelm, des späteren Kaisers Friedrich III., gewesen.

369 Römerbrief 7, 24.

370 Karl Windel: Graf Friedrich Leopold Stolberg, Frankfurt a. M. 1866. – Stolbergs Übertritt zur katholischen Kirche im Jahre 1800 hatte in ganz Deutschland großes Aufsehen erregt, weil sie als Konversion eines Intellektuellen ein bis dahin unerhörter Vorgang war.

371 Paulsen schreibt irrtümlich *Witzwort*.

372 der Verzug der Lehrer] *In der Handschrift zuerst:* der Verzug der Direktoren Gidionsen und Keck

373 Vgl. Anm. 166.

374 *Auf einer gestrichenen Seite der Handschrift steht zwischen den Erwähnungen Franckes und der beiden Studenten aus Siebenbürgen noch die Charakteristik eines weiteren Bekannten, die bei der Überarbeitung nicht ersetzt wurde:* Bei Curtius hatten wir Dr. Seeck, jetzt Historiker in Greifswald, kennen gelernt; der rüstige, jederzeit zu Disput und Streit aufgelegte Balte zog mich an; wir haben zeitweilig uns viel gesehen, er kam auch öfter ins Haus zu uns. Manche politische Fehde ist zwischen ihm, dem Bismarckverehrer, und mir, der ich damals in Bismarck vor allem mit Abneigung den Sozialistentöter sah, ausgefochten worden.

375 „Der Hauslehrer : Wochenschrift für den geistigen Verkehr mit Kindern“ erschien von 1901 bis 1917 selbständig, danach bis 1943 als Beilage zu „Deutscher Volksgeist : Zeitschrift zur Verständigung zwischen allen Schichten des Volkes“.

376 Die Vorlesungen, die Brandes seit 1871 an der Kopenhagener Universität hielt und die 1872 als „Hovedstrømninger i det nittende Aarhundredes Litteratur“ im Druck zu erscheinen begannen, erregten im nationalliberalen Bürgertum heftigen Widerstand, waren aber für die jüngere Generation das Signal zum sogenannten Modernen Durchbruch. (Sie wurden sogleich auch ins Deutsche übersetzt: Die Hauptströmungen der Literatur des neunzehnten Jahrhunderts, 4 Bde., Berlin 1872–1876). Brandes konnte die Vorlesungsreihe über mehrere Jahre fortsetzen, erhielt aber vorerst keine feste Anstellung an der Universität. Das war einer der Gründe dafür, dass er 1877 sein Auskommen in Berlin suchte. – In seinem Buch „Berlin som tysk Rigshovedstad“ (1885), das er aus seinen während der Berliner Jahre geschriebenen Zeitungsartikeln redigierte, erwähnte er Paulsen als einen der Männer, die, obwohl außerhalb Deutschlands kaum bekannt, einen Aufenthalt in der Stadt lohnend machten; „er gehört zu den vorzüglichsten Kräften, die sich unter den jüngeren Gelehrten immer weiter voranarbeiten“ (Berlin als deutsche Reichshauptstadt, hrsg. v. Erik M. Christensen u. Hans-Dietrich Loock, Berlin 1989, S.517 f.). Auch im zweiten Band seiner Autobiographie, „Levned. Et Tiaar“ (1907) widmete er Paulsen, der ihn zu vielen Nachmittagsspaziergängen im Tiergarten abgeholt hatte, einen längeren Abschnitt (Indlevelse i Berlin, 18). Darin schrieb er: „Paulsen gehörte damals nicht zu denen, die die Schaffung des deutschen Reiches für eine große Leistung hielten. Er maß dem, was er ‚diese äussere Zusammenballung der deutschen Staaten‘ [als deutsches Zitat im dänischen Text] nannte, keine außerordentliche Bedeutung bei. Er fand, dass das Zeitalter Kants und Goethes eine größere Zeit gewesen sei als diese, obwohl sie von den Geschichtsschreibern als die unselige Zeit der Zersplitterung bezeichnet wurde. Eines Tages brach er aus: Was würde Herder zu diesem Preußenwesen sagen! Obwohl er ganz von der besten deutschen Kultur durchdrungen war, war er doch der französischen gegenüber so vorurteilsfrei, dass er auf einer Ausstellung deutscher und französischer Schlachtengemälde aus dem letzten Krieg die Kriegsbilder Neuvilles himmelhoch über diejenigen Camphausens und Bleibtreus stellte. Das war in jenen aufbrausenden Tagen des deutschen Selbstwertgefühls keine so natürlich Sache wie in späteren Zeiten.“ Von der zunehmenden Distanz, von der Paulsen berichtet, ist bei Brandes nichts zu

spüren. – In der Ausgabe von Brandes' Briefwechsel mit deutschen Partnern (Correspondance de Georg Brandes. Lettres choisies et annotées par Paul Krüger, III: L'Allemagne, Copenhague 1966) ist Paulsen nicht vertreten.

377 Vgl. Theodor Fontanes Gedicht „Erstes Bataillon Garde“ aus dem Zyklus „Alte-Fritz-Grenadiere“ (um 1887). Dort weist ein Mitglied der Potsdamer Garde, deren Chef der König selbst ist, einen „Berliner Budiker“ zurecht: „Ne, Freund Budiker, *so* geht es nicht. / Zuhören kannst du, wenn wir mal fluchen, / Aber du darfst es nicht selber versuchen; / Wir dürfen frech sein und schimpfen und schwören, / Weil wir selber mit zugehören, / [...].“

378 Überzeugungstreue. Autorisirte deutsche Bearbeitung des Essay „On compromise“ von John Morley. Mit Einleitung und Anmerkungen von Ludwig Haller, Hannover 1879.

379 Phrontisterion (von griechisch φροντιστής = Gelehrter, Grübler): Studierzimmer.

380 Ferner: Gletscher (vor allem in Tirol gebräuchlich).

381 Kurat: Hilfsgeistlicher mit Zuständigkeit für einen eigenen Seelsorgebezirk.

382 Von lateinisch „instigare“: anspornen, anstacheln.

383 In seinem Aufsatz (vgl. Anm. 362) trat Paulsen dafür ein, dass der Staat niemanden zur Teilnahme am Religionsunterricht nötigen solle, weil Religion sich nur durch lebendige Vorbilder fortpflanze und deren Wirkung nicht durch Unterricht ersetzt werden könne – ganz im Gegenteil: „In der Regel hat Religionsunterricht die Wirkung, für Religion unempfindlich zu machen, er wirkt in der Art einer Impfung mit Schutzpocken. Wer als Kind Religionsunterricht gehabt, Katechismus, Evangelien etc. auswendig gelernt hat, der hat eben Evangelien und Katechismus ‚gehabt' und legt dann Kinderbücher und Kindervorstellungen für immer bei Seite.“ Das eigentliche Problem sah Paulsen im Mangel an Vorbildern, auch im Elternhaus: „Aus dem Hause ist die Religion entwichen, in die Kirche kommen wir nicht mehr; und nun meinen wir, der Schulmeister müsse es thun.“ (S. 75 f.)

384 Schaffner.

385 Hier und im Folgenden: Dienstmädchen.

386 Pagenbildungsanstalt als Einrichtung des Hofes.

387 Paulsen verweist hier auf den Artikel über Franz Maria Ferchl (um 1792–1862) in: Allgemeine Deutsche Biographie, Bd. 6, Leipzig 1877, S. 630–637.

388 Im Eisenbahnwesen: kleines Schienenfahrzeug zur Streckenkontrolle.

389 Steuerbeamter.

390 Karl von Raumer; Geschichte der Pädagogik : vom Wiederaufblühen klassischer Studien bis auf unsere Zeit, 4 Bde., Stuttgart 1843–1854. – 4. Aufl. 1872–1874.

391 Encyklopädie des gesammten Erziehungs- und Unterrichtswesens / bearbeitet von einer Anzahl Schulmänner und Gelehrten, hrsg. v. K. A. Schmid, 10 Bde., Gotha 1859–1875. – 2., verb. Aufl. Gotha u. Leipzig 1876–1887.

392 Geschichte des gelehrten Unterrichts auf den deutschen Schulen und Universitäten vom Ausgang des Mittelalters bis zur Gegenwart. Mit besonderer Rücksicht auf den klassischen Unterricht, Leipzig 1885. Der Band erschien mit der Widmung: „Meinem Freunde Friedrich Reuter in Glückstadt.“ – Im Herbst erscheinende Bücher kamen häufig mit dem Datum des kommenden Jahres auf den Markt. Das galt sogar für den nach Paulsens Angabe bereits im August 1895 erschienenen ersten Band der zweiten Auflage der „Geschichte des gelehrten Unterrichts“ (vgl. S. 329 mit Anm. 480).

393 Theobald Ziegler: Ein neuer Gegner des Griechischen, in: (Augsburger) Allgemeine Zeitung, Nr. 77 vom 18. März 1885, S. 1129–1131.

394 Ein altes Stratagem der Gymnasial-Pädagogik, in: (Augsburger) Allgemeine Zeitung, Nr. 100 vom 11. April 1885, S. 1465/66.

395 Seit dem sogenannten Kulturkampf der 1870er Jahre zwischen dem preußischen Staat und der katholischen Kirche galt der zum Priester geweihte Historiker Johannes Janssen als der prominenteste Vertreter einer engagiert katholischen Geschichtsschreibung. Seine „Geschichte des deutschen Volkes seit dem Ausgang des Mittelalters“ (8 Bde., Freiburg i. Br. 1878–1894) betonte einseitig die negativen Folgen der Reformation, die eine spätmittelalterliche Kultur-

blüte vernichtet habe, überging dabei aber die Reformbedürftigkeit der vorreformatorischen Kirche.

396 Die französische Redewendung „corriger la fortune“ (dem Glück nachhelfen) ist in Deutschland durch Lessings Lustspiel „Minna von Barnhelm“ geläufig geworden. Im Munde des Riccaut de Marlinière bedeutet sie dort: falsch spielen.

397 Paulsen spielt hier auf eine zum geflügelten Wort gewordene Formulierung der satirischen „Jobsiade“ von Carl Arnold Kortum (1784) an. Jobs gibt in seinem Examen zum Kandidaten der Theologie nur Antworten, die verraten, dass er seine Studienzeit verbummelt und vertrunken hat. Auf sie folgen jeweils die beiden Verse: „Über diese Antwort des Kandidaten Jobses / Geschah allgemeines Schütteln des Kopfes.“

398 Karl Wilhelm Nitzsch: Geschichte des Deutschen Volkes bis zum Augsburger Religionsfrieden, 3 Bde., Berlin 1883–1885.

399 Vgl. Die Kranzrede des Demosthenes, das Meisterwerk der antiken Redekunst, mit steter Rücksicht auf die Anklage des Aeschines analysiert und gewürdigt von Wilhelm Fox, Leipzig 1880. – Demosthenes' Rede für die Megalopoliten / Griechisch und deutsch mit ausführlichem kritischen und exegetischen Kommentar von Wilhelm Fox, Freiburg i. Br. 1890.

400 Lateinisch: in der Schule, in der Kirche, im Garten.

401 Zu Paulsens Zeit hieß die Straße, an der sein Haus lag, Fichtestraße, heute Lepsiusstraße.

402 Johann Gottfried Herder lebte von 1771 bis 1776 als Konsistorialrat des Grafen von Schaumburg-Lippe in Bückeburg.

403 Seit 1867 veröffentlichte der Leipziger Verleger Philipp Reclam die handlichen Hefte der „Universal-Bibliothek“. Hier erschien: Thukydides: Geschichte des Peloponnesischen Krieges. Aus dem Griechischen übersetzt von Johann David Heilmann. Neu hrsg. v. Otto Güthling, 2 Bde., Leipzig [1882]. – Paulsen bezeichnet das Buch in der Handschrift irrtümlich als *die alte Heumannsche Übersetzung*.

404 Eduard von Hartmann: Philosophie des Unbewußten : Versuch einer Weltanschauung, Berlin 1869. – 9. Aufl. 1882.

405 Paulsen schreibt „J. Stern“. Es kann aber wohl nur der mit Jonas Cohn befreundete William Stern gemeint sein, der seit 1897 Privatdozent in Breslau war.

406 Lateinisch: Dreiblatt, Kleeblatt.

407 Die Ermordung des eigenmächtig gewordenen Wallenstein 1634 durch kaisertreue Offiziere.

408 Nach der Reichsgründung 1871 wurde Bismarck von Kaiser Wilhelm I. zum Dank für seine Verdienste in den Fürstenstand erhoben und erhielt den Sachsenwald als Geschenk. Nach seiner Entlassung durch Kaiser Wilhelm II. 1890 ließ Bismarck sich dort nieder. Von dem Titel Herzog von Lauenburg, den ihm Wilhelm II. verliehen hatte, machte er keinen Gebrauch.

409 Hier: Bettlägerigkeit, Darniederliegen aufgrund einer Krankheit.

410 System der Ethik mit einem Umriß der Staats- und Gesellschaftslehre, 2 Bde., Berlin 1889. – Das Werk erschien mit einer Widmung Paulsens an seine beiden Frauen: „Zwei Schwestern gewidmet, der todten in treuem Gedenken, der lebenden in dankbarer Verehrung.“ Es erlebte bis zu Paulsens Tod acht Auflagen. – Zur Diskrepanz zwischen Erscheinungstermin und Titelblatt vgl. Anm. 392.

411 Schiller: Wallensteins Tod, v. 787–789: „Eng ist die Welt, und das Gehirn ist weit, / Leicht beieinander wohnen die Gedanken, / Doch hart im Raume stoßen sich die Sachen.“

412 Hier im Sinne von griechisch-lateinisch „problema“: wissenschaftliche Aufgabe, Streitfrage.

413 Lateinisch: mit Aussicht auf ein Ordinariat.

414 *Paulsen schreibt irrtümlich* Memlingen.

415 Goethes Großvater Friedrich Georg Goethe (1637–1730), der 1686 als Schneidermeister nach Frankfurt kam, war Sohn eines Hufschmieds in Artern.

416 Französisch: Hier bin ich, und hier bleibe ich. – Der Satz wurde im 19. Jahrhundert zum geflügelten Wort: als angebliche Äußerung des französischen Marschalls Mac-Mahon im Krimkrieg, mit der er den Befehl, einen höchst gefährdeten Posten zu räumen, verweigerte.

417 Das Relief stellt vier Landsknechte dar, von denen einer seinen Rausch ausschläft, ein anderer sich übergibt, während ein dritter, die Hauptfigur, einen Krug an den Mund setzt und mit der Hand

den vierten Kumpanen abwehrt, der wütend zwei leere Krüge schwingt und ihm einen Fußtritt zu versetzen versucht. Als Paulsen in Mansfeld war, las man die Inschrift über dem Relief so, wie er sie wiedergibt, und deutete das unverständliche Wort „bapsi“ als eine korrumpierte Perfektform von „bibo“: ich habe getrunken. 1893 stellte die „Beschreibende Darstellung der älteren Bau- und Kunst-Denkmäler der Provinz Sachsen“, Heft 18: Der Mansfelder Gebirgskreis, jedoch richtig, dass das schwierige Wort als „rapsi“ zu lesen ist, d. h. als eine bei Cicero belegte Perfektform von „rapio“; die Inschrift ist demnach wohl als Äußerung des trinkenden Landsknechts zu verstehen: „Was willst du denn? Ich hab mir’s genommen!“

418 Windharfen; mit Darmsaiten bespannte, sich im Wind drehende Röhren, die durch den Wind in Akkorden erklingen.

419 Die Vogesen, hier mit ihrem mittelalterlichen deutschen Namen bezeichnet, der nach der Eingliederung des Elsass ins Deutsche Reich wiederbelebt wurde.

420 Die 1872 gegründete Kaiser-Wilhelms-Universität in Straßburg war damals die jüngste deutsche Universität. Es hatte in Straßburg aber seit 1621 bereits eine renommierte Universität gegeben, die während der Französischen Revolution geschlossen worden war.

421 Alban Stolz: Spanisches für die gebildete Welt, Freiburg i. Br. 1853. – 8. Aufl. 1885. – Ders.: Nachtgebet meines Lebens. Nach dem Tode des Verfassers hrsg. u. durch Erinnerungen an Alban Stolz ergänzt v. Jakob Schmitt, Freiburg i. Br. 1885.

422 Joseph Victors von Scheffels erfolgreicher historischer Roman „Ekkehard“ (1855) spielt großenteils auf der Burg Hohentwiel.

423 Das im 16. Jahrhundert als Konvikt gegründete Tübinger Stift bot einer sehr großen Zahl von Theologiestudenten Wohnraum. Paulsen besuchte es während der Semesterferien.

424 Walnüsse.

425 Das bürgerliche Epos „Hermann und Dorothea“.

426 Das Wort wurde durch eine kurzlebige, nur 1808 erschienene romantische „Zeitung für Einsiedler“ mit dem Titel „Tröst-Einsamkeit“, die Achim von Arnim und Clemens Brentano herausgaben und die Arnim im selben Jahr auch als Buch erscheinen ließ, eingeführt. Es wurde bald auch losgelöst von ihr verwendet, z. B. im Titel der von Philipp Wackernagel herausgegebenen Gedichtsammlung „Trösteinsamkeit in Liedern“ (1849, 5. Aufl. 1883).

427 In Norddeutschland gebräuchliches Wort für das Anlegen eines Kapitals.

428 Die Bösch war ein Wirtshaus mit einer Lotsenstation und einem Leuchtfeuer auf dem Elbdeich bei St. Margarethen, ein beliebter Ausflugsort.

429 Niesky, heute im Niederschlesischen Oberlausitzkreis in Sachsen gelegen, wurde 1742 als Kolonie der Herrnhuter Brüdergemeine gegründet. Hier gab es seit 1760 eine mit einem Internat verbundene höhere Schule, das Pädagogium, dem 1779 eine Knabenanstalt für die unteren Klassen (bis zur Mittelstufe) angegliedert wurde. Diese Bildungsanstalten genossen einen guten Ruf.

430 Paulsen konnte sich an das Jahr dieses Besuchs nicht genau erinnern, er schrieb deshalb nur „18“ und ließ für die beiden fehlenden Zahlen eine Lücke, die er auch später nicht mehr füllte.

431 Im Rahmen einer Lehrplanreform wurden in Preußen 1882 die bisherigen Realschulen I. Ordnung in Realgymnasien umbenannt, die Realschulen II. Ordnung in Oberrealschulen. Beide umfassten neun Jahrgänge. Die Realgymnasien hatten kein Griechisch und räumten dafür dem Deutschunterricht und den mathematisch-naturwissenschaftlichen Fächern größeren Raum ein als die Gymnasien, die ganz auf den altsprachlichen Unterricht (Latein und Griechisch) konzentriert waren; die Oberrealschulen hatten außerdem kein Latein, betonten dafür aber die modernen Sprachen. Die Realgymnasien gewährten nur für diejenigen Fächer einen Zugang zur Universität, die der Vorbereitung auf das höhere Lehramt an Realgymnasien in den neueren Fremdsprachen, Mathematik und Naturwissenschaften dienten. Die Oberrealschulen führten nur zu den Technischen Hochschulen, doch wurde ihnen 1886 der Zugang zum Staatsbau- und Maschinenfach wieder entzogen, weil die Staatsbaubeamten sich im Ansehen ihres Standes beeinträchtigt fühlten. Der bereits 1875 gegründete Allgemeine Verein deutscher Realschulmänner kämpfte – vorerst erfolglos – für eine Gleichberechtigung von Gymnasien und Realgymnasien im Hinblick auf den Zugang ihrer Absolventen zu den Universitäten, da sich in der lebhaften schulpolitischen Diskussion zwei

Richtungen unversöhnlich gegenüberstanden: Humanismus und Realismus. In einem Artikel über diese beiden Begriffe, die Paulsen in den 1890er Jahren für das „Encyklopädische Handbuch der Pädagogik" schrieb (vgl. Anm. 543) stellte er sie zunächst einander gegenüber: „Der Humanismus legt das Hauptgewicht auf den sprachlich-litterarischen, der Realismus auf den mathematisch-naturwisenschaftlichen Unterricht; jenem erscheint die Befähigung zur verständnisvollen Auffassung der geistig-geschichtlichen Welt als das Hauptziel des allgemein bildenden Unterrichts, dieser sieht in der theoretischen und praktischen Herrschaft über die Natur die wichtigste Aufgabe des Verstandes und in der Anleitung hierzu die erste und bedeutendste Leistung des Unterrichts." (S. 744) Er beschrieb dann die aktuelle Situation so, dass auch seine eigene Haltung erkennbar wurde: „Den Gegensatz, wie er heute besteht, kann man hiernach so formulieren: die Humanisten suchen von der ehemaligen Alleingültigkeit und Alleinberechtigung der sprachlich-litterarischen Studien in der Schule möglichst viel festzuhalten, die Realisten fordern dagegen verstärkten Betrieb und stärkere Geltung des mathematisch-naturwissenschaftlichen Unterrichts. Die Gemäßigteren unter ihnen, wie sie etwa im deutschen Realschulmännerverein vertreten sind, erstreben, ohne den Wert des sprachlich-litterarischen Unterrichts zu verkennen, größere Anerkennung des Bildungswertes der realistischen Fächer, vor allem und zunächst in Form der Anerkennung der Gleichberechtigung der neuen, realistischen Schulformen mit dem alten klassischen Gymnasium." (S. 746)

432 Paulsens Vortrag erschien als selbständige Veröffentlichung im Druck: Das Realgymnasium und die humanistische Bildung. Erweiterte Überarbeitung des Vortrags in der Delegiertenversammlung des Realschulmännervereins im Jahre 1889, Berlin 1889.

433 Von französisch „ruminer": wiederkäuen, im übertragenen Sinne: immer wieder bedenken.

434 Lateinisches Sprichwort: Wenn du auf einem Sitz sitzt und der Sitz dir bequem ist, / dann bleib auf diesem Sitz sitzen und weiche nicht von diesem Sitz.

435 Hamlet. Die Tragödie des Pessimismus, in: Deutsche Rundschau 59 (April-Juni 1889), S. 237–259. Paulsen übernahm den Aufsatz später in sein Buch: Schopenhauer. Hamlet. Mephistopheles (vgl. Anm. 557), S. 95–173.

436 Den Roman „David Copperfield" von Charles Dickens (1850).

437 Erbswurst: eine Trockenkonserve aus Erbsmehl, Speck und Gewürzen, die in Wasser eingerührt und aufgekocht wurde.

438 Vgl. den Nachweis dieser Aufsätze in der „Bibliographie der Schriften Friedrich Paulsens" in: Friedrich Paulsen: Gesammelte Pädagogische Abhandlungen. Hrsg. v. Eduard Spranger, Berlin 1912, S. 683–711; hier Nr. 231, 236, 239, 240. – Nr. 236, 239 und 240 wurden auch im „Börsenblatt für den deutschen Buchhandel" (Jg. 70, 1903, Nr. 137, 153 und 168) abgedruckt, Nr. 236 und 239 außerdem wieder abgedruckt in der Schrift: Vom deutschen Buchhandel. Vier Aufsätze von Dr. Friedrich Paulsen, Universitätsprofessor in Berlin, u. Dr. Wilhelm Ruprecht, Verlagsbuchhändler in Göttingen (Sonderabdrucke aus der Nationalzeitung und dem Börsenblatt für den Deutschen Buchhandel), Leipzig 1903.

439 Vgl. S. 382 f.

440 Der 1886 gegründete Deutsche Einheits-Schulverein trat dafür ein, die Gymnasien und Realgymnasien zu einer Einheitsschule mit Beibehaltung des Griechischen für alle Schüler zusammenzufassen. Die vom Kaiser einberufene Schulkonferenz 1890 erklärte sich gegen die Beibehaltung der Realgymnasien, wollte also eine strenge Trennung zwischen den humanistischen Gymnasien, die auf die Universität vorbereiten sollten, und den Oberrealschulen, die auf die Technischen Universitäten führten. Viel wichtiger als diese Absichtserklärung war aber die Tatsache, dass der Kaiser keinen Zweifel daran gelassen hatte, dass in Zukunft nicht mehr die alten Sprachen, sondern das Deutsche die Grundlage der Gymnasialbildung sein müsse. „Der deutsche Aufsatz muss der Mittelpunkt sein, um den sich alles dreht." Die 1892 erlassenen „Lehrpläne und Lehraufgaben für die höheren Schulen" (die Paulsen meint, wenn er S. 302, 311 und 320 von der Schulreform spricht) sollten die Ergebnisse der Schulkonferenz umsetzen. Sie sicherten jedoch den Fortbestand der Realgymnasien, nachdem viele Städte gegen deren Abschaffung protestiert hatten, doch hielt Paulsen die Reform insgesamt für missglückt, weil sie nicht aus einem schlüssigen Konzept hervorgegangen war,

sondern aus Kompromissen und deshalb den unguten Richtungsstreit von Humanisten und Realisten (vgl. Anm. 431) nicht aufhob. Das geschah erst mit der Reform von 1901 (vgl. Anm. 584).

441 Lateinisch: So will ich es, so befehle ich es. – Der Kaiser zitiert in seinem absolutistischen Größenwahn die 6. Satire des Juvenal (v. 223), vermutlich ohne es zu wissen, denn dort werden im Rahmen der Satire auf die Herrschaft der Frauen über ihre Ehemänner einer Frau die Worte in den Mund gelegt: „hoc volo, sic iubeo, sit pro ratione voluntas" (das will ich, so befehle ich es, mein Wille mag die vernünftigen Gründe ersetzen).

442 Nach niederdeutschem Sprachgebrauch: arbeitete als Magd oder Dienstmädchen.

443 Vermutlich Bongsiel in der Gemeinde Ockholm, die damalige Anlegestelle auf dem Festland für die nördlichen Halligen. Seit 1888 verkehrte einmal wöchentlich auch ein Postboot, das viele Jahre lang der von Paulsen S. 323 namentlich erwähnte Wirk Matthiesen führte.

444 Reepschläger, Seiler.

445 Vgl. Anm. 169.

446 Von französisch „s'attacher à quelqu'un": sich jemandem freundschaftlich anschließen.

447 Vgl. Anm. 440 und den Nachweis dieser Aufsätze in der „Bibliographie der Schriften Friedrich Paulsens" (wie Anm. 438), Nr. 55, 59, 65, 69, 71, 72, 74–77.

448 Goethe war von Mitte Mai bis Anfang September 1772 zur juristischen Ausbildung am Reichskammergericht in Wetzlar tätig. Der Aufenthalt fand teilweise seinen Niederschlag im Roman „Die Leiden des jungen Werthers" und wurde dadurch ein allgemein bekannter Abschnitt von Goethes Biographie.

449 Lateinisch: Kindererziehung.

450 Einleitung in die Philosophie, Berlin 1892. Bis zu Paulsens Tod erschienen 19 Auflagen. – Das Buch erschien mit der Widmung „Meinen lieben Freunden Siegmund Günther in München und Ferdinand Tönnies in Husum in dankbarer und herzlicher Erwiderung." Günther hatte seiner „Geschichte des mathematischen Unterrichts im deutschen Mittelalter bis zum Jahre 1525" (München 1887) eine Widmung vorangestellt: „Seinem hochverehrten Freunde und Studiengenossen, dem Geschichtsschreiber Professor Dr. F. Paulsen in Berlin, in alter Anhänglichkeit gewidmet vom Verfasser", ebenso Tönnies seinem gesellschaftstheoretischen Hauptwerk „Gemeinschaft und Gesellschaft" (Leipzig 1887): „Meinem Freunde Friedrich Paulsen zugeeignet als Denkmal früherer Gespräche."

451 Paulsen schreibt hier versehentlich *Zeitschrift für wissenschaftliche Philosophie.*

452 Die Besprechung von R. Willy in Bern erschien in: Vierteljahrsschrift für wissenschaftliche Philosophie 17 (1893), S. 389–400.

453 Lateinisch: Ich gebe, damit du gibst.

454 Introduction to philosophy, translated, with the author's sanction, by Frank Thilly, with a preface by William James, New York 1895. – A system of ethics, edited and translated, with the author's sanction, from the 4th, rev. and enlarged edition, by Frank Thilly, New York 1899.

455 Ein Angehöriger der Erlanger Burschenschaft „Germania". Vgl. Anm. 177.

456 Friedrich Theodor Vischer: Auch Einer. Eine Reisebekanntschaft. Roman, Stuttgart 1879.

457 Die Universitätsausstellung war ein Teil der Weltausstellung in Chicago. – Friedrich Paulsen: Wesen und geschichtliche Entwickelung der deutschen Universitäten, in: Die deutschen Universitäten. Für die Universitätsausstellung in Chicago 1893 unter Mitwirkung zahlreicher Universitätslehrer hrsg. v. W[ilhelm] Lexis, 2 Bde., Berlin 1893, Bd. 1, S. 3–114. – Paulsens Beitrag wurde ins Englische übersetzt: The German Universities. Their Character and Historical Development. Authorized translation by Edward Delavan Perry, Professor in Columbia College, New York, with an introduction by Nicholas Murray Butler, New York 1895. Butler, der eine Zeitlang bei Paulsen in Berlin studiert hatte, war, als er die Einleitung zu der Übersetzung schrieb, Professor für Philosophie und Pädagogik am Columbia College. Er gab dem recht umfangreichen Text einen eigenen Titel: „The relation of the German universities to the problem of higher education in the United States" (Die Beziehung der deutschen Universitäten zum Problem der höheren Bildung in den Vereinigten Staaten). Er gehört als eine theoretische Vorklärung spürbar zur Vorgeschichte der Umgestaltung des Columbia College zur Columbia University, die Butler vornahm, nachdem er 1902 Präsident des College geworden war.

458 Das Buch erschien 1902. Vgl. Anm. 587.

459 Der Vortrag erschien als selbständige Veröffentlichung: Über die gegenwärtige Lage des höheren Schulwesens in Preußen, Berlin 1893.

460 Vgl. Anm. 440.

461 Von französisch „rencontre" (= Begegnung): feindlicher Zusammenstoß.

462 Die Altkatholiken spalteten sich von der katholischen Kirche ab, weil sie die Autorität des Vatikanischen Konzils von 1870 und seiner Beschlüsse, vor allem das Dogma der Unfehlbarkeit des Papstes, nicht anerkannten. Wegen ihrer Distanz von Rom waren sie in Preußen im Zeichen des sogenannten Kulturkampfs dem Staat als Verbündete willkommen.

463 Der Beförderung nach dem Dienstalter.

464 Gemeint ist vermutlich die Oberburg der aus drei Einzelburgen bestehenden Ruine Altenbaumburg.

465 In Goethes Trauerspiel „Egmont" betätigt sich der Schreiber Vansen als Agitator.

466 Da Paulsen hier dem Rhein von Bacharach nach Köln folgt, ist vermutlich Ehrenthal gemeint, das zwischen St. Goar und Boppard liegt.

467 Spanisch: abgelegener Zufluchtsort.

468 Stadt in der preußischen Provinz Posen, zwischen Lissa und Krotoschin, polnisch: Poniec.

469 Lateinisch: aller Stände. – Da damals nur die Ordinarien der Fakultät angehörten, sind hier nicht die Professoren mit unterschiedlichem Status gemeint, sondern die Philologen der verschiedenen Fachrichtungen.

470 Friedrich Hebbel: Die Nibelungen. Ein deutsches Trauerspiel in drei Abteilungen (1861).

471 Augustinus: Confessiones (Bekenntnisse), 397/398 n. Chr. geschrieben.

472 Der Schotte James Macpherson veröffentlichte nach 1760 einige teils lyrische, teils erzählende Dichtungen, die angeblich Übersetzungen von Werken des sagenhaften Barden Ossian ins Englische waren. Diese literarische Fälschung hatte bis weit ins 19. Jahrhundert hinein auch in Deutschland großen Erfolg, da die geisterhaften, melancholischen Stimmungen als echter Ausdruck des Nordens und seiner Natur aufgenommen und als eigenständiges Gegenstück zu den Epen Homers gefeiert wurden.

473 Der Strandpromenade von Wyk auf Föhr.

474 Hier: lichter Dunst.

475 Die Schlacht von Sedan (an der Maas in Nordfrankreich) am 1. September 1870 war ein wichtiger Sieg im Deutsch-Französischen Krieg, da die französischen Truppen kapitulierten und am nächsten Tag Kaiser Napoleon III. gefangengenommen wurde. Der 1. September war deshalb im Wilhelminischen Kaiserreich Nationalfeiertag.

476 Die Umgebung des Dorfes Hochkirch in der Oberlausitz (zwischen Bautzen und Löbau) war der Schauplatz einer Schlacht des Siebenjährigen Krieges, in der Friedrich der Große den Österreichern unterlag und sein Marschall Keith fiel.

477 Christian Belger stammte aus Löbau und hatte das Gymnasium in Bautzen besucht.

478 Der Tag des Erzengels Michael (29. September) diente noch im 19. Jahrhundert vielfach als Bezeichnung für den üblichen Herbsttermin, z. B. von Zahlungsverpflichtungen, Dienststellenwechsel, Prüfungen usw.

479 Lateinisch: der dringende Rat, eine Schule oder Universität zu verlassen.

480 Geschichte des gelehrten Unterrichts auf den deutschen Schulen und Universitäten vom Ausgang des Mittelalters bis zur Gegenwart. Mit besonderer Rücksicht auf den klassischen Unterricht. Zweite, umgearbeitete und sehr erweiterte Auflage, 2 Bde., Leipzig 1896–1897. – Das Werk erschien mit der Widmung: „Meinem Freunde Friedrich Reuter in Altona aufs neue zugeeignet." – Zur Diskrepanz zwischen Erscheinungstermin und Titelblatt vgl. Anm. 392.

481 Lateinisch: von der auch ich ein gewisser Teil war. – Paulsen variiert hier eine Formulierung aus Vergils „Aeneis". Dort beginnt Aeneas den Bericht über den Untergang Trojas, um den ihn Königin Dido gebeten hat, mit den Worten: „Infandum, regina, iubes renovare dolorem, / Troianas ut opes et lamentabile regnum / eruerint Danai, quaeque ipse miserrima vidi / et quorum pars magna fui." (II,3–6, in der Übersetzung von Johann Heinrich Voß: „Unaussprechlichen Gram, o Köni-

gin, soll ich erneuern; / Wie die trojanische Macht und die mitleidswürdige Herrschaft / Danaer warfen in Staub; was ich selbst anschaute des Elends, / Wessen ich selbst nicht wenig ertrug!“)

482 In einer der Szenen von Goethes „Faust“ spielt Mephistopheles vor einem Schüler, der eben mit dem Studium beginnen will, einen Gelehrten und verwirrt ihn nach Kräften. Als er ihm aber rät, die Worte seines Professors genau mitzuschreiben, antwortet der Schüler erleichtert: „Das sollt Ihr mir nicht zweimal sagen! / Ich denke mir, wie viel es nützt; / Denn was man schwarz auf weiß besitzt, / Kann man getrost nach Hause tragen.“ (v. 1964–1967).

483 So nannte man eine 1894 in den Deutschen Reichstag eingebrachte Gesetzesvorlage zur Unterbindung von Bestrebungen, die angeblich auf den gewaltsamen Umsturz der bestehenden Verfassung und Gesellschaftsordnung gerichtet waren. Sie zielte zunächst auf die Sozialdemokraten, aber auch auf deren Sympathisanten auf den Lehrstühlen der Universitäten, die sogenannten Kathedersozialisten. Die Vorlage wurde jedoch 1895 abgelehnt, weil ihre Gegner zu große Eingriffe in die Pressefreiheit und die Freiheit der Wissenschaft befürchteten und eine Mehrheit fanden.

484 „Die Zukunft. Wochenschrift für Politik, öffentliches Leben, Kunst und Literatur“ wurde 1892 von Maximilian Harden in Berlin gegründet.

485 Die Universitäten und der Umsturz, in: Die Zukunft 3 (1895), S. 245–260 (Nr. 19 vom 19. Februar).

486 Die Monarchie und die Parteien. Ein Vorwort zu künftigen Umsturzvorlagen, in: Die Wahrheit 4 (April-September 1895), Juliheft. – Wieder abgedruckt in Paulsens Aufsatzsammlung: Zur Ethik und Politik (vgl. Anm. 669), Bd. 2, S. 32–46.

487 Die deutschen Universitäten und die Privatdozenten, in: Preußische Jahrbücher 83 (1896), H. 1.

488 Im Kanzleistil gebräuchliche Abkürzung für lateinisch „praemissis praemittendis“: nach Vorausschickung des Vorauszuschickenden, d. h. der korrekten Titulatur der im Folgenden mit Namen genannten Person.

489 Im juristischen Sinne: des im Gesetz verankerten Rechtsgebildes, hier: der Rolle der Privatdozenten in der Universität.

490 Griechisch: Denkkraft, Vernunft.

491 Paulsen denkt an das ausführliche Charakterbild Napoleons bei Hippolyte Taine: Les origines de la France contemporaine (1876–1893), Bd. 3: Le régime moderne, Buch 1: Napoléon Bonaparte. – Auch in seiner 1907 veröffentlichten Würdigung Althoffs (vgl. Anm. 492) schreibt er: „H. Taine erzählt von Napoleon I., daß er von jedem Bataillon in seinem Reich Standort und Offiziere, von jeder Festung Situation und Ausrüstung, von jedem Präfekten persönliche und verwandtschaftliche Verhältnisse jederzeit gegenwärtig hatte. Ich wurde an Althoff erinnert, als ich es las.“

492 Als im Sommer 1907 bekannt wurde, dass Althoff im Herbst aus dem Dienst scheiden werde, veröffentlichte Paulsen anonym einen kurzen, die positiven Seiten seiner Tätigkeit betonenden Zeitungsartikel (Ministerialdirektor Althoff, in: National-Zeitung, Nr. 350 vom 29. September 1907). Im Spätherbst folgte dann eine ausführliche Würdigung: Friedrich Althoff, in: Internationale Wochenschrift für Wissenschaft, Kunst und Technik 1 (1907), Sp. 967–978 (vom 2. November). Die Charakterisierung in den Lebenserinnerungen wirkt wie eine Vorstudie zu dieser Veröffentlichung.

493 Paulsens Wanderung führte zunächst durch das Böhmische Mittelgebirge und erst dann von Süden her durch das Erzgebirge. Bei Herrnskretschen (Hřensko) überquerte er die Grenze zu Deutschland und wanderte zuletzt jenseits der Elbe durch das Tal der Polenz im Elbsandsteingebirge, an dem der Ort Hohnstein und der Höhenzug Brand liegen.

494 Gemeint ist vermutlich die kleine Kirche bei Dubitz (Dubice nad Labem), die einen Ausblick auf den Elbdurchbruch durch das Gebirge (Böhmische Pforte) bietet; Hinweis von Prof. Dr. Dietrich Scholze.

495 Paulsen schreibt *Schandau*, meint aber wohl Schanda (tschechisch Žandov, heute ein Teil von Chlumce/Kulm), das etwa auf halbem Wege zwischen Aussig und Teplitz liegt.

496 Paulsen schreibt *Safieretal*, meint aber wohl das Lauterbrunnental, denn in diesem liegen die Trümmelbachfälle. Das Safiental dagegen liegt nicht im Berner Oberland, sondern in Graubünden.

497 Goethe: Faust I, v. 249/250 (aus dem Gesang der Erzengel im „Prolog im Himmel").

498 Lateinisch: ein guter, im Reden erfahrener Mann. – Paulsen zitiert hier die Definition des Redners, die auf eine nur in Fragmenten überlieferte Rede Catos des Älteren (234–149 v. Chr.) an seinen Sohn Marcus zurückgeht: „orator est, Marce fili, vir bonus, dicendi peritus."

499 Victoria, die Frau Kaiser Friedrichs III., nannte sich nach dessen Tod Kaiserin Friedrich, um die Erinnerung an ihn gegenwärtig zu halten, da er das Konzept eines liberalen Preußen und damit das Gegenbild zum konservativen Preußen Wilhelms I. und Wilhelms II. verkörperte.

500 Schon Theodor Lorenz machte in einer Anmerkung zu seiner Übersetzung (S. 373) darauf aufmerksam, dass Albert Schweitzer in seinem Buch „Aus meinem Leben und Denken" (Leipzig 1931, S. 17) berichtet, er sei im Sommer 1899 in Berlin gewesen. In seinem Briefwechsel mit Rudolf Paulsen merkte er auch an, dass er selbst, wenn Schweitzer schon 1896 zu Paulsens ins Haus gekommen wäre, ihm sicher begegnet wäre – was demnach nicht der Fall war.

501 Paulsen meint vermutlich die Stellen, an denen die schmalen Wehrgänge so verbreitert sind, dass Entgegenkommende einander ausweichen können. Vgl. niederdeutsch „Wiek" = Platz zum Ausweichen.

502 In der Handschrift ursprünglich: *friesischen Redensart*. – Es handelt sich in der Tat nicht um eine friesische, sondern eine niederdeutsche Redewendung.

503 Es war das Jahr von Kants 175. Geburtstag.

504 Immanuel Kant. Sein Leben und seine Lehre, Stuttgart 1898 (Frommanns Klassiker der Philosophie, Bd. 7). – Bis zu Paulsens Tod erschienen insgesamt fünf Auflagen des Werks.

505 Kant der Philosoph des Protestantismus, in: Kantstudien, hrsg. v. Hans Vaihinger, 4 (1899/1900), S. 1–31. – Wieder abgedruckt in Paulsens Aufsatzsammlung: Philosophia militans. Gegen Klerikalismus und Naturalismus, Berlin 1901, S. 29–83.

506 Kants Verhältnis zur Metaphysik, in: Kantstudien 4 (1899/1900), S. 413–447. – Der Aufsatz erschien auch als selbständig vertriebener Sonderdruck (Berlin 1900).

507 Zum Nietzsche-Kultus. (Ferd. Tönnies, Der Nietzsche-Kultus. J. Kaftan, Das Christentum und Nietzsches Herrenmoral), in: Vossische Zeitung vom 14. März 1897, Sonntagsbeilage Nr. 11. – Der Aufsatz ist wieder abgedruckt in Paulsens Aufsatzsammlung: Zur Ethik und Politik (vgl. Anm. 669), Bd. 1, S. 54–58.

508 Paulsens Briefe an Fontane sind vermutlich nicht erhalten, nur diejenigen Fontanes. Vgl. Theodor Fontane: Briefe an Friedrich Paulsen. In 500 Faksimiledrucken, Bern 1949. – Peter Goldammer: Nietzsche-Kult – Antisemitismus – und eine späte Rezension des Romans „Vor dem Sturm". Zu Fontanes Briefen an Friedrich Paulsen, in: Fontane-Blätter 56 (1993), S. 48–62.

509 Fontane verdankte seinen schriftstellerischen Ruhm zunächst vor allem seinen kulturhistorischen Reisefeuilletons „Wanderungen durch die Mark Brandenburg" (4 Bde., 1862–1882).

510 Theodor Fontane: Vor dem Sturm. Roman aus dem Winter 1812 auf 13 (1878). – Mit diesem historischen Roman begann Fontanes Laufbahn als Romanautor. – Paulsen schrieb eine kurze Besprechung des Romans im Rahmen einer Sammelrezension in: Die Christliche Welt vom 25. November 1897. Der Abschnitt ist wieder abgedruckt bei Goldammer (wie Anm. 508), S. 60.

511 Paulsen nennt drei der Gesellschaftsromane, in denen Fontanes schriftstellerisches Werk gipfelt: Unwiederbringlich (1891), Effi Briest (1895), Der Stechlin (1898).

512 Fontanes Band „Gedichte" enthielt seit der 2., vermehrten Auflage (Berlin 1875) auch seine Balladen, die zuvor als gesonderter Band gedruckt worden waren.

513 Schnepfenthal bei Waltershausen in Thüringen war eine bekannte, 1784 gegründete Erziehungsanstalt für Jungen.

514 Nachdem beim Berliner Kongress 1878 das Fürstentum Bulgarien als russischer Satellitenstaat geschaffen worden war, ernannte Zar Alexander III. seinen Verwandten Alexander, Prinz von Battenberg (1857–1893), zum Regenten des neuen Staates. Alexander musste aber schon 1886 nach einem Staatsstreich abdanken.

515 Kant wurde als letzter der Königsberger Professoren im Professorengewölbe am Dom beigesetzt, das unter einer Arkade lag. Diese wurde im 19. Jahrhundert zu einer Wandelhalle für Angehörige der Universität und erhielt wegen der Grabstätte und des über ihr errichteten Denkmals des

Philosophen den Namen „Stoa Kantiana" – in Anlehnung an die Säulenhalle (στοά) in Athen, in der der Philosoph Zenon gelehrt hatte.

516 Der im 16. Jahrhundert gebaute Moskowitersaal (der Ursprung der Bezeichnung ist unsicher) war der Fest- und Empfangssaal des Königsberger Schlosses, mit 82 × 18 × 6 Metern lange Zeit der größte Raum im deutschen Kulturbereich.

517 Das ursprünglich Collegium Fridericianum, später Friedrichs-Collegium genannte Gymnasium dürfte Paulsen besonders interessiert haben, weil es 1810 als die erste höhere Schule in Preußen nach den Reformideen Wilhelm von Humboldts im Sinne des Neuhumanismus organisiert worden war.

518 Von lateinisch „exceptio" = Einspruch (im römischen Zivilprozess): Widerrede.

519 Das aus dem Staat des Deutschen Ordens entstandene Herzogtum Preußen wurde 1618 in Personalunion mit dem Kurfürstentum Brandenburg verbunden. Da es außerhalb des römisch-deutschen Reiches lag und der Kurfürst über es seit 1657 die volle Souveränität besaß, krönte er sich 1701 in Königsberg zum König in Preußen. Erst nachdem nach der ersten Polnischen Teilung 1772 auch das Ermland preußisch geworden war, wurde das ehemalige Herzogtum umgangssprachlich als Ostpreußen, in der Verwaltung aber korrekt als Provinz Preußen bezeichnet. Deren Hauptstadt war Königsberg, auch als die Provinz 1824–1878 Ostpreußen und Westpreußen umfasste.

520 Paulsen schreibt den Namen hier in Anlehnung an den ostpreußischen Dialekt, tut das aber nur zur Hälfte. Richtiger wäre „Keenichsbarch".

521 List auf Sylt; vgl. S. 198.

522 Im Forsthaus Moditten in der Nähe von Königsberg soll Kant seine Schrift „Beobachtungen über das Gefühl des Schönen und des Erhabenen" (Königsberg 1766) verfasst haben.

523 Die direkte Bahnlinie von Berlin nach Königsberg führte in Westpreußen durch die ausgedehnte, landschaftlich wenig reizvolle Tucheler Heide. Für die Rückreise wählte Paulsen deshalb den Umweg über Danzig und entlang der pommerschen Küste.

524 Vor allem im Ostseeraum gebräuchliche terrassenartige Treppenvorbauten, insbesondere an Kaufmannshäusern, häufig mit skulpturalem Schmuck versehen.

525 Von französisch „parlementer": unterhandeln, lebhaft hin- und her reden.

526 Das Wort „magiscampus" in Quellen zur Karolingerzeit, das man im 19. Jahrhundert mit „Maifeld" übersetzte, bezeichnet keinen Ort wie Maifeldmünster und auch keine Landschaft wie das Maifeld, in dem Maifeldmünster liegt, sondern große Versammlungen. Dass diese mit Heerschauen verbunden waren und am Beginn von Feldzügen standen, ist wohl auch eine Auslegung des 19. Jahrhunderts.

527 Die Schlachtfelder des Deutsch-Französischen Krieges 1870/71.

528 Vermutlich einer der Unteroffiziere des Feldartillerieregiments, in dem Paulsen 1871/72 seinen Militärdienst ableistete (vgl. S. 182–184).

529 „Krolls Etablissement" war ein 1844 von dem Unternehmer Joseph Kroll eröffneter Gebäudekomplex in der Nähe des Brandenburger Tors, gegenüber dem später erbauten Reichstag, der unter anderem vierzehn große Gesellschaftsräume und drei große Säle umfasste, in dem gesellige Veranstaltungen aller Art und auch Theateraufführungen stattfanden. Nach 1896 wurde er zum „Neuen Königlichen Operntheater", das man allgemein nur „Krolloper" nannte, umgebaut.

530 Otto Willmann: Geschichte des Idealismus, 3 Bde., Braunschweig 1894–1897. – Der dritte Band, „Der Idealismus der Neuzeit", war erst vor kurzem erschienen.

531 Das jüngste Ketzergericht über die moderne Philosophie: O. Willmann, Geschichte des Idealismus, in: Deutsche Rundschau 96 (Juli-September 1898), S. 190–203. – Wieder abgedruckt in Paulsens Aufsatzsammlung: Philosophia militans (vgl. Anm. 505), S. 1–28.

532 Georg von Hertling: Das Princip des Katholicismus und die Wissenschaft : Grundsätzliche Erörterungen aus Anlaß einer Tagesfrage, Freiburg i. Br. 1899.

533 Katholizismus und Wissenschaft, in: Deutsche Stimmen aus Maria Laach 1 (1899), Nr. 12 vom 15. September. – Wieder abgedruckt in Paulsens Aufsatzsammlung „Philosophia militans" (vgl. Anm. 505), S. 85–96. – Paulsen argumentiert im Ton verbindlich, in der Sache aber entschieden: „Ich habe für die Bestrebungen, die hier [= in Hertlings Schrift] vertreten sind, volle Achtung und

Teilnahme, ich teile auch im wesentlichen die Weltanschauung, wie sie als Hintergrund dieser Bestrebungen angedeutet wird: die Wirklichkeit in Vernunft gegründet und darum durch Vernunft faßbar. Dennoch bleibt zwischen dem Standpunkt Hertlings und der modernen Philosophie und Wissenschaft eine tiefe Kluft. Auf die Frage: ‚Giebt es eine andere Quelle der Gewißheit in Sachen der Wissenschaft als Vernunft und Erfahrung?‘ antwortet diese entschieden mit ‚Nein‘, Hertling dagegen mit einem, wenn auch limitierten, doch ebenso entschiedenen ‚Ja!‘ Die unfehlbare Lehrautorität der Kirche giebt absolute und letzte Entscheidungen in Sachen der Wahrheit und zieht dadurch dem philosophischen Denken und auch der wissenschaftlichen Forschung Grenzen.“ (1901, S. 88/89) „... unsere Zeit zeigt eine Neigung zum Radikalismus: Macht gegen Macht, Dogma gegen Dogma. Ich bin im übrigen kein Freund eines solchen absolutistischen Radikalismus. Aber in Prinzipienfragen gilt reinliche Entscheidung. So hier: freie Forschung und unfehlbare Lehrautorität, der Gegensatz im Prinzip ist ein ausschließender. Die Sache steht auf entweder – oder. Wer den Ruhm der Unfehlbarkeit und der alleinseligmachenden Lehre haben will, kann nicht zugleich den Ruhm der Wissenschaft und der freien Forschung haben.“ (Schluss).

534 J. G. Fichte im Kampf um die Freiheit des philosophischen Denkens. Ein Gedenkblatt, in: Deutsche Rundschau 99 (April-Juni 1899), S. 66–76. – Wieder abgedruckt in Paulsens Aufsatzsammlung: Philosophia militans (vgl. Anm. 505), S. 97–118.

535 SJ = Societatis Jesu, von der Gesellschaft Jesu = Mitglied des Jesuitenordens. – Vgl. R[obert] v. Nostitz-Rieneck: Die moderne Philosophie über das jüngste „Ketzergericht“, in: Stimmen aus Maria-Laach 56 (1899), S. 14–25; Der neuentdeckte Königsberger Friede, in: ebd., S. 245–258; Die „sociale Decomposition“ und die „culturelle Überlegenheit“ des Protestantismus, in: ebd. 57 (1899), S. 17–31, 139–149; Autoritätsglaube und „Idiotismus“. Ein zweites Wort der Abwehr wider Professor Paulsen, in: ebd., S. 475–495. – Auf die Kritik des Paters in den „Stimmen aus Maria Laach“ antwortete Paulsen kurz in einer Nachschrift zu seinem Aufsatz „Kant der Philosoph des Protestantismus“ (vgl. Anm. 505).

536 Nikolaus Siegfried [d. i. Victor Cathrein]: Durch Atheismus zum Anarchismus : ein lehrreiches Bild aus dem Universitätsleben der Gegenwart, Freiburg i. Br. 1895. – Mit dem Autor hatte Paulsen sich schon 1892/93 in einem Aufsatz kritisch auseinandersgesetzt: Die unabhängige Moral und ihre kirchlichen Richter, in: Ethische Kultur. Wochenschrift zur Verbreitung ethischer Bestrebungen 1 (1893), S. 4–5 (Nr. 1 vom 1. Januar). Paulsen hatte einem Bericht der „Kölnischen Volkszeitung“ über einen Vortrag des Paters entnommen, dass darin der „unabhängigen Moral“ die Schuld an der zunehmenden Gottlosigkeit gegeben und der Engländer Herbert Spencer „als der Hauptprophet und ich als der Unternehmer des Kolportagehandels dieser Lehre in Deutschland genannt“ worden seien. Paulsen antwortete darauf, indem er die Begründung der autonomen Moral durch Kant gegen den Vorwurf der Gottlosigkeit verteidigte.

537 Paulsen äußerte sich in seinem „System der Ethik“ über das Judentum im letzten Teil, der dem Staat gewidmet war, im Kapitel über „Wesen und Ursprung des Staats“ und damit im Zusammenhang mit dem Problemkomplex von Staat und Nationalität. Obwohl er anerkannte, dass insbesondere in Staaten mit einer starken geschichtlichen „Lebenseinheit“ wie der Schweiz oder mit einer Ausrichtung auf die Zukunft wie den USA auch verschiedene Nationalitäten friedlich miteinander leben könnten, forderte er von den Juden die Assimilation. Seine Ansichten über die Ursachen des Antisemitismus (die überstarke Präsenz der Juden in der Wirtschaft und in den freien Berufen, den starken Zuzug sogenannter Ostjuden) mussten jedoch Widerspruch herausfordern. Er fühlte sich deshalb genötigt, seine Position in den späteren Auflagen seines Buches in ausführlicheren, als „Zusatz“ bezeichneten Ausführungen zu erläutern. Hier betonte er zwar: „Ich bin nicht Antisemit. Zwei Dinge werden mich auch immer hindern, es zu werden; erstens die aufrichtige Achtung vor manchen Juden, mit denen ich durch persönliche Bekanntschaft und Freundschaft verbunden bin; zweitens die vielen fragwürdigen Gestalten, die den Antisemitismus geschäftsmäßig betreiben.“ Aber er wiederholte dennoch seine Forderung nach Assimilation, obwohl er sie im Grunde für unerfüllbar hielt, solange die Juden ihr Judentum nicht nur als die Zugehörigkeit zu einer Konfession, sondern auch zu einer Nation betrachteten.

538 Hierzu gehören ein Aufsatz von Emil Lehmann: Offener Brief an Herrn Professor Friedrich Paulsen, in: Im deutschen Reich. Zeitschrift des Centralvereins deutscher Staatsbürger jüdischen Glaubens 3 (1897), S. 591–607, und eine Broschüre von Gustav Levinstein: Professor Paulsen und die Judenfrage, Berlin 1897, auf die Paulsen in Form eines Buchhinweises erwiderte: Deutsche Literaturzeitung 19 (1898), Sp. 768–770 (Nr. 19 vom 14. Mai); darin wiederholte er seine Auffassung, dass das Problem des Antisemitismus nur durch eine Assimilation der Juden zu lösen sei.

539 „Gerücht" hier im Sinne von: Ruf. – Paulsen variiert hier ein Wort des Apostels Paulus: „durch böse Gerüchte und gute Gerüchte" (2. Korintherbrief 6, 8).

540 Die Überbürdung der Gymnasiallehrer, in: Vossische Zeitung Nr. 113 vom 9. März 1898 (Morgenausgabe). – Wieder abgedruckt in: Pädagogisches Archiv 40 (1898), S. 370–375.

541 Gemeint sind die akademisch ausgebildeten Lehrer an höheren Schulen, d. h. Gymnasien, Realgymnasien und Oberrealschulen.

542 Vgl. den Nachweis dieser Aufsätze in der „Bibliographie der Schriften Friedrich Paulsens" (wie Anm. 438), Nr. 152, 158, 195, 209, 210.

543 Aufklärung und Aufklärungspädagogik, in: Encyklopädisches Handbuch der Pädagogik, hrsg. v. Wilhelm Rein, 11 Bde., Langensalza 1895–1911, hier: Bd. 1 (1895), S. 176–187. – „Bildung", in: ebd., S. 414–424. – „Humanismus und Realismus", in: Bd. 3 (1897), S. 744–754. – „Philosophische Propädeutik", in: Bd. 5 (1898), S. 411–418. – „Prüfungen", in: Bd. 5 (1898), S. 567–573. – Den Artikel „Bildung" nahm Paulsen in seine Aufsatzsammlung „Zur Ethik und Politik" (vgl. Anm. 669) auf: Bd. 1, S. 78–103.

544 Das Ironische in Jesu Stellung und Rede, in: Die Christliche Welt 12 (1898), Sp. 939–943, 963–966 (Nr. 40 und 41 vom 6. und 13. Oktober) – Wieder abgedruckt in Paulsens Buch: Schopenhauer, Hamlet, Mephistopheles (vgl. Anm. 557), S. 235–259.

545 Der seit 1897 amtierende Oberpräsident Ernst Matthias von Köller begann im Herbst 1898, nicht zuletzt auf Drängen Kaiser Wilhelms II., mit energischen Maßnahmen zur Unterdrückung der dänischen Bewegung in Nordschleswig, die bald unter dem Namen „Köllerpolitik" in der Öffentlichkeit diskutiert wurden. So ließ er eine größere Anzahl von Männern und Frauen mit dänischer Staatsangehörigkeit, die von „Agitatoren" als Dienstboten beschäftigt waren, ausweisen. Hans Delbrück protestierte dagegen in einer „Politischen Korrespondenz" der von ihm herausgegebenen „Preußischen Jahrbücher" (Bd. 94, Oktober-Dezember 1898, S. 574), indem er unter anderem schrieb: „Die jüngsten Ausweisungen in Schleswig schreien zum Himmel. Wenn man in der Darstellung der deutschen Geschichte zum schleswig-holsteinischen Kriege kommt und die Unthaten der Dänen an dem verrathenen Bruderstamm schildern möchte, dann stockt die Stimme und das Wort erstirbt auf der Zunge, denn die peinliche Wahrheit legt sich dazwischen: es war Alles Kinderspiel, was die Dänen damals gethan haben und was den sittlichen Zorn des damaligen deutschen Volkes erregte, gegen die Gewaltsamkeit, mit der wir heute selber jene Landschaft regieren. Und noch schlimmer als die Brutalität, die uns zum Abscheu der gebildeten Welt macht, ist die Verblendung, die da glaubt, mit solchen Mitteln im Kampf der Nationalitäten dauernde Erfolge erzielen zu können."

546 Die nordschleswigsche Angelegenheit und der Fall Delbrück, in: Deutsches Wochenblatt 12 (1899), S. 55–67 (Nr. 2). – Paulsen fühlte sich zu einer öffentlichen Äußerung aufgerufen, weil er in dem gegen Delbrück eingeleiteten Disziplinarverfahren einen Beleg dafür sah, „daß die allgemeine Absicht der Regierung dahin gehe, bei den Universitätsprofessoren den Beamtencharakter stärker zu betonen, oder sie den politischen Beamten in ihrer Stellung zur Regierung anzunähern. Das Privatdozentengesetz weist in dieselbe Richtung: Unterstellung der Universitätslehrer unter die politische Kontrolle." (S. 56 f.). In der Sache gab er Delbrück und Julius Kaftan, der im Dezemberheft der „Preußischen Jahrbücher" ebenfalls die Germanisierungspolitik kritisiert hatte, recht, riet den Nordschleswigern aber, sich mit den Verhältnissen abzufinden. „Zur Ruhe kann Nordschleswig nur kommen, wenn die Bevölkerung sich in die durch die großen geschichtlichen Thatsachen geschaffene Lage innerlich findet. Dann wird es ihr auch am ersten gelingen, für die Erhaltung ihrer Nationalität Freiheit zu gewinnen. Sobald die Nordschleswiger aufhören nach einer politischen Vereinigung mit Dänemark zu streben, wird niemand mehr ein Interesse daran zu haben

glauben, ihnen die dänische Sprache zu nehmen. An sich hindert gar nichts, daß verschiedene Nationalitäten einem Staat angehören und angehören wollen. [...] Es bleibt doch einer der unerfreulichsten Züge des ausgehenden 19. Jahrhunderts, daß es den Haß, wie der Konfessionen, so der Nationalitäten, so hat ins Kraut schießen lassen. Haß und Verachtung sind keine schönen und keine gedeihlichen Gefühle, auch nicht unter Nationen. Wenn auf ihrer Sünden Blüthe die bittere und giftige Frucht gefolgt sein wird, vielleicht daß dann von dem Humanitätsgefühl, womit das vorangehende 18. Jahrhundert die Vielheit der Nationen als Bereicherung der Menschheit empfand, etwas zurückkehrt." (S. 66 f.)

547 Über Parteien und Parteipolitik, in: Preußische Jahrbücher 95 (Januar-März 1899), S. 393–411.

548 Politik und Moral, in: Die Christliche Welt 13 (1899), Sp. 385–392, 415–423 (Nr. 17 und 18 vom 27. April und 4. Mai). – Wieder abgedruckt in Paulsens Aufsatzsammlung: Zur Ethik und Politik (vgl. Anm. 669), Bd. 2, S. 1–31.

549 Professor H. Steinthal. Ein Blatt persönlicher Erinnerung, in: Vossische Zeitung Nr. 127 vom 16. März 1899. – Küster Brodersen †. Ein Blatt dankbarer Erinnerung, in: Husumer Nachrichten vom 27. Oktober 1898. Wieder abgedruckt in: Schleswig-Holsteinische Schulzeitung 46 (1898), S. 394–395 (Nr. 44 vom 3. November). – Paulsen sah diese beiden Todesfälle schon früher im Zusammenhang mit seiner Biographie, denn er begann sein Erinnerungsblatt an Steinthal mit den Sätzen: „Vor wenig Monaten habe ich dem ersten Lehrer meiner Jugend einen Nachruf geschrieben, nun ist der letzte unter den Männern, die mir persönlich Lehrer und Führer gewesen sind, hinübergegangen: jener ein schlichter Volksschullehrer, dessen Name nicht weit über den Kreis seiner persönlichen Wirksamkeit herausgedrungen ist, dieser ein Gelehrter von Weltruf. Jenem verdanke ich die ersten Elemente der Erkenntniß, ja ich darf sagen die erste Freude am Erkennen, diesem verdanke ich die Einführung in die philosophische Betrachtung des geistig-geschichtlichen Lebens."

550 Ludwig Pastor, August Reichensperger. Sein Leben und sein Wirken auf dem Gebiet der Politik, der Kunst und der Wissenschaft, 2 Bde., Freiburg 1899. – Paulsens Besprechung in: Deutsche Literaturzeitung 21 (1900), Sp. 427–433 (Nr. 6 vom 3. Februar). – Wieder abgedruckt in Paulsens Aufsatzsammlung: Zur Ethik und Politik (vgl. Anm. 669), Bd. 2, S. 96–104.

551 Ein Schlossbau des 18. Jahrhundert mit einem englischen Landschaftsgarten.

552 Wandlungen des Bildungsideals in ihrem Zusammenhang mit der sozialen Entwickelung, in: Die Verhandlungen des Zehnten Evangelisch-sozialen Kongresses, abgehalten zu Kiel am 25. und 26. Mai 1899, Göttingen 1899, S. 95–111.

553 Auf dem Ostufer der Kieler Förde gab es in der Nähe der Werft zwei Dörfer Gaarden, die zwei verschiedenen Kreisen angehörten und 1901 bzw. 1910 nach Kiel eingemeindet wurden. Der 1889 gegründete „Arbeiterbauverein für Gaarden, Kiel und Umgebung" hatte 1892 ein etwa 30 Hektar großes Gelände unmittelbar vor den Toren der Kaiserlichen Werft erworben und dort mit dem Bau der von Paulsen besichtigten Häuser begonnen. Diese Siedlung, die Paulsen besichtigte, lag jedoch nicht mehr in Gaarden, sondern in dem östlich anschließenden Dorf Ellerbek, weshalb sich der Verein auch 1901 in „Arbeiterbauverein in Ellerbek" umbenannte. Werftinspektor Franzius, der die Kongressteilnehmer führte, war von 1899 bis 1912 sein Aufsichtsratsvorsitzender. – Das 1899 eingeweihte Erholungshaus im Werftpark war nicht vom Arbeiterbauverein geschaffen worden, sondern, wie zuvor auch der Park selbst, vom „Wohlfahrtsverein für die Angehörigen der Kaiserlichen Werft".

554 Paulsen schrieb über seinen Besuch der Werft und der Arbeiterhäuser in Gaarden einen Zeitungsbericht: Auch eine Erinnerung vom Evangelisch-sozialen Kongreß in Kiel, in: Die Christliche Welt 13 (1899), Sp. 637–640 (Nr. 27 vom 6. Juli). Hier formulierte er sein Fazit noch deutlicher: „In den kleinen Häusern in Gaarden wohnen nicht Lumpenproletarier, sondern behäbige Familien, deren Lebenshaltung hinter der kleinbürgerlicher Handwerker oder kleinbäuerlicher Existenzen nicht zurücksteht, sondern sie in mancher Hinsicht wohl übertrifft. Freilich weicht sie darin wesentlich ab, daß sie nicht die wirtschaftliche Selbständigkeit hat, die auch dem Kleinunternehmer eigen ist. Um so wichtiger ist es, daß unsre Staatsmänner sehen lernen, daß hier eine neue Schicht von Arbeitern entstanden ist, die nicht in den alten Abhängigkeitsverhältnissen festgehalten werden kann, wie sie in der feudalen Gesellschaftsordnung möglich war. Es sind freie und selbstbe-

wußte Männer, die in jenen Häusern wohnen und in jenen Werken arbeiten; man muß sich entschließen, sie als solche zu behandeln, um mit ihnen in Frieden zu leben, was denn nicht ausschließt, daß man ihnen Führung und Anleitung zur Neuorganisation des Lebens anbietet und zur Verfügung stellt."

555 Die Bayerische Landesausstellung in Nürnberg, die Paulsen und seine Frau im Sommer 1896 besucht hatten (vgl. S. 342).

556 Die beiden Gedenkstätten oberhalb der Donau, die König Ludwig I. von Bayern in Auftrag gegeben hatte: die 1842 eröffnete Walhalla in Donaustauf als „Ruhmestempel" bedeutender Deutscher und die 1863 eingeweihte Befreiungshalle bei Kelheim zur Erinnerung an die gegen Napoleon gewonnenen Schlachten der Befreiungskriege.

557 Schopenhauer. Hamlet. Mephistopheles. Drei Aufsätze zur Naturgeschichte des Pessimismus, Berlin 1900. — Der als Anhang wieder abgedruckte Aufsatz „Das Ironische in Rede und Stellung Jesu" (vgl. Anm. 544) ist auf dem Titelblatt nicht erwähnt. – Eine zweite Auflage erschien 1901.

558 Die Akademie der Wissenschaften zu Berlin in zwei Jahrhunderten, in: Preußische Jahrbücher 99 (Januar-März 1900), S. 410–453.

559 Geschichte der Königlich Preußischen Akademie der Wissenschaften zu Berlin / im Auftrage der Akademie bearbeitet von Adolf Harnack, 2 Bde., Berlin 1900.

560 „Kant's Gesammelte Schriften. Herausgegeben von der Königlich Preußischen Akademie der Wissenschaften" begannen 1900 zu erscheinen.

561 Paulsen meint die großen Sammelwerke von Inschriften des Klassischen Altertums. Das von August Böckh im Auftrag der Akademie begonnene „Corpus inscriptionum Graecarum" erschien 1828–1877. Es war in neuer, nach Regionen gegliederter Form fortgesetzt worden; davon war das von Adolf Kirchhoff geleitete „Corpus inscriptionum Atticarum" (1873–1888) bereits abgeschlossen. Vom „Corpus inscriptionum Latinarum", dessen Leiter Theodor Mommsen war und das 1862 zu erscheinen begonnen hatte, war 1899 der 15. Band herausgekommen.

562 Diese Sammlung von schul- und bildungsgeschichtlichen Quellen erschien 1886–1938 in insgesamt 62 Bänden. Sie war kein Projekt der Akademie der Wissenschaften.

563 Von lateinisch „reprimere": hemmen, unterdrücken.

564 Den ersten der vier Teile seines dichterisch-philosophischen Werks „Also sprach Zarathustra" (1883–1885) schrieb Nietzsche im Winter 1882/83 in nur zehn Tagen in Rapallo nieder.

565 Der in Weimar tätige Maler Friedrich Preller d. Ä. (1804–1878) malte eine Serie von Fresken mit Landschaften aus der „Odyssee" für das Museum. Sie wurden in graphischen Wiedergaben veröffentlicht und dadurch weithin bekannt.

566 Italienisch: die Stolze, Prächtige.

567 Die Kartause von Pavia, das ehemalige Kartäuserkloster außerhalb der Stadt.

568 Italienisch: den Bahnhofsvorsteher.

569 Französisch: Zugabteil.

570 Ein förmlicher Markt, bei dem zu bestimmten Terminen auf einem öffentlichen Platz Knechte und Mägde ihre Dienste anboten und angestellt wurden.

571 Italienisch: Söldnerführer. – Paulsen denkt hier vermutlich weniger an die Condottieri der Renaissance als an Giuseppe Garibaldi (1807–1882), der als Anführer der sogenannten Rothemden bei der Einigung Italiens eine wichtige Rolle spielte; andernfalls hätte er ihn wohl als einen Nationalhelden erwähnen müssen.

572 Tremezzo liegt nicht, wie es nach Paulsens Bericht scheinen könnte, am Lago Maggiore, sondern am Westufer des Comer Sees. „Bazzoni" war vermutlich der Name des Hotels, in dem Paulsen dort wohnte.

573 Die Umgebung von Tremezzo.

574 Ernst Haeckel als Philosoph, in: Preußische Jahrbücher 101 (Juli-September 1900), S. 29–72.

575 In der Mathematik ist Interpolation das Errechnen von Werten, die zwischen bekannten Werten einer Funktion liegen, in der Philologie ein späterer, nicht autorisierter Einschub in einen Text. Paulsen meint mit dem Wort das Erfinden von entwicklungsgeschichtlichen Gliedern, für die Haeckel keine Belege hatte.

576 Ernst Haeckel: Die Welträthsel : gemeinverständliche Studien über monistische Philosophie, Bonn 1899. – Das Werk hatte sogleich großen Erfolg und erschien in zahlreichen Auflagen.
577 Philosophen, die die Welt aus teils materiellen, teils geistigen Prinzipien ableiten, während Haeckels Monismus für sich in Anspruch nimmt, allein Prinzipien der Materie anzuerkennen, dabei aber der organischen Materie selbst des Einzellers geistige Energien zuschreibt – was Paulsen als Taschenspielertrick kritisiert.
578 Noch einmal das Oberammergauer Passionsspiel, in: Die Christliche Welt 14 (1900), Sp. 899–901 (Nr. 38 vom 20. September).
579 In der Handschrift hat Paulsen den Titel seines Vortrags zunächst richtig zitiert, dann aber verändert. Er hieß in Wirklichkeit: Parteipolitik und Moral. Vortrag gehalten in der Gehe-Stiftung zu Dresden am 13. Oktober 1900, in: Jahrbuch der Gehe-Stiftung 6 (1900), S. 130–173. Er erschien auch als selbständiger Sonderdruck (Dresden 1900).
580 Franz Ludwig Gehe (1810–1882), Gründer und Besitzer einer pharmazeutischen Fabrik in Dresden, gründete testamentarisch eine Stiftung mit dem Zweck der Verbreitung und Vertiefung staatswissenschaftlicher und staatsbürgerlicher Kenntnisse. Die Stiftung organisierte öffentliche Vorlesungszyklen mit Dresdner Referenten und Einzelvorträge renommierter auswärtiger Gäste; außerdem gründete sie 1885 eine staatswissenschaftliche Bibliothek.
581 Die Beschwerden des höheren Lehrerstandes, in: National-Zeitung Nr. 168 vom 12. März 1901 (Morgenausgabe).
582 Paulsen denkt hier vermutlich vor allem an Wiederabdrucke in anderen Zeitungen. Bibliographisch ist bislang nur ein Zeitschriftenabdruck nachgewiesen: Pädagogisches Archiv 43 (1901), S. 359–363.
583 Der Vortrag erschien in etwas erweiterter Fassung als selbständige Veröffentlichung: Die höheren Schulen und das Universitätsstudium im 20. Jahrhundert, Braunschweig 1901.
584 Ein „Allerhöchster Erlass“ vom 26. November brachte für Preußen die Gleichberechtigung der drei verschiedenen Form der höheren Schulen. Er bestimmte, „dass das Gymnasium, das Realgymnasium und die Oberrealschule in der Erziehung zur allgemeinen Geistesbildung als gleichwertig anzusehen“ seien, und betonte: „Durch die grundsätzliche Anerkennung der Gleichwertigkeit der drei höheren Lehranstalten wird die Möglichkeit geboten, die Eigenart einer jeden kräftiger zu betonen.“ Die entsprechenden Lehrpläne traten Ostern 1901 in Kraft.
585 Der höhere Lehrerstand und seine Stellung in der gelehrten Welt, in: Preußische Jahrbücher 106 (Oktober-Dezember 1901), S. 476–490. – Wieder abgedruckt in: Pädagogisches Archiv 44 (1902), S. 99–110. Außerdem erschien der Aufsatz auch als selbständiger Sonderdruck (Braunschweig 1902).
586 „Mulus“ nannte man einen jungen Mann in der Übergangszeit zwischen Schulabschluss und Studienbeginn.
587 Die deutschen Universitäten und das Universitätsstudium, Berlin 1902 (575 S.).
588 Theobald Ziegler: Der deutsche Student am Ende des 19. Jahrhunderts : Vorlesungen gehalten im Wintersemester 1894/95 an der Kaiser-Wilhelm-Universität zu Straßburg, Stuttgart 1895. – Das Buch, das im Unterschied zu demjenigen Paulsens nur 240 Seiten stark war, erschien 1902 bereits in achter Auflage.
589 Das Prinzip der Gleichwertigkeit der drei Formen der höheren Schule, in: Die Reform des höheren Schulwesens in Preußen. In Verbindung mit P[aul] Cauer u. a. hrsg. v. W[ilhelm] Lexis, Halle 1902, S. 35–48.
590 Goethes ethische Anschauungen. Festvortrag, gehalten am 24. Mai 1902 in der Generalversammlung der Goethegesellschaft zu Weimar, in: Goethe-Jahrbuch 23 (1902), S. 1*–32*. – Wieder abgedruckt in Paulsens Aufsatzsammlung: Zur Ethik und Politik (vgl. Anm. 669), Bd. 1, S. 3–40.
591 Der stille Katholizismus, in: Münchner Neueste Nachrichten, Nr. 415 vom 8. September 1902. – Wieder abgedruckt in Paulsens Aufsatzsammlung: Zur Ethik und Politik (vgl. Anm. 669), Bd. 2, S. 105–108.
592 Berthold Delbrück, Professor für vergleichende Sprachwissenschaft und Sanskrit in Jena.

593 Im letzten Drittel des 19. Jahrhunderts wurden überall in Deutschland die älteren Hypotheken- und Pfandbücher durch moderne Grundbücher abgelöst. Nachdem Preußen schon 1872 eine Grundbuchordnung erlassen hatte, trat 1897 erstmals eine im ganzen Deutschen Reich gültige Ordnung in Kraft. In jenen Jahren waren daher viele junge Juristen mit dem Anlegen von Grundbüchern befasst.

594 Miguel I. war nicht im Gefolge der Revolutionen von 1848 abgesetzt worden, sondern bereits 1834. Erst 1851 heiratete er Prinzessin Adelheid von Löwenstein-Wertheim und lebte seitdem im ehemaligen Zisterzienserkloster Bronnbach bei Wertheim.

595 Von mittellateinisch „coaetaneus“: Altersgenosse, Jahrgangsgenosse.

596 Das Haus, in dem der Dichter und Übersetzer Johann Heinrich Voß während seiner Jahre in Eutin (1782–1802) gewohnt hatte, wurde schon im 19. Jahrhundert zum Hotel umgebaut.

597 Der kleine, an allen Seiten von Buchenwäldern umgebene Ukleisee gehörte schon seit dem frühen 19. Jahrhundert zu den beliebtesten Ausflugszielen in Ostholstein.

598 Matthias Kappes (1861–1925), Professor der Philosophie und Pädagogik an der Universität Münster, musste 1905 seinen Lehrstuhl aufgeben, nachdem Erich Adickes ihn 1903 in seiner Schrift „Vier Schriften des Herrn Professor Kappes, auf ihre Herkunft untersucht“ (Berlin 1903) des Plagiats beschuldigt hatte. Es hatte Kappes auch nicht geholfen, dass er eine Gegendarstellung veröffentlichte: Die „Kritische Methode“ des Herrn Prof. Adickes in seinen Untersuchungen der Entstehung meiner Schriften. Zur Aufklärung und Abwehr!, Münster 1904.

599 Der Papst kann Männer zu Bischöfen erheben, auch wenn kein Bistum vakant ist, indem er ihnen nominell ein Bistum überträgt, das schon längst nicht mehr existiert. Sie führen deshalb im Titel den lateinischen Zusatz „in partibus infidelium“ (im Gebiet der Ungläubigen), der im Jargon auch zu „in partibus“ abgekürzt wurde. Mit ihnen vergleicht Paulsen hier Tönnies' Existenz als Privatdozent in Eutin, wo es keine Universität gab.

600 In den Jahren 1896–99 wurde ein erster Erd- und Buschdamm zwischen dem Festland (Endpunkt: Lütt-Jens-Warft bei Fahretoft) und der Hallig Oland sowie von dort weiter nach Langeneß gebaut. Die beiden Dämme in einer Länge von 4600 Metern (Festland-Oland) bzw. 3500 Metern (Oland-Langeneß) dienten dazu, die Flutströme zu beruhigen und an der Leeseite einen Anwachs von Neuland zu befördern.

601 Jacob Alberts hatte damals mit mehreren Gemälden seinen Ruf als erster „Maler der Halligen“ begründet, so mit dem Bild „Beichte auf Hallig Oland“ (S. 309). Paulsen, der ihn 1890 auf Oland kennen gelernt hatte und dann in Berlin in nähere Verbindung mit ihm getreten war, schätzte ihn außerordentlich. Unter der Überschrift „Das malerische Nordfriesland und sein Entdecker“ schrieb er am 7. März 1901 in der Vossischen Zeitung, nachgedruckt in den Eiderstedter Nachrichten am 12. März 1901 (vgl. die Aufsätze von Hans Jürgen Krähe in: Schleswig-Holstein 9/1985, S. 14–16, und Zwischen Eider und Wiedau 1997, S. 177–180): „Ich komme eben von einem Besuch in den Sälen von Keller und Reiner. Zwar ist die Kunstkritik nicht meines Amtes; aber, wes das Herz voll ist, des geht der Mund über. Wer mir's angetan hat, das ist Jacob Alberts, der Maler seiner und meiner Heimat. Es ist die Westküste von Schleswig, mit den Halligen, die er in einer ganzen Reihe von Bildern schildert.“ Paulsen erwarb mindestens zwei Bilder von Alberts. Der Maler heiratete 1911 mit 51 Jahren die 30-jährige Grete Paulsen, die ebenfalls künstlerisch tätig war, doch wurde die unglückliche Ehe schon bald geschieden.

602 Paulsen schreibt irrtümlich *Grammaierjoch*.

603 Rudolf Paulsen nennt in seinem Briefwechsel mit Theodor Lorenz für den Schlossherrn den Namen Lipperheide. Das ist aber vermutlich nicht richtig. Der in Berlin tätige Verleger Franz Freiherr von Lipperheide (1838–1906) besaß außer der „Kostümbibliothek“, die sich heute im Kunstgewerbemuseum Berlin befindet, eine Sammlung von antiken Helmen und Waffen, aber diese befand sich anscheinend in Berlin und nicht in dem historistischen Schloss Neumatzen (heute: Schloss Lipperheide), das er sich in der Nähe der mittelalterlichen Burg Matzen im Inntal erbauen ließ. Auch dürfte er kaum österreichischer Offizier gewesen sein, da er aus Berleburg in Westfalen stammte. Paulsen hat also vermutlich nicht das neue Schloss, sondern die alte Burg besucht. Sie gehörte allerdings seit 1873 der Irin Frances Reade of Mount Heaton, einer Verwandten des Herzogs

von Wellington, die sie umbauen und neu ausstatten ließ. Sie war in zweiter Ehe mit dem ehemaligen Offizier Friedrich Schnorr von Carolsfeld verheiratet.

604 Das Haus, das der Schriftsteller Johann Jakob Bodmer von 1739 bis zu seinem Tod 1783 bewohnt hatte, heute Sitz des Thomas-Mann-Archivs der Eidgenössischen Technischen Hochschule Zürich.

605 Die Tochter Grete, die Malerin werden wollte.

606 Dr. Christian Belger : Von Freunden zur Erinnerung für seine Freunde, Altenburg 1903. – Eine kürzere Fassung seines Nachrufs hatte Paulsen am 3. November in der National-Zeitung veröffentlicht: Prof. Dr. Chr. Belger †.

607 Der Börsenverein der Deutschen Buchhändler hatte 1887 für Bücher feste Ladenpreise beschlossen. Vom 1. Januar 1903 an schaffte er auch die Möglichkeit des Rabatts für Privatkunden ab und versuchte jede öffentliche Diskussion dadurch zu unterbinden, dass er die Auslieferung des „Börsenblatts" nur noch an Buchhändler zuließ. Die Autoren wissenschaftlicher Literatur und die wissenschaftlichen Bibliothekare, die sich als Bücherkäufer besonders betroffen fühlten, protestierten dagegen, indem sie im März im Juli 1903 in Leipzig, dem Zentrum des deutschen Buchhandels, den „Akademischen Schutzverein" gründeten und zur Gründung von Zweigvereinen in den anderen Universitätsstädten aufriefen. Für die Abfassung einer Kampfschrift gewann der Schutzverein den Leipziger Nationalökonomen Karl Bücher, der eine scharfe Feder führte und sich in den 1890er Jahren an der Diskussion über die wirtschaftlichen und moralischen Folgen der Kartellbildung in der deutschen Wirtschaft beteiligt hatte (in der auch das meist als „Bücher-Ring" bezeichnete Kartell der Verlagsbuchhändler eine Rolle gespielt hatte). Ein Artikel, den Friedrich Paulsen im Mai in der „National-Zeitung" veröffentlichte (vgl. Anm. 608), und Büchers Schrift, die im Juni herauskam (vgl. Anm. 609), erregten großes öffentliches Interesse. Der Schutzverein hatte aber nur kurze Zeit nach seiner Gründung großen Erfolg; schon die Zweigvereine, die außerhalb Leipzig gegründet wurden, florierten nicht recht und gingen bald wieder ein. Im April 1904 kam es im Rahmen der Vorbreitung einer Kartellgesetzgebung noch zu vielbeachteten sogenannten „Kontradiktorischen Verhandlungen" mit dem Börsenverein auf der einen Seite und dem Schutzverein und den Bibliothekaren auf der anderen. In den anschließenden Gesprächen der Parteien gelang es dem Börsenverein, durch geschickte Verhandlungsführung und mit der Einigung über einen Bibliotheksrabatt die Koalition von Autoren und Bibliothekaren zu sprengen. Das war praktisch das Ende des öffentlichkeitswirksamen „Bücher-Streits". Ein Erfolg war die Einrichtung einer Auskunftsstelle des Schutzvereins, die Autoren wissenschaftlicher Bücher beim Umgang mit Verlagen beriet.

608 Vom Bücherkaufen und von Bücherpreisen in Deutschland, in: National-Zeitung, Nr. 276 und 280 vom 6. und 8. Mai 1903. Zu den Wiederabdrucken vgl. Anm. 238, wo dieser Aufsatz als Nr. 236 erscheint.

609 Karl Bücher: Der deutsche Buchhandel und die Wissenschaft : Denkschrift im Auftrage des Akademischen Schutzvereins verfaßt, Leipzig 1903. – Das Buch erschien noch 1903 in 2., stark verbesserter und vermehrter Auflage. – In der Deutschen Literaturzeitung 24 (1903), Sp. 1933–1946 (Nr. 32 vom 8. August) erschienen zwei Besprechungen des Werks: von der Autoren- und von der Verlegerseite. Für die Autoren sprach Paulsen, für die Verleger Alfred Giesecke, Mitinhaber des Verlags B. G. Teubner in Leipzig.

610 Nach der Auflösung des Berliner Zweigvereins traten Paulsen und der Staatswissenschaftler und Publizist Paul Hinneberg, mit dem Paulsen viel zusammenarbeitete, als auswärtige Mitglieder dem Leipziger Verein bei.

611 Das moderne Bildungswesen, in: Die allgemeinen Grundlagen der Kultur der Gegenwart, hrsg. v. W[ilhelm] Lexis, Berlin u. Leipzig 1906 (Die Kultur der Gegenwart, hrsg. v. Paul Hinneberg, Tl. 1, Abt. 1), S. 54–86. – Die geisteswissenschaftliche Hochschulausbildung, in: ebd., S. 284–311. – Ethik, in: Systematische Philosophie, hrsg. v. Wilhelm Dilthey, Berlin u. Leipzig 1907 (Die Kultur der Gegenwart, hrsg. v. Paul Hinneberg, Tl. 1, Abt. 6), S. 282–312. – Die Zukunftsaufgaben der Philosophie, in: ebd., S. 389–422.

612 Ludwig Busse: Geist und Körper, Seele und Leib, Leipzig 1903. – Paulsen nennt hier nicht den Titel von Busses Buch, sondern den Titel eines Aufsatzes von Busse in der Zeitschrift für Philosophie

und philosophische Kritik 114 (1899), S. 1–26, mit dem er sich schon 1899 in derselben Zeitschrift auseinandergesetzt hatte (vgl. Anm. 614).

613 Parallelismus oder Wechselwirkung? (Mit Bezug auf L. Busses „Geist und Körper, Seele und Leib"), in: Zeitschrift für Philosophie und philosophische Kritik 123 (1903), S. 74–85, 162–171.

614 Noch ein Wort zur Theorie des Parallelismus, in: Zeitschrift für Philosophie und philosophische Kritik 115 (1899), S. 1–9 (als Antwort auf Ludwig Busses in Anm. 612 erwähnten Aufsatz „Leib und Seele"). – Besprechung von: Carl Stumpf: Leib und Seele. Der Entwicklungsgedanke in der gegenwärtigen Philosophie. Zwei Reden, 2. Aufl. Leipzig 1903, in: Deutsche Literaturzeitung 24 (1903), Sp. 1719 (Nr. 1 vom 3. Januar).

615 Die Ethik Jesu in ihrem Verhältnis zur Gegenwart, in: Deutsche Monatsschrift für das gesamte Leben der Gegenwart 3 (1903/04), S. 119–128 (als Auseinandersetzung mit dem gleichnamigen Vortrag des Marburger Theologen Wilhelm Herrmann beim 14. Evangelisch-sozialen Kongress in Darmstadt). – Wieder abgedruckt in Paulsens Aufsatzsammlung: Zur Ethik und Politik (vgl. Anm. 669), Bd. 1, S. 41–53.

616 Konsequenz der Entwicklungstheorie für die Weltanschauung (W. Bölsche, Die Eroberung des Menschen. 3. Aufl. Berlin 1903), in: Münchner Neueste Nachrichten vom 4. Oktober 1903.

617 Paulsen hat sie in seinem Bericht über seinen ersten Aufenthalt im Hotel Metropol in Santa Margherita 1900 (S. 361) nicht erwähnt. Sie ist aber vermutlich mit dem „Gartenpavillon" identisch, von dem er 1906 spricht (S. 419).

618 Von lateinisch „denominatio" = Bezeichnung, d. h. von den Lehrern der verschiedenen Schultypen des höheren Schulwesens.

619 Das höhere Schulwesen Deutschlands in seinem Verhältnis zum Staat und zur geistigen Kultur, in: Deutsche Rundschau 119 (April-Juni 1904), S. 417–439. – Unter dem Titel „Die höheren Schulen Deutschlands und ihr Lehrerstand in ihrem Verhältnis zum Staat und zur geistigen Kultur" wieder abgedruckt in: Pädagogisches Archiv 46 (1904), S. 385–408. Diese Fassung erschien auch als selbständiger Sonderdruck (Braunschweig 1904). – In einer Anmerkung zu beiden Drucken schrieb Paulsen u. a.: „Ich gestehe gern, daß ich, als die Einladung zu dieser Ansprache an mich kam, mit der Empfindung zusagte, daß niemals an mich ein mich mehr ehrender und mehr verpflichtender Ruf ergangen sei."

620 Der Oberlehrerstand kein gelehrter Stand?, in: National-Zeitung, Nr. 373 vom 15. Juni 1906, Beilage „Die Wissenschaften". – Wieder abgedruckt in: Korrespondenz-Blatt für den akademisch gebildeten Lehrerstand 14 (1906), S. 213–215 (Nr. 25 vom 11. Juli).

621 Besprechung von: Arthur Bonus, Vom Kulturwert der deutschen Schule. Jena 1904, in: Deutsche Literaturzeitung 25 (1904), Sp. 2917–2919 (Nr. 48 vom 3. Dezember). – Paulsens Angabe „28/10" ist unklar. Das Datum des Erscheinens der Rezension kann nicht gemeint sein. Wenn das Gespräch bei Althoff, wie Paulsen angibt, „im Herbst" stattgefunden hat, war es möglicherweise das Datum dieser Besprechung.

622 Was kann geschehen, um den Gymnasialstudien auf der oberen Stufe eine freiere Gestalt zu geben?, in: Monatsschrift für höhere Schulen 4 (1905), S. 65–73.

623 Die beiden Begriffe und die Diskussion über sie bezogen sich um 1900 nur auf die Volksschulen.

624 Simultan- oder Konfessionsschule?, in: National-Zeitung, Nr. 382 vom 19. Juni 1904. – Wieder abgedruckt in Paulsens Aufsatzsammlung: Zur Ethik und Politik (vgl. Anm. 669), Bd. 1, S. 104–109.

625 Zur Schulpolitik des Liberalismus. Einige Bemerkungen aus Anlaß des Münchner Lehrertages, in: Die Deutsche Schule. Monatsschrift hrsg. im Auftrage des Deutschen Lehrervereins 10 (1906), S. 513–518.

626 Universitätsbildung der Volksschullehrer, in: Die Deutsche Schule 8 (1904), S. 485–495. – Im folgenden Monat erschien in der Zeitschrift ein Aufsatz von E. Ries: Universitätsbildung der Volksschullehrer. Ein Wort der Antwort an Herrn Prof. Dr. Fr. Paulsen (S. 545–554), auf die Paulsen wiederum einen Monat später reagierte: Universitätsbildung der Volksschullehrer. Ein Wort der Erwiderung an Herrn E. Ries (S. 600–602).

627 Von lateinisch „perorare": Rede haltenden, das große Wort führenden.

628 Paulsen schreibt irrtümlich *zu verlassen*.

629 Tritt aus Brettern und Pfählen zum Übersteigen eines Zauns.
630 Englisch: Droschke.
631 Die 1831 gegründete „British Association for the Advancement of Science" ist eine Gesellschaft zur Förderung der Naturwissenschaften, deren jährliche Versammlungen heute die größten öffentlichen Wissenschaftsveranstaltungen in Großbritannien sind.
632 St. Hilda's College, 1893 gegründet, gehörte zu den ersten Frauencolleges in Oxford.
633 Englisch: Wohnzimmer.
634 Paulsen schreibt *capes & gowns;* gemeint ist jedoch der Plural der festen Formel *cap & gown,* die die englische Akademikertracht aus Hut und Umhang bezeichnet.
635 Percy Gardner: Oxford at the Cross Roads. A Criticism of the Course of Litterae Humaniores in the University, London 1903.
636 Englisch: Speisesäle.
637 Der Engländer Cecil Rhodes (1853–1902), der in Südafrika durch das Geschäft mit Diamanten einer der reichsten Männer der Welt geworden war, gründete testamentarisch eine Stiftung, die seit 1903 jährlich 200 Studenten aus den Staaten des ehemaligen britischen Empire, den USA und Deutschland ein Rhodes-Stipendium zum Studium in Oxford verleiht.
638 Amy Robsart war nicht die Freundin, sondern die erste Frau des Grafen von Leicester. An ihrem plötzlichen Tod 1560 gab man ihm selbst die Schuld. Er habe frei sein wollen, um Königin Elisabeth heiraten zu können.
639 Elisabeth I. von England.
640 Der Politiker und Feldherr John Churchill, Herzog von Marlborough (1650–1722), besiegte 1704 im Spanischen Erbfolgekrieg zusammen mit Prinz Eugen von Savoyen in der Schlacht bei dem Dorf Blindheim (bei Höchstädt an der Donau) die Franzosen entscheidend.
641 Englisch: Pension.
642 Paulsen schreibt zunächst: *eine Küstenwanderung über die Klippen hin.* Er fügt dann nach *über die* über der Zeile ein: *grünen Klippen an den weißschimmernden Küsten.* Die Wiederholung von *Küsten* war aber vermutlich nicht beabsichtigt. Deshalb ist im Text *Küstenwanderung* durch *Wanderung* ersetzt.
643 Hier im kunstwissenschaftlichen Sprachgebrauch: Farbtöne, Farbübergänge.
644 Ein Ausflug mit einer Postkutsche.
645 Englisch: Schweinefleischpastete.
646 Während des englischen Bürgerkriegs lieferten 1647 die Schotten König Karl I. an das von Oliver Cromwell beherrschte englische Parlament aus. Dieses setzte ihn in Carisbrooke Castle gefangen, um ihm den Prozess zu machen.
647 Lateinisch: Friesland, Holstein singt nicht.
648 Englisch: herrschaftliche Wohnanlage.
649 Émile Combes (1835–1921) verfolgte 1902–1905 als französischer Conseilspräsident (Chef der Regierung) eine radikale Politik, die kurz nach seinem Rücktritt zur völligen Trennung von Staat und Kirche führte. Schon vorher wurden die von den verschiedenen Orden unterhaltenen Privatschulen verboten sowie alle Frauenklöster und bis auf fünf auch die Männerklöster aufgelöst.
650 Nach süddeutschem Sprachgebrauch: eines Mietshauses.
651 Englisch: ein kleines Landhaus.
652 Wilhelm, Prinz von Oranien (1650–1702), Erbstatthalter der Niederlande, der 1689 als William III. König von England wurde.
653 Vgl. Anm. 379.
654 Von niederländisch „oorlog": Kriegsschiffe.
655 Des niederländischen Parlaments.
656 Wilhelmina (1880–1962), 1890–1948 Königin der Niederlande.
657 August Niemann: Der Weltkrieg : deutsche Träume ; Roman, Berlin 1904.
658 Deutschland und England, in: Deutsche Rundschau 121 (Oktober-Dezember 1904), S. 357–362. – Englische Übersetzung in: Contemporary Review 86 (1904), Nr. 468. – Wieder abgedruckt in Paulsens Aufsatzsammlung „Zur Ethik und Politik" (vgl. Anm. 669), Bd. 2, S. 109–118.

659 Anspielung auf den Eingangsmonolog von Goethes „Faust I“: „Bilde mir nicht ein, was rechts zu wissen, / Bilde mir nicht ein, ich könnte was lehren, / Die Menschen zu bessern und zu bekehren.“ (v. 371–373)

660 Der jüngere Bruder des Kaisers, Prinz Heinrich von Preußen, hatte 1902 mit großer Öffentlichkeitswirkung die USA besucht. Er war unter anderem vom Präsident Theodore Roosevelt empfangen und von der Universität Harvard zum Ehrendoktor ernannt worden.

661 Ein Kartell zwischen deutschen und amerikanischen Universitäten, in: National-Zeitung Nr. 102 vom 14. Februar 1904 (Morgenausgabe). – Der Artikel erschien anonym.

662 Gemeint ist die Technische Hochschule Berlin-Charlottenburg, die Vorläuferin der Technischen Universität.

663 Zum deutschen Studententag in Eisenach, in: National-Zeitung, Nr. 164 vom 10. März 1905 (Morgenausgabe). – Der Artikel erschien anonym.

664 Von französisch „dégager“ (= zurückziehen): zog ihn noch nach dem Satz zurück.

665 Sebastian Merkle: Die theologischen Fakultäten und der religiöse Friede. 2. Aufl., rev. Sonderabdruck, Berlin 1905.

666 „Kulturkampf“ und katholische Fakultäten, in: National-Zeitung, Nr. 288 vom 10. Mai 1905. – Wieder abgedruckt in: Deutsche Literaturzeitung 26 (1905), Sp. 1163–1165 (Nr. 19 vom 13. Mai).

667 Besprechung von Alfred Heubaum, Geschichte des deutschen Bildungswesens seit der Mitte des 17. Jahrhunderts, Bd. 1, Berlin 1905, in: Deutsche Literaturzeitung 26 (1905), Sp. 1038–1042 (Nr. 17 vom 29. April).

668 Das Buch erschien 1906. Vgl. Anm. 686.

669 Zur Ethik und Politik. Gesammelte Vorträge und Aufsätze, 2 Bde., Berlin [1905] (Deutsche Bücherei, Bd. 31.32). – Eine zweite Auflage erschien 1906, eine dritte ohne Jahreszahl.

670 Vgl. Anm. 2.

671 Paulsens Urgroßvater Paul Frercksen. Vgl. S. 12.

672 Dänisch: Norwegens großer Tag.

673 Norwegen, das zunächst jahrhundertelang mit Dänemark und seit 1814 mit Schweden in Personalunion verbunden gewesen war, wurde erst durch die Volksabstimmung 1905 völlig selbständig.

674 Reiseeindrücke aus Norwegen, in: Vossische Zeitung 1905. Sonntagsbeilage Nr. 40 vom 30. September, S. 318–320 – Der Text ist im Anhang, S. 456–460, abgedruckt.

675 Oslo hieß bis 1925 Christiania (seit 1876 im Dänischen in der Schreibung Kristiania).

676 Adam von Bremen berichtet in seiner Geschichte der Hamburger Erzbischöfe, Otto I. habe um die Mitte des 10. Jahrhunderts ganz Jütland bis an das Meer, „das die Norweger von den Dänen trennt“, mit Feuer und Schwert verheert.

677 In Deutschland wurde Fredericia, die von König Friedrich IV. von Dänemark gegründete Festungsstadt, im 19. Jahrhundert gewöhnlich Fridericia genannt, abgeleitet von „Fridericus“, der latinisierten Form des Namens Friedrich.

678 Erkundet.

679 Gemeint ist: nach den Regierungszeiten der Könige von Dänemark. Das Museum von Schloss Rosenborg heißt „De Danske Kongers Kronologiske Samling“ (Die chronologische Sammlung der dänischen Könige).

680 Paulsen hat seinen Kopenhagener Kollegen, den Philosophen Harald Höffding, bisher nicht erwähnt. In seinem Brief an Ferdinand Tönnies vom 25. Juli 1884 berichtet er jedoch über den ersten Besuch Höffdings bei ihm in Berlin.

681 Thyra (gest. um 935) ist die erste namentlich bekannte Königin von Dänemark. Von ihr weiß man durch den Runenstein, den ihr Mann, König Gorm der Alte, in Jelling (Jütland) zu ihrem Gedächtnis setzen ließ. Ihr Beiname ist aus einer Formulierung des Textes auf dem Runenstein abgeleitet, deren Bedeutung unklar ist.

682 Hier ist nicht das Nationalhistorische Museum auf Schloss Frederiksborg gemeint, das Paulsen weiter oben als „Nationalmuseum“ bezeichnet hat, sondern das Nationalmuseum in Kopenhagen.

683 Das Museum Ny Carlsberg Glyptotek, das 1897 eröffnet worden war und in das Carl Jacobsen,

der Besitzer der Brauerei Carlsberg, seine eigenen bedeutenden Sammlungen antiker sowie neuerer dänischer und ausländischer Skulpturen eingebracht hatte.

684 Königin Louise von Dänemark war am 29. September 1898 gestorben.

685 Christian IX. war am 15. November 1863 König von Dänemark und Herzog von Schleswig und Holstein geworden, hatte aber nach dem verlorenen deutsch-dänischen Krieg am 30. Oktober 1864 im Frieden von Wien zugunsten des Deutschen Bundes auf die beiden Herzogtümer verzichten müssen. Er starb am 29. Januar 1906.

686 Das deutsche Bildungswesen in seiner geschichtlichen Entwickelung, Leipzig 1906 (Aus Natur und Geisteswelt. Sammlung wissenschaftlich-gemeinverständlicher Darstellungen aus allen Gebieten des Wissens, Bd. 100).

687 Auf Schloss Solitude bei Stuttgart unterhielt Herzog Karl Eugen von Württemberg seit 1771 eine Militärakademie, in der die Schüler Unterricht in den philosophischen Fächern erhielten. Schiller besuchte sie auf mehrfache Aufforderung des Herzogs seit 1773. Nachdem der Akademie 1774 eine juristische Fakultät angeliedert worden war, wurde sie 1775 als „Hohe Karlsschule“ nach Stuttgart verlegt und dort um eine medizinische Fakultät erweitert. Hier studierte Schiller bis 1780 Medizin.

688 Vgl. den Abdruck im Anhang, S. 461 f.

689 Französisch: Kühnheit oder, wie Paulsen selbst übersetzt: fröhlicher Wagemut.

690 Der Jurist Max Kaftan war ein Neffe Julius Kaftans. Sein Vater war Theodor Kaftan, der Generalsuperintendent von Schleswig.

691 Theodor Kaftan hielt am 26. September 1906 beim Festgottesdienst während der Versammlung des Gustav-Adolf-Vereins in Augsburg die Predigt.

692 Gustav Frenssen: Hilligenlei, Roman (1905). – Der Roman wurde nach seinem Erscheinen heftig diskutiert, jedoch nicht wegen des von Paulsen behandelten Aspekts, sondern wegen seiner Botschaft einer monistischen Ersatzreligion.

693 Die sexuelle Moral in G. Frenssens Hilligenlei, in: Neue Freie Presse, Nr. 14 959 vom 15. April 1906. – Wieder abgedruckt in Paulsens Aufsatzsammlung: Moderne Erziehung und geschlechtliche Sittlichkeit. Einige pädagogische und moralische Betrachtungen für das Jahrhundert des Kindes, Berlin 1908, S. 39–50.

694 Gustav Frenssen: Peter Moors Fahrt nach Südwest. Ein Feldzugsbericht, Berlin 1906.

695 Zur Frage der theologischen Privatdozenten, in: Deutsche Literaturzeitung 27 (1906), Sp. 1349–1353 (Nr. 22 vom 2. Juni). – Wieder abgedruckt unter dem Titel: Schieles Tabellen zur Beförderung theologischer Dozenten in Preußen seit 1891, in: Die Christliche Welt 20 (1906), Nr. 28 vom 12. Juli.

696 Die neue Organisation des höheren Mädchenschulwesens in Preußen, in: Patria. Jahrbuch der „Hilfe“, hrsg. v. Friedrich Naumann.

697 Lateinisch: Das Recht ist die Kunst des Guten und Gerechten. – Paulsen zitiert hier eine Definition des römischen Juristen Celsus (2. Jh. n. Chr.), die sich in den Digesten des Römischen Rechts findet und dadurch weite Verbreitung gefunden hat.

698 Niederdeutsch: ein mit Gras bewachsener Fleck.

699 Lateinisch: aus dem Stegreif.

700 Von französisch „distinguer“: unterscheiden.

701 Max Lehmann: Freiherr vom Stein, 3 Bde., Leipzig 1902–1905, hier Bd. 1, S. 78.

702 Lateinisch wörtlich: nachdem die zu verändernden Dinge verändert worden sind; d. h.: mit den nötigen Veränderungen.

703 Gaststätte in Steglitz.

704 *und andern Freunden*] Ursprüngliche Fassung: *und Belger oder Windel*

705 In welcher Richtung ist die Schulreform von 1901 weiterzuführen?, in: Monatsschrift für höhere Schulen 6 (1907), S. 4–12.

706 Friedrich Poske: Zur Weiterführung der Schulreform von 1901, in: Monatsschrift für höhere Schulen 6 (1907), S. 289–297. – Paulsens Replik: Nochmals: die Reformvorschläge der Unterrichtskommission der Deutschen Naturforscher und Ärzte, in: ebd., S. 417–422.

707 Väter und Söhne. Eine sozialpädagogische Studie aus der deutschen Gegenwart, in: Deutsche Rundschau 131 (April-Juni 1907), S. 225–238. – Wieder abgedruckt in Paulsens Aufsatzsammlung: Moderne Erziehung und geschlechtliche Sittlichkeit (vgl. Anm. 693), S. 1–25.

708 Ludwig Gurlitt über die deutsche Schule, in: Vossische Zeitung, Sonntagsbeilage Nr. 42 vom 15. Oktober 1905.

709 Ludwig Gurlitt: Mein Kampf um die Wahrheit, Berlin 1907.

710 Prof. Ludwig Gurlitt und sein Kampf um die Wahrheit. Zur Steuer der Wahrheit, in: Vossische Zeitung, Sonntagsbeilage Nr. 27 vom 6. Juli 1907.

711 Paulsen konnte die Arbeit nicht mehr abschließen. Sie wurde erst nach seinem Tod von seinem Schwiegersohn Willy Kabitz zum Druck gebracht: Pädagogik, Berlin 1911. – Von dem posthumen Werk erschienen bis 1921 drei Doppelauflagen.

712 Dietrich Schäfer: Weltgeschichte der Neuzeit, 2 Bde., Berlin 1907.

713 Eine neue Weltgeschichte, in: Internationale Wochenschrift für Wissenschaft, Kunst und Technik 1 (1907), Sp. 939–964 (26. Oktober).

714 Fr[iedrich] W[ilhelm] Foerster: Schule und Charakter. Beiträge zur Pädagogik des Gehorsams und zur Reform der Schuldisziplin, Zürich 1907. – Paulsen besprach das Buch in: Deutsche Literaturzeitung 28 (1907), Sp. 2453–2455 (28. September).

715 Paulsen schreibt *O. Pannwitz*. Es dürfte aber der Schriftsteller und Pädagoge Rudolf Pannwitz gemeint sein.

716 Lateinisch: ganz in ihnen, d. h. ganz in den Arbeiten aufgehend. – Paulsen zitiert den zweiten Vers der 9. Satire des Horaz: „Ibam forte via sacra, sicut meus est mos, / nescio quid meditans nugarum, totus in illis“ (Ich ging zufällig auf der Heiligen Straße, wie es meine Gewohnheit ist, über irgendeine Kleinigkeit nachdenkend, ganz mit ihr beschäftigt).

717 Zum Kapitel der geschlechtlichen Sittlichkeit, in: Die Woche 9 (1907), S. 2091–2093 (Nr. 48 vom 30. November). – Zum Kapitel der geschlechtlichen Sittlichkeit. II. Mängel und Unterlassungssünden unserer akademischen Bildung, in: Die Woche 10 (1908), S. 1–7 (Nr. 1 vom 4. Januar). – Alte und neumodische Erziehungsweisheit, in: Die Woche 10 (1908), S. 181–185 (Nr. 5 vom 1. Februar). – Alle drei Aufsätze wieder abgedruckt in Paulsen Aufsatzsammlung: Moderne Erziehung und geschlechtliche Sittlichkeit (vgl. Anm. 693), S. 51–60, 61–79 u. 81–95.

718 Nachdem der Publizist Maximilian Harden dem Freund und Berater Kaiser Wilhelms II., Philipp Fürst zu Eulenburg und Hertefeld, andeutungsweise Homosexualität vorgeworfen hatte, kam es im Herbst 1907 zu mehreren Prozesses, die sowohl wegen des Themas der Homosexualität als auch wegen der Einbeziehung eines Kreises aus der engsten Umgebung des Kaisers Sensationscharakter hatten. Den besonderen Zorn Paulsens erregte dabei die Tatsache, dass bei den Prozessen der Arzt Magnus Hirschfeld als Gutachter zugezogen wurde, ein prominenter Wortführer in der Diskussion über die Forderung, den Paragraphen 175 aus dem Strafgesetzbuch zu streichen, der sich dabei auf die Theorie eines „dritten Geschlechts“ stützte und den Begriff „Homosexualität“ durchsetzte.

719 Nachweise der Artikel und Buchbesprechungen, die Paulsen 1908 für diese Tageszeitung schrieb, in der „Bibliographie der Schriften Friedrich Paulsens“ (vgl. Anm. 438), Nr. 342, 345, 350, 358, 349.

720 Paulsen schreibt (vermutlich irrtümlich): *katholischen Arbeit*

721 Die Krisis der katholisch-theologischen Fakultäten Deutschlands, in: Internationale Wochenschrift für Wissenschaft, Kunst und Technik 1 (1907), Sp. 1127–1144 (7. Dezember).

722 Der Modernismus und die Enzyklika Pius X. vom 8. September 1907. (Geschrieben im Januar 1908.), in: Philosophia militans. Gegen Klerikalismus und Naturalismus, 3. u. 4. durchges. u. verm. Aufl. Berlin 1908, S. 99–120.

723 Paulsen bezeichnet seine Frau Laura in den Annalen immer nur mit „L.“. Hier dagegen nennt er sie mit ihrem Kosenamen, der zuvor nur einmal in einem Zitat einer Äußerung ihrer Mutter erwähnt worden ist (S. 267), da er die Abkürzung „L.“ im vorhergehenden Absatz für seine Tochter Lotte verwendet hat. Möglicherweise wären also die vielen „L.“ der Handschrift nicht als „Laura“, sondern als „Lorle“ aufzulösen.

724 Französisch: Hühnchen.

725 Herman Schell (1850–1906), seit 1885 Professor verschiedener Gebiete der katholischen Theologie, darunter der Dogmatik, in Würzburg, wurde durch seine Bücher „Der Katholicismus als Princip des Fortschritts“ (1897) und „Die neue Zeit und der alte Glaube“ (1898) international bekannt, doch wurden sie von der Kirche wegen ihrer „modernistischen“ Tendenz auf den Index gesetzt. Schell unterwarf sich diesem Urteil, wurde aber weiterhin von neuscholastischen Theologen angegriffen.

726 Anspielung auf ein Gedicht Goethes, das 1774 während einer Rheinreise mit Johann Kaspar Lavater und Johann Bernhard Basedow, die gegensätzliche Positionen der zeitgenössischen Theologie vertraten, entstand. Es endet mit den Versen: „und wie nach Emmaus weiter ging's / Mit Sturm- und Feuerschritten: / Prophete rechts, Prophete links, / Das Weltkind in der Mitten.“

727 Die Frau im Recht der Vergangenheit und der Zukunft, in: Preußische Jahrbücher 132 (April-Juni 1908), S. 396–413.

728 Marianne Weber: Ehefrau und Mutter in der Rechtsentwicklung : eine Einführung, Tübingen 1907.

729 Botanischer Name der Johannisbeeren.

730 Lateinisch: ein kritisches Jahr (das eine tiefgreifende Veränderung bringt), Stufenjahr. – Die Vorstellung von den kritischen Stufenjahren spielte in der Astrologie des 16. Jahrhunderts, mit der Melanchthon sich eingehend beschäftigte, eine wichtige Rolle.

731 Lateinisch: Den Weg, den das Schicksal gab, habe ich vollendet. – Paulsen zitiert hier Worte, die in Vergils „Aeneis“ Dido vor ihrem Tod spricht: „Vixi et quem dederat cursum Fortuna peregi“ (IV, 653, in der Übersetzung von Johann Heinrich Voß: „Ja ich lebt', und vollbrachte den Lauf, den das Schicksal mir anwies.“)

732 Vgl. Paulsens Vorwort, S. 7. Hier erstmals gedruckt. Vorlage sind acht Doppelblätter, die bei der Handschrift der Lebenserinnerungen liegen. Auf ihnen hat Paulsen notiert: „Geschrieben 14. Juli 77 u. folgende Berlin“ und dem Text eine doppelte Überschrift gegeben: „Erinnerungen aus meinem Leben. / Herkunft und Vorfahren“. – Zur Erläuterung vgl. auch die Anmerkungen zu den ersten beiden Kapiteln des Textes.

733 Paulsen gibt hier seiner Großmutter, die Volig Christine hieß, falsche Vornamen. Es sind vermutlich diejenigen einer seiner Urgroßmütter oder Ururgroßmütter väterlicherseits, die er in der späteren Fassung seiner Lebenserinnerungen aber beide nur mit dem einfachen Vornamen Poppe nennt.

734 Nach alter Sitte hätte er nicht Frerks, sondern Frerksen heißen müssen, denn bei Söhnen war auf den Halligen und im nördlichen Festlandsbereich Nordfrieslands die Endung -sen üblich. Das Genitiv-s wurde hingegen bei Töchtern und Ehefrauen verwendet.

735 Paulsen benutzt das Wort „Warf“ als Maskulinum. Vgl. auch S. 452 im Bericht über die Sturmflut.

736 Den Ärmelkanal.

737 Dorfgeschichten, Erzählungen aus der dörflichen und bäuerlichen Lebenswelt, waren um die Mitte des 19. Jahrhunderts, im Zeichen eines beginnenden Realismus, in Deutschland eine beliebte literarische Gattung. Das wohl beste Beispiel ist Gottfried Kellers Erzählung „Romeo und Julia auf dem Dorfe“ (1856).

738 Von französisch „dissimuler“: verbergen, nicht zur Schau stellen.

739 Vgl. im Text S. 412. Hier gedruckt nach: Vossische Zeitung, Sonntagsbeilage vom 30. September 1905, in der Rechtschreibung dem übrigen Text angepasst. Paulsen nennt die Orts- und Gewässernamen in ihrer zur Zeit seines Besuchs üblichen dänischen Form. Dafür sind im Abdruck die heute gebräuchlichen norwegischen Formen eingesetzt.

740 Das häufig vertonte „Te Deum“ (Te Deum laudamus; Großer Gott, wir loben dich).

741 Genannt nach dem Ort, in dem 1814 in der kurzen Zeit der Selbständigkeit zwischen den Personalunionen mit Dänemark und mit Schweden die erste norwegische Verfassung angenommen wurde.

742 Dem norwegischen Parlament.

743 Der Erlöserkirche (dänisch „Vor Frelser“ = unser Erlöser).

744 Paulsen schreibt hier und im Folgenden „Skyds“, von „skyds“ (heute: „skyss“): Beförderung.

Gemeint ist das staatlich organisierte Beförderungswesen in Norwegen mit seinen festen Stationen.

745 Dahlien.

746 Ein Feuer zerstörte 1904 den größten Teil der zumeist aus Holzhäusern bestehenden Innenstadt von Ålesund. Kaiser Wilhelm II. ordnete sofort eine große Hilfsaktion an, die er aus seinem Privatvermögen finanzierte.

747 Von 1889 bis 1914 ging Kaiser Wilhelm II. alljährlich (mit Ausnahme des Jahres 1906) im Sommer mit seiner Yacht auf sogenannte Nordlandfahrten in der Nordsee und im Nordatlantik, gelegentlich bis hinauf zum Nordkap.

748 Eine Formulierung aus Nietzsches Werk „Also sprach Zarathustra“ (wo das Konzept einer „ewigen Wiederkunft des Gleichen“ als Grundlage der Lebensbejahung eine zentrale Rolle spielt), die in der von Paulsen benutzten Form schnell zum Schlagwort geworden ist.

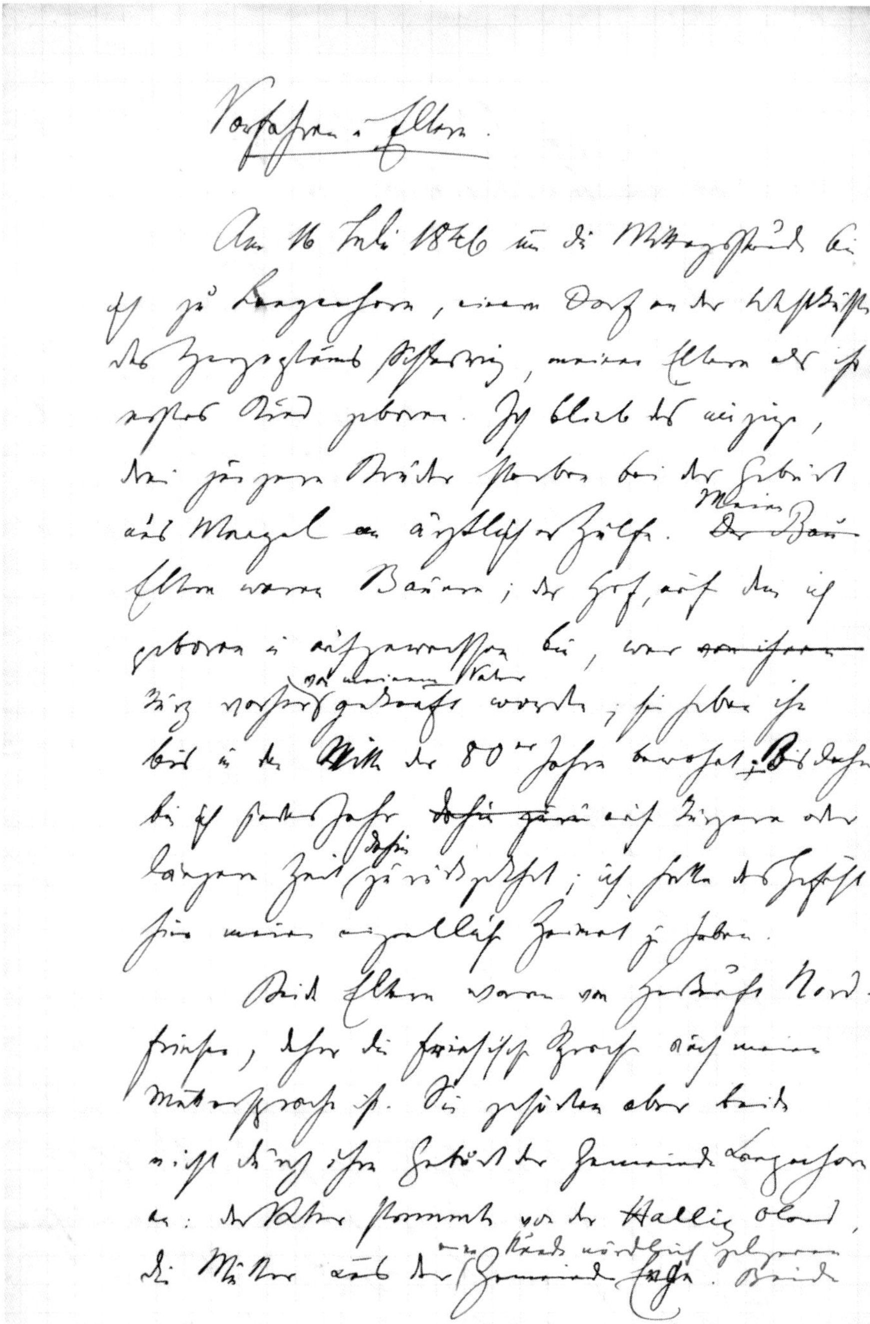

Vorfahren u. Eltern.

Am 16 Juli 1846 um die Mittagsstunde bin ich zu Langenhorn, einem Dorf an der Westküste des Herzogtums Schleswig, meinen Eltern als ihr erstes Kind geboren. Ich blieb das einzige, drei jüngere Brüder starben bei der Geburt aus Mangel an ärztlicher Hülfe. Meine Eltern waren Bauern; der Hof, auf dem ich geboren u. aufgewachsen bin, war [illegible] von meinem Vater [illegible] worden; sie haben ihn bis in die Mitte der 80er Jahre bewohnt; bis dahin bin ich jedes Jahr auf kürzere oder längere Zeit dahin zurückgekehrt; ich hatte das Gefühl hier meine eigentliche Heimat zu haben.

Beide Eltern waren von Geburt Nordfriesen, deren die friesische Sprache auch meine Muttersprache ist. Sie gehörten aber beide nicht durch ihre Geburt der Gemeinde Langenhorn an: der Vater stammte von der Hallig Oland, die Mutter aus der nördlich gelegenen [illegible]. Beide

Beginn der Lebenserinnerungen in der Handschrift Friedrich Paulsens

Nachwort

Als Friedrich Paulsen im Sommer 1906, von seiner beginnenden tödlichen Krankheit am Reisen und Bergwandern gehindert, im Ferienhaus in Starnberg mit der Niederschrift seiner Autobiographie begann, war er gerade 60 Jahre alt geworden und ein berühmter Mann. Vom Bauernsohn, der in einem entlegenen friesischen Dorf aufgewachsen war und hier bis zum Alter von fünfzehn Jahren erst die einklassige und dann die zweiklassige Schule besucht hatte, war er zum ordentlichen Professor für Philosophie und Pädagogik an der Berliner Universität, der bedeutendsten im wilhelminischen Deutschland, geworden. Seine 1892 zuerst erschienene „*Einleitung in die Philosophie*“ lag mittlerweile in 10. bis 16. Auflage vor, sein 1889 herausgekommenes „*System der Ethik*“ in 7. und 8. Auflage. Seine „*Geschichte des gelehrten Unterrichts auf den deutschen Schulen und Universitäten vom Ausgang des Mittelalters bis zur Gegenwart*“ hatte 1884/85 zwar vor allem Protest hervorgerufen: Die Verteidiger des Alleinanspruchs des humanistischen Gymnasiums waren empört wegen seines Eintretens für zeitgemäße Reformen des höheren Schulwesens zugunsten der neueren Sprachen und der mathematisch-naturwissenschaftlichen Fächer, und selbstgewisse Protestanten erregten sich im Zeichen des sogenannten Kulturkampfes zwischen dem preußischen Staat und der katholischen Kirche wegen seines positiven Urteils über die Leistungsfähigkeit der Universitäten im katholischen Mittelalter. Aber inzwischen hatten sich die Wogen des Kulturkampfs geglättet, und durch die Schulreform in Preußen 1901, die auch den Abiturienten der Realgymnasien und der Oberrealschulen den Zugang zur Universität eröffnet hatte, konnte sich Paulsen in seinem Urteil aufs Beste bestätigt sehen. Er war nun ein Mann des öffentlichen Lebens, der zu Vorträgen eingeladen wurde oder in Zeitschriften und Zeitungen das Wort ergriff – und das durchaus nicht nur zu Fragen der Schulreform oder des Lehrerstandes. Am 16. Juli, seinem 60. Geburtstag, hatte er, selbstkritisch, aber insgesamt zufrieden mit dem Erreichten, unter der Überschrift „Ein Rückblick“, schriftlich Bilanz gezogen.

Diese Blätter nahm er unverändert in seine Lebenserinnerungen auf. Deren Niederschrift verlief so, wie Paulsen es später in seinem Vorwort zu ihnen skizzierte. Als Vorarbeiten gab es außer dem „Rückblick“ wohl tatsächlich nur den Bericht über seine Heimat und Vorfahren, den er 1877 für seine Verlobte Emilie Ferchel niedergeschrieben hatte, und die Blätter mit der Überschrift „Emilie“, mit denen er im Juni 1883 die Erschütterung über ihren plötzlichen Tod zu bewältigen versucht hatte. Nun setzte er dort seinen Bericht fort, wo er 1877 aufgehört hatte, und erst nach einiger Zeit entschloss er sich, auch den Anfang noch einmal umzuarbeiten, so dass dieser einleitende Teil seiner Autobiographie in zwei Fassungen vorhanden ist; die ältere wird in diesem Buch im Anhang wiedergegeben. Die Blätter über seine Begegnung und seine Ehe mit Emilie nahm Paulsen jedoch völlig unverändert in seinen fortlaufenden Bericht auf. Alle übrigen Teile seines umfangreichen Manuskripts schrieb er, vielleicht unter Benutzung der Bücher, Sonderdrucke und Briefe, die er in Steglitz und Starnberg zur Hand hatte, vermutlich vor allem aus dem Gedächtnis nieder. Das erklärt einige kleine Unstimmigkeiten, etwa bei der Datierung seiner Bekanntschaft mit dem jungen Albert Schweitzer, und auch die Tatsache, dass die Berichte über die Reisen der Jahre 1904 und 1905 viel ausführlicher wurden als diejenigen über die länger zurückliegenden Reisen und Wanderungen.

Als Paulsen am 14. August 1908 starb, hinterließ er ein umfangreiches, aus gleichartigen Doppelblättern im Großoktavformat bestehendes Manuskript mit dem Titel *„Aus meinem Leben"*, dessen letzter Eintrag auf den 27. Juli 1908 datiert war. Diese Aufzeichnungen sind in seiner eigenhändigen Niederschrift auch über den Zweiten Weltkrieg hinweg im Besitz seiner Nachkommen in Berlin vollständig erhalten geblieben und befinden sich heute im *Nordfriisk Instituut* in Bredstedt.

Zuletzt hatte Paulsen daran gearbeitet, den ersten Teil seiner Erinnerungen, der das erste und das zweite Buch umfassen und damit bis zu seiner Habilitation an der Universität Berlin reichen sollte, zum Druck zu bringen. Er hatte dafür bereits eine „Vorbemerkung" geschrieben, war aber vor der Verwirklichung seines Plans gestorben. Ungenannte Herausgeber, die wohl seiner Familie und seinem engeren Freundeskreis angehörten, führten den Plan dann aus, bezogen aber auch das erste Kapitel des dritten Buchs, die Darstellung der Anfänge von Paulsens Lehrtätigkeit in Berlin bis zum Jahre 1877, mit ein und ließen dafür die Gliederung des Textes in „Bücher" weg. Außerdem nahmen sie insbesondere gegen Schluss des Buches „aus Rücksicht auf noch Lebende Streichungen und geringfügige Änderungen" vor. So erschien bereits im Jahr nach Paulsens Tod der Band *„Aus meinem Leben. Jugenderinnerungen"*, der mit guten Wiedergaben von fünf Photographien aus dem Familienbesitz ausgestattet war.[1] Eine Veröffentlichung der späteren Partien, „der Jahre der fruchtbarsten Tätigkeit und größten Wirksamkeit", konnten die Herausgeber, „auch der schwierigen Auswahl und Bearbeitung wegen, noch nicht sicher in Aussicht stellen"; sie unterblieb.

Paulsens jüngerer Sohn Rudolf bemühte sich jedoch um eine vollständige Veröffentlichung der Autobiographie. Er ließ eine Maschinenabschrift des ungedruckten Teils anfertigen, die aber zahlreiche Lücken aufwies, wenn Wörter schwer leserlich waren. „Außerdem sind sehr viele Tippfehler drin, die seinerzeit die (ungebildete) Abschreiberin gemacht hat", schrieb er am 25. Februar 1933 an Friedrich Paulsens inzwischen in den USA tätigen Schüler Theodor Lorenz, der Interesse an dem Text geäußert hatte. Rudolf Paulsens Bemühungen, einen Verleger zu finden, scheiterten sowohl für eine Gesamtausgabe als auch für eine Neuauflage der 1909 erschienenen Teile. Am 3. Januar 1934 schrieb er an Lorenz: „Mit den Lebenserinnerungen meines Vaters ist verlegerisch nichts zu machen. Ich habe überall versucht, doch die Jugenderinnerungen für sich wieder herauszubringen – alles vergebens. Dabei sind die Jugenderinnerungen doch wirklich ein klassisches Buch. Aber auch die nordischen Verleger lehnen ab. [...] Ich lasse

Friedrich Paulsen
Aus meinem Leben

Jugenderinnerungen

Erstes bis drittes Tausend
Verlegt bei Eugen Diederichs in Jena 1909

Titelseite der Jugenderinnerungen, Jena 1909

nicht locker, bis ich einen Neudruck erreiche. Was den zweiten Teil angeht, so ist ja richtig, dass er nicht durchgearbeitet und auch nur unter allerschwersten Hemmungen geschrieben ist. [...] Ich werde vielleicht doch *Abschnitte* an die *Preußischen Jahrbücher* oder ein ähnliches Blatt geben." Aber auch dies unterblieb.

Mittlerweile bemühte sich Theodor Lorenz, der die Bedeutung des Textes erkannt hatte, um eine Veröffentlichung in den USA.[2] Bereits 1909 hatte er, noch von Großbritannien aus, mit Paulsens Witwe über die Möglichkeit korrespondiert, eine englische Ausgabe der Jugenderinnerungen herauszubringen, wenn er auch Zweifel hegte, „weil es doch ein Buch ist, das *vorwiegend* an deutsche Leser sich wendet", wie er am 23. Juni 1909 an Laura Paulsen schrieb. Nun sandte ihm mehr als zwei Jahrzehnte später, im Februar 1933, Rudolf Paulsen auf seine Bitte hin die Abschrift des noch unveröffentlichten Teils der Lebenserinnerungen, zunächst wohl nur zur Lektüre, doch dann entschloss Lorenz sich, den gesamten Text ins Englische zu übersetzen. Gut zwei Jahre, nachdem er die Abschrift erhalten hatte, konnte er mitteilen, dass er einen Verleger gefunden habe. Begeistert schrieb ihm Rudolf Paulsen am 8. Juli 1935: „Schäme sich Deutschland seiner Verleger! Sei Amerika stolz auf die seinen!" Rückblickend berichtete Lorenz am 29. Januar 1938 in einem Brief an Paulsen: „Gleich der erste Verlag, die vornehme *Columbia University Press*, hat das Buch ‚mit geschmatzten Händen' angenommen. Ich habe

Friedrich Paulsen an seinem Schreibtisch in Steglitz

den glänzenden Bericht ihres literarischen Beraters gelesen: Er spricht sich mit großem Lobe sowohl über das Buch selbst wie über meine Übersetzung aus. Das Buch soll im Herbst in großem Format und sehr vornehmer Ausstattung erscheinen, und – *streng vertraulich:* Es besteht große Hoffnung, dass der Präsident der Columbia University, Nicholas Murray Butler, der hier im öffentlichen Leben eine ähnliche Rolle spielt, wie Ihr Vater in späteren Jahren, eine Vorrede schreibt. Ihres Vaters Bild (mit dessen eigenhändiger Widmung) hängt über seinem Schreibtisch; er sagt, er habe Ihren Vater bis zu seinem Tode jedes Jahr besucht."

Tatsächlich erschien die in Leinen gebundene Ausgabe[3] im Umfang von 514 Seiten noch im Jahre 1938 in der *Columbia University Press* in New York. „*This is a fascinating book*", lautet der erste Satz des Vorworts von Nicholas Murray Butler (1862–1947), der im Wintersemester 1884/85 Paulsen in Berlin gehört hatte und nun Professor für Philosophie und Pädagogik war, als Präsident das einstige College zur heute weltbekannten Universität umstrukturierte, der mehreren Präsidenten der USA als externer Berater diente und dessen Einsatz für die internationale Verständigung, insbesondere für den Briand-Kellogg-Pakt, 1931 mit dem Friedensnobelpreis ausgezeichnet worden war.

Paulsens Erinnerungen wurden darin jedoch nicht vollständig abgedruckt. Seiner englischen Übersetzung legte Theodor Lorenz zunächst die bereits gedruckten Jugenderinnerungen zugrunde, die er mit ganz geringfügigen Kürzungen vollständig übertrug; die von den Herausgebern vorgenommenen Streichungen übernahm er naturgemäß ebenfalls. Eine Ausnahme bildet nur der Schluss des ersten Kapitels im dritten Buch. Hier hatten die Herausgeber vier Absätze weggelassen, um das Buch sachlich und rhetorisch befriedigend schließen zu lassen, und zwar mit Paulsens Bekenntnis, er betrachte es als „eine dankenswerte Fügung", dass „ich durch die Anregung der Fakultät zum Anbau dieses für mich bald so fruchtbaren Gebietes der Lehre von der Erziehung bewogen worden bin". Lorenz hingegen nahm die vier weggelassenen Absätze in seine Übersetzung mit auf, denn mit ihnen begann die Maschinenabschrift des zweiten Teils, die er von Rudolf Paulsen erhalten hatte und die er fortan seiner Übersetzung zugrunde legte. Die Handschrift selbst stand Lorenz nicht zur Verfügung. Daher wusste er wohl nicht, dass Paulsen den bis zum Jahre 1883 reichenden Bericht in drei „Bücher" mit jeweils zusammenfassenden Überschriften gegliedert hatte. Infolgedessen war er auch nicht darüber informiert, dass das erste Viertel der ihm vorliegenden Abschrift die Hauptmasse des dritten Buches ausmachte, sondern konnte nur sehen, dass sie sich in ihrer Anlage deutlich von den restlichen Dreivierteln unterschieden, die nach Jahreszahlen von 1884 bis 1908 geordnet waren. Er behalf sich, indem er die Kapitel „Akademische und schriftstellerische Tätigkeit in den Jahren 1877 bis 1883", „Der Bekanntenkreis dieser Jahre" und „Berufung nach Breslau", gerahmt von einigen Teilen des Kapitels „Emilie", zusammenfasste und unter der Überschrift „The Years of My First Marriage 1877–1883" übersetzte. Das Kapitel „Neues Leben" kürzte er um die Familiengeschichte der beiden Ehefrauen Paulsens und stellte es unter der Überschrift „1883" an den Anfang der folgenden Berichte, denen er die treffende und zweckdienliche gemeinsame Bezeichnung „Annals" gab.

Über viele Verschreibungen, Unklarheiten und Wortlücken der unkorrigiert gebliebenen Maschinenabschrift, die ihm während seiner Übersetzerarbeit auffielen, korrespondierte er mehrfach mit Rudolf Paulsen, der sie dann an der Handschrift überprüfte.[4] Aber nicht alle Unklarheiten ließen sich auflösen, und auch manche Fehler blieben stehen. Insbesondere bei den Reisebeschreibungen nahm Lorenz Kürzungen und Raffungen vor. Außerdem ließ er vor allem Stellen aus, in denen familiäre Probleme geschildert werden, insbesondere die Sorgen um Paulsens ältesten Sohn Hans. Bereits am 25. Februar 1933 hatte Rudolf Paulsen an Lorenz geschrieben: „Alles Tatsächliche können Sie auch ja ohne weiteres veröffentlichen. Nur nicht die Intimitäten über die Ärgernisse in der Familie." Man kann es Theodor Lorenz nicht hoch genug anrechnen, dass er sich von der Unübersichtlichkeit der Quellenlage und den vielen Abschreibfehlern und Lücken des Typoskripts nicht entmutigen ließ und seinen Lesern eine überzeugende Lösung für die Verbindung des gedruckten mit dem nur handschriftlich vorliegenden Teil der autobiographischen Aufzeichnungen Friedrich Paulsens bot. Seine Übersetzung des zweiten Teils diente volle siebzig Jahre lang der interessierten Öffentlichkeit und der wissenschaftlichen Forschung als Ersatz für das Original.

Auch nach dem Zweiten Weltkrieg wurde mehrfach der Wunsch geäußert, wenigstens die Jugenderinnerungen wieder herauszubringen. In diesem Sinne äußerte sich zum Beispiel bereits bei einer Gedenkveranstaltung zum 100. Geburtstag Paulsens 1946 der Nordfriesische Verein für Heimatkunde und Heimatliebe. „Es würde damit eines der besten Heimatbücher geschaffen, die wir uns wünschen können", hieß es dazu am 19. Juli 1946 im *Flensburger Tageblatt.* Von der Existenz der das ganze Leben umfassenden Handschrift wussten ohnehin nur wenige.

Dass die Lebenserinnerungen Friedrich Paulsens nun anlässlich seines 100. Todestages 2008 erstmals vollständig im Druck erscheinen, geht auf eine vom *Nordfriisk Instituut* ausgerichtete Feier zum 150. Geburtstag Paulsens am 16. Juli 1996 in Langenhorn zurück. Im Zusammenhang mit dieser Veranstaltung wurden Verbindungen mit Nachkommen Friedrich Paulsens geknüpft. Freundlich aufgenommen von den Enkelkindern Antje und Edzard Paulsen, sichtete Thomas Steensen im Jahre 1997 den von ihnen sorgfältig bewahrten und von Antje Paulsen liebevoll geordneten umfangreichen Nachlass Friedrich Paulsens in dessen Villa in Berlin-Steglitz. Darin befand sich auch das vollständige Manuskript der Lebenserinnerungen, das Thomas Steensen übergeben wurde, als er Interesse an einer erstmaligen vollständigen Veröffentlichung äußerte. Dem *Nordfriisk Instituut* wurden später auch persönliche Papiere und Aufzeichnungen der Vorfahren Friedrich Paulsens überlassen, darunter die Erinnerungen seines Urgroßvaters Paul Frercksen. Der für die Forschung überaus bedeutsame wissenschaftliche Nachlass Friedrich Paulsens enthält u. a. Briefe von über 1000 Korrespondenzpartnern, wie eine von Thomas Steensen veranlasste erste Aufstellung ergab, die der Vorbereitung eines von ihm initiierten Forschungsprojekts bei der Deutschen Forschungsgemeinschaft diente. Der Nachlass befindet sich mittlerweile im Archiv der Humboldt-Universität zu Berlin, also sinnvoller Weise an Paulsens ehemaliger Wirkungsstätte.

Die Bemühungen um die Veröffentlichung der vollständigen Lebenserinnerungen gestalteten sich schwieriger als gedacht. Mehrere deutsche Wissenschaftsverlage zeigten sich nicht interessiert. Die für Bearbeitung und Druck erforderlichen finanziellen Mittel konnten nur teilweise aufgebracht werden. So entstand der Plan, die Lebenserinnerungen in jedem Fall zum 100. Todestag Friedrich Paulsens am 14. August 2008 zu veröffentlichen, und sei es in einer kostengünstigen Studienausgabe. Dass nun doch eine angemessene Buchausstattung möglich wurde, ist insbesondere auf einen Zuschuss der Dr. Frederik Paulsen Foundation zurückzuführen. Herrn Frederik Paulsen jr., Saint Prex, Schweiz, sei dafür herzlich gedankt. Eine familiäre Verbindung zum Autor der Lebenserinnerungen besteht nicht. Doch sei daran erinnert, dass der Föhringer Friese und Pharmaunternehmer Frederik Paulsen (1909–1997) im Jahr nach dem Tode Friedrich Paulsens mit dem Vornamen Friedrich auf die Welt kam, den der NS-Gegner dann im Exil in Schweden in Frederik umwandelte. Eines seiner Interessengebiete waren friesische Philosophen, auch Friedrich Paulsen. Weitere Unterstützung für diese Buchausgabe sowie für Veranstaltungen im „Friedrich-Paulsen-Jahr 2008" leisteten dankenswerterweise die Gemeinde Langenhorn, der Ministerpräsident des Landes Schleswig-Holstein über den Friesenrat, die VR Bank eG in Niebüll, die Ferring-Stiftung sowie die Stiftung Nordfriesland.

Den Nachkommen Friedrich Paulsens ist insbesondere dafür zu danken, dass sie die Handschrift der Lebenserinnerungen dem *Nordfriisk Instituut* in großzügigster Weise zur Verfügung gestellt haben, so dass die Herausgeber sie bei ihrer Arbeit ständig im Original benutzen konnten. Mittlerweile wurden das Manuskript und zahlreiche Photographien aus dem Leben Friedrich Paulsens dank des Optik-Unternehmers Günther Fielmann für das *Nordfriisk Instituut* erworben.

Bei ihrer Arbeit konnten die Herausgeber auf vielfache Unterstützung bauen. Sie danken zahlreichen Personen und Einrichtungen, die zum Beispiel mit Auskünften zu Details und mit Fotos halfen. Besonderer Dank gilt Rita Carlsen (Abschriften), Sven Gerlach (Scans), Dr. Birger Hutzfeldt (Übersetzungen aus dem Lateinischen und Griechischen), Harry Kunz (Textkorrekturen), Marlene Kunz (Verlag), Ingo Laabs (friesische Orthographie), Karl Ingwer Malcha (Bilder und Auskünfte zu Langenhorn), Jessica Pauls (Bildrecherchen), Ingwert Paulsen (Husum Druck), Anne Paulsen-Schwarz (Beschaffung von Büchern), Christian Sönksen (Hinweise zu Langenhorn), Benedikta zu Stolberg (vorbereitende Recherchen zum Register, Hilfe bei der Textkorrektur), Melanie Trommer (Husum Druck, Layout) sowie den Mitarbeiterinnen und Mitarbeitern der Schleswig-Holsteinischen Landesbibliothek, die einen Teil der Scans von Abbildungsvorlagen herstellten und die große Zahl der erforderlichen Fernleihbestellungen abwickelten. Mit weiteren Bildern aus dem Familienbesitz und biographischen Angaben zu Angehörigen halfen dankenswerterweise Uta Hartig geb. Paulsen, Antje Paulsen, Edzard Paulsen und Kai Paulsen.

Friedrich Paulsens Erinnerungen stellen nach Ansicht der Herausgeber nicht nur ein außergewöhnliches Lebensbild dar. Sie bilden auch ein erstrangiges Werk zur Kulturgeschichte Nordfrieslands sowie zur Bildungs- und Wissenschaftsgeschichte im deutschen Kaiserreich. Die Herausgeber hoffen, dass das vorliegende Buch zudem eine „Paulsen-Forschung" befördern kann, die in weiten Bereichen noch am Anfang steht.

1 Friedrich Paulsen: Aus meinem Leben. Jugenderinnerungen, 1.–3. Tsd., Jena: Eugen Diederichs 1909. – 4. u. 5. Tsd. 1909. – 6. u. 7. Tsd. 1910.

2 Die Biographie dieses für die Übersetzung und damit auch für die internationale Verbreitung von Paulsens autobiographischen Aufzeichnungen so wichtigen Mannes liegt weitgehend im Dunkel, weil er das Leben eines Privatgelehrten führte. Das war dank eines ererbten Vermögens anfangs angenehm, nach dem Ersten Weltkrieg aber höchst prekär. Lorenz wurde 1870 in Erfurt geboren, besuchte das Gymnasium bis zur Untersekunda, um dann sechs Jahre lang (davon zwei in England) als Kaufmann zu arbeiten. Er kehrte aber 1891 auf das Gymnasium zurück, machte 1892 sein Abitur und begann in Heidelberg mit einem Philosophiestudium, das er in Berlin fortsetzte. Dort wurde er 1897 mit einer Dissertation „Zur Entwicklungsgeschichte der Metaphysik Schopenhauers" promoviert. In dem Lebenslauf, der dem Druck beigegeben wurde und der die Hauptquelle für seine Biographie bis zu diesem Zeitpunkt ist, nannte er unter seinen akademischen Lehrern Friedrich Paulsen mit besonderer Dankbarkeit. Lorenz ging 1898 als Privatgelehrter nach England, um sich vor allem mit dem Philosophen George Berkeley zu befassen, doch scheint diese Arbeit nur in mehreren Aufsätzen ihren Niederschlag gefunden zu haben. 1904 traf Paulsen seinen ehemaligen Schüler, der damals erwog, in die USA zu gehen, in Oxford und London. Lorenz blieb aber vorerst noch in England. 1908 erschien dort Paulsens Buch „Das deutsche Bildungswesen in seiner geschichtlichen Entwicklung" (1906) in seiner Übersetzung: „German Education Past and Present". In „Wer ist's?", dem deutschen „Who is who", wurde Lorenz noch 1914 mit Wohnsitz in Fir Cottage in Ightham in der Grafschaft Kent geführt, wo Paulsen 1904 einmal sein Gast gewesen war. Aus einem Brief des an der University of Missouri tätigen Psychologen Max F. Meyer an Rudolf Paulsen (?) aus dem Jahre 1922 geht hervor, dass Meyer Lorenz im Spätsommer 1914 aufforderte, sogleich in die USA zu kommen, da man an seiner Universität einen Philosophen benötige. Lorenz habe jedoch gezögert. „Als er schließlich kam, der Not gehorchend, nicht dem eignen Triebe, da hatte der Krieg das Interesse für Philosophie bereits aus der Welt geschafft, und er fand nirgends eine offene Stelle." Meyer, der meinte, dass es Lorenz völlig an Entschlusskraft und Bereitschaft zum Risiko fehle, kommentierte seine Lage so: „Es ist schade um ihn. Er ist ein fähiger Philosoph und hat ausgezeichnete litterarische Fähigkeiten." 1922 lebte Lorenz in New York, ebenso in den 30er Jahren, als er mit Rudolf Paulsen korrespondierte. Ob es ihm gelang, eine befriedigende Stellung zu finden, ist unbekannt. Seine einzige Buchveröffentlichung in den USA war die 1938 erschienene Übersetzung von Friedrich Paulsens Lebenserinnerungen. Wann und wo Theodor Lorenz gestorben ist, ließ sich bislang nicht feststellen.

3 Friedrich Paulsen: An Autobiography. Translated and edited by Theodor Lorenz. With a foreword by Nicholas Murray Butler, New York: Columbia University Press 1938. – Fotomechanischer Nachdruck: New York: AMS Press 1967.

4 Ein Durchschlag der Abschrift befindet sich heute ebenfalls im Nordfriisk Instituut. Dabei liegt auch eine Reihe von Blättern, die Lorenz am Rand mit Bleistift mit den Nummern seiner langen Fragenlisten versehen hat.

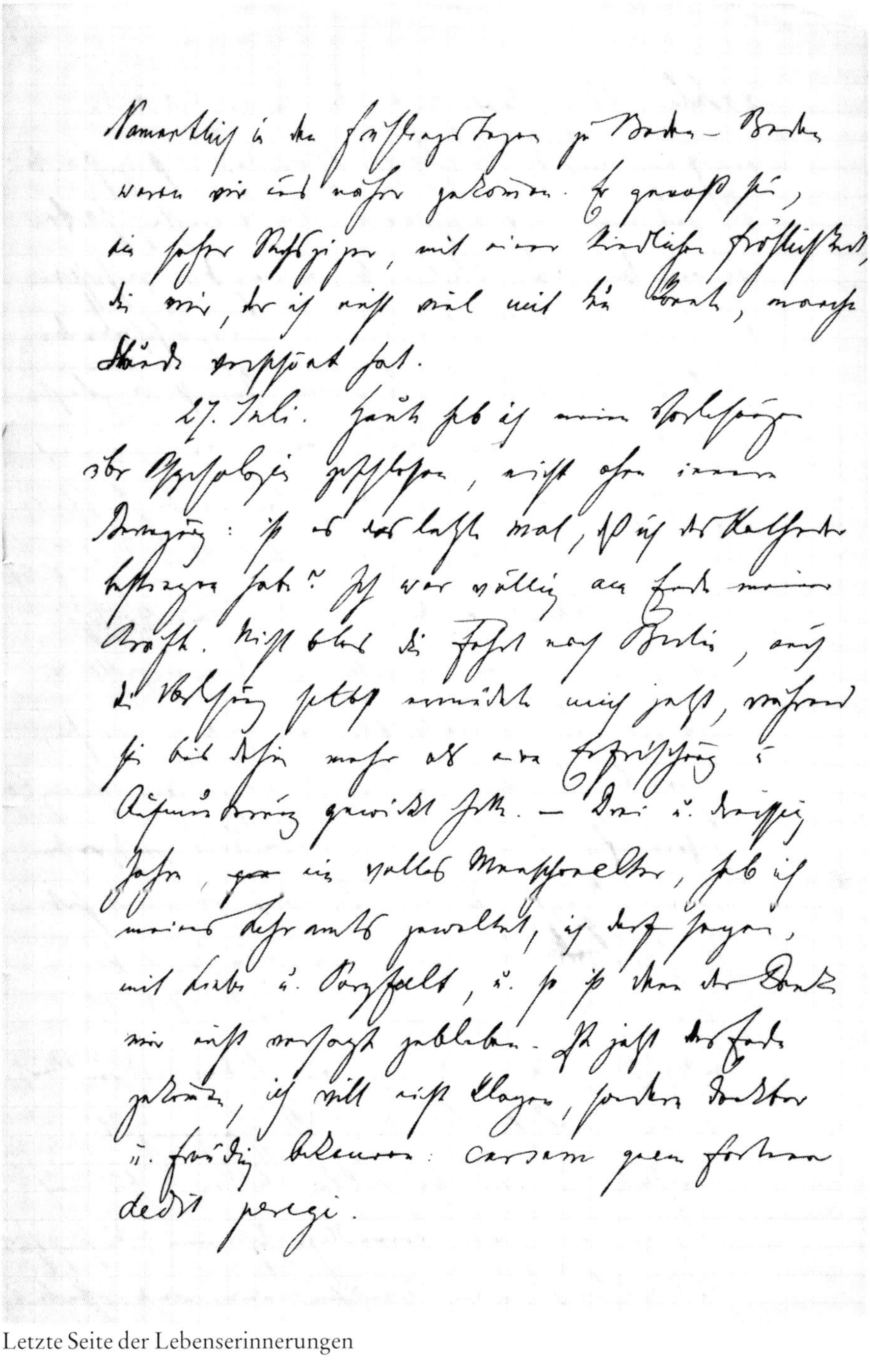
Namentlich in den Frühlingstagen zu Baden-Baden
waren wir uns näher gekommen. Er genoß sie,
die schönen [illegible], mit einer kindlichen Fröhlichkeit,
die mir, der ich nicht viel mit der Arbeit, manche
Stunde verschönt hat.
27. Juli. Heute habe ich meine Vorlesungen
über Psychologie geschlossen, nicht ohne innere
Bewegung: ist es das letzte mal, daß ich das Katheder
bestiegen habe? Ich war völlig am Ende meiner
Kraft. Nicht bloß die Fahrt nach Berlin, auch
die Vorlesung selbst ermüdete mich jetzt, während
sie bisher mir mehr als eine Erfrischung und
Aufmunterung gewährt hatte. – Drei und dreißig
Jahre, ein volles Mannesalter, habe ich
meines Lehramts gewaltet, ich darf sagen,
mit Liebe und Sorgfalt, und so ist denn der Dank
mir nicht versagt geblieben. Es ist jetzt das Ende
gekommen, ich will nicht klagen, sondern dankbar
und freudig bekennen: cursum quem fortuna
dederat peregi.

Letzte Seite der Lebenserinnerungen

Editorische Hinweise

Der vorliegenden Ausgabe liegt die Handschrift Friedrich Paulsens zugrunde. Sie ist keine Reinschrift, sondern die erste und (mit Ausnahme der ersten beiden Kapitel) einzige Niederschrift, die sowohl mit zahlreichen Sofortkorrekturen als auch mit nicht wenigen späteren Nachträgen und Korrekturen versehen ist. Trotzdem ist sie – mit Ausnahme kleinerer Versehen – vollständig und sorgfältig ausformuliert, doch enthält sie so viele Abkürzungen, dass es sich im Interesse der Lesbarkeit von vornherein verbot, sie buchstabengetreu abzudrucken. Bei der Herstellung des Textes war außerdem die Tatsache zu berücksichtigen, dass den Herausgebern der gedruckten Jugenderinnerungen nach Ausweis ihres kurzen Vorworts außer der Handschrift auch noch eine maschinenschriftliche Abschrift mit eigenhändigen Korrekturen Paulsens vorlag und dass sie diese Korrekturen mit in ihren Text aufnahmen, während sie im letzten Teil ihrer Veröffentlichung aus Rücksicht auf damals noch lebende Personen „Streichungen und geringfügige Änderungen“ vornahmen. Da diese Abschrift nicht überliefert ist, lässt sich nicht mit Sicherheit erkennen, welche Abweichungen der Druckausgabe der Jugenderinnerungen auf Paulsen selbst und welche auf die Herausgeber zurückgehen. Alle Umformulierungen und Zusätze, die sich durch den Vergleich mit der Handschrift erkennen lassen, stammen jedoch mit großer Wahrscheinlichkeit noch von Paulsen selbst. Daher folgt die vorliegende Ausgabe in ihrem Wortlaut bis zum ersten Kapitel des dritten Buchs mit wenigen Ausnahmen dem Druck der Jugenderinnerungen; nur in einzelnen Fällen wird auf den Wortlaut der Handschrift zurückgegriffen, wenn diese eine sinnvollere Lesart bietet und es wahrscheinlich ist, dass die Variante durch einen Lesefehler bei der Anfertigung der maschinenschriftlichen Abschrift zustande gekommen ist. Einige von der Druckfassung abweichende, von Paulsen selbst gestrichene Abweichungen der Handschrift werden in den Anmerkungen mitgeteilt. Von S. 186 des nun vorliegenden Textes an sind in der Druckausgabe jedoch außer den Umformulierungen und Zusätzen auch Auslassungen zu beobachten, die nicht auf Streichungen Paulsens in der Handschrift beruhen, sondern vermutlich auf rücksichtsvollen Eingriffen der Herausgeber. In diesen Fällen ist der Wortlaut der Handschrift mit in den Text genommen, in den Anmerkungen aber auf den Sachverhalt hingewiesen worden.

Die Herausgeber der Jugenderinnerungen haben die Gliederung der ersten Hälfte des Textes in Bücher, die Paulsen in der Handschrift durchgeführt und mit jeweils eigenem Inhaltsverzeichnis verdeutlicht hat, im Abdruck beseitigt. Die vorliegende Ausgabe stellt diese Gliederung wieder her und gibt zudem der zweiten Hälfte nach dem Vorbild der Übersetzung von Theodor Lorenz die gemeinsame Überschrift „Annalen“. In der Druckausgabe der Jugenderinnerungen ist der Text in den Wortformen und in der Zeichensetzung dem damaligen Sprachgebrauch entsprechend normalisiert. Paulsen hätte das vermutlich akzeptiert oder hat es möglicherweise selbst noch tun können. In seiner Handschrift schließt er selbst sich jedoch sehr stark an die mündliche Umgangssprache an, indem er tonloses e vielfach wegfallen lässt. So schreibt er fast durchweg „ich hab" und „grade" und sehr häufig „unserm" und „andern". Bei der unvermeidlichen Normalisierung verfährt die vorliegende Ausgabe etwas zurückhaltender als die Druckausgabe, um eine sprachlich möglichst einheitliche Fassung des gesamten Textes der Autobiographie bieten zu können. Sie ersetzt nur die ausschließlich umgangssprachlichen Formen „ich hab", „mein ich", „glaub ich" und „grade" durchweg durch ihre schriftsprachlichen Entsprechungen „ich habe" (auch wenn das folgende Wort mit einem Vokal beginnt), „meine ich", „glaube ich" und „gerade", während sie im Wechsel von „unserm" und „unserem" und von „andern" und „anderen" sowie im Gebrauch anderer gekürzter Formen wie „Feurung", „trockne", „willkommne", „des Tags", „des Wegs", „im Haus", „wenig Menschen", „viel Ärzte", „Pädagog" oder „bergeweis" der Handschrift folgt. Das tut sie auch in dem einen Fall, in dem Paulsen gegen diese Gewohnheit das tonlose e beibehält, nämlich beim Wort „Entwickelung". Auch wenn Paulsen gegen die Gepflogenheiten der Schriftsprache ein Fugen-s verwendet, ist dieses beibehalten, z. B. in „Heimatsort" oder „Mietsverträge". „Hülfe" und verwandte Wörter sind zu „Hilfe" modernisiert, „zusammenhangend" zu „zusammenhängend". Statt „Werft" ist die heute gebräuchliche Form „Warft" eingesetzt, da die von Paulsen benutzte Form heute irreführend ist.

Auch in der Zeichensetzung folgt die vorliegende Ausgabe in vielen Fällen der Handschrift statt der Druckausgabe, da sich beobachten lässt, dass Paulsen seine Sätze gern in Blöcken baut und deshalb sehr stark durch Kommas gliedert, um ihre Struktur zu verdeutlichen. So erscheinen z. B. in Paulsens Bericht, er sei bei seinen Fahrten mit dem Vater auf dem mit Kornsäcken beladenen Wagen nach Bredstedt dort „bei Kaufleuten, Käufern und Verkäufern eingekehrt" in der Druckausgabe als additive Reihung, was in der Handschrift eine viel sinnvollere Apposition ist: „bei Kaufleuten, Käufern und Verkäufern, eingekehrt", und ebenso ist auch die Aufzählung der Druckausgabe: „Abwehrmittel, Amulette und dergleichen gegen bösen Zauber" in der Handschrift eine Apposition: „Abwehrmittel, Amulette und dergleichen, gegen bösen Zauber". Auch nachgestellte Satzteile trennt Paulsen gern durch Kommas ab: „Professoren aber lesen keine Bücher über Universitätswesen, und Studenten ebenso wenig." Bei Sätzen, in denen Paulsen wörtliche Rede zitiert, sind durchweg Anführungszeichen gesetzt, obwohl Paulsen selbst dabei uneinheitlich verfährt. Längere Einschübe in den Satz kennzeichnet er in der Handschrift zuweilen teils durch Gedankenstriche, teils durch Klammern, meist aber nur durch Kommas. Hierin folgte die vorliegende Ausgabe der Handschrift, ebenso in der Untergliederung längerer Abschnitte durch einen Gedankenstrich, während die Druckausgabe der Jugenderinnerungen diese Untergliederung durchweg hat wegfallen lassen.

Im Übrigen folgt die Wiedergabe des Textes den Regeln der neuen Rechtschreibung in der Fassung des Duden von 2006; nur bei der Großschreibung der von Eigennamen abgeleiteten Adjektive hält sie an der älteren Praxis fest, zumal diese auch Paulsens Gepflogenheiten entspricht: „die Kantische Philosophie", „das Grunersche Haus". Wo der Duden, vor allem bei der Groß- und Kleinschreibung und bei der Getrennt- und Zusammenschreibung, abweichende Schreibweisen zulässt, gibt der Textabdruck jeweils der von Paulsen in der Handschrift benutzten Form den Vorzug. In den zahlreichen Fällen, in denen Paulsen seine Satzgefüge durch Doppelpunkt gliedert, ist, sofern diesem ein vollständiger Satz folgt, durchweg die Großschreibung am Satzanfang durchgeführt, obwohl Paulsen selbst zumeist die Kleinschreibung benutzt. In der Schreibung von topographischen Namen folgt die Ausgabe dem heutigen Gebrauch, soweit der Lautstand davon nicht berührt ist. So druckt sie „Wyk" statt „Wyck", „Bayern" statt „Baiern", aber „Archangel" und nicht „Archangelsk".

Fremdsprachige Wörter, die in der Handschrift durch lateinische Buchstaben gekennzeichnet sind, erscheinen in der Wiedergabe kursiv, Eigennamen dagegen in der Grundschrift, auch wenn die Handschrift für sie um der Eindeutigkeit willen lateinische Buchstaben benutzt. Die Wiedergabe von Buch- und Werktiteln im Text ist gegenüber der Handschrift vereinheitlicht worden: Buch- und Werktitel erscheinen kursiv und in Anführungszeichen, Titel von Zeitschriften und Zeitungen nur kursiv, Titel von einzelnen Aufsätzen und Gedichten nur in Anführungszeichen. Einige wenige Hervorhebungen im Text, die die Handschrift durch Unterstreichung markiert, sind ebenfalls durch Kursive wiedergegeben.

Abkürzungen wie „Prof.", „P." (Pastor), „Kgl.", „u." oder „im J." werden stillschweigend aufgelöst. Auch abgekürzt genannte Monatsnamen werden ausgeschrieben, ebenso Vornamen, wenn Paulsen sie nur mit Initialen angibt. Das ungebräuchlich gewordene Kürzel „pp." (von „perge" = fahre fort) wird als „usw." wiedergegeben, „u. s. w." zu „usw." normalisiert.

Bei Zahlenangaben werden die Ziffern bis zwölf (und in einigen Fällen auch darüber hinaus) in Buchstaben und der Bindestrich in „bis" umgesetzt. Hinter Ordnungszahlen wird immer ein Punkt gesetzt. Zahlenangaben wie „48–49" bzw. „50–52" werden zu „1848/49" bzw. „1850–52" normalisiert. Die römischen Ziffern, die Paulsen zumeist benutzt, um die Klassen des Gymnasiums zu bezeichnen, werden durch die entsprechende Bezeichnung ersetzt: „in II" wird zu „in Sekunda".

Die Erläuterungen in den Anmerkungen zum Text sind so knapp wie möglich gehalten. Sie beschränken sich weitgehend auf sachliche Zusammenhänge und bibliographische Nachweise. Kurze Angaben zu den im Text erwähnten Personen sind im Register zu finden.

Personenregister

Das Register verzeichnet die im Text und in den Anmerkungen erwähnten Personen. Sofern die Anmerkungen nur den genauen Nachweis eines Buch- oder Aufsatztitels eines im Text genannten Autors bringen, sind sie nicht mit in das Register aufgenommen, da die Anmerkungsziffern im Text auf sie verweisen. Die Textnachweise sind Seitenzahlen, während auf die Anmerkungen mit ihrer laufenden Nummer verwiesen wird. Ein Sternchen * hinter einer Seitenzahl verweist auf ein dort wiedergegebenes Bild.

Bildnachweis

Verlag und Herausgeber danken allen, die Abbildungen zur Verfügung stellten. Trotz sorgfältiger Recherchen konnten nicht in allen Fällen die Inhaber der Bildrechte ermittelt werden. Wir bitten gegebenenfalls um Mitteilung.

Sammlung Friedrich Paulsen, Nordfriisk Instituut: 13, 16, 27, 66/67, 74, 94, 106/107, 111, 145, 149, 151, 184, 195, 196, 212, 221, 239, 264, 269, 274, 275, 283, 285, 290, 298, 318/319, 322, 330, 342, 343, 352, 365, 375, 378, 394, 428, 444, 447, 505, 508, 513.
Friedrich Paulsen: Aus meinem Leben. Jugenderinnerungen, Jena 1909: 15, 23, 41, 386.
Altes Gymnasium, Flensburg: 135.
Bibliothek der Humboldt-Universität, Berlin: 162, 187, 217, 259, 443.
Bredstedter Archiv: 32.
Christianeum, Hamburg: 125.
City of Amsterdam (bMA): 405.
Ferdinand-Tönnies-Gesellschaft, Kiel: 246, 248.
Friedrich-Ebert-Stiftung: 332.
Friesischer Verein Langenhorn, Dorfarchiv: 10, 28, 31, 44, 49, 52, 55, 61, 71, 73, 81, 88, 97, 99, 102, 103, 104, 113, 379.
Internationales Albert Schweitzer Zentrum, Gunsbach: 340.
Internationale Wochenschrift für Wissenschaft, Kunst und Technik, Bd. 1 (1907): 335.
Kieler Rundschau: 357.
Kirchenkreis Nordfriesland, Archiv (Ehrengabe für Propst Niß Nissen, 1917): 198.
Königliche Bibliothek, Kopenhagen: 414.
Die Kunstdenkmäler des Kreises Husum, Deutscher Kunstverlag, Berlin 1939: 105.
Moritz Lazarus' Lebenserinnerungen, Berlin 1906: 209.
Jens Lorenzen: Die Halligen in alten Abbildungen, Nordfriisk Instituut, Bredstedt 1992: 306/307 (G. Weigelt), 380.
Maria Taferl. Wallfahrtskirche zur Schmerzhaften Muttergottes. Fotos: Kurt Gramer, Verlag Schnell & Steiner, 3. Aufl. München/Zürich 1992: 313.
Dina Martensen: 27.
Monumenta Germaniae Historica, München: 372.
Nissenhaus, Husum: 309.
Nordfriisk Instituut, Bräist/Bredstedt: 326, 409, 507.
Nordfriisk Instituut, Ernst C. Payns: 37, 43, 57, 199, 381.
Pädagogium Niesky: 297.
Karel Plicka: Praha ve fotografii, Praha 1966: 286.
Preußischer Kulturbesitz, Berlin: 157 r.
Privatbesitz: 155, 166, 188, 218, 233, 250, 251, 268, 346, 369, 383, 389, 407, 424/425, 436, 440.
Schleswig-Holsteinische Landesbibliothek, Kiel: 173, 176, 193, 205, 242, 271, 288, 315, 345, 461/462.
Skagens Museum: 253.
Rolf Spreckelsen: Nordseebad Wenningstedt a. Sylt, Hans Christians Verlag, Hamburg 1977: 325.
Staatsarchiv Hamburg: 121, 123, 126, 130.
Stadtarchiv Flensburg: 78.
Stadtarchiv Passau: 358.
Stadtmuseum Naumburg: 293.
Thomas Steensen: 294, 327, Buchumschlag (2).
Theodor-Storm-Gesellschaft, Husum: 231.
Corinna Tomforde, Hamburg: 277.

Nordfriesische Lebensläufe

Herausgegeben von Thomas Steensen

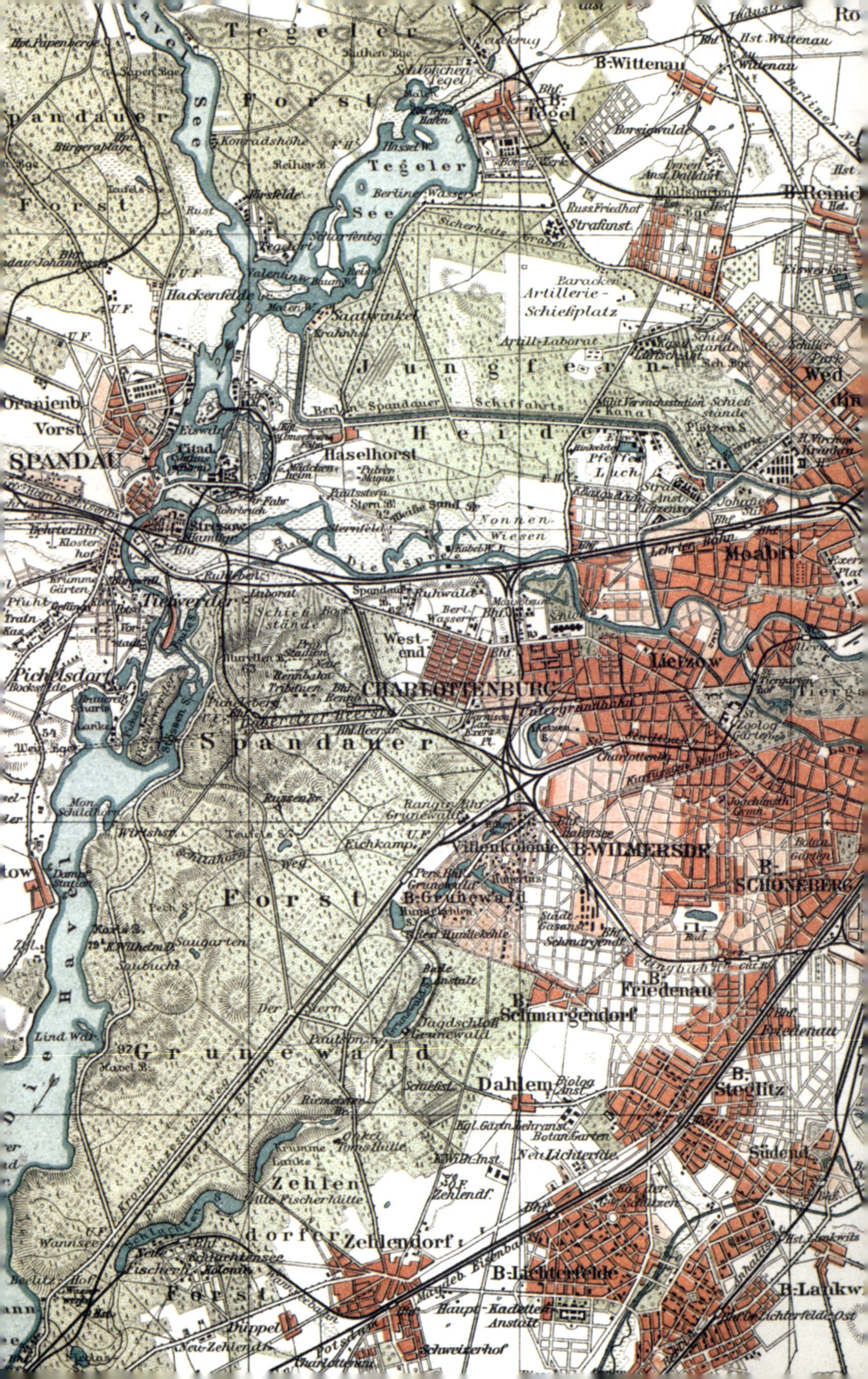

Tegeler Forst
Spandauer Forst
B:Wittenau
Hst.Wittenau
B:Tegel
Borsigwalde
Tegeler See
Hackenfelde
Saatwinkel
Artillerie-Schiessplatz
Jungfern-Heide
Berlin-Spandauer Schiffahrts-Kanal
Haselhorst
Oranienb. Vorst.
SPANDAU
Stresow
Moabit
Ruhleben
Tiefwerder
Pichelsdorf
Westend
CHARLOTTENBURG
Lietzow
Spandauer Forst
Grunewald
Villenkolonie
B:WILMERSDF.
B.-SCHÖNEBERG
Friedenau
Schmargendorf
Dahlem
B.Steglitz
Südend
Zehlendorf
B-Lichterfelde
B:Lankw
Zehlendorfer Forst
Schweizerhof
Düppel
Wannsee
Havel